데이터 시각화와 탐색 With POWER BI

3rd Edition

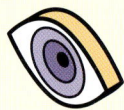

데이터 시각화와 탐색 With POWER BI

3rd Edition

마경근, 서주란 공저

YoungJin.com Y.
영진닷컴

데이터 시각화와 탐색 with Power BI 3rd Edition

Copyright ⓒ 2025 by Youngjin.com Inc.

B-10F, Gab-eul Great Valley, 32, Digital-ro 9-gil, Geumcheon-gu, Seoul, Republic of Korea.

All rights reserved. No part of this book may be reproduced or transmitted in any form or by any means, electronic or mechanical, including photocopying, recording or by any information storage retrieval system, without permission from Youngjin.com Inc.

ISBN 978-89-314-8063-4

독자님의 의견을 받습니다.

이 책을 구입한 독자님은 영진닷컴의 가장 중요한 비평가이자 조언가입니다. 저희 책의 장점과 문제점이 무엇인지, 어떤 책이 출판되기를 바라는지, 책을 더욱 알차게 꾸밀 수 있는 아이디어가 있으면 팩스나 이메일, 또는 우편으로 연락주시기 바랍니다. 의견을 주실 때에는 책 제목 및 독자님의 성함과 연락처(전화번호나 이메일)를 꼭 남겨 주시기 바랍니다. 독자님의 의견에 대해 바로 답변을 드리고, 또 독자님의 의견을 다음 책에 충분히 반영하도록 늘 노력하겠습니다.

주 소 (우)08512 서울특별시 금천구 디지털로9길 32 갑을그레이트밸리 B동 10층
이메일 support@youngjin.com

※ 파본이나 잘못된 도서는 구입처에서 교환 및 환불해드립니다.

STAFF

저자 마경근, 서주란 | **총괄** 김태경 | **진행** 성민 | **디자인·편집** 김효정
영업 박준용, 임용수, 김도현, 이윤철 | **마케팅** 이승희, 김근주, 조민영, 김민지, 김진희, 이현아
제작 황장협 | **인쇄** 제이엠

머리말

"데이터는 모아두는 것보다, 연결하고 해석할 때 가치가 생깁니다."

데이터는 흔히 21세기의 원유라고 불립니다. 곳곳에서 데이터의 중요성을 이야기하며, 국가 발전의 원천이라 말하기도 합니다. 보유한 데이터를 판매하거나 가공해 수익을 창출하는 곳도 늘고 있습니다. 앞으로는 데이터가 의사 결정을 주도하는 시대가 될 것입니다. 넷플릭스의 영화 추천, 구글의 검색 결과 추천을 떠올려 보면 쉽게 고개가 끄덕여집니다. 이미 많은 곳에서 '데이터'라는 구슬을 꿰어 '보배'로 만들고 있습니다.

"데이터는 누구의 전유물도 아닙니다."

검색 창에 '데이터 강좌'를 입력하면 유·무료 동영상 강좌가 넘쳐납니다. 하지만 데이터 관련 전공을 하지 않았거나, 업무 경험이 없다면 이해하기 어려운 것이 현실입니다. 이제는 비전공자도 데이터를 손쉽게 활용할 수 있어야 합니다. 언론사 기자, 소규모 자영업자, 시민단체 활동가 등 누구나 각자의 분야에서 자유롭게 데이터를 다룰 수 있어야 합니다. 실제로 비전공자의 융합적 시각에서 나온 탁월한 성과가 주목받는 사례도 많습니다.

이 책에서는 비전공자도 쉽게 다룰 수 있는 데이터 분석·시각화 도구로 Power BI를 활용합니다. R이나 파이썬처럼 복잡한 프로그래밍 문법이나 명령어를 외울 필요가 없이, 엑셀을 다루듯 마우스로 아이콘을 클릭하고 드래그하는 직관적인 방식으로 데이터를 불러오고, 가공하며, 보기 좋은 차트로 시각화할 수 있습니다. 또한 데이터의 크기나 출처와 관계없이, 다양한 파일 형식과 데이터베이스를 한 화면에서 연결·통합하여 분석할 수 있습니다. 즉, 반복되는 보고서 작업부터 실시간 대시보드 제작까지, 누구나 손쉽게 데이터를 '읽고, 다듬고, 보여줄' 수 있는 환경을 제공합니다.

"숫자는 그림이 될 때 이야기가 시작됩니다."

이 책은 복잡한 숫자와 표를 누구나 이해하기 쉬운 차트로 시각화하고, 조건이나 상황 변화에 따라 데이터가 어떻게 달라지는지 직접 확인하는 방법을 다룹니다. 이를 통해 데이터에 숨어 있는 의미와 흐름을 직관적으로 파악할 수 있으며, 복잡한 분석 결과도 한눈에 전달할 수 있습니다. 보고서 작성, 프레젠테이션, 팀 회의 등 다양한 상황에서 Power BI로 만든 시각 자료는 설득력 있는 커뮤니케이션 도구가 될 것입니다.

이 책과 함께 데이터를 시각화하고 탐색하면서, 숫자와 정보 속에서 '인사이트'를 발견하고, '데이터'라는 구슬을 '보배'로 만드는 즐거운 여정을 시작해 보길 바랍니다.

저자 **마경근**

머리말

데이터를 분석한다는 일은 멋지고 흥미로운 과정입니다. 그러나 문제 정의부터 데이터 수집, 가공, 시각화를 거쳐 통찰력을 도출하기까지, 모든 사람이 이를 능숙하게 수행하는 것은 아닙니다. 특히 많은 사람이 분석 도구를 활용하는 데 상당한 시간과 비용, 노력을 들이고 있습니다.

분석 목적에 따라 Microsoft Excel, R, Python, SQL 등 다양한 도구를 사용하지만, 전문가가 아닌 이상 이 모든 도구를 자유자재로 다루기는 쉽지 않습니다.

Power BI는 'Self BI(Business Intelligence)' 시대에 맞춰, 전문가의 도움 없이도 사용자가 스스로 원하는 데이터를 분석하고 시각화할 수 있도록 돕는 강력한 도구입니다.

이 책은 최신 버전의 Power BI를 활용해 데이터 분석과 시각화를 쉽게 배울 수 있도록 구성했습니다. IT 전공이 아니어도, 데이터 분석 경험이 전혀 없어도, 책 속 예제를 차근차근 따라가다 보면 실제 업무에서 진행되는 데이터 분석 과정을 자연스럽게 익히게 될 것 입니다.

또한 다양한 주제의 데이터를 활용해 실습하면서, 보고서 작성·업무 분석·프레젠테이션 등 다양한 현장에서 즉시 활용할 수 있는 기능을 익히도록 했습니다. 이 책이 독자 여러분이 데이터 분석과 시각화의 세계에 첫발을 내딛는 든든한 안내서가 되기를 바랍니다. 감사합니다.

저자 **서주란**

예제/완성 파일 다운로드

예제/완성 파일 다운로드

이 책의 학습에 필요한 예제/완성 파일은 영진닷컴 홈페이지(www.youngjin.com)의 [고객센터]-[부록 CD 다운로드]-[IT도서/교재]에서 도서명으로 검색한 후 압축 파일을 다운로드하여 사용하면 됩니다.

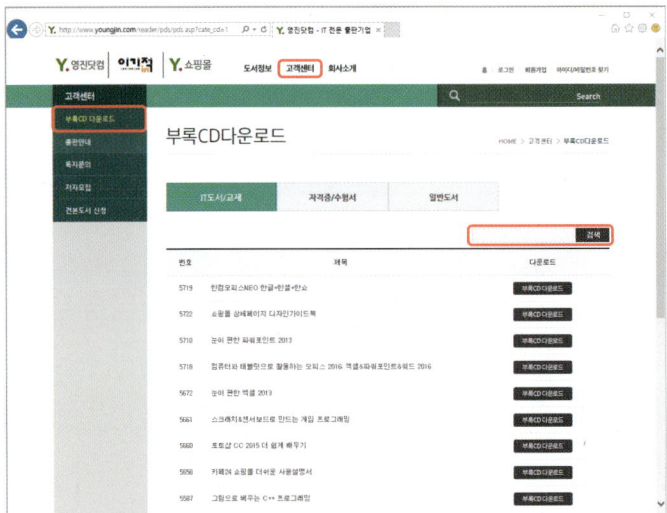

예제/완성 파일 압축 해제 경로

영진닷컴 홈페이지에서 다운로드한 압축 파일은 아래의 그림과 같이 [내 컴퓨터 〉 C: 드라이브]에 [Power BI] 폴더를 만든 후 압축을 해제하여 사용합니다. 때에 따라 **예제/완성 파일의 원본 파일 경로 재설정이 필요하다면, 본문 63P의 '데이터 원본 변경' 내용을 참고**하여 경로를 재설정해야 원활한 학습이 가능합니다.

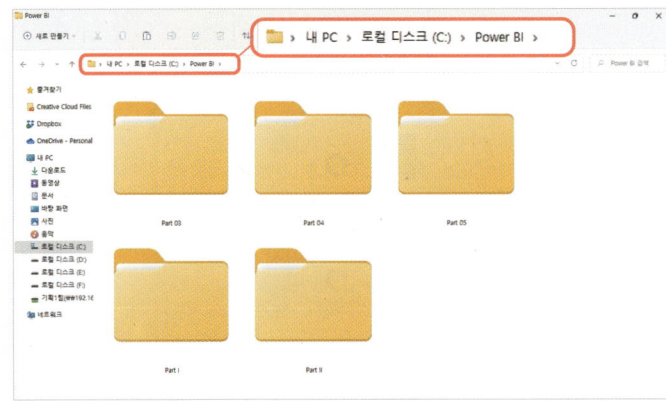

미리 보기

데이터 시각화와 탐색에 특화된 Power BI를 제대로 학습할 수 있도록 이론과 실전 예제들을 총 5개의 PART로 구성했습니다.

PART 01 Power BI 기본
PART 01에서는 Power BI의 구성 요소를 알아보고, 데이터 분석 및 시각화에 대해 살펴봅니다.

PART 02 Power BI 활용
PART 02에서는 파워 쿼리 편집기를 이용하여 여러 파일을 결합하거나 추가하여 하나로 통합하고, '전월대비, 전년대비 증감률' 등과 같은 DAX 수식을 활용한 시각화 방법을 살펴봅니다.

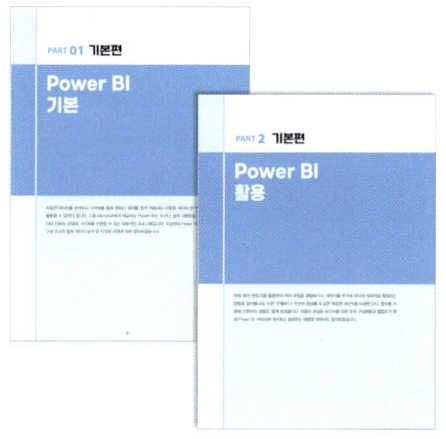

01 Chapter
PART별로 학습할 내용을 세분화하여 어떠한 내용을 학습할지 간단히 소개합니다.

03 Power BI 내용 소개
Power BI를 제대로 학습하기 위해 필요한 기본적인 지식이나, 필수 기능들을 따라하기 형식으로 소개합니다.

02 예제 파일
학습에 필요한 예제 파일의 경로를 알려 줍니다.

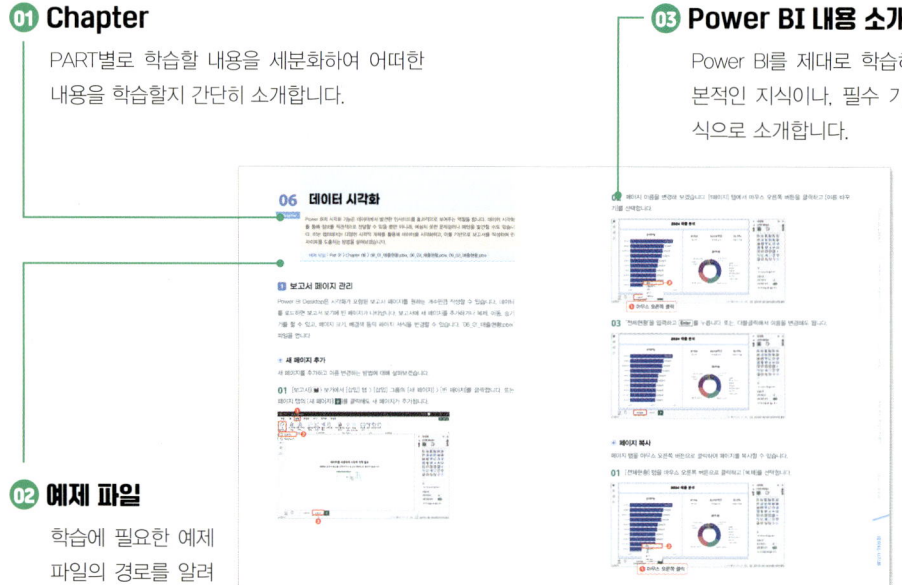

PART 03 서울의 1인 세대, 어디서 살고 있을까?

PART 03에서는 서울시 426개 행정동의 세대 구성을 분석하여, 1인 세대의 분포와 이동 패턴을 파악해 봅니다.

PART 04 서울의 미세먼지, 어떻게 변화하고 있을까?

PART 04에서는 대기오염 측정 데이터와 기상청의 기후 데이터를 활용하여 서울의 미세먼지 현황을 파악하고 앞으로의 변화를 예측해 봅니다.

PART 05 직장 그만두고, 나만의 카페를 창업해 볼까?

PART 05에서는 지방자치단체의 인허가 데이터와 서울시의 생활인구 데이터를 활용하여 '성공하는 카페'의 조건을 찾아봅니다.

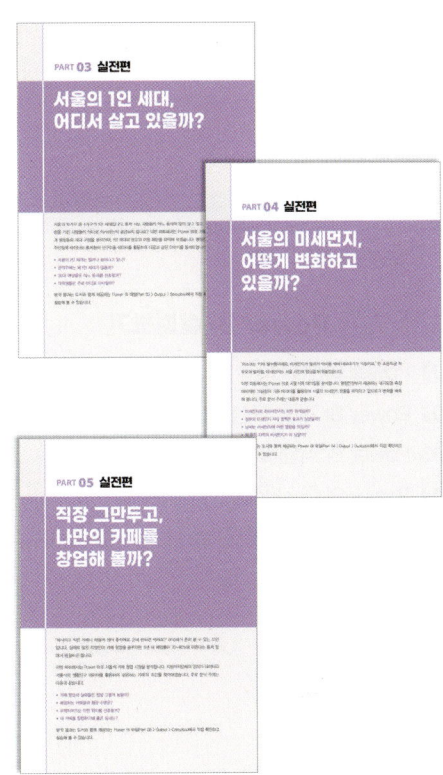

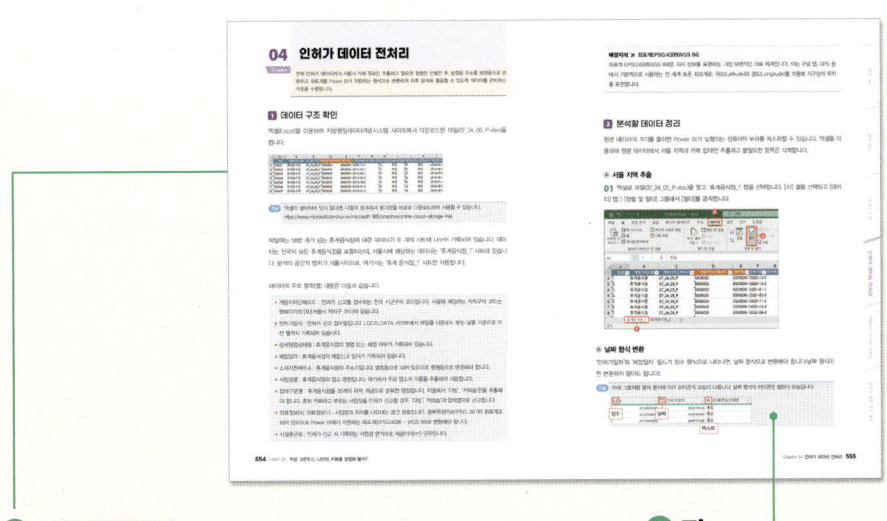

04 실전 따라하기

PART 03~05에서는 '혼밥족, 서울시 미세먼지, 카페 창업'과 같이 다양한 주제의 데이터들을 분석하고, 시각화하는 내용을 자세한 따라하기로 알려줍니다.

05 Tip

따라하기 내용에 응용이 가능하거나, 반드시 알아야 할 내용을 소개합니다.

목차

PART 01
Power BI 기본

Chapter 01 Power BI 살펴보기
01 Power BI란? 19
02 Power BI 제품 구성 요소 19
03 Power BI 작업 흐름 20
04 Power BI Desktop이란? 21
05 Power BI 서비스란? 22
06 Power BI 콘텐츠 23
  데이터 세트 23
  시각화 23
  보고서 24
  대시보드 24
07 Power BI 라이선스 25
  Microsoft Fabric 25
  Power BI Pro 25
  Power BI Premium Per User 25
08 Power BI 참고 26
  Custom Visual Gallery 26
  Data Stories Gallery 27
  Power BI Update 27
  Fabric Community 28

Chapter 02 Power BI Desktop 시작하기
01 Power BI Desktop 다운로드 29
  Microsoft Store에서 앱으로 설치 29
  웹 브라우저에서 Microsoft Store로 설치 30
  Power BI Desktop 설치 파일 다운로드 32
  Power BI Desktop 시작하기 34
02 Power BI Desktop 화면 구성 35
  보고서 보기 36
  테이블 보기 36
  모델 보기 37
  DAX 쿼리 뷰 37
03 Power BI 옵션 38
  옵션 설정 38

Chapter 03 데이터 가져오기
01 데이터 가져오기 39
  Excel 데이터 가져오기 40
  텍스트/CSV 데이터 가져오기 43
  웹 데이터 가져오기 46
  SQL Server에서 가져오기 50
02 테이블과 열(필드) 다루기 53
  데이터 보기 화면 구성 53
  테이블 이름 바꾸기 54
  테이블 삭제 55
  열(필드) 이름 바꾸기 55
  열(필드) 삭제 56
  데이터 서식 변경하기 57
  보고서 뷰에서 숨기기 59
  데이터 정렬과 필터 60
03 데이터 새로 고침 62
04 데이터 원본 변경 63
05 파일 저장 64

Chapter 04 파워 쿼리 편집기 다루기
01 파워 쿼리 편집기 시작하기 65
  쿼리 편집기 실행과 닫기 65
  파워 쿼리 편집기 화면 구성 67
02 데이터 변환 69
  첫 행을 머리글로 사용 69
  행/열 제거 70
  값 채우기 73
  값 바꾸기 73
  데이터 형식 변경 74
  날짜에서 월 추출 75
  열 피벗 해제 76
  쿼리 편집과 삭제 78
03 열 병합과 분리, 열 추가 79
  열 병합 79
  열 분할 81
  추출 83
  사용자 지정 열 84
  조건 열 85

예제의 열 86
04 쿼리 닫기 및 적용 88

Chapter 05 데이터 모델링

01 테이블 구조 89
팩트(Fact) 테이블과 차원(Dimension) 테이블 89
기본 키와 외래 키 90
관계 설정(Relationship) 90

02 관계 설정과 편집 91
로드하는 동안 자동 검색 92
자동 검색으로 관계 만들기 94
수동으로 관계 만들기 96
관계 편집 99
관계 속성 100
관계 삭제 103
새 레이아웃에서 관계 설정 103
다중키로 관계 설정 105

03 DAX 수식 작성 106
DAX 구문 106
DAX 연산자 107
DAX 함수 107
사용자 지정 숫자 서식 문자 110

04 계산 열 110
날짜 정보 110
매출 분석 114

05 측정값 116
총매출금액, 총매출이익, 매출이익률 116
총수량, 거래건수와 평균매출 118
시각화 120

06 열 기준 정렬 121

07 데이터 범주 123
위치 정보 123

08 데이터 그룹 설정 125
데이터 그룹 125
숫자 범주화 128
데이터 그룹 편집 130

Chapter 06 데이터 시각화

01 보고서 페이지 관리 132
새 페이지 추가 132
페이지 복사 133
페이지 숨기기 134
페이지 삭제 135
페이지 서식 변경하기 136
페이지에 배경 이미지 적용하기 137

02 시각적 개체 다루기 138
시각적 개체 추가 138
시각적 개체 서식 지정 140
축 서식 141
데이터 색 142
데이터 레이블 144
제목 서식 148
시각적 개체에 추가 분석 추가 150

03 시각적 개체 옵션 151
포커스 모드 151
데이터 내보내기 152
시각적 개체 복사, 붙여넣기 153
정렬 154
필터 155

04 보고서 작성하기 156
데이터 시각화 기법 156
텍스트 상자, 셰이프, 이미지 159
묶은 가로 막대형 차트 162
도넛형 차트 164
꺾은선형 차트 167
꺾은선형 및 누적 세로 막대형 차트 170
카드 173
맵(Map) 179
슬라이서 184
드롭다운 슬라이서 185
날짜 슬라이서 188
타일 슬라이서 190
슬라이서 복사 192
트리맵(Treemap) 193
테이블 195
행렬 198

05 상호 작용 편집 202
　　상호 작용 202
　　상호 작용 편집 203

PART 02
Power BI 활용

Chapter 07 파워 쿼리 편집기 활용

01 파일 결합 207
　　CSV 파일 결합 207
　　Excel 파일 결합 212

02 쿼리 추가와 결합 217
　　쿼리 추가 217
　　쿼리 병합 224

03 쿼리 복제와 참조 227
　　복제 227
　　참조 228
　　로드 사용 해제 230

04 행 그룹화 231

05 쿼리 새로 고침 233

Chapter 08 DAX 함수 활용

01 날짜 테이블 만들기 234
　　CALENDAR, ADDCOLUMNS 함수 234
　　날짜 테이블 만들기 235

02 측정값 관리 239
　　새 테이블 만들기 239
　　측정값 이동 240

03 유용한 DAX 함수 241
　　IF, SWITCH 242
　　CALCULATE, FILTER 246
　　SUMX 250
　　전월대비 증감률, 전년대비 증감률 253
　　월 누계, 연 누계 258
　　변수 선언으로 수식 향상 261
　　기간별 매출 262
　　ALL, ALLSELECTED 264
　　구성비, 비율 계산하기 267

04 빠른 측정값 271

05 DAX 참조, 빠른 측정 갤러리 273

Chapter 09 다양한 시각화

01 계층 구조 275
　　시각화 드릴 모드 275
　　계층 구조 만들기 278
　　폴더 표시하기 281

02 조건부 서식 282
　　데이터 막대 설정 283
　　배경색 설정 285
　　글꼴 색 설정 287
　　아이콘 설정 288
　　사용자 지정 조건부 서식 290
　　조건부 서식 제거 292
　　동적인 조건부 서식 293

03 스파크라인 296
　　스파크라인 추가 296
　　스파크라인 편집 299

04 다양한 시각화 300
　　슬라이서 300
　　계기 차트 306
　　KPI 307
　　분산형 차트 308
　　폭포 차트 310
　　분해 트리 312
　　내러티브 314
　　질문과 답변(Q&A) 315

05 새 매개 변수 316
　　숫자 범위 매개 변수 316
　　필드 매개 변수 319

06 더 많은 시각적 개체 가져오기 322
　　AppSource에서 가져오기 322
　　파일에서 가져오기 325
　　시각적 개체 삭제 327
　　AppSource에서 다운받기 328
　　유용한 시각적 개체 활용 329

Chapter 10 다양한 맵 시각화

01 Power BI 맵 시각적 개체 331
　　맵 332
　　등치 지역도 332
　　도형 맵 333
　　ArcGIS 333

02 맵 시각화를 위한 Tip 334
　　지리적 필드 재분류 334

위도 및 경도 사용 335
전체 위치 정보는 장소 범주 사용 335
03 등치 지역도 336
04 도형 맵 337
05 ArcGIS 340

Chapter 11 보고서 관리

01 필터 343
필터 환경 343
시각적 개체 필터 344
페이지 필터와 모든 페이지 필터 347
모든 페이지 필터 348
상대 날짜 필터 349
드릴스루 필터 351

02 보고서 도구 설명 353
도구 설명 353
보고서 도구 설명 페이지 354
여러 도구 설명 페이지 만들기 356

03 보고서 테마 359
테마 전환 359
테마 갤러리에서 다운받기 360

04 페이지 탐색 단추 만들기 363
페이지 탐색기 추가하기 363
도형에 탐색할 페이지 연결하기 364

05 책갈피 만들기 366
책갈피 추가하기 366
책갈피 단추 추가하기 367
선택 창 368
책갈피 단추로 시각적 개체 표시하기 370

Chapter 12 Power BI 서비스

01 Power BI 서비스 살펴보기 373
Power BI 서비스 화면 구성 373
Power BI 서비스의 새 환경 374
데이터 가져오기 374
보고서 376
대시보드 380

02 보고서 게시와 공유 381
Power BI 서비스에 보고서 게시 381
매출현황 대시보드 구성 383
보고서 공유 385
보고서 공유 해제 386
웹에 게시 386

03 보고서 내보내기 389
Excel에서 분석하기 389
Powerpoint로 데이터 포함하여 내보내기 391

04 데이터 새로 고침 393

부록 생성형 AI를 활용한 데이터 분석 394

PART 03
서울의 1인 세대, 어디서 살고 있을까?

Chapter 01 분석 개요

01 분석 배경 405
주거 정책 측면 405
사회 안정망 측면 405
도시 계획 측면 405
경제 · 산업적 측면 405

02 분석 절차 406
1단계 : 분석 개요(Chapter 01) 407
2단계 : 문제 정의(Chapter 02) 407
3단계 : 데이터 수집(Chapter 03) 407
4단계 : 데이터 전처리(Chapter 04) 407
5단계 : 각 분석 주제에 따른
데이터 시각화와 탐색 407

03 분석 특징 및 한계 408
분석 범위 408
사용 데이터 408
활용 목적 및 한계 408

Chapter 02 문제 정의

01 세대 구성의 변화 추이는? 409
분석 목적 409
분석 방법 409

02 1인 세대의 공간적 분포는? 409
분석 목적 410
분석 방법 410

03 1인 세대의 이동 패턴은? 410
분석 목적 410
분석 방법 410

Chapter 03 데이터 수집

01 세대원별 세대수 데이터 411
02 인구이동 통계 데이터 412

03 행정동 코드 데이터 416

Chapter 04 데이터 전처리

01 세대원별 세대수 데이터 418
　　원본 데이터 구조 파악 418
　　Power BI에 데이터 가져오기 419
　　행정구역 정보 정제 420
　　분석 대상 데이터 선별 422
　　데이터 구조 변환 423
　　열 병합 및 이름 변경 425
　　나머지 연도 데이터 처리 426
　　모든 테이블 통합하기 428

02 인구이동 데이터 430
　　원본 데이터 구조 파악 430
　　Power BI에 데이터 가져오기 431
　　전입지 및 전출지 코드 생성 432
　　날짜 열 생성 433
　　1인 세대 데이터 추출 433
　　데이터 정리 434
　　데이터 형식 및 값 변환 434
　　연령대 그룹화 436

03 행정동 코드 데이터 438
　　원본 데이터 구조 파악 438
　　Power BI에 데이터 가져오기 438
　　데이터 정리 439
　　쿼리 이름 변경 440

04 최종 데이터 적용 440

Chapter 05 세대 구성 형태의 변화 분석

01 세대수의 변화 시각화 442
　　세대수 합계 열 추가 442
　　세대수 변화 시각화 443

02 세대 구성 형태의 변화 시각화 444
　　세대원별 세대수 변화 시각화 444
　　세대 구성 비교 시각화 445

03 시각화 결과 탐색 447
　　전체 세대수 변화 분석 447
　　세대 규모별 구성비 변화 448
　　주요 발견 사항 448

Chapter 06 1인 세대의 공간적 분포 분석

01 분석 데이터 준비 450
　　테이블 관계 설정 450
　　분석 기준 설정 451

02 지역별 1인 세대 현황 시각화 451
　　1인 세대 비율 열 추가 451
　　자치구별 분석 452
　　행정동별 상세 분석 454

03 공간 분포 패턴 시각화 456
　　도형 맵 구성 및 설정 456
　　1인 세대수의 공간적 분포 시각화 458
　　1인 세대 비율의 공간적 분포 시각화 459

04 시각화 결과 탐색 460
　　차트 간 상호 설정 460
　　주요 분석 결과 460

Chapter 07 1인 세대의 이동 패턴 분석

01 분석 데이터 준비 463
　　테이블 관계 설정 463
　　분석 기준 설정 463

02 1인 세대 인구 특성 분석 464
　　성별 분포 시각화 464
　　연령대별 분포 시각화 465
　　전입 이유 시각화 466

03 1인 세대 공간 분포 분석 466
　　지역별 이동량 테이블 작성 466
　　이동 패턴 지도 시각화 469

04 시각화 결과 탐색 470
　　차트 간 상호 작용 설정 470
　　주요 분석 결과 472

PART 04
서울의 미세먼지, 어떻게 변화하고 있을까?

Chapter 01 분석 개요

01 분석 배경 475
　　공중보건 측면 475
　　환경 정책 측면 475
　　도시 계획 측면 475
　　경제·사회적 측면 476

02 분석 절차 476
　　1단계 : 분석 개요(Chapter 01) 477
　　2단계 : 문제 정의(Chapter 02) 477
　　3단계 : 데이터 수집(Chapter 03) 477

4단계 : 데이터 전처리(Chapter 04) **477**

5단계 : 각 분석 주제에 따른 데이터 시각화와
탐색(Chapter 04~08) **477**

03 분석 특징 및 한계 478

분석 범위 **478**

사용 데이터 **478**

분석의 한계 **478**

활용 목적 및 한계 **479**

Chapter 02 문제 정의

**01 미세먼지(PM-10)와 초미세먼지(PM-2.5)의
상관관계는? 481**

분석 목적 **481**

분석 방법 **481**

02 서울의 미세먼지, 개선되고 있나? 481

분석 목적 **481**

분석 방법 **481**

03 기후 요소는 미세먼지에 어떤 영향을 끼칠까? 482

분석 목적 **482**

분석 방법 **482**

04 서울시내 지역별 미세먼지 농도는? 482

분석 목적 **482**

분석 방법 **482**

Chapter 03 데이터 수집

01 미세먼지 측정 데이터 483

02 기후 데이터 485

Chapter 04 데이터 전처리

01 미세먼지 측정 데이터 486

XLSX 데이터 가져오기 **486**

CSV 데이터 가져오기 **488**

쿼리 합치기 **490**

측정소 필터링 **490**

날짜/시작 형식 변경 **491**

불필요한 열 제거 **492**

02 기후 데이터 492

데이터 가져오기 **492**

풍향명 열 추가 **493**

불필요한 열 제거 **495**

03 최종 데이터 연결하기 495

Chapter 05 미세먼지와 초미세먼지의 상관관계

01 데이터 준비 498

02 상관관계 시각화 499

미세먼지 변화 패턴 비교 **499**

미세먼지 간의 상관관계 시각화 **501**

상관계수 계산 및 표시 **501**

03 측정일시 추가 503

04 시각화 결과 탐색 503

전체 기간 상관관계 분석(2023년) **504**

계절별 상관관계 분석 **504**

고농도 발생 시점 분석 **505**

Chapter 06 서울의 미세먼지, 개선되고 있나?

01 데이터 준비 507

02 연평균 값의 변화 시각화 508

03 일 기준 초과 건수 시각화 510

미세먼지 농도 시각화 **510**

초미세먼지 농도 시각화 **512**

04 시각화 결과 탐색 513

연평균 농도 변화 추이 **513**

일평균 기준 초과 건수 변화 **514**

정책 효과 평가 **514**

Chapter 07 기상 조건과 미세먼지 농도의
관계 분석

01 데이터 준비 516

분석 기간 설정 **516**

연계를 위한 날짜 열 생성 **517**

테이블 관계 설정 **517**

02 기온과 미세먼지/초미세먼지 관계 시각화 518

기온 분포 **518**

기온과 미세먼지의 관계 **518**

기온과 초미세먼지의 관계 **519**

03 습도와 미세먼지/초미세먼지 관계 시각화 520

습도 데이터 분포 **520**

습도와 미세먼지의 관계 **520**

습도와 초미세먼지의 관계 **521**

04 풍속과 미세먼지/초미세먼지 관계 시각화 522

풍속 분포 **522**

풍속과 미세먼지의 관계 **523**

풍속과 초미세먼지의 관계 **524**

05 풍향과 미세먼지/초미세먼지 관계 시각화 525

풍향 분포 525
풍향별 미세먼지 평균값 526
풍향별 초미세먼지 평균값 527
풍향과 미세먼지의 관계 527
풍향과 초미세먼지의 관계 528
06 시각화 결과 탐색 529
기온과 미세먼지 농도의 관계 529
습도와 미세먼지 농도 530
풍속과 미세먼지 농도 531
풍향별 영향 531

Chapter 08 서울시 지역별 미세먼지 농도 분석

01 데이터 준비 533
분석 기간 설정 533
02 자치구별 미세먼지/초미세먼지 농도 시각화 534
미세먼지 농도 534
초미세먼지 농도 535
03 지도로 미세먼지 농도 시각화 536
미세먼지 농도 536
초미세먼지 농도 537
04 미세먼지/초미세먼지 농도별 시각화 538
미세먼지 농도 538
초미세먼지 농도 539
05 시각화 결과 탐색 540
미세먼지(PM-10) 분포 특성 540
초미세먼지(PM-2.5) 분포 특성 541

PART 05
직장 그만두고, 나만의 카페를 창업해 볼까?

Chapter 01 분석 개요

01 분석 배경 543
시장 진입 측면 543
입지 선정 측면 543
운영 전략 측면 543
리스크 관리 측면 544
02 분석 절차 544
1단계 : 분석 개요(Chapter 01) 545
2단계 : 문제 정의(Chapter 02) 545
3단계 : 데이터 수집(Chapter 03) 545
4단계 : 데이터 전처리(Chapter 04) 545
5단계 : 각 분석 주제에 따른 데이터 시각화와 탐색(Chapter 04~08) 545
03 분석의 특징 및 한계 546
분석 범위 546
사용 데이터 546
분석의 한계 547
활용 목적 및 한계 547

Chapter 02 문제 정의

01 창업과 폐업 현황은 어떨까? 548
분석 목적 548
분석 방법 548
02 폐업률과 영업기간은 어떨까? 548
분석 목적 548
분석 방법 549
03 프랜차이즈의 영향력은 어느 정도일까? 549
분석 목적 549
분석 방법 549
04 창업하기 좋은 입지는 어디일까? 549
분석 목적 549
분석 방법 550

Chapter 03 데이터 수집

01 카페 인허가 데이터 551
데이터 다운로드 552
02 생활인구 데이터 553

Chapter 04 인허가 데이터 전처리

01 데이터 구조 확인 554
02 분석할 데이터 정리 555
서울 지역 추출 555
카페 업종 추출 557
필요한 항목만 저장 558
03 공간정보 정리 559
QGIS 설치 560
카페 위치 표시 560
행정동 정보 추가 563
행정동별 면적 계산 565
새로운 좌표값 추가 567
04 Power BI로 마무리 568
데이터 가져오기 568

날짜 형식 변환 568
　　　날짜 범위 설정 569
　　　영업기간 추가 570
　　　불필요한 열 삭제 571

Chapter 05 생활인구 데이터 전처리

01 행정구역 데이터 정리 572
　　　데이터 가져오기 572
　　　행정구역 분리 572
　　　불필요한 열 삭제 573

02 생활인구 데이터 정리 574
　　　데이터 가져오기 574
　　　20대~40대 인구 합계 열 생성 574
　　　카페 이용 시간대 추출 575
　　　불필요한 열 삭제 및 테이블명 변경 576

Chapter 06 창업과 폐업 추이 분석

01 데이터 준비 578
　　　날짜 테이블 생성 578
　　　날짜와 카페 데이터 연결 579

02 창업과 폐업 현황 시각화 580
　　　창업건수 계산 580
　　　폐업건수 계산 581
　　　창업과 폐업 추이 시각화 582

03 서울시 카페의 증감 시각화 584
　　　창업 누적건수 계산 584
　　　폐업 누적건수 계산 585
　　　운영 중인 카페 수 계산 586
　　　운영 중인 카페 수 시각화 587

04 시각화 결과 탐색 588
　　　서울시 카페 시장의 전반적 현황 588
　　　연도별 창업과 폐업 추이 589
　　　시장 성장률 검증 589

Chapter 07 폐업률과 영업기간 분석

01 연도별 폐업률 시각화 590
　　　폐업률의 이해 590
　　　폐업률 계산 591
　　　폐업률 시각화 592

02 영업기간 현황 시각화 593
　　　연 단위 영업기간 산출 593
　　　영업 상태별 기간 분포 시각화 594

03 시각화 탐색 결과 596
　　　실제 카페의 생존율 검증 596
　　　영업 지속 기간의 분포 597
　　　폐업 위험 시기 파악 597

Chapter 08 유명 브랜드 카페 분석

01 데이터 준비 599
　　　분석 대상 브랜드 선정 599
　　　브랜드명 표준화 599
　　　브랜드 정보 테이블 구성 600

02 시장 점유율 시각화 602
　　　분석 조건 설정 602
　　　브랜드 점유율 시각화 603
　　　브랜드 간 점유율 시각화 604

03 매장 분포 시각화 605
　　　지도 기반 분포 시각화 605
　　　슬라이서 배치 606

04 성장 추이 시각화 607

05 시각화 결과 탐색 608
　　　시장 점유율 분석 608
　　　입지 선정 전략 분석 609
　　　브랜드별 성장 패턴 610
　　　주요 시사점 611

Chapter 09 카페 입지 분석

01 데이터 준비 613
　　　행정도 코드 변환 테이블 다운로드 613
　　　데이터 형식 변경 614
　　　데이터 관계 설정 615
　　　분석 조건 설정 616

02 지역별 카페 분포 시각화 616

03 지역별 생활인구 시각화 618
　　　지역별 생활인구 618
　　　행정동별 생활인구 620

04 카페 과밀 지역 시각화 622
　　　생활인구 대비 카페의 수 622
　　　인구밀도 대비 카페의 수 623

05 시각화 결과 탐색 624
　　　행정동별 카페 현황 분석 624
　　　생활인구 기반 수요 분석 625
　　　수요와 공급 균형 분석 625
　　　최적 입지 선정 기준 626

PART 01 기본편

Power BI 기본

수집한 데이터를 분석하고 시각화를 통해 원하는 결과를 얻기 위해서는 다양한 데이터 분석 도구를 활용할 수 있어야 합니다. 그중 Microsoft에서 제공하는 Power BI는 누구나 쉽게 사용법을 익혀 데이터 전처리, 모델링, 시각화를 수행할 수 있는 대표적인 프로그램입니다. 지금부터 Power BI의 주요 구성 요소와 함께 데이터 분석 및 시각화 과정에 대해 알아보겠습니다.

01 Power BI 살펴보기

Chapter

Power BI를 소개하고 구성 요소를 알아봅니다. Power BI를 시작하기 전에 Power BI 서비스에 로그인할 수 있는 계정을 등록하고 전반적인 작업 흐름을 살펴보겠습니다.

1 Power BI란?

Power BI는 최신 정보를 통해 신속하게 의사 결정할 수 있도록 인사이트를 제공하는 비즈니스 분석 서비스입니다. 누구나 쉽게 시각적 보고서를 사용하여 데이터를 연결하고 모델링 및 정보를 탐색할 수 있습니다. 또한, 시각적 보고서는 공동 작업을 수행하고 공유할 수 있으며 Microsoft Excel을 비롯한 다른 도구와 연결하여 사용할 수도 있습니다.

2 Power BI 제품 구성 요소

Power BI 제품은 다음 세 가지 요소로 구성됩니다.

- Power BI Desktop : Windows Desktop Application
- Power BI Service : 온라인 SaaS(Software as a Service) 서비스
- Power BI Mobile Apps : Windows, iOS 및 Android 디바이스용

▶ 출처 : https://docs.microsoft.com/ko-kr/power-bi/fundamentals/power-bi-overview

세 가지 외에도 Power BI 보고서 작성기와 보고서를 게시할 수 있는 온-프레미스 보고서 서버인 Power BI Report Server가 있습니다.

Power BI 사용 방법은 프로젝트 또는, 팀에서 사용자의 역할에 따라 달라질 수 있습니다. 보고서 작성자는 Power BI Desktop에서 보고서를 만든 다음, Power BI 서비스에 해당 보고서를 게시합니다. 의사 결정을 위한 비즈니스 사용자는 Power BI 서비스를 사용하여 보고서 및 대시보드를 볼 수 있고, 영업이나 외부 출장이 많은 사용자는 Power BI 모바일 앱을 사용하여 진행 상황을 모니터링할 수 있습니다. 개발자라면 Power BI API를 사용하여 데이터를 데이터 세트에 푸시하거나 대시보드와 보고서를 사용자 지정 애플리케이션에 포함할 수 있습니다. 상황에 맞게 Power BI의 각 부분을 매우 유연하게 사용할 수 있습니다.

3 Power BI 작업 흐름

Power BI의 일반적인 작업 순서는 Power BI Desktop에서 데이터 원본에 연결하고 다양한 시각적 개체를 활용하여 보고서를 작성하는 것부터 시작합니다. 작성된 보고서는 Power BI 서비스에 게시하고 Power BI 서비스 및 모바일 디바이스에서 사용자가 보고서를 탐색하고 상호 작용할 수 있도록 공유합니다.

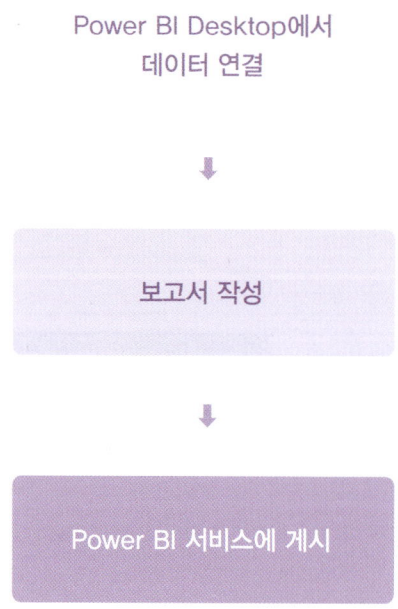

4 Power BI Desktop이란?

Power BI Desktop은 다양한 유형의 데이터에 연결하여 시각화할 수 있도록 윈도우 기반의 로컬 컴퓨터에 설치하는 무료 애플리케이션입니다.

Power BI Desktop을 사용하여 데이터 원본에 연결하고 데이터 변환 및 모델링할 수 있습니다. 파워 쿼리 편집기를 통해 데이터를 편집 및 결합하거나, 테이블 간의 관계 설정이나 측정값을 작성할 수 있습니다. 이러한 데이터 모델을 이용해 다양한 시각적 개체를 활용한 보고서를 작성하여 조직 내 다른 사용자와 공유할 수 있도록 Power BI 서비스에 게시할 수 있습니다.

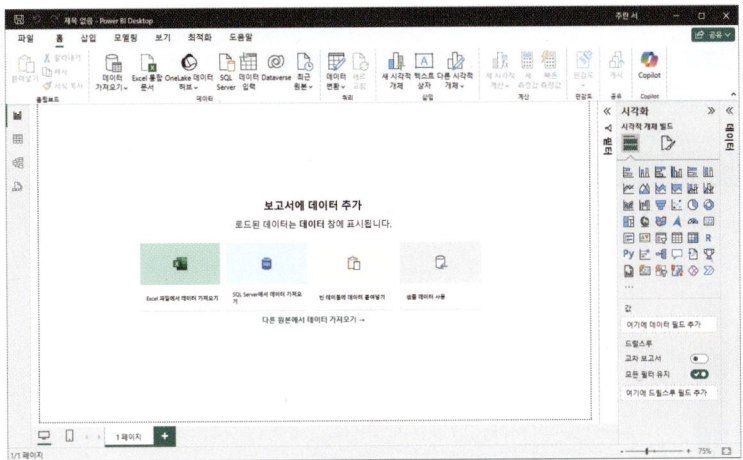

Power BI Desktop에서 다음과 같은 작업이 이루어집니다.

- 데이터에 연결
- 데이터 변환 및 모델링
- 데이터 시각화
- 보고서 만들기
- Power BI 서비스에 게시

5 Power BI 서비스란?

Power BI 서비스(app.powerbi.com)는 클라우드 기반 서비스 또는, SaaS(Software as a Service)로 팀과 조직을 위한 보고서 편집 및 협업을 지원합니다. Power BI 서비스에서 데이터 원본에 연결할 수 있지만, 데이터 편집이나 모델링에는 제한이 있습니다. Power BI 서비스는 대시보드 만들기, 앱 만들기 및 공유, 비즈니스 인사이트를 파악하기 위한 데이터 분석 및 탐색과 같은 작업을 수행하는 데 사용합니다.

Power BI 서비스에 로그인하면 [내 작업 영역]에서 의미 체계 모델(데이터 모델)을 이용해 보고서를 작성할 수 있고, Power BI Desktop에서 게시된 보고서를 확인할 수도 있습니다.

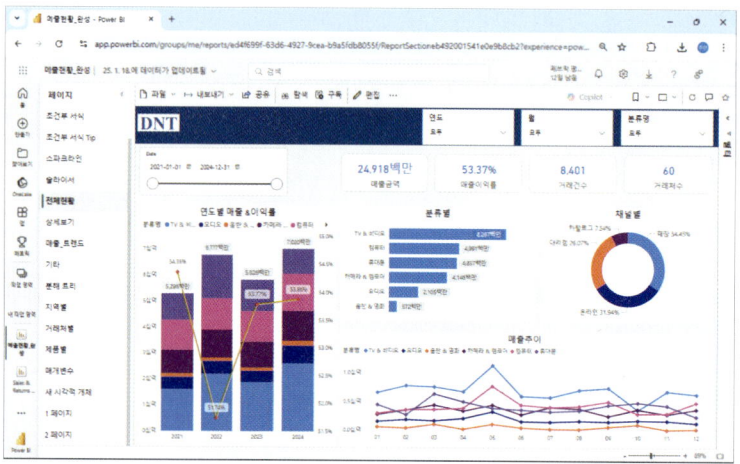

> **Tip** **Power BI 서비스에 로그인**
>
> Power BI 서비스에 로그인하려면 회사나 학교 등 조직에서 사용하는 이메일 주소 계정으로 등록 가능하며, Naver, Gmail, MSN 등의 웹 포털에서 제공하는 이메일은 등록할 수 없습니다.

> **Tip** **의미 체계 모델(Semantic Model)**
>
> Power BI의 의미 체계 모델(Semantic Model)은 데이터 모델링과 의미론적 분석을 담당하는 핵심 요소로, 사용자가 데이터를 더 직관적으로 탐색하고 활용할 수 있도록 도와줍니다. 이전에는 데이터 모델(Data Model)이라고 불렸으나, 최근에는 Semantic Model이라는 용어로 대체되었으며 데이터 원본, 테이블 및 관계, 데이터 변환 및 정제, 계산 및 측정값, 계층 구조, 역할 및 보안 등이 Semantic Model에 해당합니다.

6 Power BI 콘텐츠

Power BI를 구성하는 요소는 다음과 같습니다.

◆ 데이터 세트

데이터 세트는 Power BI에서 데이터를 가져오거나 연결한 다음 보고서와 대시보드를 구성하는 데 사용하는 데이터 컬렉션입니다. Excel, CSV, 텍스트 등의 파일부터 각종 데이터베이스, 온라인 서비스 등의 다양한 데이터 원본을 가져올 수 있습니다. 하나의 데이터 세트는 여러 보고서와 대시보드에서 사용할 수 있습니다.

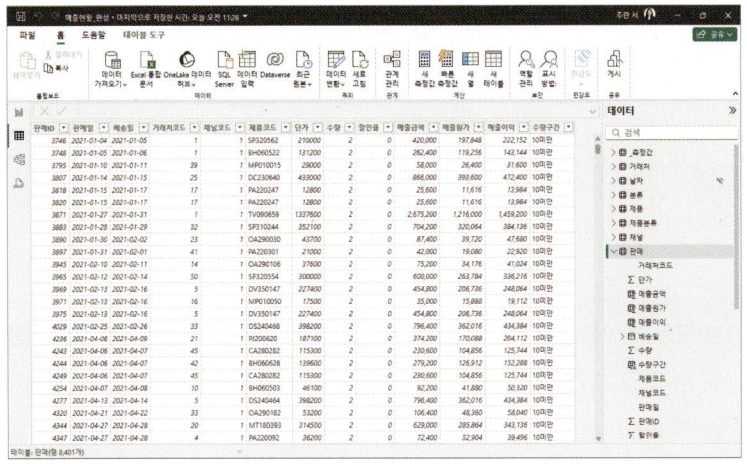

◆ 시각화

시각화(시각적 개체)는 데이터를 다양한 차트로 표현합니다. Power BI의 [시각화] 창에서 가로 막대형, 세로 막대형, 원형, 트리맵, 테이블, 맵 등 다양한 시각적 개체를 사용할 수 있습니다.

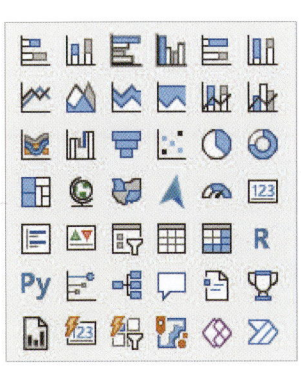 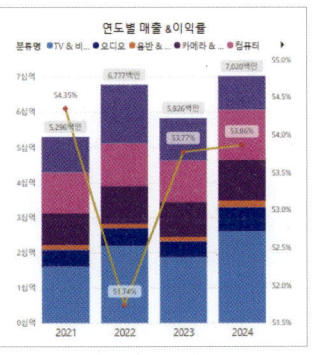 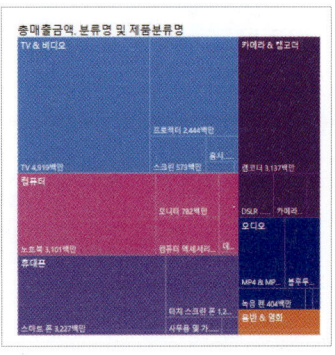

◆ 보고서

Power BI 보고서는 시각화, 그래픽 및 텍스트로 이루어진 하나 이상의 페이지입니다. 보고서의 모든 시각화는 단일 데이터 세트에서 제공하며 하나의 보고서는 여러 대시보드에 연결하여 사용할 수 있습니다.

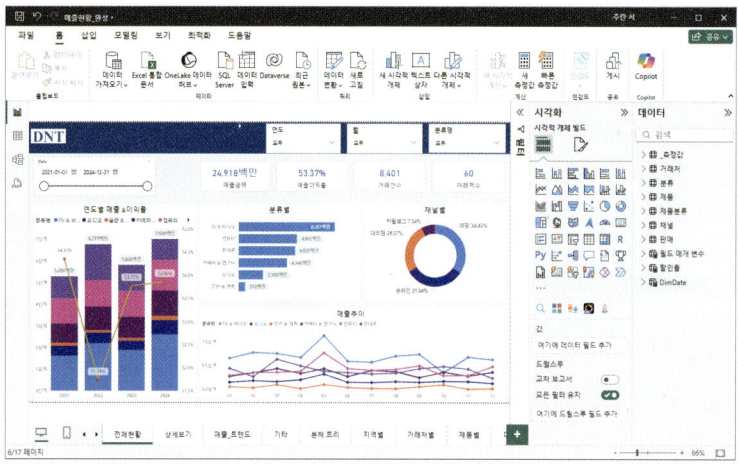

◆ 대시보드

대시보드는 의사 결정에 필요한 모든 정보를 한눈에 보거나 비즈니스에서 가장 중요한 정보를 모니터링하기 위해 사용합니다. 대시보드는 타일, 그래픽 및 텍스트가 포함된 단일 캔버스로 타일은 보고서에서 대시보드로 고정하는 시각적 개체입니다. 하나의 대시보드는 여러 데이터 세트나 보고서의 시각화를 표시할 수 있습니다. 대시보드에는 타일 또는, 전체 페이지가 포함될 수 있습니다.

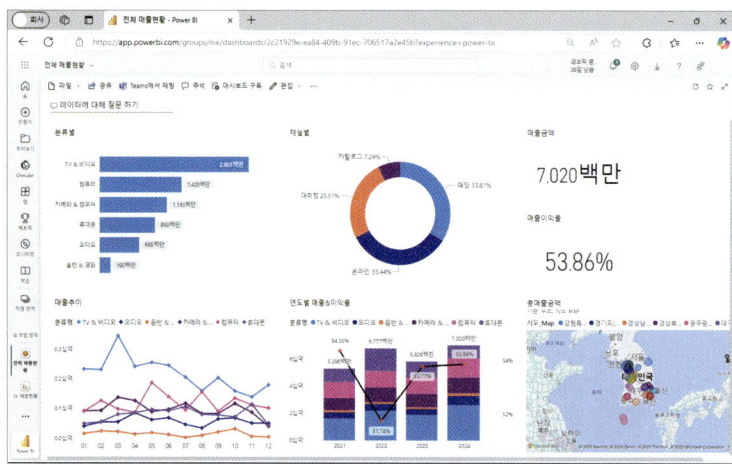

7 Power BI 라이선스

Power BI는 가격 정책에 따라 사용 권한이 다릅니다. Power BI Desktop은 무료로 제공되며 Power BI 서비스에서는 라이선스별로 Power BI Pro와 Power BI Premium을 제공합니다.

◈ Microsoft Fabric

Microsoft Fabric을 통해 통합된 제품 환경에서 동일한 컴퓨팅 용량과 저장소를 사용하여 조직을 위한 라이선스를 제공합니다.

- 용량 기준 라이선스
  ▶ 가격 : 용량에 따라 다름

◈ Power BI Pro

실시간 대시보드 및 보고서를 통해 데이터를 시각화하고 조직 전체에 인사이트를 공유합니다.

- 사용자 기준 라이선스
  ▶ 가격 : 사용자당 월 $10

◈ Power BI Premium Per User

Power BI Pro의 모든 기능에 더해, 고급 AI, 대규모 데이터의 셀프 서비스 준비, 간소화된 데이터 관리 등 추가 기능을 제공합니다.

8 Power BI 참고

Power BI에서는 커뮤니티 구성원이나 개발자들이 자료를 공유하는 다양한 갤러리를 제공합니다. 갤러리에서 기본으로 제공되는 리소스를 다운로드하여 더 빠르고, 편리하게 데이터를 시각화할 수 있습니다. Power BI에서 제공하는 다양한 갤러리를 살펴보겠습니다.

✦ Custom Visual Gallery

Custom Visual Gallery는 다양한 사용자 지정 시각적 개체를 만드는 활발한 개발자 커뮤니티입니다. 개발자 및 Microsoft에서 만든 유용한 시각화를 포함해 시각적 개체를 제공합니다. Power BI 보고서 작성 시 다양한 사용자 지정 시각적 개체를 다운로드하여 데이터를 좀 더 손쉽게 시각적으로 표현할 수 있습니다.

웹 브라우저를 실행한 후 'https://visuals.powerbi.com'으로 이동합니다. AppSource의 Power BI visuals에서 다양한 사용자 지정 시각적 개체를 다운받아 사용할 수 있습니다. 개체를 다운받을 때는 조직이나 학교 계정을 등록해야 합니다.

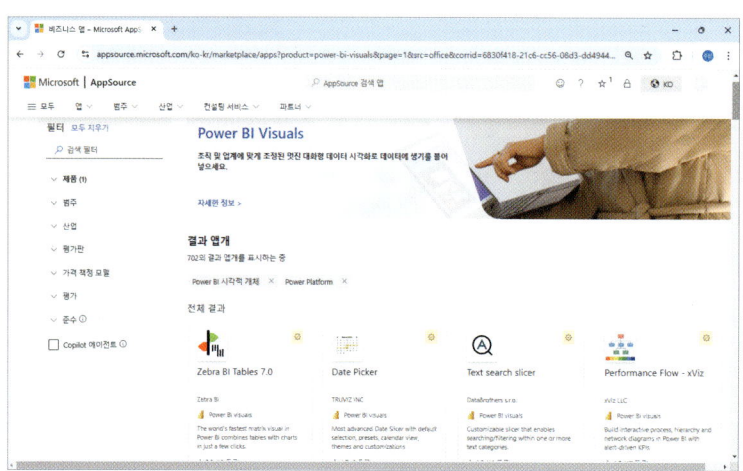

◆ Data Stories Gallery

Power BI의 웹에 게시 기능을 통해 보고서를 갤러리에 올려 다른 사람과 공유할 수 있습니다. Data Stories Gallery에서는 다른 사람이 공유한 다양한 보고서를 참고할 수 있습니다. 자세한 정보는 아래 링크를 참고하면 됩니다.

https://community.fabric.microsoft.com/t5/Data-Stories-Gallery/bd-p/DataStoriesGallery

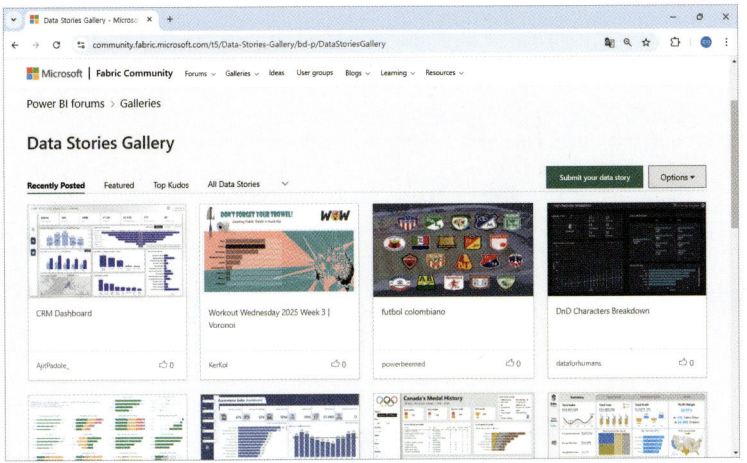

◆ Power BI Update

Power BI는 정기적으로 매달 업데이트가 이루어집니다. 이 달에 업데이트된 항목을 확인하고 적용하려면 다음 블로그를 참고합니다.

https://powerbi.microsoft.com/ko-kr/blog/

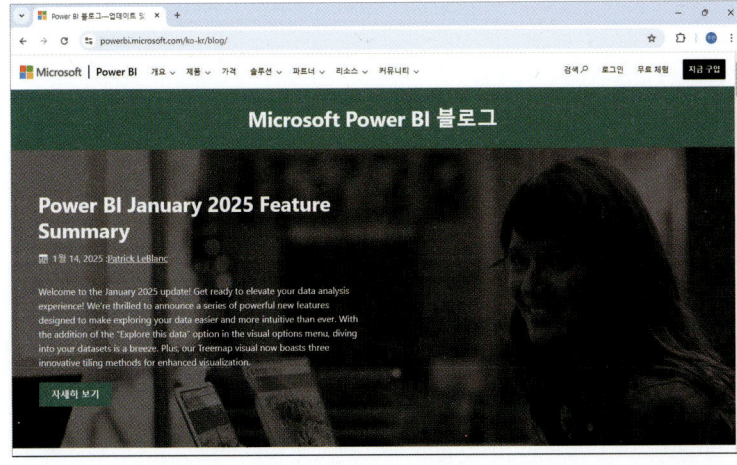

✦ Fabric Community

Microsoft Fabric은 데이터 분석 및 통합 플랫폼으로, Azure Data Factory, Power BI, Synapse Analytics 등의 기능을 통합적으로 제공합니다. 해당 커뮤니티에서 포럼과 Q&A 섹션에서 기술적 문제를 해결할 수 있고 튜토리얼이나 문서, 비디오 등의 사용자 리소스를 제공받을 수 있습니다. 또한 Fabric 관련 소식과 이벤트 정보를 확인하고 전문가 및 다른 사용자와 소통할 수 있습니다. 아래 웹 페이지를 방문하면 Microsoft Fabric과 커뮤니티 리소스를 효과적으로 탐색할 수 있습니다.

https://community.fabric.microsoft.com/

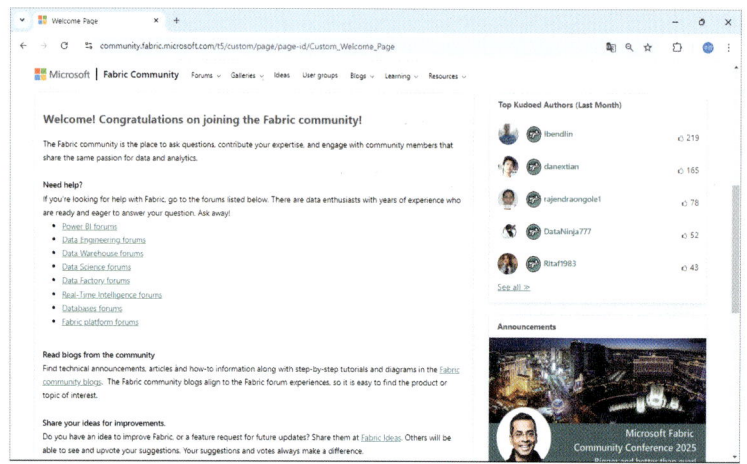

02 Power BI Desktop 시작하기

Power BI Desktop에서는 다양한 데이터에 연결하여 데이터 변환 및 모델링을 할 수 있고 최신 대화형 시각화 기능을 제공합니다. 또한, 보고서를 작성한 후 Power BI 서비스에 게시하여 다른 사용자들과 보고서를 공유할 수eh 있습니다. 이제부터 Power BI Desktop을 설치하는 방법과 화면 구성에 대해 살펴보겠습니다.

1 Power BI Desktop 다운로드

Microsoft Power BI Desktop은 Power BI의 도우미 데스크톱 응용 프로그램으로써 시스템 요구사항은 다음과 같습니다.

▶ Windows 10 또는, Windows Server 2016 이상, .NET 4.7.2
▶ Microsoft Edge 브라우저(Internet Explorer 지원되지 않음)
▶ CPU : 1GHz 64비트(x64) 이상 프로세서 권장, WebView2

Power BI Desktop 프로그램은 무료로 다운로드할 수 있으며 다음 두 가지 방법 중 하나를 사용해 설치할 수 있습니다.

▶ Microsoft Store에서 앱으로 설치
▶ 실행 파일을 직접 다운로드하여 설치

Power BI Desktop은 매월 새로운 기능이 업데이트되고 릴리스됩니다. Microsoft Store에서 Power BI Desktop을 설치하면 항상 최신 버전을 사용할 수 있습니다.

◈ Microsoft Store에서 앱으로 설치

01 윈도우 검색 단추를 클릭하고 Microsoft Store를 실행합니다.

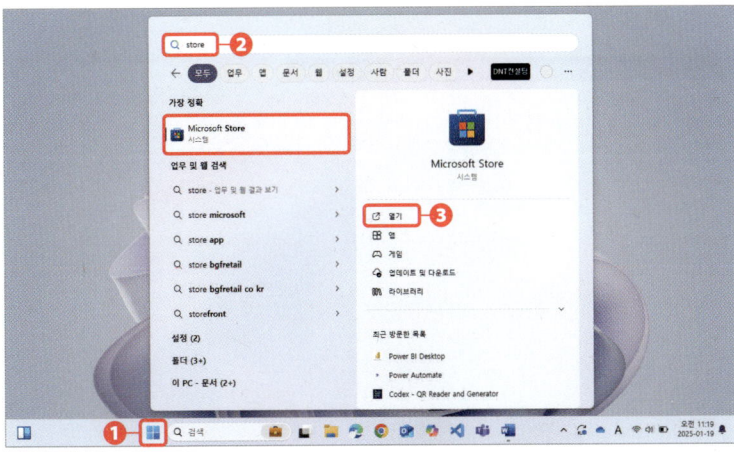

02 Microsoft Store 창의 검색란에 'Power BI'를 입력합니다. 검색된 Power BI Desktop 앱의 [다운로드]를 클릭하여 설치합니다.

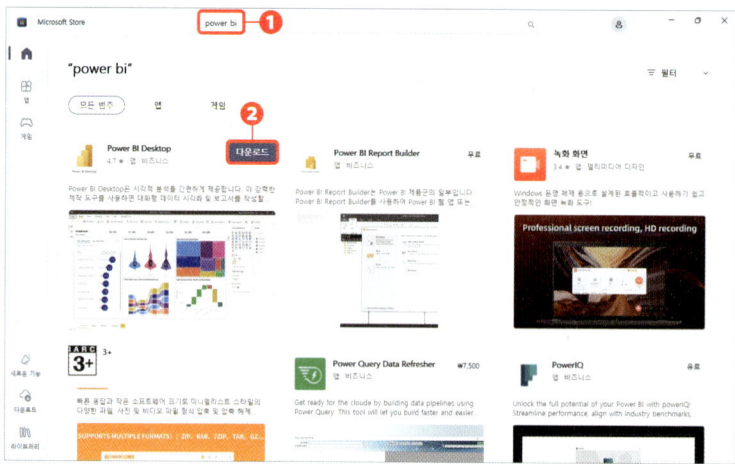

⊕ 웹 브라우저에서 Microsoft Store로 설치

01 웹 브라우저를 열고 Power BI 시작 페이지(powerbi.microsoft.com)에서 [제품] 〉 [Power BI] 〉 [Desktop]을 클릭합니다.

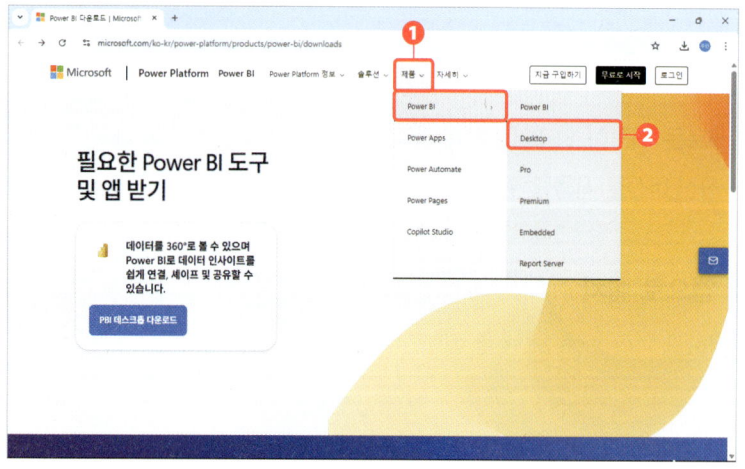

> **Tip** 화면의 [PBI 데스크톱 다운로드]를 클릭하면 Microsoft Store에서 바로 설치할 수 있습니다.

02 다음 화면에서 [지금 다운로드]를 클릭하면 Microsoft Store에서 설치할 수 있습니다.

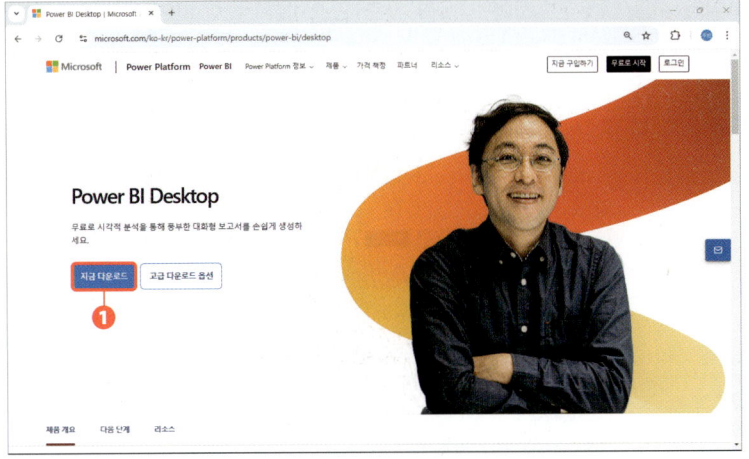

03 대화상자가 나타나면 [Microsoft Store 열기]를 클릭합니다.

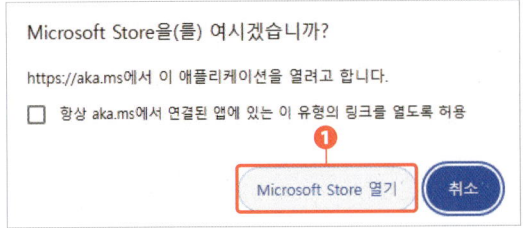

04 Windows 10 이상 운영체제 사용자라면 Microsoft Store 창이 나타납니다. [다운로드]를 클릭하여 Power BI Desktop을 설치합니다.

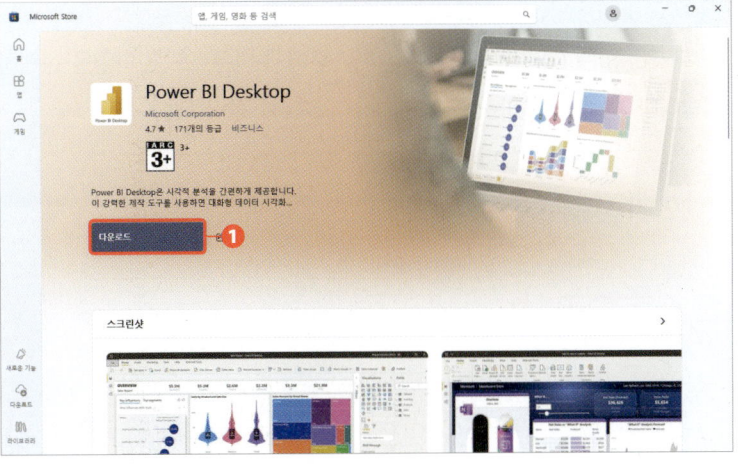

◆ Power BI Desktop 설치 파일 다운로드

Power BI Desktop 설치 파일(exe)을 다운로드하여 사용할 수도 있습니다. 설치 파일을 사용할 경우 Power BI Desktop의 최신 업데이트 기능은 자동으로 반영되지 않습니다.

01 Power BI Desktop 다운로드 화면에서 [고급 다운로드 옵션]을 클릭합니다.

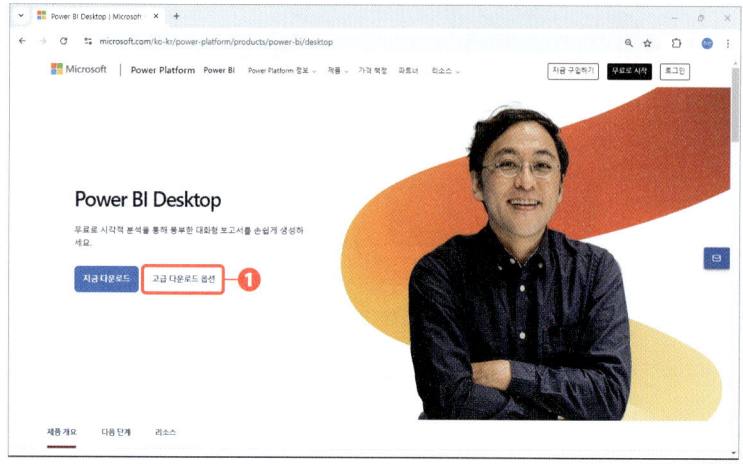

02 사용할 언어를 '한국어'로 선택한 후 [다운로드]를 클릭합니다.

03 다운로드 목록에서 32비트(x86) 또는 64비트(x64) 설치 파일 중에서 다운로드할 파일을 선택하고 [다운로드]를 클릭하여 저장합니다. 이 챕터에서는 'PBIDesktop_x64.exe'를 선택합니다.

04 다운로드를 완료하면 설치 파일을 실행합니다. Power BI Desktop은 지원되는 모든 언어를 포함하는 단일 EXE 설치 패키지로 제공됩니다. [언어 선택]을 '한국어'로 설정하고 [다음]을 클릭합니다.

05 [다음]을 클릭하고, [동의함]을 체크한 후 [다음]을 클릭합니다.

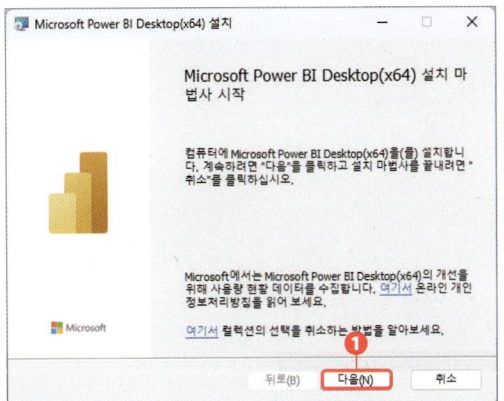 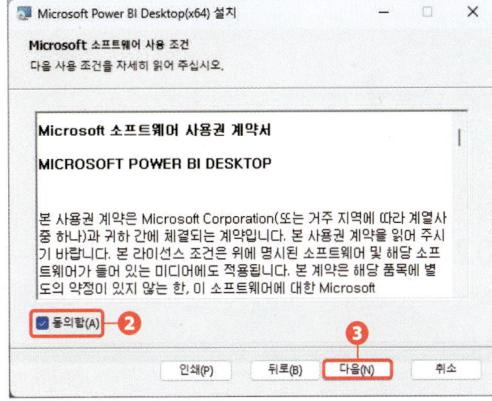

06 [다음]을 클릭하여 선택된 폴더에 설치 작업을 진행하고, 설치가 완료되면 [마침]을 클릭합니다.

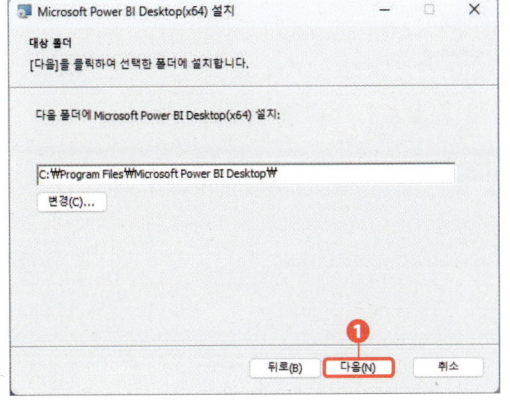 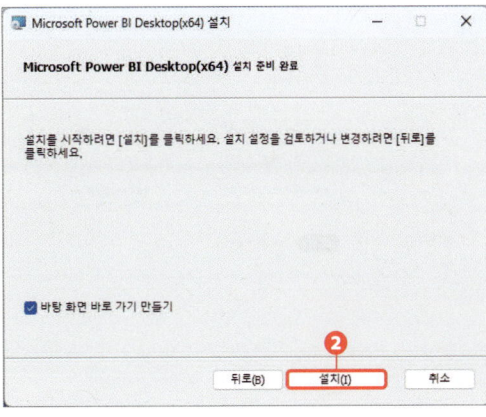

◈ Power BI Desktop 시작하기

01 윈도우 시작 단추를 클릭하여 Power BI Desktop을 실행합니다. 처음 사용할 때는 로그인 창이 표시되는데, Power BI를 사용할 수 있는 조직 계정을 가지고 있다면 사용자 계정과 암호를 입력하여 로그인하면 됩니다. 사용자 계정이 없는 경우 로그인 창은 닫고 Power BI Desktop을 시작합니다.

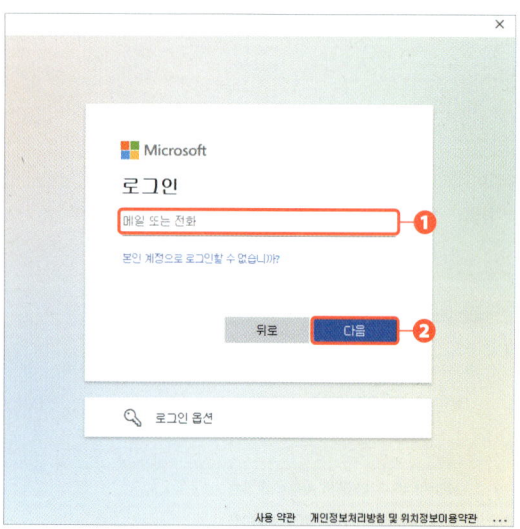

02 시작 화면에서는 데이터 원본을 선택하거나 빈 보고서로 시작하거나 Excel 통합 문서를 가져와 작업할 수 있습니다. 이제 [빈 보고서]를 클릭하여 Power BI를 시작합니다.

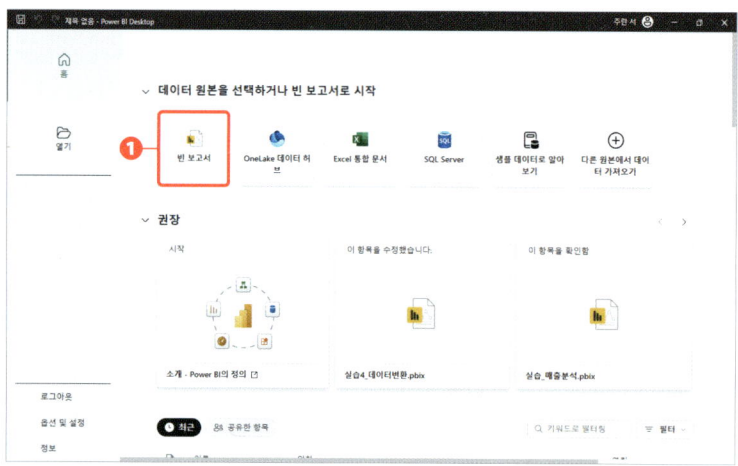

2 Power BI Desktop 화면 구성

Power BI Desktop은 리본 메뉴 외에 탐색 창이나 필터, 시각화, 데이터 창 등으로 구성되어 있습니다. 탐색 창은 보고서, 테이블, 모델, DAX 쿼리 보기로 구성되며 시각화 창은 시각적 개체에 따라 필드를 추가하거나 서식 옵션을 적용할 수 있습니다.

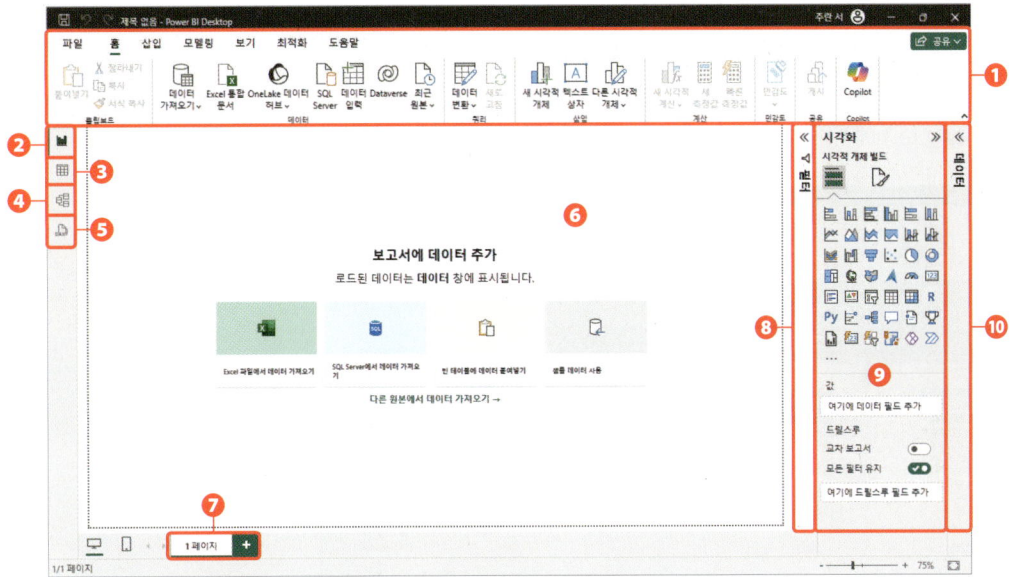

① **리본 메뉴** : 홈, 삽입, 모델링, 보기, 최적화, 도움말 탭으로 구성되며 데이터 가져오기, 데이터 변환, 데이터 모델링 등과 같은 작업을 수행할 수 있습니다.

② **보고서 보기** : 시각적 개체를 활용하여 보고서를 작성하고 페이지 추가, 삭제, 복제, 숨기기 등을 적용할 수 있습니다. 또한 데스크톱 레이아웃과 모바일 레이아웃 보기를 적용하여 보고서 레이아웃을 미리 확인할 수도 있습니다.

③ **테이블 보기** : 연결된 데이터 원본의 테이블 구조 및 데이터를 확인할 수 있으며 데이터 형식 변경, 필터 등의 작업을 수행합니다.

④ **모델 보기** : 사용자의 데이터 모델이 관계 설정되고 필요에 따라 관리 또는, 수정하는 관계의 그래픽을 표현합니다.

⑤ **DAX 쿼리 뷰** : Power BI의 데이터 모델(의미 체계 모델)에서 EVALUATE, DFFINE 문을 사용해 DAX 쿼리를 작성하여 모델에서 데이터를 반환하는 데 사용합니다.

⑥ **캔버스** : 시각적 개체를 추가하여 보고서를 작성하는 캔버스 영역입니다.

⑦ **페이지 탭 영역** : 보고서 페이지를 선택하거나 추가, 삭제, 숨기기 할 수 있습니다.

⑧ **필터 창** : 데이터 시각화를 필터링할 수 있습니다. 시각적 개체 수준의 필터나 페이지, 모든 페이지 단위로 필터를 적용할 수 있습니다.

⑨ **시각화 창** : 보고서의 빈 영역이 선택된 상태에서 시각화 창은 시각적 개체 빌드와 보고서 페이지 서식 지정으로 구성됩니다. 시각적 개체 빌드에서는 시각적 개체를 추가하고 서식 페이지에서는 보고서 및 시각화를 디자인합니다.

⑩ **데이터 창** : 연결된 데이터 원본의 테이블과 필드 목록이 표시됩니다. 필드를 캔버스나 시각적 개체에 드래그하여 시각화하거나 수정할 수 있습니다.

◆ 보고서 보기

[보고서](📊) 보기에서는 다양한 시각적 개체를 추가하여 보고서를 작성합니다.

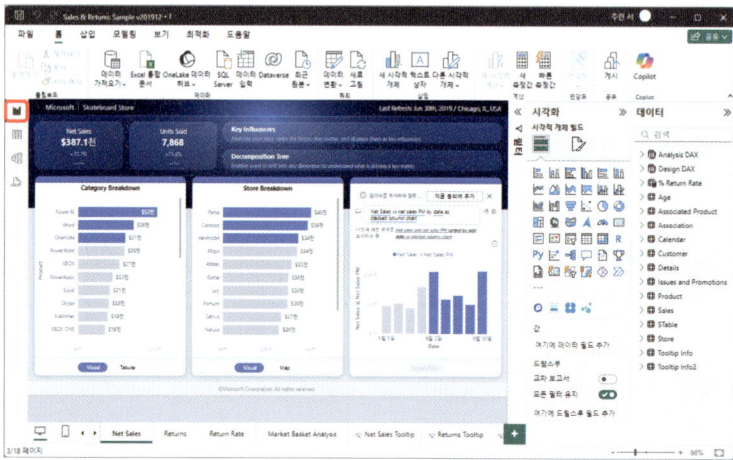

◆ 테이블 보기

[테이블](⊞) 보기에서는 연결된 데이터 모델의 테이블과 측정값, 기본 데이터를 확인하고 보고서에서 사용하는 데 적합하도록 데이터를 변환합니다.

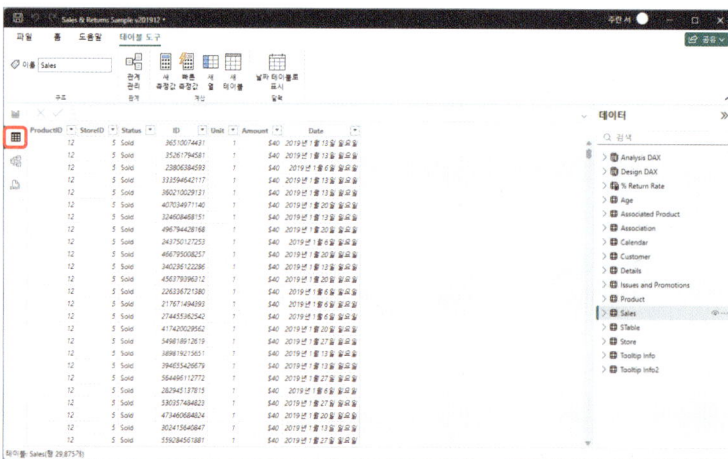

모델 보기

[모델]( ) 보기에서는 로드된 데이터 모델의 관계를 그래픽으로 표현합니다. 관계를 만들거나 편집, 삭제할 수 있으며 레이아웃을 추가하여 특정 테이블의 관계를 살펴볼 수 있습니다.

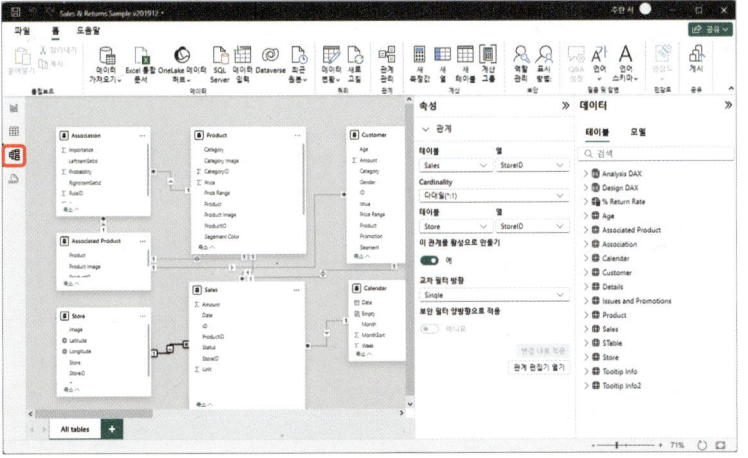

DAX 쿼리 뷰

[DAX 쿼리 뷰]( ) 보기는 DAX 수식을 사용하여 데이터를 조회하고 분석하는 기능을 제공하는 환경으로 다음과 같은 용도로 활용됩니다.

- 테이블과 필터링된 데이터 미리 보기
- DAX 식을 사용한 분석 결과 확인
- 측정값 및 계산된 열의 값 디버깅
- 데이터 변환 결과 확인
- DAX의 최적화 테스트 및 성능 분석

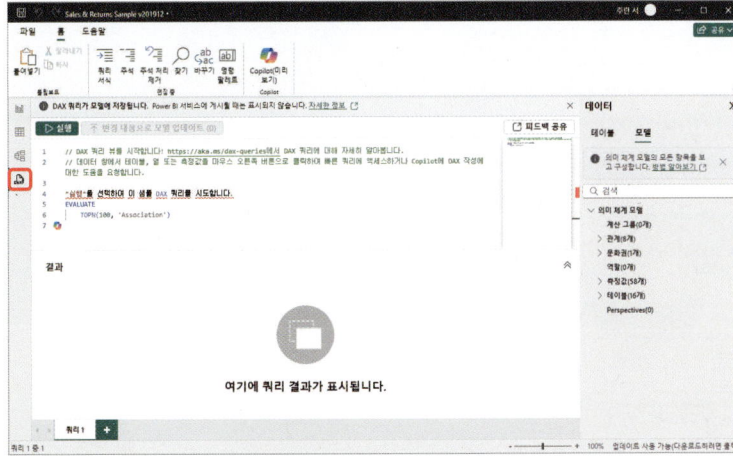

3 Power BI 옵션

Power BI Desktop의 [옵션] 대화상자를 이용하여 보고서 환경에 대한 기본 옵션 설정을 변경 및 관리할 수 있습니다. Power BI Desktop은 정기적으로 업데이트가 이루어지며 향상되는 제품의 기능을 활용하려면 최신 업데이트를 확인해서 적용하면 됩니다.

◆ 옵션 설정

01 Power BI Desktop의 기본 옵션을 변경하려면 [파일] 탭 > [옵션 및 설정]에서 [옵션]을 클릭합니다.

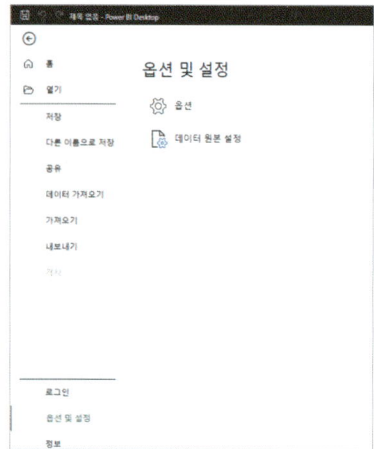

02 [옵션] 대화상자에서 [전역] > [미리 보기 기능]에는 새롭게 업데이트되는 기능을 사용자에게 제공하며, 이후 업데이트에서 미리 보기 기능은 변경되거나 제거될 수 있습니다. 현재 업데이트 버전(2025년 1월)에서 개체 내 상호 작용, Copilot 사용, 다양한 슬라이서 등을 제공합니다. 필요한 미리 보기 기능을 선택한 후 Power BI Desktop을 종료 후 다시 실행하면 업데이트 기능을 사용할 수 있습니다. [개체 내 상호 작용] 옵션을 적용하면 시각적 개체를 더블클릭하여 편집 모드로 변환 후 빠르게 서식 옵션을 변경할 수 있습니다.

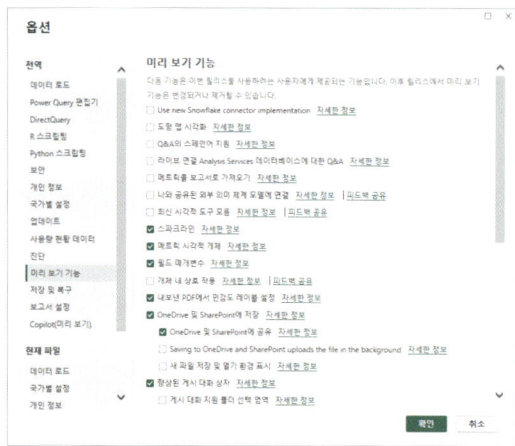

03 데이터 가져오기

Chapter

Power BI Desktop에서 보고서를 작성하려면 데이터 원본에 연결하여 가져오는 작업이 필요합니다. Excel, 텍스트/CSV, 웹, 각종 데이터베이스 등의 데이터에 연결할 수 있습니다. 연결된 데이터는 파워 쿼리 편집기에 캐시되고 Power BI Desktop에 로드됩니다. 이제 데이터를 가져오는 다양한 방법에 대해 알아보겠습니다.

예제 파일 | Part 01 > Chapter 03 > 03_데이터 가져오기.pbix, 판매.xlsx

1 데이터 가져오기

Power BI Desktop은 데이터 가져오기부터 시작하며 다양한 데이터 원본에 연결할 수 있습니다. 일반적으로 사용자들이 많이 사용하는 Excel 파일이나 텍스트/CSV, SQL Server, Azure SQL Server, R, Python 등 다양한 데이터 원본을 가져올 수 있습니다. [홈] 탭 > [데이터 가져오기]를 클릭하면 일반 데이터 원본이 표시되고, [자세히]를 클릭하면 [데이터 가져오기] 대화상자에서 더 많은 데이터 원본에 연결할 수 있습니다.

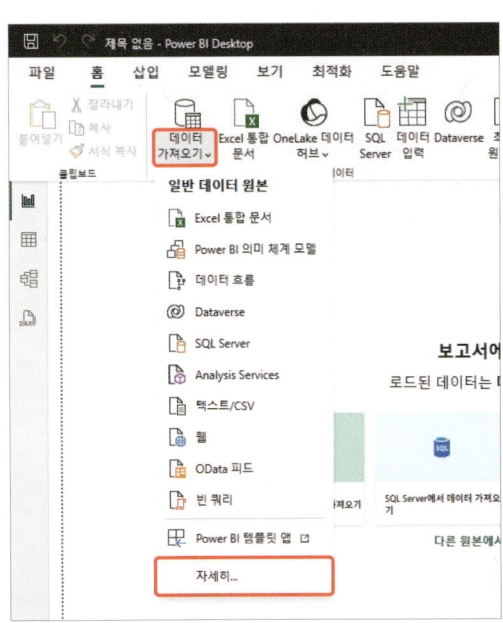
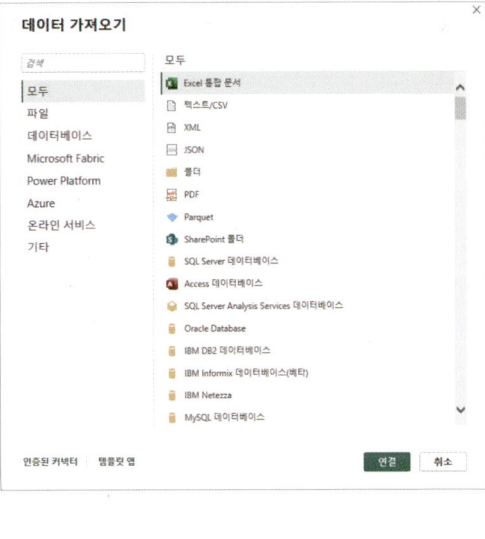

Power BI Desktop은 인-메모리(In-Memory) 방식이기 때문에 데이터 접근이 빠르고 검색 시간이 줄어 빅데이터를 분석하는 데 용이합니다. Power BI Desktop에서 Excel이나 CSV 등과 같은 데이터 집합을 가져오면 메모리에 캐시됩니다. 이후 원본 데이터가 업데이트되면 캐시된 데이터 집합은 새로 고침해야 합니다. 메모리의 효율성을 높이려면 분석에 필요한 행과 열만 가져와 사용하며, 필요하다면 언제라도 새 열을 추가할 수 있습니다.

✦ Excel 데이터 가져오기

Power BI에서 가져올 수 있는 Excel 통합 문서의 크기는 1GB 미만이고 워크시트의 콘텐츠가 30MB 이하여야 합니다. Excel 2007 이상에서 작성한 .xlsx, .xlsm 파일 형식이나 데이터 모델(파워 피벗, 파워 쿼리)에 포함된 통합 문서도 가져올 수도 있습니다.

01 '판매.xlsx' 파일의 워크시트에는 날짜, 거래처명, 분류명 등을 기준으로 매출수량, 매출금액 정보로 저장되어 있습니다. 워크시트(Sheet1)의 데이터를 Power BI로 가져와 보겠습니다.

02 [홈] 탭 > [데이터] 그룹에서 [Excel 통합 문서]를 클릭합니다.

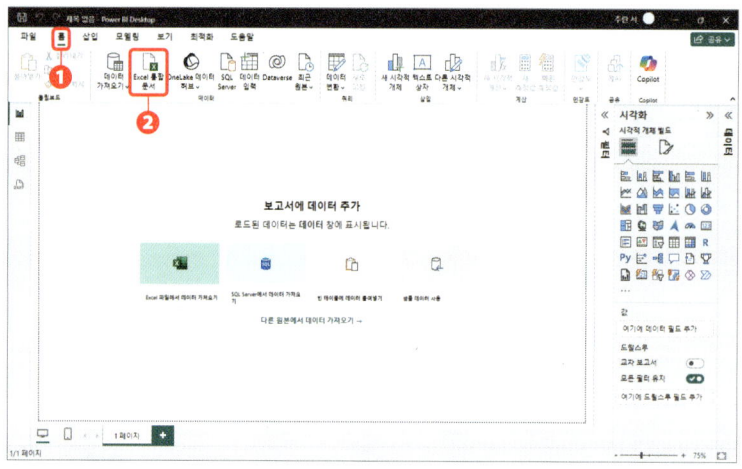

03 [열기] 대화상자에서 '판매.xlsx' 파일을 선택하고 [열기]를 클릭합니다.

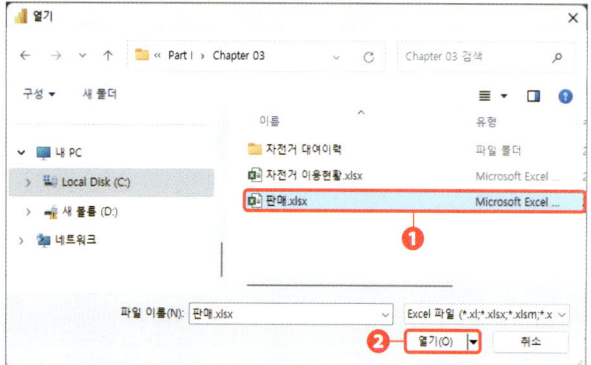

04 통합 문서를 로드하여 테이블을 선택할 수 있는 탐색 창이 나타납니다. 가져올 'Sheet1' 테이블의 확인란을 체크하고 [로드]를 클릭합니다.

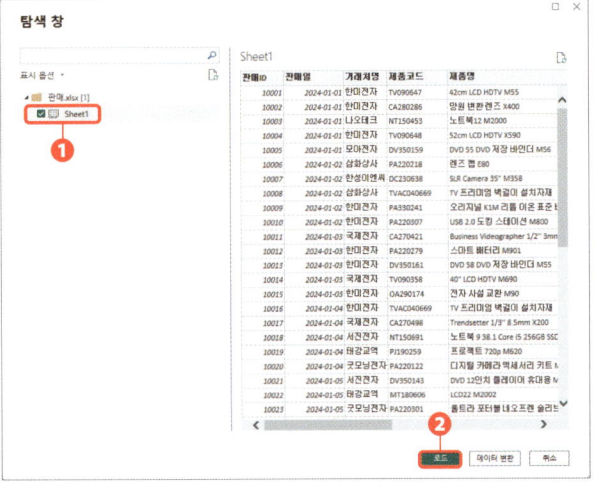

> **Tip** 로드와 데이터 변환
> - 로드 : 테이블을 선택 후 [로드]를 클릭하면 Power BI Desktop에서 바로 데이터를 사용할 수 있습니다.
> - 데이터 변환 : 불필요한 행/열을 제거, 값 바꾸기, 열 분할, 열 머리글 변경 등의 데이터 편집이 필요하면 [데이터 변환]을 클릭하여 파워 쿼리 편집기로 이동합니다.

05 데이터 가져오기가 완료되면 [데이터] 창에 테이블과 필드 목록이 나타납니다. [테이블](🞄) 보기에서 가져온 데이터를 확인할 수 있습니다.

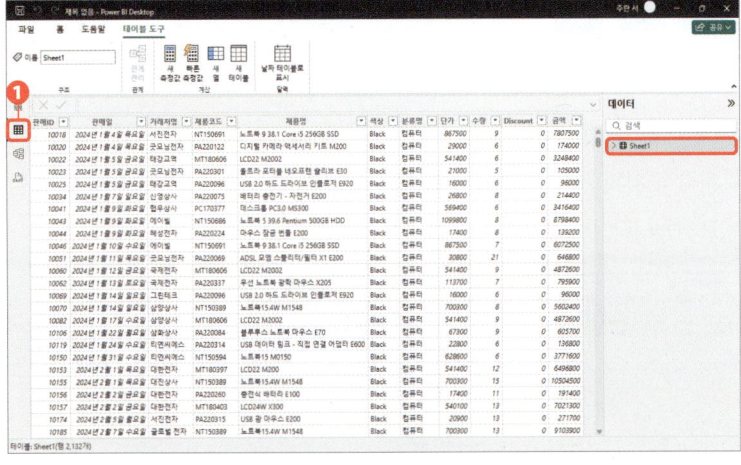

Chapter 03 데이터 가져오기 **41**

06 묶은 세로 막대형 차트를 이용해 분류별로 매출금액을 시각화해 보겠습니다. [보고서](📊) 보기에서 [시각화] 창의 [묶은 세로 막대형 차트]를 클릭하고 페이지에 추가된 차트의 크기를 조정합니다.

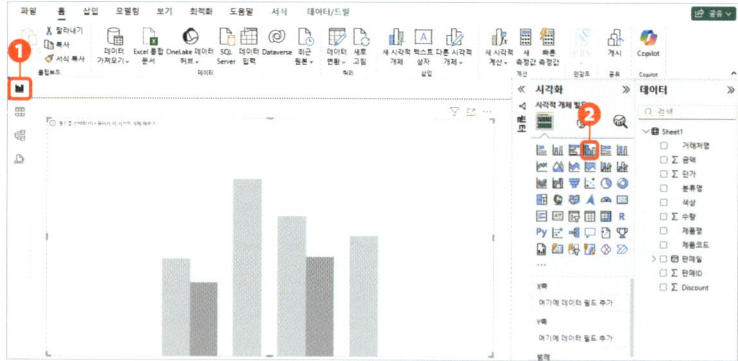

07 [시각적 개체에 데이터 추가]의 [X축] 영역에 'Sheet1' 테이블의 '분류명' 필드, [Y축] 영역에 '금액' 필드를 추가합니다. [Y축] 영역에 추가된 값은 합계로 자동 집계되며 필드명을 더블클릭하여 이름을 '금액'으로 변경합니다.

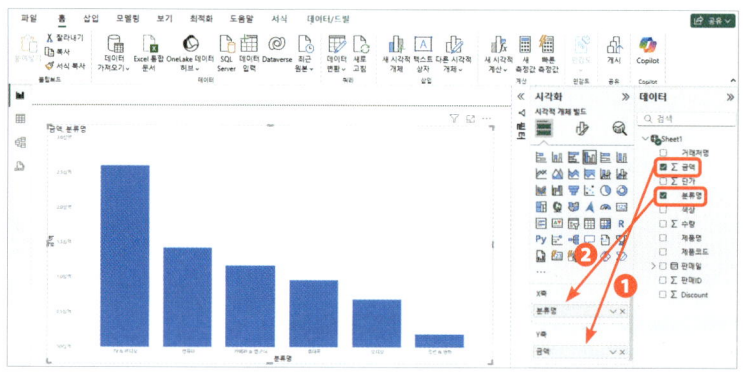

08 시각적 개체에 축 제목, 색, 데이터 레이블 등의 서식을 변경할 수 있습니다. 묶은 세로 막대형 차트를 선택하고 [시각화] 창의 [시각적 개체 서식 지정]을 클릭합니다. [데이터 레이블]을 '설정'으로 변경하면 시각적 개체에 레이블이 표시됩니다.

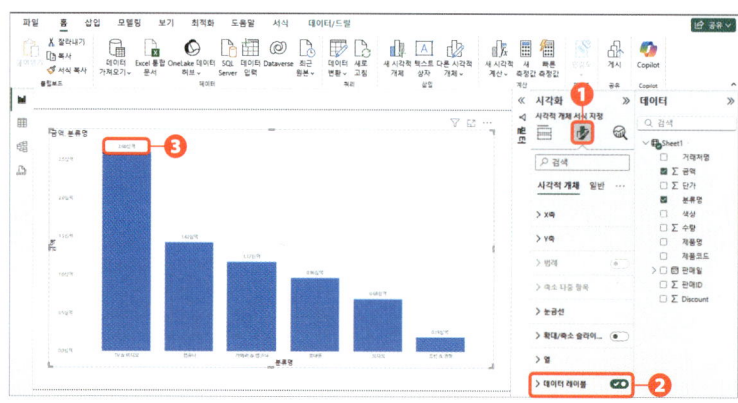

✦ 텍스트/CSV 데이터 가져오기

쉼표나 구분자 기호로 저장된 CSV나 TXT 파일에 연결하여 데이터를 가져올 수 있습니다. 서울열린데이터광장(https://data.seoul.go.kr/)에서 제공하는 2023년 기준의 상권분석서비스(점포-상권) 데이터를 가져와 보겠습니다.

01 [보고서](📊) 보기로 이동하고 페이지 탭에서 [새 페이지](➕)를 클릭합니다. [홈] 탭 〉 [데이터] 그룹에서 [데이터 가져오기] 〉 [텍스트/CSV]를 클릭합니다.

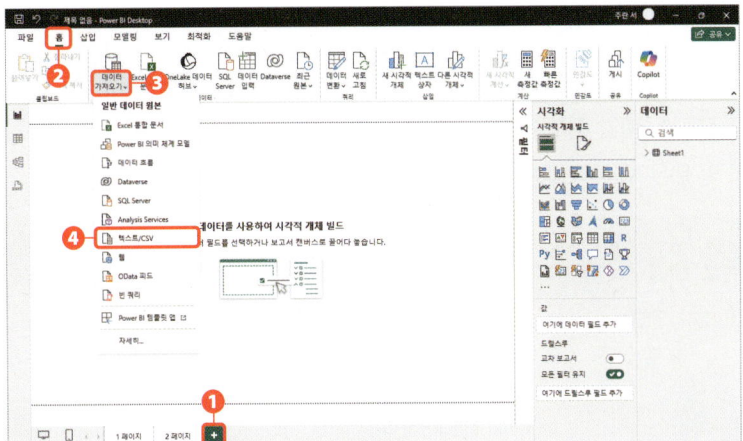

02 [열기] 대화상자에서 '서울시 상권분석서비스.csv' 파일을 선택하고 [열기]를 클릭합니다.

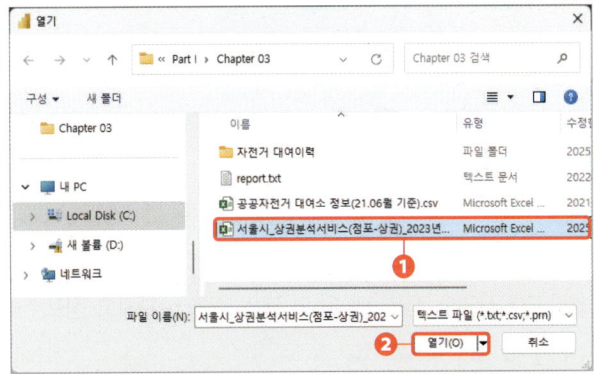

03 파일이 열리면 파일 특성(파일 원본, 구분 기호, 파일에서 데이터 형식을 검색하는 데 사용해야 하는 행 수)을 선택 항목으로 표시합니다. 이러한 옵션은 데이터 연결 시 설정을 변경할 수 있습니다. 이제 [로드]를 클릭합니다.

04 [테이블](⊞) 보기의 [데이터] 창에서 '서울시 상권분석서비스' 테이블의 데이터를 확인합니다.

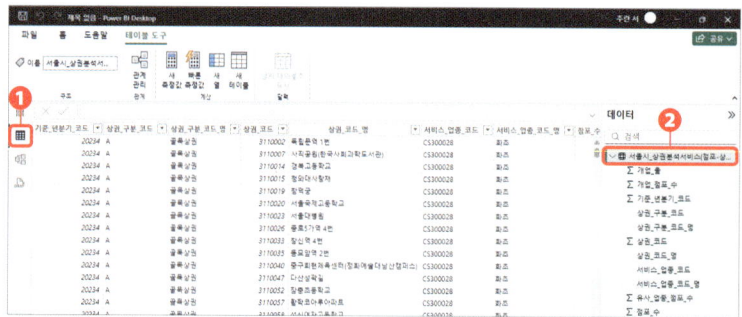

05 분기별로 점포수, 개업 점포수, 폐업 점포수를 시각화해 보겠습니다. [보고서](📊) 보기로 이동하고 [시각화] 창에서 [꺾은선형 및 묶은 세로 막대형 차트]를 클릭하고 추가된 차트의 크기를 조정합니다.

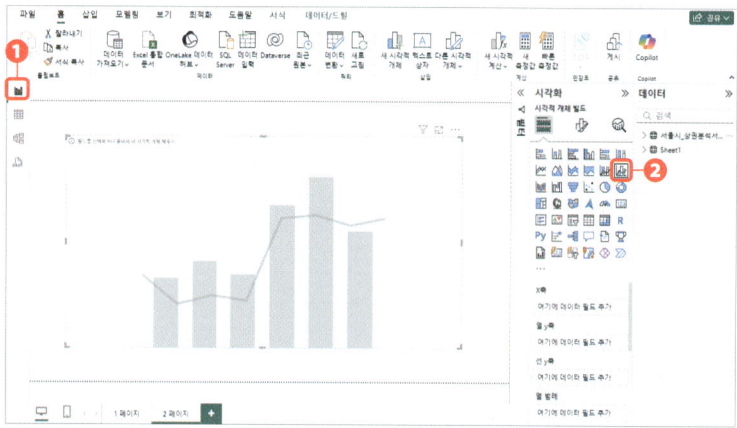

06 [시각적 개체에 데이터 추가]의 [X축] 영역에 '상권분석' 테이블의 '기준_년분기_코드' 필드, [열y축] 영역에 '개업_점포_수, 폐업_점포_수' 필드, [선y축] 영역에 '점포_수' 필드를 각각 추가합니다. 분기별로 골목상권의 점포 개업수와 폐업 수를 비교하고 점포수 추이를 확인할 수 있습니다.

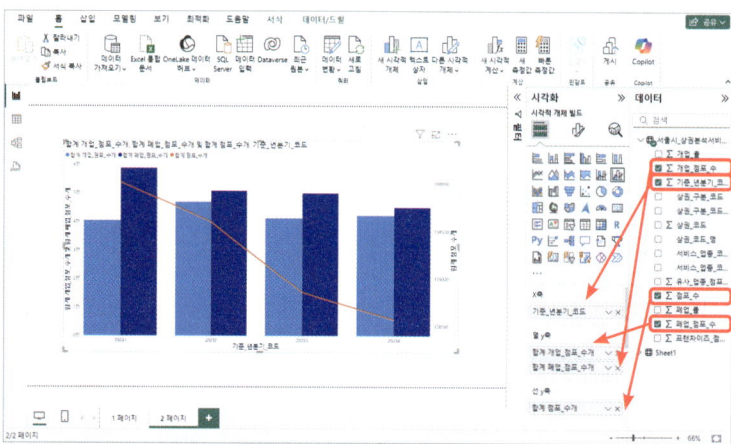

Tip 필드명 변경하기

시각적 개체에 추가한 필드명은 각각 더블클릭하여 필드명을 '개업_점포_수', '폐업_점포_수', '점포_수'로 설정합니다.

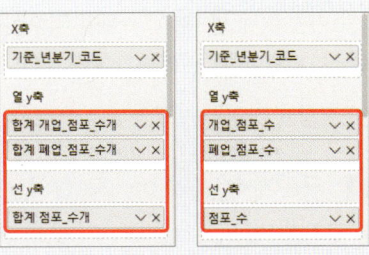

Tip 한글이 깨지는 경우 파일 원본 변경하기

텍스트/CSV 가져오기에서 한글 데이터가 깨지는 경우가 발생할 수 있습니다. 파일 원본이 '949한국어'에서 한글 데이터가 표현되지 않는 경우, 파일 원본을 '65001: 유니코드(UTF-8)'로 설정합니다. UFT-8은 유니코드를 위한 가변 길이 문자 인코딩 방식 중 하나입니다.

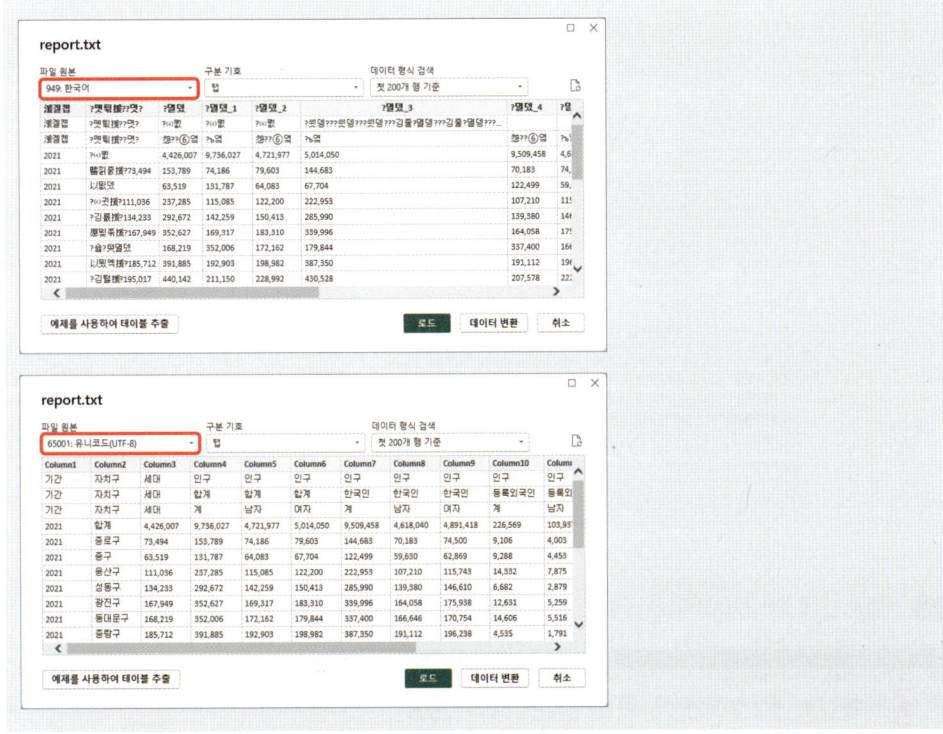

Chapter 03 데이터 가져오기 **45**

◈ 웹 데이터 가져오기

웹 페이지의 데이터를 연결하여 보고서에 시각화할 수 있습니다. 필요한 경우 파워 쿼리 편집기에서 데이터를 셰이핑 및 변환해서 사용할 수 있습니다. 위키피디아(Wikipedia) 사이트에서 제공하는 국가별 인구현황을 가져와 보겠습니다.

01 구글에서 'list of population by countries'를 검색한 결과 중 Wikipedia에서 제공한 정보입니다. 국가별 Rank, Location, Population 등의 정보를 포함합니다. 웹 사이트의 정보는 수시로 업데이트되기 때문에 데이터 편집 방법이 내용과 다를 수 있습니다.

https://en.wikipedia.org/wiki/List_of_countries_and_dependencies_by_population

02 'Sovereign states and dependencies by population' 테이블 정보를 Power BI Desktop으로 가져와 사용하지 않는 열이나 행을 제거해 보겠습니다. 웹 브라우저의 URL 주소를 클릭한 후 복사([Ctrl]+[C])합니다.

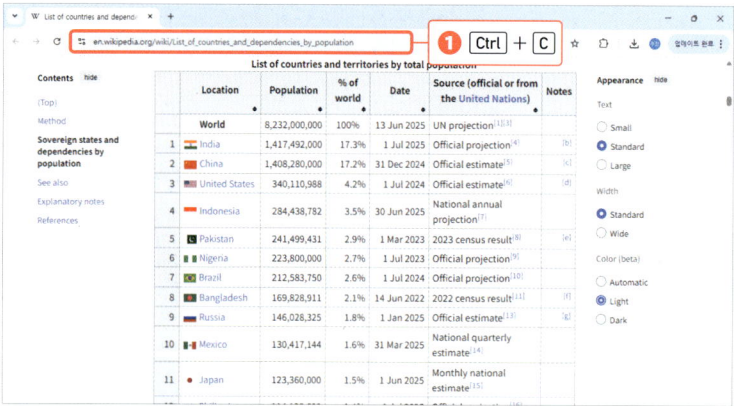

03 Power BI Desktop의 [홈] 탭 〉 [데이터] 그룹에서 [데이터 가져오기] 〉 [웹]을 클릭합니다.

04 [웹에서] 대화상자가 나타납니다. [기본]이 체크된 상태에서 [URL]에 복사한 URL을 붙여넣기 (Ctrl+V)를 한 후 [확인]을 클릭합니다.

05 [웹 콘텐츠 액세스] 대화상자가 나타납니다. 위키피디아 정보는 개인 정보를 입력할 필요 없이 누구나 데이터를 연결하여 사용할 수 있습니다. [익명] 탭에서 [연결]을 클릭합니다.

> **Tip** [웹 콘텐츠 액세스] 인증 대화상자는 처음 웹 사이트에 연결할 때 나타납니다. 동일한 웹 사이트 정보를 다시 입력해서 가져올 때는 표시되지 않습니다. 대화상자 확인이 다시 필요한 경우 [홈] 탭 > [쿼리] 그룹의 [데이터 변환] > [데이터 원본 설정]에서 [전역 권한]의 사이트 목록을 삭제합니다.

06 탐색 창에 웹 페이지에 있는 각종 테이블이 나타납니다. 'HTML' 테이블에서 [List of countries and territories by total population]을 체크하고 [데이터 변환]을 클릭합니다.

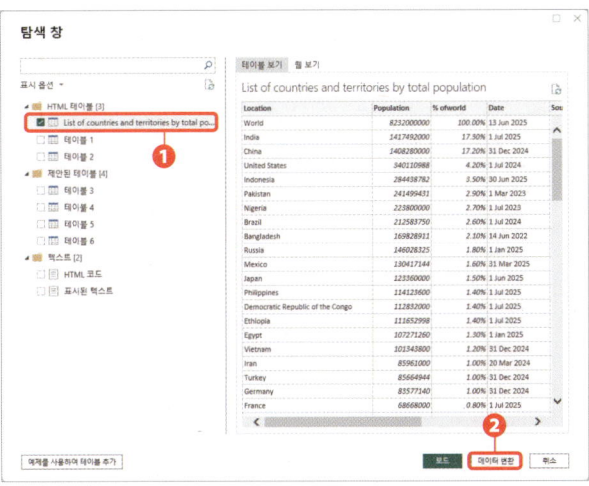

07 파워 쿼리 편집기가 열리고 로드된 데이터가 표시됩니다. '%ofworld', 'Date', 'Source', 'Notes' 필드는 사용하지 않으므로 삭제하겠습니다. '%ofworld' 필드를 선택한 후 [Shift]를 누른 상태에서 'Notes' 필드를 선택합니다. [홈] 탭 〉 [열 관리] 그룹에서 [열 제거]를 클릭합니다.

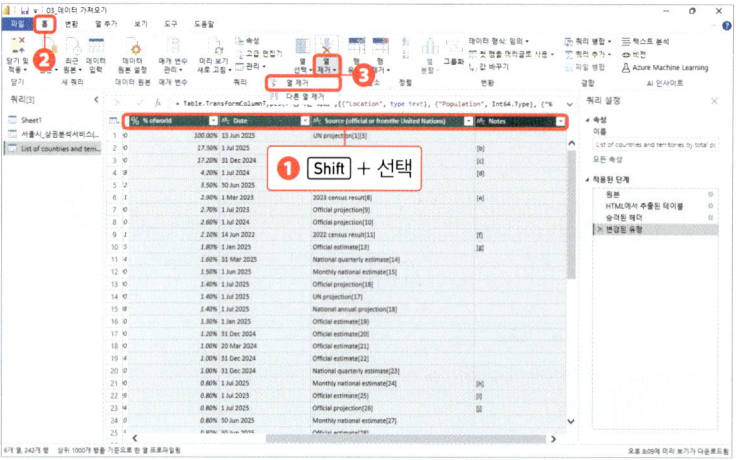

08 'Location' 필드는 국가명으로 구성된 필드로 'World' 행은 삭제하겠습니다. 'Location' 열 머리글의 [필터 단추](▼)를 클릭합니다. 목록에서 [World]의 체크를 해제한 후 [확인]을 클릭합니다.

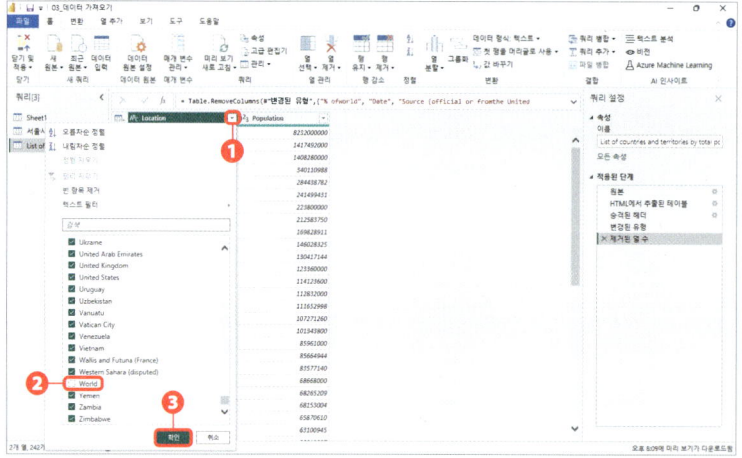

09 [쿼리 설정] 창의 [이름]은 '국가별 인구현황'으로 설정합니다. 이제 편집한 데이터를 Power BI Desktop에 적용해 보겠습니다. [홈] 탭 〉 [닫기 및 적용]을 클릭하여 파워 쿼리 편집기를 종료합니다.

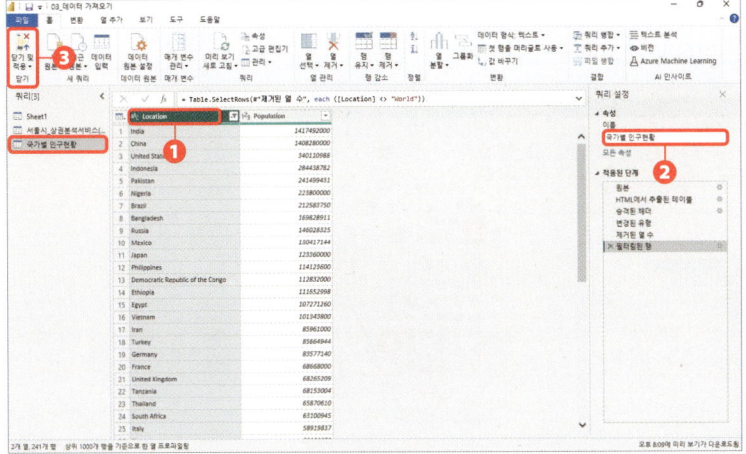

10 Power BI Desktop의 [테이블](▦) 보기에서 국가별 인구현황 데이터를 확인할 수 있습니다.

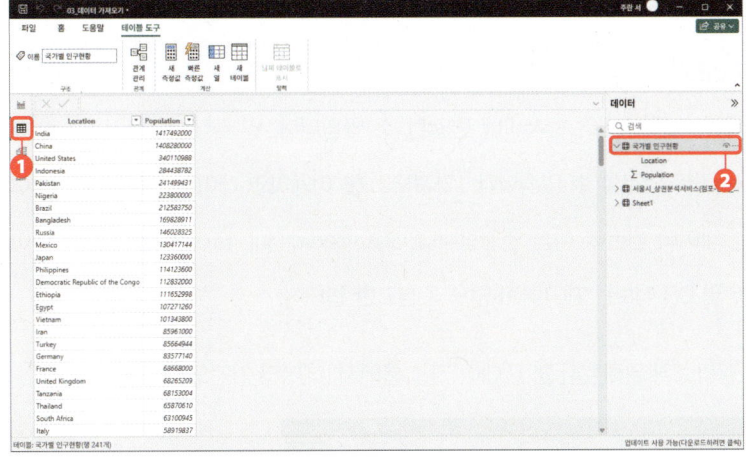

11 국가별 인구현황을 시각화해 보겠습니다. [보고서](📊) 보기에서 새 페이지를 추가하고 [시각화] 창에서 [누적 가로 막대형 차트]를 클릭합니다. [시각적 개체에 데이터 추가]의 [Y축] 영역에 'Location' 필드, [X축] 영역에 'Population' 필드를 각각 추가하고 차트의 크기를 조정합니다. 인구가 높은 국가 (중국, 인도, 미국…) 순으로 시각화된 결과를 확인할 수 있습니다.

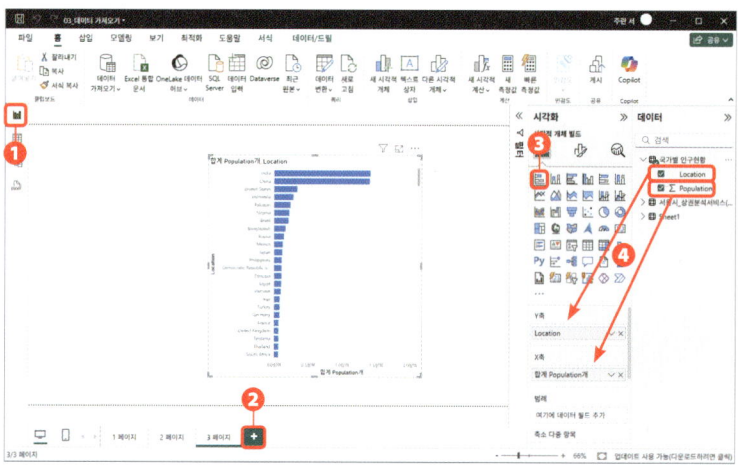

◆ SQL Server에서 가져오기

Power BI Desktop에서는 다양한 데이터베이스 서버에 연결할 수 있습니다. 일부 데이터베이스 서버에 연결할 경우 [가져오기]와 [Direct]로 연결할 수 있습니다. [가져오기]를 이용하면 데이터 원본을 복사하여 사용하고, [Direct]로 연결하면 데이터 원본에 직접 연결합니다. SQL Server에 [가져오기] 형식으로 데이터를 가져와 보겠습니다. 서버 및 DB 정보는 제공하지 않으니 참고만 합니다.

01 다양한 데이터 원본을 살펴보기 위해 [홈] 탭 〉 [데이터] 그룹에서 [데이터 가져오기]를 클릭합니다.

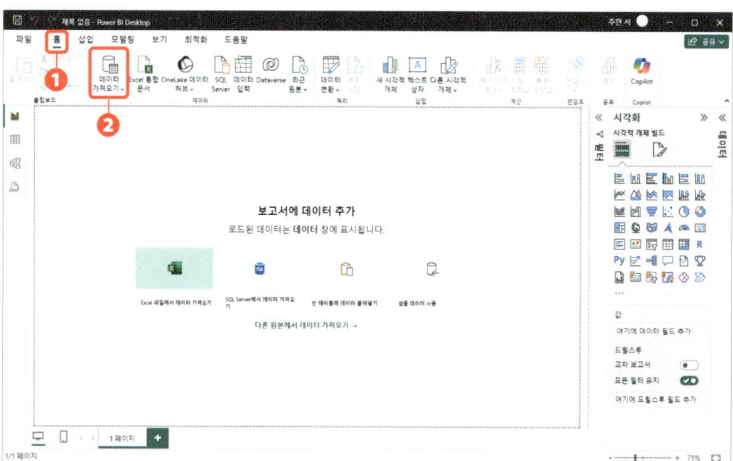

02 [데이터 가져오기] 대화상자가 나타납니다. 다양한 파일이나 데이터베이스, Microsoft Fabric, Azure, 온라인 서비스 등의 데이터에 연결할 수 있습니다. [데이터베이스]에서 [SQL Server 데이터베이스]를 선택하고 [연결]을 클릭합니다.

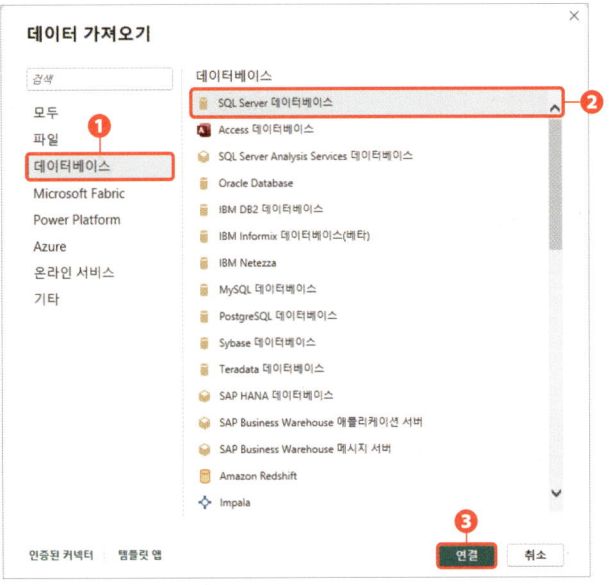

03 [SQL Server 데이터베이스] 대화상자에 서버 이름과 데이터베이스 이름을 입력합니다. [데이터 연결 모드]는 [가져오기]가 체크된 상태에서 [확인]을 클릭합니다.

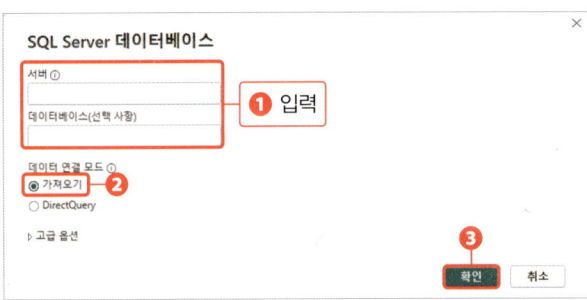

04 [SQL Server 데이터베이스] 대화상자에서 [데이터베이스]를 선택하고, SQL Server 데이터베이스에 접근할 수 있는 사용자 이름과 암호를 입력한 후 [저장]을 클릭합니다.

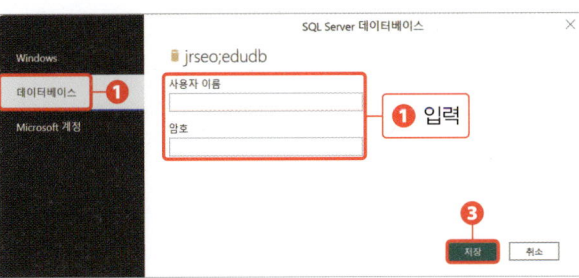

05 탐색 창에 연결된 SQL 데이터베이스의 테이블 목록이 나타납니다. 가져오려는 테이블을 체크하고 [로드]를 클릭합니다.

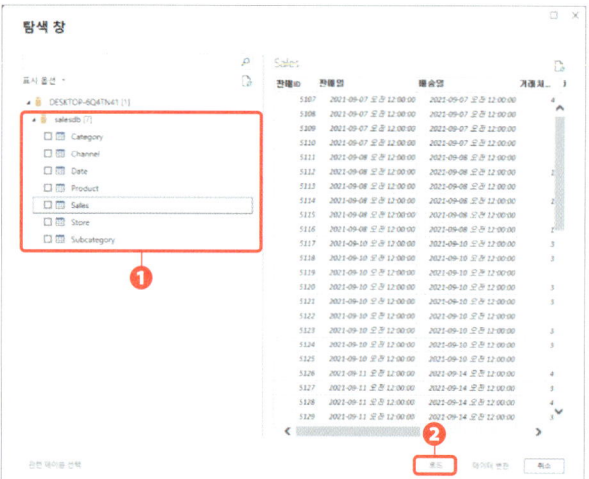

06 가져오기가 완료되면 [데이터] 창에 테이블이 나타납니다.

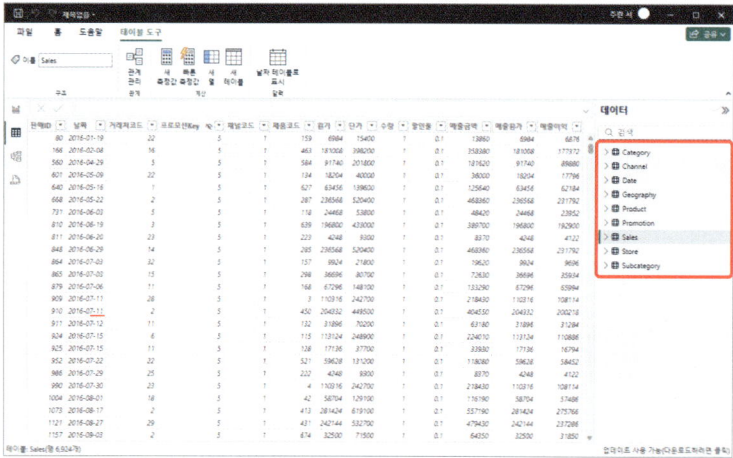

2 테이블과 열(필드) 다루기

데이터 원본에 연결한 후 사용자 요구 사항에 맞게 데이터를 조정할 필요가 있습니다. 테이블이나 열 이름을 바꾸거나 데이터 형식을 텍스트나 숫자, 날짜 형식으로 변환할 수 있습니다. 또한 사용하지 않는 테이블이나 열은 보고서 작성할 때 숨기기하여 사용할 수 있습니다. 이제 테이블 다루는 방법에 대해 살펴보겠습니다.

◆ 테이블 보기 화면 구성

'03_데이터 가져오기.pptx' 파일을 엽니다. [테이블](▦) 보기에서는 가져온 데이터를 확인하고 필드 속성을 변경할 수 있습니다.

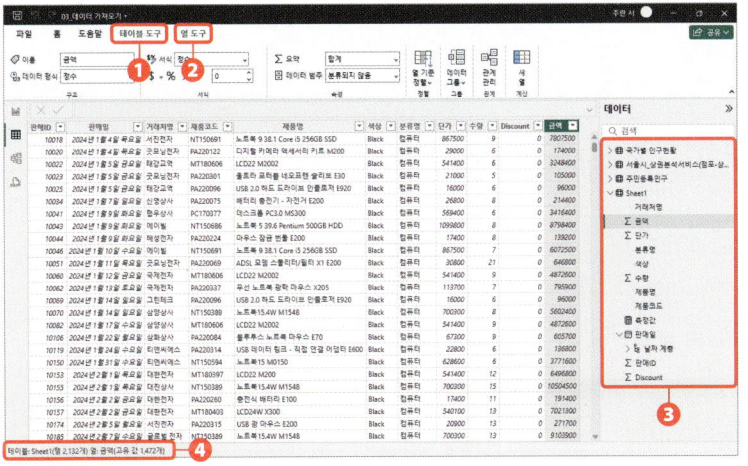

① **테이블 도구** : [테이블 도구] 탭에서 관계 관리나 측정값, 새 열 등의 계산식을 작성할 수 있습니다.

② **열 도구** : 필드를 선택하면 [열 도구] 탭에서 데이터 형식, 서식, 데이터 범주, 열 기준 정렬 등을 변경할 수 있습니다.

③ **필드 유형** : 데이터 창의 아이콘으로 필드의 데이터 형식과 유형을 알 수 있습니다.

숫자형(Σ)	숫자형 데이터로 합계, 평균과 같은 요약을 적용합니다.
날짜형(▦)	년-월-일 형식의 날짜형 데이터입니다.
계층 구조	계층 구조로 여러 개의 필드를 계층으로 구성해 사용합니다.
데이터 범주(⊕)	데이터 범주로 국가명, 시도, 웹 URL, 이미지 URL 등의 범주를 설정합니다.
측정값(▤)	측정값으로 총매출금액, 매출이익률, 전월대비 증감률 등의 계산식입니다.

④ **상태 표시줄** : 선택한 테이블의 행 개수나 고유한 행 개수를 확인할 수 있습니다.

✦ 테이블 이름 바꾸기

Power BI Desktop에 가져온 테이블은 시각화할 때 정보를 쉽게 파악할 수 있도록 테이블 이름을 변경해 보겠습니다.

01 [테이블](▦) 보기에서 [데이터] 창의 'Sheet1' 테이블을 선택하고 이름 오른쪽에 있는 [추가 옵션](⋯)을 클릭하여 [이름 바꾸기]를 선택합니다.

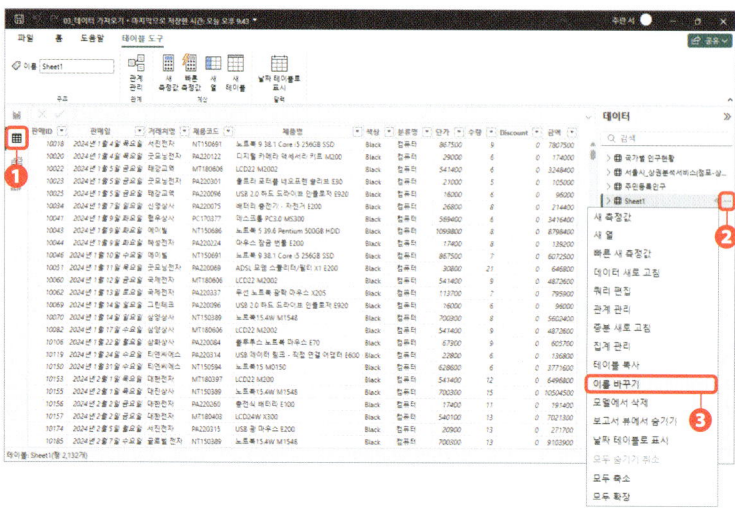

02 '매출'을 입력하고 Enter 를 누릅니다.

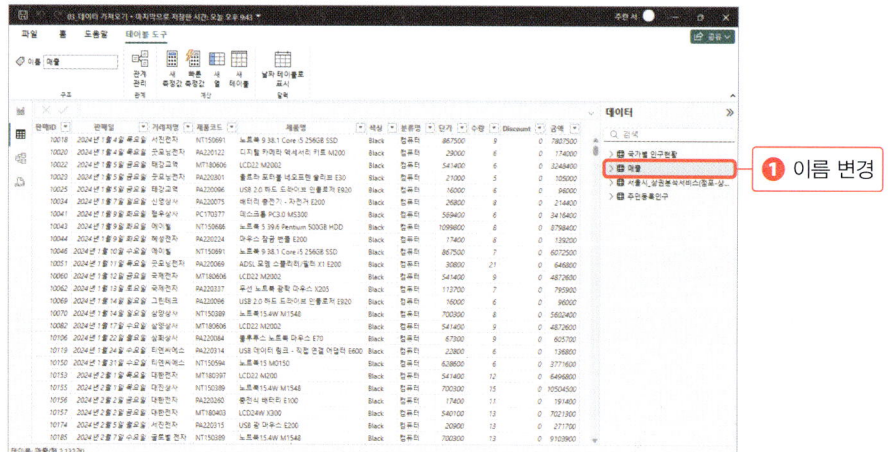

◆ **테이블 삭제**

분석에 사용하지 않는 테이블은 모델에서 삭제할 수 있습니다. 삭제한 테이블은 실행 취소가 적용되지 않으므로 데이터 가져오기를 다시 진행해야 합니다.

01 '주민등록인구' 테이블에서 [추가 옵션](…)을 클릭하여 [모델에서 삭제]를 선택합니다.

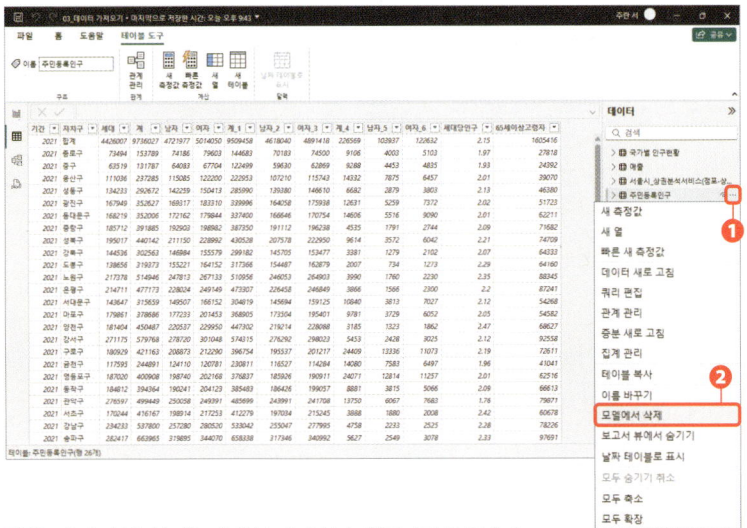

02 [테이블 삭제] 대화상자에서 [예]를 클릭합니다.

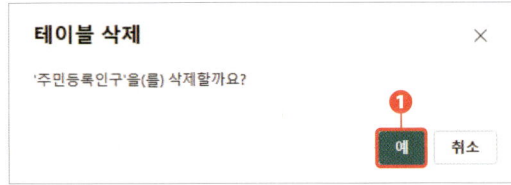

◆ **열(필드) 이름 바꾸기**

테이블의 열 머리글(필드명)의 이름을 변경해 보겠습니다.

01 '매출' 테이블의 'Discount' 열에서 마우스 오른쪽 버튼을 클릭하고 [이름 바꾸기]를 선택합니다.

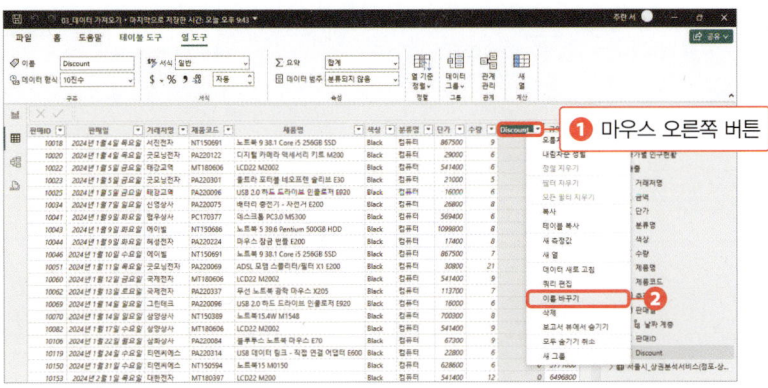

Chapter 03 데이터 가져오기 **55**

02 '할인율'을 입력하고 Enter 를 누릅니다.

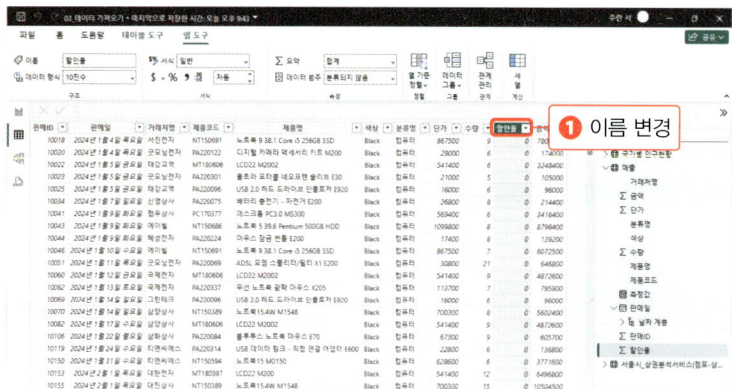

✦ 열(필드) 삭제

테이블에서 분석에 사용하지 않는 열은 제거하는 것이 좋습니다. 삭제한 열은 실행 취소가 적용되지 않으므로 데이터를 다시 가져오거나 쿼리 편집기에서 쿼리 실행을 취소할 수 있습니다.

01 '매출' 테이블의 '색상' 열에서 마우스 오른쪽 버튼을 클릭하고 [삭제]를 선택합니다.

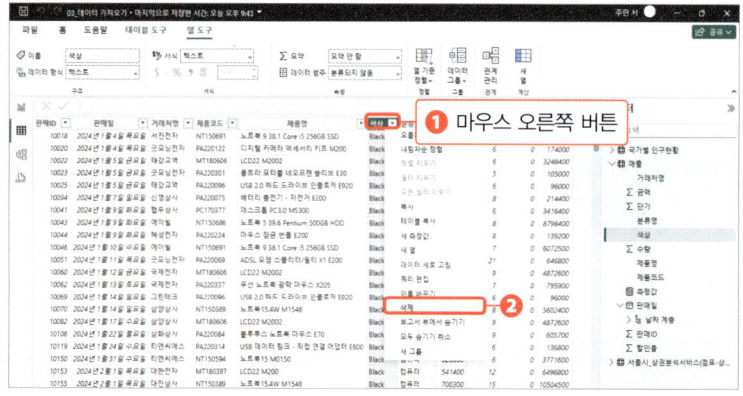

02 [열 삭제] 대화상자에서 [예]를 클릭하면 '색상' 열이 삭제됩니다.

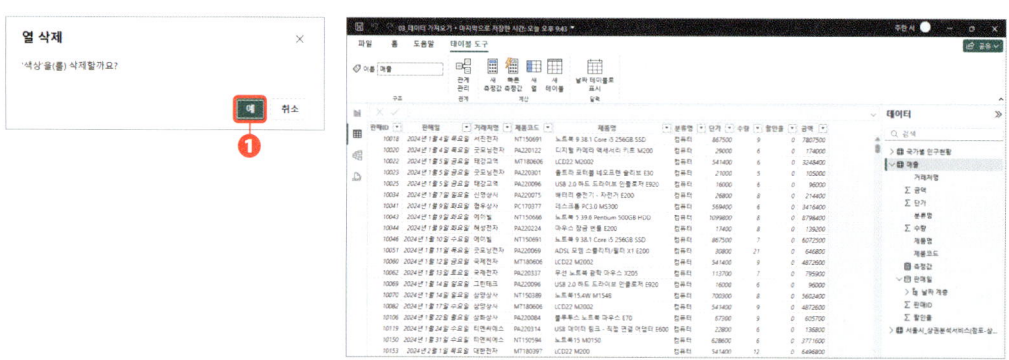

◈ 데이터 서식 변경하기

Power BI Desktop은 데이터를 로드할 때 원본 열의 데이터 형식을 더 효율적으로 저장하거나 계산 및 데이터 시각화를 지원할 수 있는 데이터 형식으로 변환합니다. 필요한 경우 데이터 형식을 정수나 10진수, 날짜/시간, 텍스트 형식 등으로 변환할 수 있습니다. 또한, 천 단위 구분 기호나 소수점 자릿수, 백분율 등의 서식도 적용할 수 있습니다.

Power BI Desktop에서 사용하는 데이터 형식은 다음과 같습니다.

데이터 형식	설명
10진수	숫자 형식으로 64비트(8바이트) 부동 소수점 숫자를 나타내며, Excel이 숫자를 저장하는 방법에 해당 음수 −1.79E +308 ~ −2.23E −308, 0, 양수 2.23E −308 ~ 1.79E + 308 범위의 값 처리
고정10진수	숫자 형식으로 소수 구분 기호의 고정 위치가 있으며, 소수 구분 기호는 항상 오른쪽 4자리이며 19개의 숫자가 허용됨 SQL Server의 10진수 또는 Power Pivot의 통화 형식에 해당 922,337,203,685,477.5807(양수 또는 음수)
정수	64비트(8바이트) 정수 값으로 숫자 데이터 형식 중 나타낼 수 있는 값이 가장 큼 −9,223,372,036,854,775,808(−2^63) ~ 9,223,372,036,854,775,807(2^63−1)
날짜/시간	날짜 및 시간을 나타내며, 내부적으로 날짜/시간 값은 10진수 숫자 형식으로 저장 시간은 1/300초(3.33ms)의 배수에 대한 분수로 저장
날짜	날짜만 표시
시간	시간만 표시
텍스트	유니코드 문자로 문자열, 숫자, 날짜일 수 있음 유니코드268,435,456자(256 메가 캐릭터) 또는 536,870,912바이트
참/거짓	True 또는 False의 부울 값

01 '매출' 테이블의 '판매일' 열은 '년−월−일 한글 요일' 형식으로 표시되는데 간단한 날짜(년−월−일)로 표시해 보겠습니다. '판매일' 열을 선택하고 [열 도구] 탭 〉 [서식] 그룹에서 [서식]의 '*2001-03-14(Short Date)'를 선택합니다.

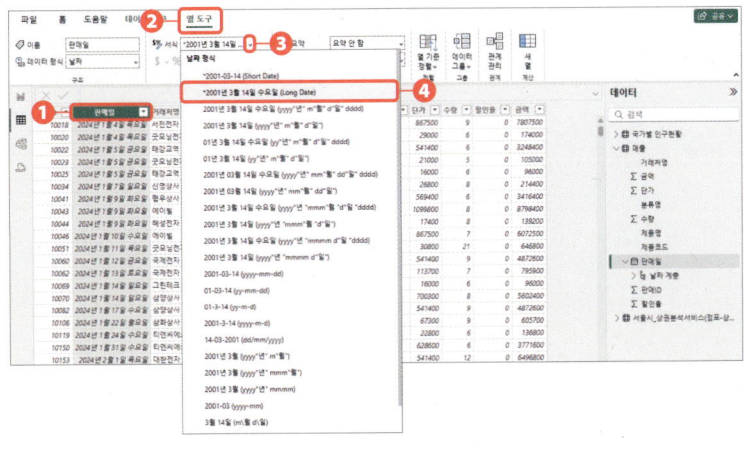

02 보고서에 차트나 테이블로 시각화할 경우 서식에서 천 단위 구분 기호나 소수점 자릿수를 적용하면 편리합니다. '금액' 열을 선택하고 [열 도구] 탭 〉 [서식] 그룹에서 [천 단위 구분 기호]( )를 클릭합니다.

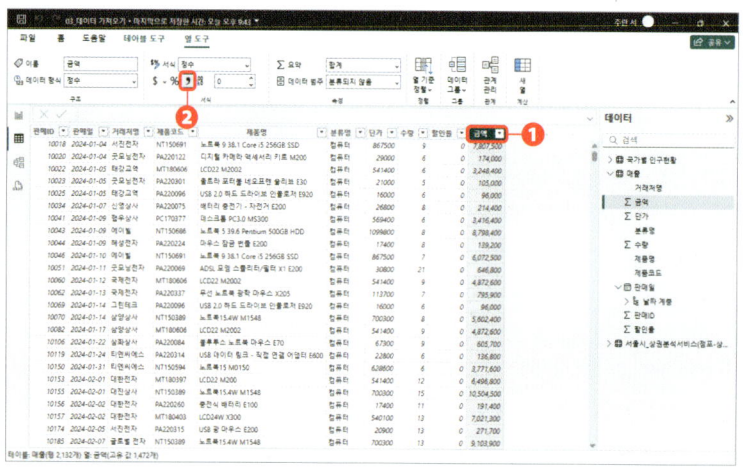

> **Tip** 사용자 지정 서식
>
> 숫자나 날짜, 텍스트 형식에 사용자 지정 서식을 적용할 수 있습니다.
>
> [모델]( ) 보기의 [속성] 창에서 [서식]을 확장합니다. [서식]을 '사용자 지정'으로 변경한 후 '사용자 지정 서식'에 서식 코드를 입력하여 필요한 서식으로 설정합니다(예 #,##0.00).

◆ 보고서 뷰에서 숨기기

보고서를 작성할 때 참조하지 않는 테이블이나 열을 숨겨서 사용할 수 있습니다.

01 웹에서 가져온 '국가별 인구 현황' 테이블에서 마우스 오른쪽 버튼을 클릭하고 [보고서 뷰에서 숨기기]를 선택합니다.

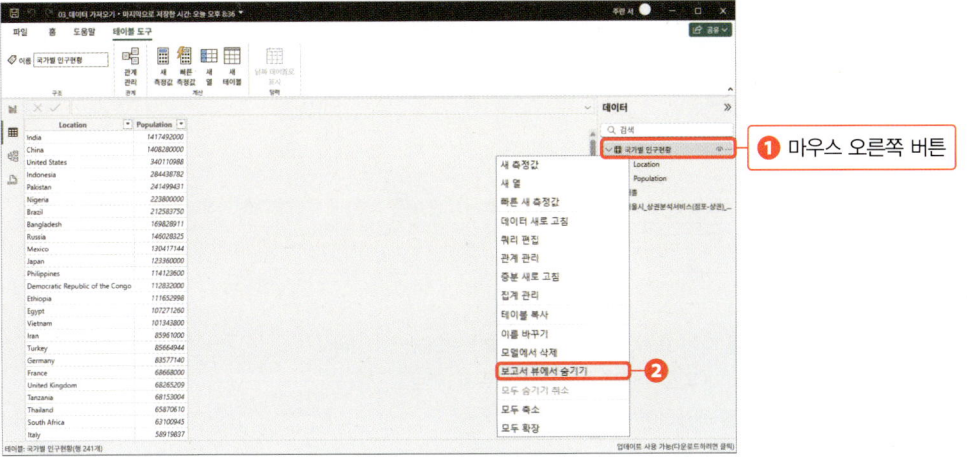

02 숨겨진 테이블은 [테이블](⊞) 보기에서 필드명이 비활성화된 상태로 나타납니다.

03 사용하지 않는 열도 숨깁니다. '매출' 테이블의 '제품명' 열에서 마우스 오른쪽 버튼을 클릭하고 [보고서 뷰에서 숨기기]를 선택하면 비활성화로 나타납니다.

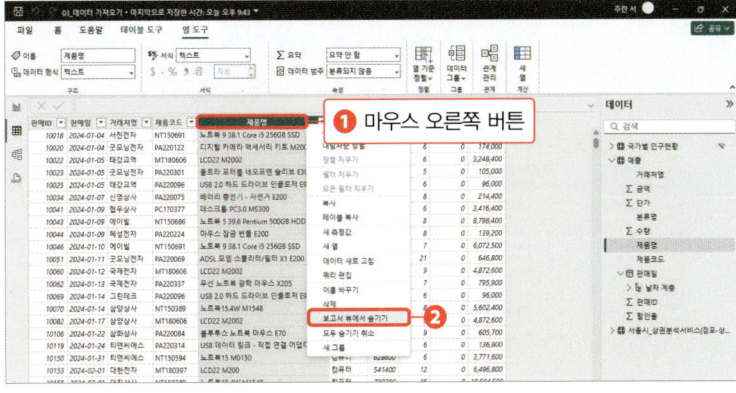

Chapter 03 데이터 가져오기 **59**

04 [보고서](📊) 보기에서 숨겨진 테이블과 열은 표시되지 않습니다.

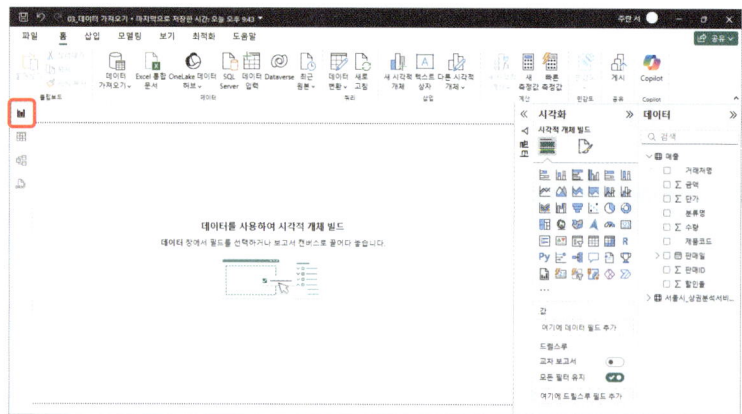

> **Tip** 보고서 숨기기 해제
>
> 숨기기한 테이블이나 열을 다시 표시하려면 [테이블](▦) 보기에서 숨겨진 테이블이나 열에서 마우스 오른쪽 버튼으로 클릭하고 [보고서 뷰에서 숨기기]의 체크를 해제하면 됩니다.

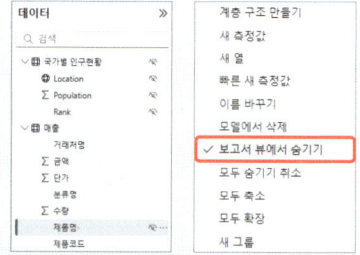

◈ 데이터 정렬과 필터

[테이블](▦) 보기에서 데이터를 정렬하거나 필터링해서 필요한 정보를 파악할 수 있습니다. [테이블] 보기에서 실행한 정렬과 필터는 시각적 개체에는 영향을 주지 않습니다.

01 '매출' 테이블의 '판매일' 열에서 [필터 단추](▼)를 클릭하고 [오름차순 정렬]을 선택합니다.

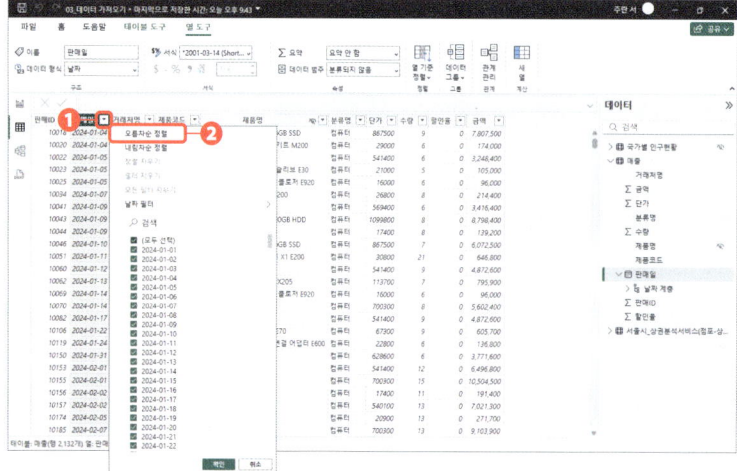

02 날짜가 오름차순 정렬되어 표시됩니다. 분류명이 '오디오'인 경우만 필터링해 보겠습니다. '분류명' 열의 [필터 단추](▼)를 클릭하고 [모두 선택]을 클릭하여 전체 항목의 체크를 해제합니다. [오디오]만 체크한 후 [확인]을 클릭합니다.

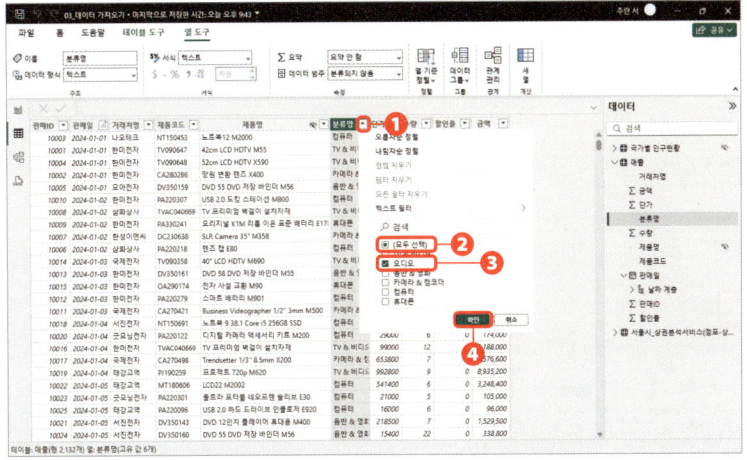

03 '분류명' 열에서 '오디오'인 경우만 필터됩니다. 필터 목록에서 [필터 지우기]를 선택하면 전체 데이터 목록으로 표시됩니다.

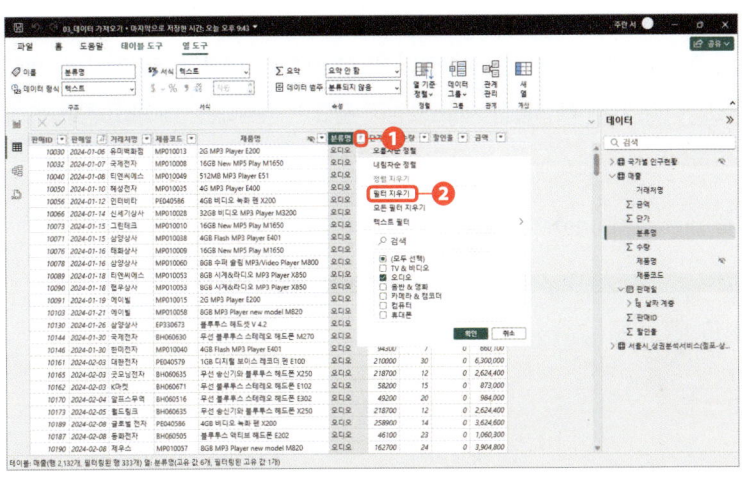

> **Tip** 필드 검색
>
> [데이터] 창의 [검색]에 키워드를 입력하여 빠르게 검색할 수 있습니다.
>
>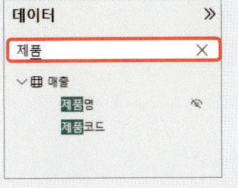

Chapter 03 데이터 가져오기 **61**

> **Tip** 자동 날짜/시간 적용
>
> [옵션] 대화상자의 [전역] > [데이터 로드]에 시간 인텔리전스를 위한 [새 파일의 자동 날짜/시간]이 체크되어 있습니다. 이 옵션으로 테이블의 날짜 열에는 계층 구조가 적용되어 연도, 분기, 월, 일 정보를 제공하고 필터링, 그룹화 및 드릴 다운할 수 있습니다.

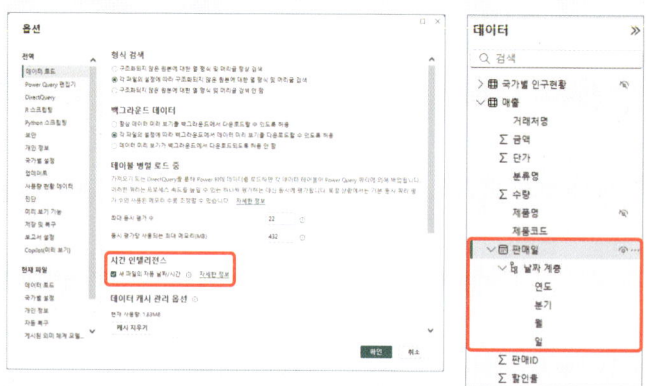

3 데이터 새로 고침

Power BI Desktop에서 데이터 새로 고침으로 모든 테이블의 데이터를 최신 상태로 유지할 수 있습니다. 리본 메뉴에서 새로 고침을 적용하면 로드된 모든 테이블이 업데이트되며, 데이터 크기에 따라 새로 고침에 오랜 시간이 걸릴 수 있습니다. 특정 테이블만 새로 고침이 필요한 경우에는 [데이터] 창에서 데이터 새로 고침을 적용할 수 있습니다.

01 보고서의 모든 테이블을 새로 고침하려면 [홈] 탭 > [쿼리] 그룹에서 [새로 고침]을 클릭합니다.

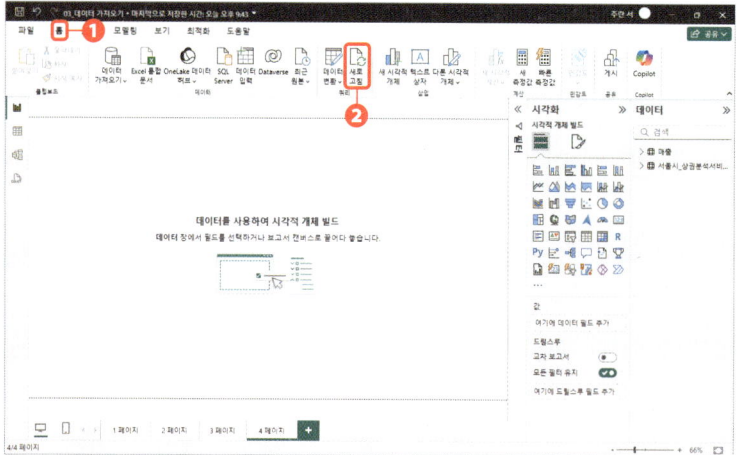

02 [데이터] 창에서 '매출' 테이블을 마우스 오른쪽 버튼으로 클릭합니다. [데이터 새로 고침]을 선택하면 선택한 테이블만 최신 정보로 업데이트합니다.

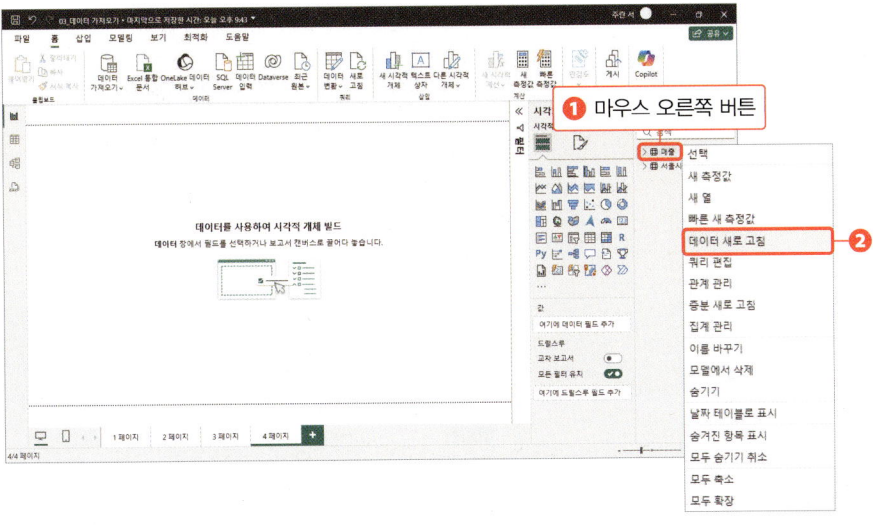

> **Tip** **데이터 새로 고침**
>
> 데이터 새로 고침은 원본 테이블의 데이터 수정, 행 추가 및 삭제에 적용합니다. 새 열(필드) 추가 및 삭제, 열(필드) 이름이 변경된 경우에는 쿼리 편집이 필요할 수 있습니다.

4 데이터 원본 변경

Power BI Desktop 보고서에 연결된 데이터 원본을 관리할 수 있습니다. 데이터 원본 위치가 변경된 경우 원본 경로를 변경할 수 있고 데이터 원본 권한을 삭제할 수도 있습니다.

01 데이터 원본을 확인하거나 변경하려면 [홈] 탭 〉 [쿼리] 그룹에서 [데이터 변환] 〉 [데이터 원본 설정]을 클릭합니다.

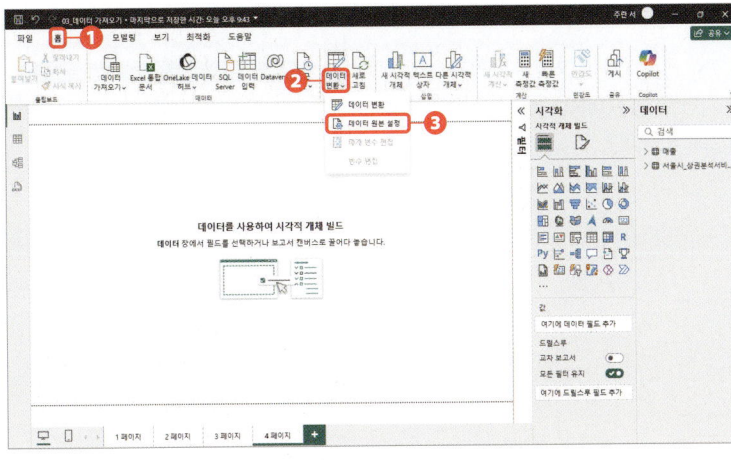

02 [데이터 원본 설정] 대화상자가 나타납니다. Excel 파일이나 가져온 데이터의 원본 위치가 바뀌거나 편집이 필요한 경우 [원본 변경]을 클릭하여 원본 위치를 변경하면 됩니다.

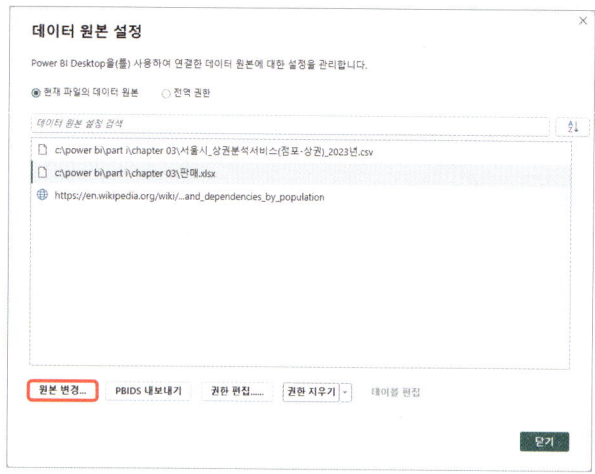

> **Tip** 본문 예제/완성 파일을 활용하는 경우 정상적으로 파일이 나타나지 않다면 이와 같은 방법으로 위치를 재설정해야 합니다.

5 파일 저장

Power BI Desktop에서 작성한 파일은 확장자가 .pbix로 저장됩니다. 작업한 파일을 저장하려면 [파일] 탭에서 [저장]이나 [다른 이름으로 저장]을 클릭하여 파일을 저장합니다.

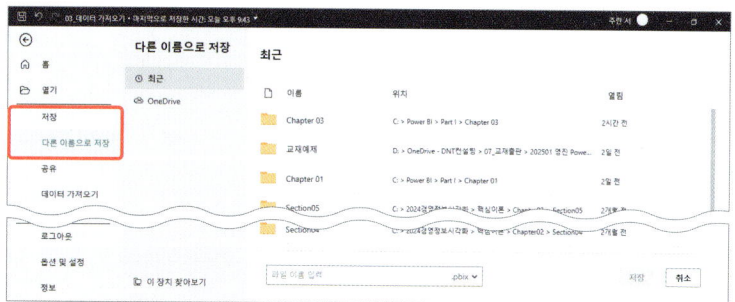

> **Tip** **PDF로 보고서 내보내기**
>
> Power BI Desktop에는 보고서 인쇄 기능이 포함되어 있지 않기 때문에 PDF로 변환해서 사용합니다. [파일] 탭 〉 [내보내기]에서 [PDF로 내보내기]를 클릭하여 PDF로 저장할 수도 있습니다.
>
>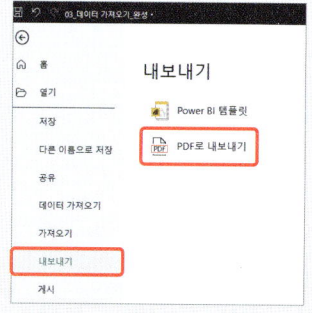

04 파워 쿼리 편집기 다루기

Chapter

데이터 분석을 위해서는 그에 적합한 데이터가 필요하며, 이를 위해서는 데이터 전처리(Data Preparation) 과정이 필요할 수 있습니다. 파워 쿼리 편집기를 사용하여 첫 행 머리글 적용이나 열 분할, 열 병합, 추가, 병합 등의 데이터 변환 및 편집을 쉽고 빠르게 적용할 수 있습니다.

예제 파일 | Part 01 〉 Chapter 04 〉 04_데이터 변환.pbix, 데이터 변환.xlsx

1 파워 쿼리 편집기 시작하기

데이터 가져오기를 하면 우선 파워 쿼리 편집기에 데이터를 복사하고 Power BI Desktop에 적용됩니다. 즉 원본 데이터 → 파워 쿼리 편집기 → Power BI Desktop 순으로 데이터가 로드된다고 보면 됩니다. 그래서 열 단위 계산이나 데이터 형식 변환이 필요한 경우, 처리 속도에서는 파워 쿼리 편집기에서 작업하는 게 빠릅니다. 파워 쿼리 편집기에 로드된 테이블은 '쿼리'라고 합니다.

◆ 파워 쿼리 편집기 실행과 닫기

Power BI Desktop에서 파워 쿼리 편집기를 실행하고 종료하는 방법에 대해 살펴보겠습니다.

01 '04_데이터 변환.pbix' 파일을 엽니다. 이 예제는 Chapter 04 폴더의 '데이터 변환.xlsx' 파일의 데이터를 로드한 파일입니다. [홈] 탭 〉 [데이터] 그룹에서 [데이터 변환] 〉 [데이터 변환]을 클릭합니다.

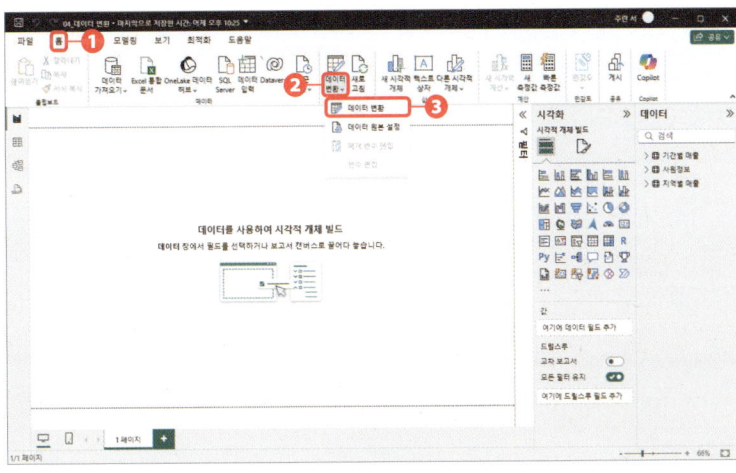

02 파워 쿼리 편집기가 나타나고 테이블이 [쿼리] 창에 나타납니다. 편집한 쿼리를 Power BI Desktop의 데이터 모델에 적용하려면 [홈] 탭에서 [닫기 및 적용]을 클릭합니다.

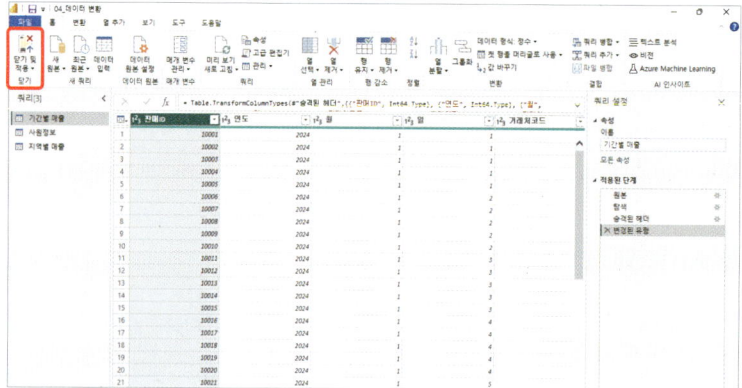

> **Tip** 데이터 원본 설정 변경
>
> Power BI Desktop에 연결된 데이터 원본의 경로가 변경되거나 삭제된 경우 파워 쿼리 편집기에서 '파일을 찾을 수 없다'는 오류 창이 나타납니다. 이런 경우 파워 쿼리 편집기의 [홈] 탭 〉 [데이터 원본] 그룹에서 [데이터 원본 설정]을 클릭합니다.
>
>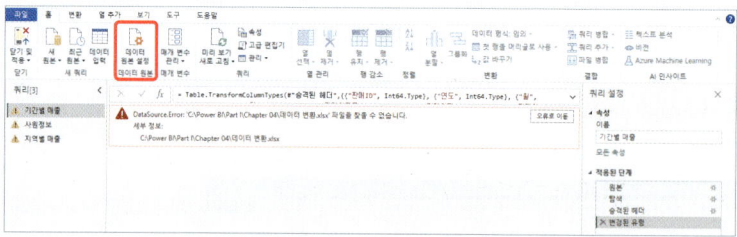
>
> [데이터 원본 설정] 대화상자에서 변경하려는 목록 선택 후 [원본 변경]을 클릭하여 파일의 위치를 설정합니다.
>
>

> **Tip** 미리 보기 새로 고침
>
> 데이터 원본 위치를 변경했는데도 계속 오류 창이 표시되면 [홈] 탭 〉 [쿼리] 그룹에서 [미리 보기 새로 고침]을 클릭하여 업데이트합니다.
>
>

파워 쿼리 편집기 화면 구성

파워 쿼리 편집기는 왼쪽에 쿼리 목록을 표시하는 [쿼리] 창과 가운데의 데이터 보기, 오른쪽에 [쿼리 설정] 창으로 구성됩니다.

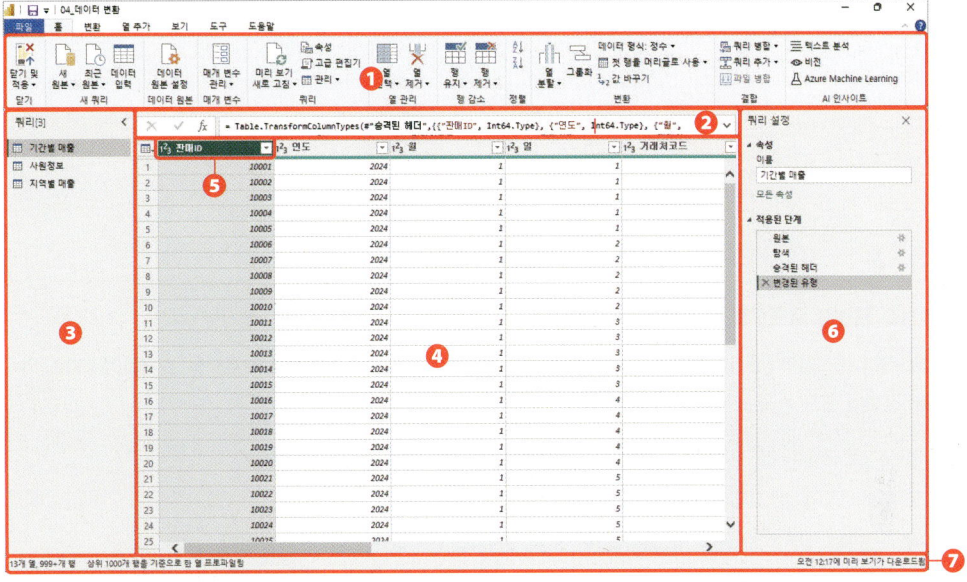

① **리본 메뉴** : [홈], [변환], [열 추가], [보기] 등으로 구성되며 데이터 변환에 필요한 명령 단추를 제공합니다.

② **수식 입력줄** : M언어로 이루어진 수식을 표시합니다.

③ **쿼리 창** : Power BI Desktop에서 가져온 테이블(쿼리) 목록이 표시됩니다.

④ **데이터** : 쿼리의 데이터를 표시하며 열 머리글에서 마우스 오른쪽 버튼을 클릭하면 리본 메뉴의 명령과 동일한 작업을 수행할 수 있습니다.

⑤ **데이터 형식 변환** : 열 머리글의 1²³, A³c 아이콘들을 클릭하여 데이터 형식을 변환할 수 있습니다.

⑥ **쿼리 설정 창** : 쿼리 이름을 변경하고 [적용된 단계]에서 작업을 수정하거나 삭제할 수 있습니다.

⑦ **상태 표시줄** : 선택한 쿼리의 속성(열 개수, 행 개수)과 새로 고침 시간을 표시합니다.

Tip 수식 입력줄과 쿼리 설정 창 표시

파워 쿼리 편집기에서 수식이나 쿼리 설정을 표시하려면 [보기] 탭 〉 [레이아웃] 그룹에서 [수식 입력줄]과 [쿼리 설정]을 클릭합니다.

Tip 열 품질, 열 분포, 열 프로필

파워 쿼리 편집기의 [보기] 탭에서 데이터 미리 보기에 열 품질이나 열 분포, 열 프로필을 표시하여 데이터의 세부 정보나 분포 등을 표시할 수 있습니다.

- 열 품질 : 유효한 값, 오류 값, 비어 있음의 열 품질의 세부 정보를 표시합니다.
- 열 분포 : 상이 값, 고유 값의 열의 값 분포를 표시합니다.
- 열 프로필 : 세부 정보 창에 열 통계(개수, 오류, 고유 값 등), 값 분포를 표시합니다.

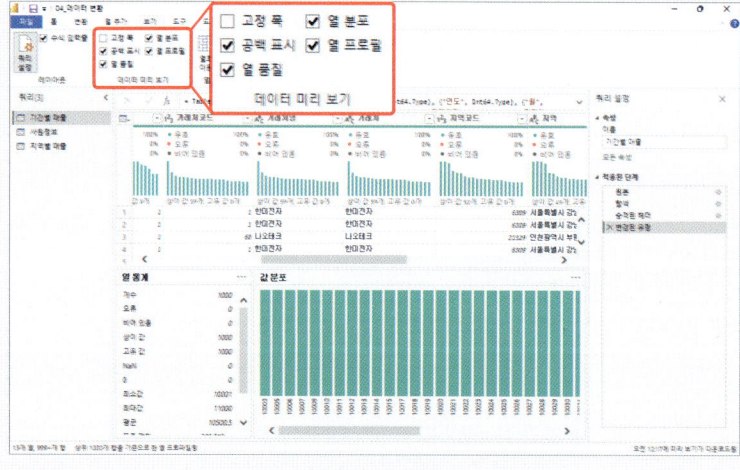

2 데이터 변환

데이터 변환에 필요한 일반적인 쿼리 편집에 대해 알아보겠습니다. 〈그림1〉의 '지역별 매출' 쿼리(테이블)는 Excel에서 가져온 데이터로 시각화하기에 적합하지 않은 구조입니다. 이를 분석에 적합한 형태로 변환하려면 〈그림2〉처럼 열 머리글과 날짜 데이터를 변환하거나 열 단위 지역 필드를 행으로 구성할 필요가 있습니다.

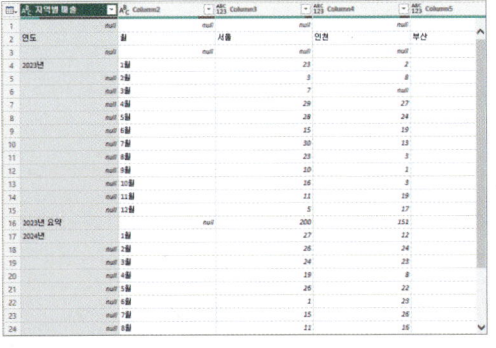

〈그림 1〉 데이터 변환 전

〈그림 2〉 데이터 변환 후

◆ 첫 행을 머리글로 사용

원본 데이터에 첫 행이 열 머리글이 아니거나, 여러 셀이 병합된 열로 구성되어 있다면 Power BI Desktop에서 열 머리글이 제대로 표시되지 않습니다. '첫 행 머리글로 사용'을 적용하여 특정 행의 데이터를 열 머리글로 사용할 수 있습니다. '지역별 매출' 쿼리는 열 머리글이 'Column2', 'Column3' 등으로 표시되는데 2행의 데이터를 열 머리글로 적용해 보겠습니다.

01 파워 쿼리 편집기에서 '지역별 매출' 쿼리를 선택합니다. [홈] 탭 〉 [변환] 그룹에서 [첫 행을 머리글로 사용]을 두 번 클릭합니다.

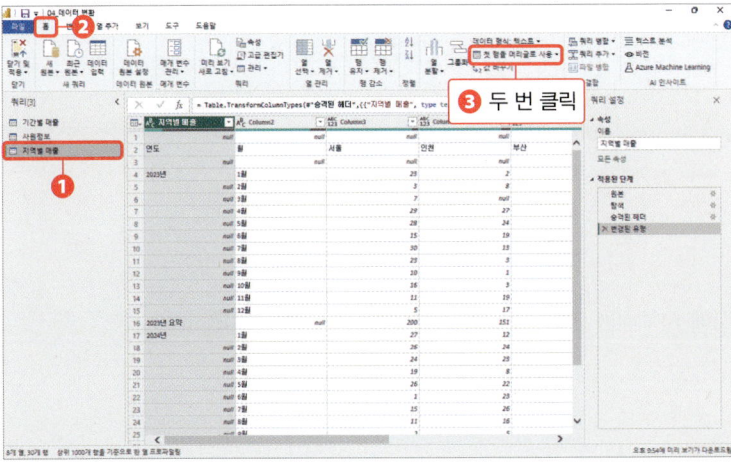

02 2행의 데이터가 열 머리글로 변환됩니다.

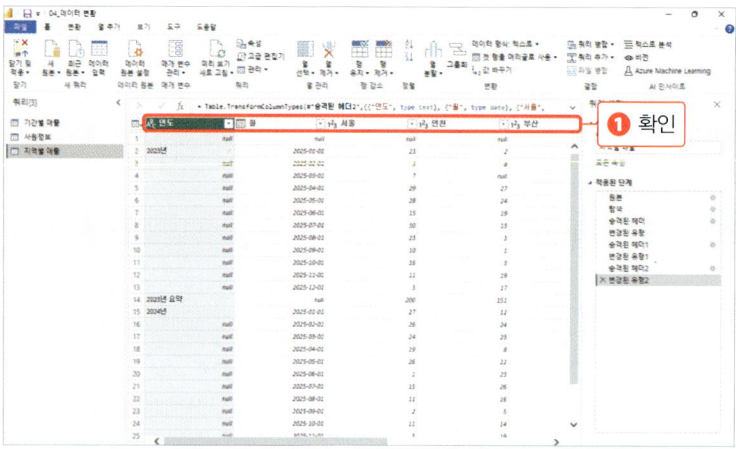

◈ 행/열 제거

리본 메뉴의 행 제거를 사용해 상위 행, 중복된 항목 제거, 오류 제거 등의 특정 행을 삭제할 수 있습니다. 열 제거로 선택한 열이나 다른 열을 제거할 수도 있습니다.

01 '지역별 매출' 쿼리에 첫 행을 머리글로 적용한 후 1행은 null 값이므로 삭제하고, '월' 열의 null 값도 삭제가 필요합니다. 또한, '연도' 열의 '요약 행', '총합계' 행도 삭제하겠습니다. [홈] 탭 〉 [행 감소] 그룹에서 [상위 행 제거]를 클릭합니다.

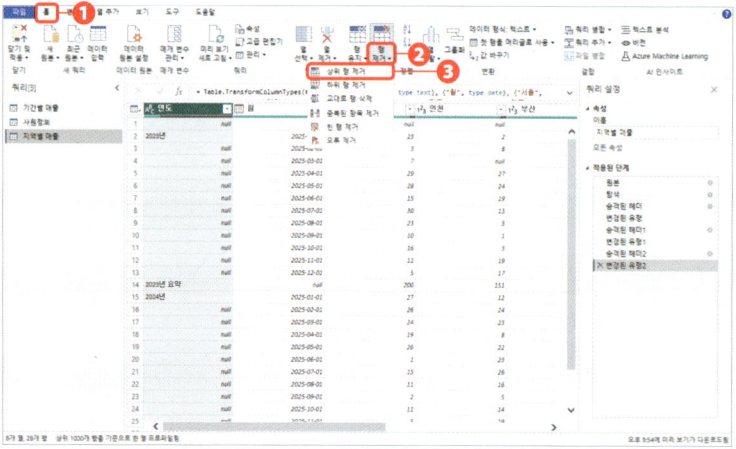

02 [상위 행 제거] 대화상자에 지우려는 행 수에 '1'을 입력하고 [확인]을 클릭합니다.

03 1행이 삭제됩니다. '월' 열의 [필터 단추](▼)를 클릭하고 데이터 목록에서 [null]의 체크를 해제한 후 [확인]을 클릭합니다.

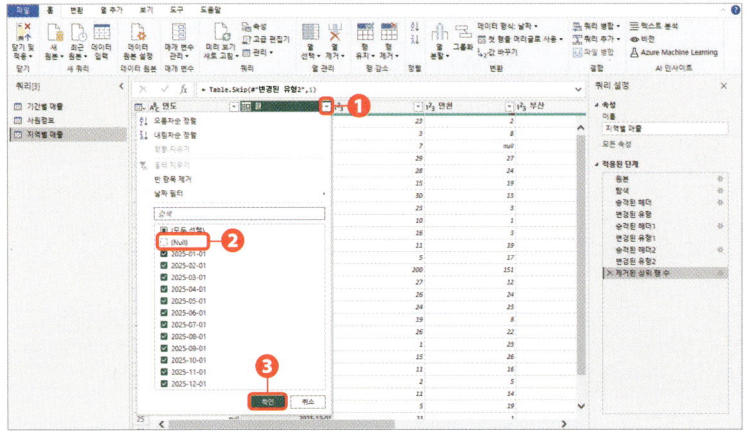

04 테이블에서 불필요한 행이 제거됩니다.

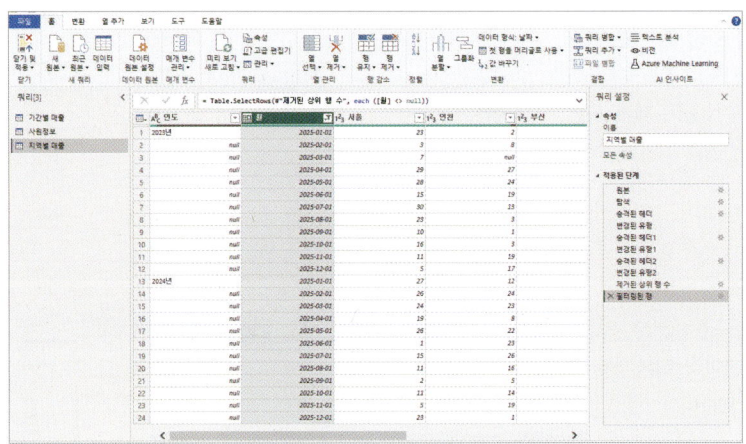

05 열은 마우스 오른쪽 버튼을 클릭하여 간단히 삭제할 수도 있습니다. '총합계' 열을 마우스 오른쪽 버튼으로 클릭하고 [제거]를 선택합니다.

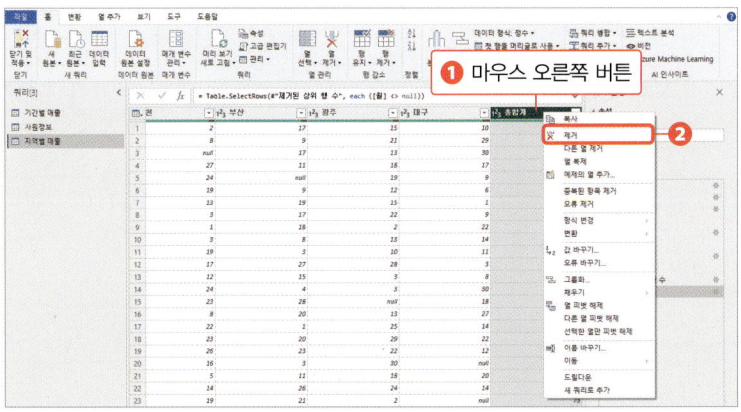

06 열이 삭제된 결과입니다.

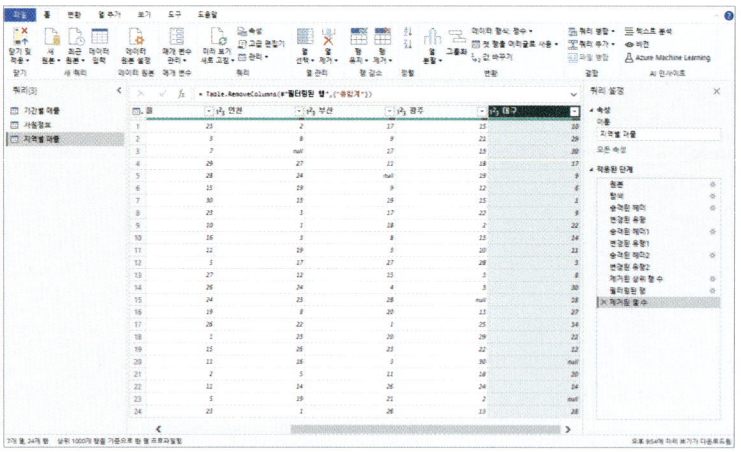

> **Tip** 행 유지와 제거
>
> 파워 쿼리 편집기에서 특정 열을 기준으로 내림차순 정렬을 적용하고 [홈] 탭 〉 [행 감소] 그룹에서 [행 유지] 〉 [상위 행 유지]를 클릭하면 상위N개의 행을 유지할 수 있습니다. 이 외에도 [행 제거]에서 중복된 항목 제거, 오류 제거 등 특정 조건을 지닌 행을 삭제할 수 있습니다.

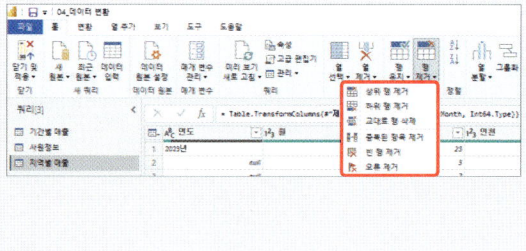

> **Tip** 다른 열 제거
>
> 열 머리글에서 마우스 오른쪽 버튼을 클릭한 후 [다른 열 제거]를 선택하면, 선택한 열을 제외한 다른 열을 제거할 수 있습니다.

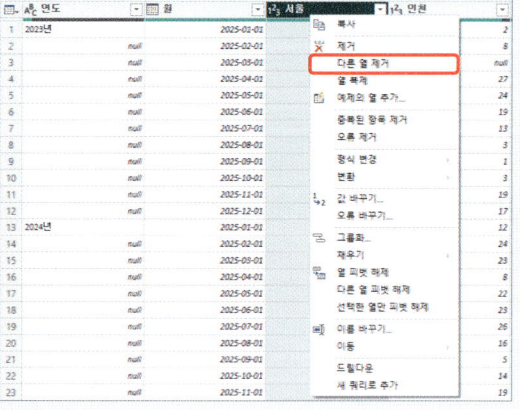

◈ 값 채우기

값 채우기를 적용하면 선택한 열의 위나 아래의 데이터로 null 값을 채워서 표시할 수 있습니다. '연도' 열의 2023년, 2024년 데이터를 아래로 채우기하여 값을 입력해 보겠습니다.

01 '연도' 열 머리글을 선택하고 [변환] 탭 〉 [열] 그룹에서 [채우기] 〉 [아래로]를 클릭합니다.

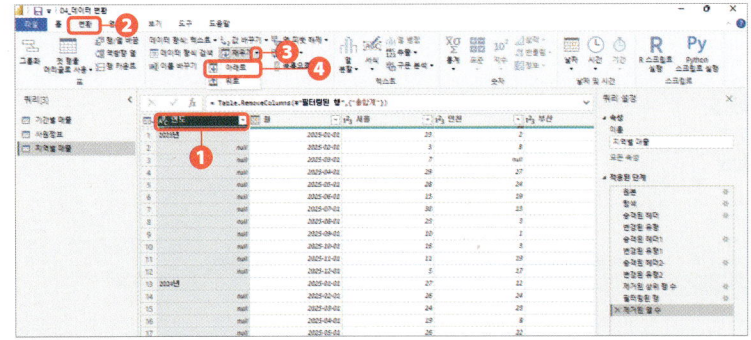

02 null 값에 데이터가 채워집니다.

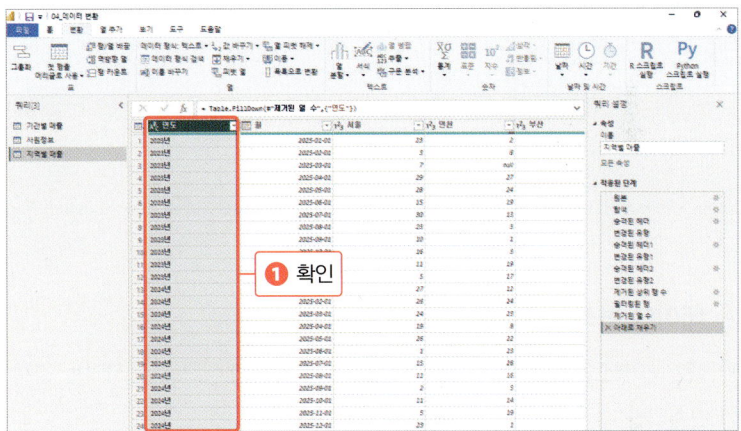

◈ 값 바꾸기

값 바꾸기를 적용하여 선택한 열의 특정 단어나 기호를 다른 문자열로 변경할 수 있습니다. '연도' 열의 텍스트 '년'을 제거해 보겠습니다.

01 '연도' 열 머리글을 선택하고 [변환] 탭 〉 [열] 그룹에서 [값 바꾸기]를 클릭합니다.

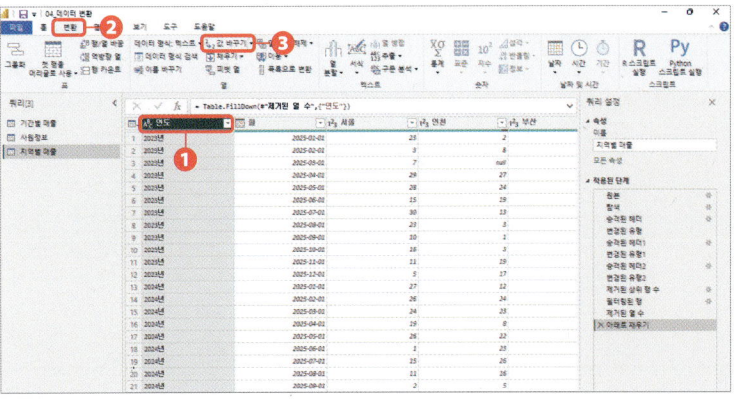

02 [값 바꾸기] 대화상자에서 [찾을 값]에 '년'을 입력합니다. [바꿀 항목]은 공백으로 두고 [확인]을 클릭합니다.

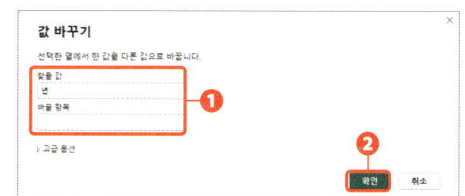

03 '연도' 열에 텍스트가 제거된 결과를 확인할 수 있습니다.

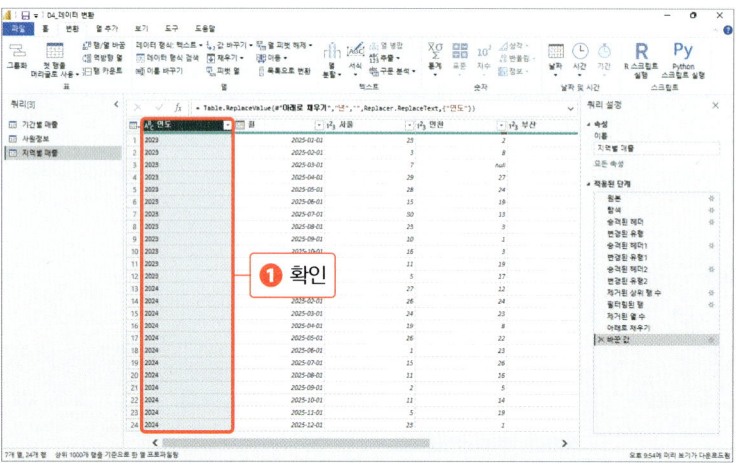

◈ 데이터 형식 변경

연결된 데이터 원본에 따라 숫자나 날짜가 텍스트 형식으로 표시되는 경우 데이터 형식을 변경할 필요가 있습니다.

01 '연도' 열 머리글의 아이콘은 텍스트 형식을 의미합니다. 이를 숫자 형식으로 변경하려면 [변환] 탭 〉[열] 그룹에서 [데이터 형식] 〉[정수]로 설정합니다.

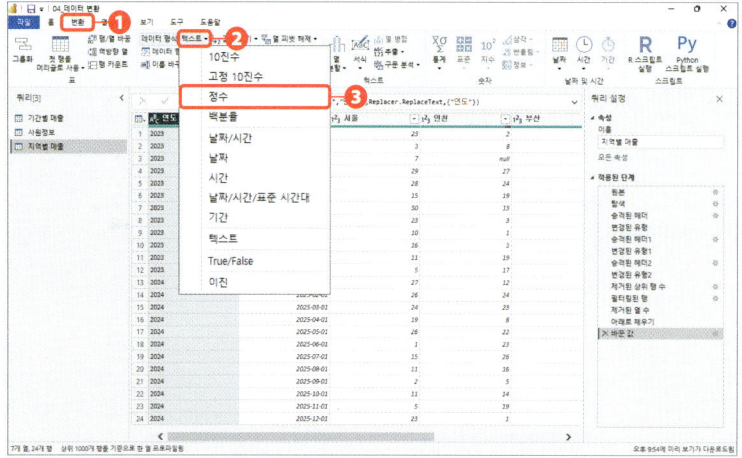

02 '연도' 열 머리글이 숫자 형식인 아이콘으로 변경되고 데이터는 오른쪽 맞춤으로 정렬됩니다.

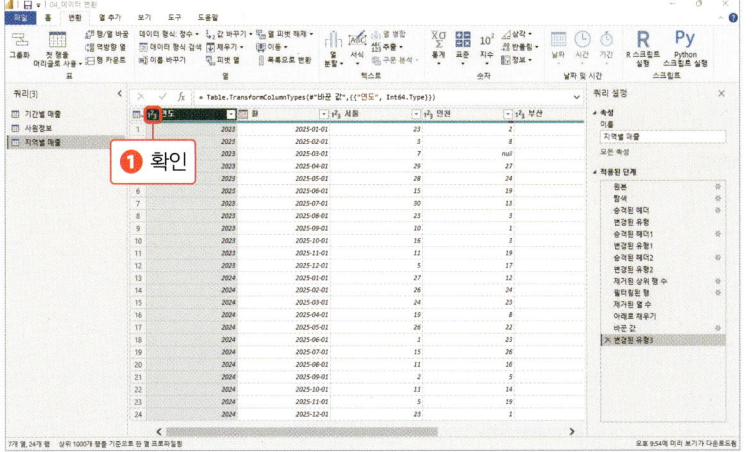

> **Tip** 데이터 형식 변환
>
> 열의 [데이터 형식 표시] 아이콘을 클릭하면 데이터 형식을 쉽게 변경할 수 있습니다.

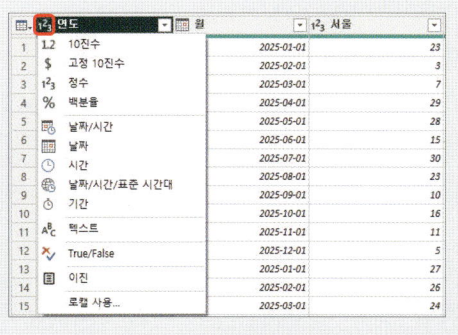

◈ 날짜에서 월 추출

[변환] 탭의 날짜나 시간을 적용하여 날짜 또는, 시간 열을 기준으로 연도, 월, 시, 분 등의 정보를 쉽게 표시할 수 있습니다. '월' 열의 데이터는 잘못된 날짜 형식으로 표시되는데 월만 표시해 보겠습니다.

01 '월' 열 머리글을 선택하고 [변환] 탭 〉 [날짜 및 시간] 그룹에서 [날짜] 〉 [월] 〉 [월]을 클릭합니다.

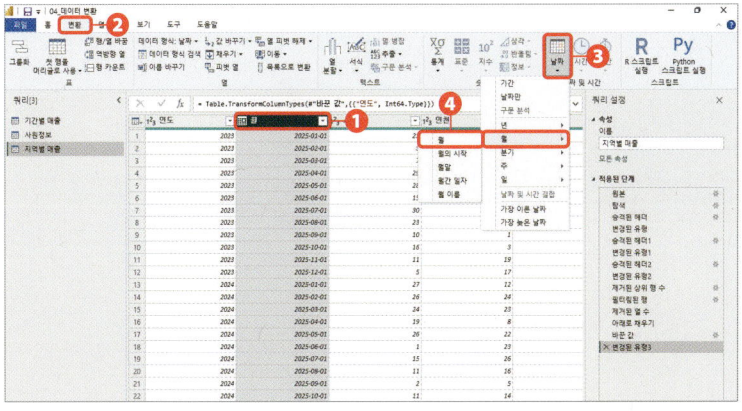

Chapter 04 파워 쿼리 편집기 다루기 **75**

02 '월'에 숫자 형식의 월 정보만 표시됩니다. 이러한 방법으로 [변환] 탭의 [날짜]와 [시간]에서 연도와 분기, 시와 분 등의 정보만 손쉽게 표시할 수 있습니다.

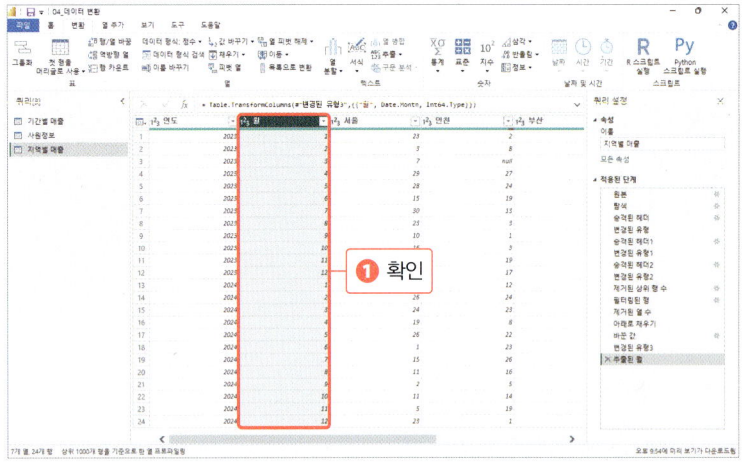

◈ 열 피벗 해제

피벗(Pivot)은 행렬의 행 또는, 열을 교차해서 값을 표현합니다. [변환] 탭의 '피벗 열'은 테이블의 행을 열로 변환(Pivot)하고 '열 피벗 해제'는 열을 행으로 변환(Unpivot)합니다. '지역별 매출' 쿼리의 서울부터 대구까지의 지역이 열로 구성되어 있으면 데이터 분석이 용이하지 않습니다. 서울부터 대구 열을 행으로 변경해 보겠습니다.

01 '서울' 열 머리글을 선택하고, Shift 를 누른 상태로 '대구' 열 머리글을 클릭합니다. [변환] 탭 〉 [열] 그룹에서 [열 피벗 해제]를 클릭합니다.

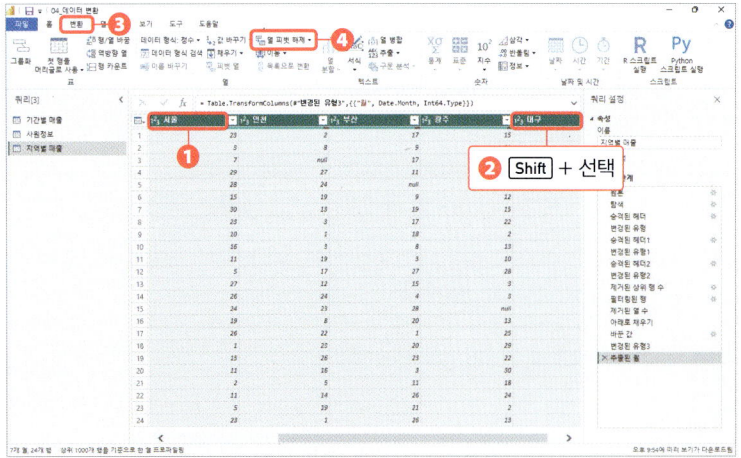

02 선택한 열이 '특성'과 '값'으로 구성되며 열 머리글과 값이 행으로 변환됩니다. 열 피벗 해제를 적용하면 null 값으로 입력된 데이터는 행으로 표시되지 않습니다.

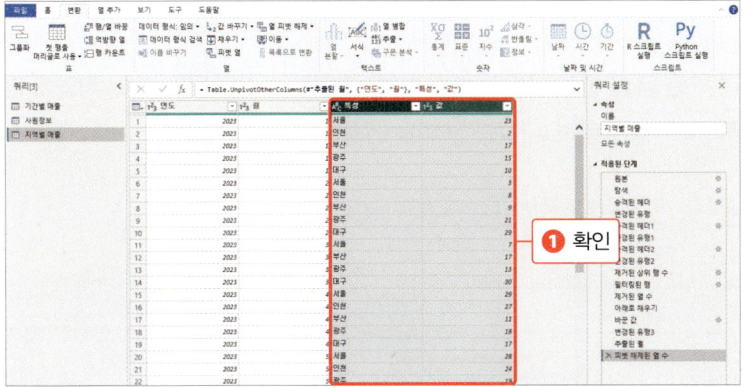

03 '특성' 열 머리글을 더블클릭하여 '지역'으로 변경하고, '값' 열 머리글을 더블클릭하여 '수량'으로 설정합니다.

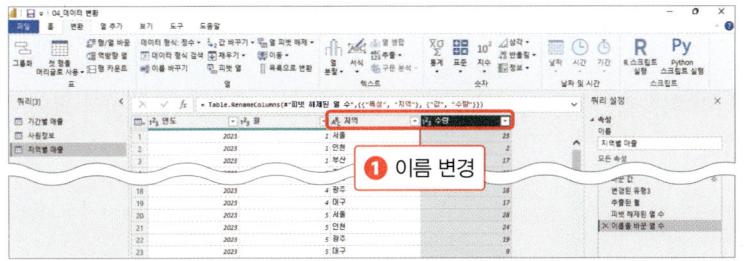

> **Tip 피벗 열**
>
> 행을 열로 변경할 경우 피벗 열을 적용합니다. '지역'과 '수량' 열 머리글을 선택하고 [변환] 탭 〉 [열] 그룹에서 [피벗 열]을 클릭합니다.
>
> [피벗 열] 대화상자가 나타나고 [값 열]에 '수량'이 표시됩니다. '지역' 열의 이름을 이용하여 새 열을 만듭니다. [확인]을 클릭합니다.
>
> '지역' 열의 값이 새 열로 구성됩니다.

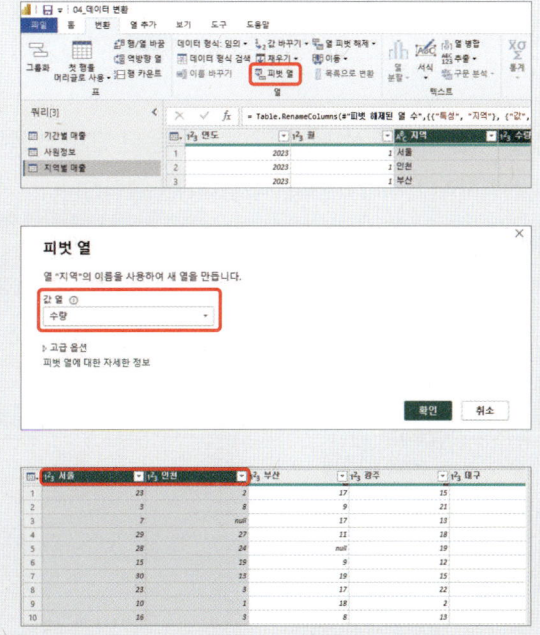

◈ 쿼리 편집과 삭제

파워 쿼리 편집기에서 작업한 내용은 [쿼리 설정] 창의 [적용된 단계]에 기록됩니다. 적용된 단계의 목록을 클릭하면 이전에 작업했던 내용을 확인하거나 편집, 삭제할 수 있습니다.

01 [적용된 단계]에서 '필터링 된 행'을 클릭하면 작업된 결과를 확인할 수 있습니다. 필터 작업에 편집이 필요하다면 마우스 오른쪽 버튼을 클릭하고 [설정 편집]을 선택합니다.

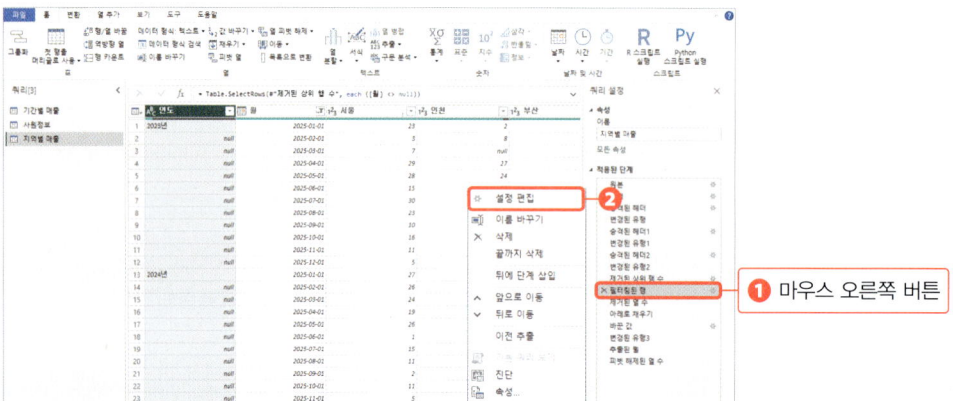

02 [행 필터] 대화상자가 나타나면 필터링된 행 결과를 확인하고 수정할 수 있습니다. 필터 목록만 확인하고 [취소]를 클릭합니다.

03 작업 단계를 삭제할 경우에는 [적용된 단계]의 목록에서 마우스 오른쪽 버튼을 클릭하고 [삭제]를 선택하거나, 쿼리 이름의 [삭제](✕)를 클릭합니다.

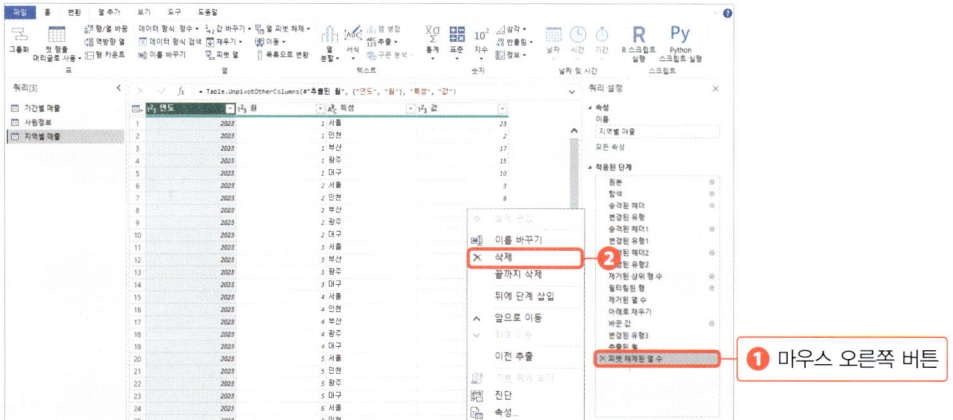

3 열 병합과 분할, 열 추가

파워 쿼리 편집기에서 여러 개의 열을 병합하거나 구분 기호, 문자 수 등으로 열을 분할할 수 있습니다. 필요한 경우 계산 열이나 조건 열 등을 추가할 수 있습니다. 리본 메뉴의 [변환] 탭에서 제공하는 열 분할과 열 병합은 선택한 필드를 대상으로 값을 변환하고 [열 추가] 탭의 열 분할과 열 병합은 결괏값을 새로운 열로 추가합니다.

◆ 열 병합

'열 병합'을 이용해 선택한 여러 열을 하나의 열로 변환할 수 있습니다. 연도, 월, 일 정보를 병합하여 주문일자로 변환해 보겠습니다. 선택한 순서대로 열이 병합되므로 병합하려는 열을 순서에 맞게 선택합니다.

01 '기간별 매출' 쿼리에서 '연도' 열 머리글을 선택하고 Ctrl 을 누른 상태로 '월', '일'을 차례로 선택합니다. [변환] 탭 〉 [텍스트] 그룹에서 [열 병합]을 클릭합니다.

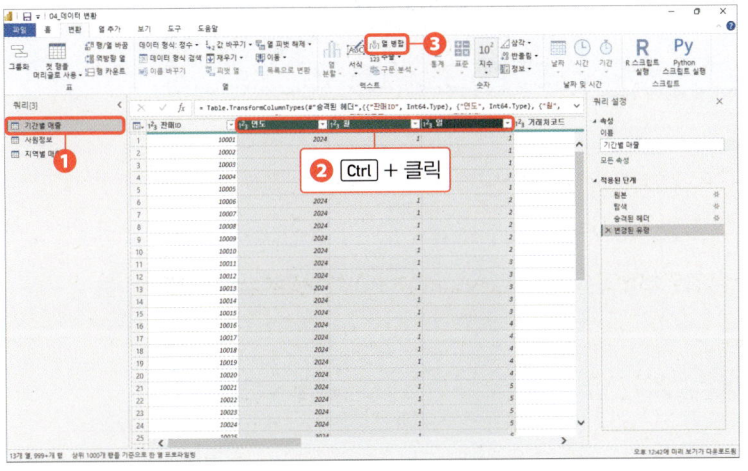

02 [열 병합] 대화상자에서 병합할 방법을 선택합니다. [구분 기호]를 '사용자 지정'으로 선택하고 '-'(하이픈)을 입력합니다. [새 열 이름(선택 사항)]에 '주문일자'를 입력하고 [확인]을 클릭합니다.

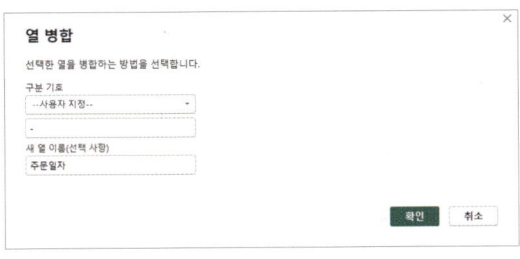

03 '주문일자' 열이 생성되고 텍스트 형식이 적용됩니다.

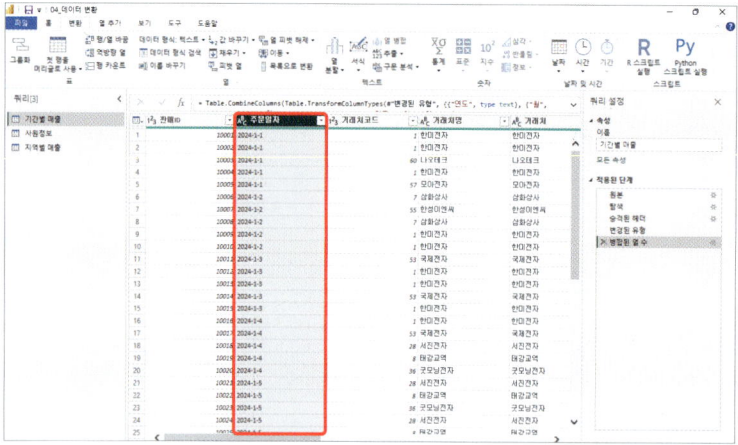

04 '주문일자' 열의 데이터 형식(■)을 클릭하여 '날짜'로 설정합니다.

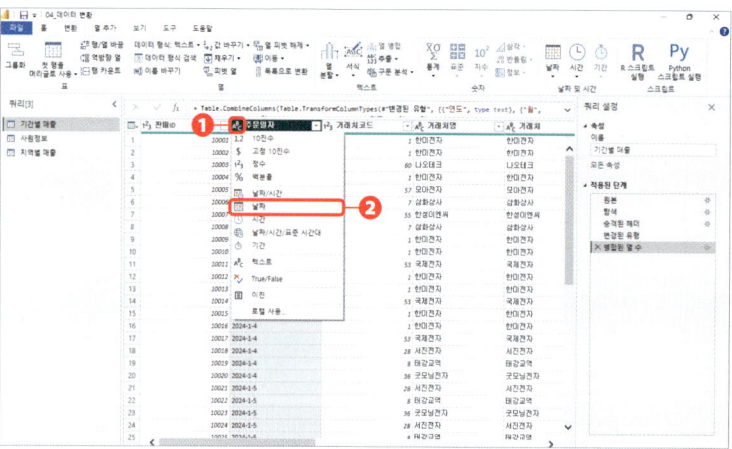

05 '주문일자' 열이 날짜 형식으로 변경됩니다.

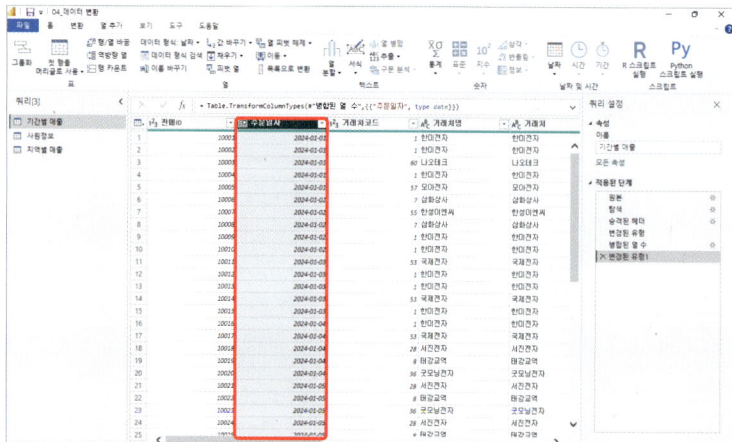

◈ 열 분할

'열 분할'을 이용해 하이픈(-)이나 쉼표(,) 등의 구분 기호나 공백 등으로 분리할 수 있습니다. '기간별 매출' 쿼리의 '지역' 열에서 데이터의 공백을 기준으로 '시도'와 '구군시' 열로 구분해 보겠습니다.

01 '지역' 열 머리글을 선택하고 [변환] 탭 〉 [텍스트] 그룹에서 [열 분할] 〉 [구분 기호 기준]을 클릭합니다.

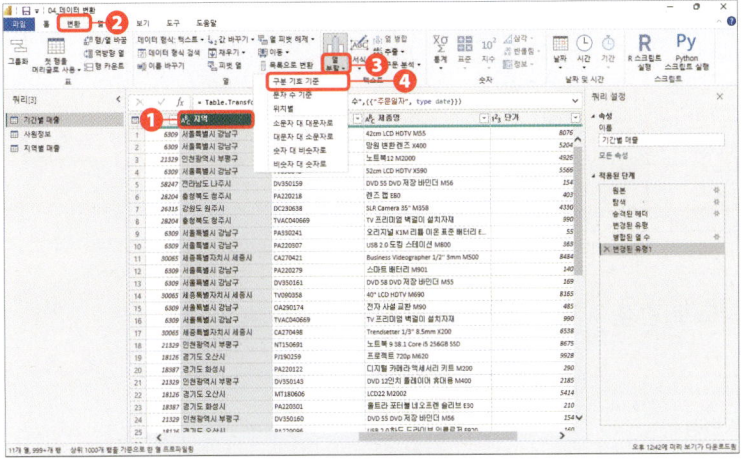

02 [구분 기호에 따라 열 분할] 대화상자가 나타납니다. [구분 기호 선택 또는 입력]을 '공백'으로, [다음 위치에 분할] 〉 [각 구분 기호에서]로 선택한 후 [확인]을 클릭합니다.

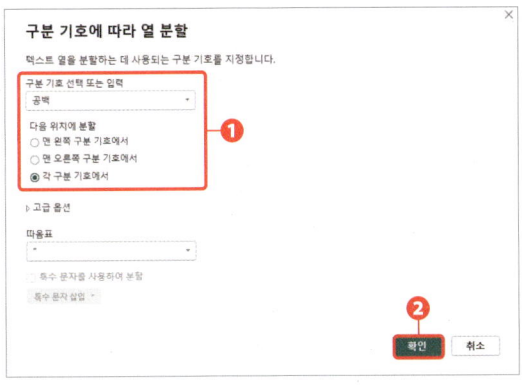

03 '지역' 열이 공백을 기준으로 '지역.1, 지역.2'로 구분됩니다.

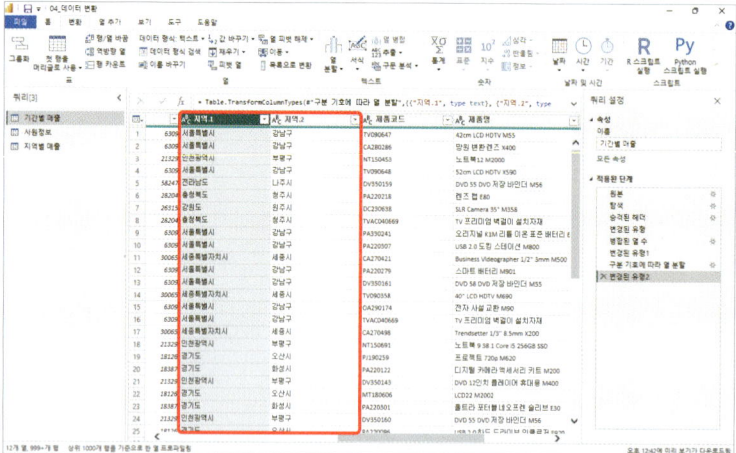

04 '지역.1' 열 머리글은 '시도'로 변경, '지역.2' 열 머리글은 '구군시'로 설정합니다.

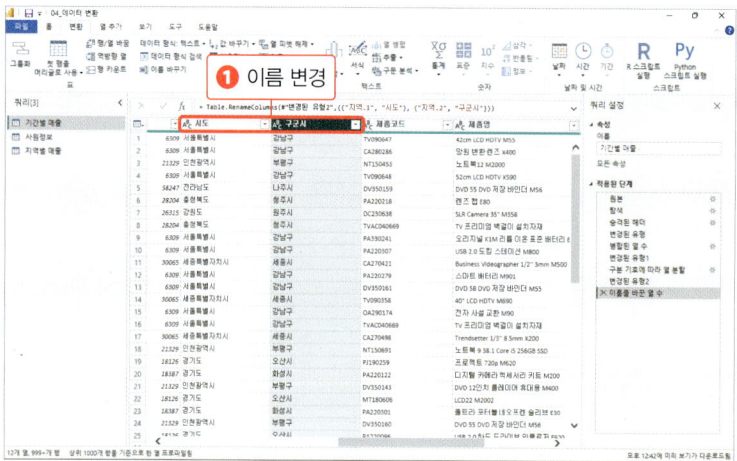

✦ 추출

텍스트 값에서 길이, 범위, 구분 기호 앞 텍스트나 구분 기호 뒤 텍스트 등으로 데이터를 추출할 수 있습니다. '기간별 매출' 쿼리의 '제품명' 열에서 하이픈(-) 기호 뒤의 색상을 추출해 보겠습니다. [열 추가] 탭의 '추출'을 적용하면 새 열로 추출 결과가 표시됩니다.

01 '기간별 매출' 쿼리의 '제품명' 열 머리글을 선택하고 [열 추가] 탭 〉 [텍스트에서] 그룹에서 [추출] 〉 [구분 기호 뒤 텍스트]를 클릭합니다.

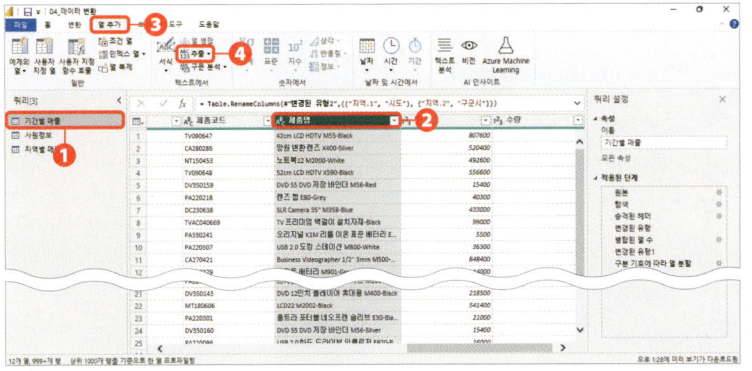

02 [구분 기호 뒤 텍스트] 대화상자에서 [구분 기호]에 '-'(하이픈)을 입력합니다. [고급 옵션]을 선택한 후 [구분 기호 스캔]을 '입력 끝부터'로 설정하고 [확인]을 클릭합니다.

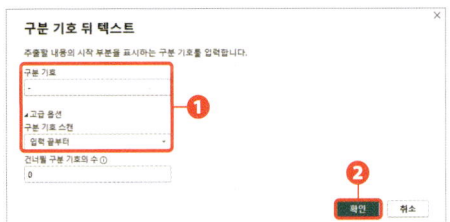

03 구분 기호 뒤의 텍스트로 색상이 추출됩니다. 열 이름을 '색상'으로 변경합니다.

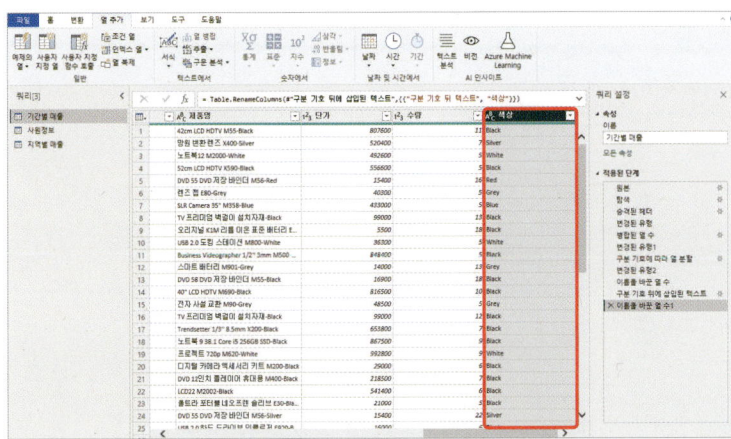

◆ 사용자 지정 열

'사용자 지정 열'을 이용하여 계산식을 추가할 수 있습니다. 사용자 지정 열은 M 수식을 이용하며, M 수식은 데이터를 매시업(mashup)하는 쿼리 작성기에서 최적화된 강력한 쿼리 언어입니다. '기간별 매출' 쿼리에 '금액' 열을 추가해 보겠습니다.

01 '기간별 매출' 쿼리에서 [열 추가] 탭 > [일반] 그룹에서 [사용자 지정 열]을 클릭합니다.

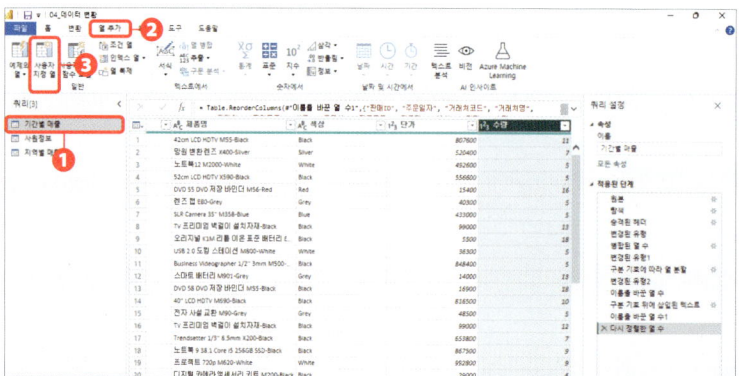

02 [사용자 지정 열] 대화상자가 나타나면 [새 열 이름]에 '금액'을 입력합니다. [사용자 지정 열 수식]에 '=[단가]*[수량]'을 입력한 후 [확인]을 클릭합니다. '단가'와 '수량' 열은 [사용 가능한 열]에서 더블클릭하여 추가할 수 있습니다.

03 '금액' 열이 추가됩니다. 데이터 형식(1₂3)은 '정수'로 설정합니다.

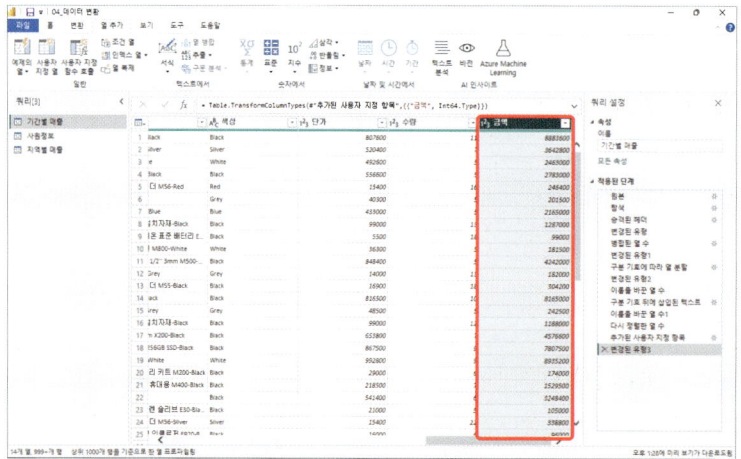

> **Tip** **수식 오류 표시**
>
> 수식을 입력하면 구문 오류가 검색되는지 여부를 알려주는 내용이 대화상자 아래쪽에 나타납니다. 오류가 없으면 녹색 확인 마크가 표시되며, 오류가 있으면 검색된 오류와 함께 경고 아이콘과 수식에서 오류가 검색된 위치로 커서를 배치하는 링크가 표시됩니다.

◈ 조건 열

'조건 열'을 추가하여 데이터 조건에 따라 값을 추가할 수 있습니다. '사원정보' 쿼리에서 '구분' 열의 숫자 '1'을 '남자', '2'를 '여자'로 표시하는 열을 추가해 보겠습니다.

01 '사원정보' 쿼리를 선택하고 [열 추가] 탭 〉 [일반] 그룹에서 [조건 열]을 클릭합니다.

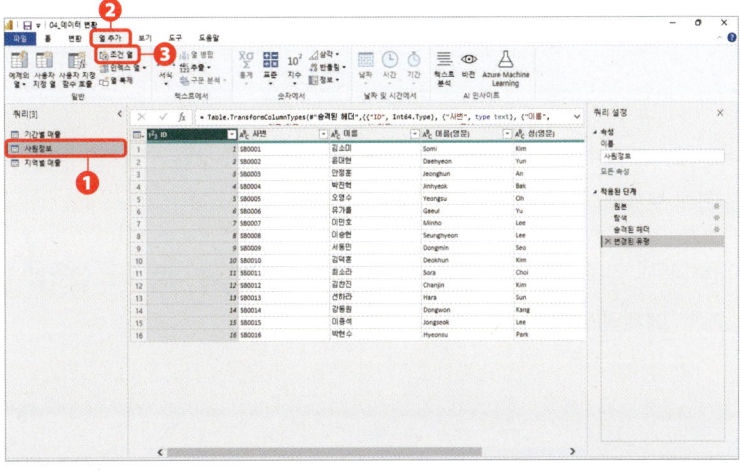

02 [조건 열 추가] 대화상자의 [새 열 이름]에 '성별'을 입력합니다. 첫 번째 조건 항목에서 [열 이름] : '구분', [연산자] : '같음', [값] : '1', [출력] : '남'을 입력하고 [절 추가]를 클릭합니다.

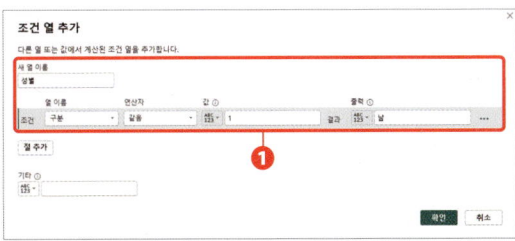

03 다음 조건에 [열 이름] : '구분', [연산자] : '같음', [값] : '2', [출력] : '여'를 입력하고 [확인]을 클릭합니다.

04 '사원정보' 쿼리에 '성별' 열이 추가됩니다. 데이터 형식(123)은 텍스트로 설정합니다.

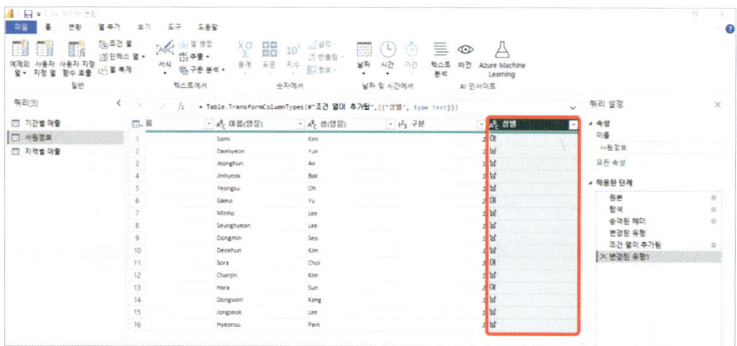

◈ 예제의 열

'예제의 열'을 이용하면 쿼리의 모든 열이나 선택한 열을 기반으로 새 열 값을 추가할 수 있습니다. '이름'과 '성' 열을 하나의 열로 결합해 보겠습니다.

01 '사원정보' 쿼리에서 '이름(영문)' 열을 선택하고 Ctrl 을 누른 후 '성(영문)' 열 머리글을 선택합니다. [열 추가] 탭 〉 [일반] 그룹에서 [예제의 열] 〉 [선택 항목에서]를 클릭합니다.

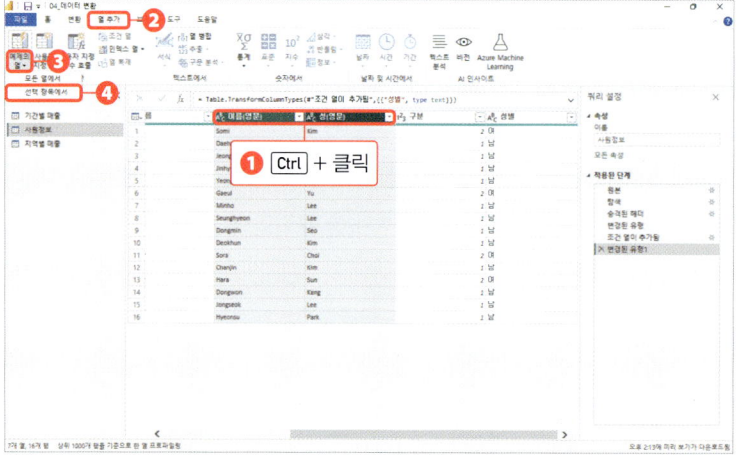

02 샘플 값을 이용해 데이터를 작성할 수 있는 예제의 열 추가 창이 열리고 '열1'이 나타납니다. 영문 이름을 표시하기 위해 1행에 'Somi, Kim'을 입력하고 Enter 를 누릅니다.

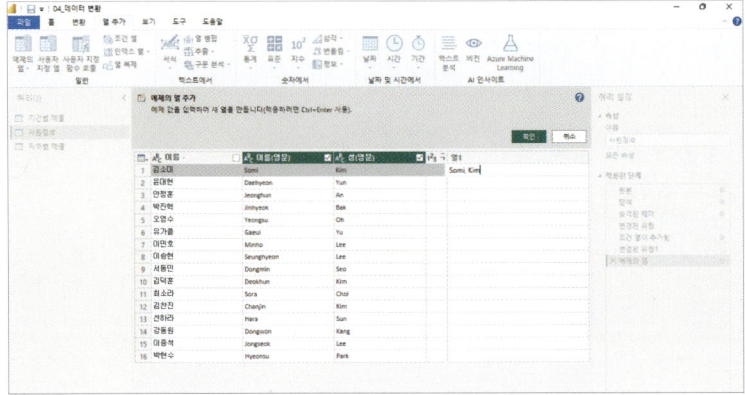

03 사용자가 입력한 패턴으로 다른 행에 영문 이름 결괏값이 표시됩니다. 예제의 열 추가 창을 닫기 위해 [확인]을 클릭합니다.

04 '사원정보' 쿼리에 결합한 열이 나타납니다. 열 머리글을 '영문이름'으로 변경합니다.

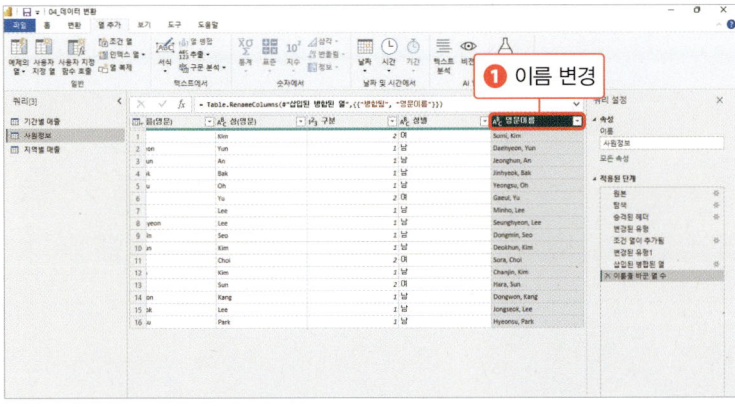

4 쿼리 닫기 및 적용

파워 쿼리 편집기에서 데이터 편집이 완료되면 변환된 데이터를 Power BI Desktop에 로드합니다.

01 [홈] 탭 〉[닫기 및 적용]에서 [닫기 및 적용]을 클릭합니다.

02 Power BI Desktop의 [테이블](▦) 보기를 클릭합니다. [데이터] 창의 테이블을 선택하면 파워 쿼리 편집기에서 작업한 결과가 적용된 걸 확인할 수 있습니다.

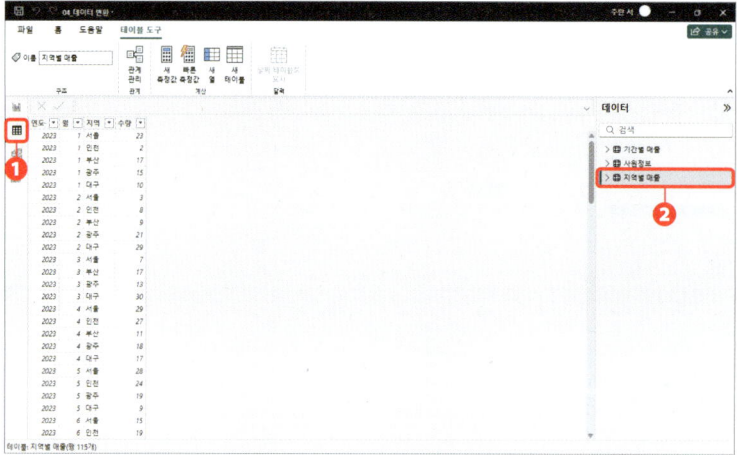

05 데이터 모델링

Chapter

데이터 모델링이란 데이터를 탐색하기 위해 데이터를 다시 정의하고 조직화하는 단계로, 주로 관계형 데이터베이스에서 이루어집니다. Power BI Desktop에서는 테이블 간의 관계를 설정하거나 계산 열, 측정값, 데이터 분류 등을 지정하는 작업이 데이터 모델링에 해당합니다. 이번 챕터에서는 관계 설정, 측정값 생성, 데이터 범주 설정 등의 방법에 대해 살펴보겠습니다.

예제 파일 | Part 01 〉 Chapter 05 〉 05_관계설정.pbix, 05_관계설정_다중키.pbix, 05_매출현황.pbix, 매출현황.xlsx

1 테이블 구조

◆ 팩트(Fact) 테이블과 차원(Dimension) 테이블

관계형 데이터베이스에서 테이블은 차원(Dimension) 테이블과 팩트(Fact) 테이블로 구성됩니다. 차원 테이블은 모델링의 대상이 되는 속성 정보를 가진 테이블로, 거래처, 제품, 사원, 시간 등과 같은 마스터 정보를 담고 있습니다. 이 테이블은 고유 식별자 역할을 하는 키 열과 그에 대한 설명 열로 구성됩니다.

반면, 팩트 테이블은 판매, 재고, 환율 등과 같은 관찰 데이터나 이벤트 정보를 기록하는 테이블입니다. 이 테이블은 차원 테이블의 키 열을 참조하거나 측정값(예: 금액, 수량 등)을 포함합니다. 이러한 테이블들은 관계(Relationship)를 통해 연결되며, 이를 기반으로 사용자는 데이터를 탐색할 수 있습니다. 일반적으로 차원 테이블은 필터링 대상, 팩트 테이블은 요약(집계) 대상으로 활용됩니다.

예를 들어, 아래 데이터 모델에서는 거래처(Dimension) 테이블의 거래처코드, 제품(Dimension) 테이블의 제품코드가 각각 고유키로 사용되며, 이 값들이 판매(Fact) 테이블에 참조되어 연결됩니다. 이러한 연결을 통해 사용자는 거래처명이나 제품명을 기준으로 판매 테이블의 금액 합계를 탐색할 수 있습니다.

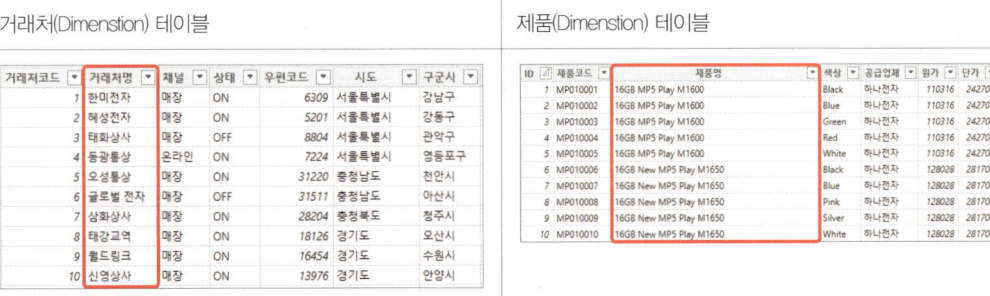

◆ 기본 키와 외래 키

차원(Dimenstion) 테이블과 팩트(Fact) 테이블을 연결하기 위해 관련 있는 열을 포함해야 합니다. 두 테이블을 연결할 수 있는 열로 차원 테이블의 열을 기본 키(Primary Key), 팩트 테이블의 열을 외래 키(Foreign Key)라고 합니다.

> ▶ 기본 키(Primary Key) : 차원 테이블의 기준 열로 중복이 없는 고유 값으로 구성됩니다.
> ▶ 외래 키(Foreign Key) : 팩트 테이블에서 차원 테이블과 연결할 수 있는 열로 중복된 값을 포함하거나 없을 수 있습니다.

'거래처' 테이블과 '판매' 테이블은 거래처코드로 연결할 수 있는데 '거래처' 테이블의 거래처코드가 기본 키(Primary Key)이고, '매출' 테이블의 거래처코드는 외래 키(Foreign Key)가 됩니다.

Tip 대체 키(Surrogate key)

테이블에 기본 키와 외래 키가 없는 경우 대체 키(Surrogate Key)를 이용하여 연결할 수 있습니다.

◆ 관계 설정(Relationship)

여러 테이블을 단일 테이블처럼 데이터를 분석하기 위해 테이블 간의 관계 설정(Relationship)이 필요합니다. 관계 설정은 관계형 데이터베이스를 사용한 데이터 집합을 가져오거나 데이터를 구조화한 모델을 사용할 때 필요합니다. 관계를 설정할 때는 테이블의 공통 필드를 연결하여 관계를 설정하며 두 열은 데이터 형식이 호환되어야 합니다. 관계 설정된 테이블의 연결선에 고윳값 열은 '일(1)'로 중복된 값을 가질 수 있는 열은 '다(*)'로 표시됩니다. 이를 관계 종류(카디널리티)라고 하며 테이블에 따라 일대다(1:*), 다대일(*:1), 일대일(1:1), 다대다(*:*)의 관계를 표시합니다. 또한 연결선의 화살표는 교차 필터 방향을 나타내며 '단일' 또는 '모두'로 표시하며 필터의 흐름을 나타냅니다.

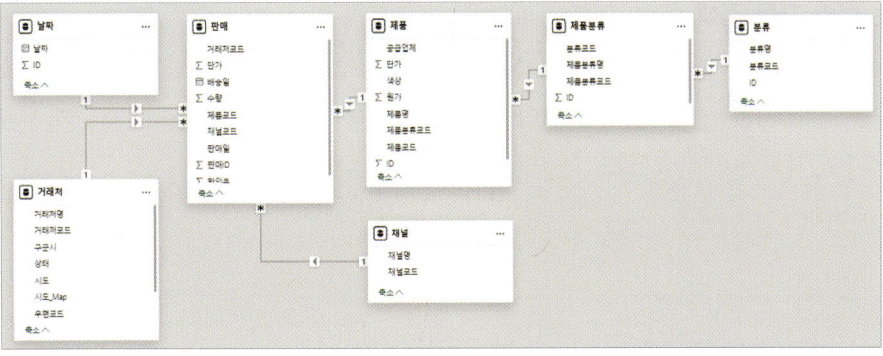

다음 그림은 '거래처'와 '판매' 테이블의 시각화 결과입니다. 두 테이블 사이에 올바른 관계가 설정되면 〈그림 1〉과 같이 거래처별로 수량합계를 요약합니다. 관계 설정이 안 되어 있거나 잘못 연결되어 있으면 〈그림 2〉와 같이 전체 거래처에 수량합계를 적용하여 사용자가 원하는 결과를 얻지 못할 수 있습니다.

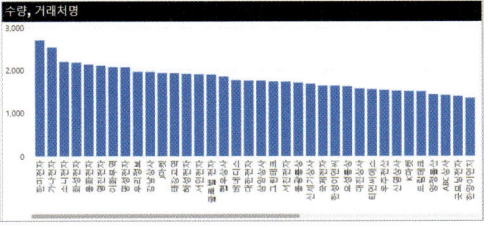

〈그림 1〉 관계 설정

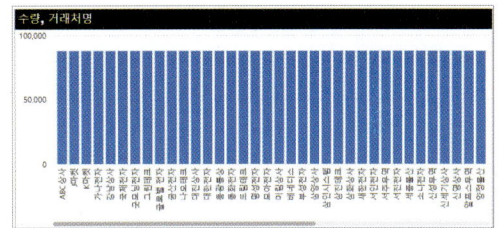

〈그림 2〉 관계 미설정

2 관계 설정과 편집

이번 챕터부터 사용하는 데이터 모델 구조입니다. 2021년부터 2024년도까지의 매출 정보를 이용해 기간, 제품, 거래처 등으로 매출을 분석해 보겠습니다. '판매' 테이블은 팩트(Fact) 테이블이고 다른 테이블은 차원(Dimension) 테이블입니다. 시계열 분석을 위해 '날짜' 테이블을 따로 구성했으며 각 테이블에는 관계 설정이 가능하도록 기본 키와 외래 키가 포함되어 있습니다.

테이블	설명
판매(Fact)	판매일, 배송일, 거래처코드, 채널코드, 제품코드, 단가, 수량 등의 판매 정보
날짜(Dim)	기간(연도, 분기, 월 등)으로 데이터 분석을 위해 사용. '판매' 테이블의 '날짜' 필드와 연결
거래처(Dim)	제품을 판매한 거래처 정보. '판매' 테이블의 '거래처코드' 필드와 연결
채널(Dim)	제품이 판매된 채널 정보. '판매' 테이블의 '채널코드' 필드와 연결
제품(Dim)	제품 상세정보. '판매' 테이블의 '제품코드' 필드와 연결
제품분류(Dim)	제품분류 상세정보. '제품' 테이블의 '제품분류코드' 필드와 연결
분류(Dim)	분류 상세정보. '제품분류' 테이블의 '분류코드' 필드와 연결

◆ 로드하는 동안 자동 검색

Power BI Desktop에서 데이터 가져오기로 둘 이상의 테이블을 로드하면 자동으로 관계를 검색하고 만듭니다. [옵션] 대화상자의 [현재 파일] 〉 [데이터 로드]에 관계 옵션 [데이터가 로드된 후 새 관계 자동 검색]이 체크되어 있기 때문에 데이터 로드 후 자동으로 관계를 설정합니다.

01 Power BI 빈 화면에서 [홈] 〉 [데이터] 그룹에서 [Excel 통합 문서]를 클릭하여 '매출현황.xlsx' 파일을 불러옵니다.

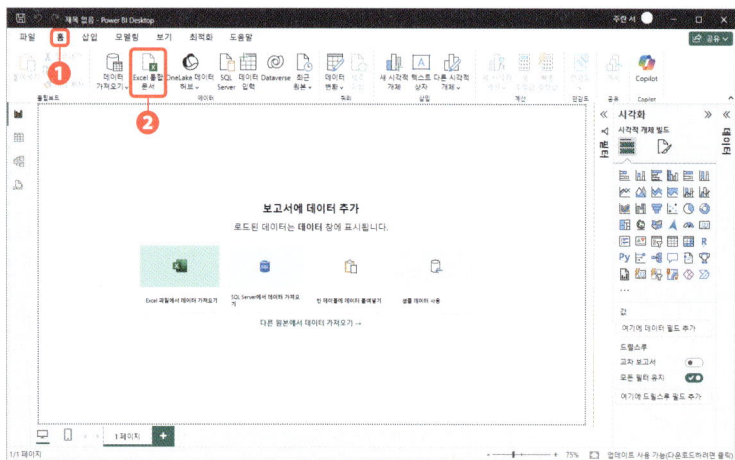

02 탐색 창에서 '거래처'부터 '판매' 테이블까지 체크하고 [로드]를 클릭합니다. 첫 번째 테이블 '거래처'를 선택한 후 Shift 를 누른 상태로 '판매' 테이블을 선택하면 연속된 테이블을 선택할 수 있습니다.

03 데이터 가져오기가 완료되면 [모델]( ) 보기에서 '날짜' 테이블을 제외한 모든 테이블의 관계를 확인할 수 있습니다. 자동 관계 설정은 각 테이블의 열 이름으로 관계를 파악하며, 관계 종류(카디널리티), 교차 필터 방향, 관계 활성 등이 자동으로 설정됩니다.

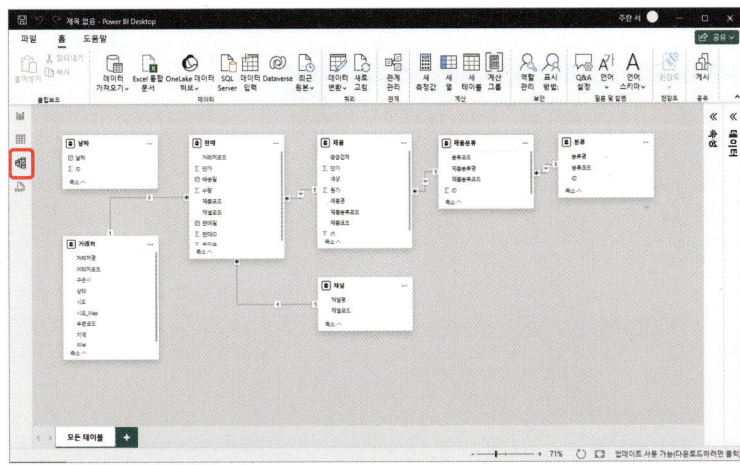

> **Tip** 테이블의 열 속성(열 이름, 데이터 형식)이 동일하면 자동으로 관계 설정됩니다.

◆ **자동 검색으로 관계 만들기**

[관계 관리] 대화상자를 이용해 테이블 간의 관계를 자동 설정하거나 편집, 삭제할 수 있습니다.

01 '05_관계설정.pbix' 파일을 엽니다. [보고서]( ) 보기의 시각화를 보면 테이블 간의 관계 설정이 안되어 있기 때문에 연도, 분류, 거래처, 채널별로 모두 동일한 매출 수량이 표시됩니다.

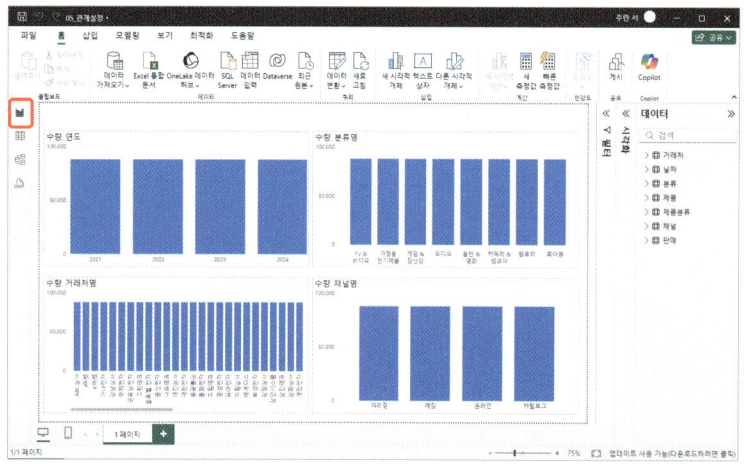

02 테이블 간의 관계를 설정하기 위해 [모델]( ) 보기를 클릭합니다. 테이블 구조가 복잡한 경우 자동 관계 설정을 이용하면 편리합니다. [홈] 탭 〉 [관계] 그룹에서 [관계 관리]를 클릭합니다.

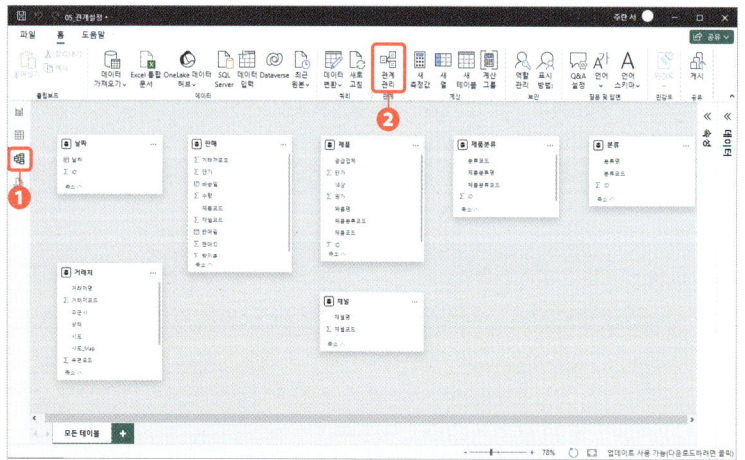

03 [관계 관리] 대화상자가 나타납니다. 데이터 모델의 관계를 자동으로 검색하기 위해 [자동 검색]을 클릭하고 [자동 검색] 대화상자에 검색된 결과가 표시되면 [닫기]를 클릭합니다.

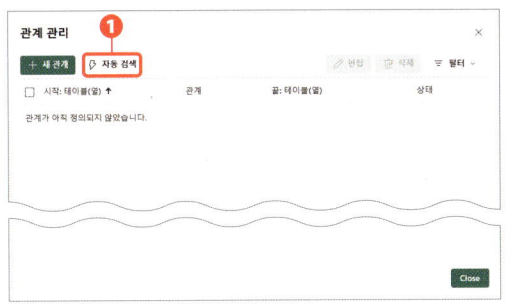
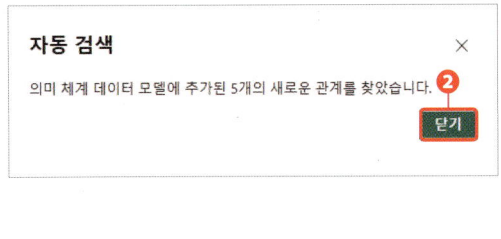

04 테이블에 관련 있는 필드를 찾아 관계 설정된 목록이 나타납니다. [Close]를 클릭합니다.

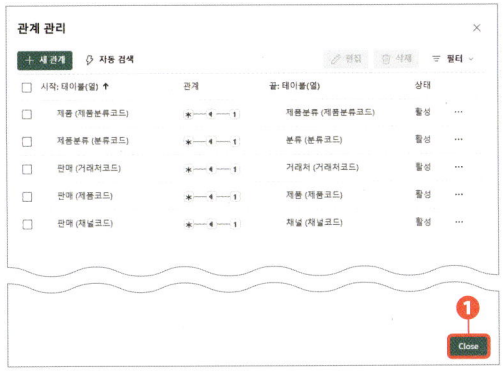

05 관계가 설정되면 관련 있는 테이블 간의 연결선(커넥터)과 카디널리티(관계 종류)가 나타납니다. '거래처'와 '판매' 테이블의 연결선을 클릭하면 두 테이블에 연결된 필드명이 강조되고 '일대다(1:*)'의 관계가 표시됩니다. 차원 테이블의 필드는 '일(1)'로 표시되고 팩트 테이블의 필드는 '다(*)'로 표시됩니다.

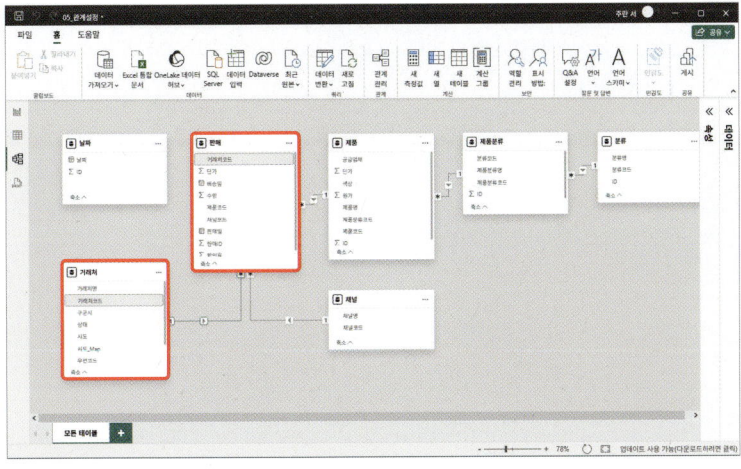

Chapter 05 데이터 모델링 **95**

06 [보고서](📊) 보기에서 시각적 개체를 확인해 보면 분류, 거래처, 채널별 매출수량이 다르게 표시됩니다.

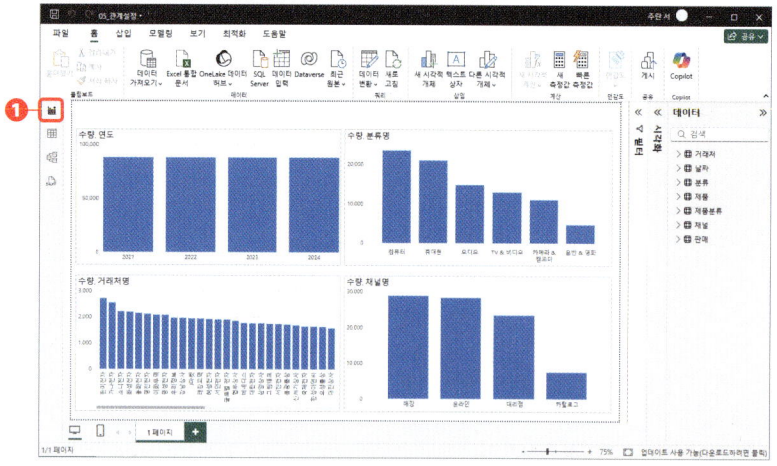

⊕ 수동으로 관계 만들기

자동 검색으로 관계 설정이 안되는 경우 사용자가 직접 테이블 간에 관계를 설정할 수 있습니다. 앞서 진행한 자동 검색에서 '날짜'와 '판매' 테이블은 관계 설정이 안 되어 있습니다. 판매일 기준으로 데이터를 탐색하기 위해 '날짜' 테이블의 '날짜' 필드와 '판매' 테이블의 '판매일' 필드를 관계 설정합니다.

01 [모델](🗂️) 보기에서 [홈] 탭 〉 [관계] 그룹의 [관계 관리]를 클릭합니다.

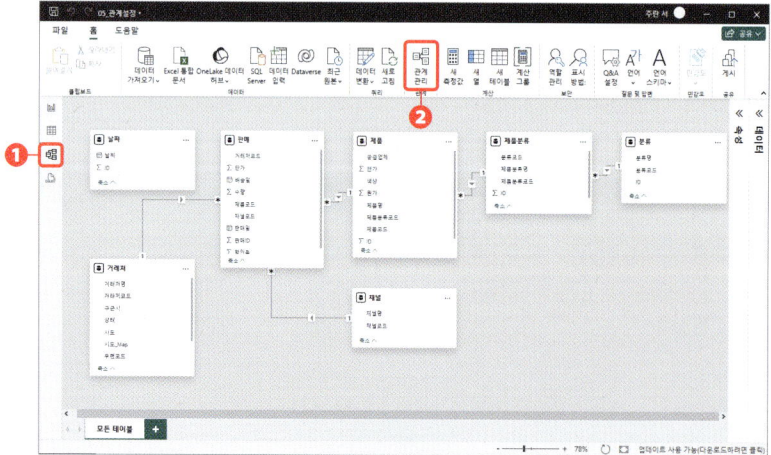

02 [관계 관리] 대화상자에서 [새 관계]를 클릭합니다.

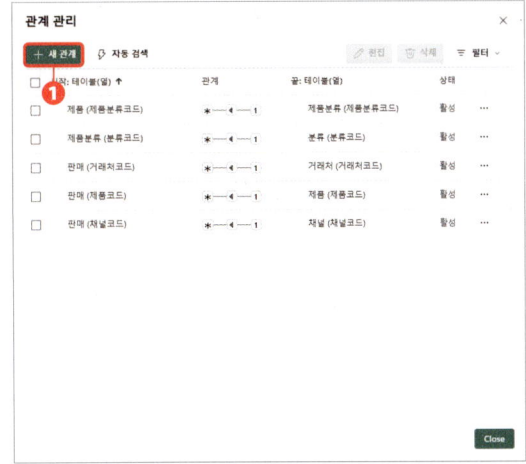

03 [관계 만들기] 대화상자가 나타납니다. 첫 번째 테이블에서 '판매' 테이블을 선택하고 '판매일' 필드를 클릭합니다. 두 번째 테이블에서 '날짜' 테이블을 선택하고 '날짜' 필드를 클릭합니다. 관계 설정이 완료되면 [저장]을 클릭합니다.

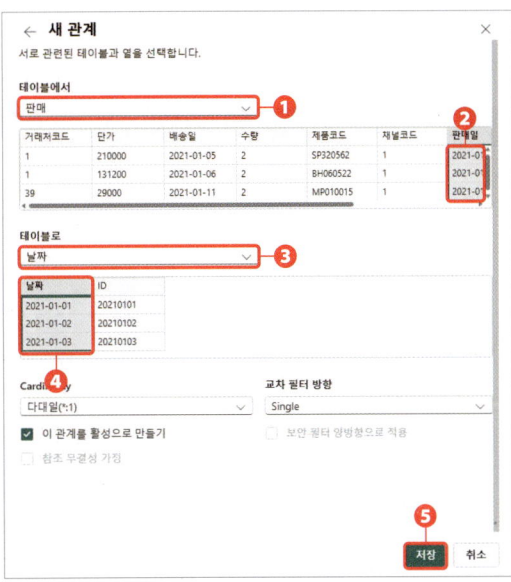

04 [관계 관리] 대화상자에 새로 만든 관계가 추가된 걸 확인하고 [Close]를 클릭합니다.

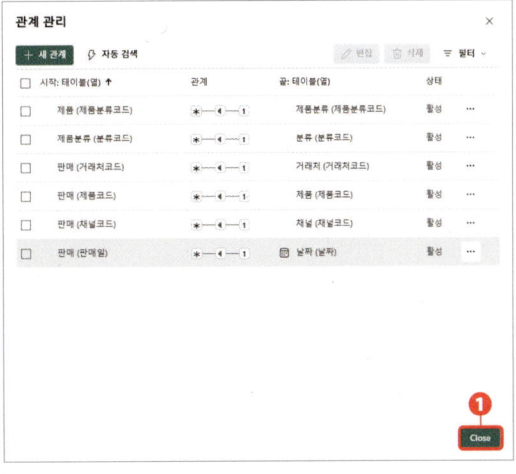

05 '판매'와 '날짜' 테이블에 '다대일(*:1)'의 연결 선이 나타납니다.

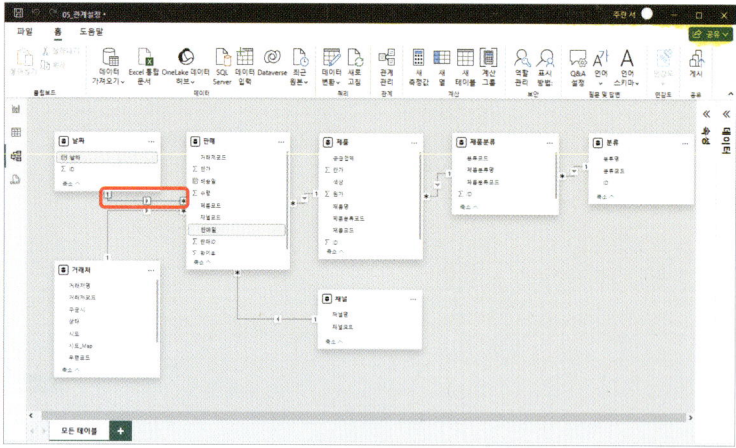

06 [보고서](📊) 보기에서 연도별로 매출수량이 다르게 표시됩니다.

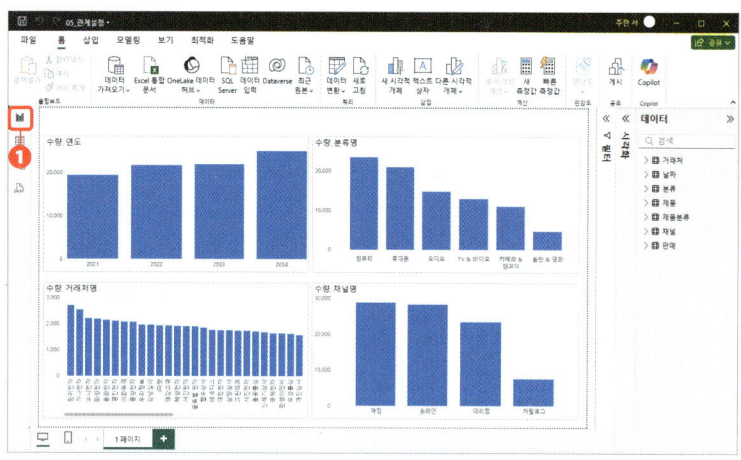

> **Tip** 드래그 & 드롭으로 관계 설정
>
> [모델] 보기에서 관계 설정할 열을 다른 테이블의 필드로 드래그 & 드롭해도 관계를 설정할 수 있습니다. 예를 들어, '날짜' 테이블의 '날짜' 필드를 '판매' 테이블의 '판매일' 필드 위로 드래그 & 드롭하면 관계가 만들어집니다.

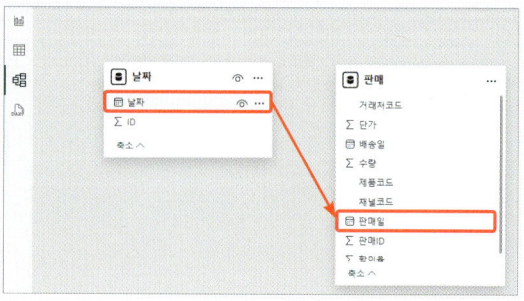

◆ 관계 편집

테이블 사이의 연결선을 클릭하여 [속성] 창이나 [관계 관리] 대화상자에서 관계를 편집할 수 있습니다.

01 '거래처'와 '판매' 테이블의 연결선을 더블클릭합니다.

02 [관계 관리] 대화상자에서 관계 대상 필드를 변경하거나, 카디널리티(Cardinality), 교차 필터 방향 등의 옵션을 변경할 수 있습니다.

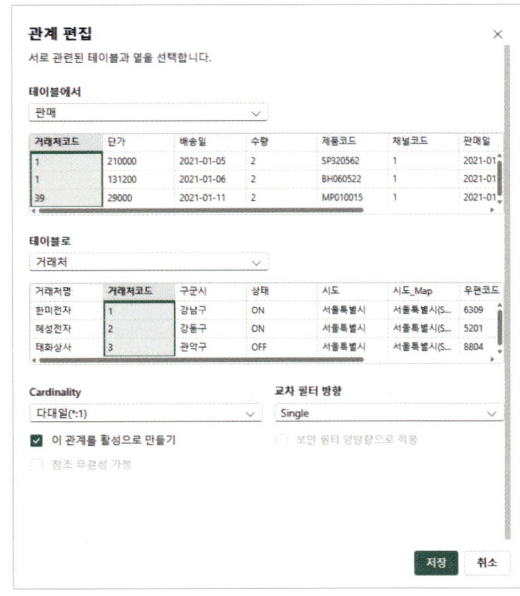

> **Tip** [속성] 창에서 관계 설정 편집
>
> [모델] 보기의 연결선을 클릭하고 [속성] 창에서 관계 설정 대상 필드를 변경하거나, 카디널리티(Cardinality), 교차 필터 방향 등의 옵션을 변경할 수도 있습니다.
>
>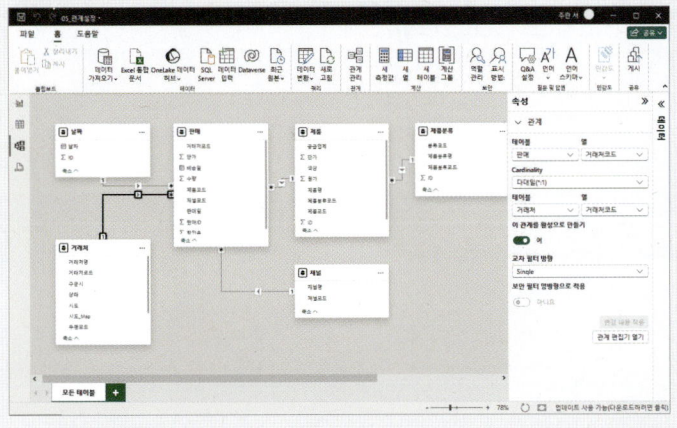

◆ 관계 속성

관계를 설정할 때 사용할 수 있는 관계 속성에 대해 살펴보겠습니다. 관계 속성 중 '카디널리티'는 레코드의 개수로 선택 열의 관계 종류를 표시합니다. '교차 필터 방향'은 테이블을 요약할 때 필터가 적용되는 방향을 의미합니다. '참조 무결성 가정'은 Direct Query를 사용하여 데이터를 연결하는 경우 사용 가능하며 쿼리에서 외부 조인(Outer Join)이나 내부 조인(Inner Join)을 사용할 수 있습니다. '보안 필터 양방향으로 적용'은 행 수준 보안 기능을 설정할 때 사용됩니다.

카디널리티(Cardinality)

카디널리티는 관계 종류를 나타내며 데이터 특성에 따라 일(1)과 다(*)로 표시됩니다. '일'은 고유 값이며 '다'는 중복되는 값이 포함될 수 있음을 의미합니다. 관계 종류는 다음과 같은 네 가지 옵션으로 나올 수 있습니다.

관계 옵션	설명
다대일(*:1) 일대다(1:*)	가장 일반적인 관계 종류로 한 테이블의 열은 중복되는 값을 가질 수 있고, 다른 관련 테이블은 하나의 값만 가질 수 있습니다.
일대일(1:1)	두 테이블의 열에는 중복없이 하나의 값만 가질 수 있습니다.
다대다(*:*)	두 테이블의 열이 중복된 값을 가질 수 있으며 복잡한 모델을 사용할 경우 다대다 관계를 설정할 수 있습니다.

'거래처'와 '판매' 테이블의 관계는 일대다(1:*) 또는 다대일(*:1)의 관계로 표시됩니다. 이 관계는 '거래처' 테이블의 '거래처명'으로 필터링하고, '판매' 테이블의 '수량' 합계를 표시할 수 있습니다.

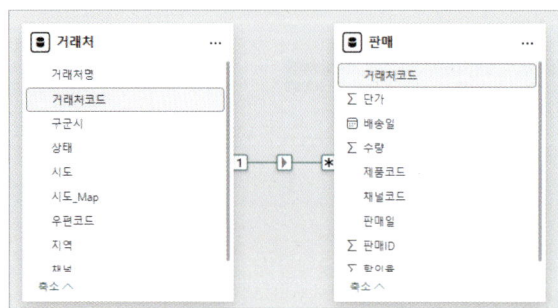

앞선 관계로 거래처별 매출수량을 테이블로 시각화한 결과입니다. 거래처별로 수량의 합계를 표시합니다.

교차 필터 방향

데이터 모델 관계에는 교차 필터 방향(화살표)이 표시되고 이는 필터가 적용되는 방향을 나타냅니다. '단일(Single)' 또는, '모두(Both)'로 변경하여 필터 방향을 변경할 수 있습니다.

관계 옵션	설명
단일(Single)	교차 필터 방향을 '단일(Single)'로 설정하면 두 테이블의 필터링이 한쪽으로만 적용됩니다.
모두(Both)	교차 필터 방향을 '모두(Both)'로 설정하면 필터링 용도로 두 테이블이 모두 단일 테이블인 것처럼 처리됩니다.

'거래처'에서 '판매' 테이블, '제품'에서 '판매' 테이블로 교차 필터 방향(화살표)이 한쪽 방향으로 표시되는 '단일'로 적용되었습니다.

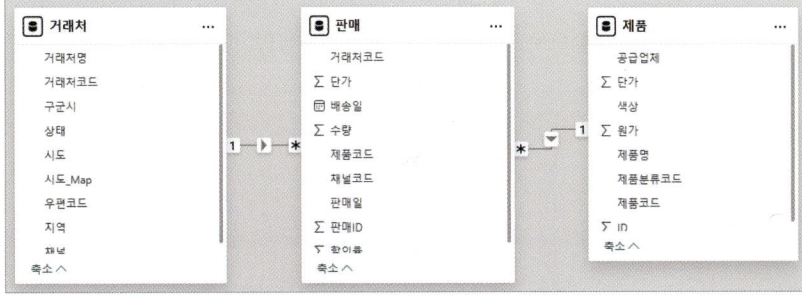

위의 관계에서 거래처별로 수량합계와 제품코드개수('제품' 테이블의 제품코드)를 요약해 보면 전체 제품코드개수가 표시됩니다. '거래처' 테이블에서 '판매' 테이블로는 필터링 되지만 '판매'에서 '제품' 테이블로는 필터링이 불가한 단일 필터 방향이기 때문에 '거래처' 테이블에서 '제품' 테이블까지 필터가 적용되지 않습니다.

'제품' 테이블과 '판매' 테이블의 교차 필터 방향을 '모두'로 설정하면 연결선에 양방향 화살표가 표시됩니다. '거래처' 테이블에서 '제품' 테이블까지 필터가 적용될 수 있음을 의미합니다.

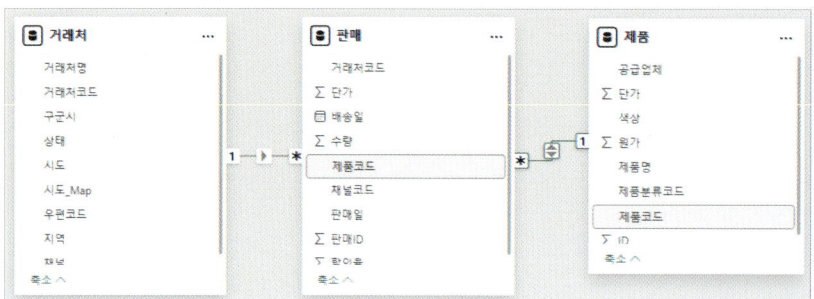

거래처별 수량합계와 제품코드개수(제품 테이블)를 표시하면 거래처명 기준으로 판매한 제품코드개수를 요약할 수 있습니다.

이 관계를 활성으로 만들기

두 테이블에 두 개 이상의 관계가 있는 경우 하나의 관계만 활성화할 수 있습니다. 비활성화된 관계는 연결선이 점선으로 표시되고 관계가 적용되지 않습니다. '날짜' 테이블의 '날짜' 필드와 '판매' 테이블의 '배송일' 필드를 연결하면 연결선이 점선으로 나타납니다. 두 테이블 사이에는 '판매일' 필드로 관계가 있기 때문에 다른 관계는 비활성화됩니다. 이 관계를 활성화하려면 기존 관계를 비활성화하거나 삭제 후 [관계 편집] 대화상자에서 [이 관계를 활성으로 만들기]를 체크하여 사용합니다.

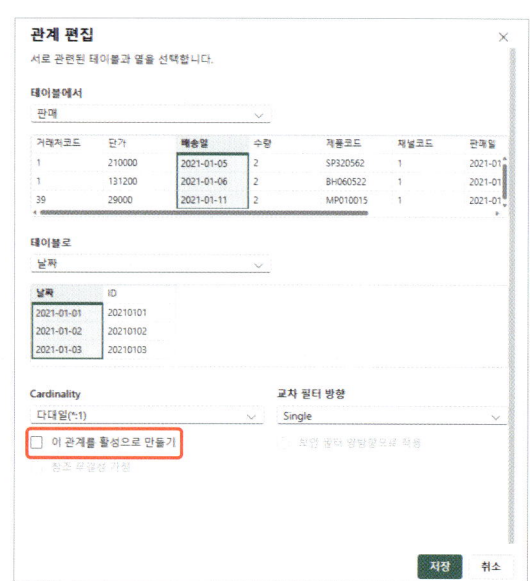

◆ 관계 삭제

테이블 간의 관계를 삭제하려면 연결선을 마우스 오른쪽 버튼으로 클릭하고 [삭제]를 선택합니다.

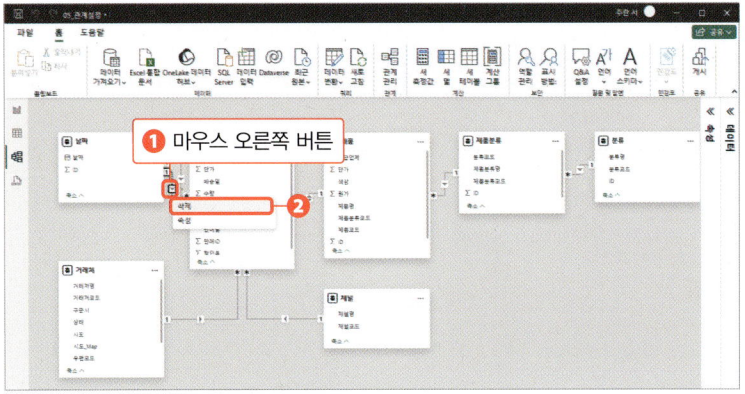

◆ 새 레이아웃에서 관계 설정

[모델]( ) 보기에서 새 레이아웃에 필요한 테이블만 추가해서 관계 설정하거나 편집할 수 있습니다.

01 [새 레이아웃]을 클릭하고 [데이터] 창에서 '거래처'와 '판매' 테이블을 드래그하여 추가합니다.

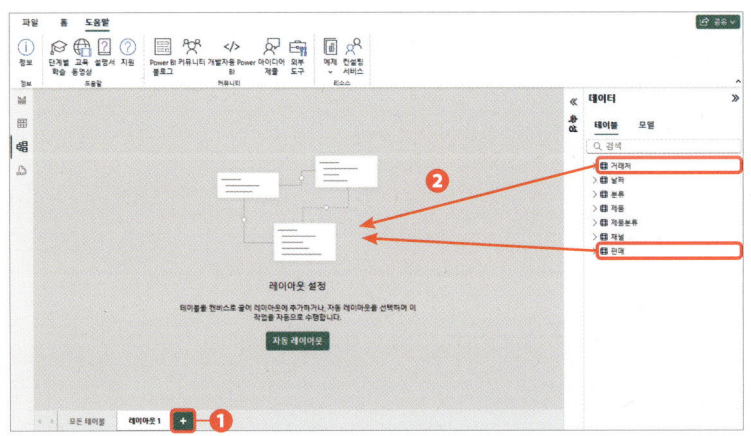

02 두 테이블의 관계를 확인할 수 있습니다.

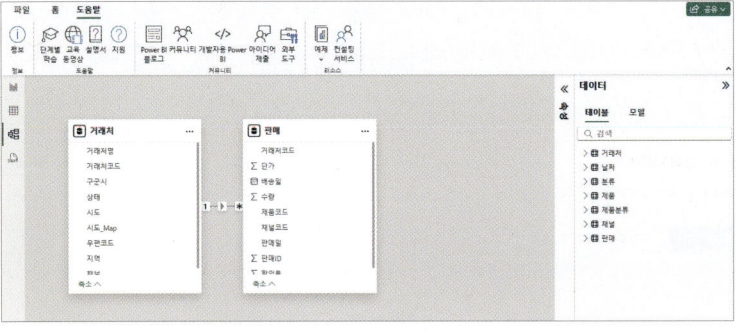

03 새 레이아웃을 추가한 후, [자동 레이아웃]을 클릭하면 데이터 모델이 자동으로 추가됩니다.

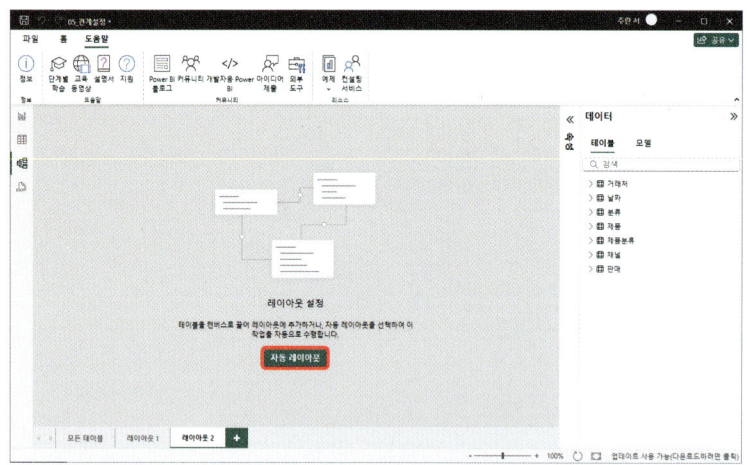

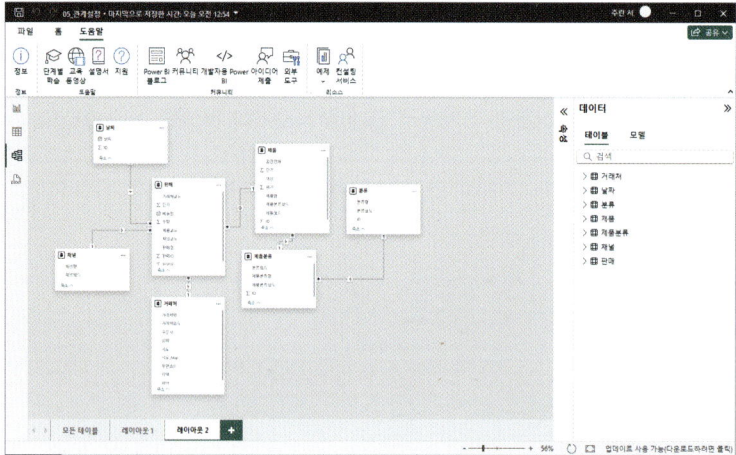

> **Tip** 모델 보기에서 테이블 삭제
>
> [모든 테이블] 레이아웃에서 테이블을 삭제하면 데이터 가져오기를 다시 수행해야 합니다.
>
>
>
> 새 레이아웃에서 테이블을 삭제하면 [다이어그램에서 제거]와 [모델에서 삭제]를 선택할 수 있습니다. [다이어그램에서 제거]를 클릭하면 레이아웃에서만 테이블을 제거하고, [모델에서 삭제]를 클릭하면 테이블이 삭제됩니다.
>
>

◆ 다중키로 관계 설정

여러 필드를 매칭해서 관계 설정이 필요한 경우 결합키(CombinationKey)를 생성해서 관계 설정합니다. 영업사원별로 담당하고 있는 거래처의 매출실적을 시각화한다면 '거래처' 테이블과 '판매' 테이블에서 '사원코드'와 '거래처코드' 필드가 매칭되는 데이터를 찾아야 합니다. 이런 경우 두 필드를 결합하여 하나의 필드로 구성하고 관계 설정을 합니다. '05_관계설정_다중키.pbix'와 '05_관계설정_다중키_완성.pbix' 파일에서 확인할 수 있습니다.

01 'T거래처' 테이블과 'T판매' 테이블에 [테이블 도구] 〉 [계산] 그룹에서 [새 열]을 추가하고 다음과 같이 앰퍼샌드(&)를 이용하여 수식을 작성합니다.

```
CombinationKey = [사원코드]&"_"&[거래처코드]
```

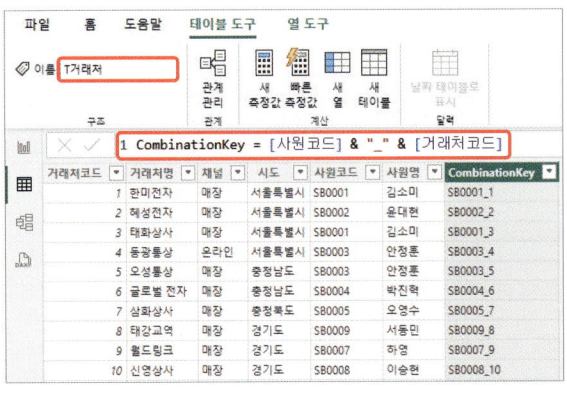

02 [모델]( ) 보기에서 'CombinationKey' 필드로 관계 설정을 하면 사원별로 담당하고 있는 거래처의 매출정보를 확인할 수 있습니다.

3 DAX 수식 작성

DAX(Data Analysis Expressions)란 Analysis Services, Power BI, Excel의 파워 피벗에 사용되는 수식 언어입니다. DAX 수식은 테이블이나 열을 참조하여 계산식을 작성하고 다양한 분석 함수, 연산자 및 값이 포함됩니다. DAX 수식은 측정값, 계산 열, 계산식 테이블 등에 사용됩니다.

◈ DAX 구문

Power BI Desktop에서 수식을 작성할 때는 수식 입력줄에 다음과 같은 구문에 맞춰 작성합니다.

이름(열, 측정값, 테이블) = 함수(테이블 이름[열 이름])

총 수량 = SUM('판매'[수량])
  ❶   ❷ ❸ ❹ ❺   ❻

①	측정값/계산 열/계산 테이블 이름	측정값 및 계산 열 이름으로 공백 포함 가능
②	등호 연산자(=)	수식의 시작
③	DAX 함수	SUM, AVERAGE, COUNT, SUMX, CALCULATE 등 함수 사용
④	괄호()	DAX 함수에서 하나 이상의 인수를 포함하는 식을 묶어서 사용
⑤	테이블	참조되는 테이블 이름으로 다른 테이블을 참조할 때 테이블 이름 필요 공백, 기타 특수 문자 또는 영어가 아닌 경우 작은 따옴표('')로 묶어서 사용
⑥	열	정규화된 테이블에서 참조되는 열로 대괄호([ ])로 묶어서 사용

> **Tip 수식 입력줄 다루기**
>
> 수식을 입력할 때 다음 단축키를 활용할 수 있습니다.
> - Ctrl + +, - : 수식 입력줄의 글자 크기 확대/축소
> - Shift + Enter : 수식 줄 바꿈

◈ DAX 연산자

다음은 DAX에서 지원되는 연산자입니다.

연산자 유형	기호 및 사용
괄호 연산자	() 우선 순위 및 인수 그룹
산술 연산자	+(더하기)
	−(빼기/부호)
	*(곱하기)
	/(나누기)
	^(지수)
비교 연산자	=(같음)
	>(보다 큼)
	<(보다 작음)
	>=(보다 크거나 같음)
	<=(보다 작거나 같음)
	<>(같지 않음)
텍스트 연결 연산자	&(연결)
논리 연산자	&&(및)
	||(또는)

◈ DAX 함수

다음은 날짜 정보를 표시할 때 사용하는 주요 날짜 함수입니다.

함수	설명
Year(〈date〉)	연도를 4자리 정수로 표시
Month(〈date〉)	1~12까지 월을 숫자로 표시
Day(〈date〉)	1~31까지 일을 숫자로 표시
DATE(〈year〉, 〈month〉, 〈day〉)	지정한 날짜를 datetime 형식으로 반환

Chapter 05 데이터 모델링

SUM 함수는 지정한 열에 포함된 모든 숫자의 합계를 반환합니다.

구문 : SUM(<column>)

인수	설명
〈column〉	합계를 계산할 숫자가 포함된 열

AVERAGE 함수는 지정한 열에 포함된 모든 숫자의 평균을 반환합니다.

구문 : AVERAGE(<column>)

인수	설명
〈column〉	평균을 계산할 숫자가 포함된 열

COUNT 함수는 지정한 열에 포함된 모든 숫자의 개수를 반환합니다.

구문 : COUNT(<column>)

인수	설명
〈column〉	검색하려는 값이 포함된 열

RELATED 함수는 관계가 설정된 다른 테이블에서 해당 열과 관련 값을 반환합니다.

구문 : RELATED(<column>)

인수	설명
〈column〉	검색하려는 값이 포함된 열

DIVIDE 함수는 나누기를 수행하고 0으로 나누기한 결과에 대체 결과 또는 BLANK()를 반환합니다.

구문 : DIVIDE (<numerator>, <denominator> [,<alternateresult>])

인수	설명
〈numerator〉	피제수 또는. 나뉘는 수
〈denominator〉	제수 또는. 나누는 수
〈alternateresult〉	0으로 나누기에서 오류가 발생하는 경우 반환되는 값으로 생략하면 BLANK()로 반환

FORMAT 함수는 지정된 형식에 따른 값을 텍스트로 변환합니다.

구문 : FORMAT(<value>,<format-string>[, <locale_name>])

인수	설명
<value>	단일 값으로 계산되는 값 또는. 식
<format_string>	서식 지정 코드
<locale_name>	(선택 사항) 함수에서 사용할 로컬 이름

서식 문자	설명
yy	연도 2자리 표시(00~99)
yyyy	연도 4자리 표시(0000~9999)
m	월 표시(1~12)
mm	월 2자리 표시(01~12)
mmm	간단한 영문 월 표시(Jan~Dec)
mmmm	전체 영문 월 표시(January~December)
q	분기 표시(1~4)
d	일 표시(1~31)
dd	일 2자리 표시(01~31)
ddd	간단한 영문 요일 표시(Sun~Sat)
dddd	전체 영문 요일 표시(Sunday~Saturday)
aaa	한글 요일 표시(일~토)
aaaa	한글 요일 표시(일요일~토요일)
h	시(0~23)
hh	시(두 자리, 00~23)
n	분(0~59)
nn	분(두 자리, 00~59)
s	초(0~59)
ss	초(두 자리, 00~59)
AM/PM	오전/오후 표시(12시간제) PM
am/pm	오전/오후 표시(소문자) pm

◆ 사용자 지정 숫자 서식 문자

서식 문자	설명
0	숫자 서식 문자로 숫자나 0을 표시(000)
#	숫자 서식 문자로 숫자나 공백으로 표시(#)
.	소수 자리 표시(0.0)
%	백분율 표시(0.0%)
,	천 단위 구분 기호(#,##0)
"원"	문자열을 큰따옴표(" ")로 묶어서 표시(#,##0"원")

4 계산 열

선택한 테이블에 계산 열을 추가하여 각 행의 값을 계산하거나 다른 열을 결합하는 DAX 식을 추가합니다. '05_매출현황.pbix' 파일을 엽니다.

◆ 날짜 정보

날짜 필드를 대상으로 연도(YEAR), 월(MONTH), 일(DAY) 등의 정보를 파악할 수 있습니다. 날짜 계층 구조의 필드는 특별한 계산식이 없어도 연도, 월, 분기와 같은 정보를 가져올 수 있습니다. '날짜' 테이블에 연도, 월, 분기 등의 날짜 정보를 표현해 보겠습니다. 작성할 수식은 다음과 같습니다.

수식	설명
연도=Year([날짜])	날짜 열에서 연도 표시(정수)
월=Month([날짜])	날짜 열에서 월 표시(정수)
분기="Q" & [날짜].[QuaterNo]	날짜 계층 구조에서 분기 표시
연월=Format([날짜], "yyyy-mm")	연월 표시
월(mm) = Format([날짜], "mm")	월(01, 02, 03...) 표시
월(영문) = Format([날짜], "mmm")	영문 월(Jan, Feb, Mar...) 표시

01 [테이블](▦) 보기에서 '날짜' 테이블을 선택합니다. YEAR 함수로 연도를 추가해 보겠습니다. [테이블 도구] 탭 〉 [계산] 그룹에서 [새 열]을 클릭합니다.

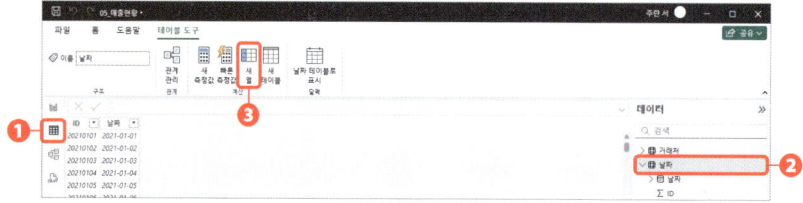

02 수식 입력줄에 다음 수식을 입력하고 Enter 를 누릅니다.

연도=YEAR([날짜])

> **Tip** 수식 입력줄 활용
>
> 수식 입력줄에 함수를 입력하면 함수 목록이 제시됩니다. 해당 함수가 표시되면 Tab 이나 마우스로 더블클릭하여 선택합니다.
>
> 현재 테이블의 열을 참조할 때는 대괄호([ )를 입력하여 목록에서 선택할 수 있습니다.

03 MONTH 함수로 월을 추가해 보겠습니다. [테이블 도구] 탭 〉[계산] 그룹에서 [새 열]을 클릭하고 수식 입력줄에 다음 수식을 입력합니다.

월=MONTH([날짜])

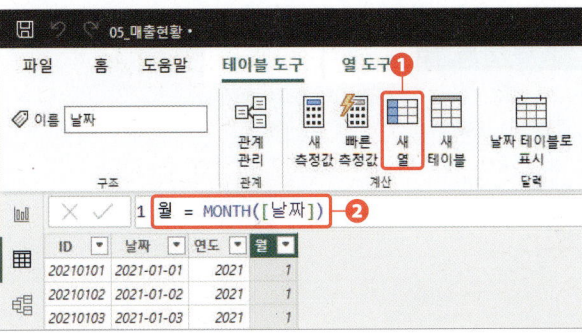

04 날짜 계층에서 분기를 표시해 보겠습니다. 수식 입력줄에 날짜 계층 열을 입력하면 마침표(.)와 함께 연도, 분기, MonthNo, QuarterNo 등의 날짜 정보를 표시합니다. 다음 수식을 입력하고 Enter 를 누릅니다.

> 분기="Q" & [날짜].[QuarterNo]

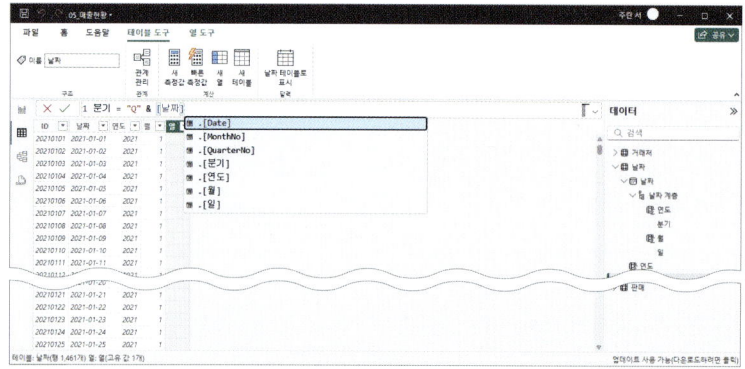

05 [QuarterNo]는 분기를 정수로 표시하며 &(앰퍼샌드)를 이용하여 Q1, Q2와 같이 표현할 수 있습니다.

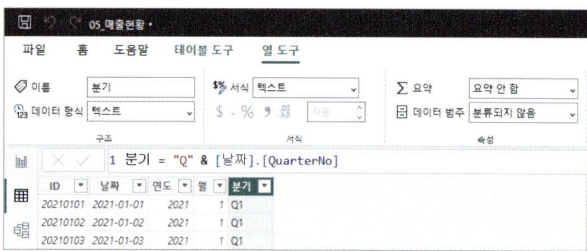

06 FORMAT 함수를 사용해 연월을 추가해 보겠습니다. Format 함수는 서식 코드와 함께 사용하며 결괏값은 텍스트로 반환합니다. 서식 코드 "yyyy-mm"은 '2021-01'과 같이 연월을 표시합니다. [테이블 도구] 탭 〉 [계산] 그룹에서 [새 열]을 클릭하고, 수식 입력줄에 다음 수식을 입력하고 Enter 를 누릅니다.

> 연월 = FORMAT([날짜], "yyyy-mm")

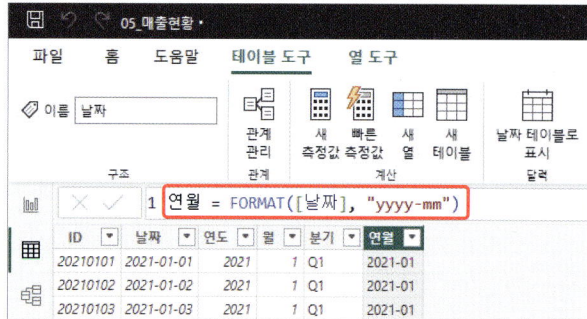

07 월(mm)을 추가해 보겠습니다. 서식코드 "mm"은 '01, 02, 03'과 같이 2자리수로 표시합니다. [테이블 도구] 탭 > [계산] 그룹에서 [새 열]을 클릭하고, 수식 입력줄에 다음 수식을 입력하고 Enter 를 누릅니다.

월(mm) = FORMAT([날짜], "mm")

08 월(영문)을 추가해 보겠습니다. 서식코드 "mmm"은 영문 월(Jan, Feb, Mar…)을 표시합니다. [테이블 도구] 탭 > [계산] 그룹에서 [새 열]을 클릭하고, 수식 입력줄에 다음 수식을 입력하고 Enter 를 누릅니다.

월(영문) = FORMAT([날짜], "mmm")

> **Tip** 다양한 날짜 표현식

수식	설명
요일(한글) = FORMAT([날짜], "aaa")	한글 요일(일, 월, 화, 수, 목, 금, 토) 표시
요일No = WEEKDAY([날짜], 2)	입력된 날짜가 무슨 요일인지 숫자로 반환, return_type 2는 월요일은 1, 일요일을 7로 반환
주 = WEEKNUM([날짜], 2)	특정 날짜가 해당 연도의 몇 번째 주에 속하는지 반환, return_type 2는 월요일을 주의 시작일로 간주

◈ 매출 분석

'판매' 테이블에 새 열로 '매출금액', '매출원가', '매출이익'을 추가해 보겠습니다.

01 [테이블](⊞) 보기에서 '판매' 테이블을 선택합니다. 매출금액을 계산하기 위해 [테이블 도구] 탭 〉 [계산] 그룹에서 [새 열]을 클릭합니다.

02 다음 수식을 작성한 후 [열 도구] 탭 〉 [서식] 그룹에서 [천 단위 구분 기호](,) 를 클릭하고 [소수점 자릿수](0)를 '0'으로 설정합니다.

매출금액 = [단가]*[수량]*(1-[할인율])

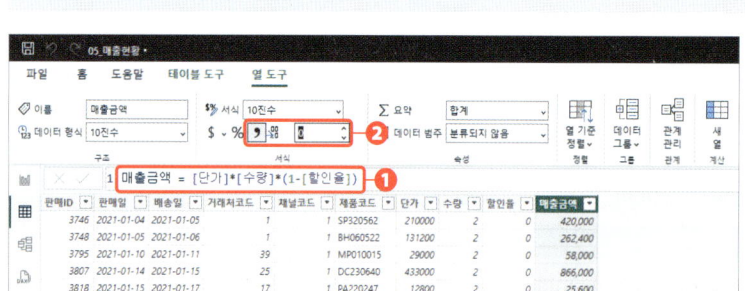

03 매출원가를 계산하기 위해 '제품' 테이블의 원가 정보가 필요합니다. 관계 설정된 테이블에서 관련 정보를 가져올 때 RELATED 함수를 사용합니다. [열 도구] 탭 〉 [계산] 그룹에서 [새 열]을 클릭하고, 수식 입력줄에 다음 수식을 입력합니다. [열 도구] 탭 〉 [서식] 그룹에서 [천 단위 구분 기호](,)를 클릭합니다.

매출원가 = RELATED('제품'[원가]) * [수량]

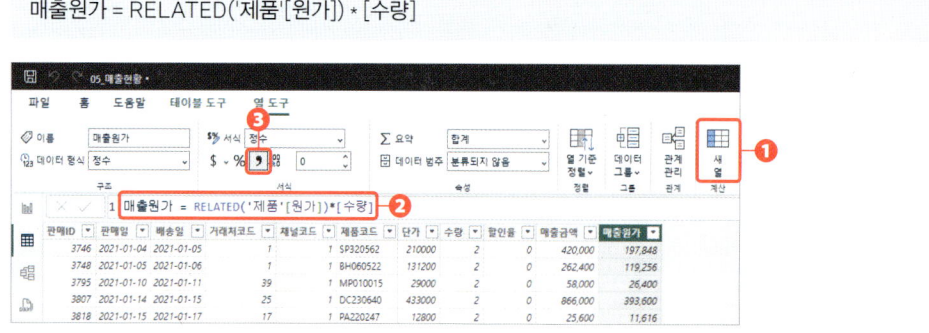

Tip 정규화된 열

등호(=) 기호 뒤에 'R'를 입력하면 문자 'R'로 시작하는 모든 DAX 함수가 표시되며 더 많은 단어를 입력할수록 필요한 함수에 가깝게 조정된 추천 목록이 나타납니다.

RELATED 함수를 입력하면 '(' 뒤에 관계 설정된 테이블과 열이 나타납니다. '제품'[원가]를 더블클릭하고 ')'를 입력합니다. 현재 테이블의 열을 참조할 때는 대괄호([])로 시작하고 다른 테이블의 열을 참조할 때는 작은따옴표(')를 이용하여 테이블([열])과 같이 입력합니다. 나머지 수식을 입력하고 Enter 를 누릅니다.

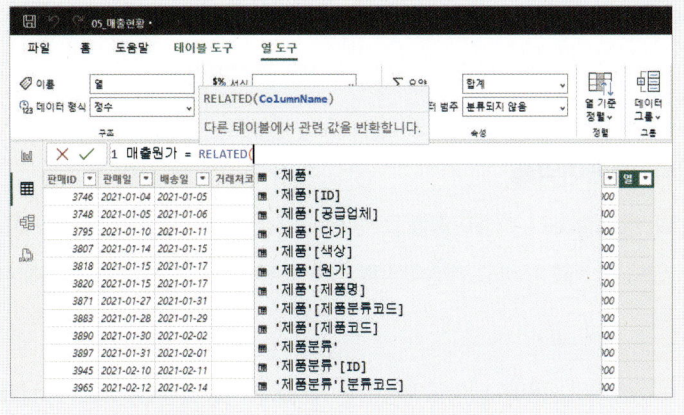

04 매출이익 계산을 위해 [열 도구] 탭 〉 [계산] 그룹에서 [새 열]을 클릭합니다. 수식 입력줄에 다음 수식을 입력한 후 [열 도구] 탭에서 [천 단위 구분 기호](9)를 클릭하고 [소수점 자릿수](0)를 '0'으로 설정합니다.

매출이익 = [매출금액] - [매출원가]

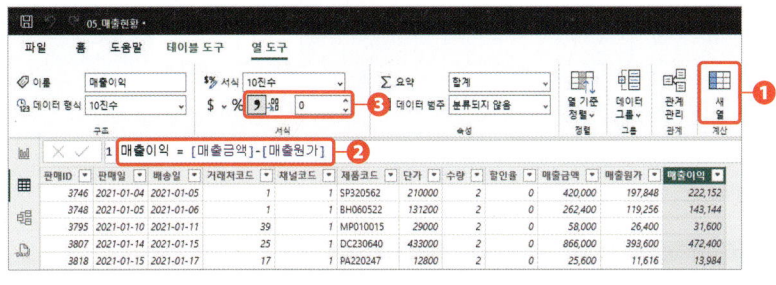

Chapter 05 데이터 모델링 **115**

5 측정값

Power BI Desktop에서 가장 강력한 데이터 분석 솔루션 중 하나는 측정값을 만들 수 있다는 것입니다. 측정값은 상황(Context)에 따라 결과가 변경되는 동적 계산 수식으로 선택한 열에 대한 합계, 평균, 개수 등과 같은 집계 함수를 사용하거나, 비율과 같은 수식을 작성할 수 있습니다. 작성한 측정값은 다른 측정값에 인수로 전달될 수도 있습니다. 측정값은 보고서에서 테이블이나 차트로 시각화해서 결과를 확인할 수 있습니다. 측정값은 특정 테이블에 속할 필요는 없지만 연관된 테이블에 작성하면 더 쉽게 찾을 수 있습니다.

◆ 총매출금액, 총매출이익, 매출이익률

'판매' 테이블에 '총매출금액'과 '총매출이익, 매출이익률'을 추가해 보겠습니다. SUM 함수를 사용하여 '매출금액' 필드와 '매출이익' 필드 합계를 구하고 매출이익의 합을 매출금액의 합으로 나누기해서 매출이익률을 계산합니다.

01 총매출금액을 계산해 보겠습니다. '판매' 테이블에서 [테이블 도구] 탭 〉 [계산] 그룹에서 [새 측정값]을 클릭합니다.

02 측정값은 테이블에 📊 측정값 으로 나타납니다.

03 수식 입력줄에 다음 수식을 입력합니다. [측정 도구] 탭에서 [천 단위 구분 기호]( )를 클릭하고 [소수점 자릿수]( )를 '0'으로 설정합니다.

총매출금액 = SUM('판매'[매출금액])

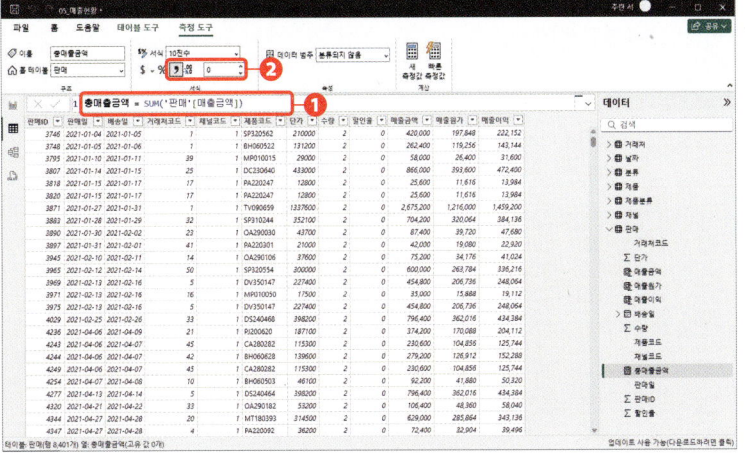

04 총매출이익을 계산해 보겠습니다. [측정 도구] 탭 〉 [계산] 그룹에서 [새 측정값]을 클릭합니다. 수식 입력줄에 다음 수식 작성 후 [측정 도구] 탭에서 [천 단위 구분 기호]( )를 클릭하고 [소수점 자릿수]( )를 '0'으로 설정합니다.

총매출이익 = SUM('판매'[매출이익])

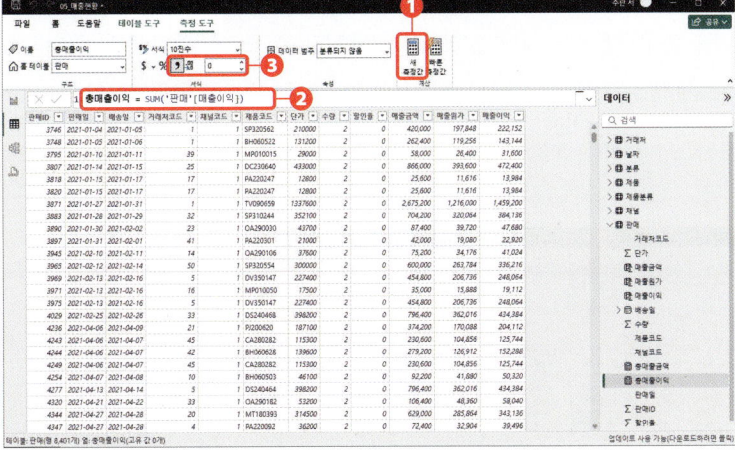

05 매출이익률은 총매출이익을 총매출금액으로 나누기해서 계산합니다. DIVIDE 함수를 사용해서 총매출금액이 0이거나 BLANK인 경우 결괏값을 0으로 반환합니다. [측정 도구] 탭 〉 [계산] 그룹에서 [새 측정값]을 클릭합니다. 수식 입력줄에 다음 수식을 작성한 후 [측정 도구] 탭 〉 [서식] 그룹에서 [백분율](%)을 클릭하고 [소수점 자릿수](2)를 '2'로 설정합니다.

매출이익률 = DIVIDE([총매출이익], [총매출금액], 0)

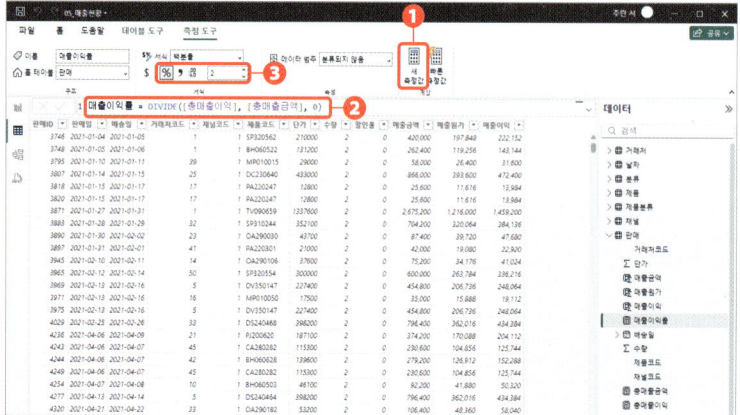

◆ 총수량, 거래건수와 평균매출

데이터 개수를 파악할 때 숫자 데이터는 COUNT 함수, 문자나 숫자, 날짜 등의 데이터는 COUNTA 함수를 사용합니다. 또한 평균을 표시할 때는 AVERAGE 함수를 사용합니다. '판매' 테이블에 총수량이나 거래건수, 평균매출을 추가해 보겠습니다.

01 '판매' 테이블에서 [테이블 도구] 탭 〉 [계산] 그룹에서 [새 측정값]을 클릭합니다. 수식 입력줄에 다음 수식을 작성하고 [측정 도구] 탭 〉 [서식] 그룹에서 [천 단위 구분 기호](,)를 클릭합니다.

총수량 = SUM('판매'[수량])

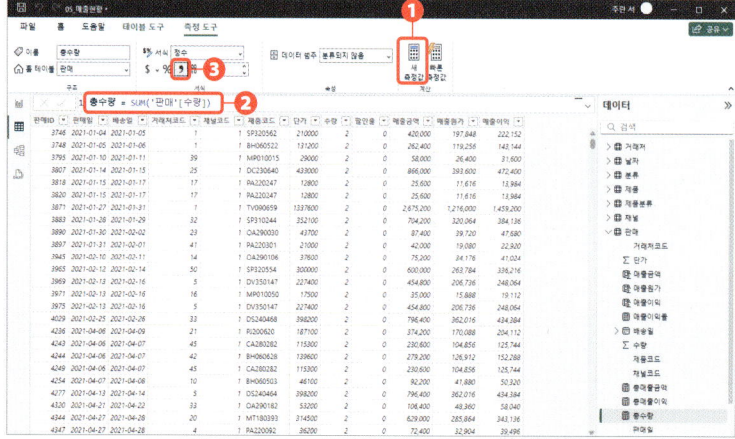

02 [측정 도구] 탭 〉[계산] 그룹에서 [새 측정값]을 클릭합니다. 수식 입력줄에 다음 수식을 작성하고 [측정 도구] 탭 〉[서식] 그룹에서 [천 단위 구분 기호]( )를 클릭하고 [소수점 자릿수]( )를 '0'으로 설정합니다.

거래건수 = COUNT('판매'[판매ID])

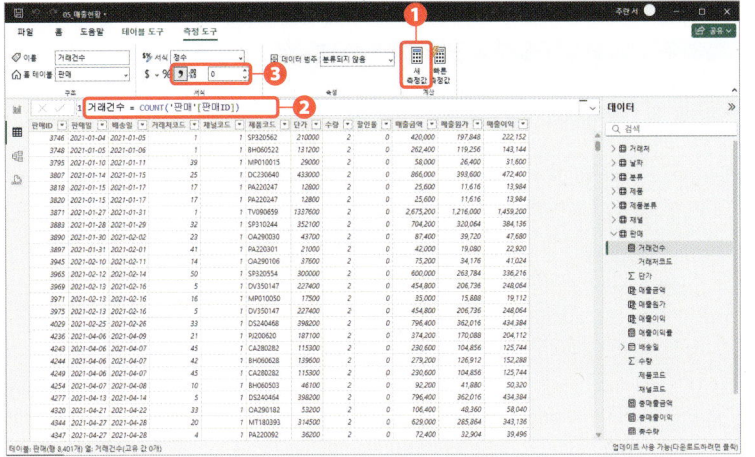

03 [테이블 도구] 탭 〉[계산] 그룹에서 [새 측정값]을 클릭합니다. 수식 입력줄에 다음 수식을 작성하고 [측정 도구] 탭 〉[서식] 그룹에서 [천 단위 구분 기호]( )를 클릭하고 [소수점 자릿수]( )를 '0'으로 설정합니다.

평균매출 = AVERAGE('판매'[매출금액])

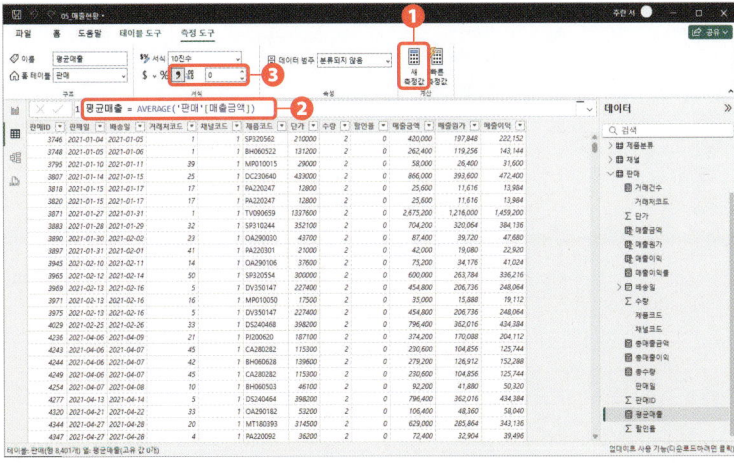

Chapter 05 데이터 모델링 **119**

◈ 시각화

계산된 열이나 측정값은 테이블이나 각종 차트로 시각화할 수 있습니다. 연월 기준으로 총매출금액이나 매출이익률, 거래처별 총매출금액 등 다양한 분석 결과를 확인할 수 있습니다. 테이블을 이용해서 연월 기준으로 각 측정값의 결과를 확인해 보겠습니다.

01 [보고서](📊) 보기에서 1페이지에 [시각화] 창의 [테이블]을 추가합니다.

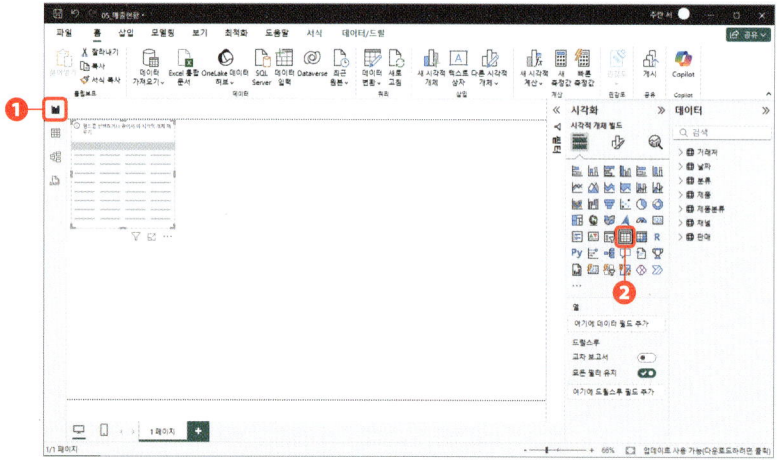

02 [시각적 개체에 데이터 추가]에서 [열] 영역에 '날짜' 테이블의 '연월' 필드, '판매' 테이블의 측정값인 '총수량', '거래건수', '평균매출', '총매출금액', '총매출이익', '매출이익률' 측정값을 추가합니다. 테이블의 크기와 위치를 조정하여 적절히 배치합니다.

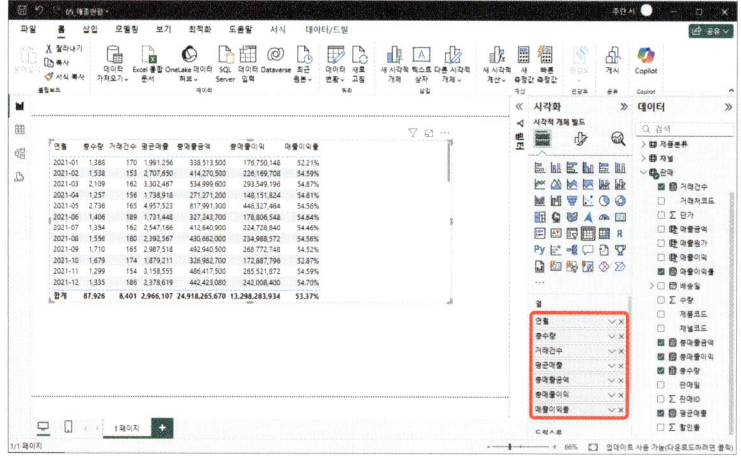

6 열 기준 정렬

사용자 지정 순서로 목록을 정렬하기 위해서는 테이블에 일련번호 형식의 숫자형 열을 선택하여 정렬 순서를 정의할 수 있습니다. '날짜' 테이블의 '월(영문)' 열을 시각적 개체에 추가하면 〈그림 1〉과 같이 X축 항목이 알파벳(Apr, Aug, Dec…) 순으로 표시됩니다. 이를 Jan, Feb, Mar… 등의 영문 월 순서로 정렬하려면 '월(영문)' 필드에 숫자형 열을 열 기준 정렬로 설정해야 합니다. 영문 월 뿐 아니라 요일(일, 월, 화..)이나 직책과 같은 특정 열에 정렬 기준을 변경하려면 일련번호 형식의 숫자형 열을 열 기준 정렬로 설정합니다.

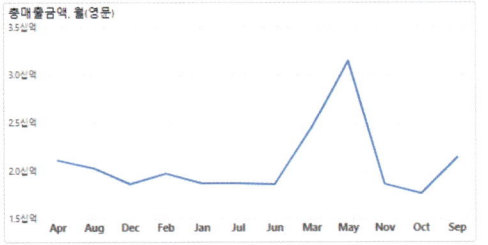

〈그림 1〉 알파벳 순서로 정렬

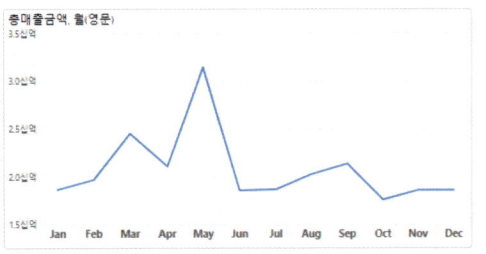

〈그림 2〉 영문 월 순서로 정렬

01 [테이블](⊞) 보기에서 '날짜' 테이블의 '월(영문)' 필드를 클릭합니다.

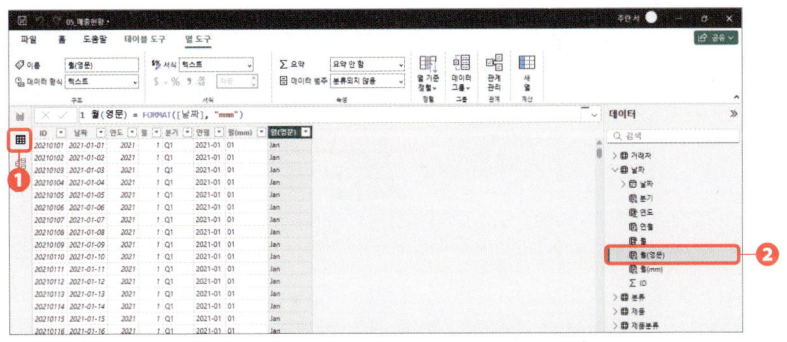

02 [열 도구] 탭 〉 [정렬] 그룹에서 [열 기준 정렬]의 [월]을 클릭합니다. 월은 MONTH 함수를 사용해 반환한 숫자형 값으로 Jan은 1, Feb는 2,…Dec는 12번째 순서로 매칭하여 열을 정렬할 수 있습니다.

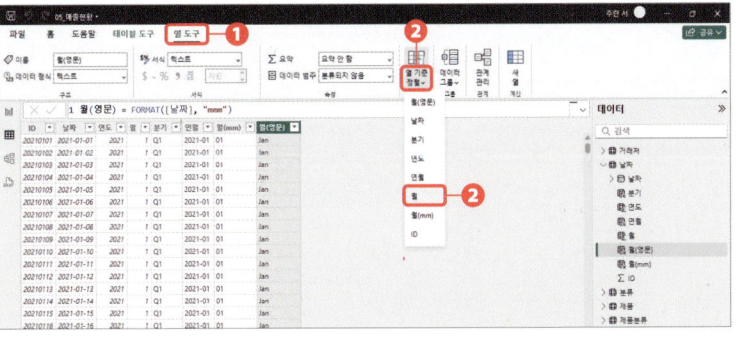

Chapter 05 데이터 모델링 **121**

03 [보고서](📊) 보기에서 새 페이지를 추가한 후 [시각화] 창의 [꺾은선형 차트]를 추가합니다. [시각적 개체에 데이터 추가]에서 [X축] 영역에 '판매' 테이블의 '월(영문)' 필드, [Y축] 영역에 '판매' 테이블의 '총매출금액' 측정값을 추가하여 영문 월 기준으로 정렬된 결과를 확인합니다.

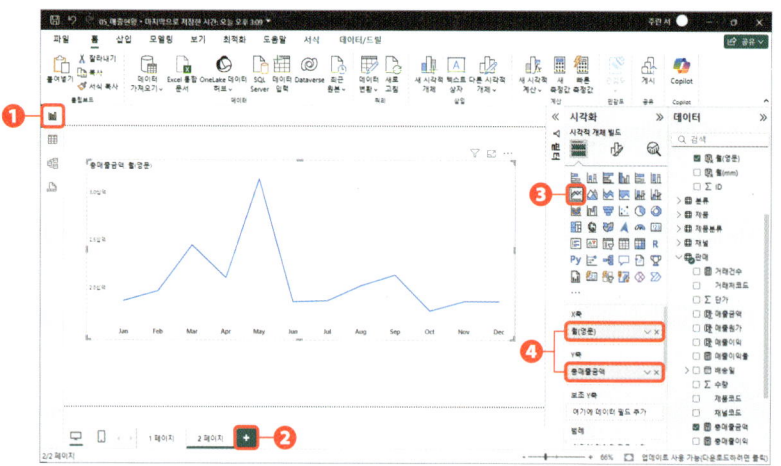

> **Tip** 시각적 개체에서 정렬 기준 바꾸기
>
> 꺾은선형 차트의 [X축]에 '월(영문)' 필드, [Y축]에 '총매출금액' 측정값을 추가하면 값 영역의 총매출금액을 기준으로 내림차순 정렬됩니다. [X축] 값으로 정렬 기준을 변경하려면 꺾은선형 차트의 [추가 옵션] 〉 [축 정렬]에서 '월(영문)'을 클릭합니다.
>
>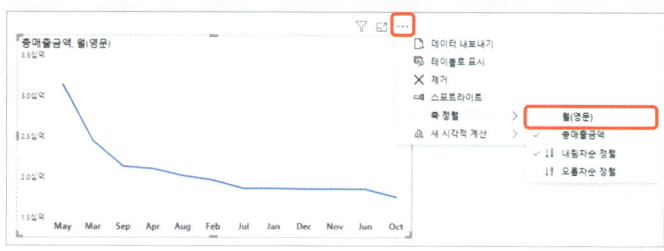
>
> 다시 [추가 옵션] 〉 [축 정렬]에서 [오름차순 정렬]을 선택하면 영문 월 기준으로 정렬됩니다.
>
>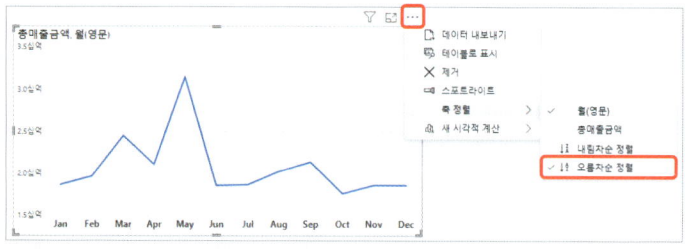

7 데이터 범주

국가명, 시도, 구군시, 위도/경도와 같은 데이터는 지도를 작성할 때 위치 정보로 활용할 수 있는데 정확한 위치를 표현하기 위해 데이터 범주를 적용합니다. 이 외에도 웹 URL이나 이미지 URL, 바코드로 데이터 범주를 적용할 수 있습니다.

◆ 위치 정보

맵(Map)에 시도나 구군시를 추가하면 대부분은 올바른 위치에 표시되지만, 몇몇 지역은 표시되지 않거나 다른 위치에 표시됩니다. 이런 경우 지역 정보에 데이터 범주를 설정하여 좀 더 명확한 위치를 표시할 수 있습니다. '시도' 열에 데이터 범주를 적용해 보겠습니다.

01 [보고서](📊) 보기에서 새 페이지에 [시각화] 창의 [맵]을 추가합니다.

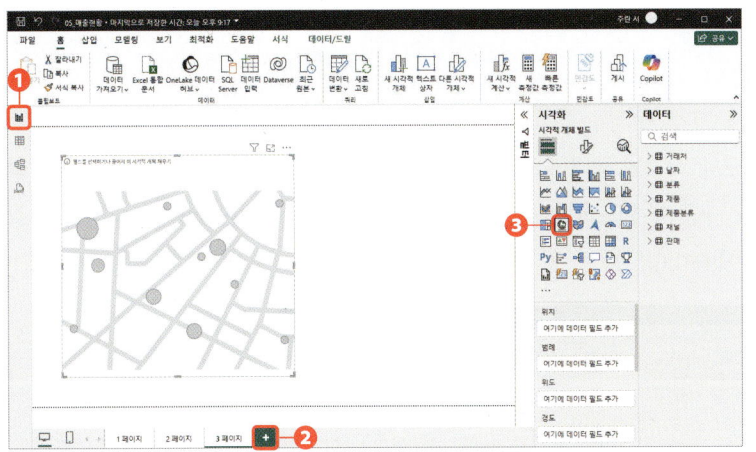

Tip 맵 사용하기

맵을 사용하기 전에 [파일] 탭 〉 [옵션 및 설정] 〉 [옵션]에서 [보안]의 [맵 및 등치 지역도 시각적 개체]를 체크한 후 사용합니다.

02 [시각적 개체에 데이터 추가]에서 [위치] 영역에 '거래처' 테이블의 '시도' 필드, [거품 크기] 영역에 '판매' 테이블의 '총매출금액' 측정값을 추가합니다. 하지만 지도의 시도 위치가 제대로 표시되지 않는 걸 확인할 수 있습니다.

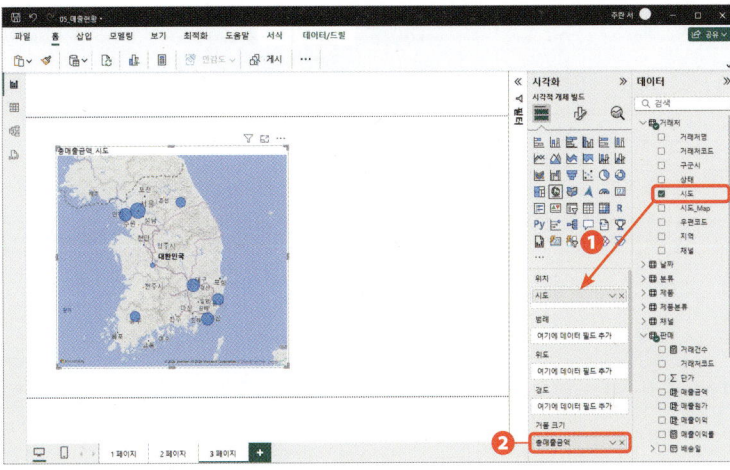

Chapter 05 데이터 모델링 **123**

03 명확한 위치 정보를 표시하기 위해 데이터 범주를 변경해 보겠습니다. [데이터] 창에서 '거래처' 테이블의 '시도' 필드를 선택한 후 [열 도구] 탭 〉 [속성] 그룹에서 [데이터 범주] 〉 [시/도]를 클릭합니다. '시도' 필드에 ⊕ 지역 정보라는 범주가 표시됩니다.

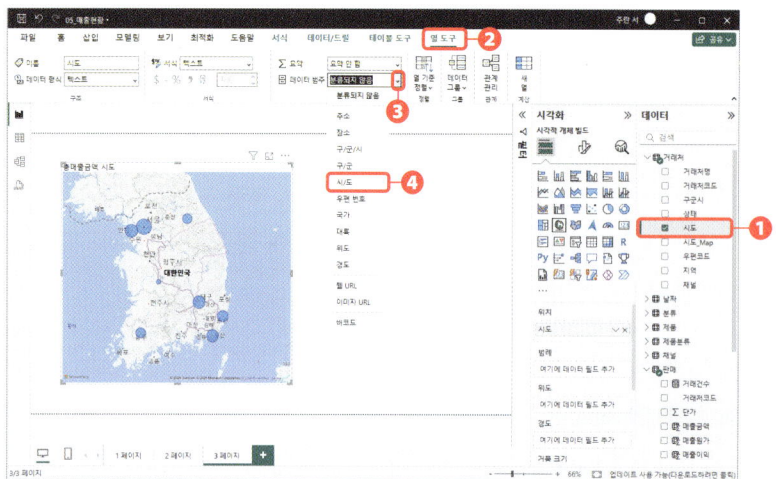

04 맵을 확인해 보면 몇 군데 지역을 제외하고 지역별 매출금액을 거품 크기로 시각화한 결과를 확인할 수 있습니다. 이 외에도 '구군시' 필드에는 '구군시', 시도와 구군시를 결합한 필드에는 '장소'와 같은 데이터 범주를 적용할 수 있습니다.

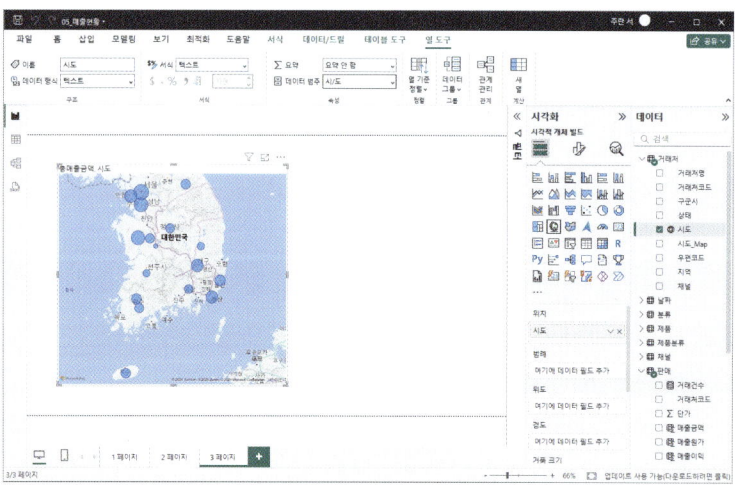

> **Tip** 이미지 URL
>
> 이미지가 저장된 URL이 저장된 'Image' 테이블의 '이미지' 필드에 [열 도구] 탭 > [속성] 그룹에서 [데이터 범주]를 [이미지 URL]로 설정하면 다음과 같이 이미지로 시각화(여러 행 카드)할 수 있습니다.

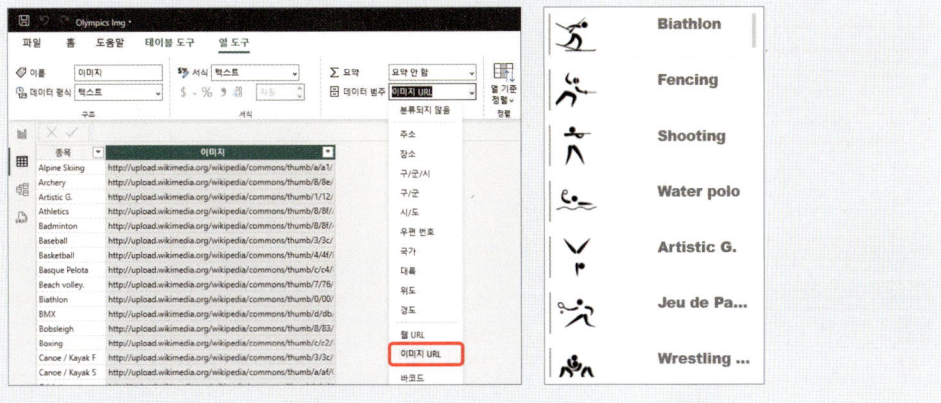

8 데이터 그룹 설정

데이터 그룹을 이용하면 여러 값을 하나로 결합한 그룹을 만들 수 있습니다. 예를 들어, 지역을 수도권, 충청권, 경상권 등으로 그룹화하거나 주문 수량을 0~9, 10~19…로 범주화해서 시각화할 수 있습니다. 데이터 그룹에서 텍스트는 목록으로 숫자는 bin으로 그룹화나 범주화할 수 있습니다

◆ 데이터 그룹

시각적 개체에 '거래처' 테이블의 '시도' 필드를 추가하면 전체 지역 정보가 표시됩니다. 시도를 수도권, 경상권, 기타로 그룹화하여 사용해 보겠습니다.

01 [테이블](⊞) 보기에서 '거래처' 테이블의 '시도' 필드를 선택합니다. [열 도구] 탭 > [그룹] 그룹에서 [데이터 그룹] > [새 데이터 그룹]을 클릭합니다.

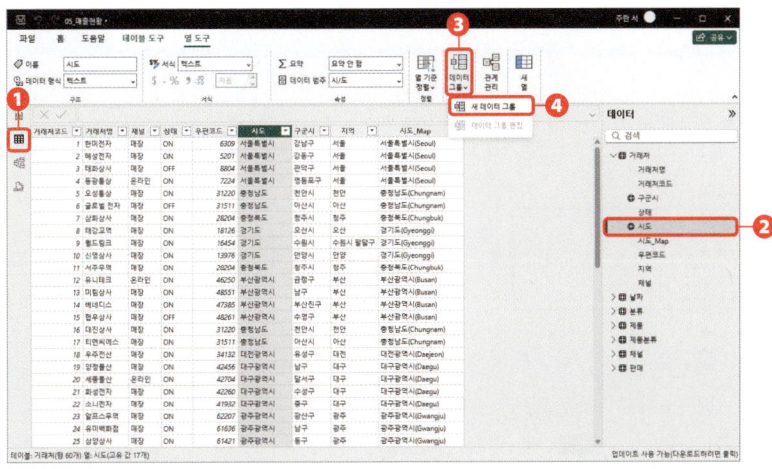

02 [그룹] 대화상자가 나타나면 [이름]에 '시도(그룹)'을 입력합니다. [그룹화되지 않은 값]에서 Ctrl 을 누른 상태로 '경기도, 서울특별시, 인천광역시'를 선택하고 [그룹화]를 클릭합니다.

03 [그룹 및 구성원]의 [그룹 이름]에 '수도권'을 입력하고 Enter 를 누릅니다.

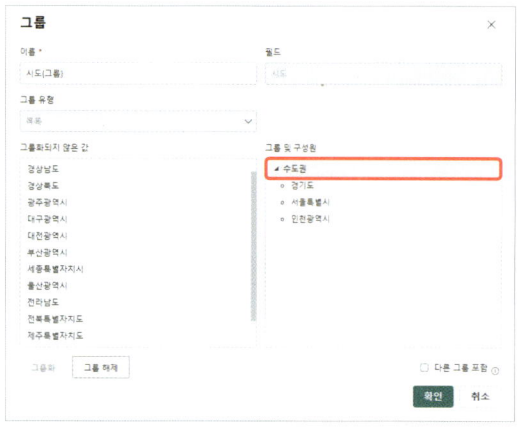

04 계속해서 Ctrl 을 누른 상태로 '경상남도, 경상북도, 대구광역시, 부산광역시, 울산광역시'를 선택하고, [그룹화]를 클릭한 후 이름을 '경상권'으로 변경합니다.

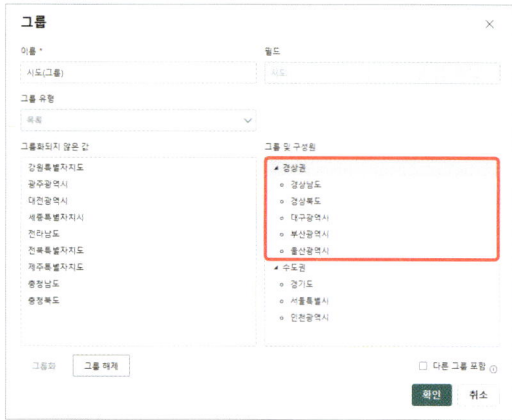

05 이제 남은 지역을 모두 그룹화해 보겠습니다. [다른 그룹 포함]에 체크하면 남은 지역이 '기타'로 그룹화됩니다. [확인]을 클릭합니다.

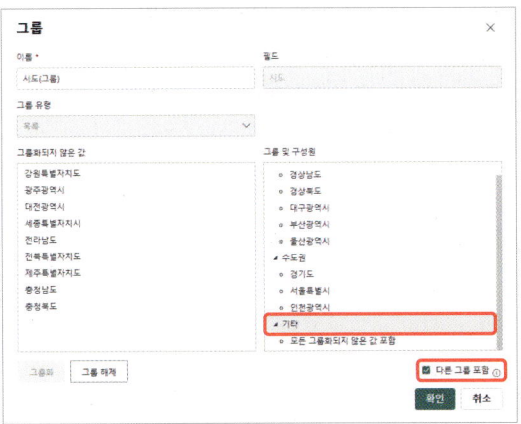

06 '거래처' 테이블에 '시도(그룹)' 필드가 추가되고 그룹화한 결과를 확인할 수 있습니다.

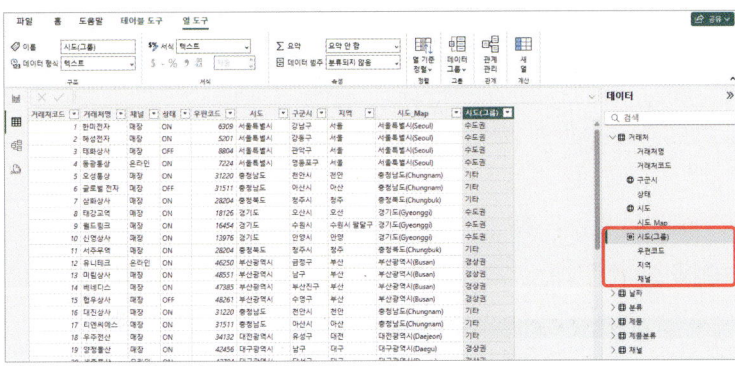

07 [보고서]( ) 보기에서 새 페이지를 추가하고 [시각화] 창에서 [누적 가로 막대형 차트]를 추가합니다. [시각적 개체의 데이터 추가]의 [Y축] 영역에 '거래처' 테이블의 '시도(그룹)' 필드, [X축] 영역에 '판매' 테이블의 '총매출금액' 측정값, [범례] 영역에 '거래처' 테이블의 '시도' 필드를 각각 추가하면 시도(그룹)별로 그룹화해서 시각화할 수 있습니다.

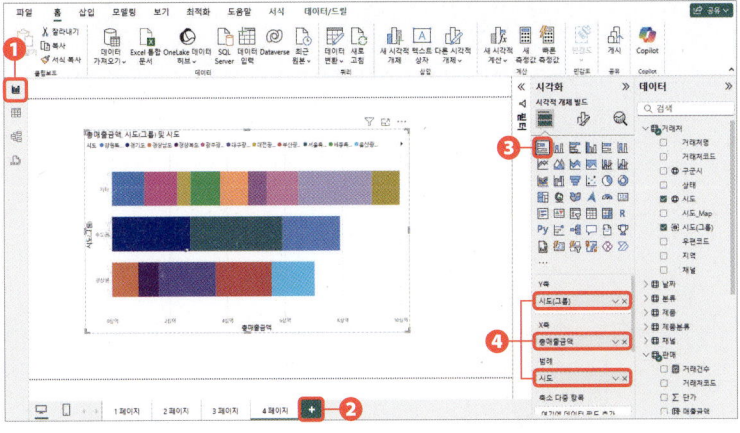

Chapter 05 데이터 모델링 **127**

◆ 숫자 범주화

'수량' 필드의 데이터를 10단위로 그룹화하여 주문수량이 많은 구간을 파악해 보겠습니다.

01 [보고서](📊) 보기에서 새 페이지를 추가하고 [시각화] 창에서 [묶은 세로 막대형 차트]를 추가합니다. [시각적 개체에 데이터 추가]의 [X축] 영역에 '판매' 테이블의 '수량' 필드, [값] 영역에 '판매' 테이블의 '거래건수' 측정값을 각각 추가합니다. 주문수량이 0~20사이에 많이 이루어지고 있다고 볼 수 있지만 X축을 범주화해서 시각화해 보겠습니다.

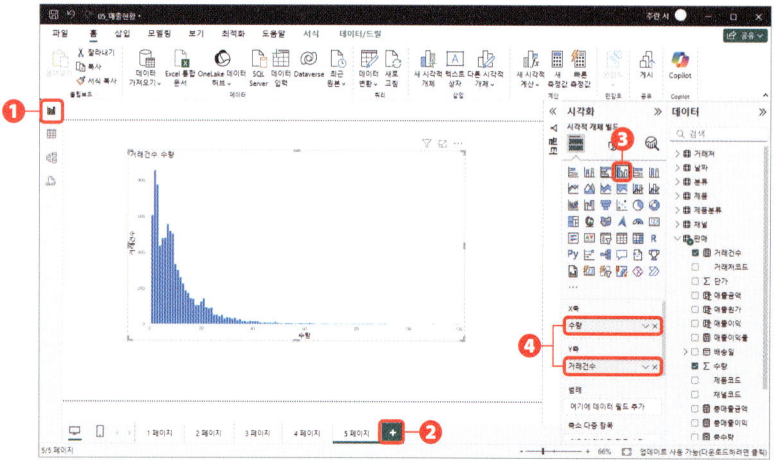

02 [테이블](▦) 보기에서 '판매' 테이블의 '수량' 필드를 선택합니다. [열 도구] 탭 > [그룹] 그룹에서 [데이터 그룹] > [새 데이터 그룹]을 클릭합니다.

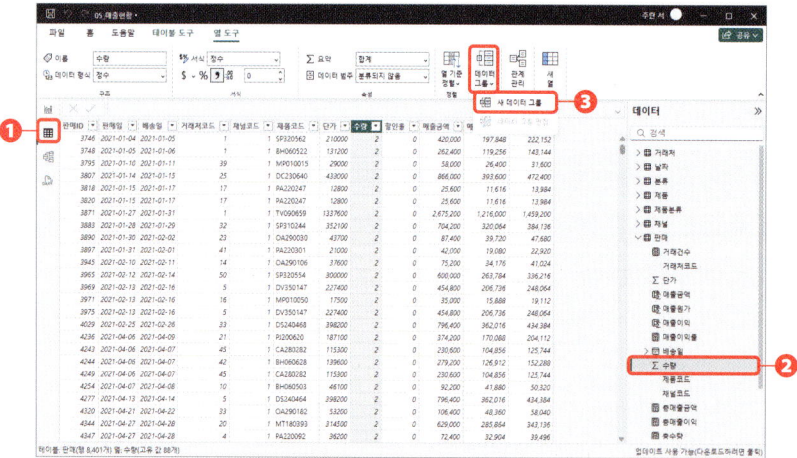

03 [그룹] 대화상자가 나타납니다. 숫자는 Bin 유형으로 10단위로 그룹화해 보겠습니다. [이름]에 '수량(그룹)', [그룹 유형]은 'Bin', [Bin 크기]는 '10'으로 설정하고 [확인]을 클릭합니다. 이는 수량 구간을 1~9, 10~19, 20~29씩 최소값과 최대값을 기준으로 그룹화합니다.

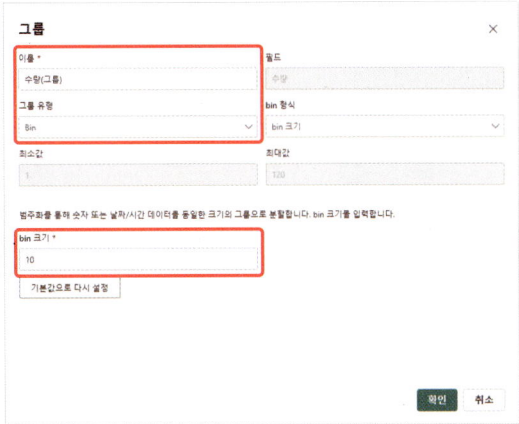

04 '판매' 테이블에 '수량(그룹)' 필드가 추가됩니다.

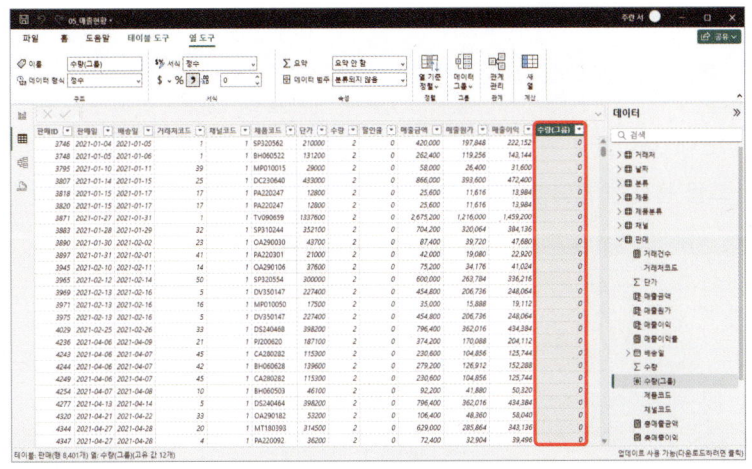

Chapter 05 데이터 모델링 **129**

05 [보고서](📊) 보기에서 [묶은 세로 막대형 차트]를 선택합니다. [시각적 개체에 데이터 추가]의 [X 축] 영역에 '수량' 필드를 제거하고 '판매' 테이블의 '수량(그룹)' 필드를 추가하면 다음과 같이 구간별로 그룹화해서 시각화할 수 있습니다.

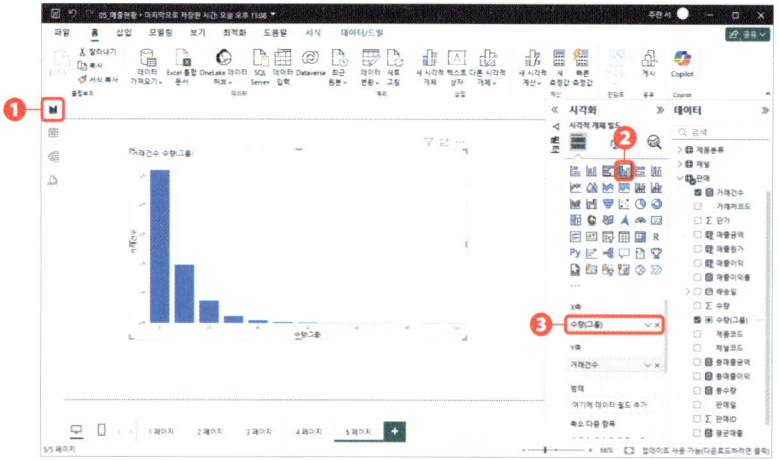

◈ 데이터 그룹 편집

'수량(그룹)' 그룹을 편집하기 위해 작성된 데이터 그룹을 편집할 수 있습니다.

01 [테이블](⏹) 보기에서 '판매' 테이블의 '수량(그룹)' 필드를 선택하고 [열 도구] 탭 > [그룹] 그룹에서 [데이터 그룹] > [데이터 그룹 편집]을 클릭합니다.

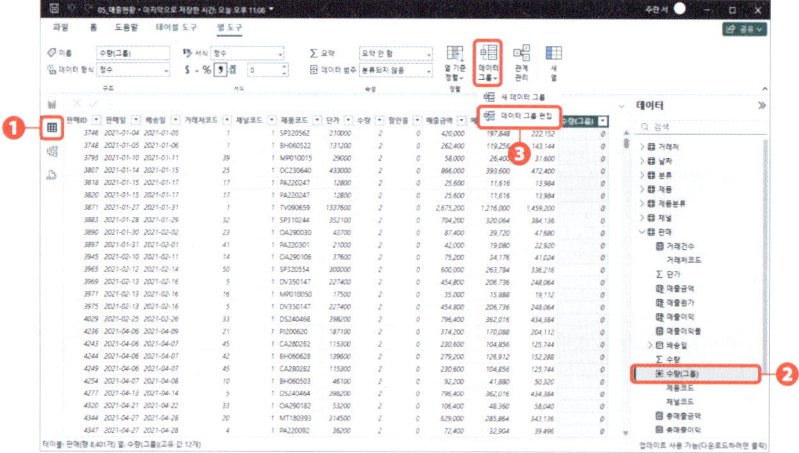

02 [그룹] 대화상자에서 [Bin 크기]를 '30'으로 설정하고 [확인]을 클릭합니다.

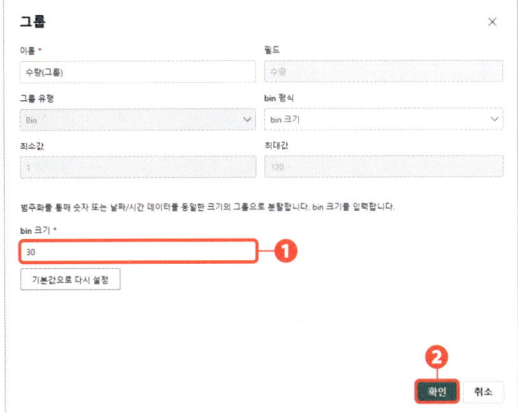

03 [보고서]() 보기에서 묶은 세로 막대형 차트의 수량구간이 30단위로 그룹화되어 표시됩니다. [시각적 개체 서식 지정]의 [시각적 개체]에서 [X축]을 확장합니다. [유형]을 '범주별'로 설정하면 X축 항목이 0, 30, 60…과 같이 표시됩니다.

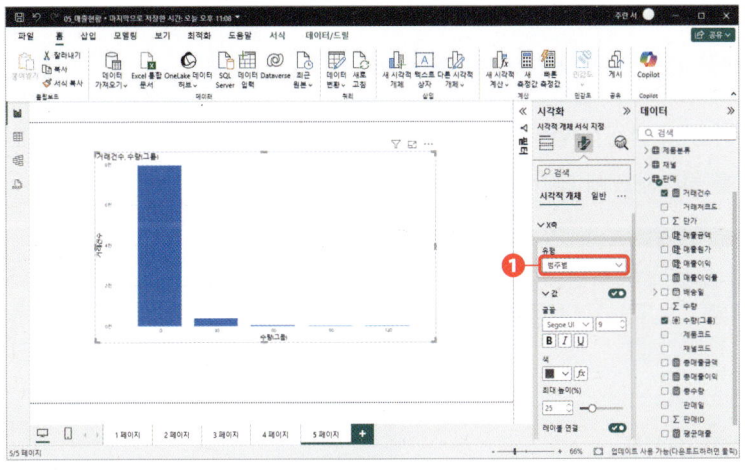

06 데이터 시각화

Chapter

Power BI의 시각화 기능은 데이터에서 발견한 인사이트를 효과적으로 보여주는 역할을 합니다. 데이터 시각화를 통해 정보를 직관적으로 전달할 수 있을 뿐만 아니라, 예상치 못한 문제점이나 패턴을 발견할 수도 있습니다. 이번 챕터에서는 다양한 시각적 개체를 활용해 데이터를 시각화하고, 이를 기반으로 보고서를 작성하며 인사이트를 도출하는 방법을 살펴보겠습니다.

예제 파일 | Part 01 〉 Chapter 06 〉 06_01_매출현황.pbix, 06_02_매출현황.pbix, 06_03_매출현황.pbix

1 보고서 페이지 관리

Power BI Desktop은 시각화가 포함된 보고서 페이지를 원하는 개수만큼 작성할 수 있습니다. 데이터를 로드하면 보고서 보기에 빈 페이지가 나타납니다. 보고서에 새 페이지를 추가하거나 복제, 이동, 숨기기를 할 수 있고, 페이지 크기, 배경색 등의 페이지 서식을 변경할 수 있습니다. '06_01_매출현황.pbix' 파일을 엽니다.

◈ 새 페이지 추가

새 페이지를 추가하고 이름 변경하는 방법에 대해 살펴보겠습니다.

01 [보고서](📊) 보기에서 [삽입] 탭 〉 [삽입] 그룹의 [새 페이지] 〉 [빈 페이지]를 클릭합니다. 또는 페이지 탭의 [새 페이지](➕)를 클릭해도 새 페이지가 추가됩니다.

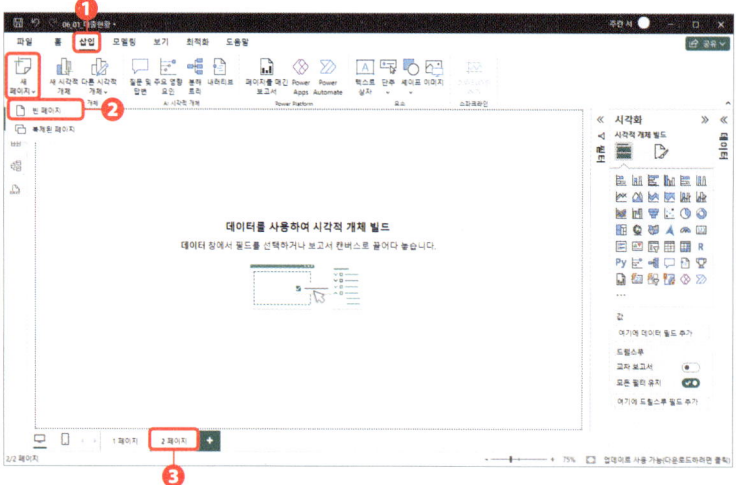

02 페이지 이름을 변경해 보겠습니다. [1페이지] 탭에서 마우스 오른쪽 버튼을 클릭하고 [이름 바꾸기]를 선택합니다.

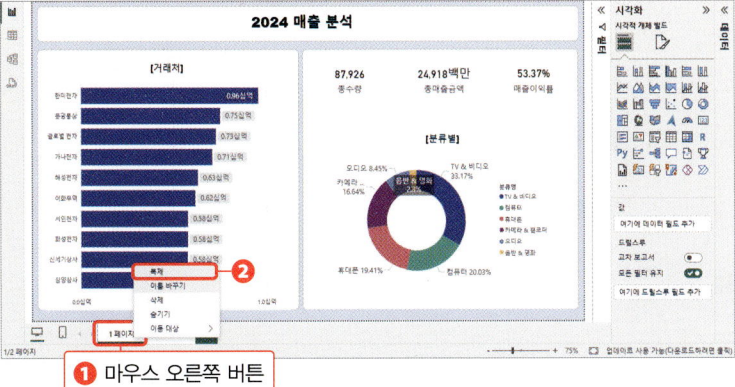

03 '전체현황'을 입력하고 Enter 를 누릅니다. 또는, 더블클릭해서 이름을 변경해도 됩니다.

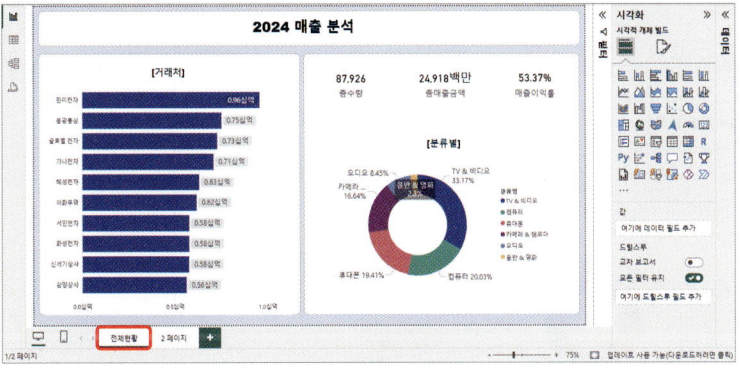

◆ 페이지 복사

페이지 탭을 마우스 오른쪽 버튼으로 클릭하여 페이지를 복사할 수 있습니다.

01 [전체현황] 탭을 마우스 오른쪽 버튼으로 클릭하고 [복제]를 선택합니다.

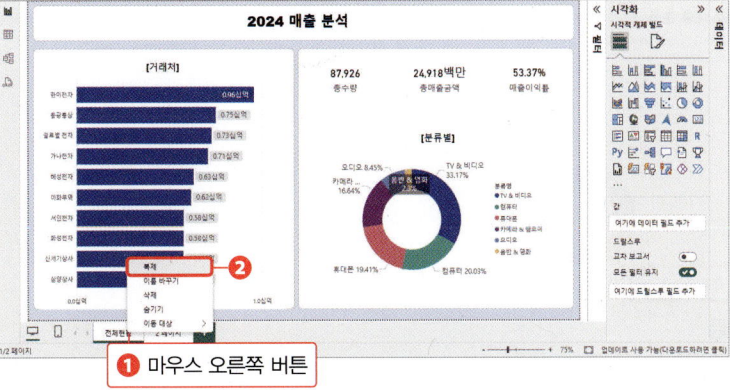

02 '전체현황의 복제'라는 복사된 페이지가 나타납니다.

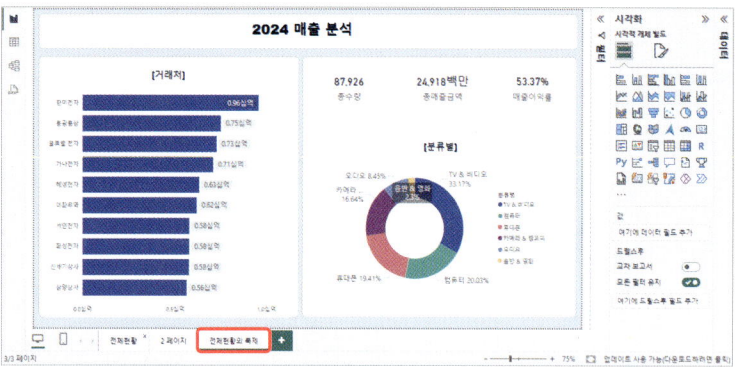

✤ 페이지 숨기기

참고용으로 사용하려는 페이지는 PDF로 변환하거나, 공유했을 때 표시되지 않도록 숨길 수 있습니다.

01 [전체현황의 복제] 탭을 마우스 오른쪽 버튼으로 클릭하고 [숨기기]를 선택합니다.

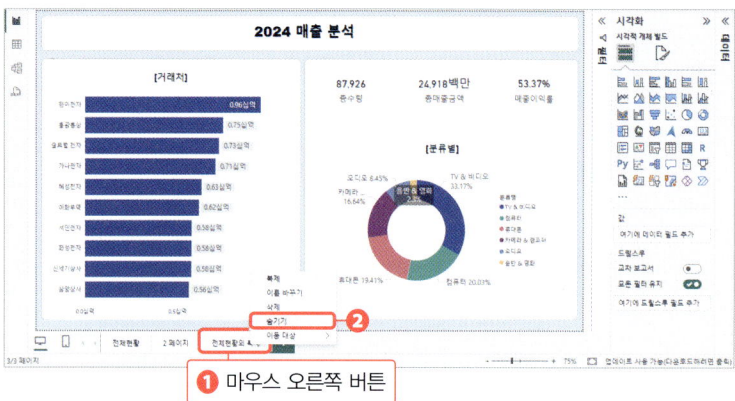

02 페이지 이름에 숨김 표시( ) 아이콘이 나타납니다. 이 보고서를 PDF로 내보내거나 Power BI 서비스에 게시해서 공유한 경우 숨겨진 페이지는 표시되지 않습니다.

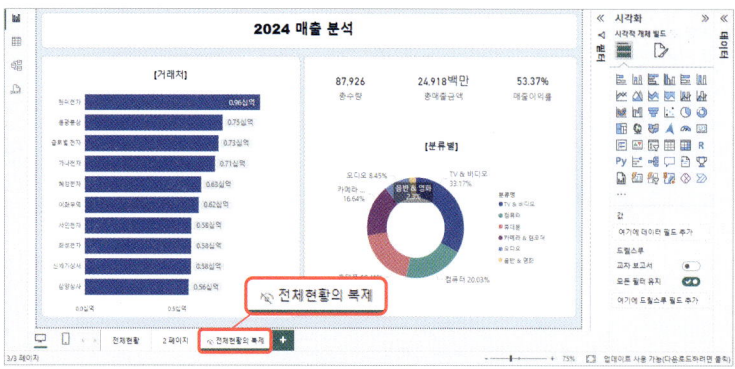

◆ 페이지 삭제

페이지를 삭제해 보겠습니다.

01 [2페이지] 탭을 마우스 오른쪽 버튼으로 클릭하고 [삭제]를 선택합니다.

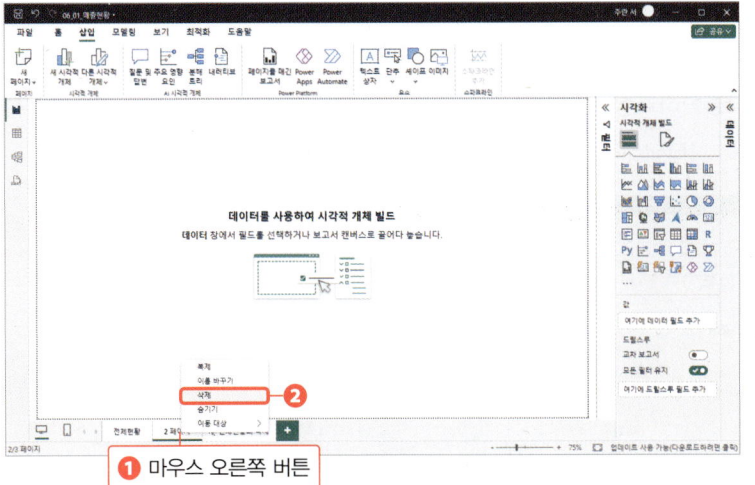

02 [이 페이지 삭제] 대화상자가 나타나면 [삭제]를 클릭합니다.

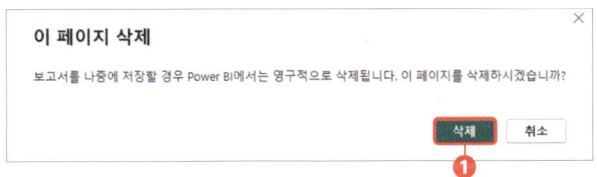

03 페이지가 삭제된 걸 확인합니다.

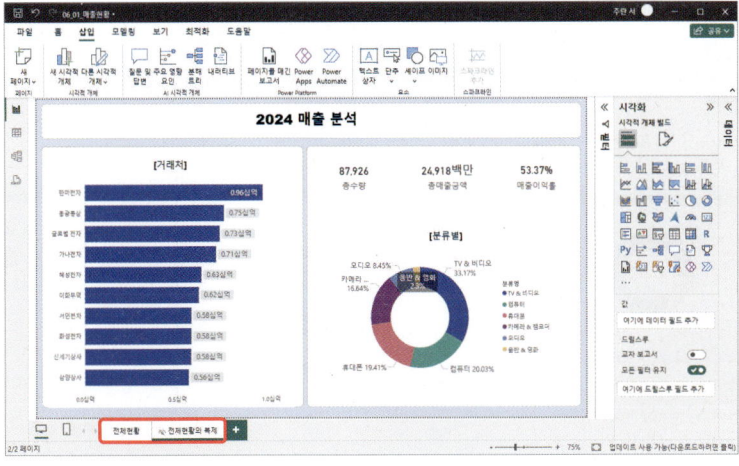

◆ 페이지 서식 변경하기

[보고서 페이지 서식 지정]에서 페이지 정보, 크기, 배경, 맞춤 등 다양한 서식을 지정할 수 있습니다. [보고서] 보기에서 [필드] 창, [시각화] 창을 표시하면 페이지가 왼쪽 맞춤으로 표시되고 점선이 표시됩니다. 점선 안쪽 영역이 보고서 디자인 영역입니다. 페이지를 중간 맞춤으로 변경하고 배경색을 적용해 보겠습니다.

01 페이지에서 빈 영역을 클릭하고 [시각화] 창의 [보고서 페이지 서식 지정]을 클릭합니다. 페이지 서식을 적용할 수 있는 옵션이 나타납니다. [캔버스 설정]에서 [세로 맞춤]을 '중간'으로 설정합니다.

02 [캔버스 설정]을 축소하고 [캔버스 배경]을 확장합니다. [색]에서 '흰색, 20% 더 어둡게'를 선택하고 [투명도]를 '60'로 설정하여 페이지 배경색을 적용합니다.

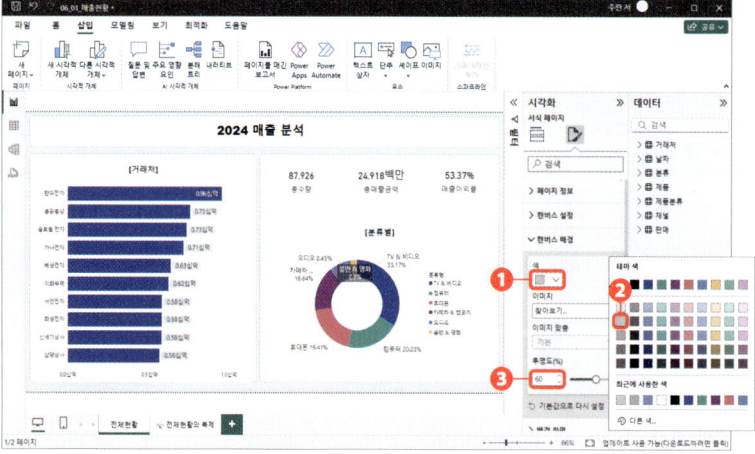

◈ 페이지에 배경 이미지 적용하기

보고서 페이지에 회사 로고, 브랜드 색상, 디자인 요소를 포함한 배경 이미지를 활용하여 일관된 디자인을 적용할 수 있습니다. 또한, 배경을 활용하여 보고서의 레이아웃을 구분하고, 시각적으로 중요한 요소를 강조할 수 있습니다.

01 새 페이지를 추가한 후 [시각화] 창의 [보고서 페이지 서식 지정]에서 [캔버스 배경]을 확장합니다.

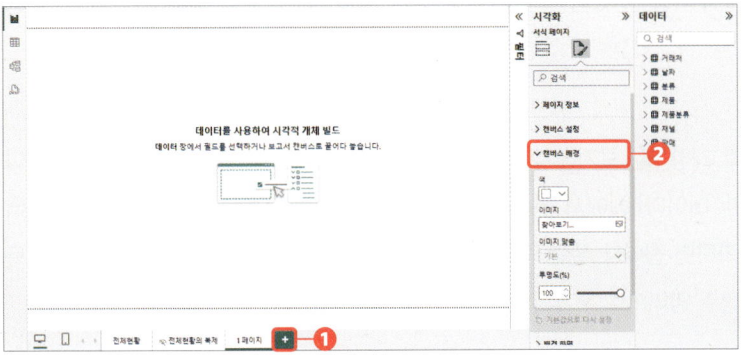

02 [이미지]의 찾아보기를 클릭하고 '배경.png' 파일을 추가합니다. [이미지 맞춤]은 '맞춤', [투명도]는 '0'으로 설정하면 페이지 크기에 맞춰 배경 이미지가 표시됩니다.

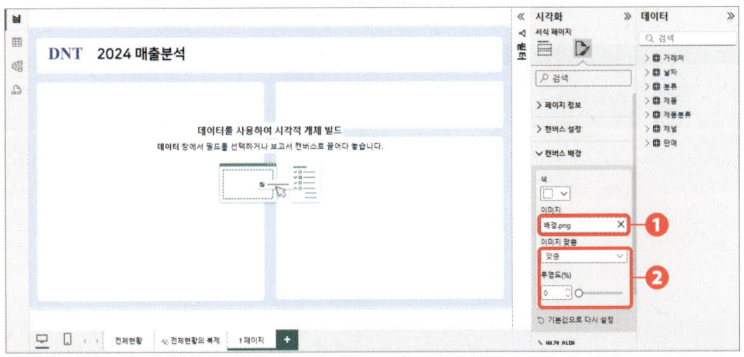

> **Tip 페이지 크기 사용자 지정**
>
> Power BI 보고서는 페이지 크기가 16:9로 설정되어 있습니다. [캔버스 설정]에서 '4:3, 도구 설명 페이지, 사용자 지정 크기' 등으로 변경할 수 있습니다. [형식]을 '사용자 지정'으로 변경하고 높이와 너비를 입력하여 페이지 크기를 조정할 수 있습니다.
>
>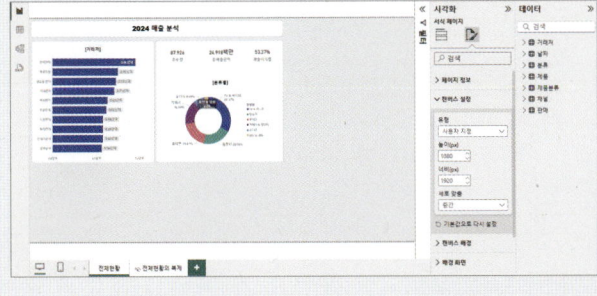

2 시각적 개체 다루기

보고서에 시각적 개체를 추가하면 유형에 따라 [시각화] 창에 [시각적 개체에 데이터 추가], [시각적 개체에 서식 지정], [시각적 개체에 추가 분석 추가] 아이콘이 표시됩니다. [시각적 개체에 데이터 추가]의 X축, Y축, 범례, 도구 설명 등의 영역에는 필드를 추가하여 시각화합니다. [시각적 개체에 서식 지정]에서 X축, Y축, 데이터 레이블 등의 서식을 적용할 수 있습니다. [시각적 개체에 추가 분석 추가]에서는 상수선이나 평균선, 추세선 등을 추가할 수 있습니다. '06_02_매출현황.pbix' 파일을 엽니다.

◈ 시각적 개체 추가

시각적 개체를 추가하려면 [보고서]( ) 보기에서 [시각화] 창의 시각적 개체를 선택합니다. 보고서 페이지에 시각적 개체가 표시되면 [데이터] 창에서 분석하려는 필드를 [시각화] 창의 [시각적 개체에 데이터 추가]에 있는 각 영역으로 추가하면 됩니다. 일반적으로 필드명의 확인란을 선택하여 추가할 경우 텍스트 형식은 [축]이나 [범례] 등의 범주 영역으로 추가되고, 숫자 형식은 [Y축]이나 [값] 영역에 추가됩니다.

01 [보고서]( ) 보기에서 '상세현황' 페이지로 이동합니다. [시각화] 창에서 [묶은 세로 막대형 차트]를 클릭합니다. 보고서 페이지에 시각적 개체가 표시되면 [데이터] 창에서 '날짜' 테이블의 '연도' 필드를 [X축] 영역에 드래그하여 추가합니다. '판매' 테이블의 '총매출금액' 측정값의 확인란을 체크하면 [Y축] 영역에 추가됩니다.

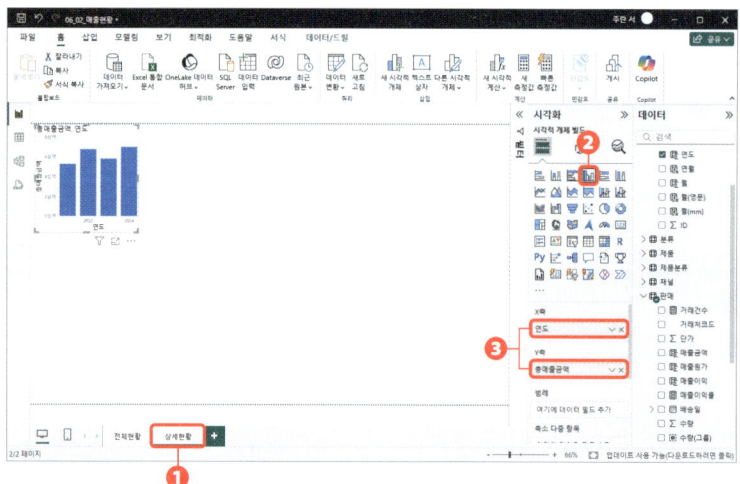

02 시각적 개체의 크기 조절 핸들을 드래그하여 크기를 조정하고, 시각적 개체를 적절한 위치로 이동시킵니다.

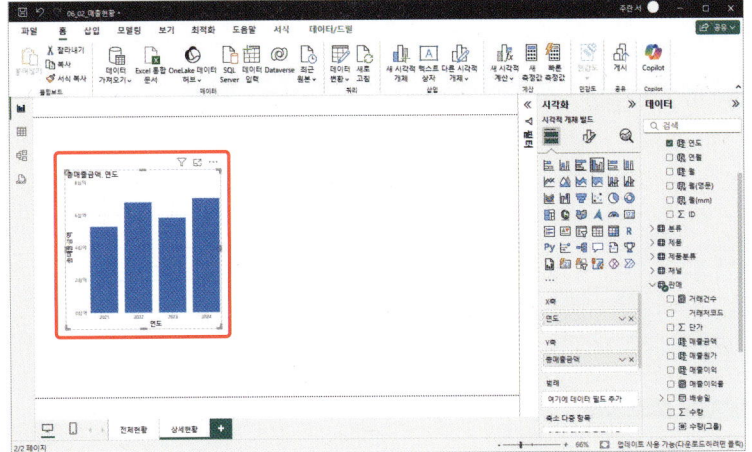

03 [도구 설명] 영역에 '판매' 테이블의 '총매출이익, 매출이익률' 측정값을 추가합니다. 시각적 개체의 데이터 요소(2024)에 마우스를 이동시키면 도구 설명에 연도별 총매출금액과 도구 설명 영역에 추가한 값을 확인할 수 있습니다.

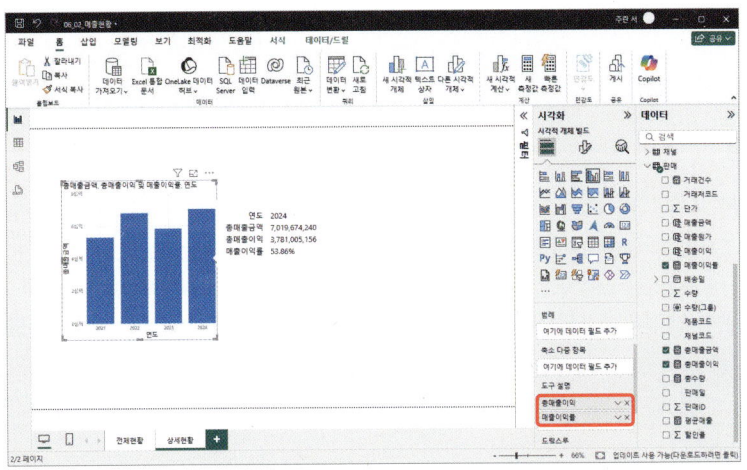

> **Tip** [데이터] 창에서 필드를 체크하거나, 페이지에 드래그하여 시각적 개체를 추가할 수 있습니다. 이렇게 추가한 필드는 Power BI에서 적합한 시각적 개체를 찾아 표현해 줍니다. 예를 들어, 숫자형 필드를 먼저 선택하면 묶은 세로 막대형 차트를 표시하고, 텍스트 형식의 필드는 테이블이 먼저 표시됩니다. 또한 국가명, 시도 등의 지리 정보 데이터를 선택하면 맵을 추가합니다.

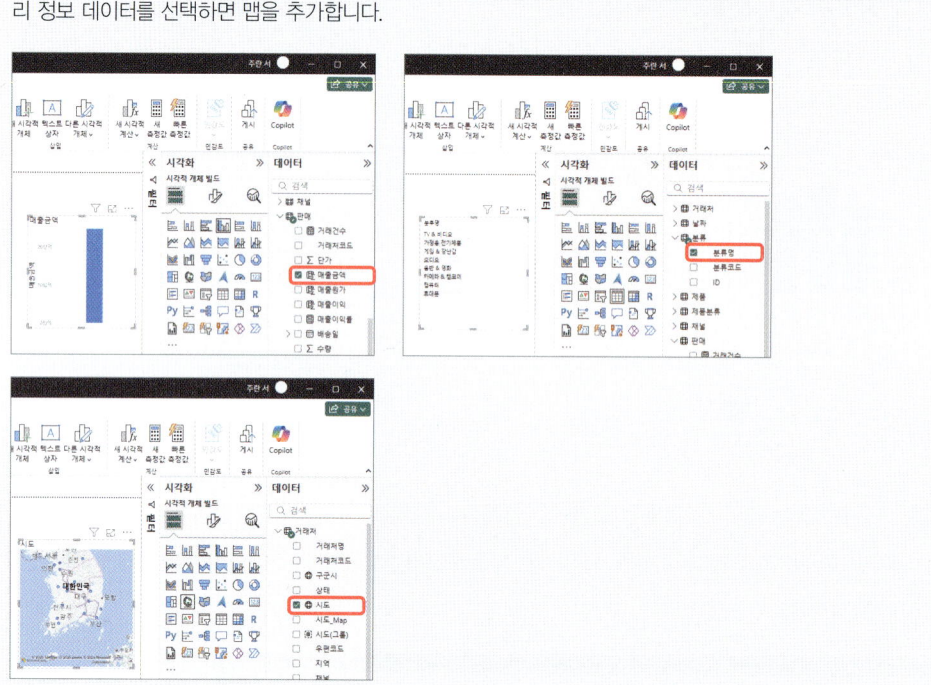

◈ 시각적 개체 서식 지정

[시각적 개체에 서식 지정]에서 X축, Y축 등의 서식이나 제목, 테두리 등의 서식을 적용할 수 있습니다. [시각적 개체에 서식 지정]은 [시각적 개체], [일반], [서식 창 설정] 탭으로 구성됩니다.

[시각적 개체] 탭에서는 X축, Y축, 색, 데이터 레이블 등의 서식 적용할 수 있습니다.

[일반] 탭에서는 시각적 개체 크기, 제목, 테두리 등의 서식을 적용할 수 있습니다.

[서식 창 설정] 탭에서는 서식 옵션의 모든 범주를 확장하거나 축소, 기본값으로 설정 옵션을 포함하고 있습니다.

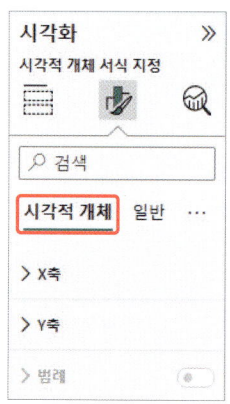 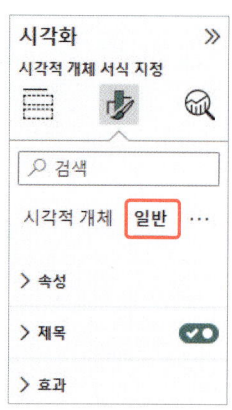 

◆ 축 서식

시각적 개체의 X축이나, Y축의 글꼴 크기, 제목 표시 여부 등의 축 서식을 변경할 수 있습니다.

01 '상세현황' 페이지의 묶은 세로 막대형 차트를 선택합니다. [시각적 개체에 서식 지정]의 [시각적 개체]에서 [X축] 〉 [값]을 확장합니다. [글꼴]의 크기 '12pt', '굵게'로 설정하고 [제목]을 '해제'로 설정합니다.

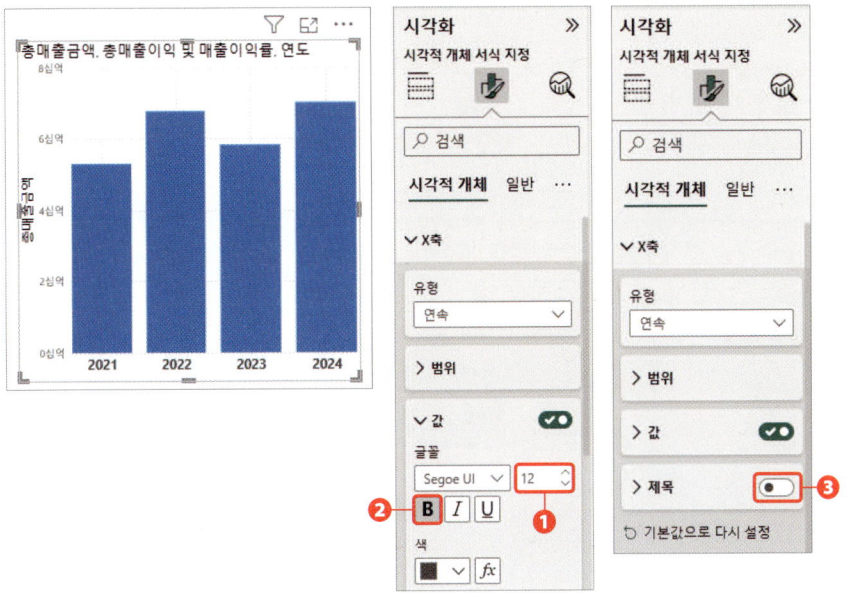

02 [X축]을 축소하고 [Y축]을 확장합니다. [값] 〉 [글꼴]에서 크기 '10pt', [표시 단위]는 '백만', [제목]을 '해제'로 설정합니다.

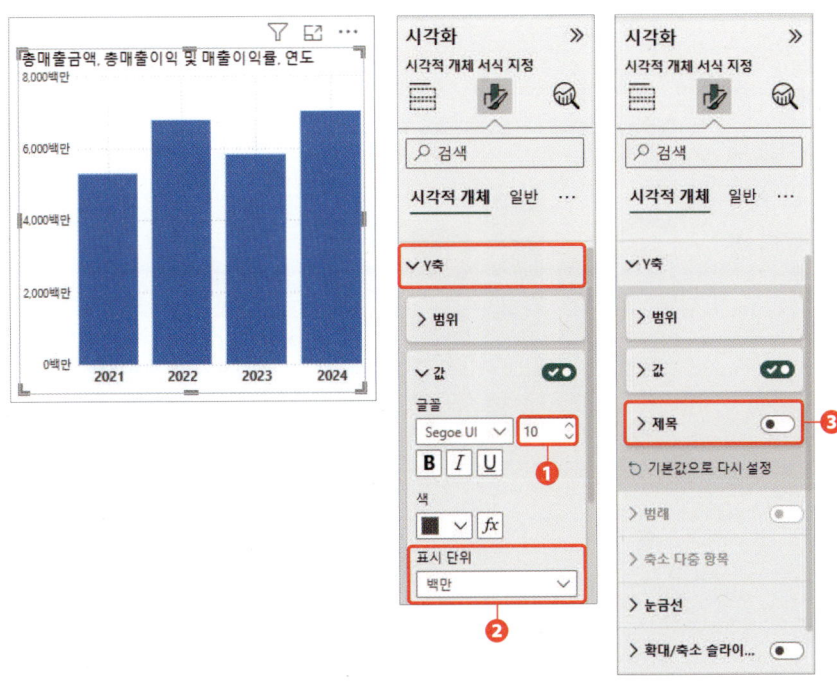

> **Tip** X축 형식 변경하기

차트의 [X축]에 숫자형 필드를 추가하면 [X축]의 [유형]이 '연속'으로 설정되어 0,2,4… 등과 같이 그룹 단위로 표시합니다. [유형]을 '범주별'로 변경하면 전체 숫자를 [X축]에 표시할 수 있습니다. 다음은 [X축]에 '날짜' 테이블의 '월' 필드를 추가하고, [시각적 개체 서식 지정]에서 [X축] > [유형]을 '범주별'로 적용한 결과입니다. 추가 옵션의 축 정렬에서 월을 기준으로 오름차순 정렬을 적용하면 1,2,3..12월 순으로 정렬된 결과를 확인할 수 있습니다.

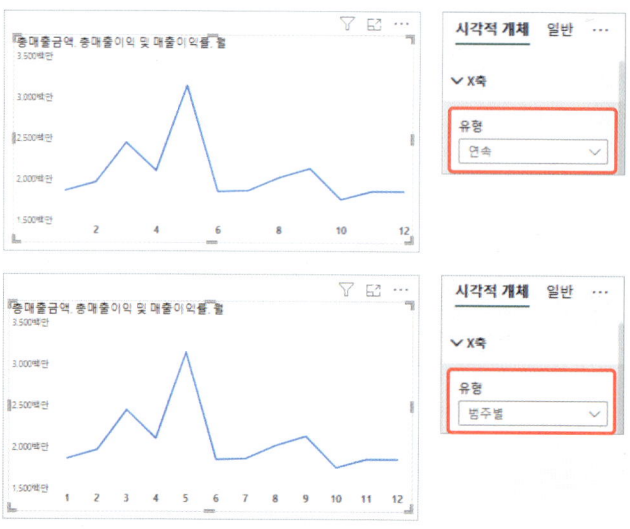

◈ 데이터 색

Power BI Desktop에서는 시각적 개체를 추가하면 기본 테마색이 적용되며 데이터 요소마다 다른 색을 적용할 수 있습니다.

01 [시각적 개체]에서 [열]을 확장합니다. [설정 적용 대상] > [범주]가 '모두'인 상태에서 [색]을 '흰색, 30% 더 어둡게'로 설정합니다.

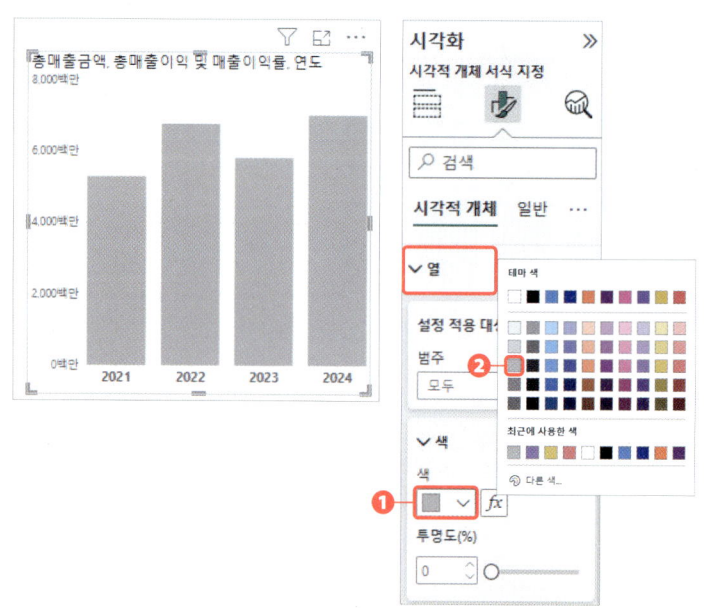

02 데이터 요소 '2024' 계열의 색만 강조해 보겠습니다. [열] 〉 [설정 적용 대상] 〉 [범주]를 '2024'로 변경한 후 [색]을 '#893395, 테마 색 4, 20% 더 밝게'로 설정합니다.

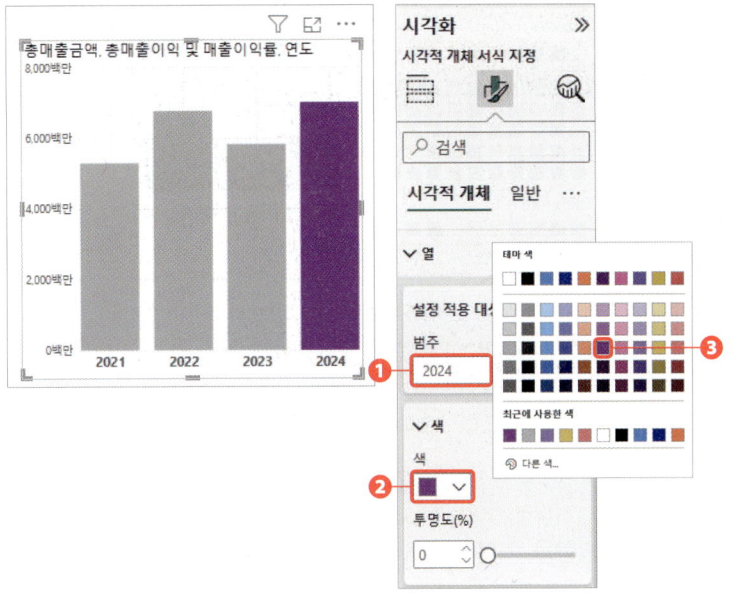

03 변경된 서식은 [기본값으로 다시 설정]을 클릭하여 기본 서식으로 되돌릴 수 있습니다. [열] 〉 [기본값으로 다시 설정]을 클릭합니다.

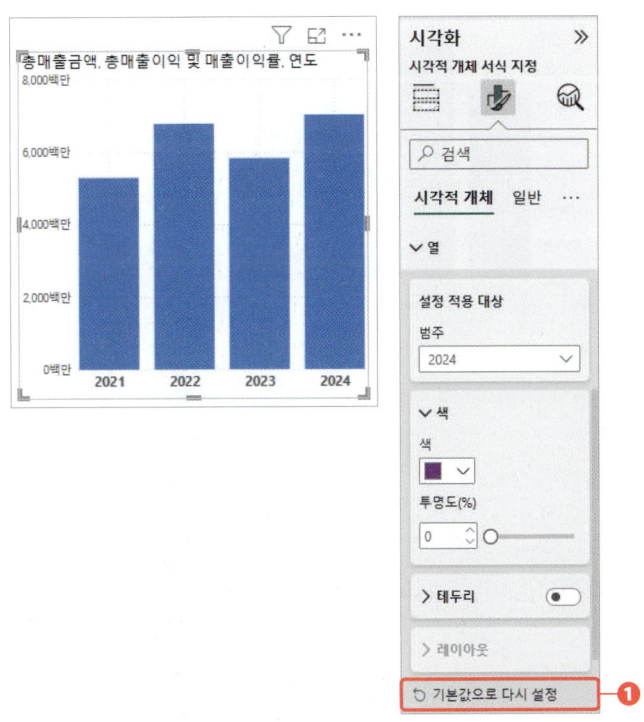

> **Tip** 헥스 코드로 색상 적용하기

[테마 색]에서 다른 색을 이용하면 헥스 코드나 RGB색상으로 더 많은 색상을 적용할 수 있습니다.

◈ 데이터 레이블

시각적 개체에 데이터 레이블을 표시하고, 방향을 '가로', '세로', 위치를 '바깥쪽 끝에, 안쪽 가운데' 등으로 변경할 수 있습니다. 또한 표시 단위를 '없음, 천, 백만, 십억, 조' 등으로 적용하거나 사용자 지정 서식 코드를 적용해 데이터 표시 형식을 변경할 수 있습니다.

01 [시각적 개체]에서 [데이터 레이블]을 '설정'으로 변경하고, [데이터 레이블]을 확장합니다. [옵션] 〉 [위치]를 '안쪽 가운데'로 설정합니다.

02 [값] 〉 [글꼴]의 크기 '12pt', [표시 단위]를 '백만'으로 설정합니다.

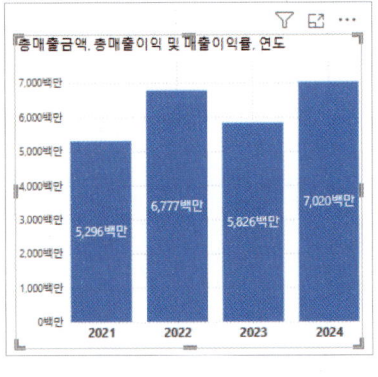

03 [배경]을 '설정'으로 변경하고 [색]은 '흰색', [투명도]는 '80'으로 설정합니다.

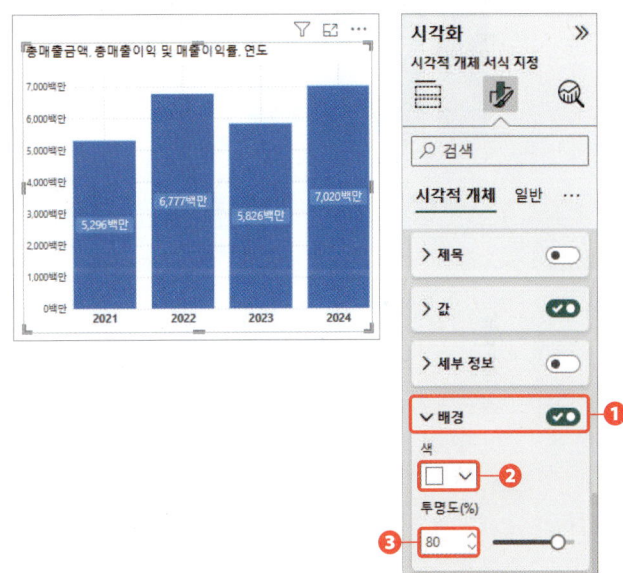

> **Tip** 넘치는 텍스트 처리
>
> 시각적 개체 크기에 따라 데이터 레이블이 일부 표시되지 않을 수 있습니다. 이런 경우 [옵션] 〉 [넘치는 텍스트]를 '설정'으로 변경하면 데이터 레이블이 나타납니다.

> **Tip** 데이터 레이블의 표시 단위 변경하기

Power BI에서 표시 단위는 데이터의 가독성을 높이기 위해 숫자를 특정한 방식으로 표현하는 데 사용됩니다. 표시 단위는 기본으로 '자동'으로 설정되어 있어 숫자 크기에 따라 천, 백만, 십억 등과 같이 자동 표시됩니다. 필요에 따라 '없음, 천, 백만, 십억, 조' 단위로 변경할 수 있고, '사용자 지정'으로 형식 코드(Format Code)를 적용해 서식을 변경할 수 있습니다.

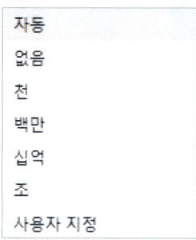

다음은 [표시 단위]를 '사용자 지정', [형식 코드]에 '#,##0,,'를 입력하여 백만 단위로 표현한 서식입니다.

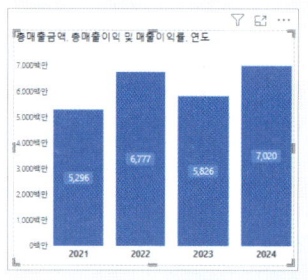 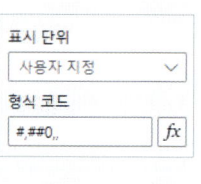

범위	서식 코드	입력	출력
숫자	#,##0	1000000	1,000,000
	#,##0,		1,000 (천 단위)
	#,##0,,		1 (백만 단위)
소수점 처리	0.0	1234.56	1234.6
	#,##0.0	1,234.6	1,234.6
백분율(%)	0.0%	0.1234	12.3%

Tip 데이터 레이블에 추가 데이터 표시하기

총매출금액과 매출이익률을 함께 데이터 레이블로 표시할 경우, 데이터 레이블의 세부 정보에 데이터를 추가하여 동시에 2개의 레이블을 표시할 수 있습니다.

다음은 [세부 정보] 〉 [데이터]에 '매출이익률' 측정값을 추가한 후, [표시 단위]를 '사용자 지정', [형식 코드]에 '(0.0%)'를 입력하여 총매출금액과 매출이익률을 표현한 결과입니다.

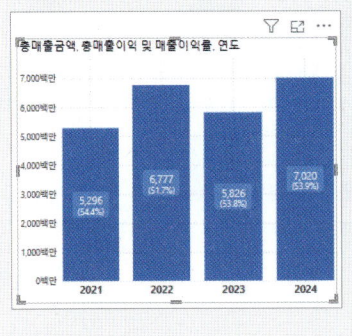 

Tip 데이터 레이블 레이아웃 변경

데이터 레이블에 두 개의 값을 표시할 경우 [레이아웃]에서 '멀티 라인'이나 '한 줄'을 적용해 표현할 수 있습니다. '멀티 라인'은 데이터 레이블을 줄 바꿈해서 표시합니다.

멀티 라인	한 줄
1,234 (54.4%)	1,234(54.4%)

◆ 제목 서식

시각적 개체에 제목 서식과 테두리를 적용해 보겠습니다.

01 [시각적 개체 서식 지정]의 [일반] 〉 [제목]을 확장합니다. [텍스트]에 '연도별 매출' 입력, [글꼴]은 'Segoe UI Bold', [텍스트 색상]은 '흰색', [배경색]은 '#094780, 테마 색 1, 50% 더 어둡게', [가로 맞춤]을 '가운데'로 설정합니다.

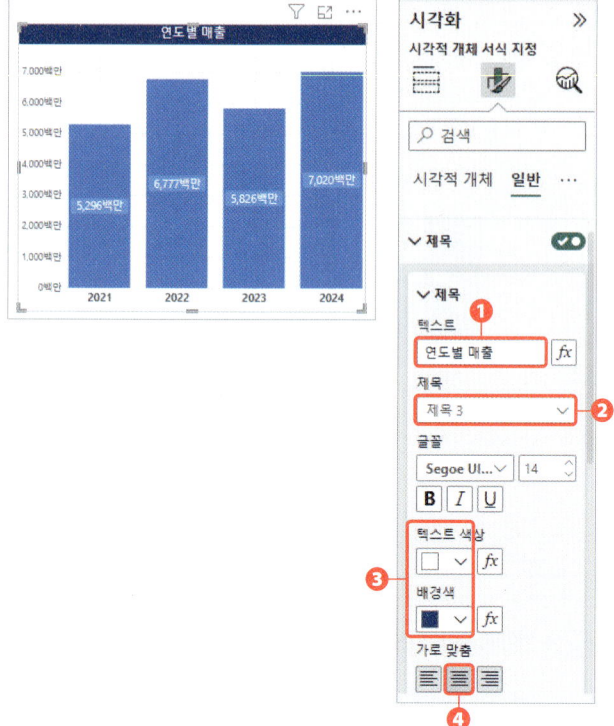

02 [제목]을 축소하고 [효과]를 확장합니다. [시각적 테두리] 〉 [색]을 '흰색, 20% 더 어둡게', [둥근 모서리]에 '10'을 입력합니다.

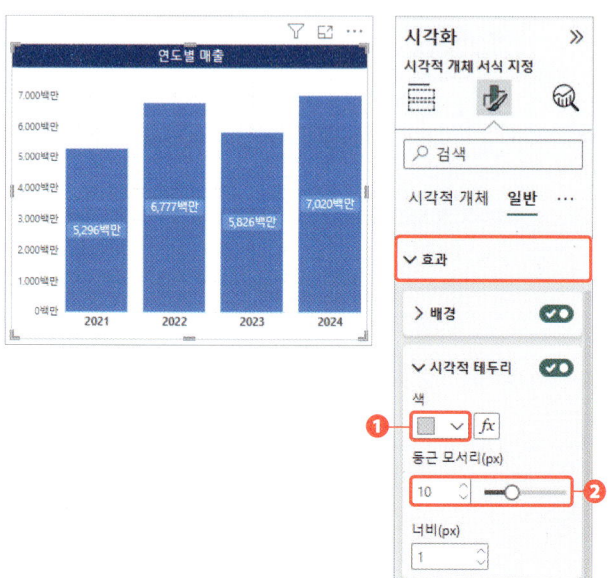

Tip 기타 서식

	서식	설명
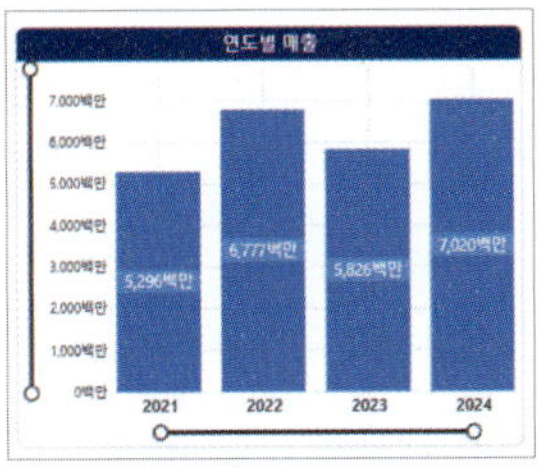 (연도별 매출 차트 이미지)	확대/축소 슬라이서	X축이나 Y축에 슬라이더를 표시해서 구간 검색
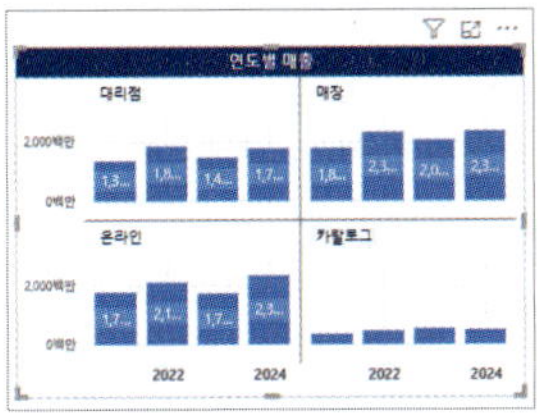 (연도별 매출 다중 차트 이미지)	축소 다중 항목	[시각적 개체의 데이터 추가]에서 [축소 다중 항목]에 '채널' 테이블의 '채널' 추가
(속성 패널 이미지)	속성	시각적 개체의 높이, 너비 조정

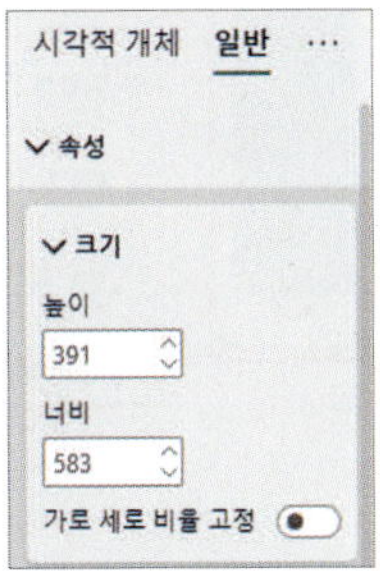

Chapter 06 데이터 시각화 **149**

◈ 시각적 개체에 추가 분석 추가

[시각적 개체에 추가 분석 추가]에서는 상수선이나 평균선, 추세선 등을 추가할 수 있습니다. 시각적 개체에 따라 제공되는 추가 분석 옵션은 다를 수 있습니다. 묶은 세로 막대형 차트는 추세선, 상수선, 평균선, 참조선, 오류 막대 등을 제공합니다.

상수선

[시각적 개체에 추가 분석 추가]에서 시각적 개체에 동적 참조 선을 추가하여 중요한 추세 또는, 통찰력을 찾아낼 수 있습니다. 매년 매출목표를 6,000,000,000으로 표시하기 위해 상수선을 추가해 보겠습니다.

01 시각적 개체를 선택하고 [시각적 개체에 추가 분석 추가]을 클릭하고 [상수 선]의 [+ 선 추가]를 클릭합니다.

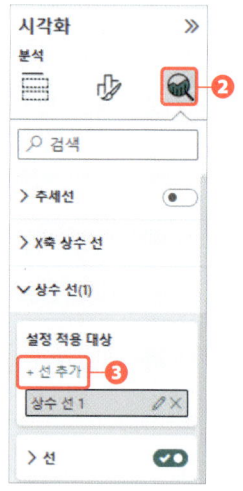

02 [편집](✏️)을 클릭하고 '목표'를 입력합니다. [선] > [값]에 '6000000000', [색]을 '#D64550, 테마 색 8', [투명도]를 '0', [선 스타일]을 '점선'으로 설정합니다.

03 [데이터 레이블]을 '설정'으로 변경하고 [스타일]을 '모두', [색]은 '#D64550, 테마 색8', [표시 단위]는 '백만'으로 설정합니다. 상수선의 목표값이 강조됩니다.

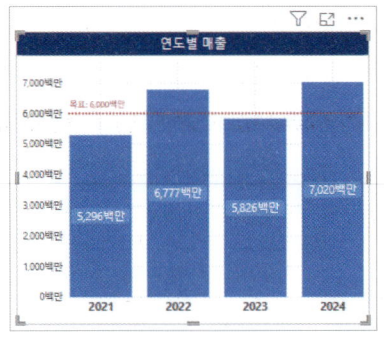
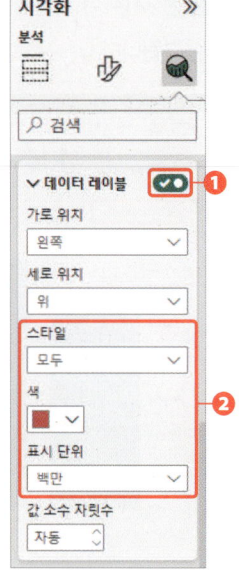

3 시각적 개체 옵션

시각적 개체 위에 마우스를 이동시키거나 개체를 선택하면 시각적 머리글(필터, 포커스 모드, 추가 옵션)이 표시됩니다. [필터]는 페이지에 적용된 필터 값을 확인할 수 있고 [포커스 모드]로 시각적 개체를 확대할 수 있습니다. [추가 옵션]에서는 데이터 내보내기, 제거, 새 시각적 계산, 정렬 등의 추가 작업을 수행할 수 있습니다. 시각화 머리글은 시각적 개체 위치에 따라 위나 아래쪽에 표시될 수 있습니다.

◈ 포커스 모드

포커스 모드를 이용하여 시각적 개체를 확대하여 확인할 수 있습니다.

01 시각적 개체를 선택하고 [포커스 모드]( )를 클릭합니다.

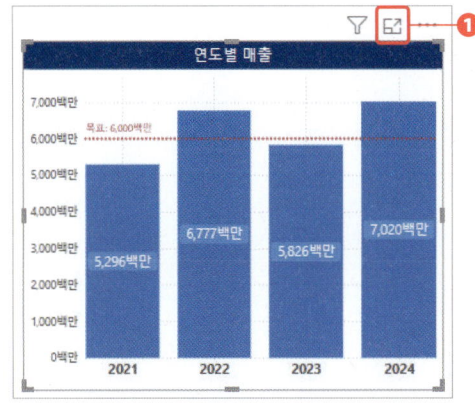

Chapter 06 데이터 시각화 **151**

02 시각적 개체를 확대해서 볼 수 있습니다. [보고서로 돌아가기]를 클릭하면 기본 보고서 화면으로 변경됩니다.

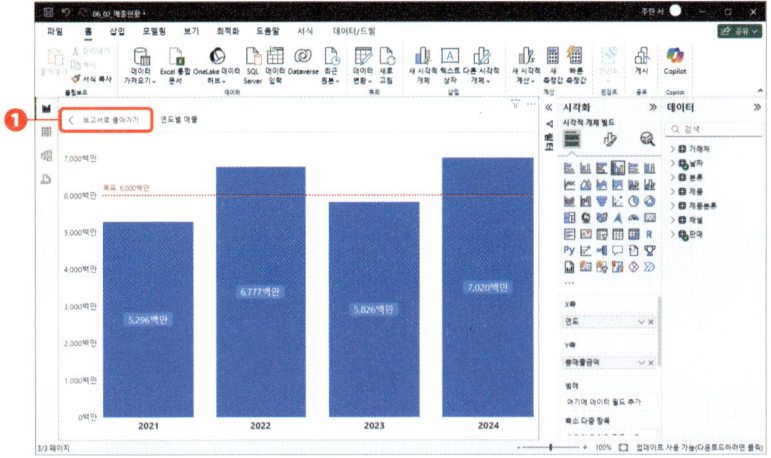

⊕ 데이터 내보내기

시각적 개체에서 사용한 데이터를 CSV 형식으로 내보내기 할 수 있습니다.

01 시각적 개체의 [추가 옵션](…)을 클릭하여 [데이터 내보내기]를 클릭합니다.

02 [다른 이름으로 저장] 대화상자에서 저장할 폴더를 지정한 후 [저장]을 클릭합니다.

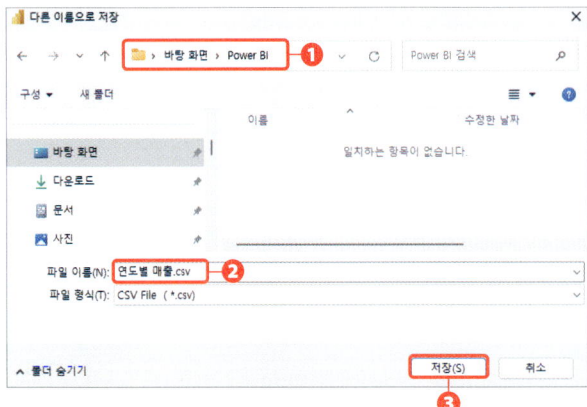

◆ 시각적 개체 복사, 붙여넣기

시각적 개체를 복사/붙여넣기 하여 다양한 유형의 시각적 개체로 변경할 수 있습니다. 데이터 탐색에 적합한 시각화 유형을 쉽게 확인할 수 있습니다.

01 '상세현황' 페이지의 묶은 세로 막대형 차트를 복사한 후(Ctrl+C), 새 페이지를 추가하고 붙여넣기(Ctrl+V)를 두 번하여 위치를 조정합니다.

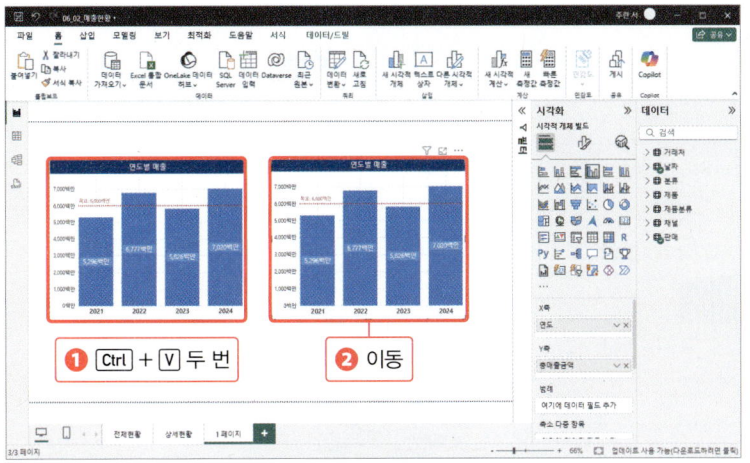

02 두 번째 시각적 개체를 선택하고 [시각화] 창의 [도넛형 차트]를 클릭하면 시각적 개체가 변경됩니다. [범례] 영역에 '분류' 테이블의 '분류명' 필드를 추가한 후 제목을 '분류별 매출'로 설정합니다.

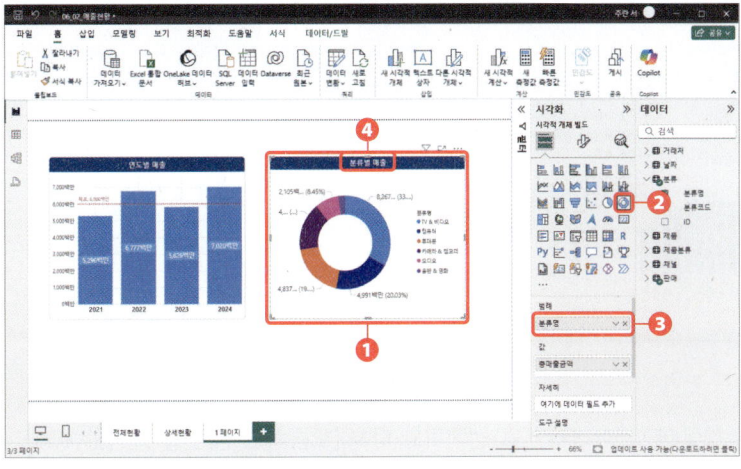

◆ **정렬**

시각적 개체에서는 [값] 영역에 숫자형 측정값이나 필드를 추가하면 기본으로 내림차순 정렬됩니다. 정렬 기준은 축이나 값, 도구 설명에 추가한 데이터 기준으로 정렬할 수 있습니다.

01 세 페이지를 추가하고 [시각화] 창에서 [묶은 세로 막대형 차트]를 추가합니다. [시각적 개체에 데이터 추가]에서 [X축] 영역에 '거래처' 테이블의 '거래처명' 필드, [Y축] 영역에 '판매' 테이블의 '총매출금액' 측정값, [도구 설명] 영역에 '판매' 테이블의 '총수량' 측정값을 추가합니다.

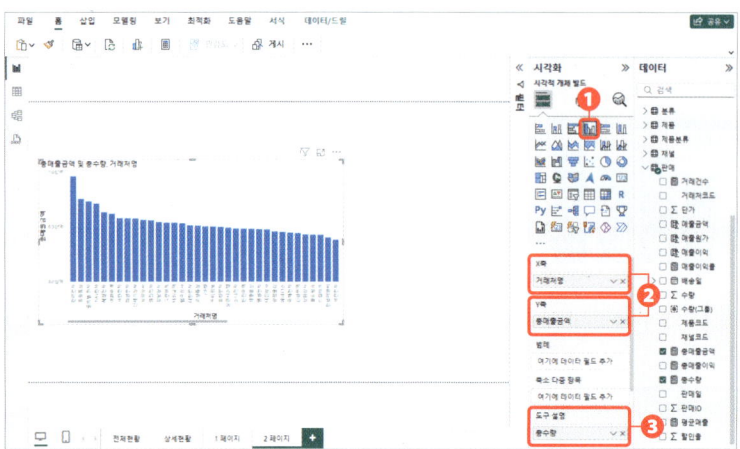

02 시각적 개체의 [추가 옵션](…)의 [축 정렬]로 이동하면 정렬 항목에 체크되어 있습니다. 현재는 총매출금액 기준으로 내림차순 정렬되어 있으며 도구 설명에 추가한 '총수량'도 정렬 기준을 적용할 수 있습니다.

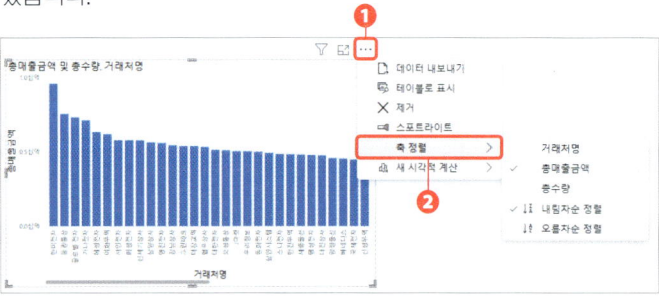

03 [추가 옵션](…)의 [축 정렬]에서 '거래처명'을 선택하고 다시 [오름차순 정렬]을 클릭합니다. 그림과 같이 거래처명 기준으로 오름차순 정렬로 변경됩니다.

✦ 필터

보고서 페이지에 있는 시각적 개체들은 상호 작용하여 필터링이 적용됩니다.

01 '전체현황' 페이지의 누적 가로 막대형 차트에서 '한미전자' 데이터 요소를 선택합니다. 도넛형 차트에 '한미전자'의 매출이 강조되고 다른 시각적 개체는 필터가 적용됩니다. 도넛형 차트의 [필터] (▽)에 마우스를 이동시키면 적용된 필터 항목을 표시합니다. 선택한 데이터 요소를 다시 클릭하면 필터가 해제됩니다.

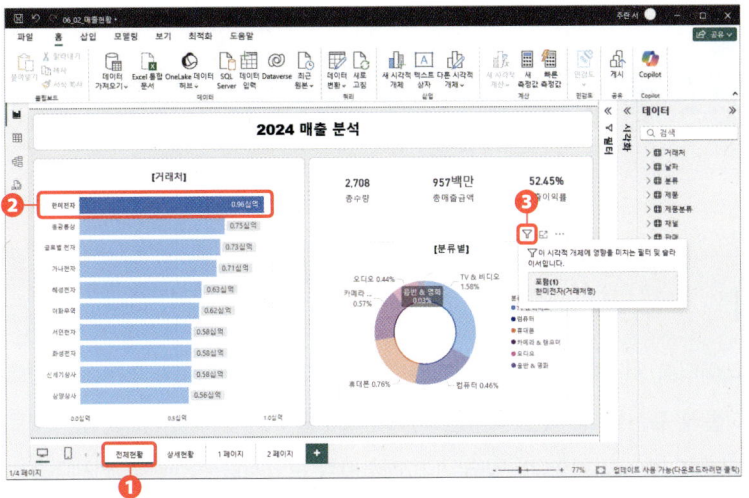

02 데이터 요소를 여러 개 선택할 때는 Ctrl 을 이용합니다. '한미전자' 데이터 요소를 선택하고 Ctrl 을 누른 상태에서 '동광통상', '글로벌 전자' 데이터 요소를 선택하면 선택한 거래처의 매출 현황을 확인할 수 있습니다.

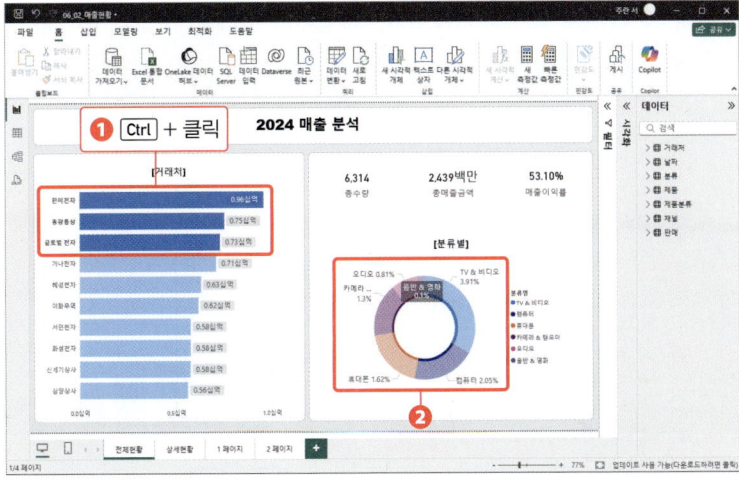

> **Tip** 데이터가 없는 항목 표시
>
> '분류' 테이블의 분류명 데이터 중에서 '판매' 테이블에서 데이터가 없는 분류명은 시각화에 표시되지 않습니다. 분류명 중 '가정용 전기제품', '게임 & 장난감' 데이터는 표시되지 않습니다. [X축] 영역의 필드의 [아래 화살표](˅)를 클릭하여 [데이터가 없는 항목 표시]를 선택하면 모든 항목이 표시됩니다.

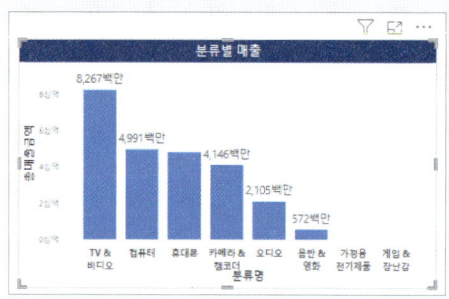 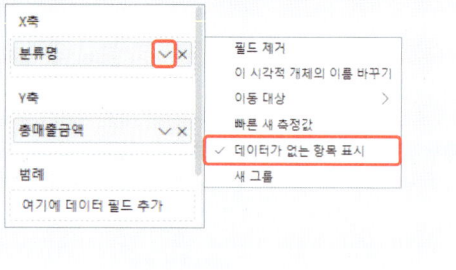

4 보고서 작성하기

Power BI Desktop에서는 데이터를 시각화할 때 일반적으로 테이블이나 막대형, 원형, 꺾은선형 차트 등 데이터를 효율적이고 흥미롭게 표현할 수 있는 다양한 시각화 도구를 제공합니다. 카드, 묶은 세로 막대형, 트리맵, 맵, 분해 트리 등으로 시각화할 수 있습니다. 매출분석 보고서를 작성하여 전체매출현황, 지역별, 거래처별, 제품별로 상세 내용을 확인해 보겠습니다.

◈ 데이터 시각화 기법

막대형 차트

데이터 크기(Amount)는 가로 막대형이나 세로 막대형 차트로 시각화합니다. 카테고리가 2개 이상일 경우 묶은 막대형 차트와 누적 막대형 차트를 활용하며 100% 누적형 차트는 모든 카테고리 전체의 비율을 강조할 때 사용합니다.

 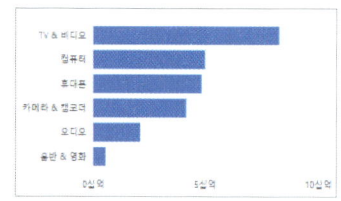 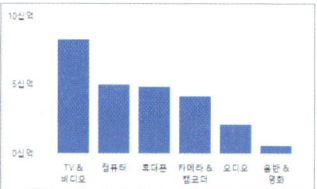

시각적 개체 　　　　누적 가로 막대형 차트 　　　　누적 세로 막대형 차트

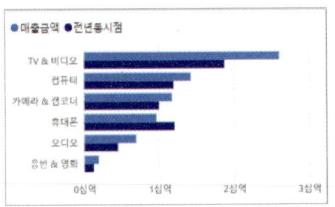
묶은 가로 막대형 차트

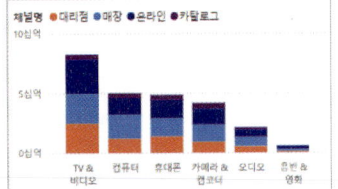
묶은 세로 막대형 차트

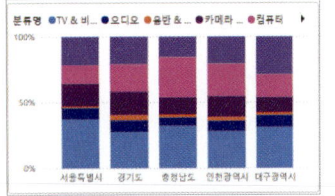
100% 누적 세로 막대형 차트

원형 차트

비율(Proportions)은 원형 차트 또는, 도넛형 차트를 이용하여 시각화합니다. 원형 차트에서는 전체에 대한 부분의 관계를 표시하기 위해 원 세그먼트를 사용합니다. 도넛형 차트는 원형 차트의 가운데에 원을 표시하여 숫자나 범례를 강조할 수 있습니다. 카테고리 수가 많을 경우에는 대상 비교가 모호하고 공간 활용이 비효율적이므로 적절한 카테고리를 사용하여 시각화합니다.

시각적 개체

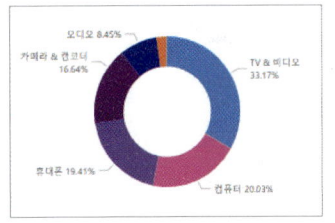
원형 차트   도넛형 차트

꺾은선형 차트

꺾은선형 차트는 여러 데이터 요소가 포함된 차트나 시간에 따른 추세를 표시하는 경우 유용합니다. 꺾은선형 차트는 선으로 연결된 일정 간격의 점에서 데이터를 표시합니다. 축과 선 사이의 영역이 채워진 영역형 차트나 여러 데이터 시리즈를 사용하는 누적 영역형 차트를 활용할 수 있습니다.

시각적 개체

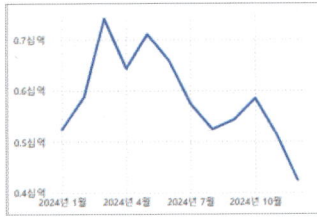
꺾은선형 차트

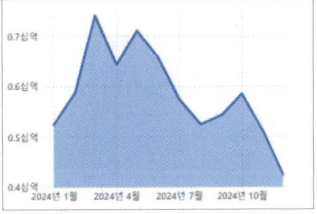
영역형 차트

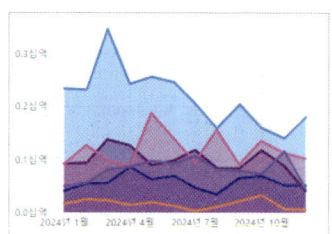
누적 영역형 차트

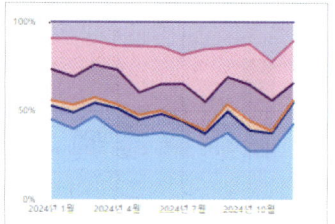
100% 누적형 차트

꺾은선형 차트 및 누적(묶은) 세로 막대형 차트

꺾은선형 차트 및 누적(묶은) 세로 막대형 차트는 한 개의 차트에서 꺾은선형 차트와 세로 막대형 차트를 결합한 단일 시각화에 사용합니다. 꺾은선형 차트 및 누적(묶은) 세로 막대형 차트는 다양한 데이터 계열 간 관계를 강조하는 데 유용합니다.

시각적 개체

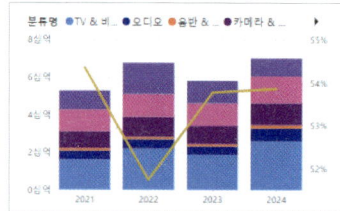
꺾은선형 및 누적 세로 막대형 차트

꺾은선형 및 묶은 세로 막대형 차트

테이블

테이블은 자세한 데이터 및 정확한 값을 비교할 때 사용합니다. 테이블은 단일 범주에 대한 많은 값을 볼 수 있는 정량적 비교에 적합하고 행렬은 엑셀의 피벗 테이블과 유사한 형태로 행과 열로 그룹화한 데이터를 표시합니다.

시각적 개체

테이블

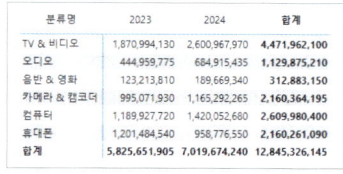
행렬

◆ 텍스트 상자, 셰이프, 이미지

보고서에 텍스트 상자나 도형, 이미지 등을 삽입해서 레이아웃을 디자인할 수 있습니다.

01 '06_03_매출현황.pbix' 파일을 엽니다. '전체현황' 페이지에서 보고서에 제목을 삽입하기 위해 [삽입] 탭 〉 [요소] 그룹에서 [텍스트 상자]를 클릭합니다.

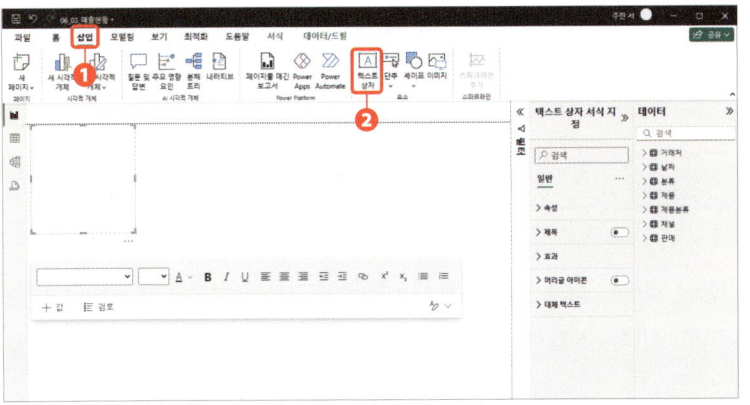

02 텍스트 상자에 '매출 분석'을 입력하고 텍스트 범위를 선택합니다. 텍스트 서식 상자에서 글꼴 크기 '20', '굵게'로 설정하고, 텍스트 상자의 크기와 위치를 조정합니다.

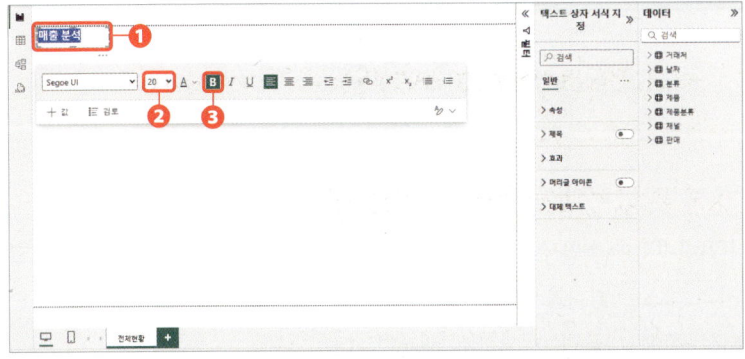

03 도형 삽입을 위해 [삽입] 탭 〉 [요소] 그룹에서 [셰이프] 〉 [사각형]을 클릭합니다. 페이지에 사각형이 나타납니다.

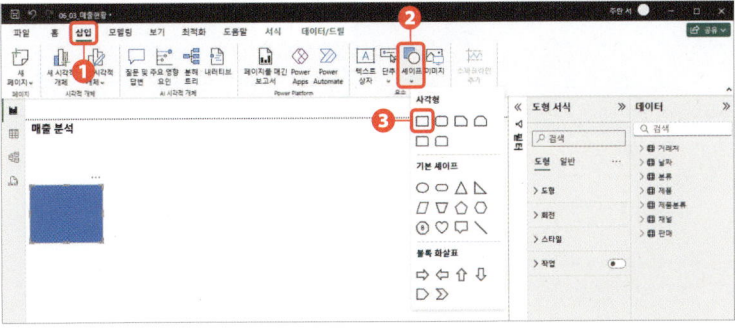

04 사각형의 크기와 위치를 조정합니다. [도형 서식] 창의 [도형] 〉 [스타일] 〉 [채우기] 〉 [색]은 '#094780, 테마 색1, 50% 더 어둡게' 선택, [테두리]는 '해제'합니다.

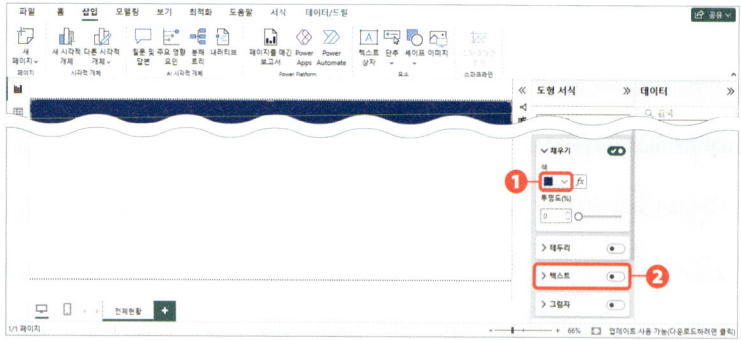

05 두 번째로 작성한 사각형이 텍스트 상자 위에 표시되어 제목 상자가 숨겨집니다. 개체 정렬 순서를 적용해 보겠습니다. 사각형이 선택된 상태로 [서식] 탭 〉 [정렬] 그룹에서 [뒤로 보내기] 〉 [맨 뒤로 보내기]를 클릭합니다.

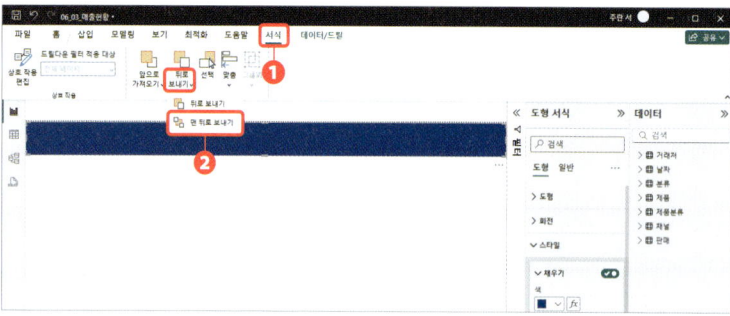

06 텍스트 상자가 다시 나타납니다. 텍스트 상자의 글꼴 서식을 제목 상자와 어울리도록 서식을 변경해 보겠습니다. 텍스트 상자의 텍스트 범위를 선택한 후 텍스트 서식 상자에서 [글꼴 색]은 '흰색'으로 변경, [텍스트 상자 서식 지정] 창에서 [효과] 〉 [배경]을 해제합니다.

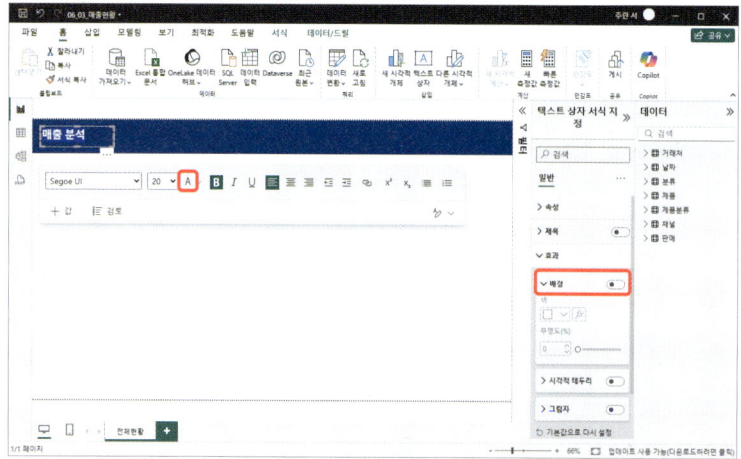

07 이미지를 삽입하기 위해 [삽입] 탭 〉[요소] 그룹에서 [이미지]를 클릭합니다.

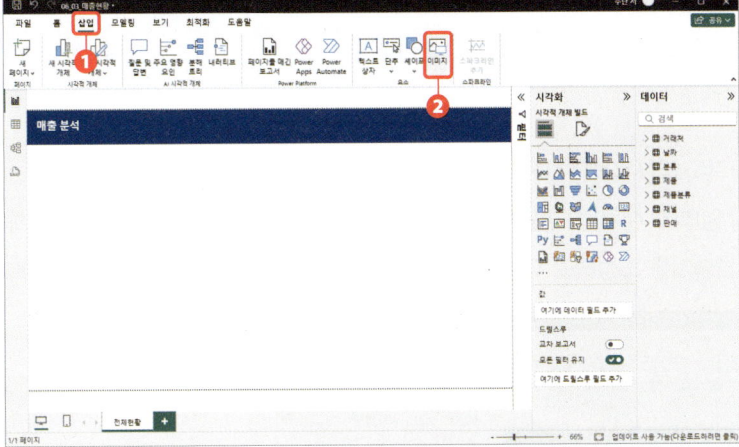

08 [열기] 대화상자에서 부록의 'Logo.png' 파일을 선택하고 [열기]를 클릭합니다.

09 삽입된 이미지 크기를 조정하고 위치를 적절히 이동시킵니다. 페이지에 배경색을 적용하기 위해 빈 영역을 선택합니다. [보고서 페이지 서식 지정]에서 [캔버스 배경]을 확장합니다. [색]을 '흰색, 20% 더 어둡게', [투명도]를 '80'으로 적용합니다.

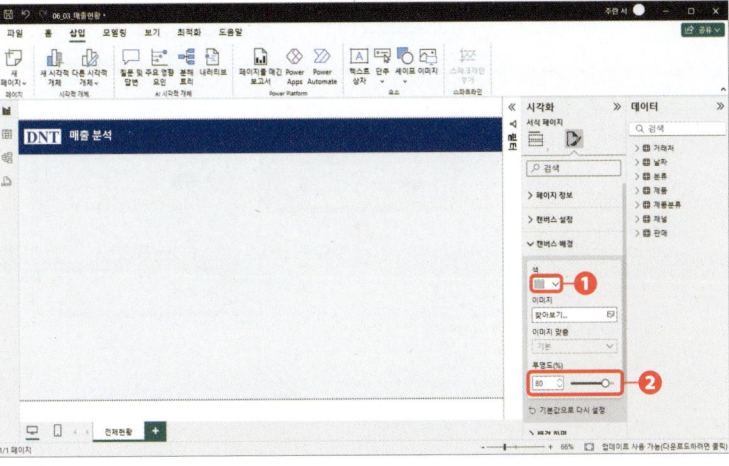

◆ 묶은 가로 막대형 차트

여러 범주의 특정 값을 살펴볼 때 가로 막대형 차트나 세로 막대형 차트를 사용합니다. 막대형 차트는 동일한 차트 종류의 계열을 누적 막대나 묶은 막대로 표시합니다. 묶은 가로 막대형 차트로 분류별 매출 현황을 시각화해 보겠습니다.

01 보고서의 빈 영역을 클릭하고 [시각화] 창에서 [묶은 가로 막대형 차트]를 추가합니다. [시각적 개체에 데이터 추가]에서 [Y축] 영역에 '분류' 테이블의 '분류명' 필드, [X축] 영역에 '판매' 테이블의 '총매출금액' 측정값을 추가합니다. 크기를 조정하고 적절한 위치로 이동합니다.

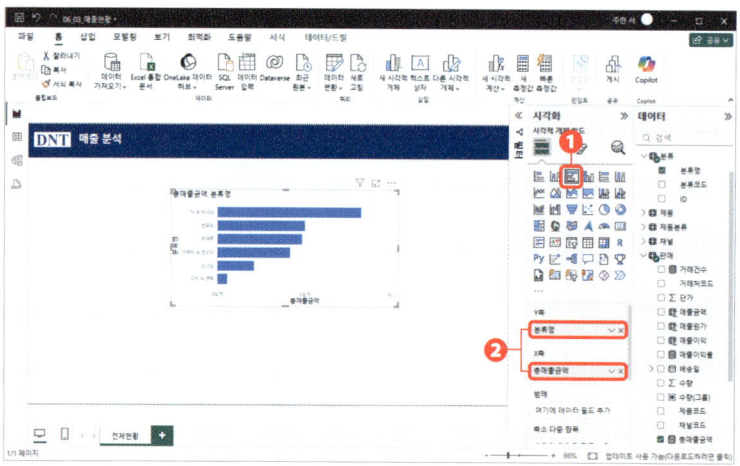

02 X축, Y축의 제목과 값을 해제하겠습니다. [시각적 개체 서식 지정]에서 [시각적 개체]의 [Y축]의 [제목]을 '해제'하고, [X축]의 [값]과 [제목]을 '해제'합니다.

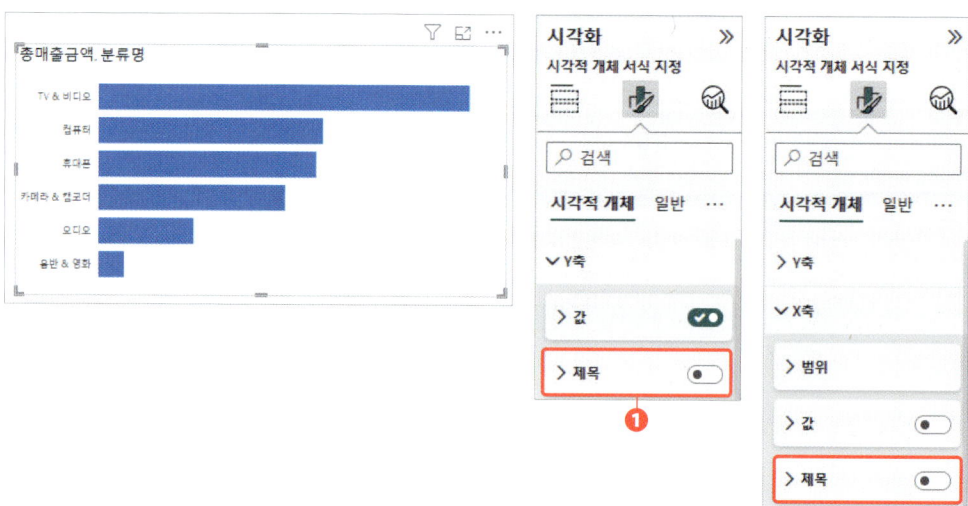

03 시각적 개체에 데이터 레이블을 표시해 보겠습니다. [데이터 레이블]을 '설정'으로 변경하고 [옵션]에서 [넘치는 텍스트]를 적용합니다. [값]의 [표시 단위]를 '백만', [배경]도 '설정'으로 변경합니다.

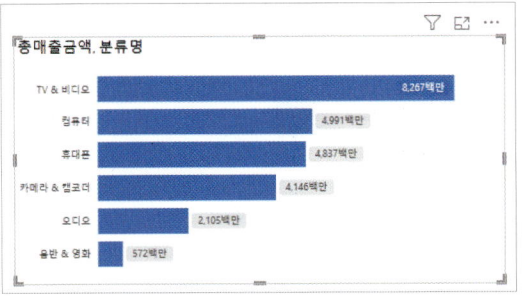

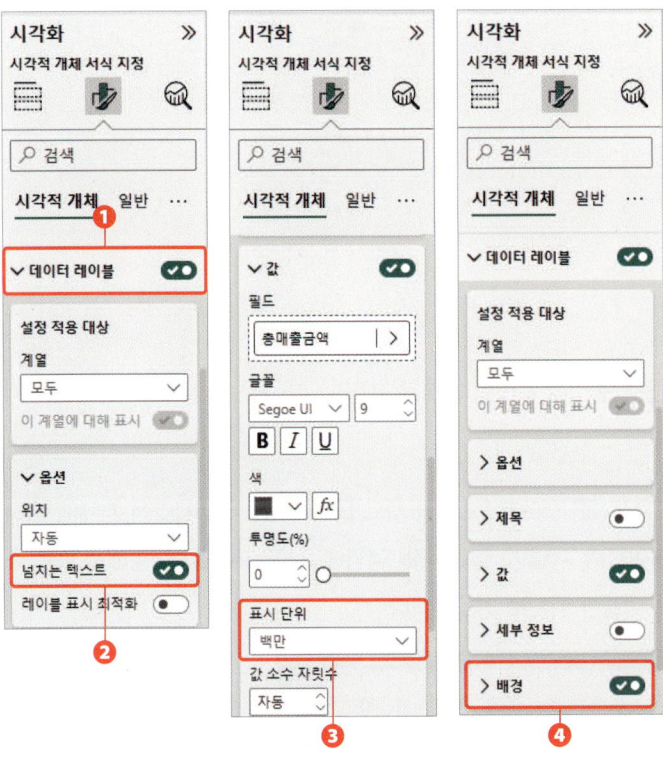

04 [시각적 개체의 서식 지정]의 [일반]에서 [제목] > [텍스트]에 '분류별' 입력, [가로 맞춤]은 '가운데 맞춤'으로 설정합니다. 이 외에도 [효과]에서 [시각적 테두리](흰색, 30% 더 어둡게)와 [둥근 모서리](5pt) 까지 적용합니다. 시각적 개체를 적절한 위치로 이동하고 크기를 조정합니다. 이 시각화로 분류명 기준 으로 매출금액을 파악하고 'TV & 비디오, 컴퓨터' 순으로 매출 비중이 높은 걸 파악할 수 있습니다.

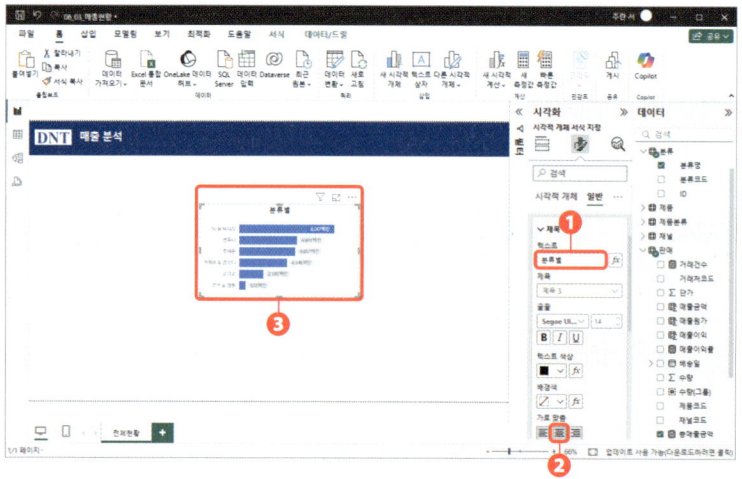

◆ 도넛형 차트

전체 데이터에 대한 각 항목의 비율을 원형이나 도넛형 차트로 표현합니다. 도넛형 차트를 이용하여 채 널별로 매출 비율을 시각화 보겠습니다.

01 보고서의 빈 영역을 클릭하고 [시각화] 창에서 [도넛형 차트]를 추가합니다. [시각적 개체에 데이 터 추가]에서 [범례] 영역에 '채널' 테이블의 '채널명' 필드, [값] 영역에 '판매' 테이블의 '총매출금액' 측 정값을 추가합니다. 크기를 조정하고 적절한 위치로 이동합니다.

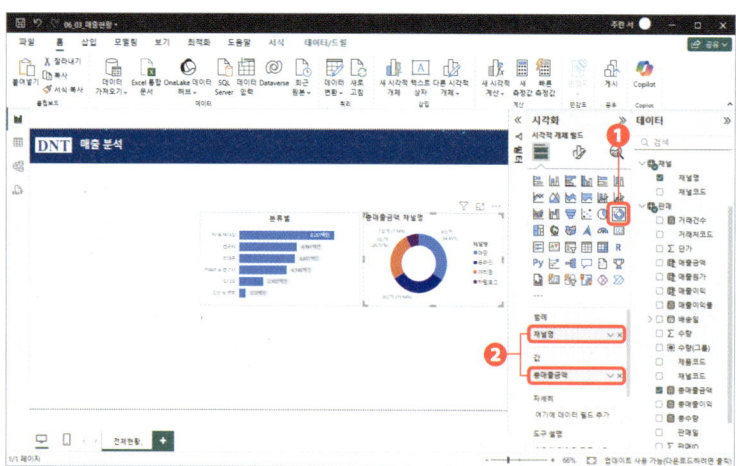

02 범례와 데이터 레이블의 서식을 변경해 보겠습니다. [시각적 개체 서식 지정]의 [시각적 개체]에서 [범례]를 '해제'합니다. [조각] 〉 [간격]에서 도넛형의 가운데 원의 크기를 조정할 수 있습니다. [내부 반경]을 '70'으로 설정하여 가운데 원 크기를 조정합니다.

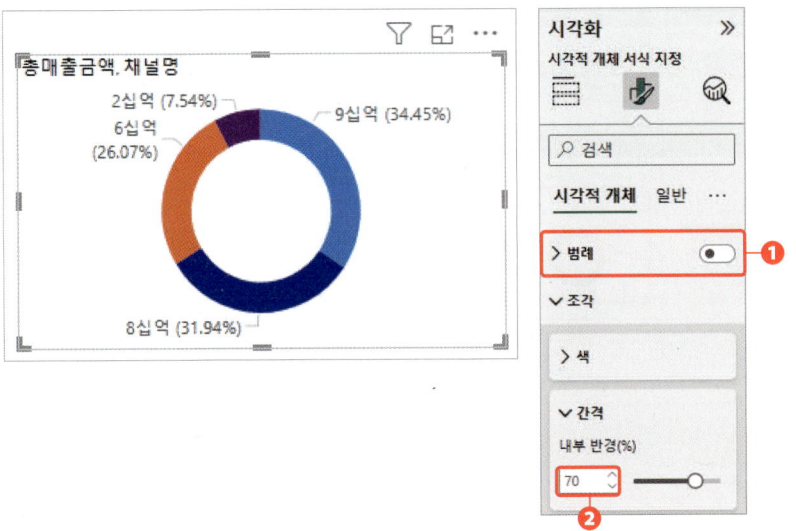

03 [세부 정보 레이블]에서는 레이블의 위치와 내용 표시를 변경할 수 있습니다. [위치]는 '바깥쪽 우선', [레이블 내용]은 '범주, 총 퍼센트'로 적용합니다.

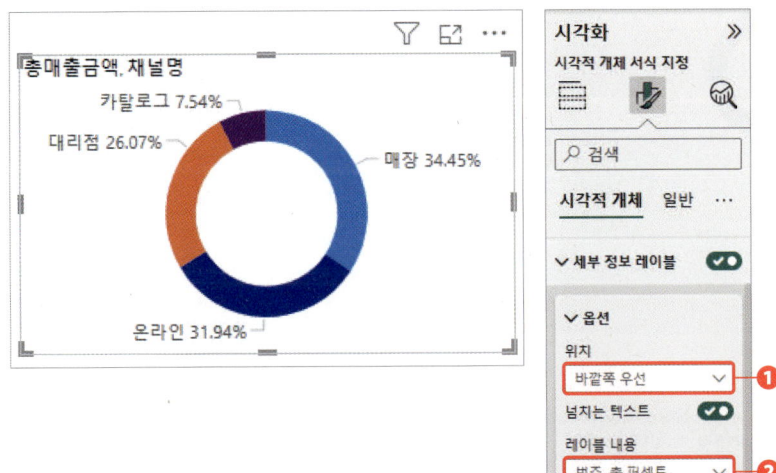

> **Tip** [위치]를 '바깥쪽 우선'으로 설정하면 [넘치는 텍스트]가 적용됩니다. 레이블 내용에서 '모든 세부 정보 레이블'을 적용하면 채널명, 금액, 비율을 함께 표시할 수 있습니다.

Chapter 06 데이터 시각화 **165**

04 [일반]의 [제목] > [텍스트]에 '채널별' 입력, [가로 맞춤]은 '가운데 맞춤'으로 설정합니다. 이 외에도 [효과]에서 [시각적 테두리](흰색, 30% 더 어둡게)와 [둥근 모서리](5pt)까지 적용합니다. 시각적 개체를 적절한 위치로 이동하고 크기를 조정합니다. 시각화로 채널별 매출 비율을 파악할 수 있습니다.

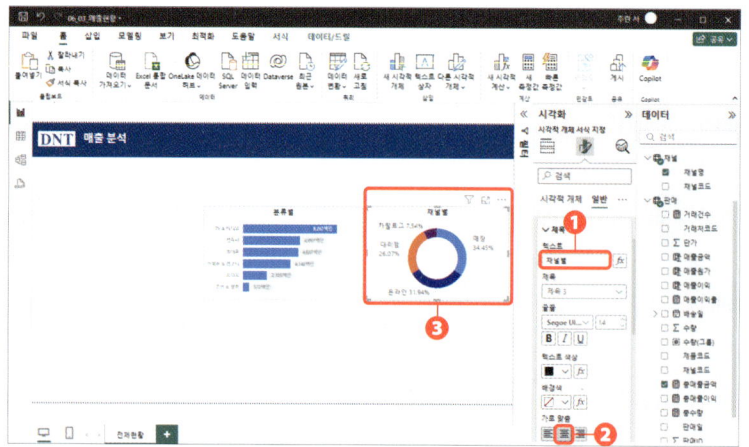

> **Tip** 범례 서식
>
> [범례] > [위치]를 '왼쪽 위, 아래 가운데' 등과 같이 변경할 수 있습니다.

> **Tip** 조각 색
>
> [조각] > [색]에서 세그먼트별로 색상을 변경할 수 있습니다.

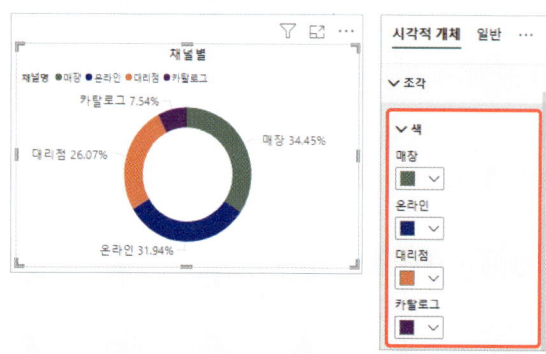

◆ 꺾은선형 차트

꺾은선형 차트를 이용하면 시간 경과에 따른 데이터 추세를 나타낼 수 있습니다. 월별로 매출금액을 시각화해 보겠습니다.

01 보고서의 빈 영역을 클릭하고 [시각화] 창에서 [꺾은선형 차트]를 추가합니다. [시각적 개체에 데이터 추가]에서 [X축] 영역에 '날짜' 테이블의 '월' 필드, [Y축] 영역에 '판매' 테이블의 '총매출금액' 측정값, [범례] 영역에 '분류' 테이블의 '분류명' 필드를 추가합니다. 크기를 조정하고 적절한 위치로 이동합니다.

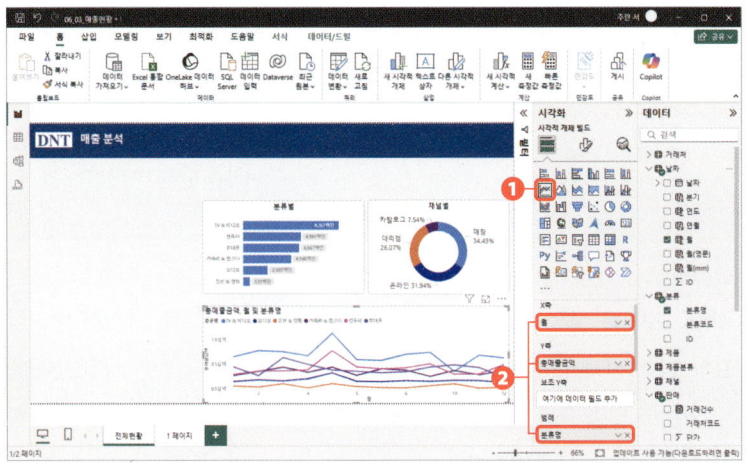

02 시각적 개체의 서식을 변경해 보겠습니다. [시각적 개체 서식 지정]에서 [시각적 개체]의 [X축] 〉 [유형]을 '범주별'로 변경하면 X축의 값이 모두 표시됩니다. [X축]과 [Y축]의 [제목]을 '해제'합니다.

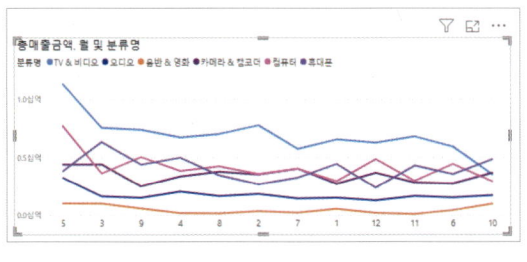
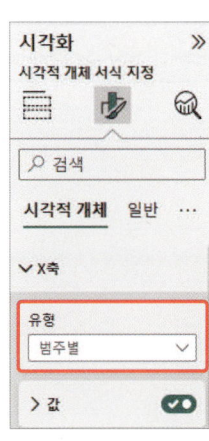

Chapter 06 데이터 시각화 **167**

03 모든 계열에 대해 선 스타일이나 굵기를 변경할 수 있습니다. [선] 〉 [선]에서 [너비]를 '5'로 설정하면 선 굵기가 조정됩니다. 선 너비의 기본값은 '3'입니다.

04 [표식]의 [모든 계열에 대해 표시]를 설정으로 설정합니다. [도형]에서 표식 종류, 크기를 변경할 수 있습니다. [유형]에서 ◆ 표식 기호 선택, [크기]를 '6'으로 설정합니다. [일반]의 [제목] 〉 [텍스트]에 '매출추이' 입력, [가로 맞춤]은 '가운데 맞춤'으로 설정합니다. 이 외에도 [효과]에서 [시각적 테두리](흰색, 30% 더 어둡게)와 [둥근 모서리](5pt)까지 적용합니다.

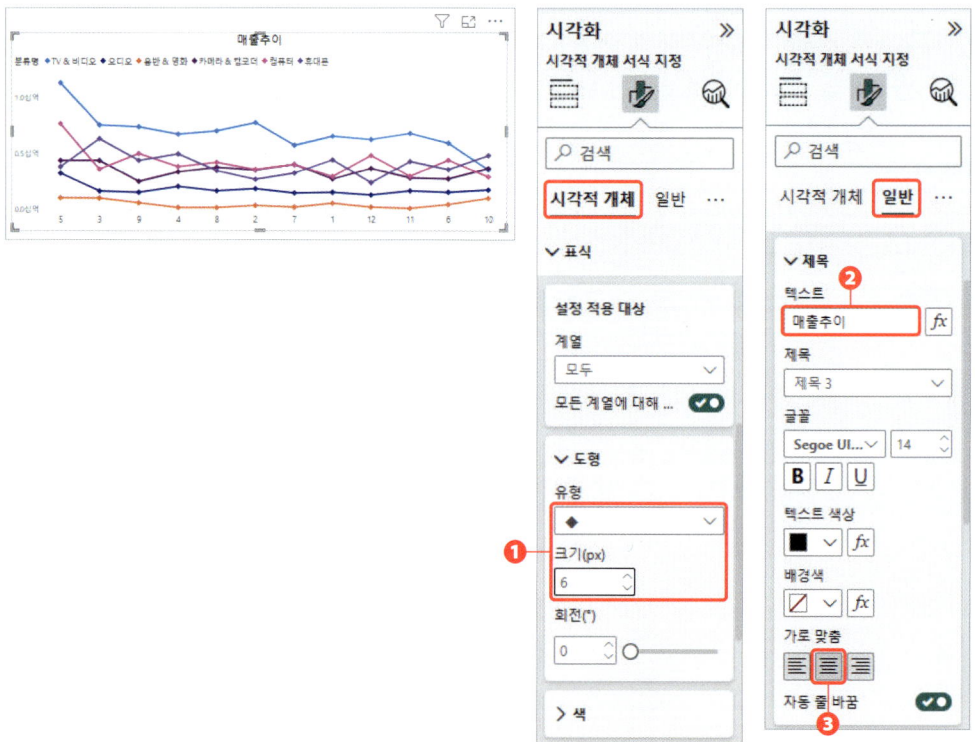

05 X축에 월 기준으로 오름차순 정렬을 적용해 보겠습니다. 시각적 개체의 [추가 옵션](...)에서 [축 정렬] 〉 [월]을 선택하고 다시 [축 정렬] 〉 [오름차순 정렬]을 선택합니다.

06 시각적 개체를 적절한 위치로 이동하고 크기를 조정합니다. 분류별로 월별 매출추이를 비교할 수 있습니다.

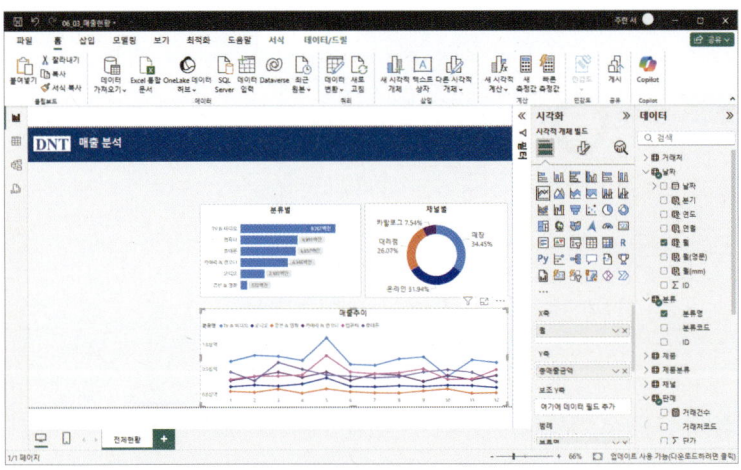

◆ 꺾은선형 및 누적 세로 막대형 차트

꺾은선형 및 누적 세로 막대형 차트는 꺾은선형 차트와 세로 막대형 차트를 결합한 단일 시각화 요소로 데이터를 빠르게 비교할 수 있습니다. 연도별로 매출금액과 매출이익률을 분류별 데이터 계열로 시각화해 보겠습니다.

01 보고서의 빈 영역을 클릭하고 [시각화] 창에서 [꺾은선형 및 누적 세로 막대형 차트]를 클릭합니다. [시각적 개체에 데이터 추가]의 [X축] 영역에 '날짜' 테이블의 '연도' 필드, [열y축] 영역에 '판매' 테이블의 '총매출금액' 측정값, [선y축] 영역에 '판매' 테이블의 '매출이익률' 측정값, [범례] 영역에 '분류' 테이블의 '분류명' 필드를 추가합니다. 크기를 조정하고 적절한 위치로 이동합니다.

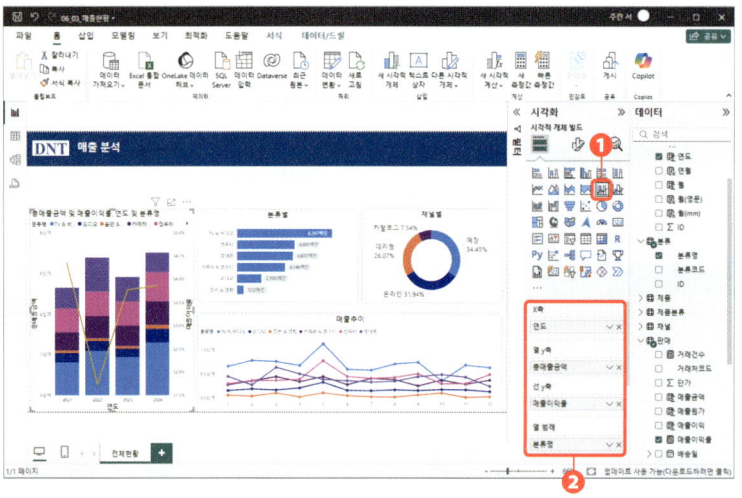

02 [시각적 개체 서식 지정]의 [시각적 개체]에서 [X축], [Y축]의 [제목]을 '해제'합니다. [데이터 레이블]을 '설정'으로 적용하면 모든 데이터 계열에 레이블이 표시됩니다. [설정 적용 대상] 〉 [계열]에서 'TV 및 비디오'를 선택하고 [이 계열에 대해 표시]를 '해제'합니다. 동일한 방법으로 '오디오, 휴대폰' 등의 [데이터 레이블] 표시를 모두 '해제'하고 '매출 이익률'은 레이블을 표시합니다.

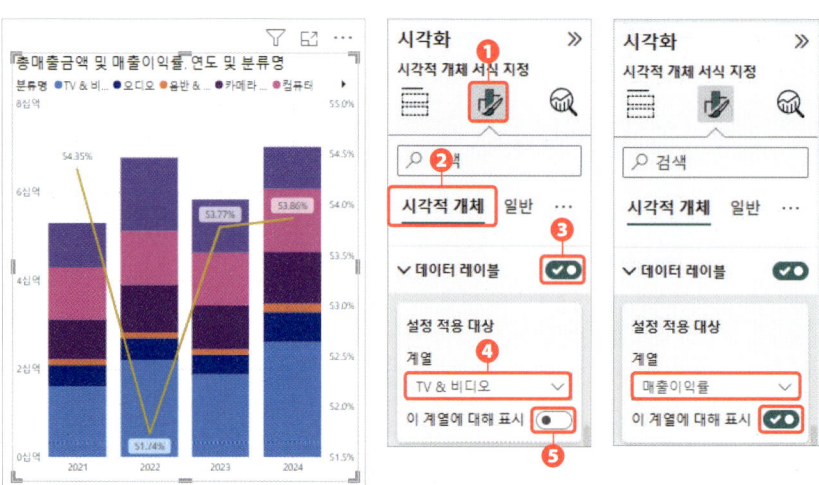

03 [합계 레이블]을 적용하여 열의 위쪽에 레이블을 표시하고 [값] 〉 [표시 단위]을 '백만'으로 설정합니다.

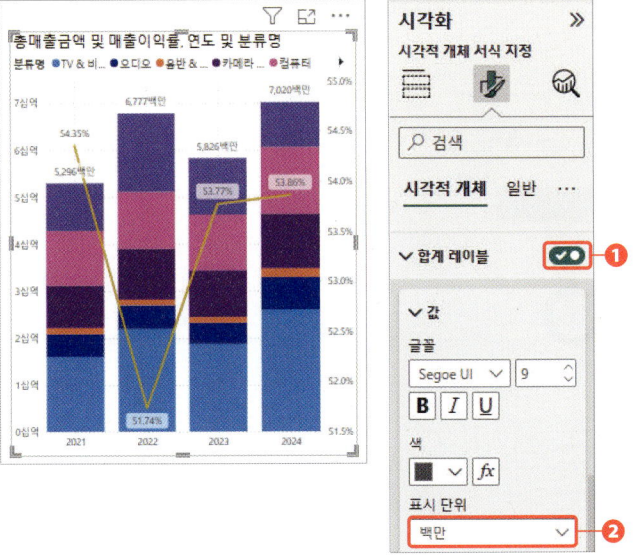

04 [선] 〉 [색]에서 [색]을 '검은색'으로 설정합니다. [표식] 〉 [도형]에서 [유형]을 ◆ 표식 기호 선택, [크기]를 '6', [색]을 '#D64550, 테마 색 8'로 설정합니다.

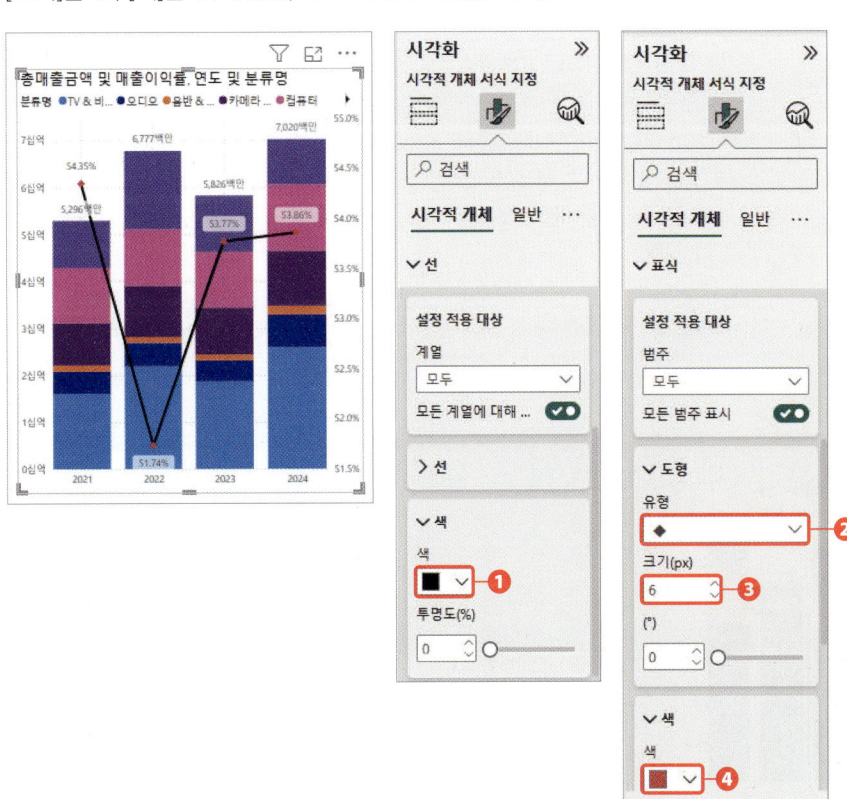

05 [일반]의 [제목] 〉 [텍스트]에 '연도별 매출&이익률' 입력, [가로 맞춤]은 '가운데 맞춤'으로 설정합니다. 이 외에도 [효과]에서 [시각적 테두리](흰색, 30% 더 어둡게)와 [둥근 모서리](5pt)까지 적용합니다. 시각적 개체의 크기를 조정하고 적절한 위치로 이동합니다. 시각화로 연도별 매출금액과 매출이익률을 비교할 수 있습니다.

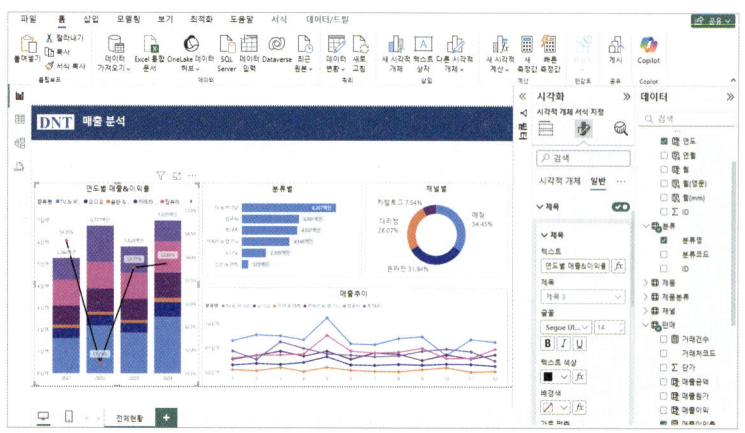

> **Tip** 꺾은선형 및 누적 세로 막대형 차트의 보간 유형
>
> 보간 유형(Interpolation Type)은 꺾은선형 차트에서 데이터 포인트 간의 연결 방식을 결정하는 중요한 서식 옵션입니다. 각 보간 유형의 특징과 단계 위치는 다음과 같습니다.

보간 유형	특징	단계 위치
직선(Linear)	기본 설정, 데이터 포인트를 직선으로 연결하여 변화를 직관적으로 표현(예 : 주간 변화, 매출 증가 추이)	없음
곡선(Spline)	부드러운 곡선을 사용하여 데이터 포인트를 연결, 자연스러운 흐름 표현(예 : 온도 변화, 소비 트렌드)	없음
단계 중앙 (Step Center)	계단형 연결. 두 포인트의 중앙에서 값이 변화(예 : 이벤트 기반 데이터)	두 포인트의 중앙에서 값 변경
단계 이후 (Step After)	현재 값이 유지되다가 다음 데이터 포인트 직전에서 값이 변화(예 : 주문 수량 증가, 가격 상승)	다음 데이터 포인트 직전에서 값 변경
단계 이전 (Center Before)	다음 값이 먼저 표시되며 현재 값이 유지됨(예 : 정책 변경 시 반영)	현재 데이터 포인트에서 바로 값 변경

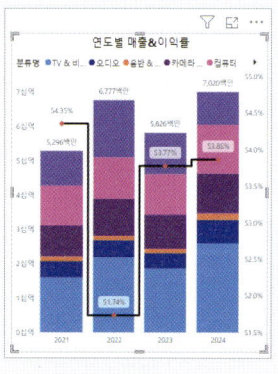 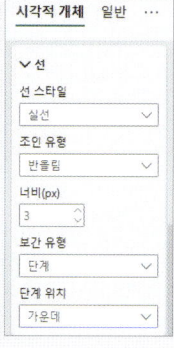

◆ 카드

단일 숫자나 텍스트, 날짜를 표시할 때 카드로 시각화합니다. 카드는 하나의 값을 강조하고 카드(신규)는 하나의 개체에 여러 데이터를 표시할 수 있습니다. 현재 카드(신규)는 미리 보기 기능으로 제공됩니다. 매출금액, 매출이익률, 거래건수, 거래처수를 카드로 시각화해 보겠습니다.

01 보고서의 빈 영역을 클릭하고 [시각화] 창에서 [카드]를 클릭합니다. [시각적 개체에 데이터 추가]의 [필드] 영역에 '판매' 테이블의 '총매출금액' 측정값을 추가합니다. [필드] 영역의 '총매출금액'을 더블클릭하여 '매출금액'으로 이름을 변경합니다. 카드 크기를 조정한 후 적당한 위치로 이동시킵니다.

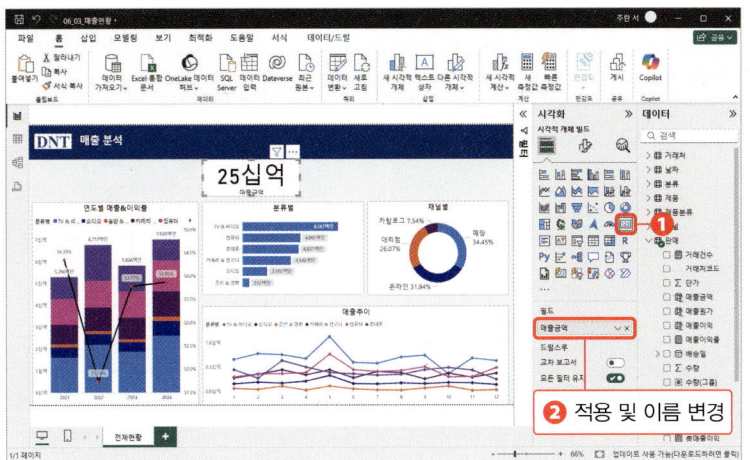

02 [시각적 개체에 서식 지정]에서 [시각적 개체]의 [설명 값]을 확장합니다. [글꼴 크기]는 '20', [색]은 '#0d6abf, 테마 색1, 25% 더 어둡게', [표시 단위]는 '백만'으로 설정합니다.

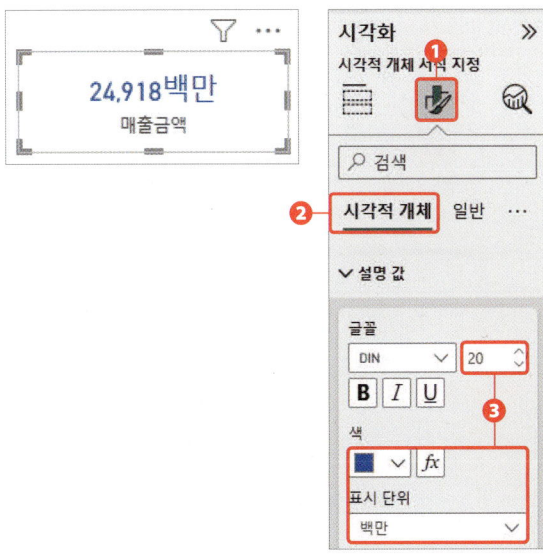

03 [일반]의 [효과] 〉 [시각적 테두리]를 '설정'으로 변경하고 [색]은 '흰색 30% 더 어둡게', [둥근 모서리]를 '10'으로 설정합니다.

04 매출이익률을 표시하기 위해 매출금액 카드 시각적 개체를 복사(Ctrl+C), 붙여넣기(Ctrl+V)한 후 위치를 이동합니다. [필드] 영역에 '매출금액' 측정값을 제거하고 '판매' 테이블의 '매출이익률' 측정값을 추가합니다.

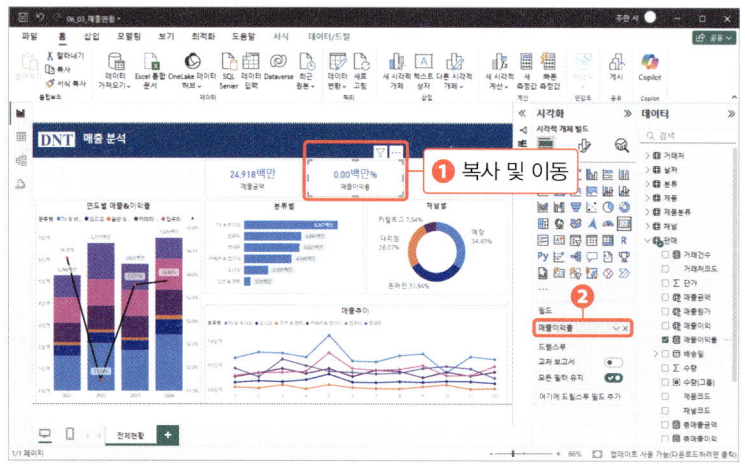

05 매출이익률의 표시 단위를 변경해 보겠습니다. [시각적 개체 서식 지정]에서 [시각적 개체]의 [설명 값] 〉 [표시 단위]를 '없음'으로 설정합니다.

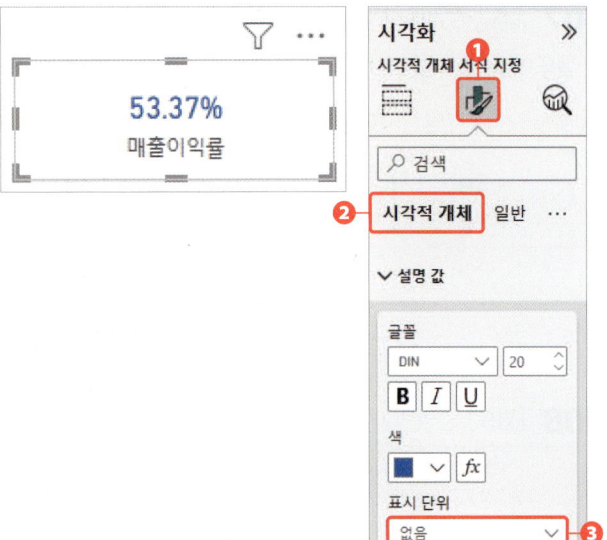

06 전체 거래처수를 표시하기 위해 매출금액 카드 시각적 개체를 복사(Ctrl+C), 붙여넣기(Ctrl+V) 한 후 위치를 이동합니다. 거래처수는 측정값을 작성하지 않고 '거래처명' 필드를 사용합니다. '거래처' 테이블의 '거래처명' 필드를 [필드] 영역에 추가합니다. 텍스트 형식의 필드를 [데이터] 영역에 추가하면 '처음 거래처명'으로 표시됩니다.

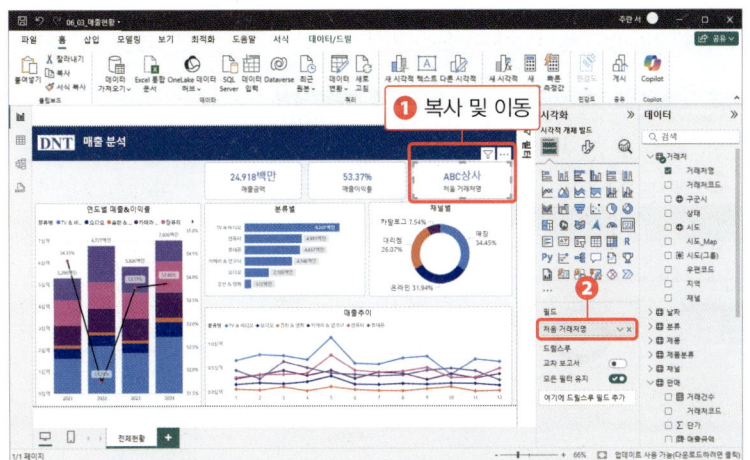

07 필드 영역에서 빠른 메뉴를 이용해 합계, 평균, 개수 등의 기본 요약 값을 설정할 수 있습니다. [필드] 영역의 '처음 거래처명일' 필드의 [아래 화살표](☑)를 클릭하고 '개수'를 선택합니다.

08 [필드] 영역의 이름을 더블클릭하여 '거래처수'로 입력합니다.

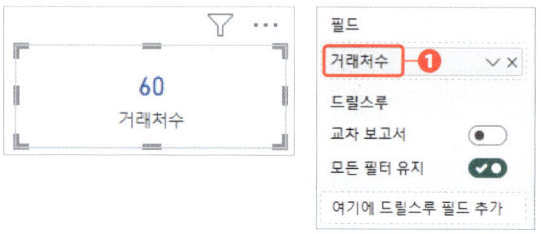

09 카드 시각적 개체의 크기를 일괄적으로 변경해 보겠습니다. 첫 번째 카드 시각적 개체를 선택한 후 Ctrl을 누른 상태로 다른 카드도 모두 선택합니다. [시각적 개체에 서식 지정]의 [일반]에서 [속성]을 확장합니다. [크기]의 [높이]는 '85', [너비]는 '260'으로 설정합니다.

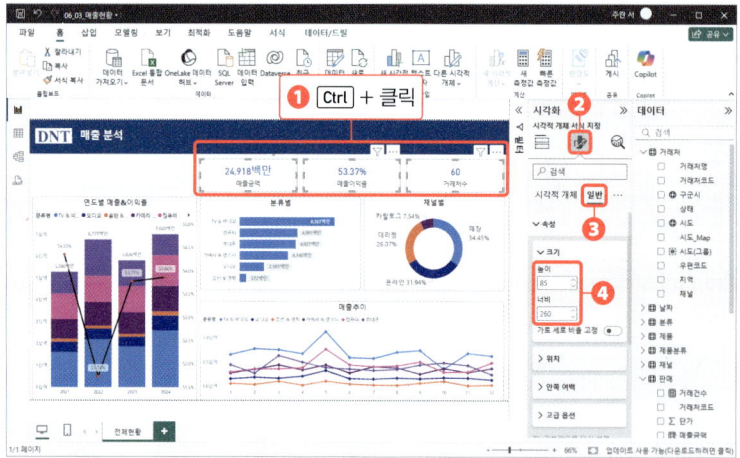

10 이제 가로 간격을 균등하게 맞춰보겠습니다. 모든 카드 시각적 개체를 선택하고 [서식] 탭 〉 [정렬] 그룹에서 [맞춤] 〉 [위쪽 맞춤], [가로 균등 맞춤]을 차례로 클릭합니다.

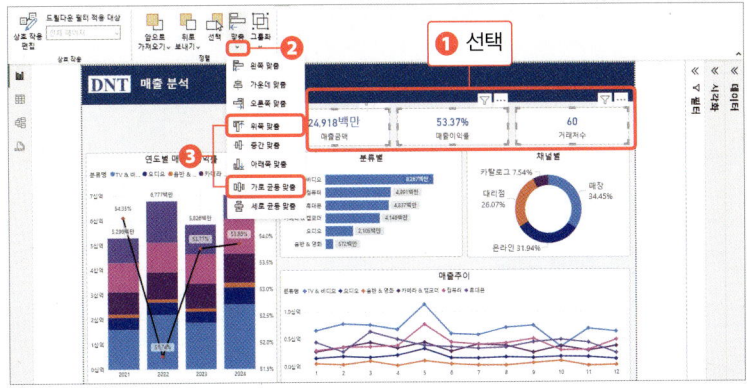

11 카드로 시각화한 결과입니다. 분석 데이터 모델의 매출금액부터 거래처수까지 한눈에 파악할 수 있습니다.

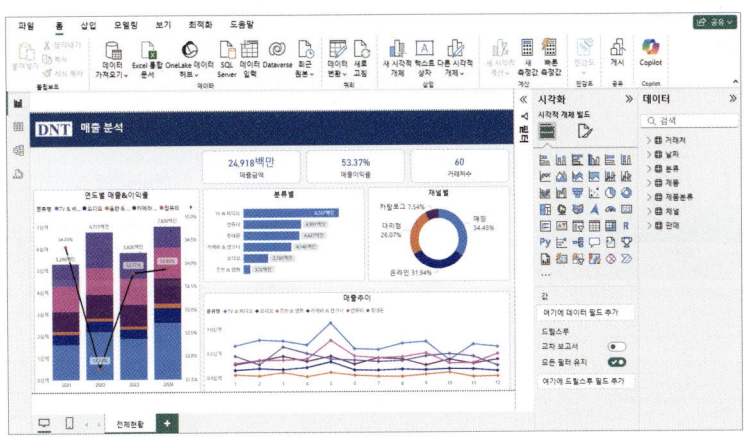

> **Tip** 카드(신규)
>
> 카드(신규)를 이용하면 하나의 시각적 개체에 여러 필드나 측정값을 추가하여 분석할 수 있으며, 행/열 개수, 범주 레이블의 위치 변경 등 세부적인 서식 옵션을 적용할 수 있습니다.

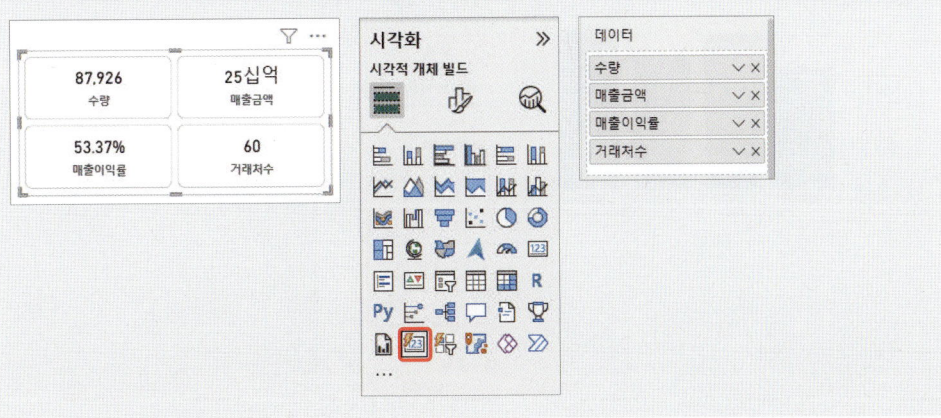

Chapter 06 데이터 시각화 **177**

Tip 날짜 필드의 계층 구조 살펴보기

시각적 개체의 [X축]에 '날짜' 테이블의 '날짜' 필드를 추가하면 날짜 계층의 연도, 분기, 월, 일이 표시됩니다. 날짜 계층 구조는 시각적 머리글의 [계층 구조에서 한 수준 아래로 모두 확장], [드릴 업]을 클릭하여 연도, 분기, 월, 일 단위로 날짜 표시 형식을 변경할 수 있습니다.

 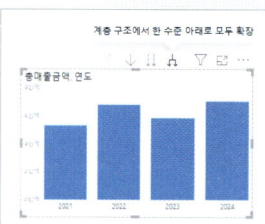 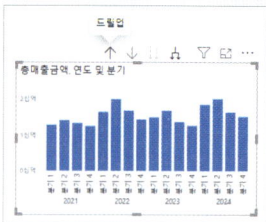

Tip X축 영역의 날짜 표시 형식 변경하기

시각적 개체의 X축에 날짜 계층을 사용하지 않고 일반적인 '연도-월-일' 형식으로 표시할 수 있습니다. [X축] 영역의 '날짜' 필드에서 [아래 화살표](▽)를 클릭하여 [날짜]를 선택하면 X축을 '연도-월-일' 형식으로 시각화합니다(범주형 설정).

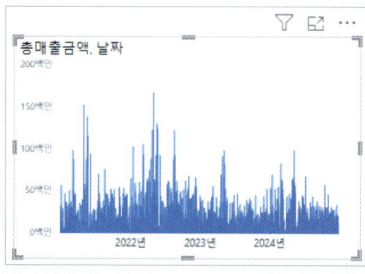 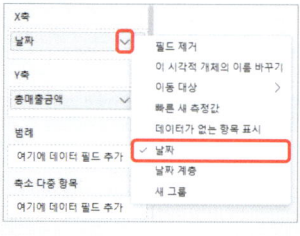

Tip Y축 눈금 간격 바꾸기

꺾은선형 및 묶은 세로 막대형 차트의 [선 y축]의 눈금 간격은 자동으로 나타납니다. [시각적 개체에 서식 지정]의 [시각적 개체]에서 [보조 Y축] 〉 [범위]의 [최소값]을 '0', [최대값]을 '1'로 설정하여 눈금 구간을 고정할 수 있습니다.

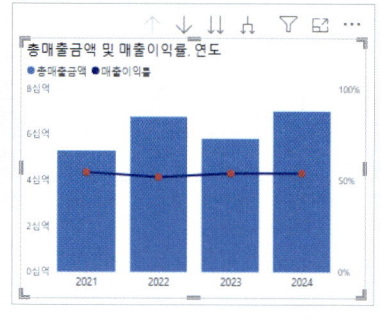 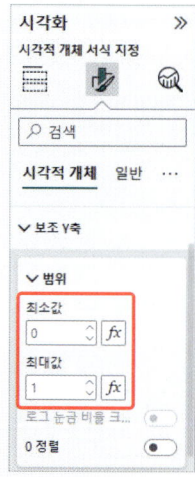

맵(Map)

맵 시각적 개체는 위치(국가, 시도, 위도/경도 등)에 따른 데이터를 거품 크기로 시각화합니다. Power BI 에서는 Bing Maps을 사용하며 지도 좌표를 제공(지오코딩)하여 지도를 쉽게 구성할 수 있습니다. 맵은 올바른 위치를 식별하지만, 때로는 다른 위치에 표시되기도 합니다. 이런 경우 국가, 시도 등으로 데이터 범주가 설정되어 있으면 좀 더 정확한 위치를 표시할 수 있습니다. 맵은 위치(국가/지역, 시도, 구군시 등)나 위도/경도 데이터를 사용합니다.

01 맵을 사용하기 위해 옵션을 설정해야 합니다. [파일] 탭 > [옵션 및 설정] > [옵션]을 클릭합니다. [옵션] 대화상자에서 [보안] > [맵 및 등치 지역도 시각적 개체]를 체크하고 [확인]을 클릭합니다.

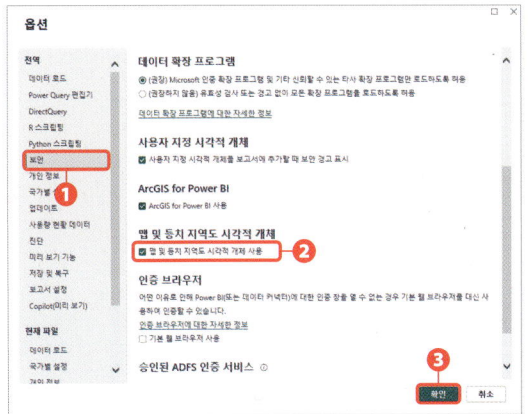

02 [테이블](⊞) 보기에서 '거래처' 테이블을 선택합니다. '시도_Map' 필드를 선택해 보면 [열 도구] 의 [데이터 범주]가 '시/도'로 설정되어 있습니다. '시도' 필드는 '시/도', '구군시' 필드는 '구/군/시'로 설정되어 있습니다. 데이터 범주가 설정되어 있어도 Bing 서비스에서 제공하는 지역 명칭을 매핑하지 못하는 경우가 있습니다. '시도_Map' 필드의 데이터는 한글과 영문 명칭을 결합한 열로 좀 더 정확한 위치로 맵에 표시할 수 있습니다.

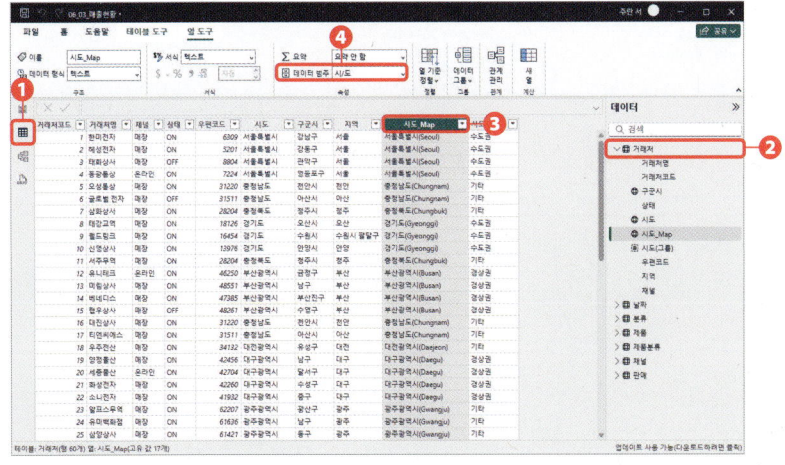

Chapter 06 데이터 시각화 **179**

03 구군시 지역으로 맵을 구성하기 위해 '시도_Map' 필드와 '구군시' 필드의 데이터를 결합해서 사용하겠습니다. [열 도구] 탭 〉 [계산] 그룹에서 [새 열]을 추가하고, 수식 입력줄에 다음 수식을 입력합니다. 이 수식은 시도와 구군시에 공백을 포함한 주소 필드를 생성합니다. 결합한 필드는 데이터 범주를 '주소'나 '장소'로 설정할 수 있는데 '장소'가 더 많은 지역을 매핑합니다. '주소' 필드에 [데이터 범주]를 '장소'로 설정합니다.

주소 = [시도_Map] & " " & [구군시]

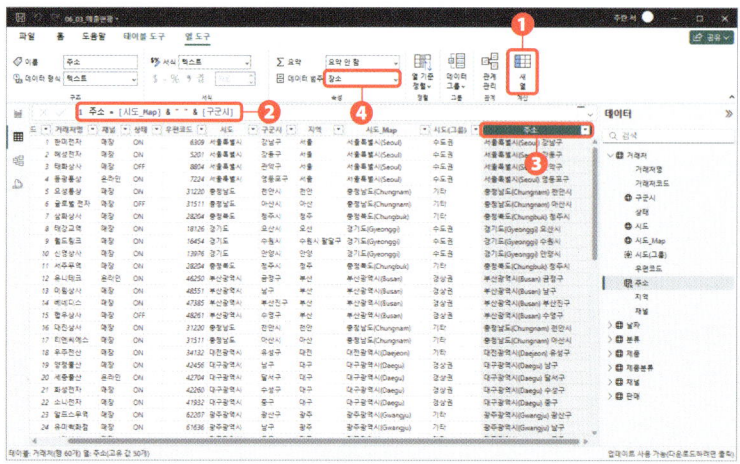

04 이제 보고서에 맵을 추가해 보겠습니다. [보고서]() 보기에서 새 페이지를 추가한 후 페이지 이름을 '지역별'로 변경합니다.

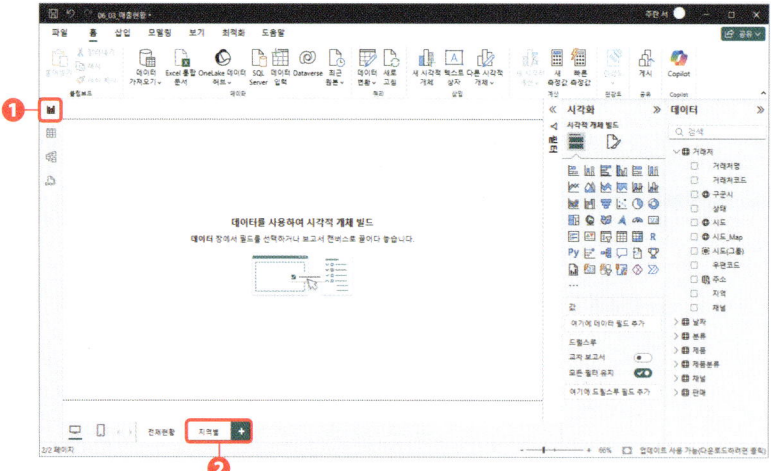

05 [시각화] 창에서 [맵]을 클릭합니다. [위치] 영역에 '거래처' 테이블의 '시도_Map' 필드, [거품 크기] 영역에 '판매' 테이블의 '총매출금액' 측정값을 추가합니다. 시각적 개체의 크기를 조정하고 적절한 위치로 이동합니다. 시도별 매출을 거품 크기로 파악할 수 있습니다.

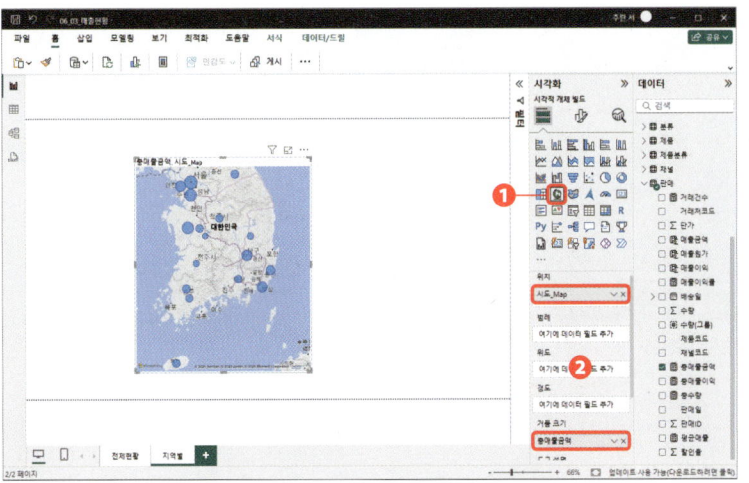

06 구군시별로 시각화하기 위해 빈 영역을 클릭하고 [시각화] 창에서 [맵]을 추가합니다. [위치] 영역에 '거래처' 테이블의 '주소' 필드, [거품 크기] 영역에 '판매' 테이블의 '총매출금액' 측정값, [범례] 영역에 '시도_Map' 필드를 추가합니다. 시도별로 거품 색상을 구분하며 군군시 위치를 시각화합니다.

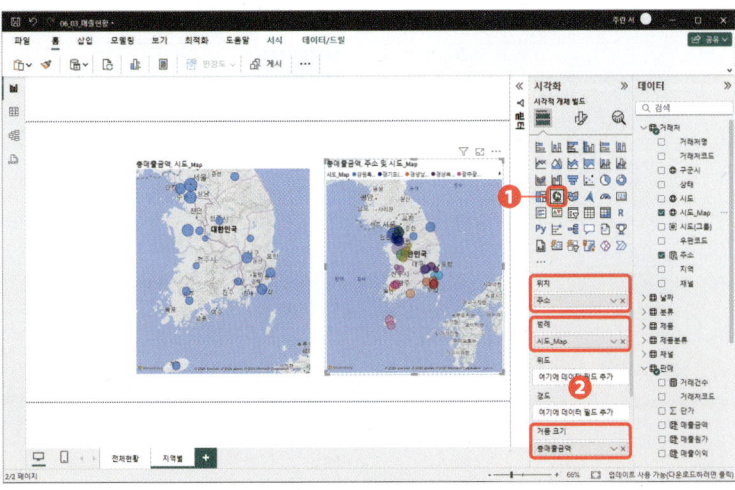

Chapter 06 데이터 시각화 **181**

07 맵은 자동 확대/축소 옵션이 설정되어 있습니다. 시도 맵에서 '서울'을 클릭하면 필터가 적용되면서 주소 맵에서 서울 지역으로 확대됩니다. 다시 시도 맵에서 '서울'을 클릭하면 주소 맵이 축소됩니다.

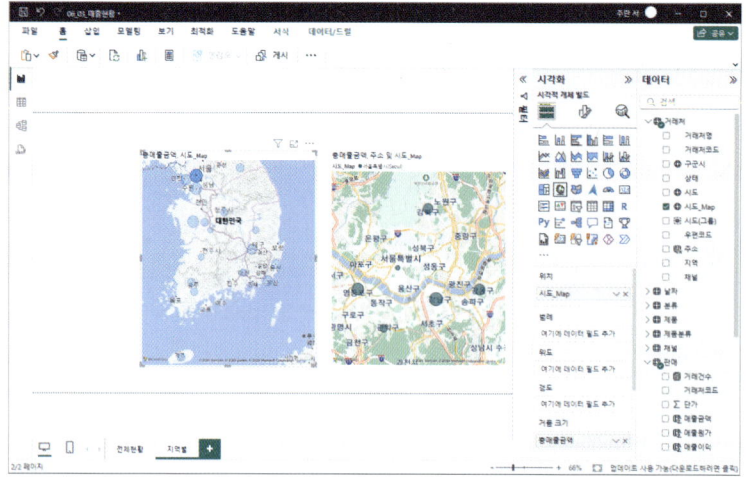

08 맵의 거품 크기를 조정하기 위해 주소 맵을 선택하고 [시각적 개체 서식 지정]의 [시각적 개체]에서 [거품형] 〉 [크기]를 '-5'로 설정하면 거품의 크기를 조정할 수 있습니다.

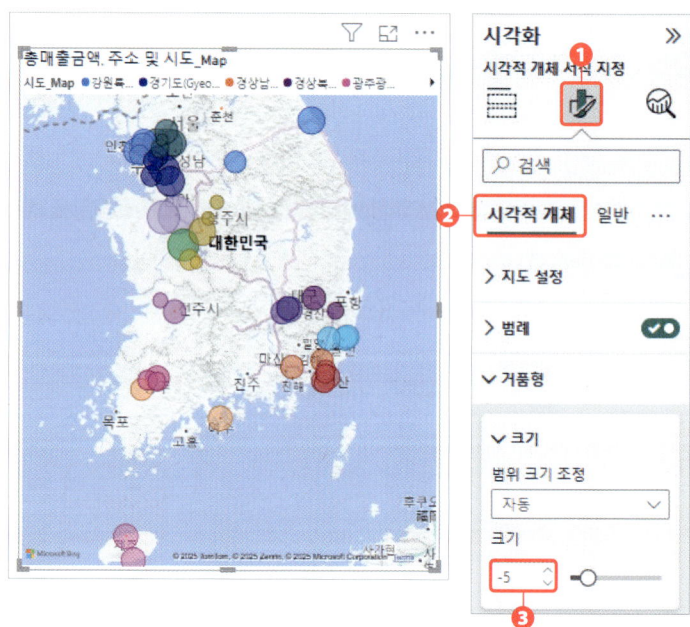

09 [지도 설정] 〉 [스타일]을 '항공, 어둡게, 도로' 등으로 적용할 수 있습니다. 각 스타일을 변경해 보고 다시 '도로'로 설정합니다. [컨트롤] 〉 [확대/축소 단추]를 '설정'으로 변경하면 지도에 확대/축소 아이콘이 표시됩니다.

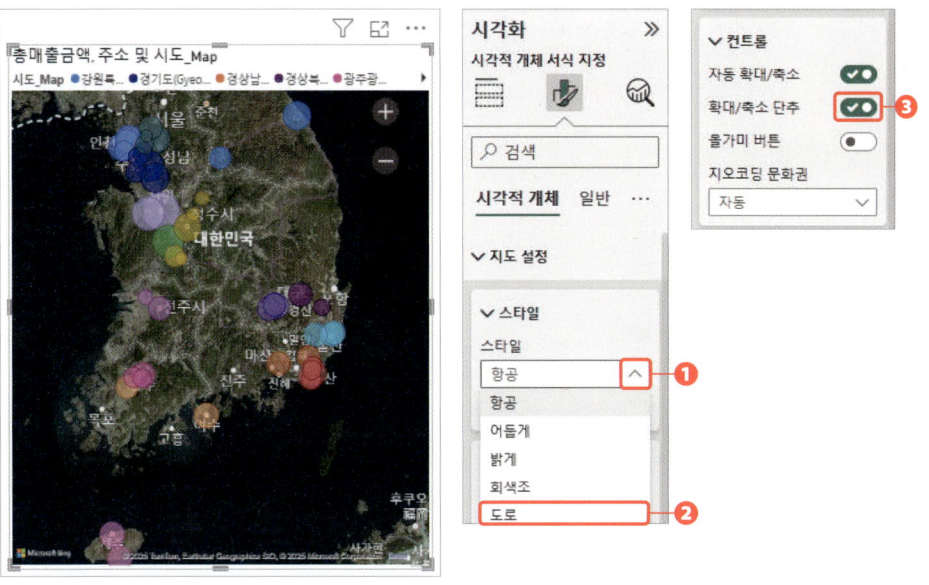

> **Tip** 자동 확대/축소 해제
>
> [자동 확대/축소]를 해제하면 맵을 고정된 화면으로 사용할 수 있습니다.

10 보고서에서는 주소 맵만 사용하겠습니다. 시도 맵은 제거하고 주소 맵의 크기와 위치를 적절히 조절합니다. 맵 시각화로 서울, 경기도, 충청도 지역의 매출이 높다는 것을 알 수 있습니다.

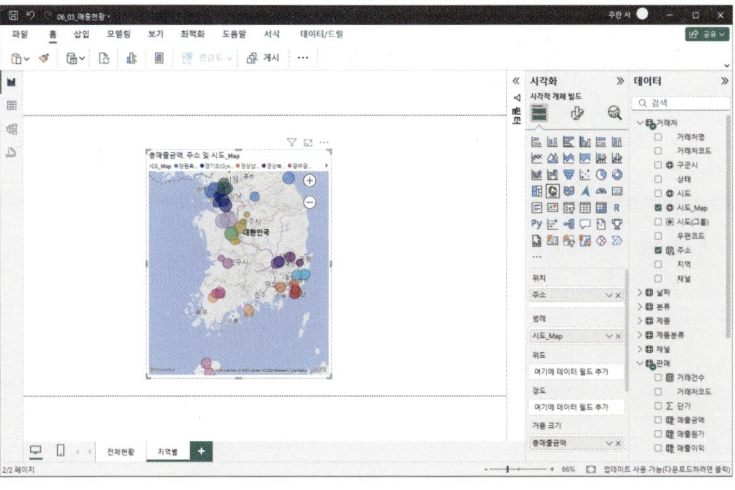

◆ **슬라이서**

보고서에서 주요 데이터를 필터링할 경우 슬라이서를 사용할 수 있습니다. 슬라이서는 보고서의 다른 시각적 개체에 표시되는 데이터를 필터링합니다. 슬라이서는 날짜나 숫자 범위, 세로 목록, 드롭다운, 타일 등으로 구성할 수 있습니다. 날짜, 연도, 시도 등으로 필터링할 수 있도록 슬라이서를 추가해 보겠습니다.

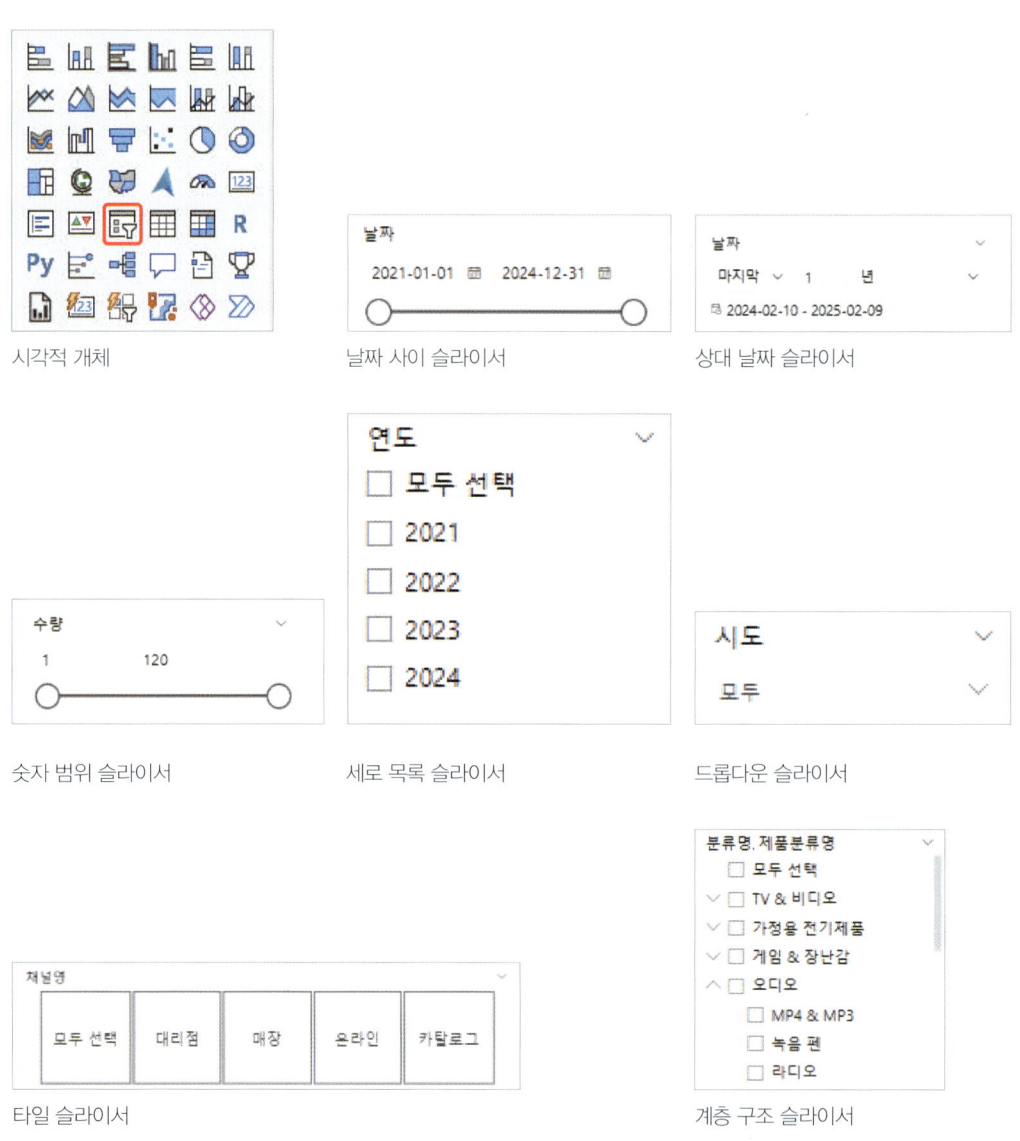

◆ **드롭다운 슬라이서**

분류명, 연도, 월을 드롭다운 슬라이서로 추가해 보겠습니다.

01 '전체현황' 페이지에서 빈 영역을 클릭하고 [시각화] 창에서 [슬라이서]를 추가합니다. [시각적 개체에 데이터 추가]의 [데이터] 영역에 '분류' 테이블의 '분류명' 필드를 추가합니다. 텍스트 형식인 분류명 필드는 '세로 목록' 슬라이서로 표시됩니다.

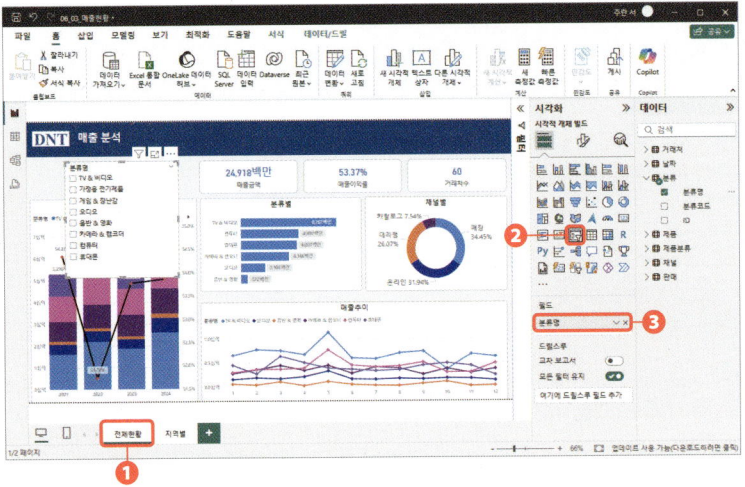

02 [시각적 개체 서식 지정]의 [시각적 개체]에서 [슬라이서 설정] 〉 [옵션] 〉 [스타일]은 '드롭다운'으로 설정하고, [선택] 〉 ["모두 선택" 옵션 표시]를 '설정'으로 변경합니다. 이 외에도 [단일 선택]을 적용하여 하나의 항목을 필수 선택하거나 [Ctrl 키를 통한 다중 선택]을 해제하여 여러 항목을 선택할 수도 있습니다.

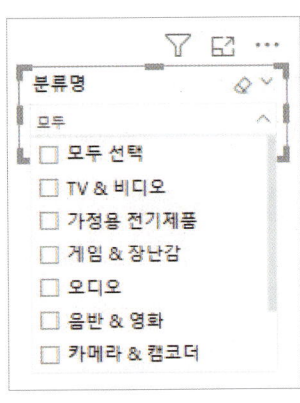
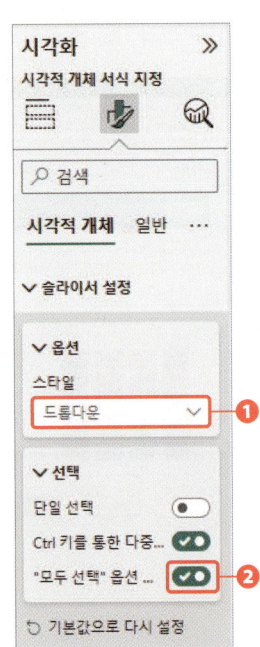

03 슬라이서를 화면 상단으로 이동시키고 크기를 조정합니다. 슬라이서에서 [TV & 비디오]를 선택하고 Ctrl 을 누른 상태에서 [오디오]를 클릭합니다. 페이지의 모든 시각적 개체에 필터가 적용됩니다. 필터를 해제할 경우에는 [선택 항목 지우기](◇)를 클릭하거나 목록에서 [모두 선택]을 클릭하면 됩니다.

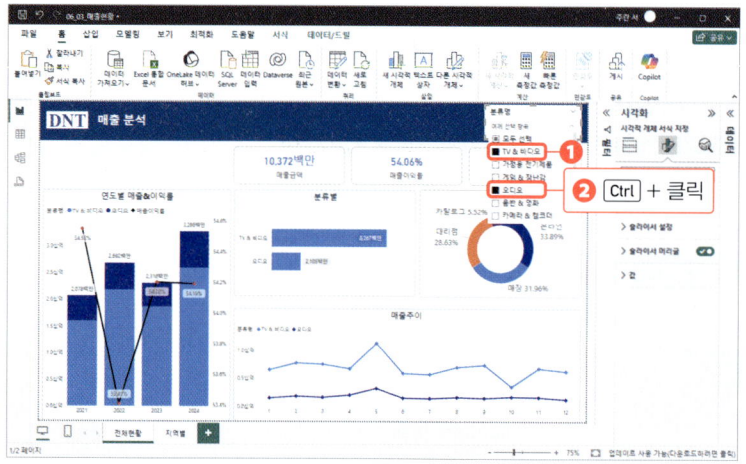

04 연도와 월을 슬라이서로 추가해 보겠습니다. 보고서의 빈 영역을 클릭하고 [시각화] 창의 [슬라이서]를 추가합니다. [시각적 개체에 데이터 추가]의 [데이터] 영역에 '날짜' 테이블의 '연도' 필드를 추가합니다. 숫자 형식 데이터는 시작 값과 종료 값을 조정할 수 있는 '사이' 슬라이서로 추가됩니다. 슬라이서의 크기를 조정하고 위치를 이동합니다.

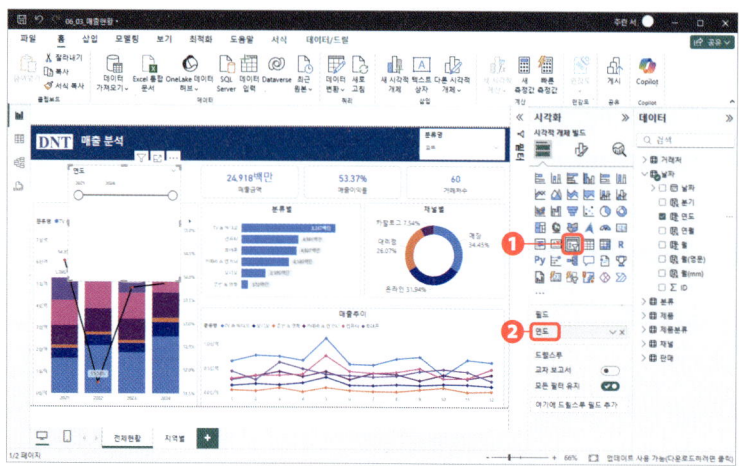

05 [시각적 개체 서식 지정]의 [시각적 개체]에서 [슬라이서 설정] 〉 [옵션] 〉 [스타일]은 '드롭다운'으로 설정하고 [선택] 〉 ["모두 선택" 옵션 표시]를 '설정'으로 변경합니다.

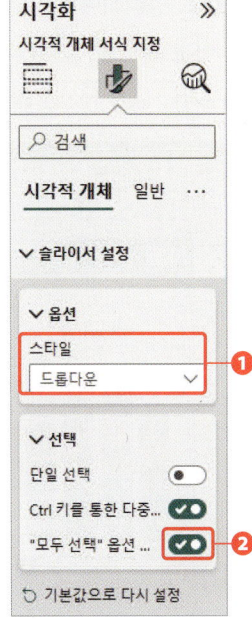

06 슬라이서의 크기와 위치를 조정합니다.

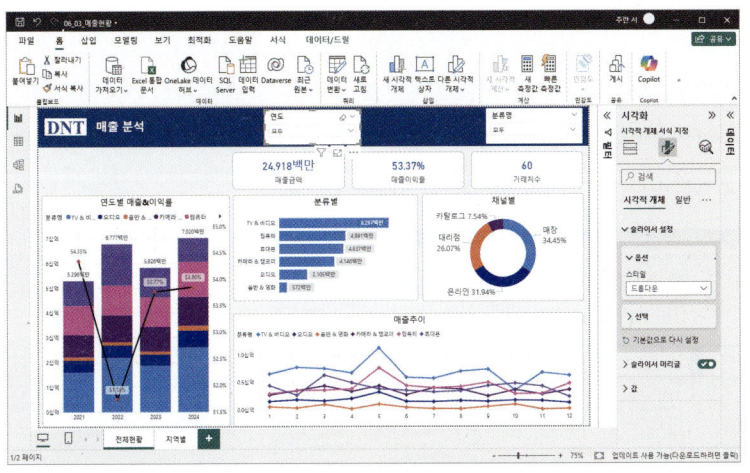

07 '월' 슬라이서는 '연도' 슬라이서를 복사해서 사용합니다. '연도' 슬라이서를 선택하고 복사(Ctrl +C), 붙여넣기(Ctrl+V)를 합니다. 복사한 슬라이서의 [데이터] 영역에 '날짜' 테이블의 '월' 필드를 추가합니다. 작성된 슬라이서를 이용해 필터를 적용하여 데이터를 탐색합니다.

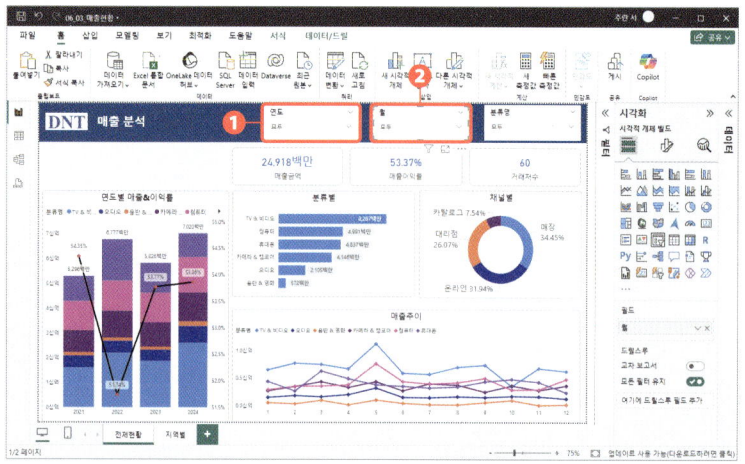

◈ 날짜 슬라이서

날짜 범위로 필터링할 수 있는 슬라이서를 추가해 보겠습니다.

01 보고서의 빈 영역을 클릭하고 [시각화] 창에서 [슬라이서]를 추가합니다. [시각적 개체에 데이터 추가]의 [데이터] 영역에 '날짜' 테이블의 '날짜' 필드를 추가합니다. 시작일과 종료일을 변경할 수 있는 '사이' 슬라이서가 표시됩니다. 슬라이서의 크기와 위치를 조정합니다.

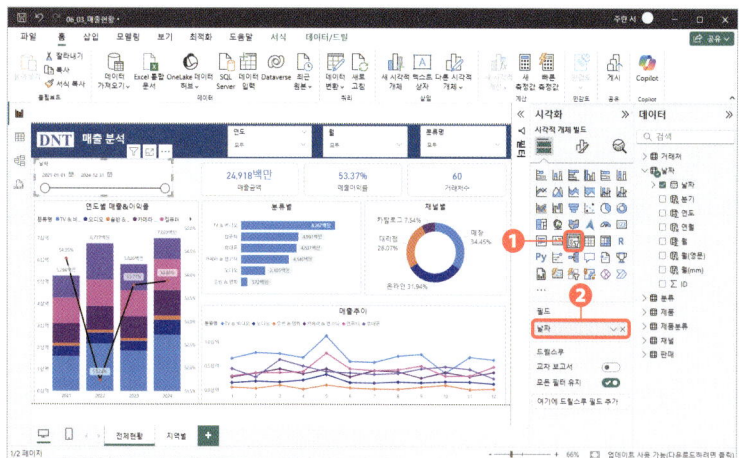

02 '날짜' 슬라이서는 입력란을 클릭하여 달력에서 날짜를 선택할 수 있습니다. 슬라이서 스타일도 '이전, 이후, 상대 날짜, 상대 시간' 등으로 적용할 수 있습니다.

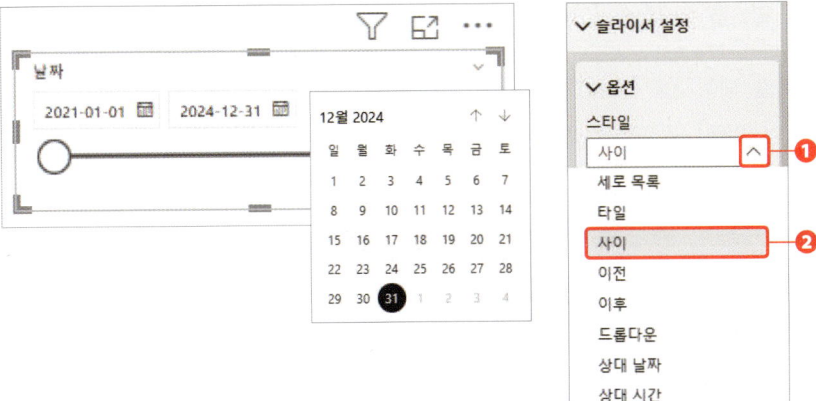

03 슬라이서에서 기간을 조정하면 보고서의 시각화에 날짜 범위 필터링이 적용됩니다.

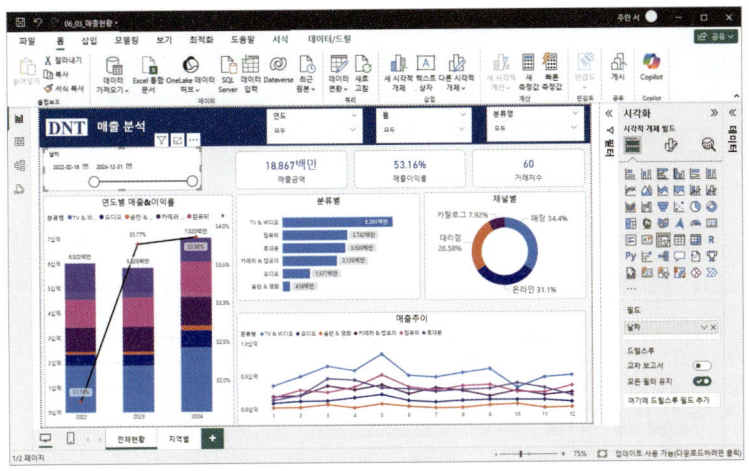

> **Tip** 슬라이더 컨트롤 조정하기
>
> 슬라이서의 서식 옵션 중 [반응형]을 '해제'하면 슬라이더의 시작과 종료 표시 단추를 간단히 표현할 수 있습니다. 다음은 [시각적 개체 서식 지정]의 [시각적 개체]에서 [슬라이더]의 색을 변경하고 [일반]의 [속성] 〉 [고급 옵션]에서 [반응형]을 '해제'해서 슬라이더 컨트롤을 변경한 슬라이서입니다.
>
>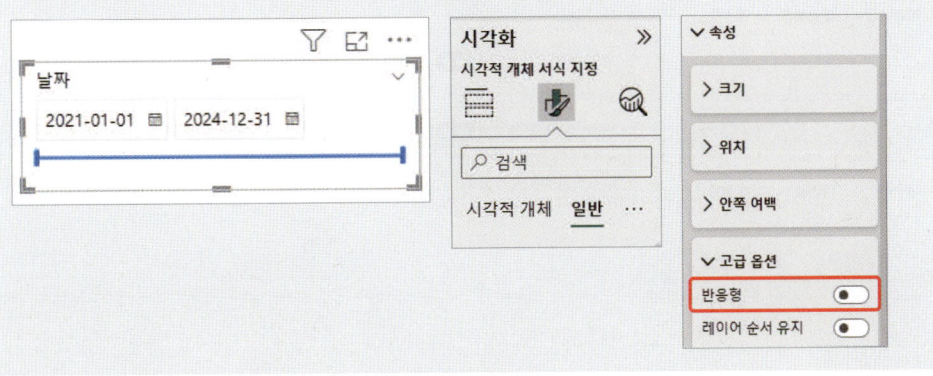

◆ 타일 슬라이서

텍스트 형식의 데이터는 '타일' 슬라이서로 설정할 수 있으며 가로, 세로 크기에 따라 슬라이서의 값이 자동 정렬됩니다. '시도' 필드를 '타일' 슬라이서로 추가해 보겠습니다.

01 보고서에서 '지역별' 페이지를 선택하고 [시각화] 창에서 [타일 슬라이서]를 추가합니다. [시각적 개체에 데이터 추가]의 [데이터] 영역에 '거래처' 테이블의 '시도' 필드를 추가하면 목록이 단추 슬라이서로 표시됩니다.

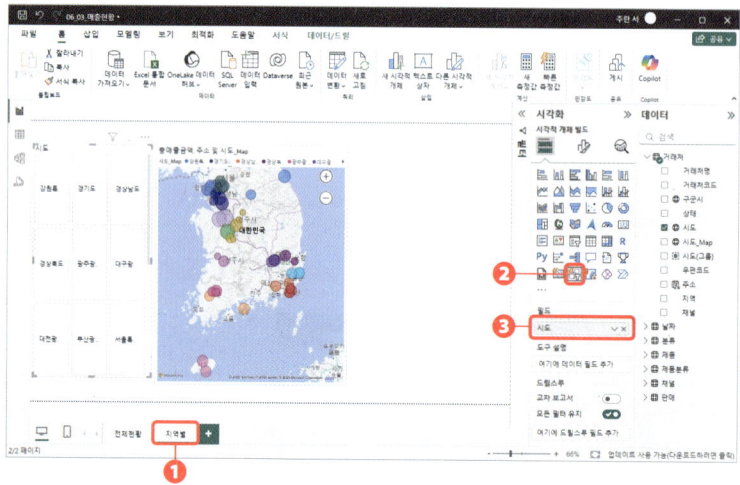

02 [시각적 개체 서식 지정]의 [시각적 개체]에서 [슬라이서 설정] 〉 [선택] 〉 ["모두 선택" 옵션 표시]를 '설정'으로 변경합니다. [도형] 〉 [도형]을 '모서리가 둥근 직사각형', [둥근 모서리]를 '10'으로 설정합니다.

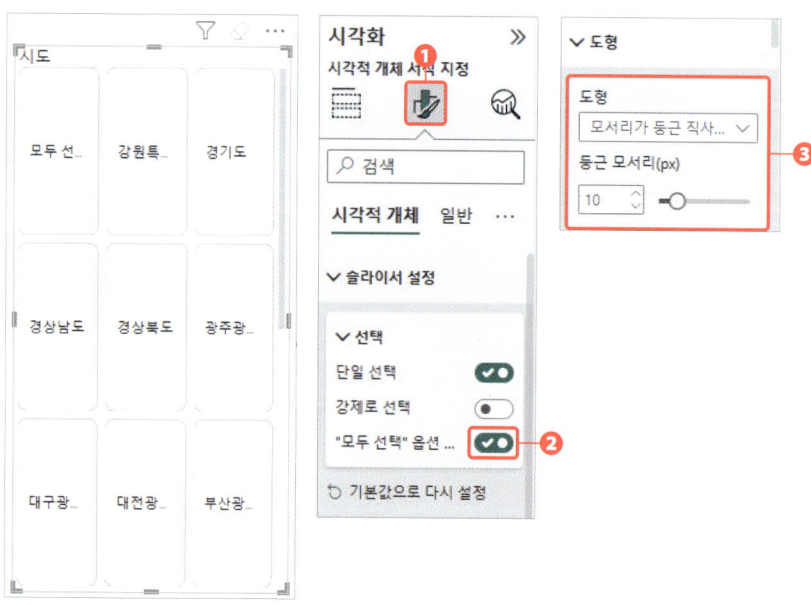

03 이 외에도 제목이나 테두리 서식을 설정합니다.

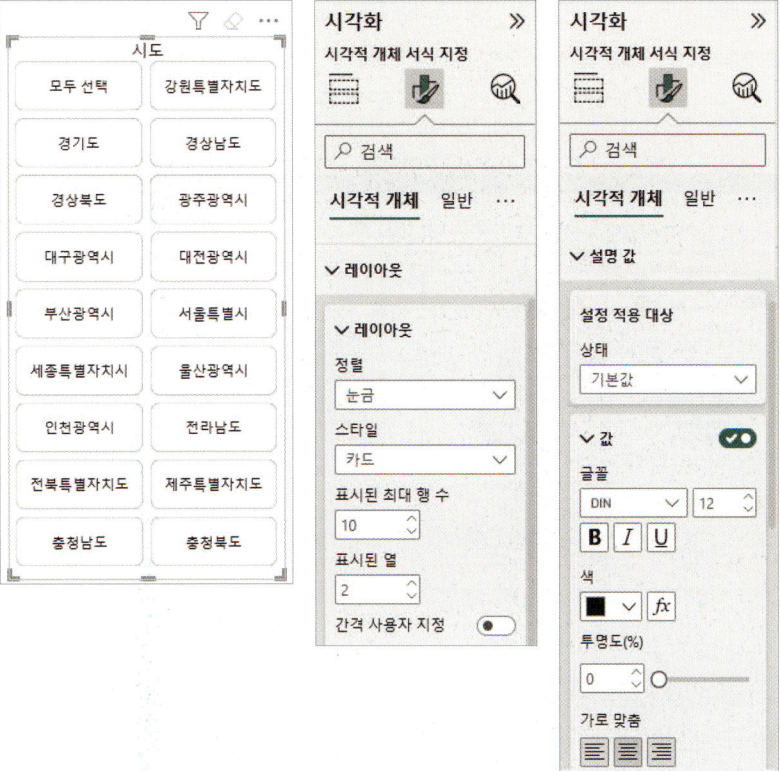

04 슬라이서의 크기와 위치를 조정하고, 필터를 적용하여 데이터를 탐색합니다.

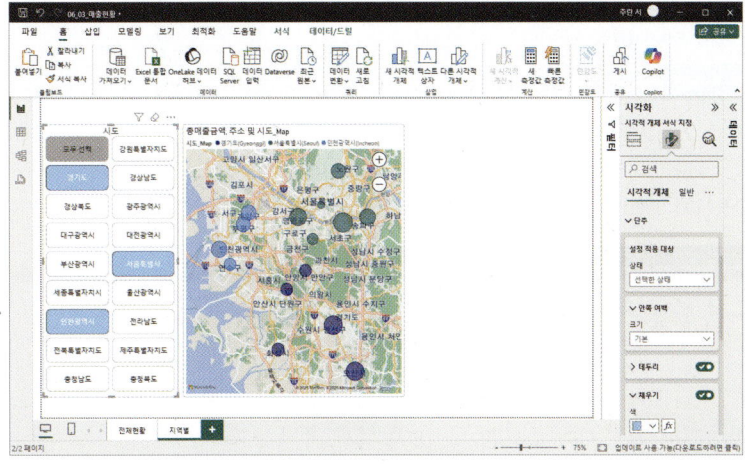

> **Tip** 선택한 단추 색 변경하기
>
> [시각적 개체] 〉 [단추] 〉 [상태]를 '선택한 상태'로 설정하고 [채우기] 〉 [색]을 설정하면 선택한 단추 색을 변경할 수 있습니다.

◈ 슬라이서 복사

슬라이서를 복사해서 다른 페이지에 붙여넣으면 동기화 대화상자가 나타납니다. 보고서에 필터 적용 방식에 따라 동기화 설정을 선택할 수 있습니다.

01 '전체현황' 페이지에 있는 Ctrl과 함께 '연도'와 '월' 슬라이서를 선택하여 복사(Ctrl+C)합니다.

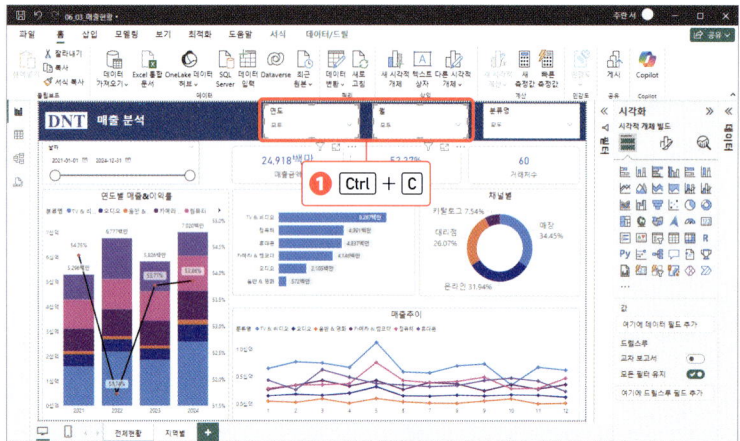

02 '지역별' 페이지에서 붙여넣기(Ctrl+V)하면 [시각적 개체 동기화] 대화상자가 나타납니다. 원본 슬라이서와 동기화 상태를 유지하려면 [동기화]를 클릭하고, 동기화 상태를 해제하려면 [동기화 안 함]을 클릭합니다. 여기서는 [동기화 안 함]을 클릭합니다.

03 페이지에 추가된 슬라이서의 위치를 조정합니다.

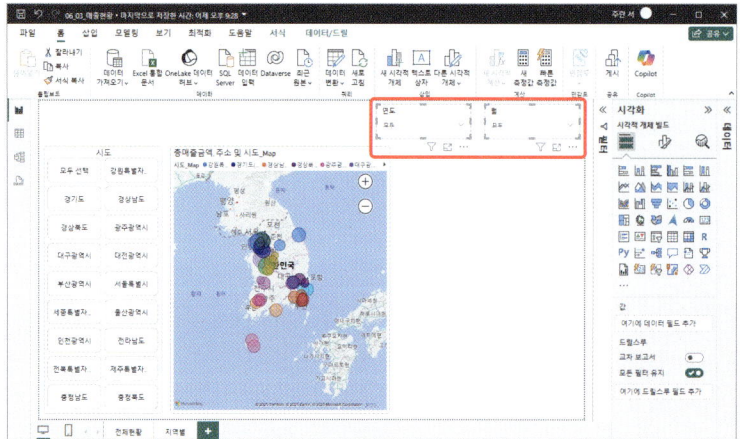

> **Tip** 계층 구조 슬라이서
>
> 슬라이서에 여러 필드를 추가하여 '계층 구조' 슬라이서를 작성할 수 있습니다. 슬라이서의 [데이터] 영역에 '분류명, 제품분류명' 필드를 추가하여 제품 계층별로 필터를 적용할 수 있습니다.

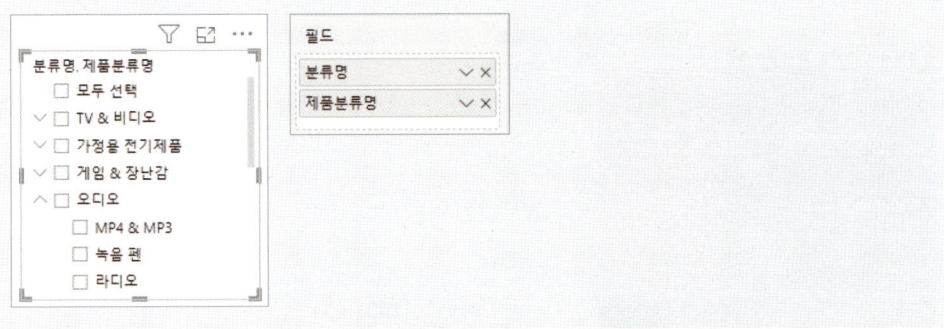

◆ 트리맵(Treemap)

트리맵(Treemap)은 측정값 기준으로 사각형의 크기를 표시합니다. 사각형은 크기순으로 가장 큰 항목이 왼쪽 위, 가장 작은 항목이 오른쪽 아래에 정렬됩니다. 계층 데이터를 중첩된 사각형의 집합으로 표시하며 전체 데이터 중 각 항목의 크기를 비교하는 데 사용합니다. 분류별로 매출현황을 확인해 보겠습니다.

01 '지역별' 페이지의 빈 영역을 클릭하고 [시각화] 창에서 [트리맵(TreeMap)]을 추가합니다. [시각적 개체에 데이터 추가]의 [범주] 영역에 '분류' 테이블의 '분류명' 필드, [자세히] 영역에 '제품분류명' 테이블의 '제품분류명' 필드, [값] 영역에 '판매' 테이블의 '총매출금액' 측정값을 추가합니다. 크기를 조정하고 적절한 위치로 이동합니다.

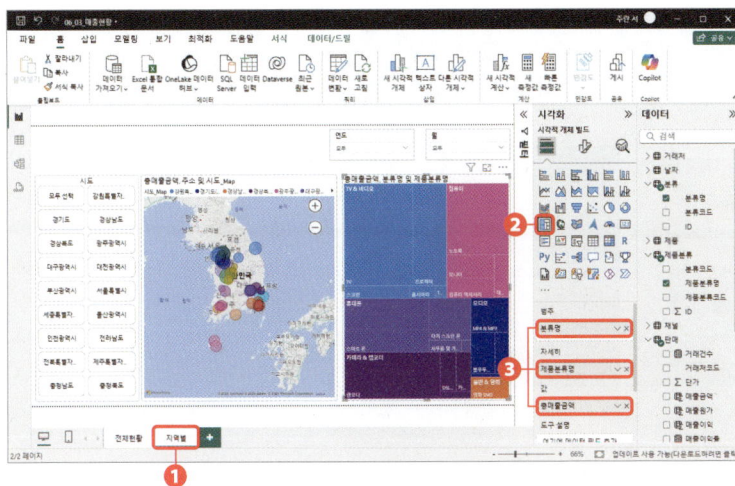

02 분류별로 사각형 크기가 구분되며 그룹별로 제품분류명이 시각화됩니다. 분류명 중에서 'TV & 비디오' 항목의 매출이 가장 높고 '음반 & 영화' 항목의 매출이 가장 낮습니다. [시각적 개체 서식 지정]의 [시각적 개체]에서 [데이터 레이블]을 적용하고 [표시 단위]에서 '백만'으로 설정합니다.

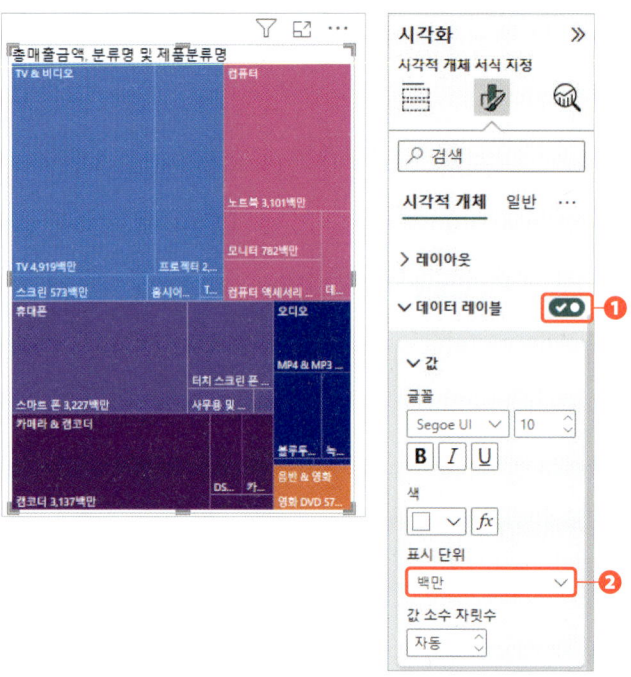

03 '연도'와 '시도' 슬라이서에 필터를 적용해 봅니다. 2024년도 서울 지역의 매출이 가장 높은 제품은 'TV & 비디오'로 'TV, 프로젝터, 프로젝터' 등의 제품분류별로 매출을 확인할 수 있습니다.

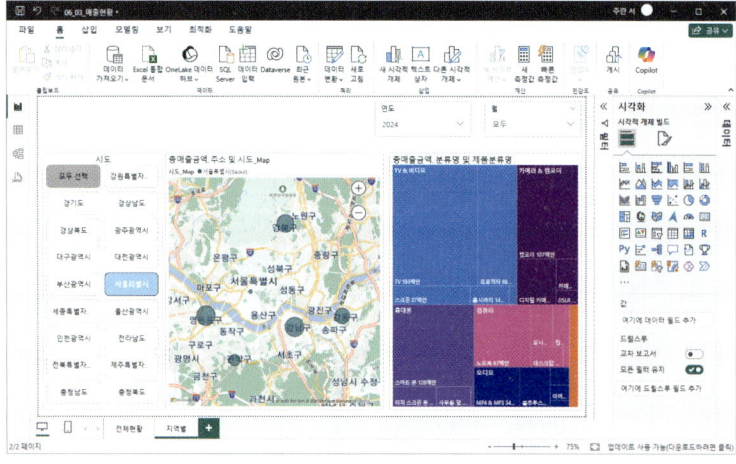

◆ 테이블

테이블은 데이터 범주를 행 그룹으로 구성하고 범주별로 세부 데이터를 표시합니다. 거래처별로 거래건수, 총수량, 총매출금액, 비율을 표시해 보겠습니다.

01 보고서에 새 페이지를 추가하여 페이지 이름을 '거래처별'로 변경합니다. 그리고, '전체현황' 페이지의 '연도'와 '월' 슬라이서를 복사하여 추가합니다.

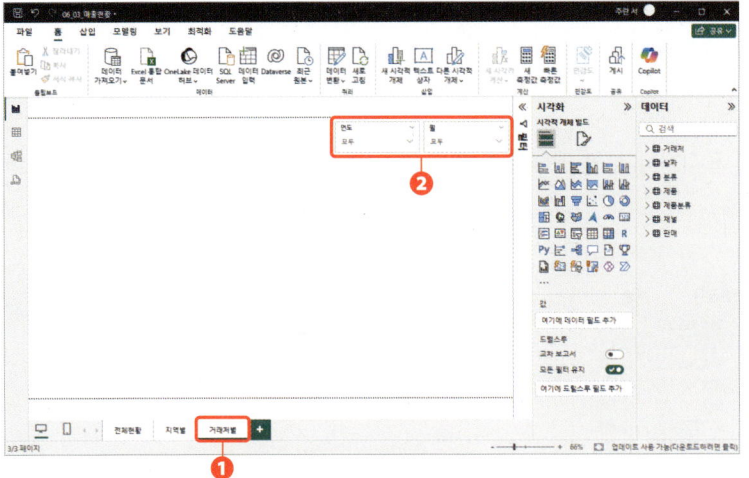

02 [시각화] 창에서 [테이블]을 클릭하고, [시각적 개체에 데이터 추가]의 [열] 영역에 '거래처' 테이블의 '거래처명' 필드, '판매' 테이블의 '거래건수, 총수량, 총매출금액' 측정값을 추가합니다. 테이블의 열 머리글을 클릭하면 오름차순 정렬이나 내림차순 정렬을 적용할 수 있습니다. 총매출금액을 클릭하여 내림차순으로 변경하고 열 너비를 조정합니다.

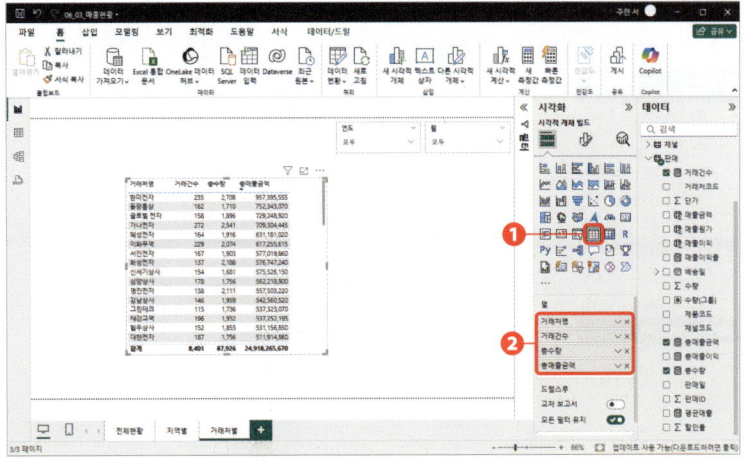

Chapter 06 데이터 시각화 **195**

03 거래처별 총매출금액의 비율을 표시해 보겠습니다. '판매' 테이블의 '총매출금액' 측정값을 [열] 영역에 추가한 후 [아래 화살표](˅)를 클릭하고 [다음으로 값 표시] 〉 [총합계의 백분율]을 클릭합니다.

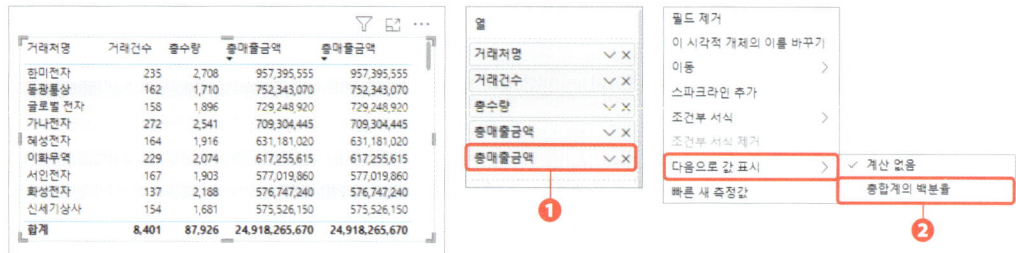

04 거래처별 매출 비율이 표시됩니다. '총매출금액' 측정값을 더블클릭하여 필드명을 '비율'로 설정합니다.

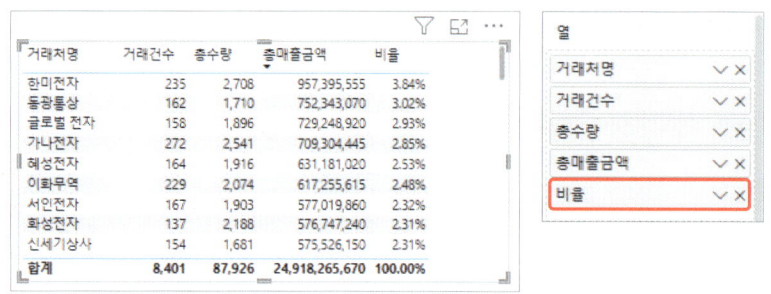

05 테이블의 스타일, 텍스트 크기, 행 높이 등의 서식을 변경해 보겠습니다. [시각적 개체 서식 지정]의 [시각적 개체]에서 [스타일 사전 설정]의 '대체 행'을 적용합니다. [눈금] 〉 [옵션]에서 [전역 글꼴 크기]를 '12pt'로 변경, [행 안쪽 여백]을 '5'로 조정하여 행 높이를 설정합니다.

06 [열 머리글] 〉 [텍스트] 〉 [머리글 맞춤]을 '가운데'로 설정합니다. 테이블은 필터가 적용되면 열 너비가 자동으로 조정됩니다. 고정된 열 너비를 사용하기 위해 [열 머리글] 〉 [옵션]에서 [자동 크기 너비]의 설정을 해제합니다.

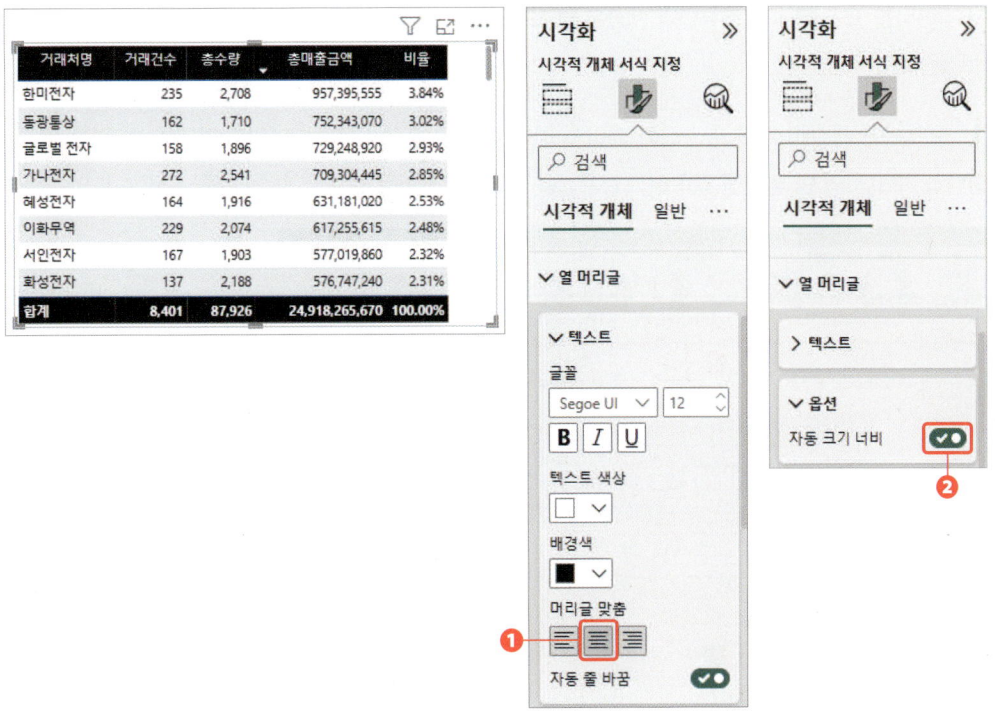

07 테이블의 크기와 위치를 적절히 조정하면, 테이블 시각화로 거래처별 매출현황을 자세히 파악할 수 있습니다.

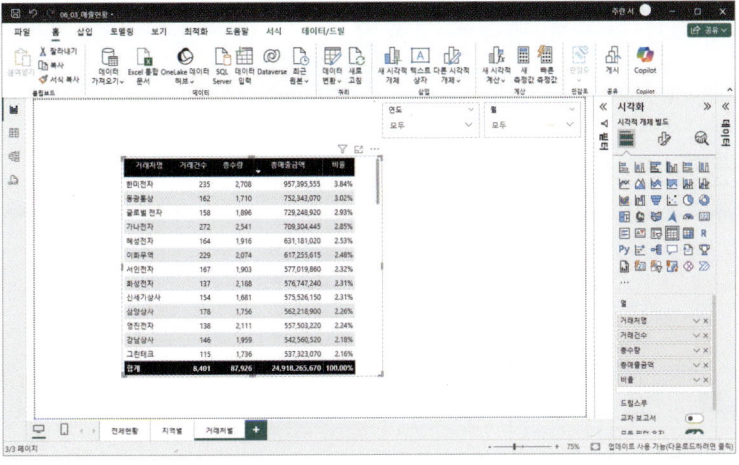

◆ **행렬**

행렬은 피벗 테이블이나 크로스 탭과 같이 행과 열로 그룹화된 데이터 요약 정보를 표시합니다. 행/열에 여러 필드를 추가하면 시각화 머리글의 드릴 다운을 이용해 행/열 머리글의 계층 구조를 모두 확장해서 데이터를 표시합니다. 분류명과 제품분류명으로 연도별, 월별 매출금액을 비교하는 테이블을 작성해 보겠습니다.

01 보고서에 새 페이지를 추가하여 페이지 이름을 '제품별'로 변경하고 '연도'와 '월' 슬라이서를 추가합니다. 보고서의 빈 영역을 클릭하고 [시각화] 창에서 [행렬]을 추가한 후 크기를 조정합니다.

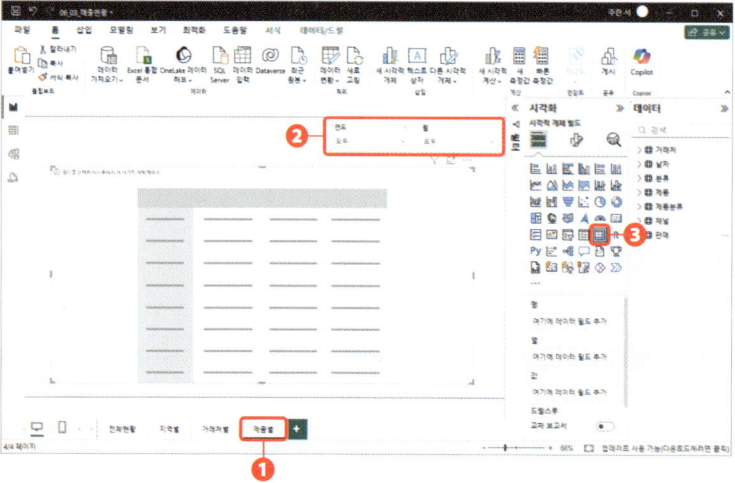

02 [시각적 개체에 데이터 추가]의 [행] 영역에 '분류' 테이블의 '분류명' 필드, [열] 영역에 '날짜' 테이블의 '연도' 필드, [값] 영역에 '판매' 테이블의 '총매출금액' 측정값을 추가합니다.

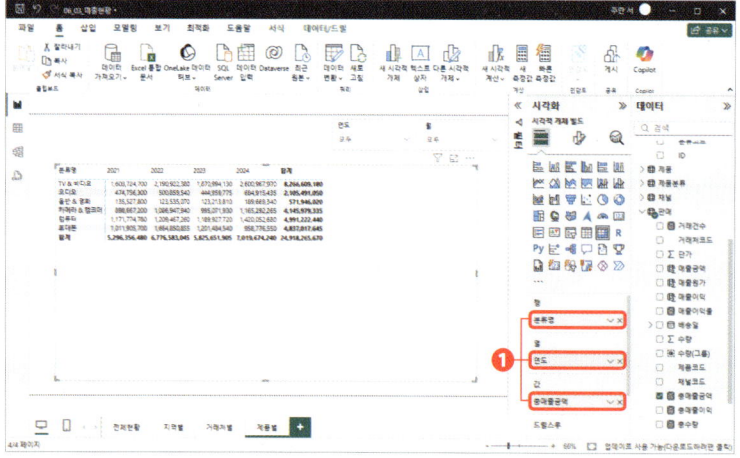

03 [행] 영역에 '제품분류' 테이블의 '제품분류명' 필드, [열] 영역에 '날짜' 테이블의 '월(mm)' 필드를 추가합니다. 두 개 이상의 필드를 행/열 영역에 추가하면 행 머리글에 [확장](⊞), 시각화 머리글에 [드릴온](드릴온 행▼)이 표시됩니다. 행 머리글의 [확장](⊞), [축소](⊟)로 데이터를 탐색할 수 있습니다.

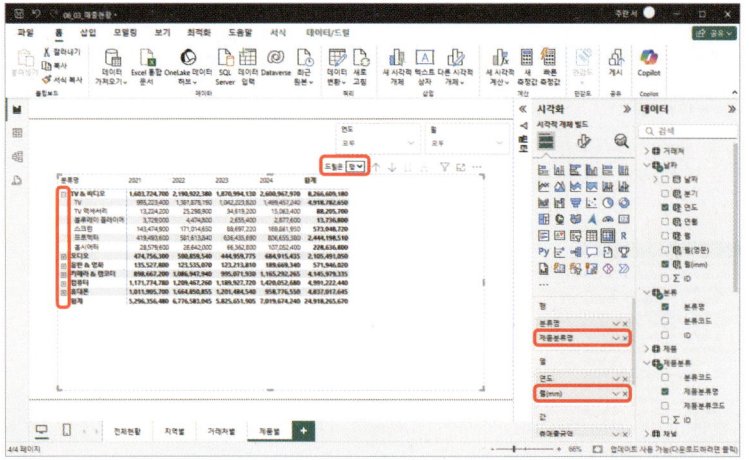

04 [시각적 개체 서식 지정]의 [시각적 개체]에서 [레이아웃 및 스타일 사전 설정] > [스타일]은 '굵은 헤더', [눈금] > [세로 눈금선]을 '설정'으로 변경합니다. 그 외 텍스트 크기, 열 머리글 정렬 등의 서식은 적절히 조정합니다.

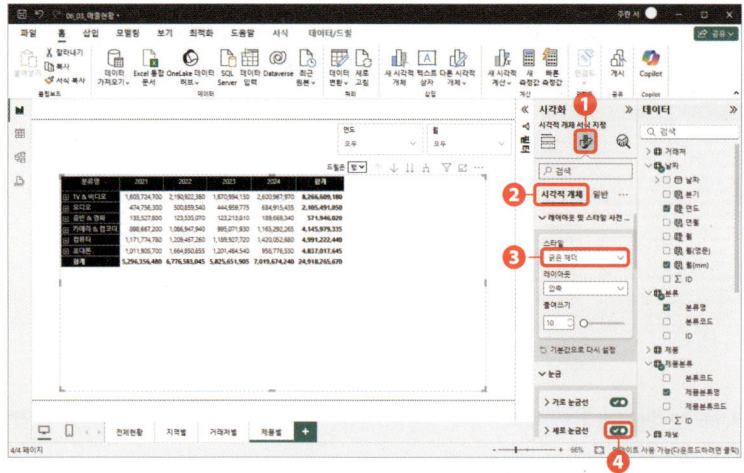

05 행 머리글에 제품분류명을 표시해 보겠습니다. 시각적 개체의 머리글에 있는 [드릴온](드릴온 행 ✓)을 '행'으로 놓고 [계층 구조에서 한 수준 아래로 모두 확장]( )을 클릭합니다. 행 머리글이 다음 수준인 '제품분류명'이 표시됩니다. [드릴 업](↑)을 클릭하여 이전 수준으로 이동할 수 있습니다. [시각적 개체 서식 지정]의 [시각적 개체]에서 [레이아웃 및 스타일 사전 설정] 〉 [들여쓰기]를 '30'으로 설정하면 두 번째 제목 수준에 들여쓰기 간격이 조정됩니다.

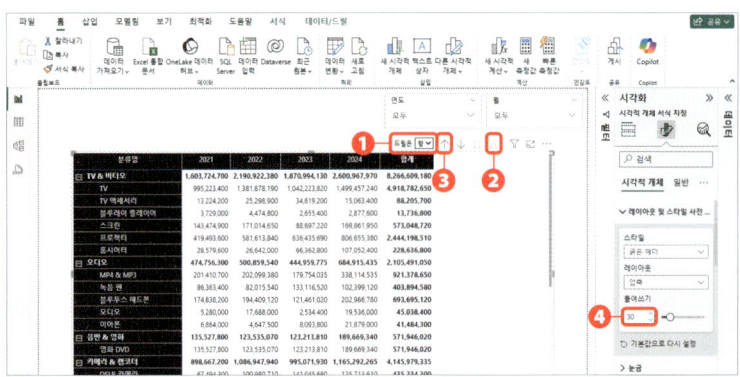

06 행 머리글을 다른 열로 분리해서 표시하려면 [레이아웃 및 스타일 사전 설정] 〉 [레이아웃]을 '테이블 형식'으로 설정합니다.

07 열 머리글에 '월'을 표시해 보겠습니다. 시각적 개체의 머리글에 있는 [드릴온](드릴온 행 ✓)을 '열'로 설정하고 [계층 구조에서 한 수준 아래로 모두 확장]( )을 클릭합니다. 열 머리글에 다음 수준인 월이 표시됩니다. [드릴 업](↑)을 클릭하여 이전 수준으로 이동할 수 있습니다.

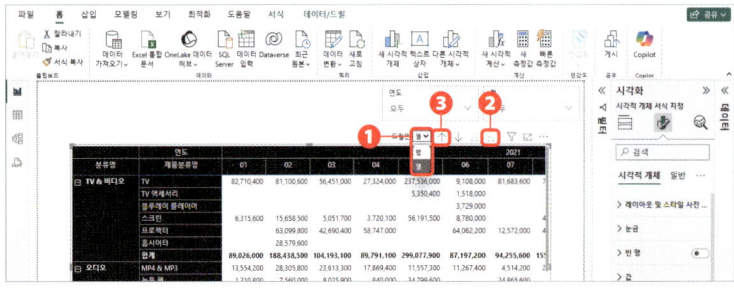

08 '연도' 슬라이서에 '2024' 값 선택, '월' 슬라이서에 '1,2,3' 값을 선택해서 필터링합니다. 기간별로 제품분류별 매출현황을 한눈에 파악할 수 있습니다.

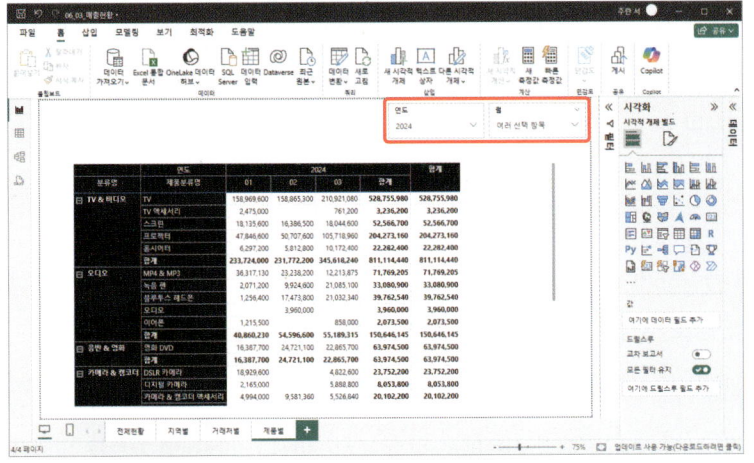

> **Tip** 행렬 소계 지우기
>
> 행렬의 계층을 확장하면 행과 열 소계가 계층별로 표시됩니다. 수준별로 특정 계층의 행/열 소계를 제거할 수 있습니다. 월과 제품분류명의 소계를 해제해 보겠습니다.
>
> - [시각적 개체]의 [열 소계] > [열 수준별]을 설정합니다. [열 수준]에서 '월(mm)'을 선택, [열] > [부분합 표시]의 설정을 해제합니다.
>
> - [시각적 개체]의 [행 소계] > [행 수준별] 설정합니다. [행 수준]에서 '제품분류명'을 선택, [행] > [부분합 표시]의 설정을 해제합니다.

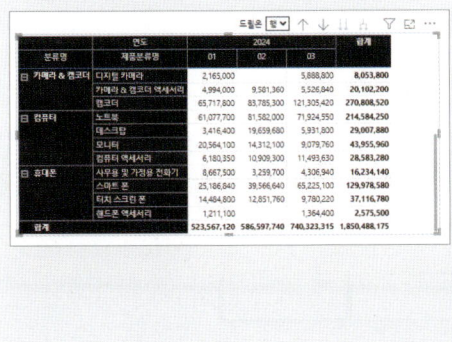
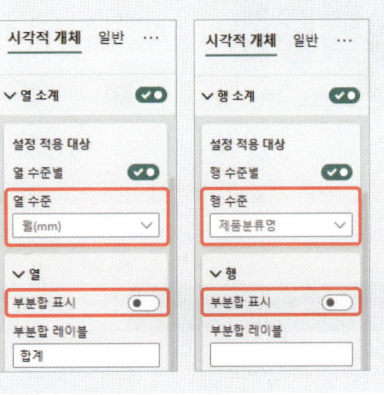

5 상호 작용 편집

Power BI의 유용한 기능 중 하나는 보고서 페이지의 모든 시각적 개체가 상호 연결되는 방식입니다. 하나의 시각적 개체에서 데이터 요소를 선택하면 페이지에서 해당 데이터를 포함하는 다른 모든 시각적 개체에 필터링이나 강조되어 표시됩니다. 상호 작용 도구를 이용해 페이지마다 시각적 개체가 상호 작용하는 방법을 편집할 수 있습니다.

◆ 상호 작용

시각적 개체의 데이터 요소를 클릭하거나 슬라이서에서 조건을 클릭하면 페이지 내의 다른 시각적 개체에 필터나 강조 표시가 됩니다. 상호 작용 동작 방식을 살펴보겠습니다.

01 '전체현황' 페이지의 묶은 가로 막대형 차트(분류별)에서 데이터 요소(TV & 비디오)를 클릭합니다. 도넛형 차트나 꺾은선형 및 누적 세로 막대형 차트에는 강조 표시, 카드나 꺾은선형 차트는 필터가 적용됩니다. 막대형 차트의 필터를 해제합니다.

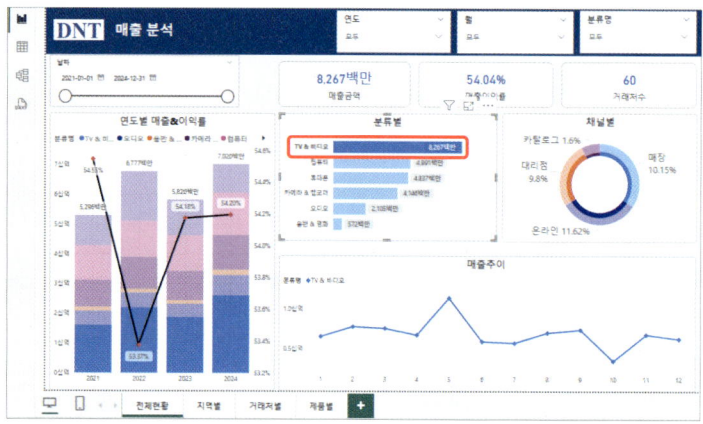

02 도넛형 차트(채널별)에서 데이터 요소(매장)를 클릭하면 다른 시각화에 매장 매출에 대해 강조나 필터가 적용됩니다. 도넛형 차트의 필터를 해제합니다.

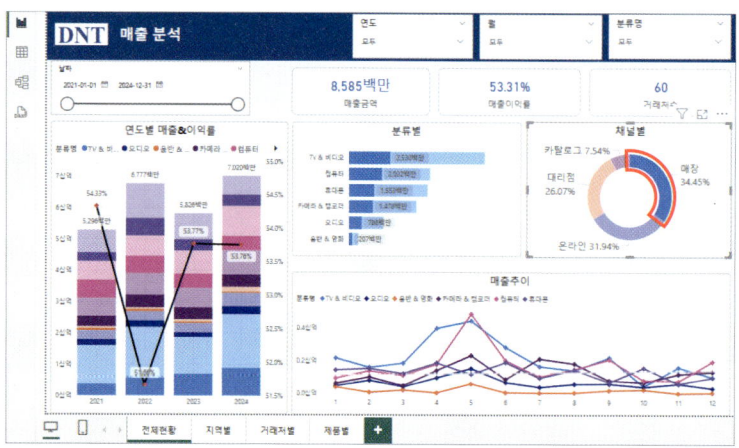

03 '연도'와 '월' 슬라이서에 필터를 적용하면 꺾은선형 및 누적 세로 막대형 차트나 꺾은선형 차트는 해당 연도와 월만 표시됩니다. 슬라이서의 필터를 해제합니다.

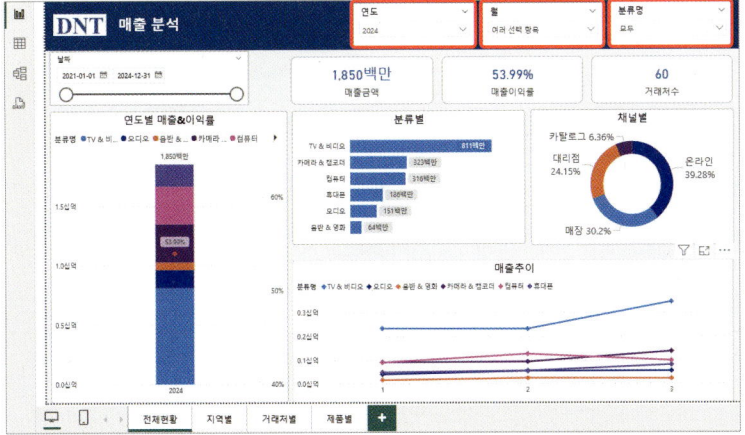

✦ 상호 작용 편집

상호 작용 편집으로 한 페이지의 시각적 개체들이 필터 및 강조되는 동작을 사용자가 원하는 흐름으로 편집할 수 있습니다. 시각화 머리글에 표시되는 [필터]( )와 [강조 표시]( ), [없음]( )을 이용하여 동작을 변경할 수 있습니다. 막대형 차트와 도넛형 차트의 상호 작용을 필터로 변경하고 연도, 월 슬라이서와의 필터 적용을 해제해 보겠습니다.

01 묶은 가로 막대형 차트(분류별)를 선택하고 [서식] 탭 〉 [상호 작용] 그룹에서 [상호 작용 편집]을 클릭합니다. 시각적 개체 머리글에 [필터]( )와 [강조 표시]( ), [없음]( )이 표시됩니다.

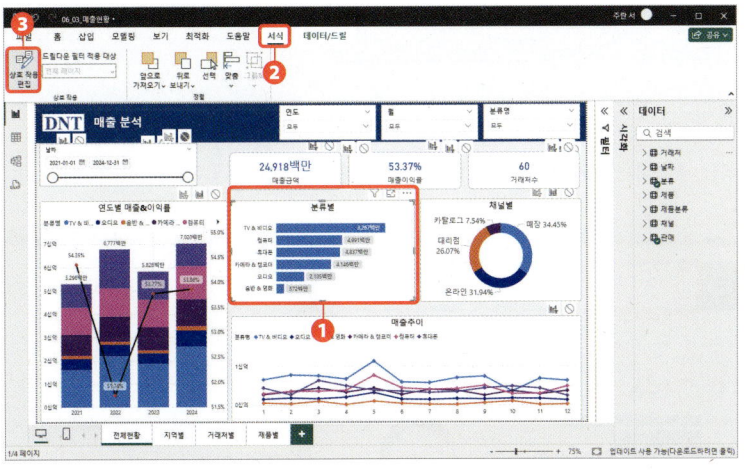

Chapter 06 데이터 시각화 **203**

02 묶은 가로 막대형 차트를 선택하면 꺾은선형 및 누적 세로 막대형 차트와 도넛형 차트는 강조 표시가 되어 있습니다. 두 차트의 [필터]( )를 클릭합니다.

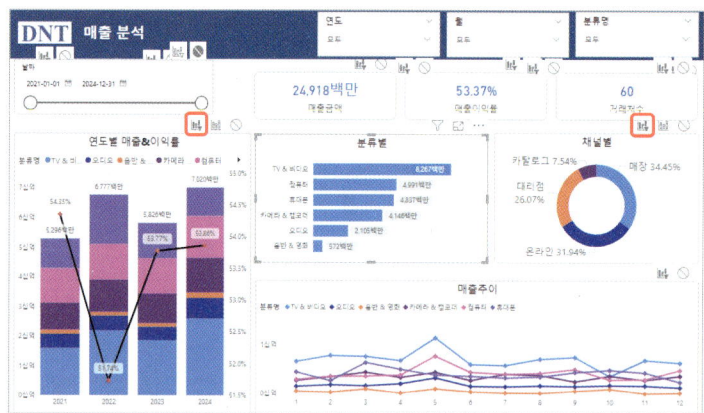

03 도넛형 차트를 선택하면 꺾은선형 및 누적 세로 막대형 차트와 누적 가로 막대형 차트는 강조 표시가 되어 있습니다. 두 차트의 [필터]( )를 클릭합니다.

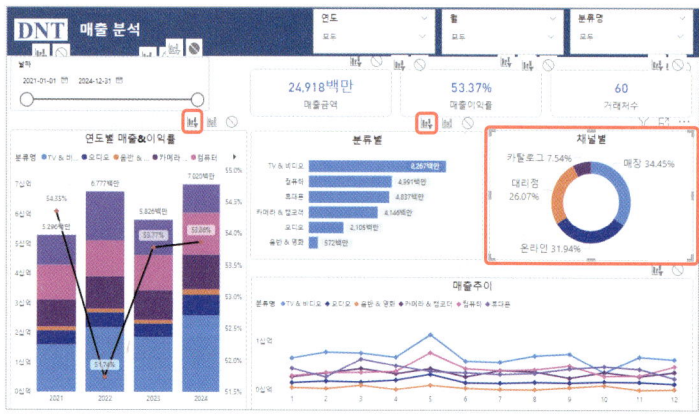

04 '연도' 슬라이서를 선택한 후 꺾은선형 및 누적 세로 막대형 차트의 [없음]( )을 클릭하여 필터를 해제합니다.

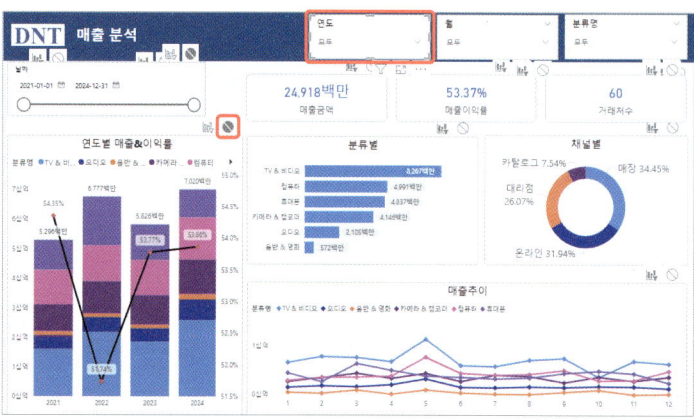

05 '월' 슬라이서를 선택한 후 꺾은선형 차트의 [없음](⊘)을 클릭하여 필터를 해제합니다.

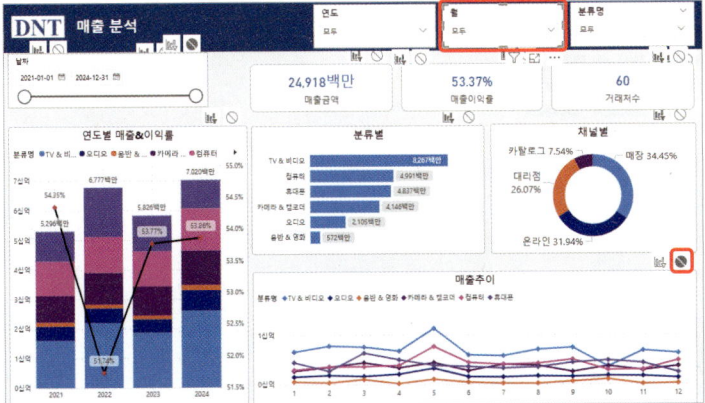

06 슬라이서나 막대형 차트, 도넛형 차트에서 필터를 적용하면 다른 시각적 개체의 동작 방식을 확인할 수 있습니다. [서식] 탭 > [상호 작용] 그룹에서 [상호 작용 편집]을 클릭하여 작업을 완료합니다.

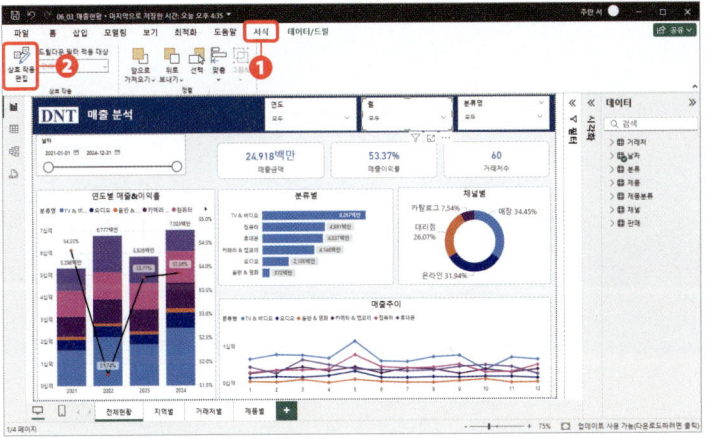

Chapter 06 데이터 시각화 **205**

PART 02 **기본편**

Power BI 활용

파워 쿼리 편집기를 활용하여 여러 파일을 결합하거나, 데이터를 추가해 하나의 데이터로 통합하는 방법을 알아봅니다. 또한 '전월비'나 '전년비 증감률'과 같은 복잡한 계산식을 다양한 DAX 함수를 사용해 구현하는 방법도 함께 살펴봅니다. 아울러 완성된 보고서를 다른 조직 구성원들과 협업하기 위해 Power BI 서비스에 게시하고 공유하는 방법에 대해서도 알아보겠습니다.

07 파워 쿼리 편집기 활용

Chapter

Power BI Desktop의 강력한 기능 중 하나는 동일한 스키마를 가진 여러 파일을 하나의 테이블로 결합하는 것입니다. 파일 구조와 형식이 동일하다면, 여러 개의 파일이나 시트를 하나의 테이블로 통합할 수 있습니다. 또한, 테이블을 복제하거나 참조하고, 그룹화를 통해 데이터를 집계하는 작업도 가능합니다. 이제 이러한 파일 결합, 테이블 복제 및 참조, 그룹화 등의 쿼리 작업을 직접 수행해 보겠습니다.

예제 파일 | Part 02 〉 Chapter 07 〉 07_쿼리 편집.pbix

1 파일 결합

데이터 가져오기에서 '폴더'를 이용해 한 폴더에 저장된 여러 파일을 결합할 수 있습니다. 파일 결합은 파일 구조와 형식(확장자)이 동일해야 합니다. 파일 형식에 따라 작업 방식에 차이가 있는데 Excel 파일을 결합할 경우 몇 가지 쿼리 단계를 거쳐야 합니다. 이제 폴더에 저장된 자료를 하나로 결합해 보겠습니다.

◆ CSV 파일 결합

폴더에 저장된 CSV 파일을 하나의 테이블로 결합해 보겠습니다. 예제의 '연도별' 폴더에는 연도별로 (2021~2023) 매출 정보가 저장되어 있고 이를 하나의 파일로 결합해 보겠습니다.

판매ID	판매일	거래처코드	거래처명	제품코드	단가	수량	할인율	금액
7892	2023-01-02	3	태화상사	SP320563	210000	17	0.1	3213000
7893	2023-01-02	5	오성통상	BH060516	49200	10	0	492000
7894	2023-01-02	4	동광통상	NT150380	515400	4	0.1	1855440
7895	2023-01-02	22	동도교역	MT180396	338700	10	0	3387000
7896	2023-01-02	3	태화상사	PA330082	113700	7	0	795900
7897	2023-01-02	20	세종물산	CA280103	67200	9	0	604800
7898	2023-01-03	32	대한전자	SP320532	321900	1	0	321900

01 '07_쿼리 편집.pbix' 파일을 엽니다. [홈] 탭 > [데이터] 그룹에서 [데이터 가져오기]를 클릭합니다.

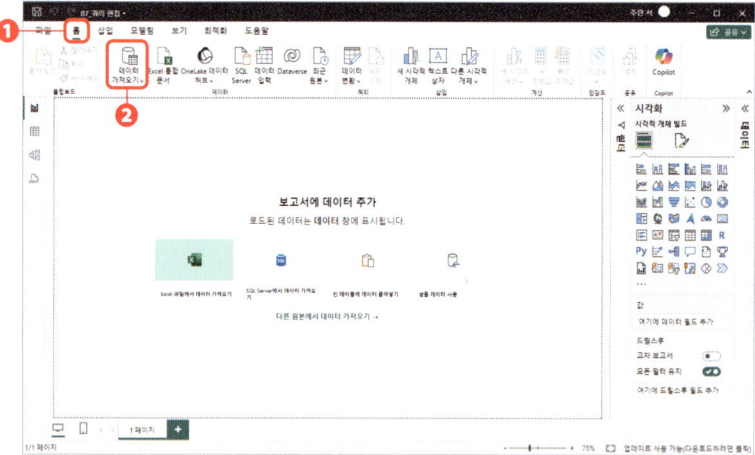

02 [데이터 가져오기] 대화상자에서 [모두] > [폴더]를 선택하고 [연결]을 클릭합니다.

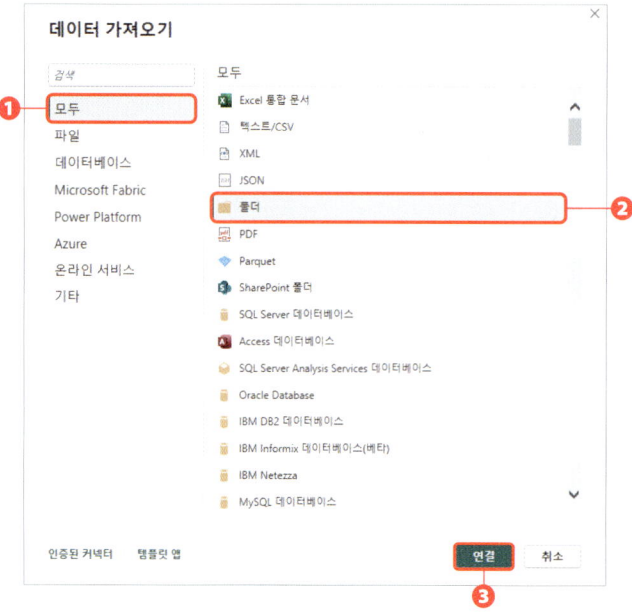

03 [폴더] 대화상자에서 [찾아보기]를 클릭하여 [연도별] 폴더를 선택하고, [확인]을 클릭합니다.

04 대화상자에 선택한 폴더의 파일 목록과 파일 정보가 표시됩니다. 파일을 통합하기 위해 [결합] 〉 [데이터 결합 및 변환]을 클릭합니다.

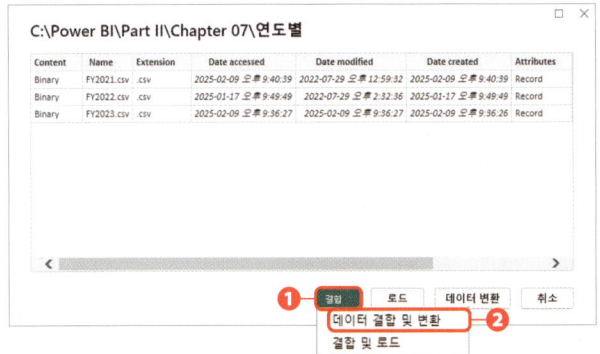

05 [파일 병합] 대화상자에 파일 원본(949 한국어), 구분 기호(쉼표), 데이터 형식 검색(첫 200개 행 기준)으로 첫 번째 파일이 미리 보기됩니다. CSV나 TXT 파일 형식을 가져올 때 한글이 깨지는 형태가 발생하면 파일 원본을 '949한국어, 65001 유니코드(UTF-8)' 등의 형식으로 설정합니다. [확인]을 클릭합니다.

06 가져오기가 완료되면 파워 쿼리 편집기로 이동합니다. [쿼리] 창의 [연도별에서 파일 변환] 그룹은 파일 병합을 수행한 함수 쿼리이고, [다른 쿼리]의 '연도별' 쿼리로 결합된 결과를 반영합니다.

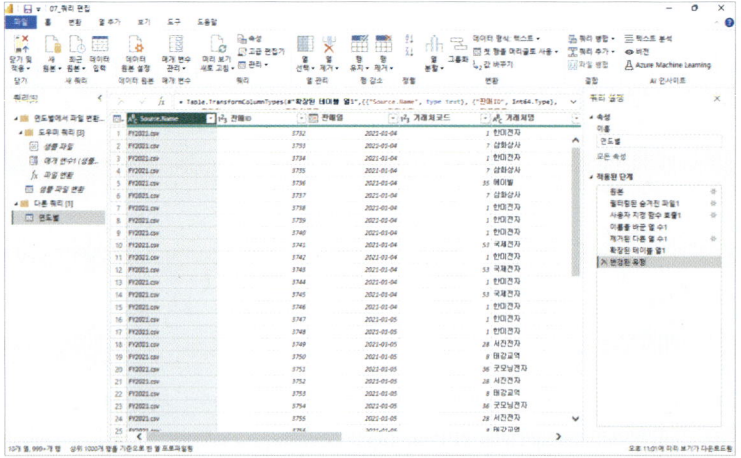

> **Tip 파일 병합**
>
> 폴더로 가져오기 단계 중 파일 병합은 파일에서 추출 단계를 수행하는 쿼리를 작성합니다. 이진 파일을 매개변수화하는 함수 쿼리를 작성하고 이를 수행하는 쿼리 그룹을 자동으로 수행합니다.

07 '연도별' 쿼리의 'Source.Name' 열의 [필터 단추](▼)를 클릭해서 [추가 로드]를 선택하면 결합한 파일 정보가 표시됩니다. [홈] 탭 〉 [닫기 및 적용]을 클릭하여 Power BI Desktop으로 이동합니다.

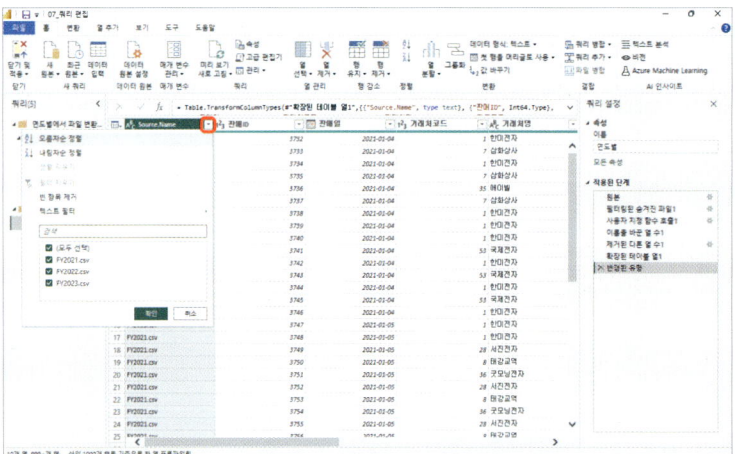

08 보고서의 '1페이지'에서 [시각화] 창의 [묶은 세로 막대형 차트]를 클릭합니다. [시각적 개체에 데이터 추가]에서 [X축] 영역에 '연도별' 테이블의 '판매일' 필드, [Y축] 영역에 금액' 필드를 추가합니다. 연도별 폴더의 전체 CSV 파일이 결합된 결과를 알 수 있습니다.

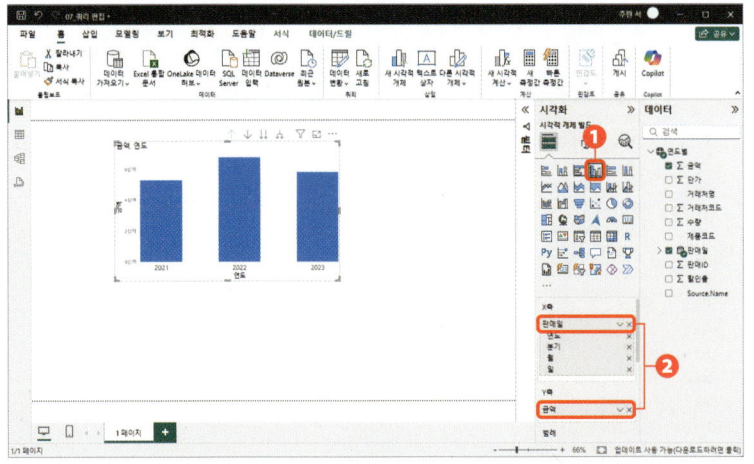

> **Tip** 파일 탐색기의 [연도별] 폴더에 'FY2024.CSV' 파일을 추가한 후 [데이터] 창의 '연도별' 테이블에서 마우스 오른쪽 버튼을 클릭하여 [데이터 새로 고침]을 선택합니다. 쿼리에 파일 정보가 추가되어 막대형 차트에 반영됩니다.

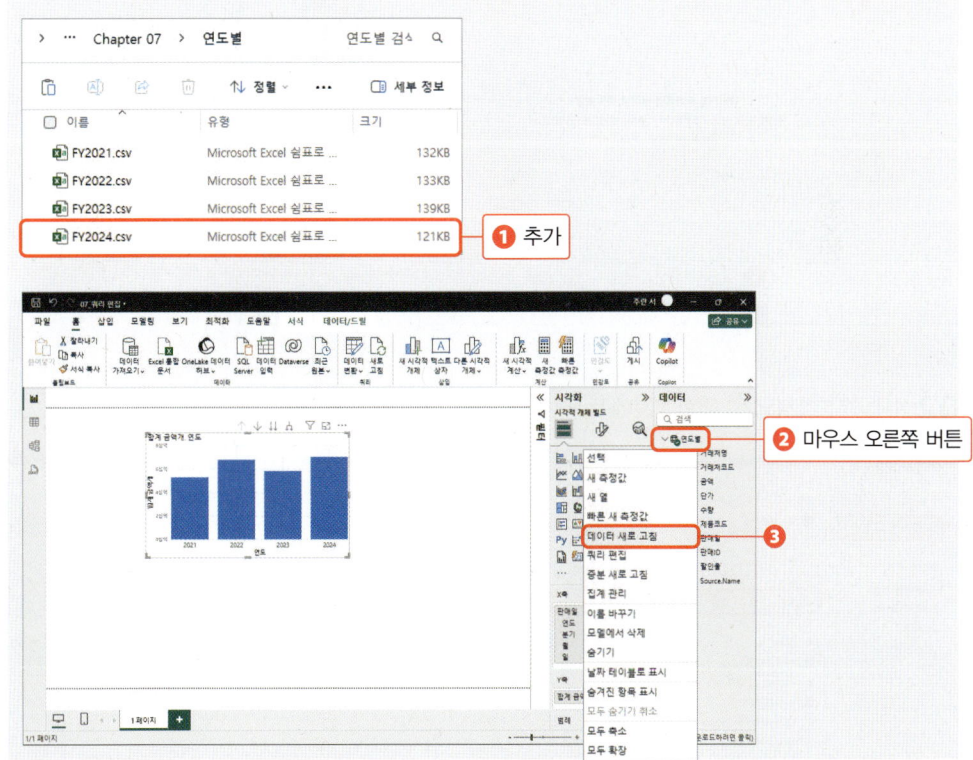

✦ Excel 파일 결합

폴더에 저장된 Excel 파일을 하나의 테이블로 결합해 보겠습니다. 준비된 예제의 [서울 지역] 폴더에는 월별로 매출 정보가 저장되어 있는데 이를 하나의 매출로 결합해 보겠습니다.

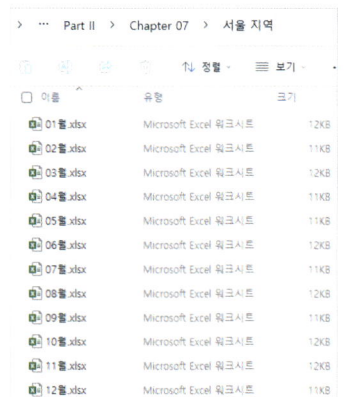

01 새 페이지에서 [홈] 탭 〉 [데이터] 그룹에서 [데이터 가져오기]를 클릭합니다.

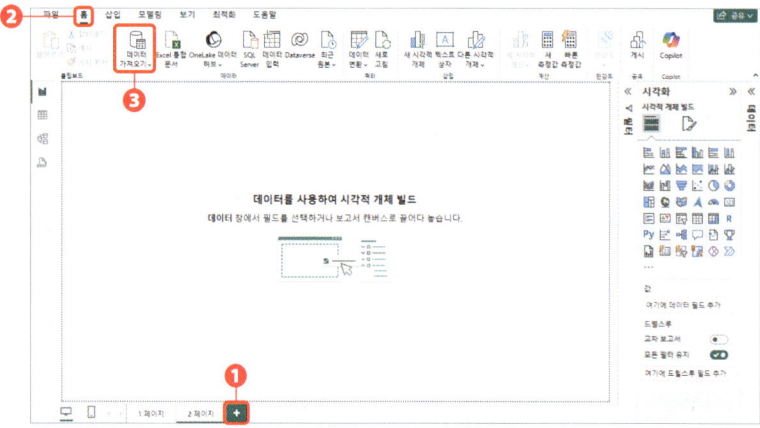

02 [데이터 가져오기] 대화상자에서 [모두] 〉 [폴더]를 선택하고 [연결]을 클릭합니다.

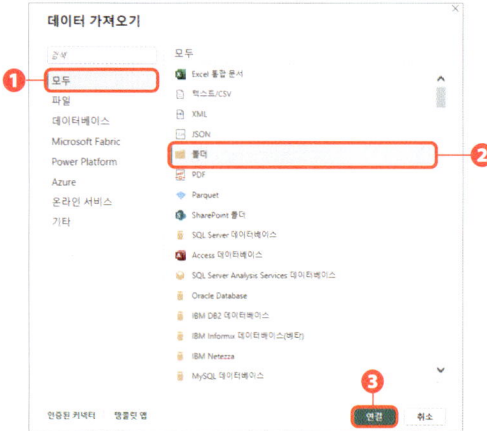

03 [폴더] 대화상자에서 [찾아보기]를 클릭하여 [서울 지역] 폴더를 선택하고 [확인]을 클릭합니다.

04 대화상자가 나타나고 선택한 폴더의 파일 목록과 파일 정보가 표시됩니다. [결합] > [데이터 결합 및 변환]을 클릭합니다.

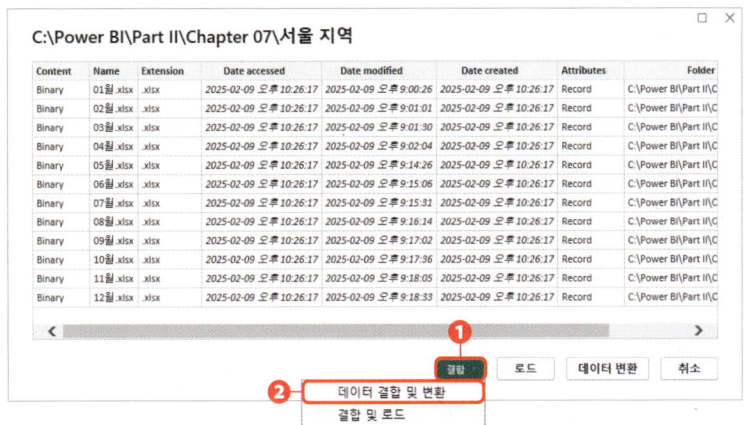

05 [파일 병합] 대화상자가 나타납니다. 폴더에 저장된 파일 목록을 매개 변수로 받아 쿼리를 작성하는 단계입니다. '매개 변수2(1)'을 선택하고 [확인]을 클릭합니다.

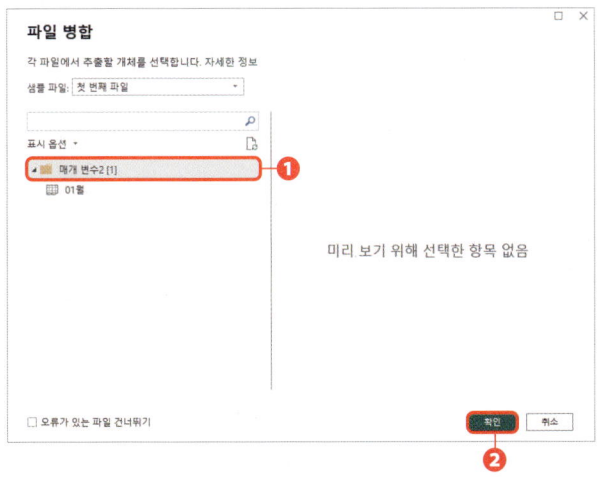

Chapter 07 파워 쿼리 편집기 활용 **213**

06 가져오기가 완료되면 파워 쿼리 편집기로 이동합니다. [쿼리] 창의 [서울 지역에서 파일 변환] 그룹은 파일 병합을 수행한 함수 쿼리이고, [다른 쿼리]의 '서울 지역' 쿼리로 결합된 결과를 반영합니다. 결합된 파일 정보를 보면 동일한 파일 목록이 2개씩 표시됩니다. 'Name' 필드에 파일 정보 외에 '_xlnm_FilterDatabase' 항목이 표시되는 데 이는 Excel에서 필터 등의 작업을 수행하면 함께 저장되는 숨겨진 정보입니다. 이 정보가 포함되면 파일 병합할 때 오류가 발생하므로 제거하겠습니다.

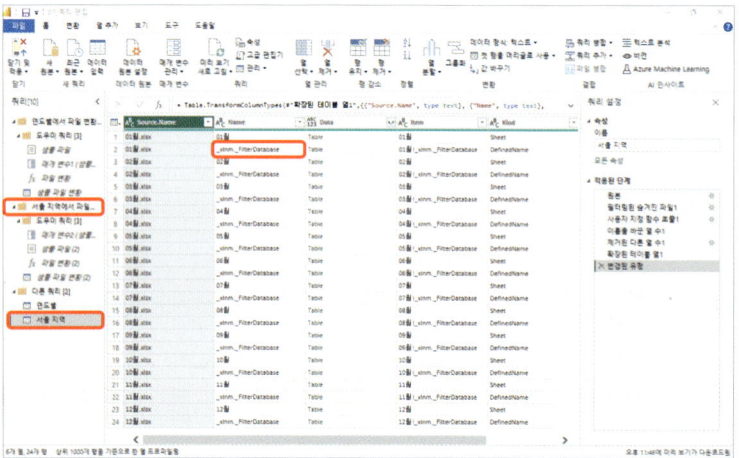

07 쿼리의 'Hidden' 열에서 데이터 목록이 [True]인 경우는 숨겨진 정보로 제거가 필요합니다. 마지막 'Hidden' 열에서 [필터 단추](▼)를 클릭하여 [TRUE]의 체크 표시를 해제한 후 [확인]을 클릭합니다.

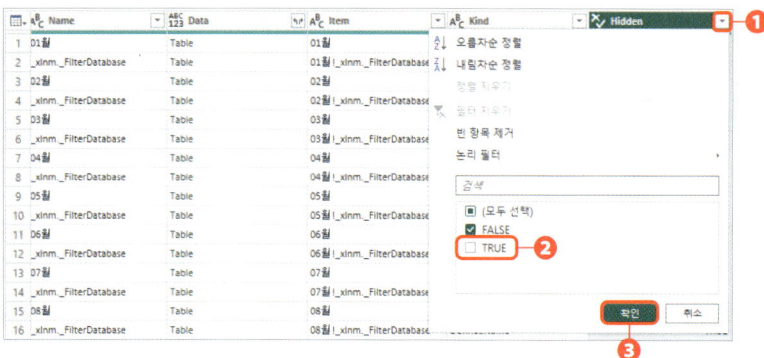

08 'Data' 열 이외의 다른 열은 제거하기 위해 'Data' 열에서 마우스 오른쪽 버튼을 클릭하고 [다른 열 제거]를 선택합니다.

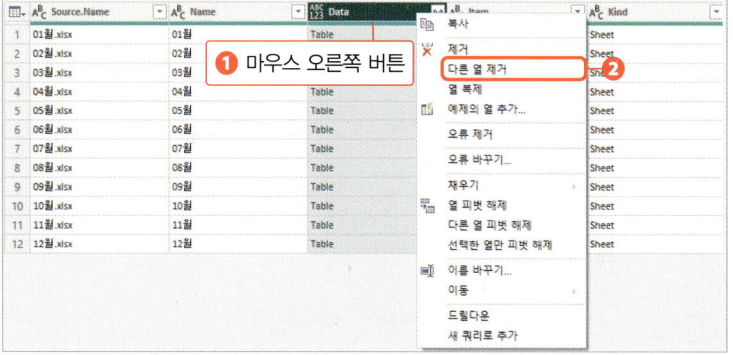

09 'Data' 열의 'Table'에는 파일의 정보가 포함되어 있습니다. 테이블을 확장하기 위해 열 머리글의 [확장]( )을 클릭한 후 [확인]을 클릭합니다.

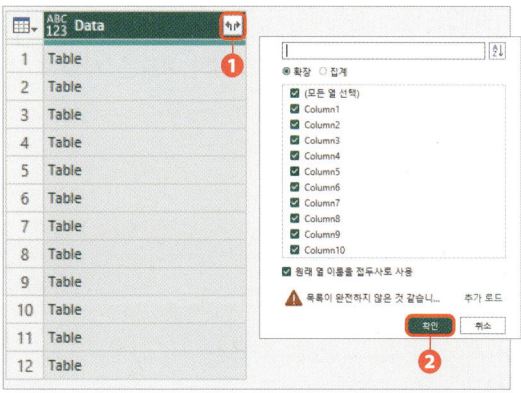

10 각 파일에 저장된 정보가 표시되고 머리글 행이 'Data.Column1'과 같이 표시됩니다. 1행을 열 머리글로 변환하기 위해 [홈] 탭 〉 [변환] 그룹에서 [첫 행을 머리글로 사용]을 클릭합니다.

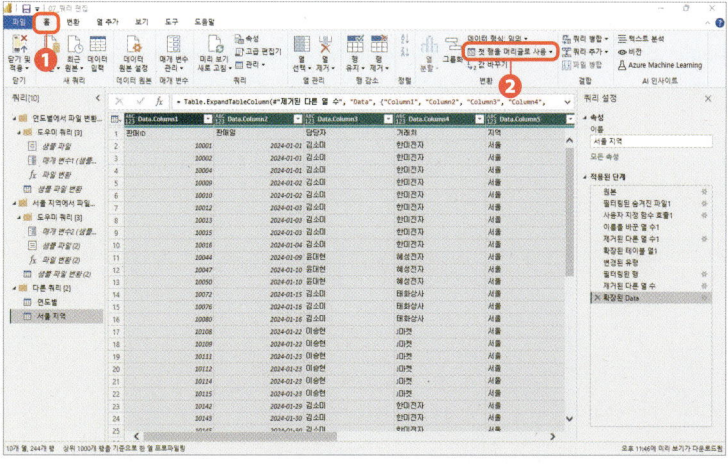

11 2월부터 12월의 데이터의 열 머리글은 행으로 남아있습니다. 필드명을 쉽게 찾아 지울 수 있는 '지역' 열의 [필터 단추](▼)를 클릭하여 목록에서 [지역]의 체크를 해제하고 [확인]을 클릭합니다.

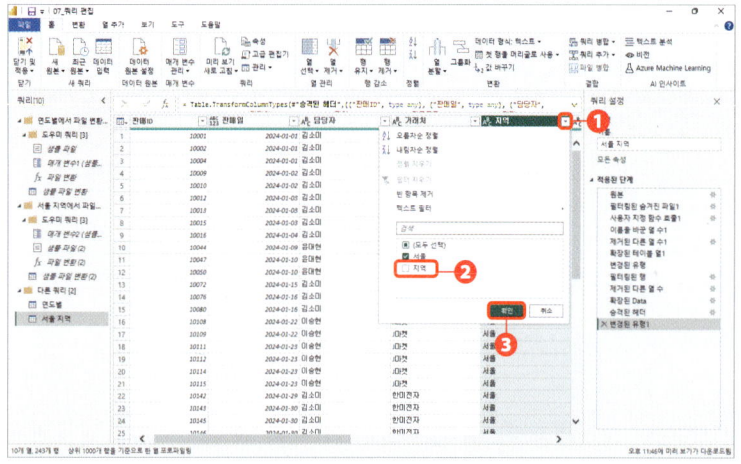

12 이제 각 필드의 데이터 형식을 변환합니다. '판매일' 열의 ABC/123 (데이터 형식)을 클릭하여 [날짜]로 변환, '단가, 수량, 금액' 열은 [정수]로 변환, '할인율'은 [10진수]로 설정합니다. 쿼리 이름은 '서울'로 변경하고 [홈] 탭 〉 [닫기 및 적용]을 클릭합니다.

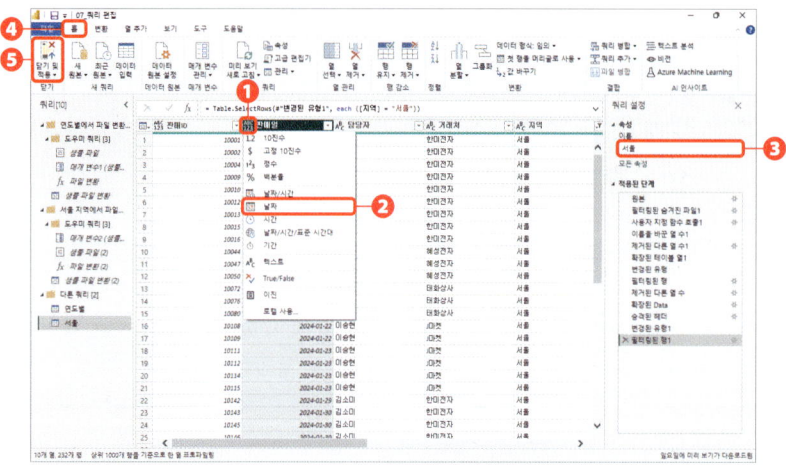

13 [시각화] 창에서 [꺾은선형 차트]를 추가합니다. [시각적 개체에 데이터 추가]의 [X축] 영역에 '서울' 테이블에서 '판매일' 필드, [Y값] 영역에 '서울' 테이블의 '금액' 필드를 추가합니다. 시각화 머리글의 [계층 구조에서 한 수준 아래로 모두 확장]( )을 이용하여 마지막 수준까지 확장하면 1월부터 12월까지 결합된 서울 지역의 매출금액을 확인할 수 있습니다.

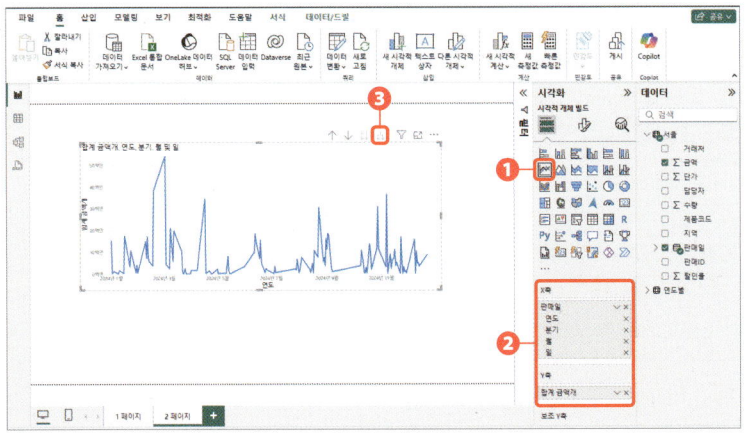

2 쿼리 추가와 병합

테이블 구조나 파일 형식이 다를 경우 [쿼리 추가]나 [쿼리 병합]으로 쿼리를 결합할 수 있습니다. 쿼리 추가는 행으로, 쿼리 병합은 열로 데이터를 추가합니다. 두 작업은 기존 쿼리에 추가할 수도 있고 새 항목으로 쿼리를 추가할 수 있습니다.

◈ 쿼리 추가

파워 쿼리 편집기에서 쿼리에 다른 쿼리를 추가할 경우 '쿼리 추가'를 사용합니다. '서울' 쿼리에 '광주'와 '부산' 지역의 매출을 추가해 보겠습니다. 다음 가져올 파일 스키마를 보면 광주 매출은 CSV 형식이며 주문날짜가 연도, 월, 일로 분리되어 있고, 할인율은 'Discount'로 되어 있습니다. 또한 'ProductCategory, Category'는 다른 테이블에 없는 필드입니다. 부산 매출은 필드 순서가 다른 테이블과 다르게 구성되어 있습니다. 이런 구조의 데이터를 통합하려면 필드명과 데이터 형식을 일치시킨 후 결합해야 합니다.

서울.XLSX	광주.CSV	부산.XLSX
판매ID	판매ID	판매ID
판매일	연도	판매일
담당자	월	제품코드
거래처	일	담당자
지역	담당자	지역
제품코드	지역	거래처
단가	거래처	단가
수량	제품코드	수량
할인율	단가	할인율
금액	수량	금액
	Discount	
	금액	
	ProductCategory	
	Category	

01 세 페이지에서 [홈] 탭 > [데이터] 그룹에서 [Excel 통합 문서]를 클릭합니다. [지역별] 폴더의 '부산.XLSX' 파일을 선택합니다.

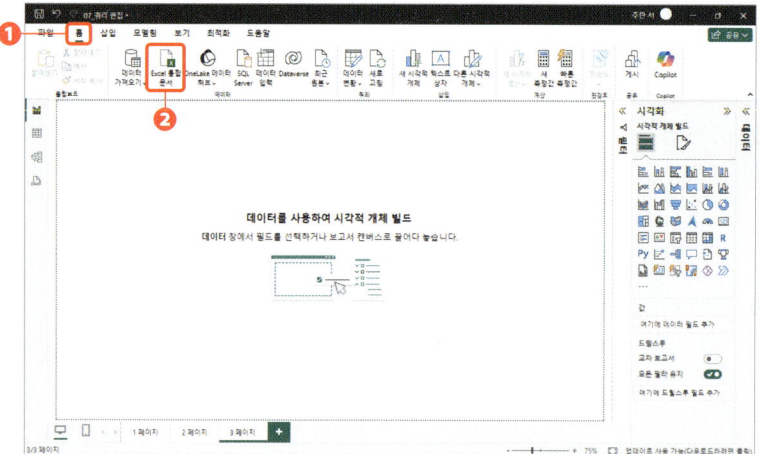

02 탐색 창에서 [부산]에 체크하고 [데이터 변환]을 클릭합니다.

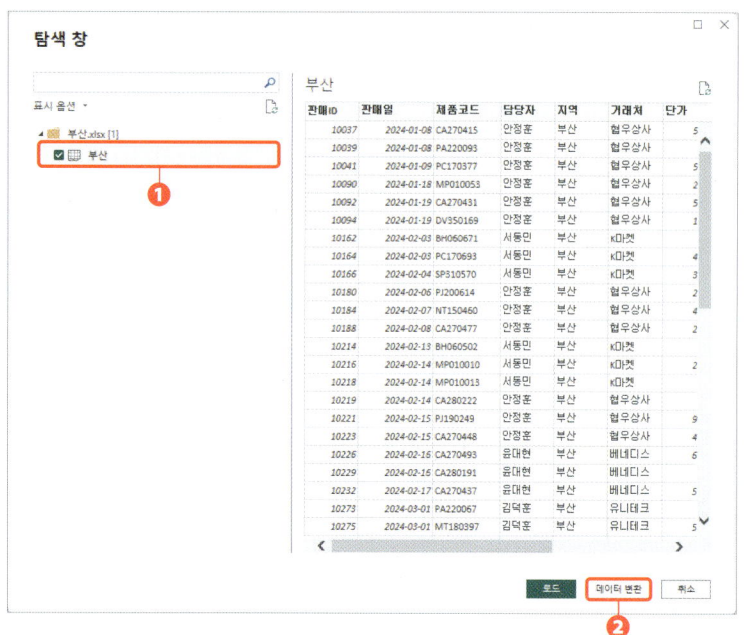

03 파워 쿼리 편집기에 '부산' 쿼리가 표시됩니다. '금액' 필드는 '원'이 입력되어 있어 텍스트 형식으로 인식됩니다. [값 바꾸기]로 텍스트 '원'을 제거하겠습니다. '금액' 열 머리글을 선택한 후 [변환] 탭 > [열] 그룹에서 [값 바꾸기]를 클릭합니다.

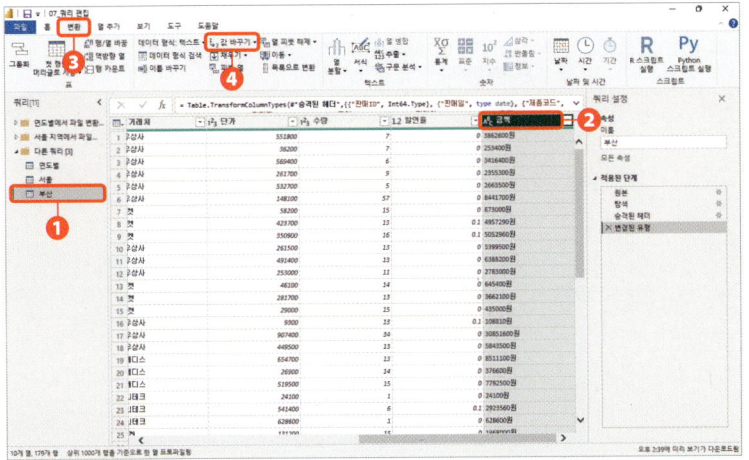

04 [값 바꾸기] 대화상자가 나타납니다. [찾을 값]에 '원'을 입력하고 [바꿀 항목]은 공백으로 두고 [확인]을 클릭합니다.

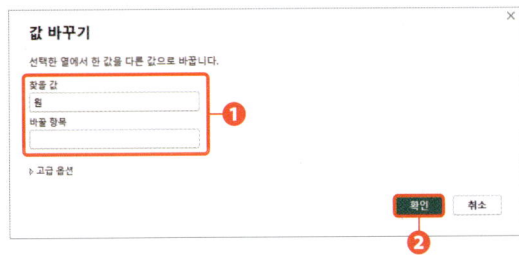

05 '금액' 열의 (데이터 형식 : 텍스트)을 클릭하여 [정수]로 변환합니다.

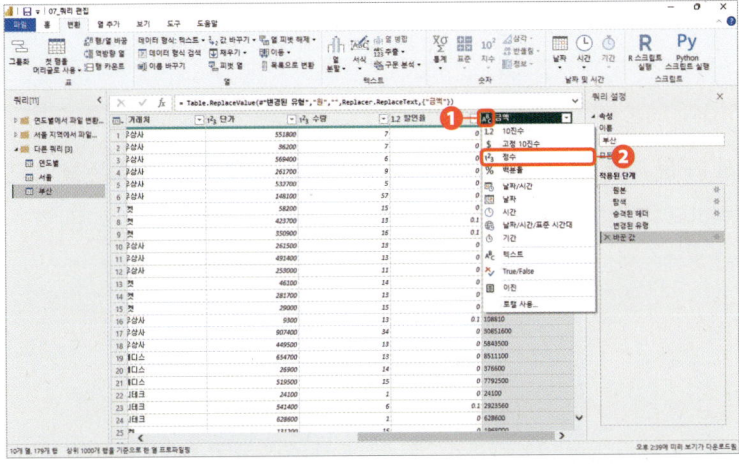

06 이제 광주 지역의 데이터를 가져와 보겠습니다. 파워 쿼리 편집기 창에서 [홈] 탭 〉 [새 쿼리] 그룹에서 [새 원본] 〉 [텍스트/CSV]를 클릭해서 [지역별] 폴더의 '광주.CSV' 파일의 데이터를 가져옵니다.

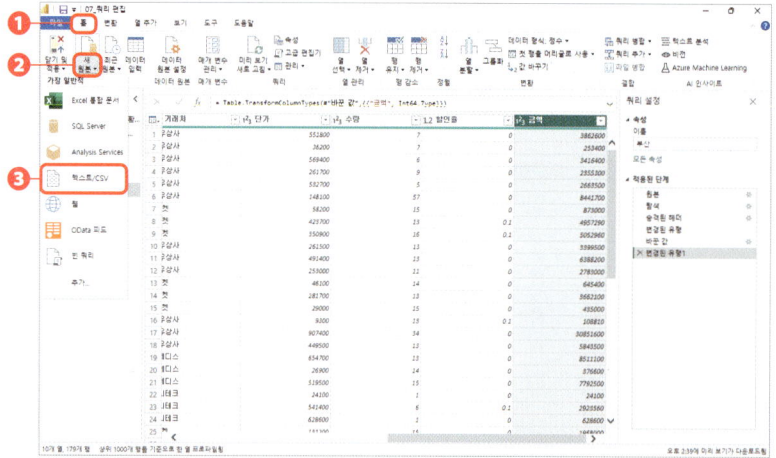

07 '광주' 쿼리에서 '연도, 월, 일' 필드를 '연도-월-일' 열 형식으로 병합해 보겠습니다. 선택한 열 순서대로 병합하므로 '연도' 열을 선택하고 Ctrl을 누른 상태로 '월, 일' 열을 차례로 선택합니다. [변환] 탭 〉 [텍스트] 그룹에서 [열 병합]을 클릭합니다.

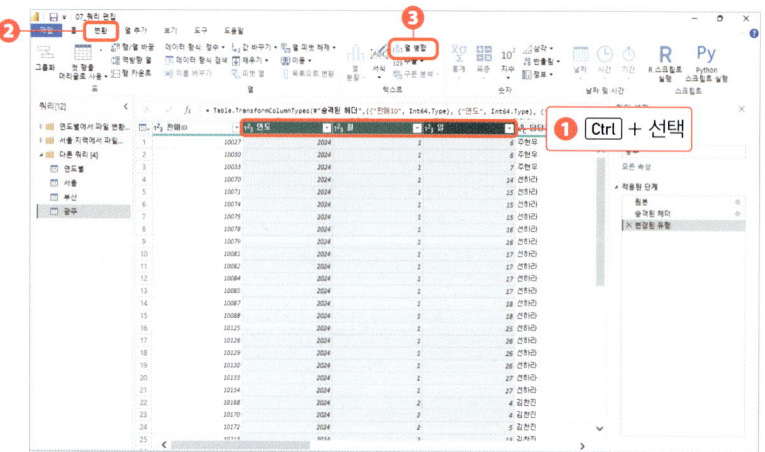

08 [열 병합] 대화상자에서 [구분 기호]는 '사용자 지정'으로 선택하고 입력란에 '-'(하이픈)을 입력, [새 열 이름]에 '판매일'을 입력하고 [확인]을 클릭합니다.

09 선택한 열이 병합되어 '판매일'로 변환됩니다. '판매일' 열의 (ABC)(데이터 형식)을 클릭하여 [날짜]로 변환합니다.

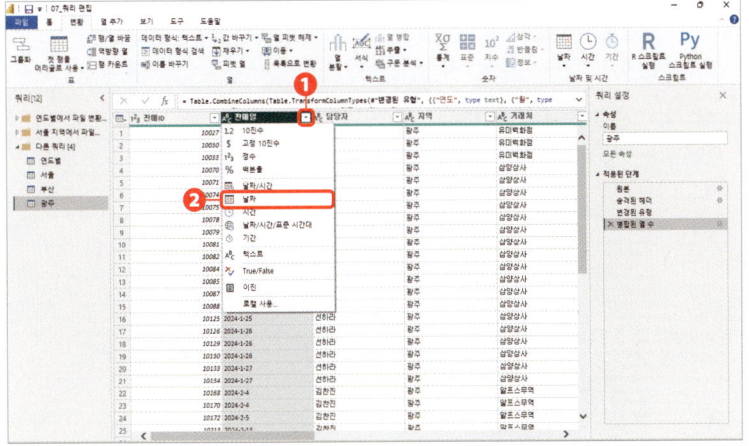

> **Tip** 열 병합하기
>
> 파워 쿼리 편집기의 [변환] 탭과 [열 추가] 탭에서 데이터를 편집할 수 있습니다. [변환] 탭의 편집 도구들은 선택한 열의 데이터를 편집하여 기존 데이터를 변환하고 [열 추가] 탭의 편집 도구들은 편집 결과를 새 열로 추가해서 제공합니다. '광주' 쿼리에서 '연도, 월, 일' 열을 차례로 선택하고 [열 추가] 탭 〉[텍스트에서] 그룹에서 [열 병합]을 클릭하면 기존 열은 그대로 유지하고 새로운 열이 추가됩니다.

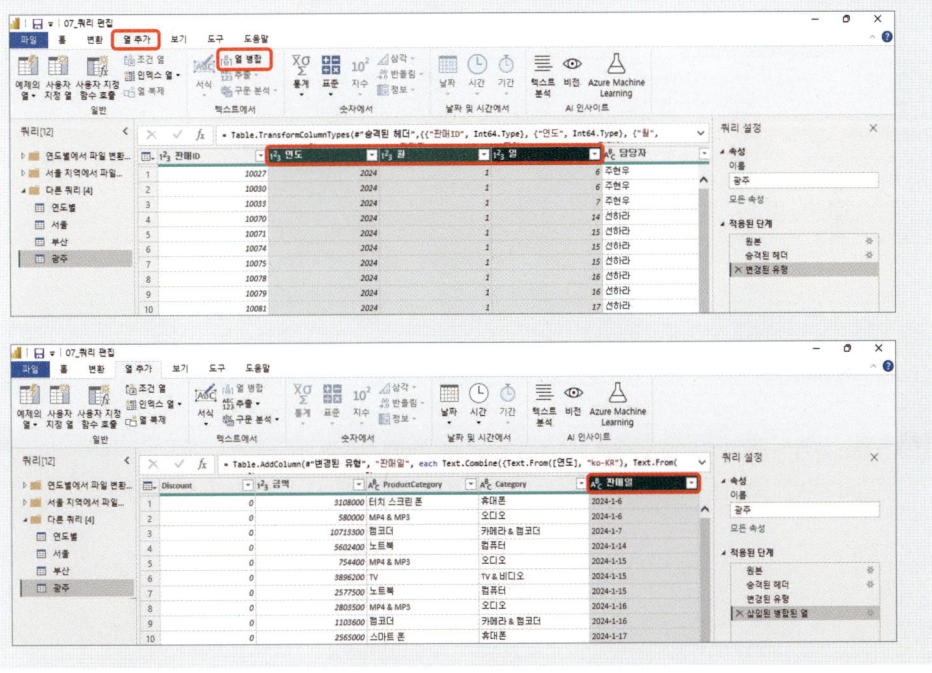

10 'Discount' 열 머리글은 더블클릭하여 '할인율'로 변경합니다. 'ProductCategory, Category' 열은 마우스 오른쪽 버튼을 클릭하고 [열 제거]를 선택하여 삭제합니다.

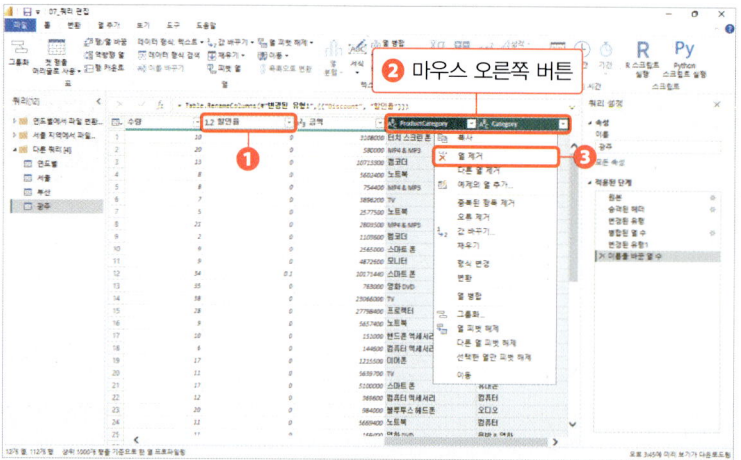

11 '서울, 부산, 광주' 쿼리를 결합하여 새 쿼리를 생성하겠습니다. 파워 쿼리 편집기의 [홈] 탭 〉 [결합] 그룹에서 [쿼리 추가] 〉 [쿼리를 새 항목으로 추가]를 클릭합니다.

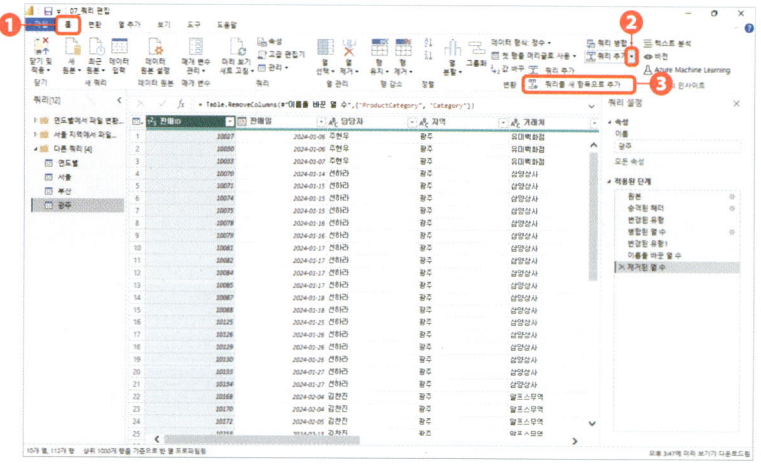

> **Tip** [쿼리 추가] 〉 [쿼리 추가]는 선택한 테이블에 다른 테이블의 행을 추가합니다.
> [쿼리 추가] 〉 [쿼리를 새 항목으로 추가]는 새로운 테이블(추가)을 생성하여 행을 추가합니다.

12 [추가] 대화상자가 나타납니다. 여러 개의 쿼리를 결합하기 위해 [3개 이상의 테이블]을 체크합니다. 추가할 테이블에 '서울, 부산, 광주'를 추가하고 [확인]을 클릭합니다.

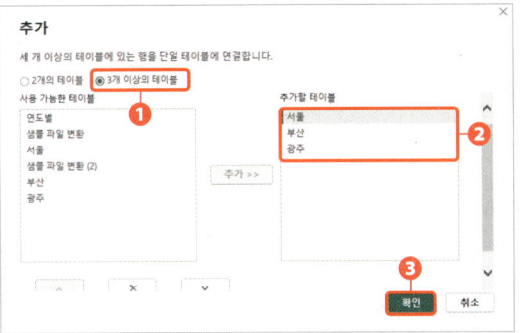

> **Tip** [추가] 대화상자에서 테이블을 추가한 후 아래로 이동(∨), 위로 이동(∧), 제거(×)를 클릭하여 테이블 순서를 변경하거나 삭제할 수 있습니다.

13 추가 쿼리가 실행되면 '추가' 쿼리가 생성됩니다. '지역' 열의 [필터 단추](▼)를 클릭하면 '서울, 부산, 광주' 쿼리가 결합되었음을 알 수 있습니다.

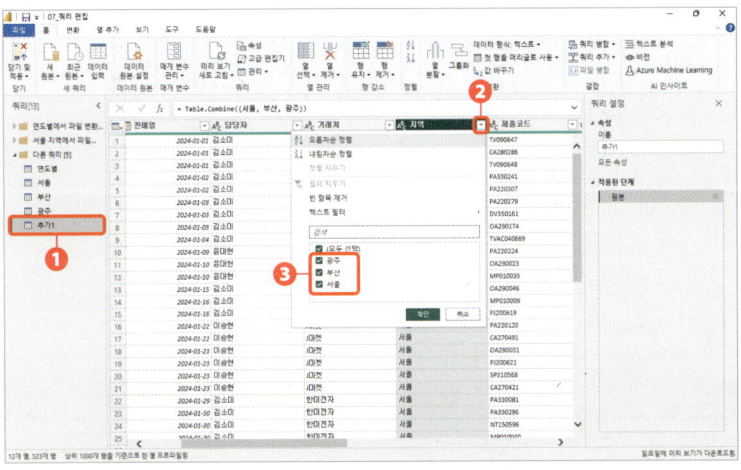

◆ 쿼리 병합

파워 쿼리 편집기의 [쿼리 병합]으로 다른 쿼리의 정보를 열로 병합할 수 있습니다. 선택한 두 쿼리의 공통 필드를 선택하여 쿼리를 병합하고, 조인 종류에 따라 행 표시 방법을 변경할 수 있습니다.

'추가1' 쿼리에는 제품에 관한 상세 정보는 포함되어 있지 않습니다. 제품정보 파일의 데이터를 가져와 제품코드를 기준으로 병합해서 제품명을 추가해 보겠습니다.

01 파워 쿼리 편집기에서 [홈] 탭 〉[새 원본] 〉[텍스트/CSV]를 클릭하여 '제품목록.cvs' 파일의 데이터를 가져옵니다.

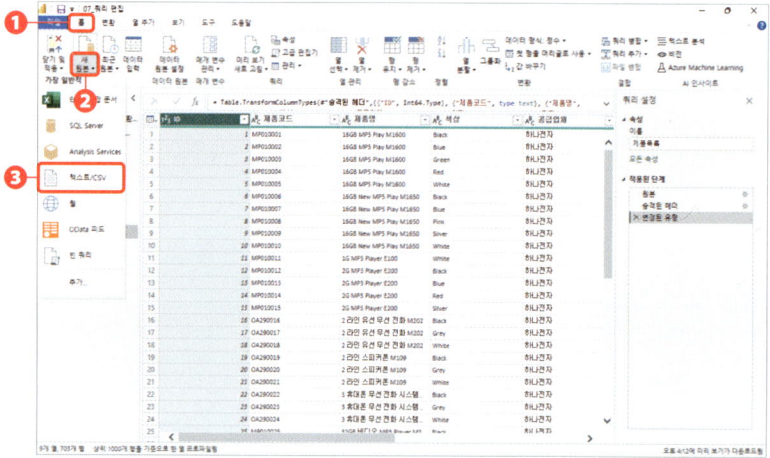

02 '추가1' 쿼리를 선택하고 [홈] 탭 〉[결합] 그룹에서 [쿼리 병합] 〉[쿼리를 새 항목으로 병합]을 클릭합니다.

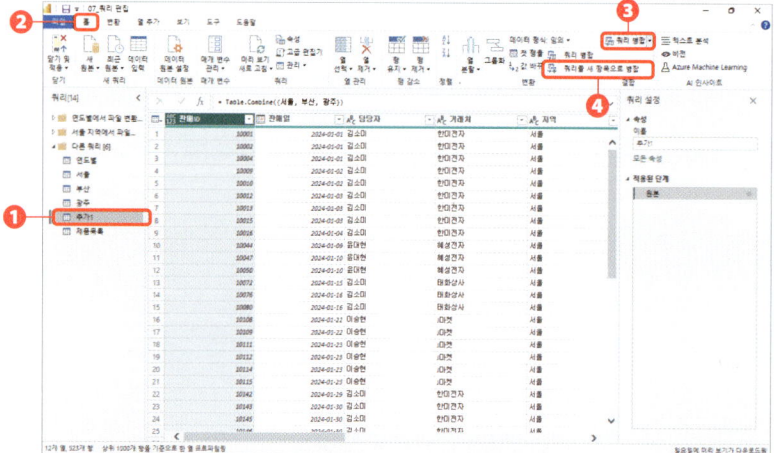

03 [병합] 대화상자가 나타나면 병합할 테이블과 일치시킬 열을 선택합니다. 첫 번째 테이블에는 선택한 '추가1'이 표시되며 병합할 열로 '제품코드'를 클릭합니다. 두 번째 테이블에 '제품목록'을 선택하고 병합할 열로 '제품코드'를 클릭합니다. [조인 종류]에 '왼쪽 외부(첫 번째의 모두, 두 번째의 일치하는 행)'을 선택합니다. 왼쪽 외부 조인은 첫 번째 테이블은 전체 행을 표시하고 두 번째 테이블은 일치하는 행을 표시합니다. [확인]을 클릭합니다.

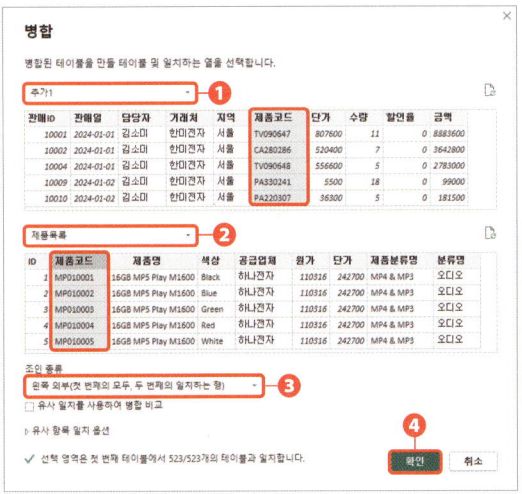

Tip 조인 종류

조인 종류는 두 테이블을 병합할 때 병합한 열의 행 표시 방법을 나타냅니다.

조인 종류	설명
왼쪽 외부	첫 번째 테이블은 전체 행, 두 번째 테이블은 일치하는 행만 표시
오른쪽 외부	두 번째 테이블은 전체 행 표시, 첫 번째 테이블은 일치하는 행만 표시
내부	두 테이블의 일치하는 행만 표시
완전 외부	두 테이블의 모든 행 표시
왼쪽 앤티	첫 번째 테이블에서 두 번째 테이블과 일치하지 않는 행만 표시
오른쪽 앤티	두 번째 테이블에서 첫 번째 테이블과 일치하지 않는 행만 표시

04 '병합' 쿼리가 생성되고 '제품목록' 열이 나타납니다. '제품목록' 열에는 'Table'에 정보가 저장되어 있으며 이를 확장시켜 정보를 표시해야 합니다. '제품목록' 열의 (　)(확장)을 클릭하여 [제품명, 색상, 분류명]을 체크합니다. [원래 열 이름을 접두사로 사용]을 해제하고 [확인]을 클릭합니다.

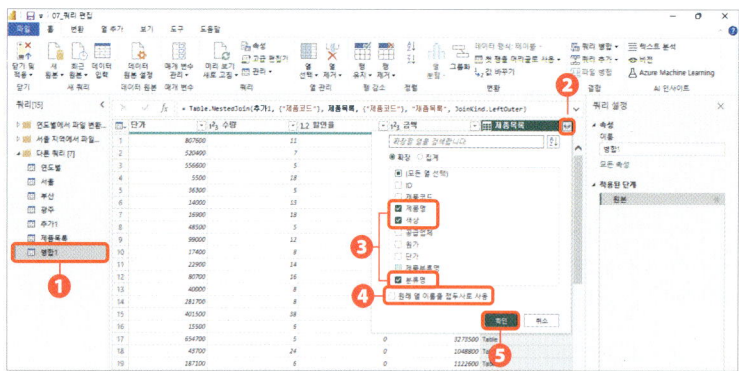

05 '병합' 쿼리의 '제품코드' 열 데이터와 일치하는 열이 표시됩니다. '제품명, 색상, 분류명' 열을 드래그하여 '제품코드' 열 오른쪽으로 이동시킵니다.

> **Tip 여러 열로 병합하기**
>
> 여러 열을 선택해서 병합할 수 있습니다. '매출' 쿼리의 연월, 담당자별로 '목표' 쿼리의 목표수량을 병합한다면, '매출' 쿼리에서 Ctrl 과 함께 '연월, 담당자코드' 열을 선택한 후 '목표' 쿼리에서 '연월, 사번' 열을 순서대로 선택하여 병합할 수 있습니다.
>
>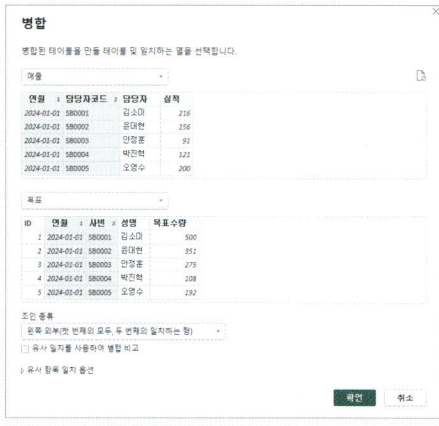

3 쿼리 복제와 참조

작업 중인 쿼리를 복제하거나 참조해서 새 쿼리를 작성할 수 있습니다. 동일한 쿼리를 여러 개 구성해야 할 경우 쿼리를 복제하면 원본 쿼리와 별개의 동일한 쿼리가 생성됩니다. 참조는 원본과 연결된 쿼리를 생성합니다.

◆ 복제

쿼리를 '복제'하면 원본과 동일한 쿼리가 생성됩니다. 편집한 쿼리는 그대로 두고 추가 작업을 해야 할 경우 쿼리를 복제합니다.

01 '서울' 쿼리를 복제해 보겠습니다. [쿼리] 창에서 '서울' 쿼리를 선택하고 [홈] 탭 〉 [쿼리] 그룹에서 [관리] 〉 [복제]를 클릭합니다.

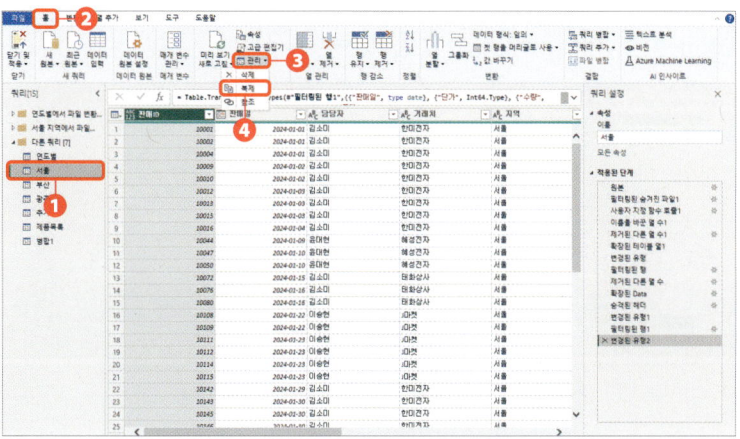

02 [쿼리] 창에 복제된 '서울(2)' 쿼리가 생성됩니다.

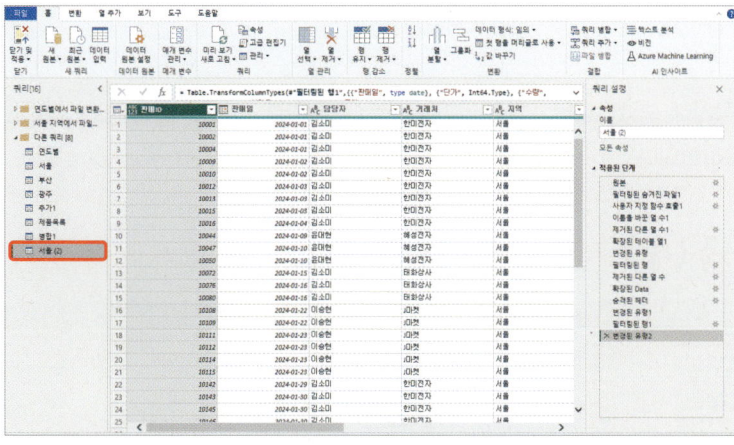

03 '서울' 쿼리에서 담당자가 [김소미, 안정훈]인 경우만 필터합니다.

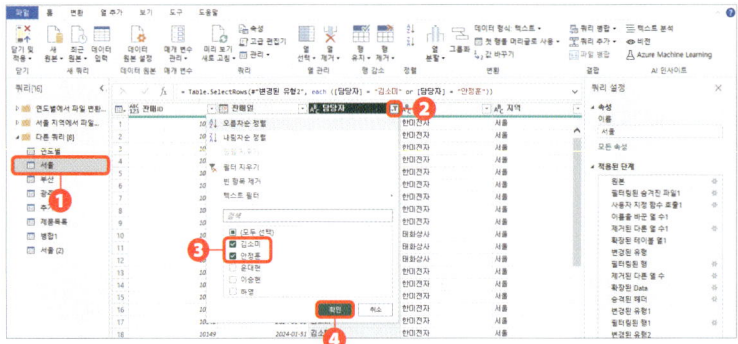

04 복제된 '서울(2)' 쿼리에는 '서울' 쿼리에서 적용된 필터가 영향을 주지 않습니다. 이렇듯 [복제]는 원본 쿼리와 별도로 사용할 수 있습니다.

◈ 참조

'참조'는 복제와 마찬가지로 새 쿼리를 생성하지만, 복제와 달리 수식을 사용해 원본 쿼리와 연결된 쿼리를 생성합니다. 참조 쿼리는 원본 쿼리가 수정되면 함께 변경됩니다.

01 '부산' 쿼리를 참조로 복사해 보겠습니다. [쿼리] 창에서 '부산' 쿼리를 선택하고 [홈] 탭 〉 [쿼리] 그룹에서 [관리] 〉 [참조]를 클릭합니다.

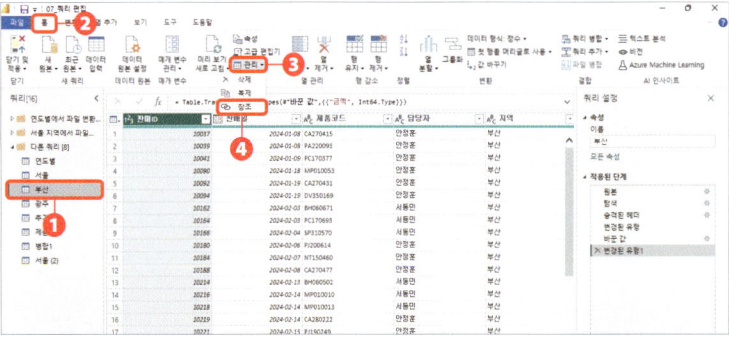

02 [쿼리] 창에 참조된 '부산(2)' 쿼리가 생성됩니다. 수식 입력줄에 '=부산'으로 작성된 수식을 확인할 수 있습니다.

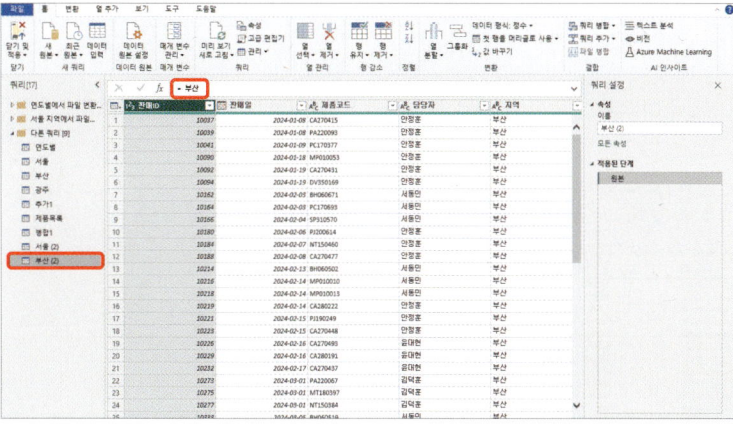

03 '부산' 쿼리에서 담당자가 '김덕훈'인 경우만 필터합니다.

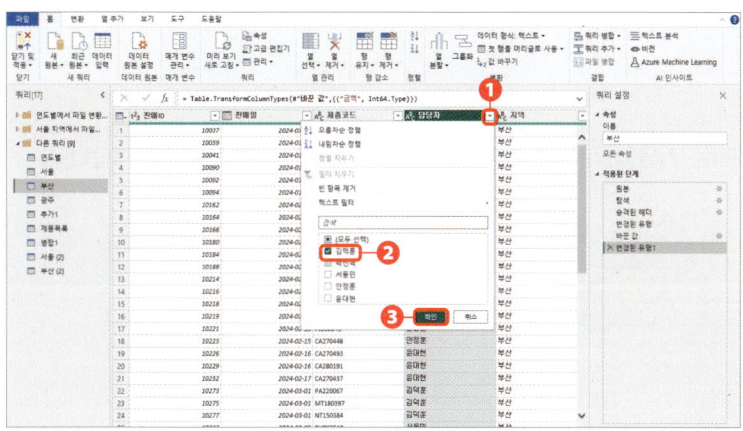

04 참조된 '부산(2)' 쿼리에 '부산' 쿼리에서 적용된 필터가 반영됩니다. [참조]는 원본 쿼리와 연결된 상태로 사용할 수 있습니다.

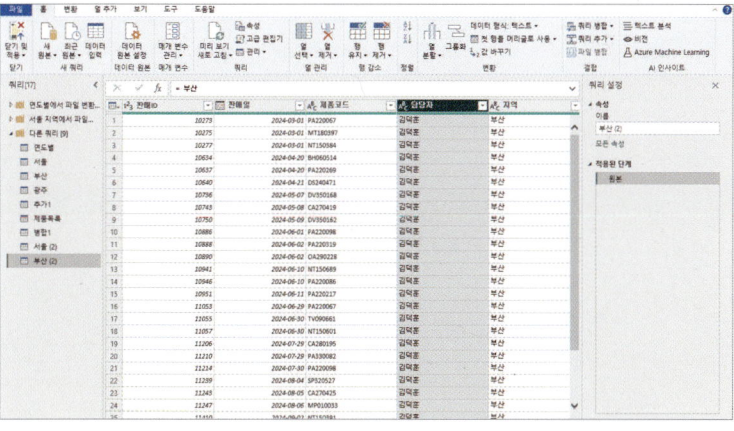

◆ 로드 사용 해제

파워 쿼리 편집기에서 작업한 쿼리 중 시각화할 대상이 아닌 경우 Power BI Desktop에 로드하지 않고 사용할 수 있습니다.

01 [쿼리] 창의 '서울(2)' 쿼리에서 마우스 오른쪽 버튼을 클릭하고 [로드 사용]을 선택하여 해제합니다.

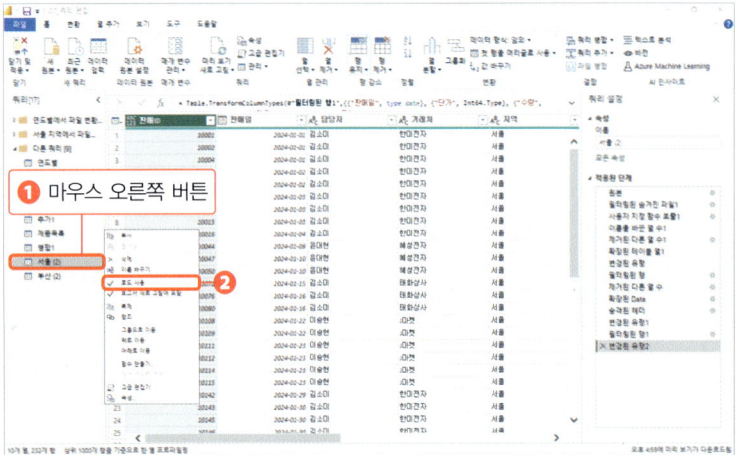

02 로드 제거가 적용된 쿼리는 기울임꼴로 표시됩니다. '부산(2)' 쿼리도 로드 사용을 해제합니다.

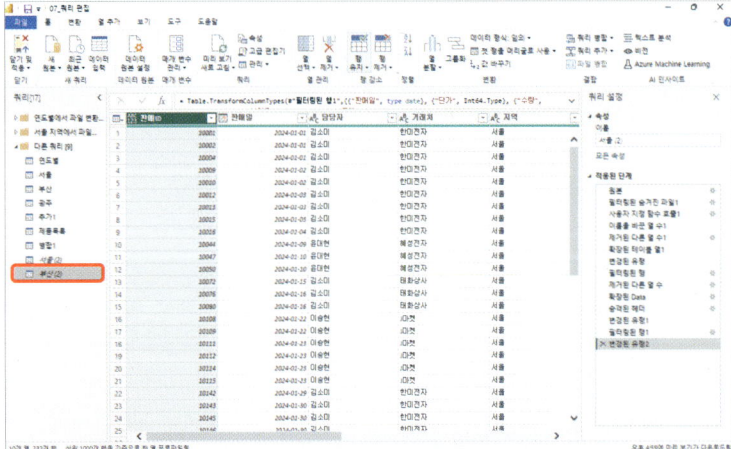

4 행 그룹화

쿼리에서 선택한 열의 값을 기준으로 행을 그룹화하여 합계, 평균, 개수와 같은 요약 테이블을 구성할 수 있습니다. 행 그룹화를 수행하면 선택한 쿼리에서 그룹화한 열과 요약 결과만 남고 다른 열은 모두 사라지기 때문에 참조 쿼리를 만들어 놓고 수행합니다.

01 담당자별로 주문건수와 매출금액을 요약해 보겠습니다. [쿼리] 창에서 '병합1' 쿼리를 선택한 후 [홈] 탭 〉 [쿼리] 그룹에서 [관리] 〉 [참조]를 클릭합니다.

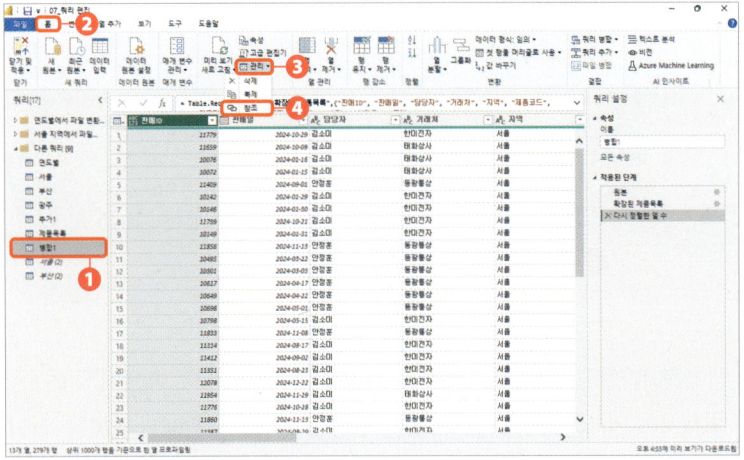

02 '병합1(2)' 쿼리의 '담당자' 열을 선택하고 [홈] 탭 〉 [표] 그룹에서 [그룹화]를 클릭합니다.

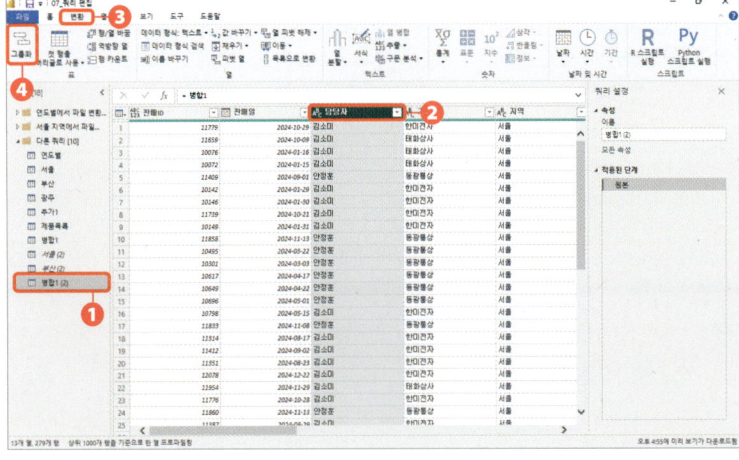

03 [그룹화] 대화상자가 나타나면 그룹화 기준으로 사용할 열과 요약 결과를 설정할 수 있습니다. 여러 열을 기준으로 집계 결과를 표시하기 위해 [고급]을 클릭합니다. 그룹화 기준에 선택한 '담당자' 열이 표시됩니다. 첫 번째 [새 열 이름]에 '주문건수' 입력, [연산]에서 '행 카운트'를 클릭합니다. [집계 추가]를 클릭하여 두 번째 [새 열 이름]에 '매출금액' 입력, [연산]에서 '합계' 선택, [열]에서 '금액'을 선택하고 [확인]을 클릭합니다.

04 담당자별 요약 쿼리가 생성됩니다. 이 쿼리는 원본(병합1) 쿼리와 연결되어 있기 때문에 '서울, 광주, 부산' 쿼리에 업데이트가 발생하면 언제든지 변경될 수 있습니다. [쿼리 설정] 창에서 이름을 '담당자별 매출'로 변경합니다.

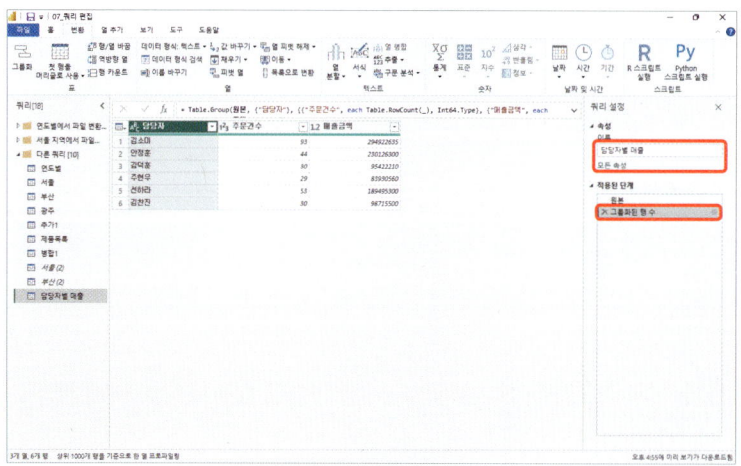

5 쿼리 새로 고침

파워 쿼리 편집기의 미리 보기 화면은 원본 테이블과 연결되어 있지만 원본 테이블의 수정 사항을 즉시 반영하지 않습니다. 미리 보기 화면의 데이터가 언제 업데이트 되었는지 확인하려면 상태 표시줄의 시간을 확인하고, 필요한 경우 쿼리 편집기에서 데이터 새로 고침을 적용합니다.

01 '추가' 쿼리를 선택하고 파워 쿼리 편집기의 상태 표시줄 오른쪽에 시간 미리 보기 내용이 표시되어 있습니다. 이 쿼리 편집기에 데이터를 연결한 시간을 표시합니다.

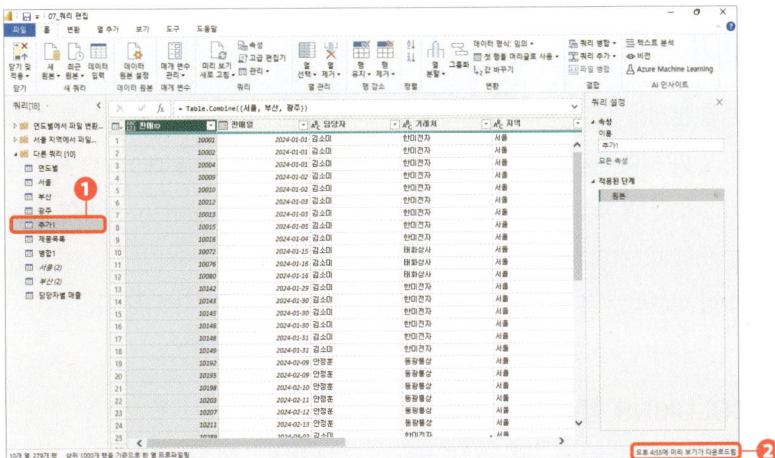

02 [홈] 탭 〉 [쿼리] 그룹에서 [미리 보기 새로 고침] 〉 [미리 보기 새로 고침]을 클릭합니다. [미리 보기 새로 고침]은 선택한 쿼리만 업데이트되며, [모두 새로 고침]을 선택하면 모든 쿼리가 업데이트됩니다. 상태 표시줄에 표시되는 시간도 업데이트됩니다.

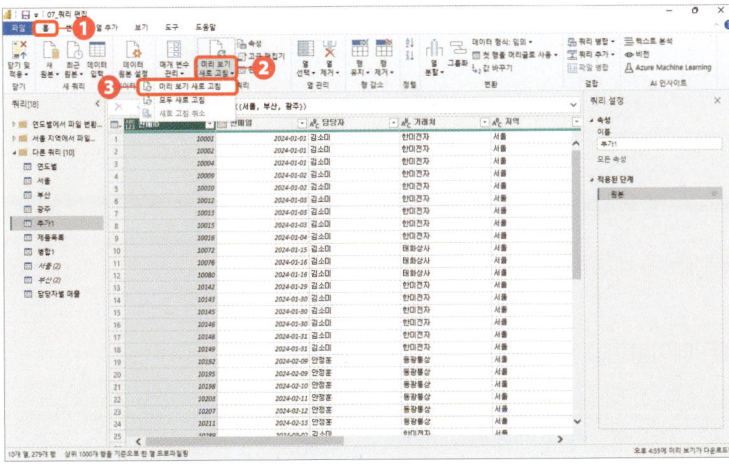

08 DAX 함수 활용

Chapter

데이터 모델링에서 중요한 요소 중 하나는 DAX 함수를 활용한 수식 작성입니다. 데이터 모델에 분석에 필요한 값이 포함되어 있지 않은 경우, 일반적으로 DAX 수식을 통해 이를 계산합니다. 이번 챕터에서는 날짜 테이블 생성, 조건식에 따른 판단, 전년대비 증감률 계산, 빠른 측정값 작성 등의 방법을 살펴보겠습니다. 이번 챕터에서 사용하는 수식은 예제 폴더의 파일(수식_Calendar.txt, 08_수식_DAX 함수 활용.txt)을 참고하여 작성합니다.

예제 파일 | Part 02 〉 Chapter 08 〉 08_날짜 테이블 만들기.pbix, 08_DAX 수식 활용.pbix, 수식_Calendar.txt, 08_수식_DAX 함수 활용.txt

1 날짜 테이블 만들기

Power BI에서는 일관된 시계열 분석을 위해, 분석 모델의 시작일부터 종료일까지의 날짜 정보를 포함한 날짜 테이블을 사용합니다. 날짜 테이블을 활용하면 연도, 분기, 월, 주, 요일 등으로 데이터를 일관되게 분석할 수 있으며, 전년 대비 비교, 월 누계 계산 등 시간 인텔리전스(Time Intelligence) 기반의 DAX 함수 활용도 가능해집니다. 또한 날짜 테이블을 다른 테이블의 날짜 필드와 관계 설정하면, 데이터 모델의 성능이 향상되고 날짜 기반의 필터링과 슬라이싱 작업도 보다 효율적으로 수행할 수 있습니다.

◆ CALENDAR, ADDCOLUMNS 함수

DAX 함수 중 CALENDAR와 ADDCOLUMNS 함수를 사용해 날짜 테이블을 작성할 수 있습니다. 새 테이블을 작성해 CALENDAR 함수로 필요한 기간만큼 Date 필드를 구성하고, ADDCOLUMNS 함수로 연도, 분기, 월, 요일 등의 날짜 정보를 함께 날짜 테이블에 표현할 수 있습니다.

CALENDAR 함수는 시작일부터 종료일까지의 날짜를 포함하는 'Date'라는 필드가 있는 테이블을 작성합니다.

구문 : CALENDAR(<start_date>, <end_date>)

인수	설명
〈start_date〉	Datetime을 반환하는 DAX 식
〈end_date〉	Datetime을 반환하는 DAX 식

ADDCOLUMNS 함수는 지정된 테이블이나 테이블 식에 계산 열을 추가합니다.

구문 : ADDCOLUMNS(<table>, <name>, <expression>,...)

인수	설명
〈table〉	테이블을 반환하는 DAX 식

⟨name⟩	열 이름으로 큰 따옴표(" ")로 묶어서 사용
⟨expression⟩	테이블 각 행에 대해 계산된 표현식

✦ 날짜 테이블 만들기

새 테이블로 날짜 테이블을 구성해 보겠습니다. [테이블 도구] 탭 〉 [새 테이블]을 이용하여 CALENDAR나 SUMMARIZE와 같은 함수를 사용하여 새 테이블을 작성할 수 있습니다.

01 '08_날짜 테이블 만들기.pbix' 파일을 엽니다. [테이블](▦) 보기에서 [테이블 도구] 탭 〉 [계산] 그룹의 [새 테이블]을 클릭합니다.

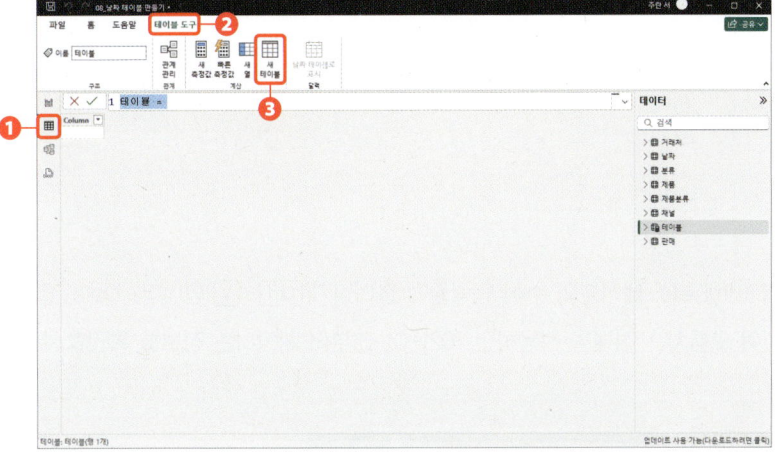

02 수식 입력줄에 아래 수식을 입력하고 Enter 를 누릅니다. 이 수식은 DATE 함수로 2024-01-01~2024-01-31까지 연속되는 날짜 데이터를 생성하며, 'DimDate' 테이블에 'Date' 필드가 추가됩니다.

DimDate = CALENDAR(DATE(2024,01,01), DATE(2024,01,31))

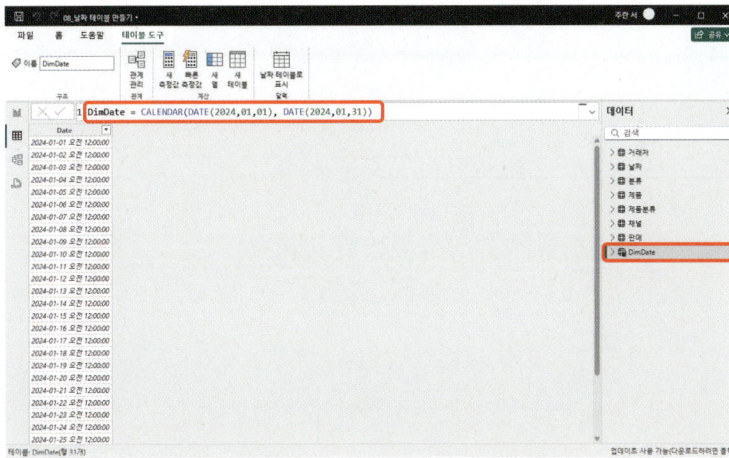

Chapter 08 DAX 함수 활용 **235**

03 'DimDate' 테이블에 연도, 분기, 월 등의 정보를 추가해 보겠습니다. '수식_Calendar.txt' 파일을 열어보면 날짜 테이블을 작성하는 수식이 작성되어 있습니다. 이 수식은 CALENDAR 함수에 '판매' 테이블의 '판매일' 필드를 기준으로 Date 함수를 사용하여 시작일(2021-01-01)과 종료일(2024-12-31)을 포함하는 'DimDate' 테이블의 'Date' 필드를 생성합니다. 그리고 ADDCOLUMNS 함수로 'DimDate' 테이블에 열 머리글 '연도, 분기, 연월, 월No, 월, 월(영문), 요일, 요일No, 주'와 수식의 결과를 반환합니다. 전체 수식을 복사(Ctrl+C)합니다.

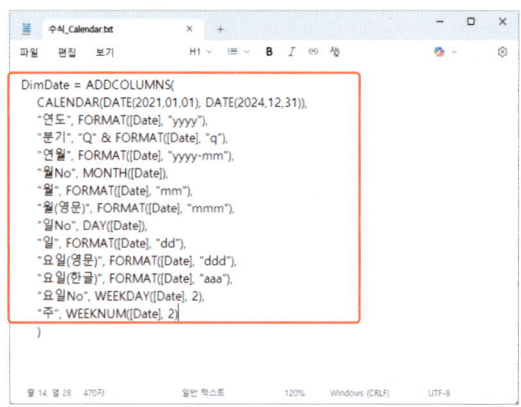

04 Power BI Desktop의 'DimDate' 테이블의 수식 입력줄에 붙여넣기(Ctrl+V)합니다. 'Date' 열의 [필터 단추](▼)를 클릭하여 오름차순 정렬을 적용하면 2021-01-01부터 시작하는 정보를 확인할 수 있습니다.

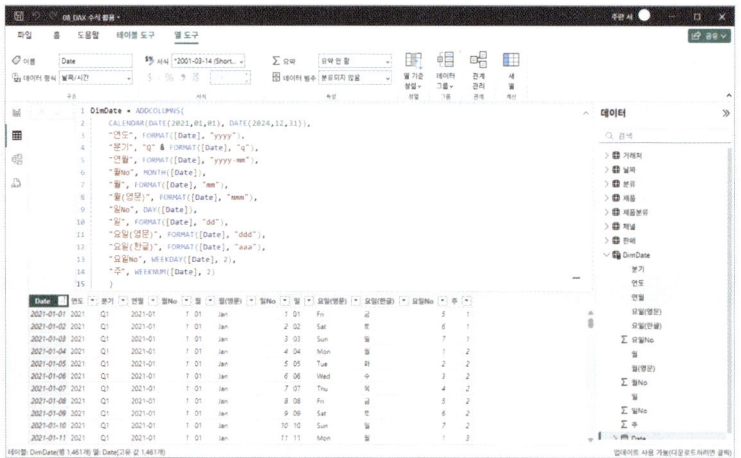

05 시각화에서 날짜 정보는 'DimDate' 테이블을 사용하기 위해 테이블 관계를 다시 설정합니다. [모델](🗂️) 보기에서 'DimDate' 테이블의 'Date' 필드와 '판매' 테이블의 '판매일' 필드를 관계 설정합니다.

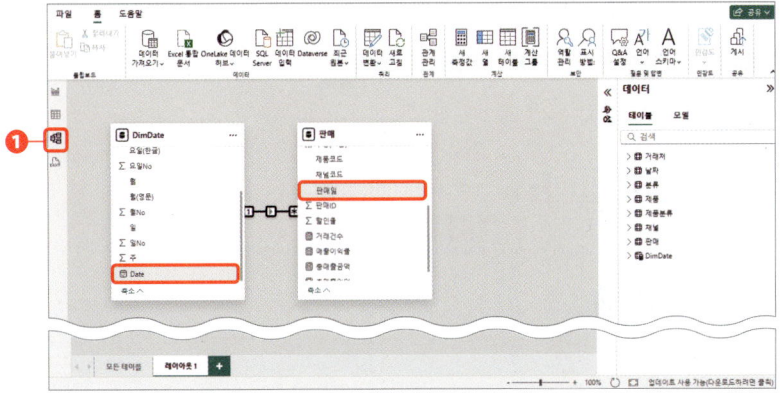

06 [테이블](▦) 보기에서 'DimDate' 테이블의 'Date' 필드를 선택합니다. [열 도구] 탭 〉 [서식] 그룹에서 '*2001-03-14(Short Date)' 형식으로 설정합니다.

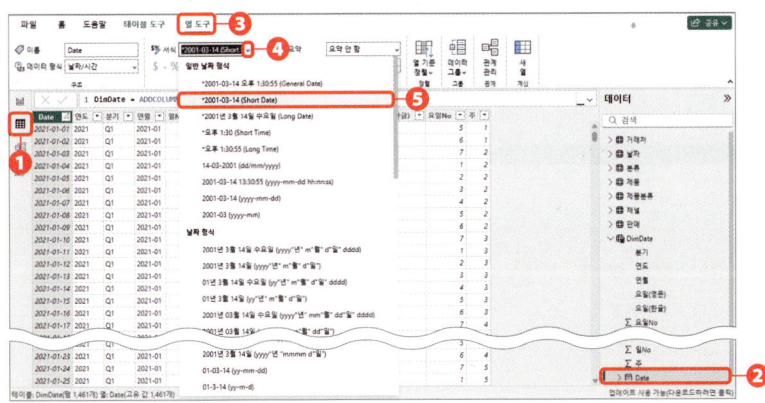

07 영문월(Jan, Feb, Mar..)이나 요일(월, 화, 수…)을 명명된 순서로 시각화하기 위해 열 기준 정렬을 설정합니다. '월(영문)' 필드를 선택한 후 [열 도구] 탭 〉 [정렬] 그룹에서 [열 기준 정렬] 〉 [월No]를 선택합니다. 동일한 방법으로 '요일(한글)', 요일(영문) 필드는 '요일No'로 열 기준 정렬을 설정합니다.

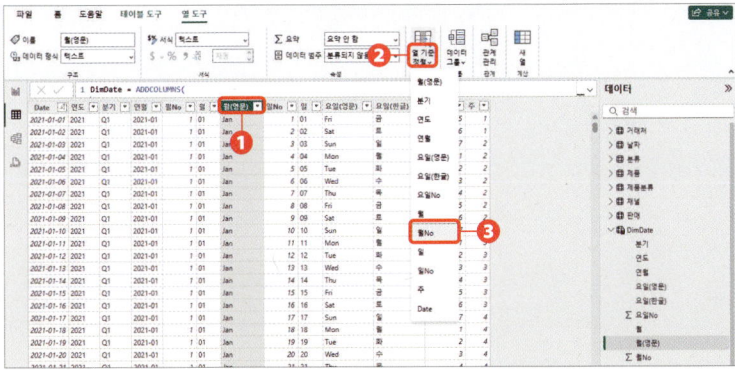

08 [보고서](📊) 보기의 '전체현황' 페이지에서 꺾은선형 및 누적 세로 막대형 차트를 선택합니다. [시각적 개체에 데이터 추가]의 [X축] 영역에 '연도' 필드를 제거하고, 'DimDate' 테이블의 '연도' 필드를 추가합니다. 페이지의 슬라이서나 꺾은선형 차트도 'DimDate' 테이블의 날짜 정보로 설정합니다.

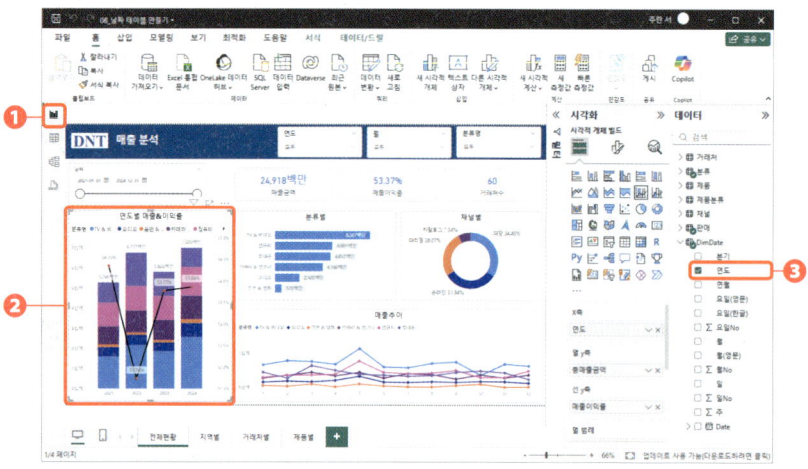

Tip 날짜 테이블 숨기기

'날짜' 테이블은 더 이상 사용하지 않으므로 마우스 오른쪽 버튼을 클릭하고 [보고서 뷰에서 숨기기]를 설정합니다.

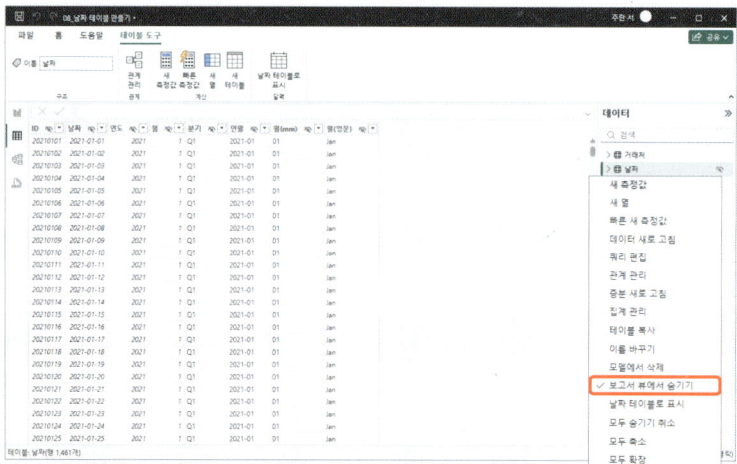

2 측정값 관리

수식 작성 시 계산 열은 각 테이블에 추가하지만, 측정값은 특정 테이블에 포함시킬 필요는 없습니다. 하지만 측정값만 따로 관리하면 수식 참조나 편집이 효율적입니다. 새로운 테이블을 만들어 측정값을 관리해 보겠습니다.

◆ 새 테이블 만들기

새 테이블을 작성할 때 [홈] 탭 > [데이터] 그룹에서 [데이터 입력]을 사용하면 수식없이 새 테이블을 만들어 데이터를 입력하거나 측정값을 작성할 수 있습니다.

01 '08_DAX_수식 활용.pbix' 파일을 엽니다. [홈] 탭 > [데이터] 그룹에서 [데이터 입력]을 클릭합니다.

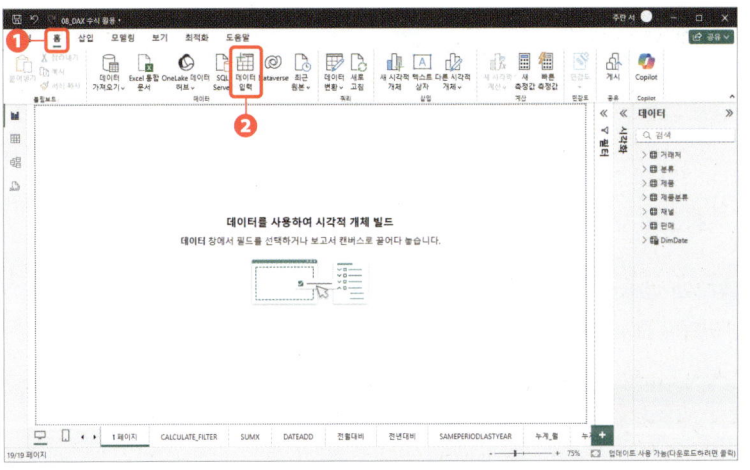

02 [테이블 만들기] 대화상자가 나타납니다. 빈 테이블을 작성하기 위해 데이터는 입력하지 않고 테이블 이름에 '_측정값'이라고 입력한 후 [로드]를 클릭합니다.

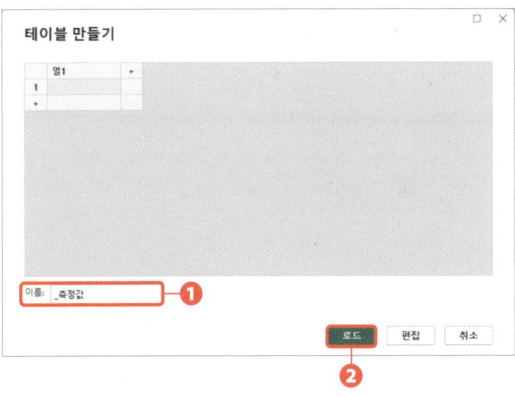

03 작성된 '_측정값' 테이블이 [데이터] 창의 맨 위쪽에 표시됩니다. 추가된 테이블에는 기본으로 '열 1' 필드를 포함하고 있습니다.

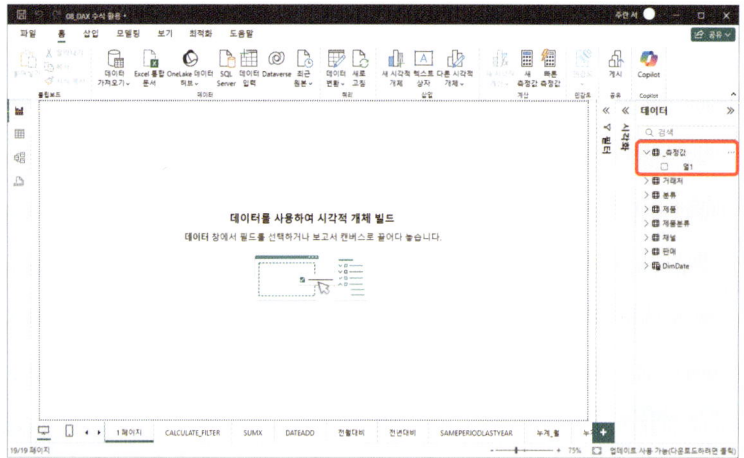

◈ 측정값 이동

'판매' 테이블에 작성한 여러 측정값을 새로운 '_측정값' 테이블로 이동시켜 보겠습니다.

01 '판매' 테이블의 '총매출금액' 측정값을 선택하고 [측정 도구] 탭 〉 [구조] 그룹에서 [홈 테이블] 〉 [_측정값]을 클릭합니다.

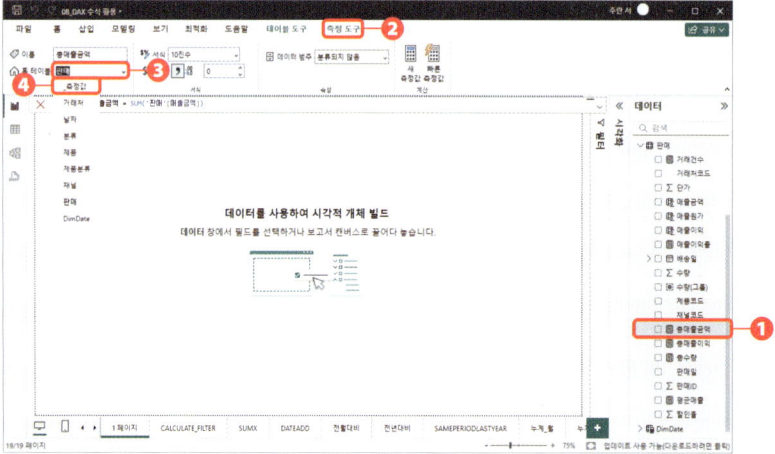

02 '총매출금액' 측정값의 위치가 '_측정값' 테이블로 이동됩니다. 동일한 방법으로 '거래건수, 매출이익률, 총매출이익, 총수량, 평균매출' 측정값도 '_측정값' 테이블로 이동시킵니다. 이렇게 측정값을 관리하면 시각적 개체에 측정값을 추가하거나 참조하기가 수월합니다.

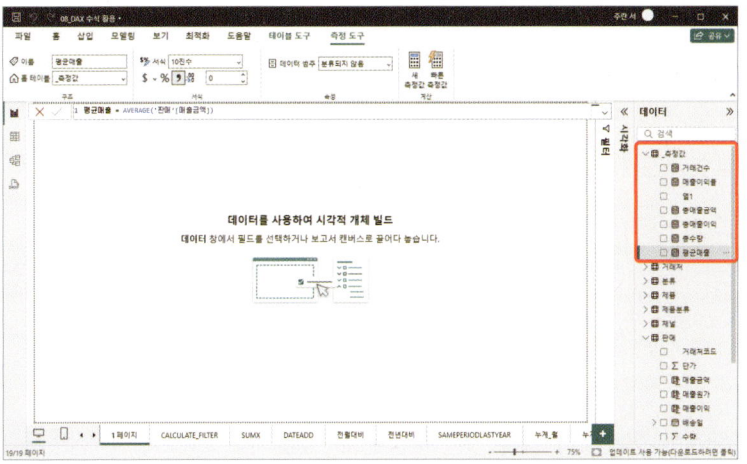

3 유용한 DAX 함수

데이터를 분석할 때 DAX 함수를 활용해 복잡한 계산식을 작성할 수 있습니다. 조건을 판단하거나, 필터가 적용된 합계, 또는 전월/전년대비 증감률 등은 DAX 함수를 사용해 계산 열이나 측정값으로 구성합니다. 다음은 Power BI에서 제공하는 대표 함수입니다. DAX 함수에는 날짜/시간, 시간 인텔리전스, 정보, 논리, 수학, 통계, 필터 함수와 같은 범주의 함수가 포함되어 있습니다.

종류	설명
집계 함수	COUNT, SUM, AVERAGE, MIN, MAX 등
날짜/시간 함수	YEAR, MONTH, DAY, TODAY, DATE, TIME, CALENDAR 등
필터 함수	ALL, ALLSELECTED, CALCULATE, FILTER, LOOKUPVALUE, SELECTEDVALUE 등
재무 함수	FV, IPMT, NPER, PMT, PPMT, PV, RATE 등
정보 함수	HASONEFILTER, ISBLANK, ISERROR, ISFILTERED 등
논리 함수	AND, OR, IF, TRUE, FALSE, IFERROR, SWITCH 등
수학 및 삼각 함수	ABS, DIVIDE, INT, ROUND, SIGN, SQRT, TRUNC 등
부모/자식 함수	PATH, PATHCONTAINS 등
관계 함수	CROSSFILTER, RELATED, RELATEDTABLE 등
통계 함수	COMBIN, MEDIAN, NORM.DIST, PERCENTILE.EXC, RANK.EQ, RANKX 등

테이블 조작 함수	ADDCOLUMNS, DISTINCT, FILTERS, GROUPBY, ROW, SUMMARIZE, TOPN 등
텍스트 함수	CONCATENATE, FIND, FORMAT, LEFT, MID, RIGHT 등
시간 인텔리전스 함수	DATEADD, DATESBETWEEN, DATESYTD, FIRSTDATE, LASTDATE, SAMEPERIODLASTYEAR등
기타 함수	BLANK, ERROR

아래 링크에서 자세한 DAX 함수 구문과 사용법을 확인할 수 있습니다.

https://learn.microsoft.com/ko-kr/dax/dax-function-reference

◆ IF, SWITCH

IF와 SWITCH 함수를 사용하여 조건에 따라 다른 식을 수행할 수 있습니다. Excel의 IF 함수처럼 True_Value, False_Value를 표현합니다. 여러 조건에 따라 다양한 표현식을 구현하려면 다중 IF를 사용해도 되지만, SWITCH 함수를 사용하면 편리합니다.

IF 함수는 첫 번째 조건식에 따라 조건식이 True이면 True_Value, 조건식이 False이면 False_Value를 반환합니다.

구문 : IF(<logical_test>, <value_if_true>, <value_if_false>)

인수	설명
⟨logical_test⟩	True나 False로 제공되는 조건식
⟨value_if_true⟩	조건식이 True일 경우 반환되는 값, 생략하면 True 값 반환
⟨value_if_false⟩	조건식이 False일 경우 반환되는 값, 생략하면 False 값 반환

SWITCH 함수는 식을 판단하여 제공된 값 목록 중 하나를 반환합니다.

구문 : SWITCH(<expression>, <value>, <result>[, <value>, <result>]...[, <else>])

인수	설명
⟨expression⟩	DAX 표현식
⟨value⟩	표현식 결과와 일치할 상수 값
⟨result⟩	표현식 결과가 value와 일치할 경우 계산할 식
⟨else⟩	표현식 결과가 value와 일치하지 않는 경우 계산할 식

CHAPTER 05에서 데이터 그룹으로 작성했던 시도(그룹)과 수량(그룹)을 수식으로 작성해 보겠습니다. 매출 분석에서 거래처 지역을 수도권과 기타 지역으로 구분하기 위해 시도에서 서울특별시, 경기도, 인천광역시는 수도권으로, 그 외 지역은 지역(기타)로 표현해 보겠습니다. 권역별로 수도권, 기타로 구분하기 위해 계산 열로 권역명을 표시합니다.

01 [테이블](⊞) 보기에서 '거래처' 테이블을 선택하고 [테이블 도구] 탭 〉 [계산] 그룹에서 [새 열]을 클릭합니다.

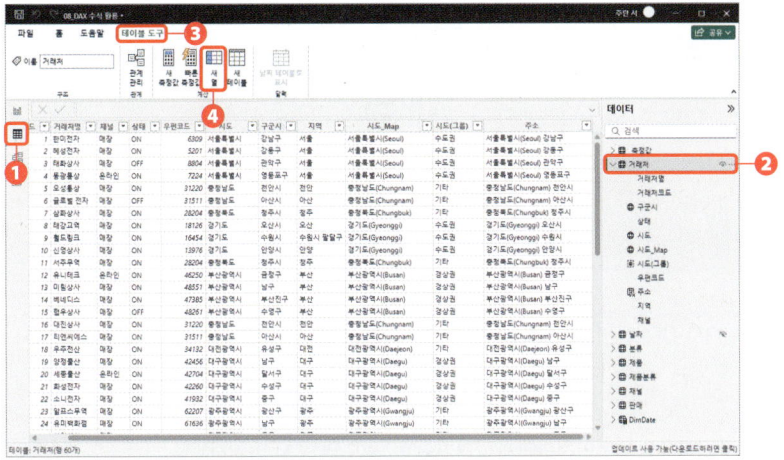

02 수식 입력줄에 다음과 같이 수식을 입력합니다. 이 수식은 '서울특별시'는 '수도권'으로 표시하고, 그 외는 '지역(기타)'로 표시합니다.

```
권역명 = IF([시도]="서울특별시", "수도권", "지역(기타)")
```

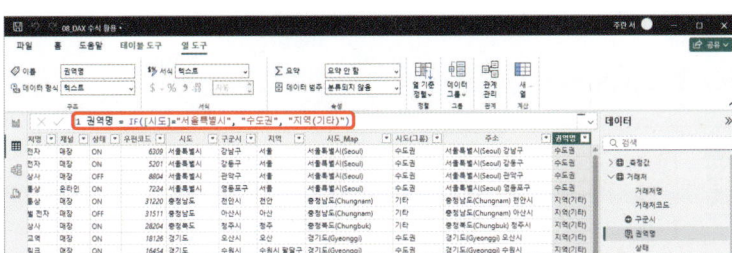

Chapter 08 DAX 함수 활용 **243**

03 다음과 같이 수식을 수정합니다. 시도가 '서울특별시', '인천광역시', '경기도'를 '수도권', 그 외는 '지역(기타)'로 표시합니다. IF 함수에서 여러 조건을 OR(또는)로 판단하려면 || (더블 파이프라인) 기호를 사용합니다.

권역명 = IF([시도]="서울특별시" || [시도]="인천광역시" || [시도]="경기도", "수도권", "지역(기타)")

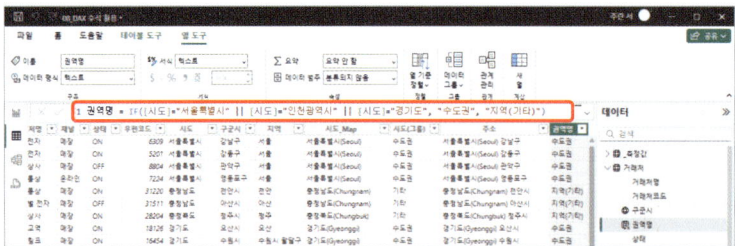

Tip 수식에서 사용한 || (더블 파이프라인)은 키패드의 ₩(원화) 기호와 함께 위치한 | 기호입니다. DAX 수식을 작성할 때 OR 함수 대신 사용합니다.

Tip DAX 수식에서 IN { } 구문으로 OR 조건을 판단할 수 있습니다. 다음 수식은 시도가 '서울특별시', '인천광역시', '경기도'인 경우 '수도권', 그 외는 '지역(기타)'로 표시합니다.

권역명 = IF([시도] IN {"서울특별시","인천광역시","경기도"}, "수도권", "지역(기타)")

04 [보고서](📊) 보기에서 'IF_SWITCH' 페이지의 첫 번째 테이블을 선택합니다. [시각적 개체에 데이터 추가]의 [열] 영역에 '거래처' 테이블의 '권역명' 필드를 추가합니다. 열 머리글이 수도권과 지역(기타)으로 구분되어 매출을 표시합니다.

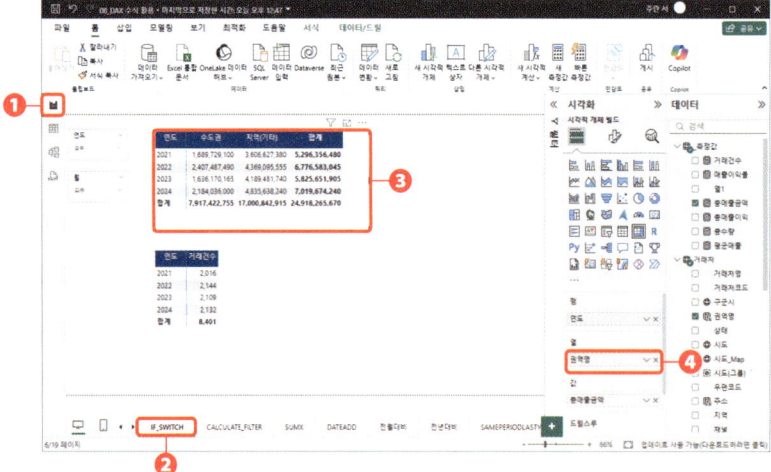

05 SWITCH 함수로 '판매' 테이블의 '수량' 필드의 값을 10미만, 20미만 등으로 그룹화해 보겠습니다. [테이블](⊞) 보기에서 '판매' 테이블을 선택하고 [테이블 도구] 탭 〉 [계산] 그룹에서 [새 열]을 클릭합니다.

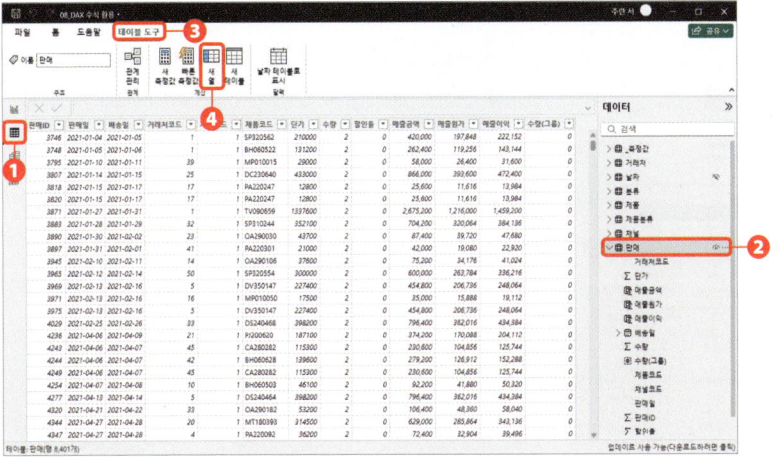

06 수식 입력줄에 다음 수식을 입력합니다. 이 수식은 조건식이 True에 속하면 결괏값을 반환하는 수식으로 수량이 10보다 작으면 '10미만', 10~19사이이면 '20미만'과 같이 구간명을 반환합니다.

```
수량구간 = SWITCH(TRUE(), [수량]<10, "10미만",
    [수량]>=10 && [수량]<20, "20미만", [수량]>=20 && [수량]<30, "30미만",
    [수량]>=30 && [수량]<40, "40미만", [수량]>=40 && [수량]<50, "50미만",
    "50이상")
```

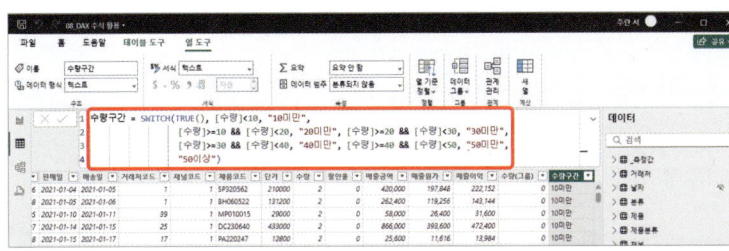

> **Tip** 더블 앰퍼샌드(&&)는 AND 함수 대신 사용합니다.

07 [보고서](📊) 보기에서 'IF_SWITCH' 페이지의 두 번째 테이블을 선택합니다. [시각적 개체에 데이터 추가]의 [열] 영역에 '판매' 테이블의 '수량구간' 필드를 추가합니다. 구간별로 총수량이 표시됩니다.

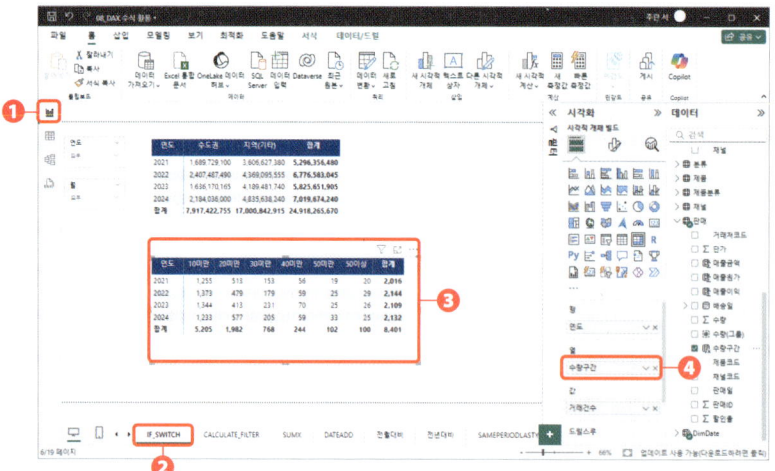

✦ CALCULATE, FILTER

필터된 값을 대상으로 합계나 평균을 구할 경우 CALCULATE 함수와 FILTER 함수를 사용합니다. FILTER 함수를 사용하여 테이블에서 필터 컨텍스트(행)를 반환하고, CALCULATE 함수로 합계나 평균 등의 계산 결과를 반환합니다. Excel의 SUMIFS, AVERAGEIFS 등의 조건 판단 함수와 같은 역할의 함수라고 보면 됩니다.

CALCULATE 함수는 지정된 필터로 수정한 컨텍스트에서 식을 계산하고 결괏값을 반환합니다.

구문 : CALCUALTE(<expression>, <filter1>, <filter2>..)

인수	설명
⟨expression⟩	SUM, AVERAGE 등과 같은 평가할 식
⟨filter1⟩, ⟨filter2⟩	필터를 정의하는 테이블 식 또는, 부울 식

FILTER 함수는 다른 테이블 또는, 식의 하위 집합을 나타내는 테이블을 반환하는 함수로 필터링된 행만 포함되는 테이블을 반환합니다. 이 함수를 사용하면 작업 중인 테이블의 행 수를 줄이고 특정 데이터만 계산에 활용하 수 있습니다. 이 함수는 독립적으로 사용되지 않고 테이블을 인수로 사용하는 다른 함수에 포함하여 사용됩니다.

구문 : FILTER(<table>, <filter>)

인수	설명
〈table〉	필터링할 테이블
〈filter〉	테이블의 각 행에 대해 평가할 부울 수식

다음 수식은 '분류' 테이블의 '분류명'이 '휴대폰'인 경우의 '판매' 테이블의 '매출금액'의 합계를 반환하는 측정값입니다. '매출_휴대폰'은 CALCULATE 함수에 필터식을 적용했고 '매출_휴대폰_FILTER'는 FILTER 함수를 사용해 필터식을 적용했습니다.

```
매출_휴대폰 = CALCULATE(SUM('판매'[매출금액]), '분류'[분류명]="휴대폰")
매출_휴대폰_FILTER = CALCULATE(SUM('판매'[매출금액]), FILTER('분류', [분류명]="휴대폰"))
```

테이블로 분류명 기준으로 휴대폰 매출금액을 시각화한 결과입니다. 휴대폰 매출의 결과는 모두 동일하나 CALCULATE 함수만 사용한 '매출_휴대폰'은 테이블의 분류명이 일치하지 않아도 측정값 결과를 우선 반환합니다. 또한 매출이 발생하지 않은 분류명에도 측정값 결과를 반환합니다. '휴대폰_매출_FILTER'는 '휴대폰' 값만 필터링했기 때문에 분류명과 비교해서 휴대폰이 아닌 경우에는 값을 반환하지 않습니다. 간단한 필터식은 CALCULATE 함수로 식을 작성하고 복잡한 필터식은 FITER 함수를 함께 사용하면 유용합니다.

분류명	총매출금액	매출_휴대폰	매출_휴대폰_FILTER
TV & 비디오	2,600,967,970	958,776,550	
가정용 전기제품		958,776,550	
게임 & 장난감		958,776,550	
오디오	684,915,435	958,776,550	
음반 & 영화	189,669,340	958,776,550	
카메라 & 캠코더	1,165,292,265	958,776,550	
컴퓨터	1,420,052,680	958,776,550	
휴대폰	958,776,550	958,776,550	958,776,550
합계	7,019,674,240	958,776,550	958,776,550

01 '거래처' 테이블의 '권역명' 필드 데이터를 '수도권'과 '기타'로 구분해서 매출합계 측정값을 작성해 보겠습니다. [보고서]( ) 보기에서 'CALCULATE_FILTER' 페이지를 선택합니다. '_측정값' 테이블을 선택하고 [테이블 도구] 탭 〉 [계산] 그룹에서 [새 측정값]을 클릭합니다.

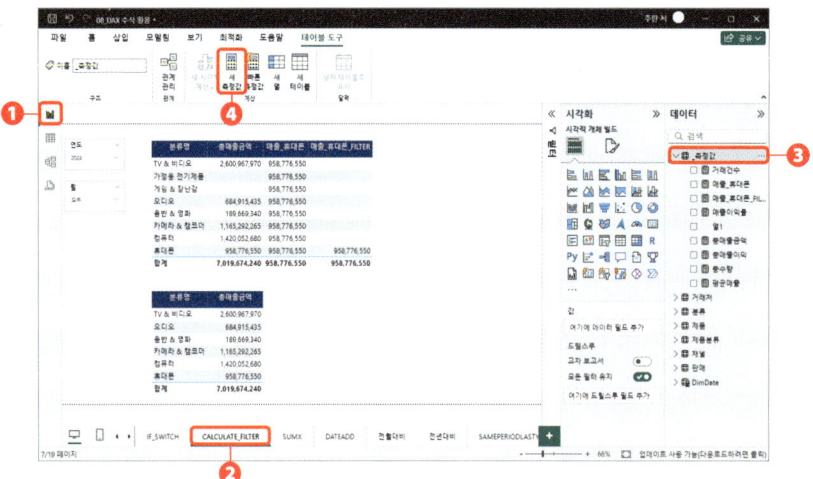

02 수식 입력줄에 다음 수식을 입력하고 [측정 도구] 탭에서 [천 단위 구분 기호]( ), [소수점 자릿수]( )를 '0'으로 설정합니다. 이 수식은 FILTER 함수로 '거래처' 테이블의 '권역명' 필드에서 '수도권'인 경우를 필터하고, 매출금액의 합계를 반환합니다. CALCULATE 함수의 표현식에 SUM 함수를 사용하지 않고 '총매출금액' 측정값으로 대신 사용합니다.

매출_수도권 = CALCULATE([총매출금액], FILTER('거래처', [권역명]="수도권"))

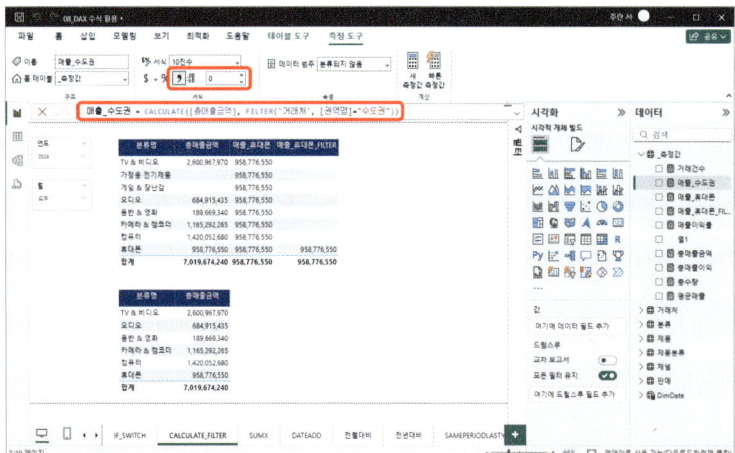

03 [측정 도구] 탭 > [계산] 그룹에서 [새 측정값]을 클릭합니다. 수식 입력줄에 다음 수식을 입력하고 [측정 도구] 탭에서 [천 단위 구분 기호]( ), [소수점 자릿수](0)를 '0'으로 설정합니다. 이 수식은 '거래처' 테이블의 '권역명' 필드에서 '수도권'과 같지 않은 데이터를 필터하고, 매출금액의 합계를 반환합니다.

매출_기타 = CALCULATE([총매출금액], FILTER('거래처', [권역명]<>"수도권"))

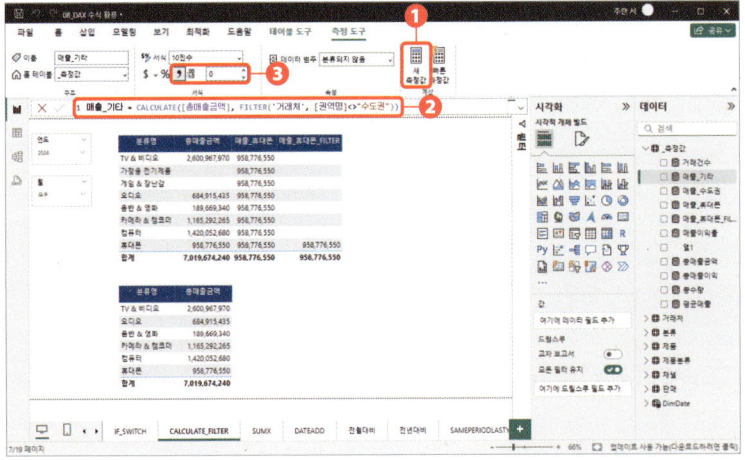

04 페이지의 두 번째 시각적 개체를 선택하고 [열] 영역에 '_측정값' 테이블의 '매출_수도권, 매출_기타' 측정값을 추가합니다. 수도권과 지역(기타)으로 구분되어 매출을 표시합니다.

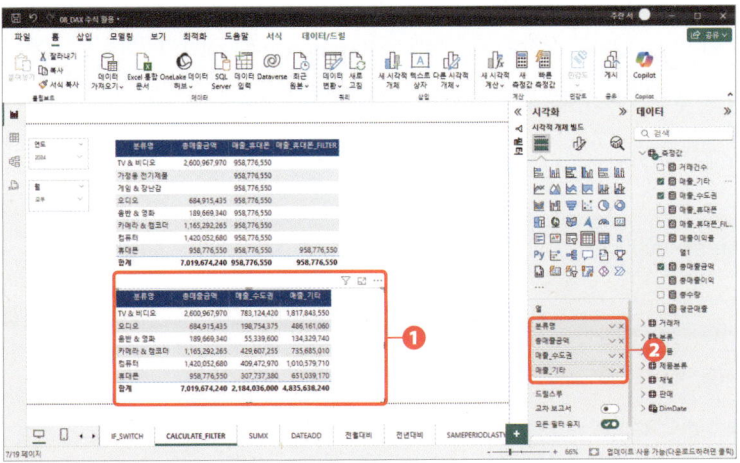

> **Tip** 컨텍스트(Context)
>
> Power BI에서 컨텍스트(Context)는 DAX(Data Analysis Expressions) 함수가 데이터를 평가하는 방식에 직접적인 영향을 주는 중요한 개념입니다. 컨텍스트는 크게 행(Row) 컨텍스트와 필터(Filter) 컨텍스트로 구분됩니다.
>
> **행(Row) 컨텍스트**
> 특정 테이블의 한 행(Row)에서 계산이 수행되는 컨텍스트로 SUMX(), FILTER(), ADDCOLUMNS()와 같은 반복 함수 사용 시 각 행에서 개별적인 계산이 수행됩니다. 행 컨텍스트는 관계(Relationship)가 있는 테이블에는 영향을 미치지 않습니다.
>
> 예 : 매출금액 = '판매'[단가] * '판매'[수량]
>
> **필터(Filter) 컨텍스트**
> 특정 필터가 적용된 데이터만을 대상으로 계산하는 컨텍스트로 CALCULATE() 함수 사용 시 필터 컨텍스트가 적용됩니다. 보고서의 슬라이서, 필터, 시각적 개체 등의 필터가 필터 컨텍스트를 결정하며 관계(Relationship)가 있는 테이블에 영향을 줍니다.
>
> 예 : 총매출금액 = CALCULATE('판매'[매출금액], '분류'[분류명] = "휴대폰")

◈ SUMX

ITERATOR(또는 "X") 함수를 사용하면 테이블의 각 행에서 동일한 계산식을 반복한 다음 결과에 집계(SUM, AVERAGE, MAX 등)를 수행합니다. 테이블에 새 열을 추가하고 각 행의 값을 계산한 다음 합계, 평균을 집계하는 방식과 동일합니다. SUMX, AVERAGEX, MAXX 등의 함수에 FILTER 함수를 사용해 특정 값만 필터해서 계산식을 수행할 수도 있습니다.

SUMX 함수는 지정된 테이블에서 평가된 식의 합계를 반환합니다.

구문 : SUMX(<table>, <expression>)

인수	설명
<table>	식을 계산할 행이 포함된 테이블
<expression>	테이블의 각 행에 대해 계산할 식

주요 거래처별 매출을 측정값으로 작성해 보겠습니다.

01 [보고서]( ) 보기에서 'SUMX' 페이지로 이동합니다. '_측정값' 테이블을 선택하고, [테이블 도구] 탭 〉 [계산] 그룹에서 [새 측정값]을 클릭합니다.

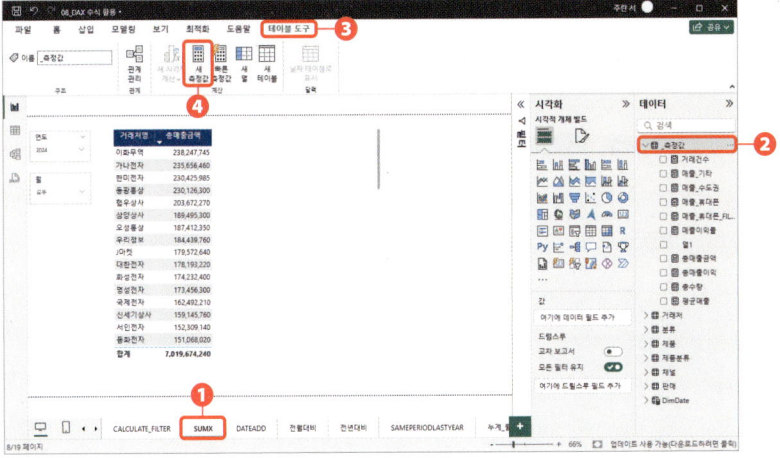

02 수식 입력줄에 다음 수식을 입력하고 [측정 도구] 탭에서 [천 단위 구분 기호]( ), [소수점 자릿수]( )를 '0'으로 설정합니다. 이 수식은 '판매' 테이블의 각 행을 대상으로 [단가]*[수량]*(1-[할인율])을 계산 후 합계를 구합니다.

매출_SUMX = SUMX('판매', [단가]*[수량]*(1-[할인율]))

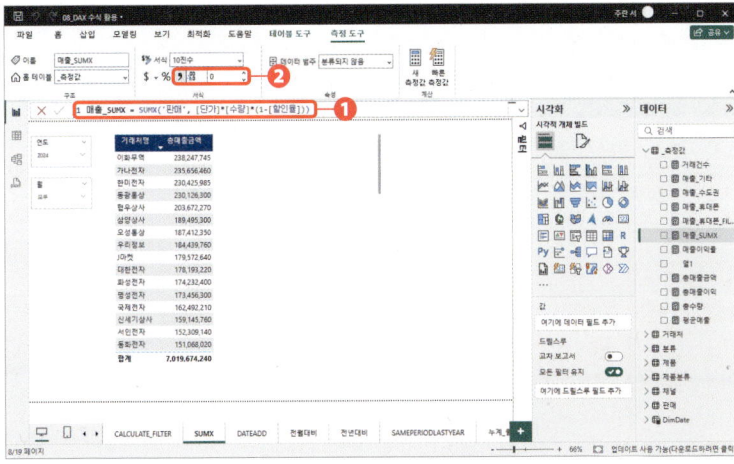

03 [측정 도구] 탭 > [계산] 그룹에서 [새 측정값]을 클릭합니다. 수식 입력줄에 다음 수식을 입력하고 [측정 도구] 탭에서 [천 단위 구분 기호]( ), [소수점 자릿수](0)를 '0'으로 설정합니다. 이 수식은 '판매' 테이블의 '거래처코드' 필드에서 '1'을 필터해서 매출금액 필드의 합계를 표시합니다.

매출_거래처별_SUMX = SUMX(FILTER('판매', [거래처코드]=1), [매출금액])

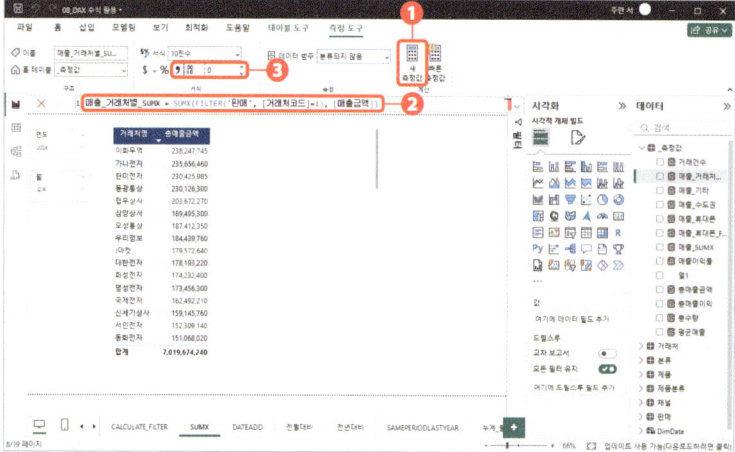

04 'SUMX' 페이지의 테이블 시각적 개체를 선택하고 [시각적 개체에 데이터 추가]의 [열] 영역에 '_측정값' 테이블의 '매출_SUMX, 매출_거래처별_SUM' 측정값을 추가합니다. 이전에 작성한 '총매출금액'과 '매출_SUMX'의 측정값 결과가 동일한 걸 확인할 수 있습니다. 또한 거래처코드가 '1'은 한미전자로 주요 거래처 매출만 필터할 수 있습니다.

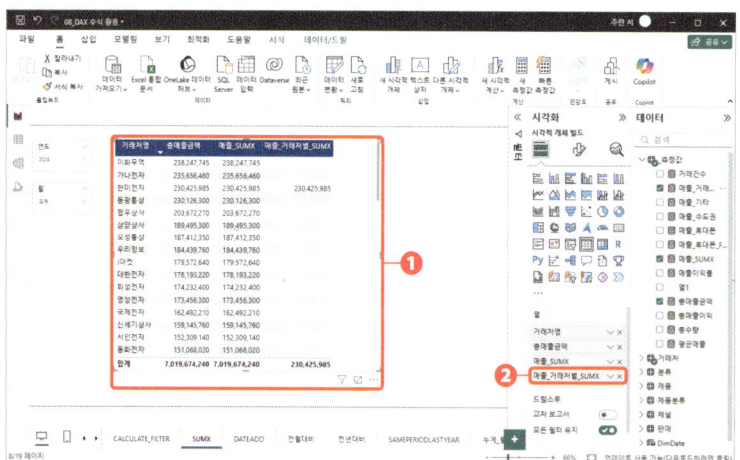

◆ 전월대비 증감률, 전년대비 증감률

시간 인텔리전스에 속한 DAX 함수로 시각적 개체의 컨텍스트(행)를 기준으로 특정 기간의 데이터를 가져올 수 있습니다. 데이터 시각화에 전월비이나 전년대비, 특정 기간의 값을 가져와 비교할 경우 DATEADD나 SAMEPERIODLASTYEAR, DATESBETWEEN 함수 등을 활용할 수 있습니다.

DATEADD 함수는 CALCLULATE 함수와 함께 사용하며 시각적 개체의 컨텍스트에서 날짜에서 지정된 간격 수만큼 앞, 뒤로 이동된 날짜 열이 포함된 테이블을 반환합니다.

구문 : DATEADD(<dates>, <number_of_intervals>, <interval>)

인수	설명
<date>	날짜가 포함된 열, 연속된 간격을 형성하는 날짜 열
<number_of_intervals>	날짜에 더하거나 뺄 정수, 양수이면 날짜가 이후 시간으로 이동, 음수이면 이전 시간으로 이동
<interval>	날짜를 이동시킬 간격으로 year, quarter, month, day 중 하나

인수	설명
=DATEADD('DimDate'[Date], -1, month)	현재 컨텍스트에 있는 날짜의 1개월 전의 날짜 계산
=DATEADD('DimDate'[Date], -1, year)	현재 컨텍스트에 있는 날짜의 1년 전의 날짜 계산

01 전월 매출과 전년도 매출을 측정값으로 작성해 보겠습니다. [보고서](📊) 보기에서 'DATEADD' 페이지를 클릭합니다. '_측정값' 테이블을 선택하고 [테이블 도구] 탭 > [계산] 그룹에서 [새 측정값]을 클릭합니다.

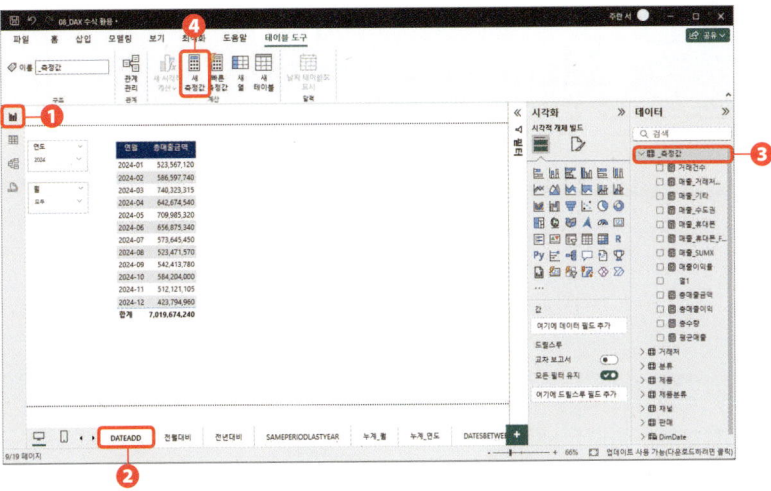

02 수식 입력줄에 다음 수식을 입력하고 [측정 도구] 탭에서 [천 단위 구분 기호]( ), [소수점 자릿수]( )를 '0'으로 설정합니다. 이 수식은 시각적 개체에 적용된 날짜를 기준으로 'DimDate' 테이블의 'Date' 필드에서 1개월 전의 날짜를 계산하여 총매출금액을 반환합니다.

매출_전월 = CALCULATE([총매출금액], DATEADD('DimDate'[Date], -1, MONTH))

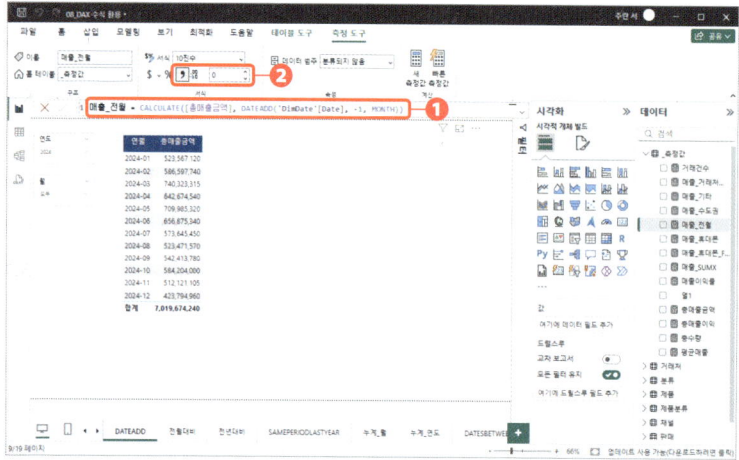

03 [테이블 도구] 탭 〉 [계산] 그룹에서 [새 측정값]을 클릭합니다. 수식 입력줄에 다음 수식을 입력하고 [측정 도구] 탭에서 [천 단위 구분 기호]( ), [소수점 자릿수]( )를 '0'으로 설정합니다. 이 수식은 시각적 개체에 적용된 날짜를 기준으로 'DimDate' 테이블의 'Date' 필드에서 1년 전의 날짜를 계산하여 총매출금액을 반환합니다.

매출_전년도 = CALCULATE([총매출금액], DATEADD('DimDate'[Date], -1, YEAR))

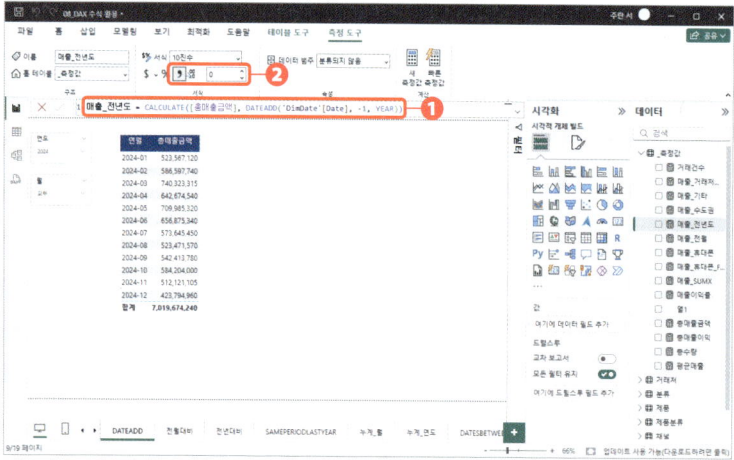

04 전월대비 증감률(MoM%)과 전년대비 증감률(YoY%)을 측정값으로 작성해 보겠습니다. [테이블 도구] 탭 > [계산] 그룹에서 [새 측정값]을 클릭합니다. 수식 입력줄에 다음 수식을 작성한 후 [측정 도구] 탭 > [서식] 그룹에서 [백분율](%)을 클릭하고 [소수점 자릿수](2)를 '2'로 설정합니다. 총 매출금액에서 전월 매출을 빼고, 그 값을 전월 매출로 나누면 전월대비 증감률을 구할 수 있습니다. 전월 매출이 0인 경우 BLANK() 처리됩니다.

전월대비 증감률= DIVIDE([총매출금액]-[매출_전월], [매출_전월])

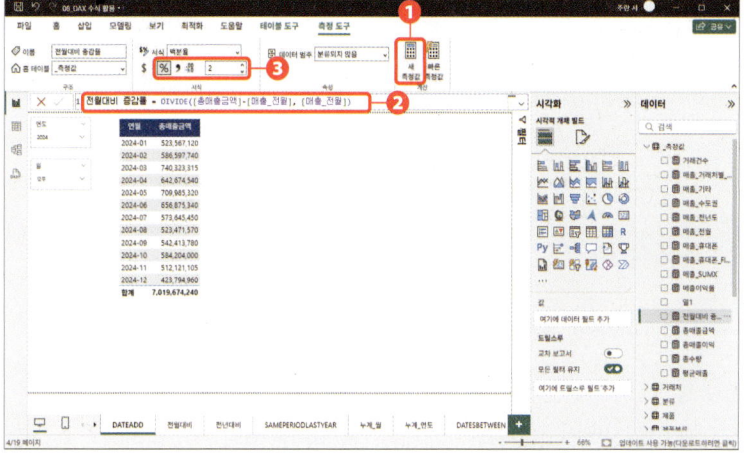

05 [측정 도구] 탭 > [계산] 그룹에서 [새 측정값]을 클릭합니다. 수식 입력줄에 다음 수식을 작성한 후 [측정 도구] 탭 > [서식] 그룹에서 [백분율](%)을 클릭하고 [소수점 자릿수](2)를 '2'로 설정합니다. 총매출금액에서 전년도 매출을 빼고, 그 값을 전년도 매출로 나누어 전년대비 증감률을 계산합니다. 전년도 매출이 0인 경우 BLANK() 처리됩니다.

전년대비 증감률= DIVIDE([총매출금액]-[매출_전년도], [매출_전년도])

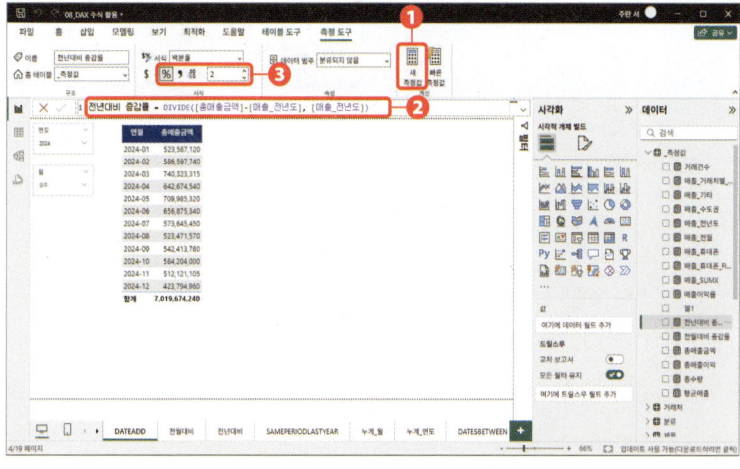

06 총매출금액에서 전년도 매출을 빼 매출 차이를 계산해 보겠습니다. [측정 도구] 탭 〉 [계산] 그룹에서 [새 측정값]을 클릭합니다. 수식 입력줄에 다음 수식을 입력하고 [측정 도구] 탭에서 [천 단위 구분 기호](,), [소수점 자릿수](0)를 '0'으로 설정합니다.

매출차이 = [총매출금액]-[매출_전년도]

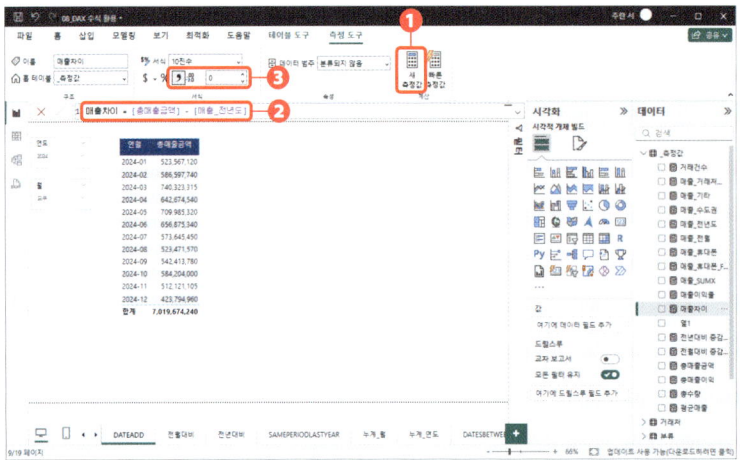

07 페이지의 테이블 시각적 개체를 선택하고 [시각적 개체에 데이터 추가]의 [열] 영역에 '_측정값' 테이블의 '매출_전월, 전월대비 증감률, 매출_전년도, 전년대비_증감률' 측정값을 추가합니다. 테이블의 연월을 기준으로 전월, 전년동월 매출과 증감률을 반환합니다. 즉 연월(2024-01)을 기준으로 전월(2023-12) 매출, 전년동월(2022-01) 날짜를 계산해서 매출을 반환한 결과입니다. DATEADD 함수는 시작일과 종료일을 자동으로 계산합니다.

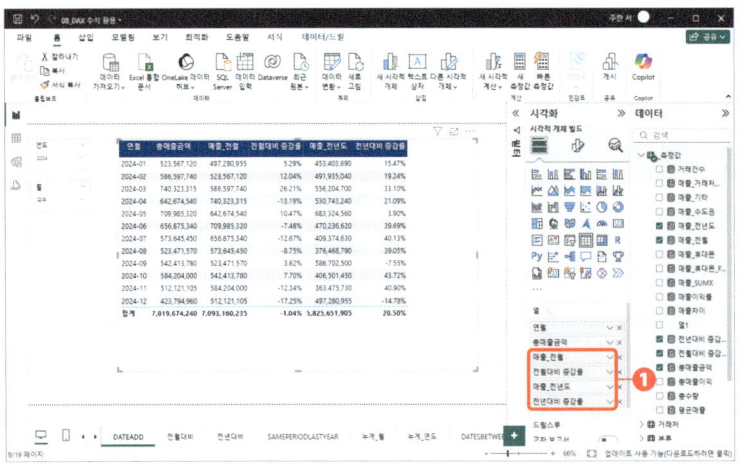

08 측정값을 이용해 행렬과 막대형 차트로 시각화해 보겠습니다. '전월대비' 페이지의 테이블 시각적 개체를 선택하고 [시각적 개체에 데이터 추가]의 [값] 영역에 '_측정값' 테이블의 '매출_전월, 전월대비 증감률' 측정값을 순서대로 추가합니다. 슬라이서에 필터를 적용하여 측정값 결과를 확인합니다.

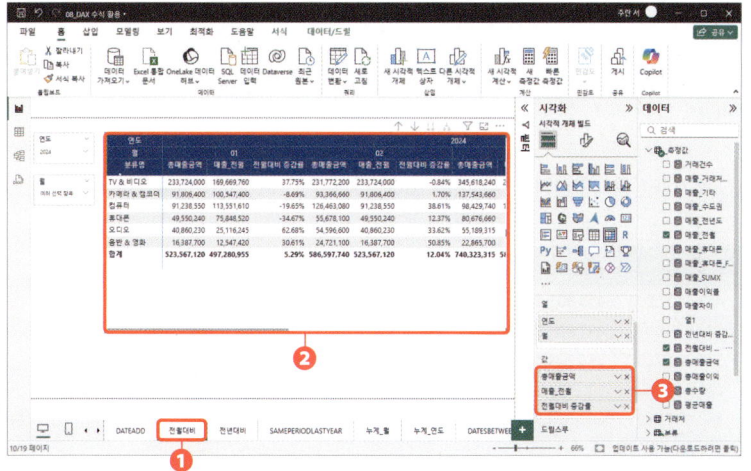

09 '전년대비' 페이지의 묶은 가로 막대형 차트를 선택하고 [시각적 개체에 데이터 추가]의 [X축] 영역에 '_측정값' 테이블의 '매출_전년도, 매출차이' 측정값을 추가합니다. 슬라이서에 필터를 적용해 분류별 매출과 전년도와의 차이를 탐색할 수 있습니다.

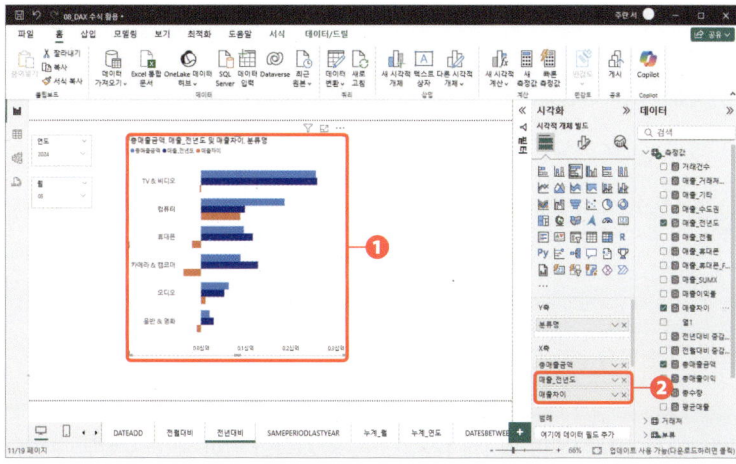

> **Tip** **SAMEPERIODLASTYEAR 함수**
>
> SAMEPERIODLASTYEAR 함수는 시각적 개체의 컨텍스트(날짜 행)에서 1년 전으로 이동한 날짜 열이 포함된 테이블을 반환합니다. 전년도 날짜를 반환하며, DATEADD('DimDate'[Date], -1, YEAR)와 같은 결과를 반환합니다.
>
> 다음 측정값을 작성합니다. 테이블에 연월 기준으로 전년동월 매출을 시각화해보면 DATEADD 함수와 동일한 결과를 확인할 수 있습니다.
>
> 매출_전년동월 = CALCULATE([총매출금액], SAMEPERIODLASTYEAR('DimDate'[Date]))
>
> | 연월 | 총매출금액 | 매출_전년도 | 매출_전년동월 |
> |---|---|---|---|
> | 2024-01 | 523,567,120 | 453,403,690 | 453,403,690 |
> | 2024-02 | 586,597,740 | 491,935,040 | 491,935,040 |
> | 2024-03 | 740,323,315 | 556,204,700 | 556,204,700 |
> | 2024-04 | 642,674,540 | 530,743,240 | 530,743,240 |
> | 2024-05 | 709,985,320 | 683,324,560 | 683,324,560 |

◈ 월 누계, 연 누계

DATESMTD, DATESYTD 함수를 CALCLULATE 함수와 함께 사용하면 특점 시점까지의 당월 누계와 연도별 누계 값을 표시할 수 있습니다. 특정 시점은 시각화의 날짜 기준으로 연도, 월, 일의 기준일에 따라 누계를 표시합니다.

DATESMTD 함수는 시각적 개체에서 선택한 월의 1일부터 특정 시점의 날짜 열이 포함된 날짜 테이블을 반환합니다.

구문 : DATESMTD(<dates>)

인수	설명
⟨date⟩	날짜가 포함된 열

DATESYTD 함수는 시각적 개체에서 선택한 연도의 1월 1일부터 특정 시점의 날짜 열이 포함된 포함된 날짜 테이블을 반환합니다.

구문 : DATESYTD(<dates>)

인수	설명
⟨date⟩	날짜가 포함된 열

01 월 누계와 연 누계를 측정값으로 작성해 보겠습니다. '누계_월' 페이지에서 '_측정값' 테이블을 선택합니다. [테이블 도구] 탭 > [계산] 그룹에서 [새 측정값]을 클릭합니다.

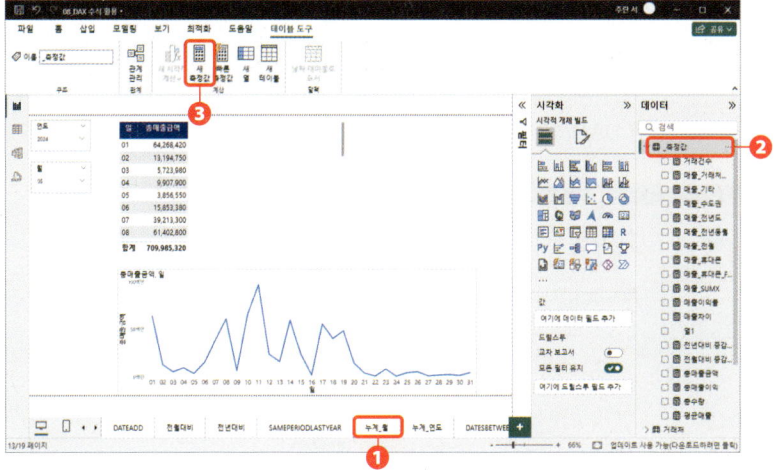

02 수식 입력줄에 다음 수식을 입력하고 [측정 도구] 탭에서 [천 단위 구분 기호](,), [소수점 자릿수]( )를 '0'으로 설정합니다. 이 수식은 'DimDate' 테이블의 'Date' 필드에서 당월(선택 월)의 1일부터 월 매출 누계를 반환합니다.

누계_월 = CALCULATE([총매출금액], DATESMTD('DimDate'[Date]))

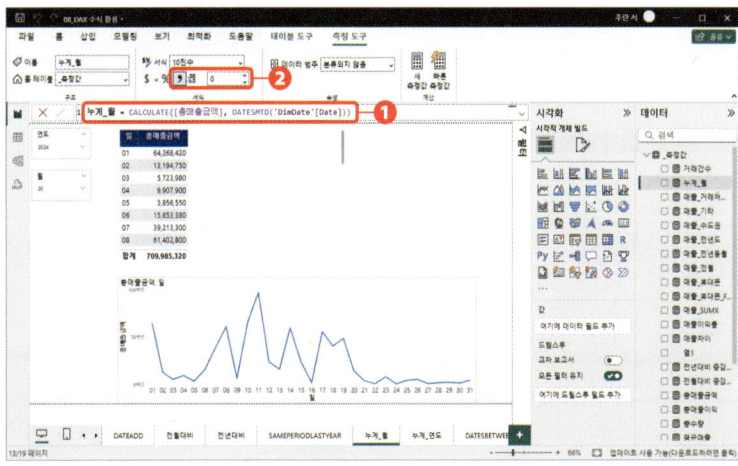

03 [측정 도구] 탭 〉[계산] 그룹에서 [새 측정값]을 클릭합니다. 수식 입력줄에 다음 수식을 작성한 후 [측정 도구] 탭 〉[서식] 그룹에서 [백분율](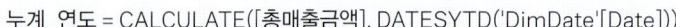)을 클릭하고 [소수점 자릿수]( )를 '2'로 설정합니다. 이 수식은 'DimDate' 테이블의 'Date' 필드에서 당해 연도(선택 연도)의 1월 1일부터 연간 매출 누계를 반환합니다.

누계_연도 = CALCULATE([총매출금액], DATESYTD('DimDate'[Date]))

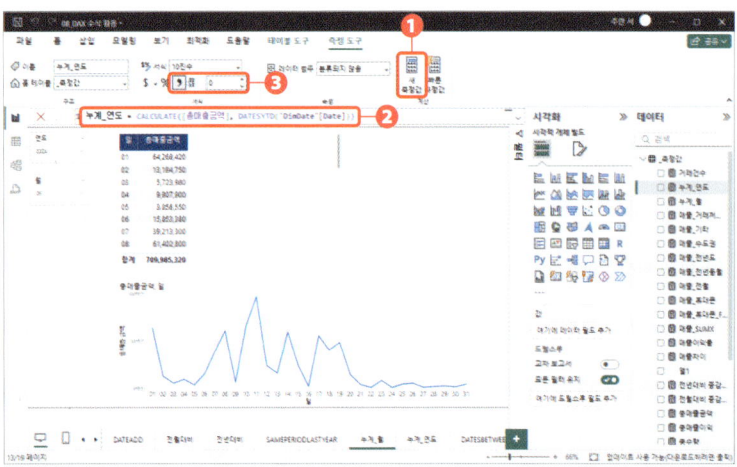

04 '누계_월' 페이지의 테이블 시각적 개체를 선택하고 [시각적 개체에 데이터 추가]의 [열] 영역에 '_측정값' 테이블의 '누계_월' 측정값을 추가합니다. 꺾은선형 차트를 선택하고 [시각적 개체에 데이터 추가]의 [Y축] 영역에 '_측정값' 테이블의 '누계_월' 측정값을 추가합니다. 슬라이서에 적용된 필터를 기준으로 월 누계를 탐색할 수 있습니다.

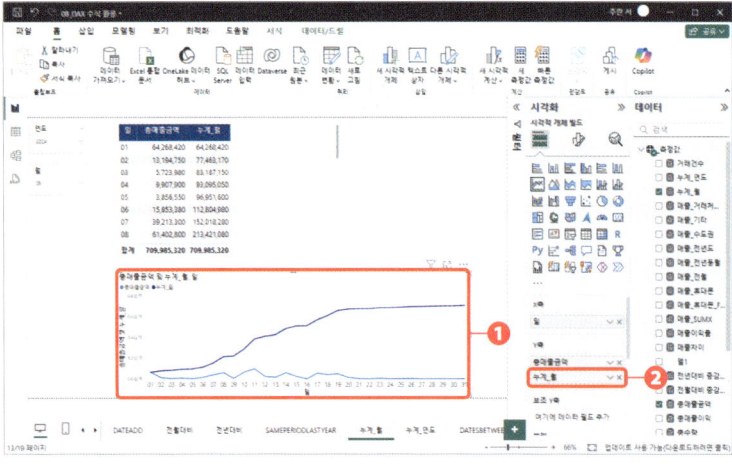

05 '누계_연도' 페이지의 테이블 시각적 개체를 선택하고 [시각적 개체에 데이터 추가]의 [열] 영역에 '_측정값' 테이블의 '누계_연도' 측정값을 추가합니다. 꺾은선형 차트를 선택하고 [시각화] 창의 [Y축] 영역에 '_측정값' 테이블의 '누계_연도' 측정값을 추가합니다. 슬라이서 필터를 기준으로 연 누계를 탐색할 수 있습니다.

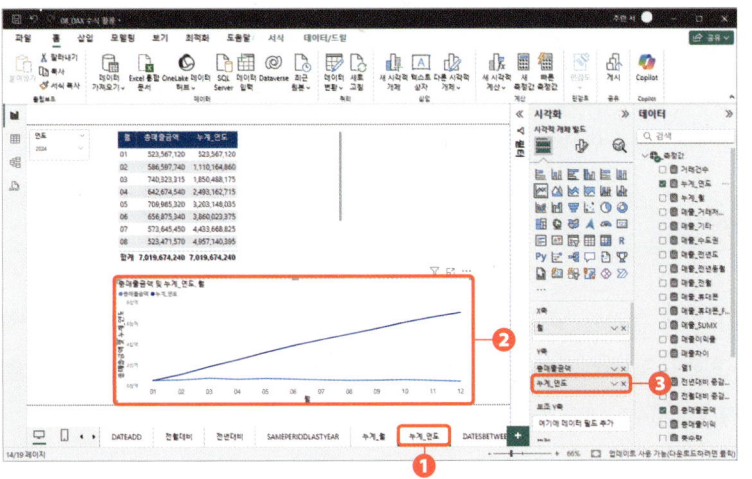

> **Tip** TOTALMTD와 TOTALYTD 함수
>
> TOTALMTD, TOTALYTD 함수를 사용하여 월 누계, 연 누계를 계산할 수 있습니다. DATESMTD, DATESYTD의 함수와 동일한 결과를 반환합니다.
>
> 누계_월_TOTALMTD = TOTALMTD([총매출금액],'DimDate'[Date])
>
> 누계_연도_TOTALYTD = TOTALYTD([총매출금액],'DimDate'[Date])

◆ 변수 선언으로 수식 향상

변수 선언으로 강력한 DAX 수식을 작성할 수 있습니다. 변수에 계산식의 결과를 저장한 다음 측정값에서 변수를 인수로 전달합니다. 변수를 선언해서 계산식을 작성한 결과는 RETURN 구문을 이용해 결괏값을 반환합니다. DAX 수식의 어디서든 변수를 선언할 수 있으며 다른 수식에서 변수가 참조되더라도 변수값은 변하지 않습니다.

변수는 VAR 함수를 사용하며 구문은 다음과 같습니다.

구문 : VAR <name> = <expression>

용어	
name	변수 이름 영문(a~z, A~Z), 숫자(0~9)로 구성하며 영문으로 시작 예약어 사용 불가 공백은 '_' (underbar)로 연결
expression	DAX 식

RETURN 문을 사용하여 구문 뒤에 오는 수식의 결과를 측정값에 반환합니다.

구문 : RETURN 변수명 or DAX 식

전년대비 증감률을 계산하기 위해 추가한 '총매출금액, 전년도 매출, 증감률' 측정값은 변수(VAR)와 RETURN 구문을 사용하면 하나의 측정값으로 구성할 수 있습니다. 다음 수식은 전년대비 증감률(YoY%)을 변수를 선언해서 작성한 DAX 식입니다.

변수 'Total_Sales'에 '판매' 테이블의 '매출금액' 필드의 합계를 저장하고 변수 'Sales_Last_Year'에는 전년동기간 매출을 저장합니다. 그리고 RETURN 구문 뒤에 나오는 DIVIDE 식의 계산 결과를 YoY%에 반환합니다.

```
1  YoY% = VAR Total_Sales = SUM('판매'[매출금액])
2         VAR Sales_Last_Year = CALCULATE(Total_Sales, SAMEPERIODLASTYEAR('DimDate'[Date]))
3         RETURN
4         DIVIDE(Total_Sales - Sales_Last_Year, Sales_Last_Year)
```

변수를 사용하면 동일한 결과를 더 쉽게 작성할 수 있으며 변수를 사용할 때마다 다시 계산할 필요가 없기 때문에 측정값의 성능이 향상됩니다.

◈ 기간별 매출

DATESBETWEEN 함수는 특정 기간에 속하는 날짜 열이 포함된 테이블을 반환합니다. 지난 3개월이나 지난 1년간의 기간별 매출을 계산할 때 사용할 수 있습니다. DATESBETWEEN 함수는 날짜 필드에서 시작일과 종료일 사이의 날짜 데이터 필드를 반환합니다.

구문 : DATESBETWEEN(<dates>, <start_date>, <end_date>)

인수	설명
〈date〉	날짜가 포함된 열
〈start_date〉	시작일
〈end_date〉	종료일

01 지난 3개월간의 매출을 표시해 보겠습니다. 'DATESBETWEEN' 페이지를 선택하고, '_측정값' 테이블을 선택합니다. [테이블 도구] 탭 〉 [계산] 그룹에서 [새 측정값]을 클릭합니다.

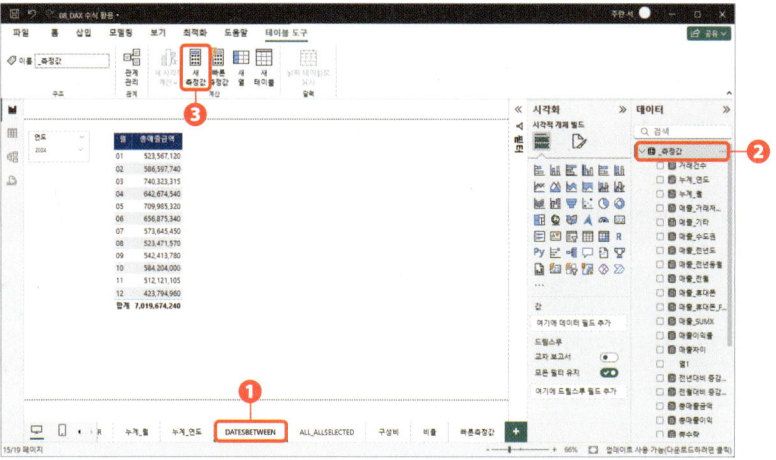

02 수식 입력줄에 다음 수식을 입력하고 [측정 도구] 탭에서 [천 단위 구분 기호](ico_천단위구분기호), [소수점 자릿수](0)를 '0'으로 설정합니다. 이 수식은 'DimDate' 테이블의 'Date' 필드를 기준으로 변수 'Start_Date'에 3개월 전의 첫 번째 날짜(FIRSTDATE), 'End_Date'에 1개월 전의 마지막 날짜(LASTDATE)를 저장합니다. 그리고 변수 'Result'에 두 날짜 사이의 총매출금액을 저장하고, RETURN을 통해 'Result'에 저장된 값을 'Sales_Last3Months' 측정값에 반환합니다.

```
Sales_Last3Months = 
    VAR Start_Date = FIRSTDATE(DATEADD('DimDate'[Date], -3, month))
    VAR End_Date = LASTDATE(DATEADD('DimDate'[Date], -1, month))
    VAR Result = CALCULATE([총매출금액], DATESBETWEEN('DimDate'[Date], Start_Date, End_Date))
    RETURN Result
```

03 테이블 시각적 개체를 선택하고 [시각적 개체에 데이터 추가]의 [열] 영역에 '_측정값' 테이블의 'Sales_Last3Months' 측정값을 추가합니다. 1월, 2월, 3월의 합계가 Sales_Last3Months의 4월에 나타납니다. DATESBETWEEN 함수를 사용하면 특정 기간의 합계를 표시할 수 있습니다.

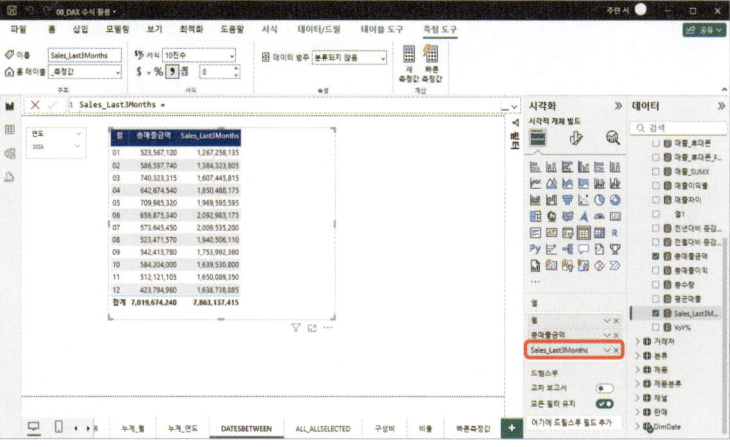

ALL, ALLSELECTED

ALL과 ALLSELECTED 함수를 활용해 적용된 필터를 해제하고 측정값을 작성할 수 있습니다. ALL 함수는 적용된 필터를 모두 해제하고 ALLSELECTED 함수는 적용된 필터를 모두 해제하지만, 보고서에 (슬라이서, 시각적 개체 필터 등) 적용된 필터는 반영합니다.

ALL 함수는 테이블의 행 및 열에 적용된 필터를 모두 해제합니다.

인수	설명
⟨table⟩	필터를 지우려는 테이블
⟨column⟩	필터를 지우려는 열

ALLSELECTED 함수는 테이블의 행 및 열에 적용된 필터는 모두 해제하면서 슬라이서나 시각적 개체에 적용된 필터는 유지합니다.

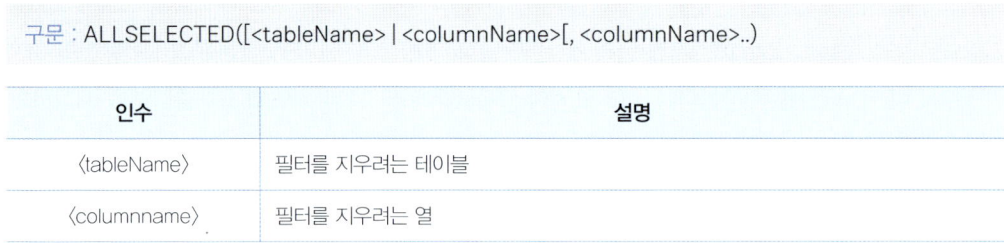

인수	설명
⟨tableName⟩	필터를 지우려는 테이블
⟨columnname⟩	필터를 지우려는 열

행렬로 분류별/연도별 총매출금액을 비율로 시각화한 결과입니다. 행렬의 [값] 영역에서 [총합계의 백분율]을 적용하면 쉽게 비율을 표현할 수 있습니다.

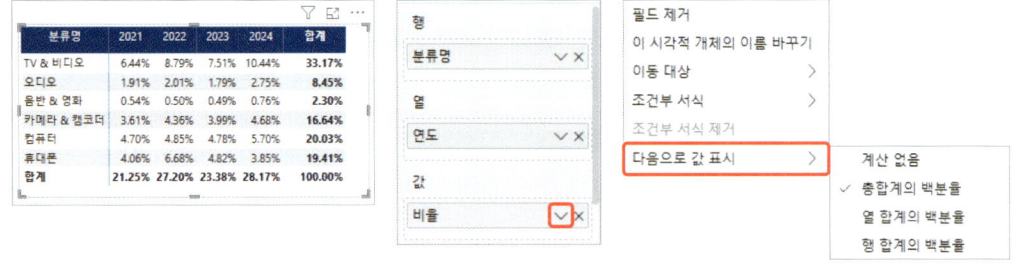

필터를 적용해 보면 비율이 변경되는 걸 확인할 수 있습니다. 총합계의 백분율로 계산된 비율은 슬라이서나 시각적 개체에서 선택한 값으로 필터가 적용되어 비율이 계산됩니다.

분류명	2024	합계
TV & 비디오	37.05%	37.05%
오디오	9.76%	9.76%
음반 & 영화	2.70%	2.70%
카메라 & 캠코더	16.60%	16.60%
컴퓨터	20.23%	20.23%
휴대폰	13.66%	13.66%
합계	100.00%	100.00%

01 측정값으로 비율을 작성해 보겠습니다. 'ALL_ALLSELECTED' 페이지에서 '_측정값' 테이블을 선택합니다. [테이블 도구] 탭 〉 [계산] 그룹에서 [새 측정값]을 클릭합니다.

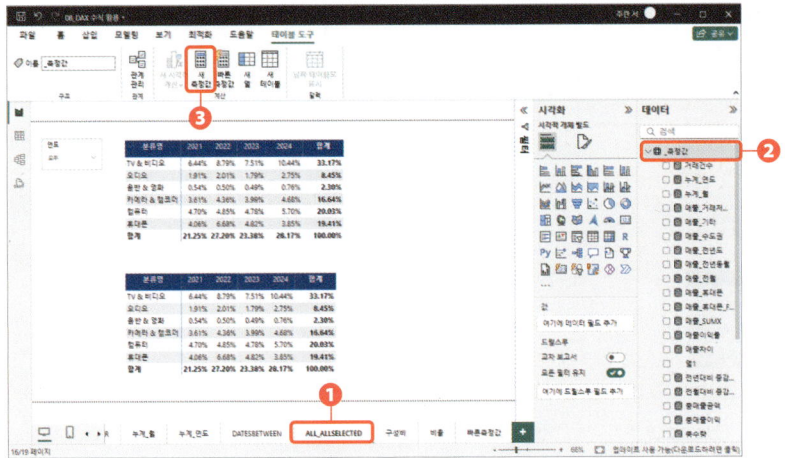

02 수식 입력줄에 다음 수식을 작성한 후 [측정 도구] 탭 〉 [서식] 그룹에서 [백분율](%)을 클릭하고 [소수점 자릿수]( )를 '2'로 설정합니다. 수식에서 ALL('DimDate')와 ALL('분류')는 두 테이블에 적용된 필터를 모두 해제합니다. DIVIDE함수의 첫 번째 인수인 '총매출금액'은 필터가 적용되고 두 번째 인수 '총매출금액'은 '판매' 테이블에 필터가 해제된 전체 총매출금액으로 나누기하는 수식입니다.

비율_ALL = DIVIDE([총매출금액], CALCULATE([총매출금액], ALL('DimDate'), ALL('분류')), 0)

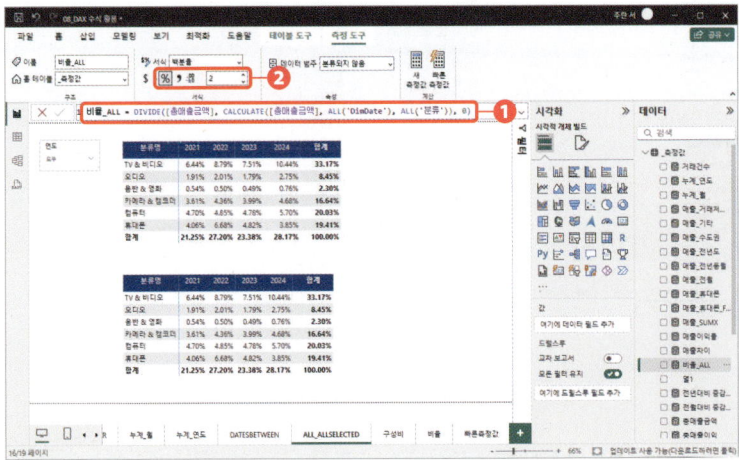

03 '_측정값' 테이블에서 [측정 도구] 탭 > [계산] 그룹에서 [새 측정값]을 클릭합니다. 수식 입력줄에 다음 수식을 작성한 후 [측정 도구] 탭 > [서식] 그룹에서 [백분율](%)을 클릭하고 [소수점 자릿수](2)를 '2'로 설정합니다. 수식에서 ALLSELECTED('DimDate')와 ALLSELECTED('분류')는 두 테이블에 적용되었을 필터를 모두 해제하지만 보고서 페이지에서 적용한 필터(슬라이서, 테이블)는 유지합니다.

비율_ALLSELECTED = DIVIDE([총매출금액], CALCULATE([총매출금액], ALLSELECTED('DimDate'), ALLSELECTED('분류')), 0)

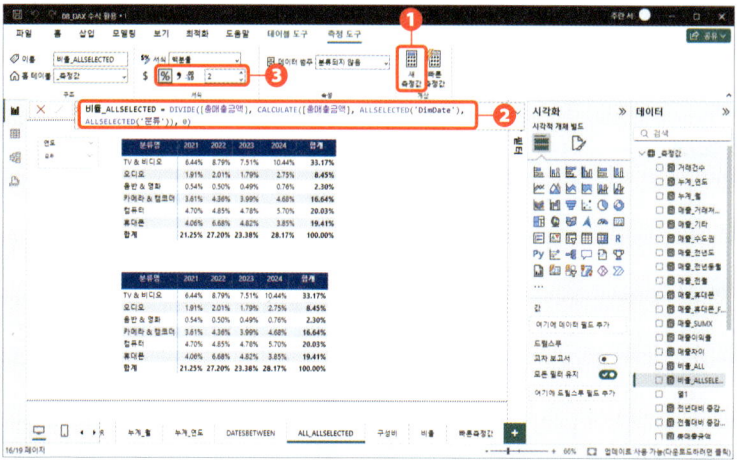

04 첫 번째 테이블 시각적 개체에서 [값] 영역의 비율을 삭제하고 '_측정값' 테이블의 '비율_ALL' 측정값을 추가합니다. 두 번째 테이블 시각적 개체에서 [값] 영역의 비율을 삭제하고 '_측정값' 테이블의 '비율_ALLSELECTED' 측정값을 추가합니다.

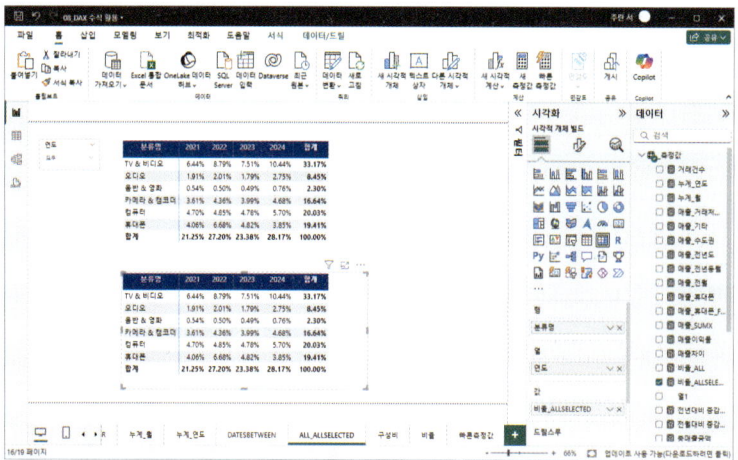

05 '연도' 슬라이서에 '2024'로 필터를 적용하면 '비율_ALL' 측정값은 전체 데이터를 기준으로 비율이 표시되고 '비율_ALLSELECTED' 측정값은 슬라이서의 필터가 적용되어 비율이 변경됩니다. ALLSELECTED함수는 '총합계의 백분율'과 동일한 결과입니다.

연도		분류명	2024	합계
2024		TV & 비디오	10.44%	10.44%
		오디오	2.75%	2.75%
		음반 & 영화	0.76%	0.76%
		카메라 & 캠코더	4.68%	4.68%
		컴퓨터	5.70%	5.70%
		휴대폰	3.85%	3.85%
		합계	28.17%	28.17%

분류명	2024	합계
TV & 비디오	37.05%	37.05%
오디오	9.76%	9.76%
음반 & 영화	2.70%	2.70%
카메라 & 캠코더	16.60%	16.60%
컴퓨터	20.23%	20.23%
휴대폰	13.66%	13.66%
합계	100.00%	100.00%

ALL 함수   ALLSELECTED 함수

> **Tip** ALL, ALLSELECTED 함수를 사용할 때 차원(Dimension) 테이블은 데이터 크기가 작고 팩트(Fact) 테이블과 관계를 통해 필터를 적용하기 때문에 차원(Dimension) 테이블을 대상으로 수식을 작성하는 게 더 효율적입니다.

◈ 구성비, 비율 계산하기

구성비나 비율을 계산할 경우 행이나 열을 기준으로 계산식을 작성할 수 있습니다. 수도권과 기타 지역의 매출 구성비를 표시하거나, 총합계의 비율을 전체 데이터나 필터에 따라 표시할 수 있습니다.

01 분류별 매출 중 수도권과 기타 지역의 구성비를 측정값으로 작성해 보겠습니다. '구성비' 페이지에서 '_측정값' 테이블을 선택합니다. [테이블 도구] 탭 〉 [계산] 그룹에서 [새 측정값]을 클릭합니다.

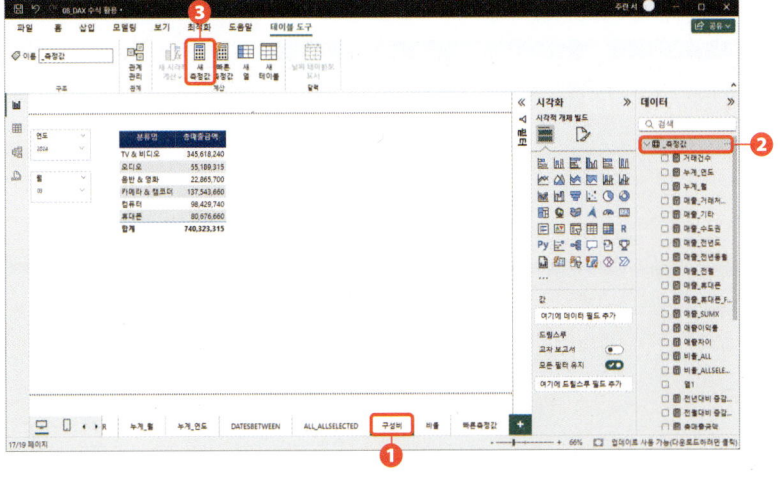

02 수식 입력줄에 다음 수식을 작성한 후 [측정 도구] 탭 > [서식] 그룹에서 [백분율](%)을 클릭하고 [소수점 자릿수](2)를 '2'로 설정합니다. 이 수식은 수도권 매출을 총매출금액으로 나누어 구성비를 표시합니다.

구성비_수도권 = DIVIDE([매출_수도권], [총매출금액], 0)

03 [측정 도구] 탭 > [계산] 그룹에서 [새 측정값]을 클릭합니다. 수식 입력줄에 다음 수식을 작성한 후 [측정 도구] 탭 > [서식] 그룹에서 [백분율](%)을 클릭하고 [소수점 자릿수](2)를 '2'로 설정합니다. 이 수식은 매출_기타를 총매출금액으로 나누어 구성비를 표시합니다.

구성비_기타 = DIVIDE([매출_기타], [총매출금액], 0)

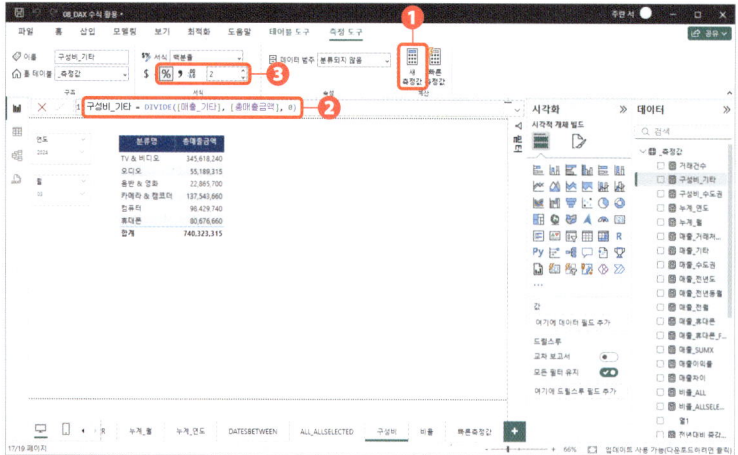

04 테이블 시각적 개체를 선택하고 [시각적 개체에 데이터 추가]의 [열] 영역에 '매출_수도권, 매출_기타, 구성비_수도권, 구성비_기타' 측정값을 추가합니다. 분류별로 지역별 구성비를 파악할 수 있습니다. 2024년 3월의 'TV&비디오'는 총매출금액 중 수도권이 41.5%, 기타지역이 58.43%의 비중을 나타냅니다.

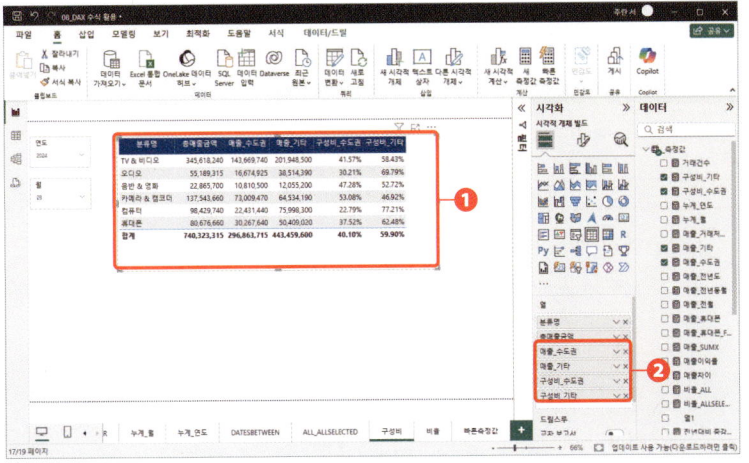

05 수도권과 기타 지역의 비율을 측정값으로 작성해 보겠습니다. '비율' 페이지에서 '_측정값' 테이블을 선택합니다. [테이블 도구] 탭 〉 [계산] 그룹에서 [새 측정값]을 클릭합니다.

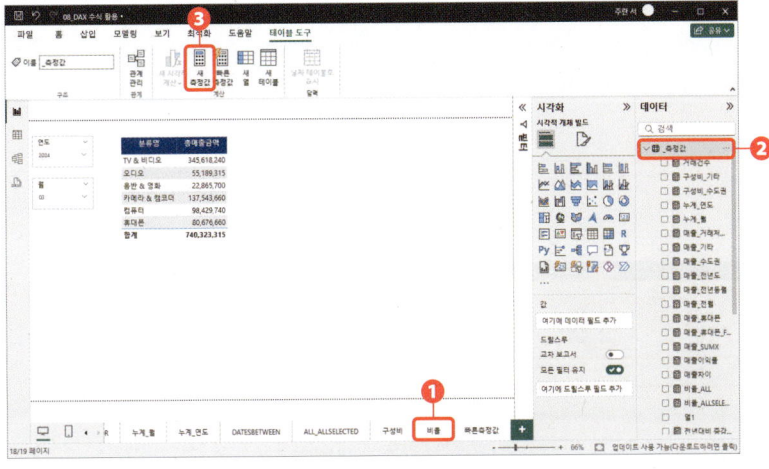

06 수식 입력줄에 다음 수식을 작성한 후 [측정 도구] 탭 > [서식] 그룹에서 [백분율](%)을 클릭하고 [소수점 자릿수]( )를 '2'로 설정합니다. 매출_수도권을 전체 수도권 매출로 나누어 비율을 표시합니다.

비율_수도권 = DIVIDE([매출_수도권], CALCULATE([매출_수도권], ALLSELECTED('DimDate'), ALLSELECTED('분류')), 0)

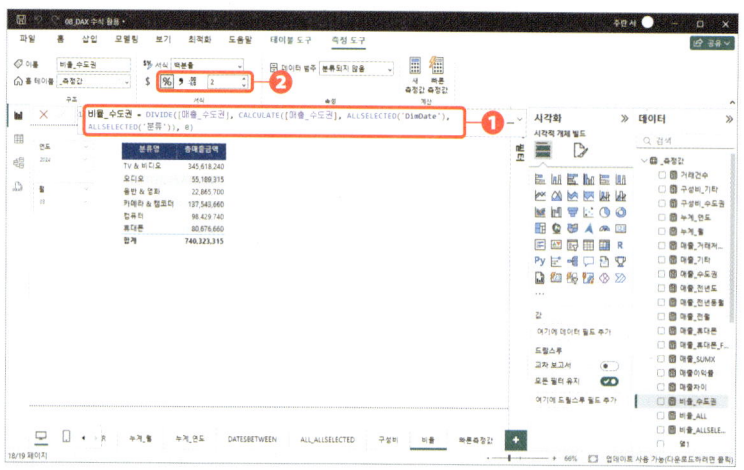

07 [측정 도구] 탭 > [계산] 그룹에서 [새 측정값]을 클릭합니다. 수식 입력줄에 다음 수식을 작성한 후 [측정 도구] 탭 > [서식] 그룹에서 [백분율](%)을 클릭하고 [소수점 자릿수]( )를 '2'로 설정합니다. 매출_기타를 전체 기타 매출로 나누어 구성비를 표시합니다.

비율_기타 = DIVIDE([매출_기타], CALCULATE([매출_기타], ALLSELECTED('DimDate'), ALLSELECTED('분류')), 0)

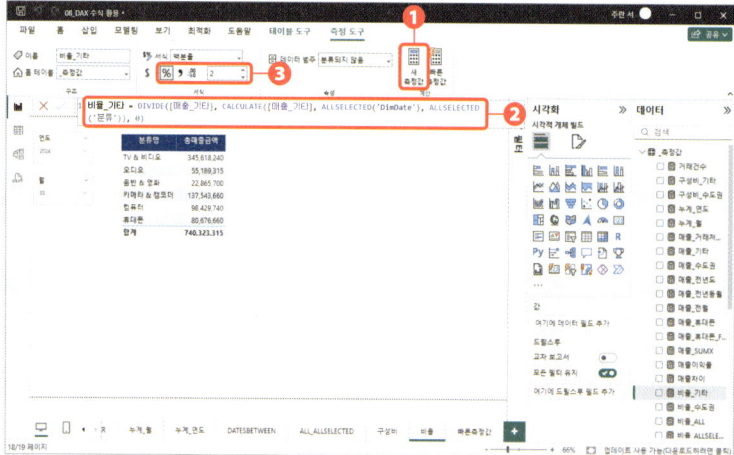

08 테이블 시각적 개체를 선택하고 [시각적 개체에 데이터 추가]의 [열] 영역에 '매출_수도권, 매출_기타, 비율_수도권, 비율_기타' 측정값을 추가합니다. 2024년 3월의 수도권 매출에서 TV&비디오가 48.40%, 오디오 5.62%, 휴대폰 10.20%의 점유율을 나타냅니다.

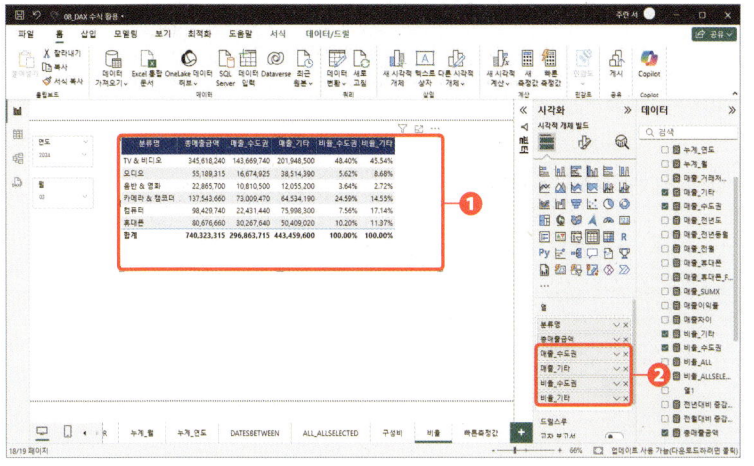

4 빠른 측정값

빠른 측정값을 사용하여 전월대비 증감률, 전년대비 증감률이나 누계, 상관계수 등의 일반적인 계산을 빠르고 쉽게 수행할 수 있습니다. 빠른 측정값은 사용자가 대화상자에 입력한 내용에 따라 내부적으로 DAX 명령을 실행한 후 결과를 보고서에 표시합니다.

01 빠른 측정값으로 전년대비 증감률을 계산해 보겠습니다. '빠른측정값' 페이지에서 '_측정값' 테이블을 선택합니다. [테이블 도구] 탭 > [계산 그룹]에서 [빠른 측정값]을 클릭합니다.

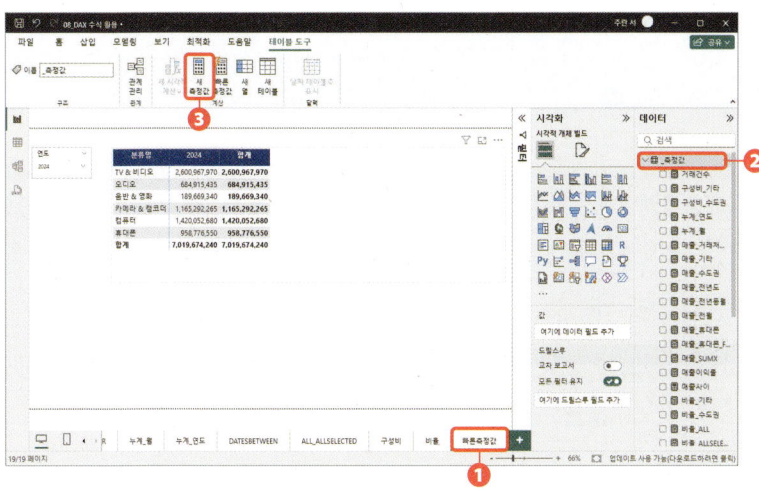

02 [빠른 측정값] 대화상자가 나타납니다. [계산식 선택]을 클릭하면 다양한 측정식을 작성할 수 있는 목록을 제공합니다. '시간 인텔리전스'의 '전년도 대비 변화'를 클릭합니다.

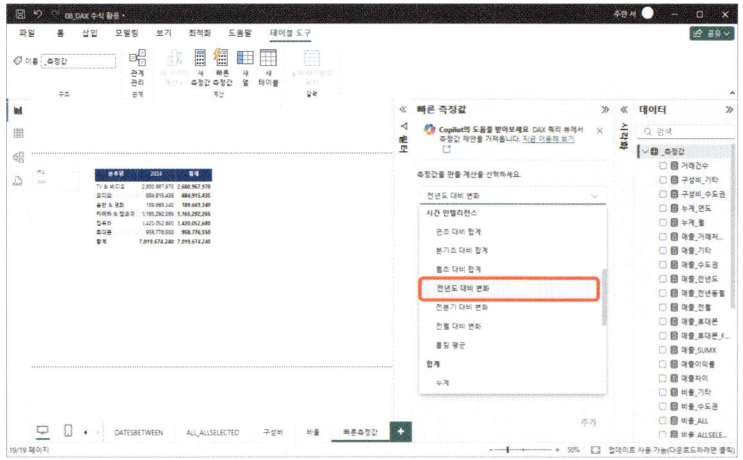

03 [기준 값]에 '_측정값' 테이블의 '총매출금액' 측정값, [날짜]에 'DimDate' 테이블의 'Date' 필드, [기간 수]를 '1'로 설정하고 [추가]를 클릭합니다. 기간 수 '1'은 전년도를 의미합니다.

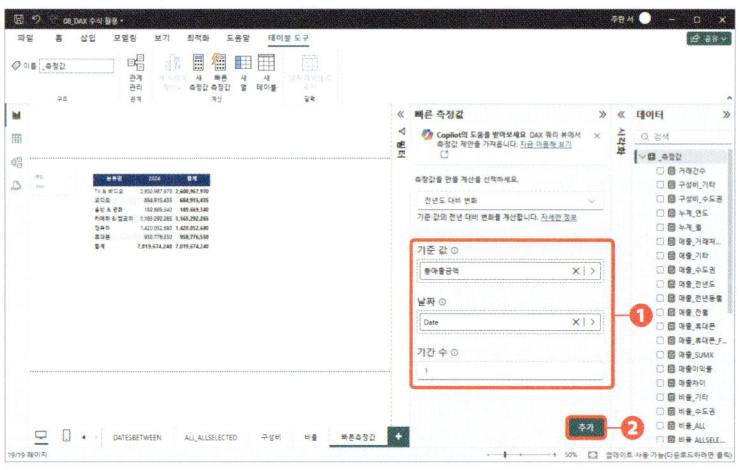

04 '_측정값' 테이블에 '총매출금액YoY%' 측정값이 추가됩니다. 주요 식은 DATEADD 함수를 사용하여 전년도의 총매출금액을 '_PREV_YEAR' 변수에 할당하고, DIVIDE 식의 결과를 RETURN 함수를 사용하여 '총매출금액YoY%'로 반환합니다.

272 PART 02 Power BI 활용

05 5행 수식에서 DATEADD('DimDate'[Date].[Date], -1, YEAR))에서 .[DATE]를 삭제합니다.

```
1  총매출금액YoY% =
2  IF(
3      ISFILTERED('DimDate'[Date]),
4      ERROR("시간 인텔리전스 빠른 측정값은 Power BI에서 제공하는 날짜 계층 구조 또는 기본 날짜 열을 통해서만
       그룹화하거나 필터링할 수 있습니다."),
5      VAR __PREV_YEAR = CALCULATE([총매출금액], DATEADD('DimDate'[Date], -1, YEAR))
6      RETURN
7          DIVIDE([총매출금액] - __PREV_YEAR, __PREV_YEAR)
8  )
```

> **Tip** 'DimDate' 테이블의 'Date' 필드와 같이 계층 구조 날짜를 사용하는 경우, '.[Date]' 함께 표시합니다. 이는 시각화에서 오류가 발생할 수 있으므로 삭제합니다.

06 페이지의 테이블 시각적 개체를 선택하고 [시각적 개체에 데이터 추가]의 [값] 영역에 '_측정값' 테이블의 '매출_전년도', '총매출금액YoY%' 측정값을 추가합니다. [빠른 측정값]을 사용하면 DAX 수식을 쉽게 작성할 수 있습니다.

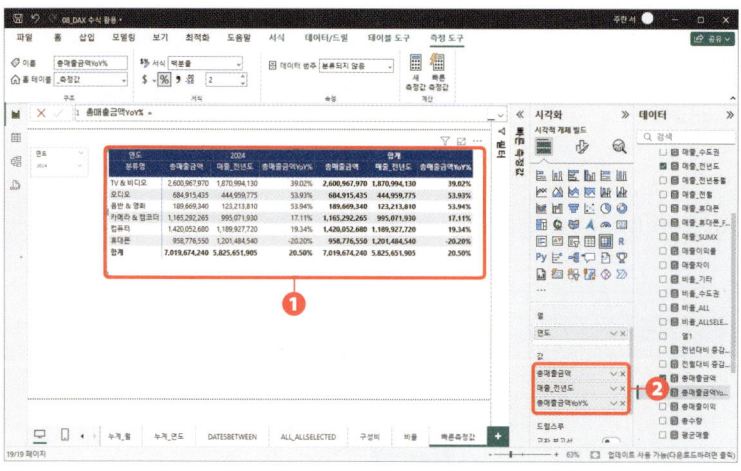

5 DAX 참조, 빠른 측정 갤러리

지금까지 DAX 수식이나 새 빠른 측정값 작성에 대해 살펴보았습니다. 데이터를 계속해서 탐색해 나가려면 분석에 필요한 계산 결과를 빠르고 정확하게 작성할 필요가 있습니다. Fabric Community에서는 커뮤니티 구성원이나 개발자들이 수식에 필요한 팁을 제공합니다. 필요한 경우 커뮤니티를 잘 활용하면 아주 유용한 정보를 얻을 수 있습니다.

아래 URL에서는 DAX 식에 대해 질문을 하거나 이미 올라온 질문에 대한 답변을 참조할 수 있습니다.

https://community.fabric.microsoft.com/t5/DAX-Commands-and-Tips/bd-p/DAXCommands

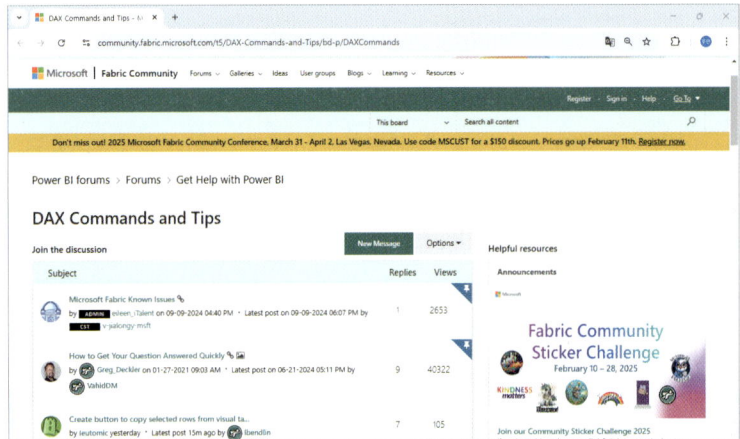

빠른 측정 갤러리(QuickMeasuresGallery)에서 다양한 빠른 측정 시나리오를 확인하고, 유용한 정보는 다운받아 사용할 수 있습니다.

https://community.fabric.microsoft.com/t5/Quick-Measures-Gallery/bd-p/QuickMeasuresGallery

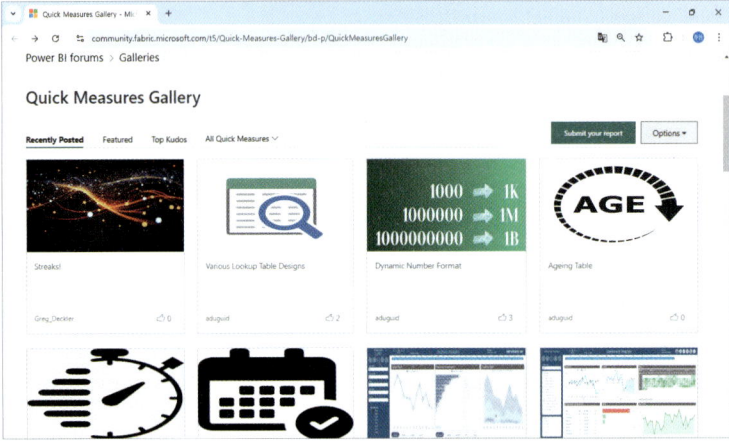

> **Tip** Power BI 도움말
>
> Power BI Desktop의 리본 메뉴 [도움말]에서 설명서, Power BI 블로그, 커뮤니티 등을 클릭하여 Power BI에 관한 다양한 정보를 빠르게 확인할 수 있습니다.
>
>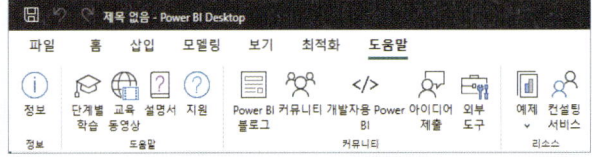

09 다양한 시각화

Chapter

시각화의 드릴 모드로 데이터를 쉽게 탐색하고, 테이블에 다양한 조건부 서식과 스파크라인을 설정할 수 있습니다. 계기 차트나 분산형, 분해 트리 이외에도 새 시각적 개체를 추가해서 시각화할 수 있습니다. 데이터에서 인사이트를 찾고, 더 효과적으로 시각화하는 방법에 대해 살펴보겠습니다.

예제 파일 | Part 02 > Chapter 09 > 09_01_매출현황.pbix, 09_02_매출현황.pbix

1 계층 구조

시각적 개체의 축에 한 개 이상의 필드를 추가하면 계층 구조를 생성하게 됩니다. 이런 계층 구조는 시각화 드릴 모드를 이용해 데이터를 빠르게 탐색할 수 있으며, 자주 사용하는 필드 목록은 계층 구조로 그룹화하여 사용할 수 있습니다.

◈ 시각화 드릴 모드

시각화에 계층 구조가 있는 경우 추가 세부 정보를 드릴다운할 수 있습니다. 시각화의 축에 여러 필드를 추가하면 계층 구조로 표시되며 시각화 제목 위에 시각화 드릴 모드 컨트롤이 나타납니다. 드릴다운으로 한 수준씩 아래로 이동하거나 드릴업으로 한 수준씩 위로 이동하며 데이터를 탐색할 수 있습니다.

01 '09_01_매출현황.pbix' 파일을 엽니다. [보고서]( ) 보기의 '계층 구조' 페이지에 [시각화] 창의 [꺾은선형 및 묶은 세로 막대형 차트]를 추가합니다. [시각적 개체에 데이터 추가]의 [X축]에 'DimDate' 테이블의 '연도, 분기, 월' 필드, [열 y축] 영역에 '_측정값' 테이블의 '총매출금액' 측정값, [선 y축] 영역에 '매출이익률' 측정값을 추가합니다. 시각적 개체 머리글에 시각화 드릴 모드 컨트롤이 표시됩니다. 기타 서식은 적절히 조정합니다.

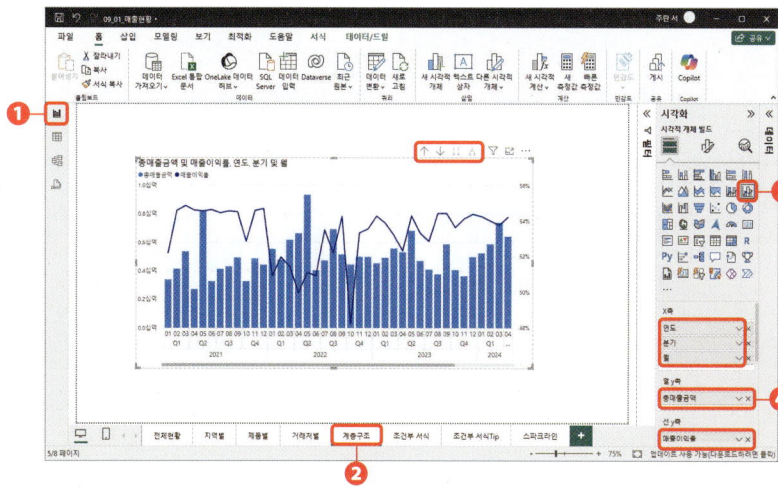

Chapter 09 다양한 시각화 **275**

02 시각적 개체의 [드릴업](↑)을 클릭하여 첫 번째 수준(연도)으로 표시합니다.

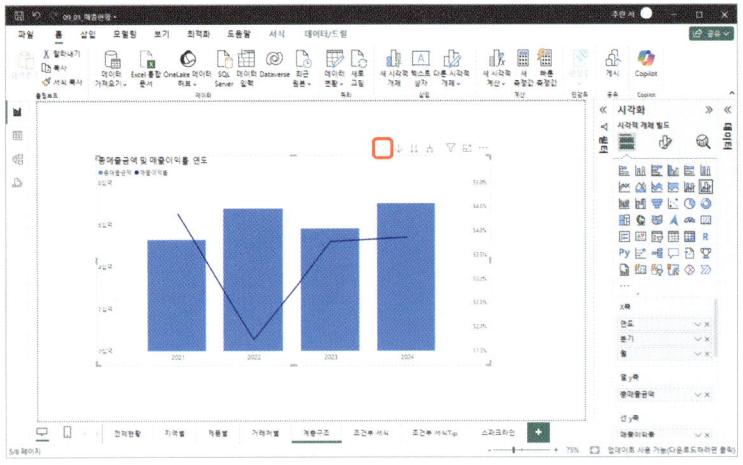

03 시각적 객체에서 [계층 구조에서 다음 수준으로 이동](↓↓)을 클릭하면 '분기', '월' 순으로 표시됩니다.

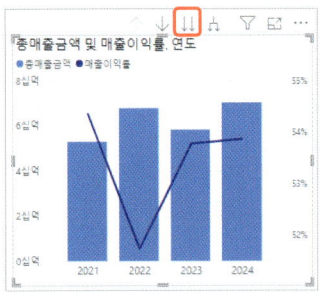 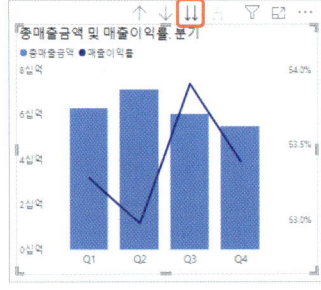 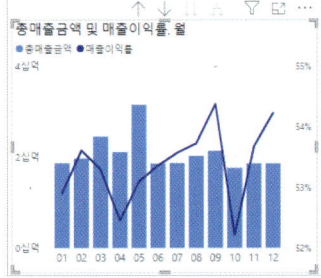

04 시각적 개체에서 [계층 구조에서 한 수준 아래로 모두 확장]( )을 클릭하면, 계층 구조 레이블이 '2021 Q1 01'과 같이 이전 수준과 함께 표시됩니다.

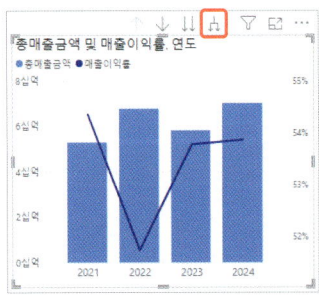 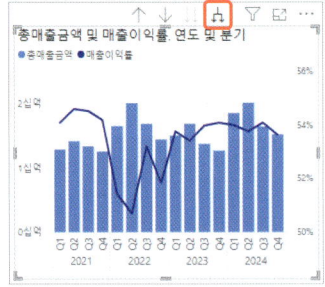 

05 하나의 데이터 요소를 집중해서 탐색하기 위해 [드릴다운을 설정하려면 클릭](↓)을 클릭하여 [드릴 모드 켜짐](⊙)으로 변경합니다. 데이터 요소 중 '2024'를 클릭하면 다음 계층인 2024년도의 분기 데이터를 표시합니다. 'Q1'을 클릭하면 하위 계층인 '월'을 표시합니다.

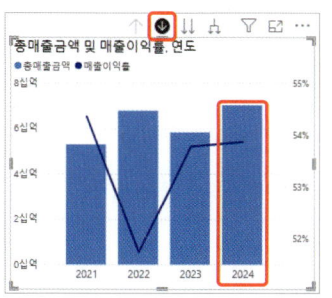 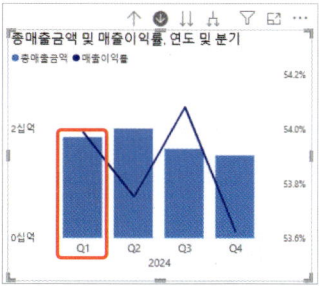 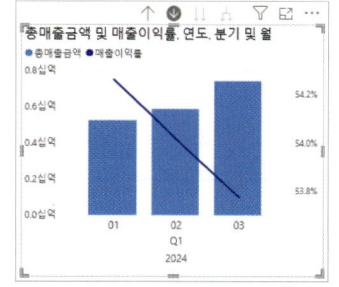

> **Tip** 레이블 연결
>
> 계층 구조를 모두 확장해서 표시하면 축 레이블이 그룹화되어 표시됩니다. [시각적 개체 서식 지정] 〉 [시각적 개체] 〉 [X축]의 [레이블 연결] 설정에 따라 X축 레이블 연결되거나 그룹화되어 표시됩니다.
>
>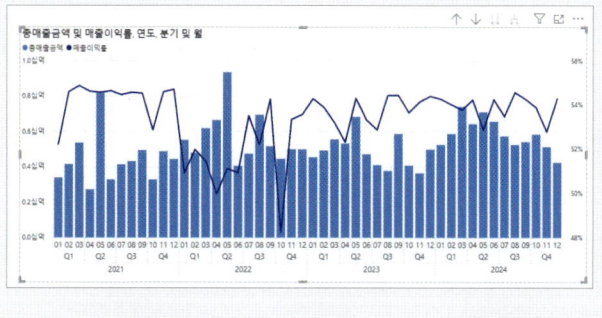

◈ 계층 구조 만들기

시각화 드릴 모드로 데이터를 탐색할 경우, 자주 사용하는 필드는 결합해서 사용하면 편리합니다. '시도, 구군시, 거래처명' 순으로 지역별 거래처 매출을 분석하거나, '분류, 제품분류, 제품명'으로 제품별 정보를 탐색할 경우 여러 필드를 계층 구조로 구성할 수 있습니다. 계층 구조를 작성하려면 관련 필드가 한 테이블에 저장되어 있어야 합니다.

01 [테이블](⊞) 보기에서 '제품' 테이블을 선택합니다. 이 테이블에는 RELATED 함수를 사용해 '분류명'과 '제품분류명'을 표시해 두었습니다. 제품 계층 구조를 작성하기 위해 '분류명' 필드를 마우스 오른쪽 버튼으로 클릭하고 [계층 구조 만들기]를 선택합니다.

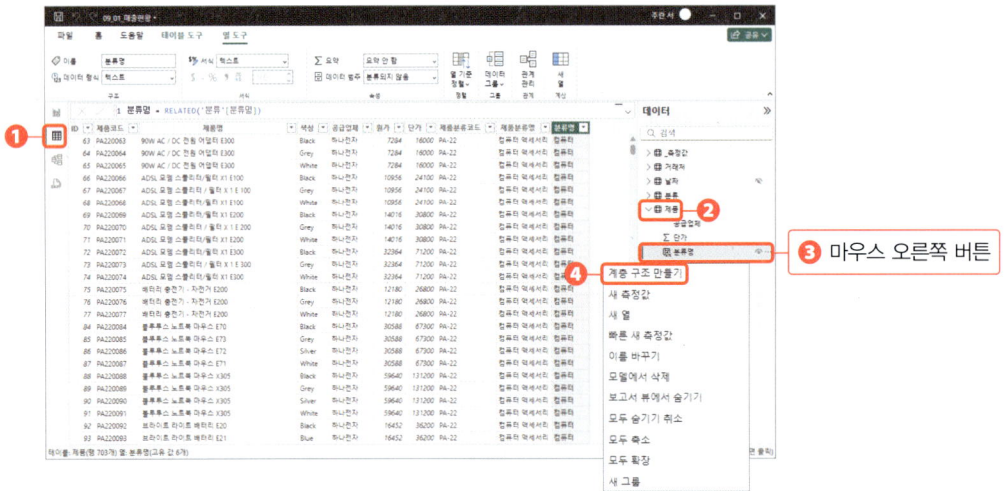

02 [분류명 계층 구조](📑)가 생성되고, 계층 구조를 확장해 보면 분류명이 포함되어 있습니다.

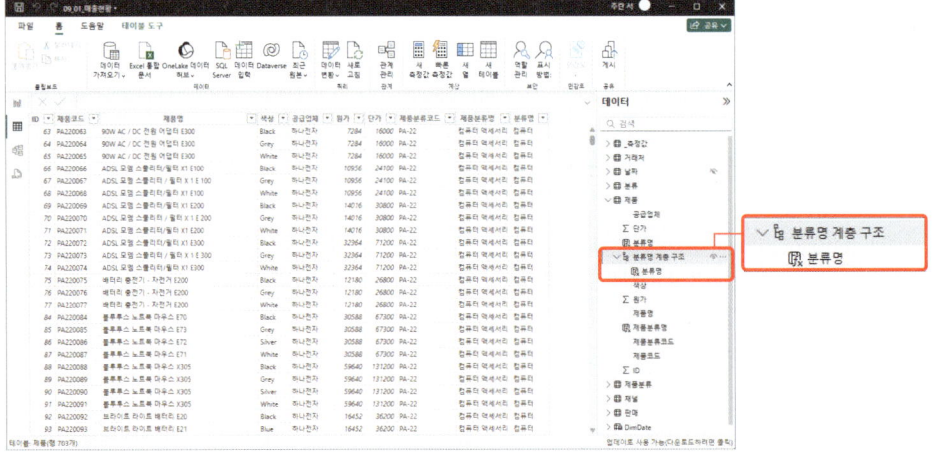

03 분류명 계층 구조에 '제품분류명' 필드를 추가해 보겠습니다. '제품분류명' 필드를 마우스 오른쪽 버튼으로 클릭하고 [계층 구조에 추가] 〉 [분류명 계층 구조]를 선택합니다.

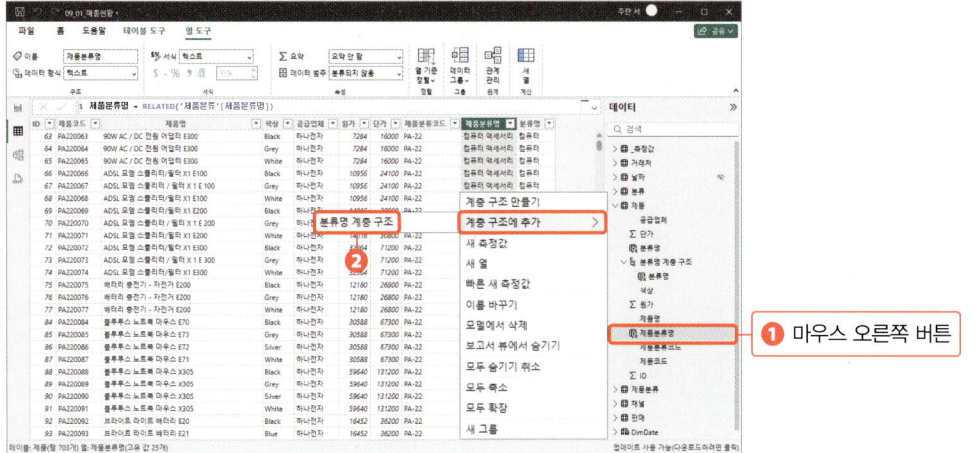

04 분류명 계층 구조에 '제품분류명'이 포함됩니다. 동일한 방법으로 '제품명'도 '분류명 계층 구조'에 포함시킵니다.

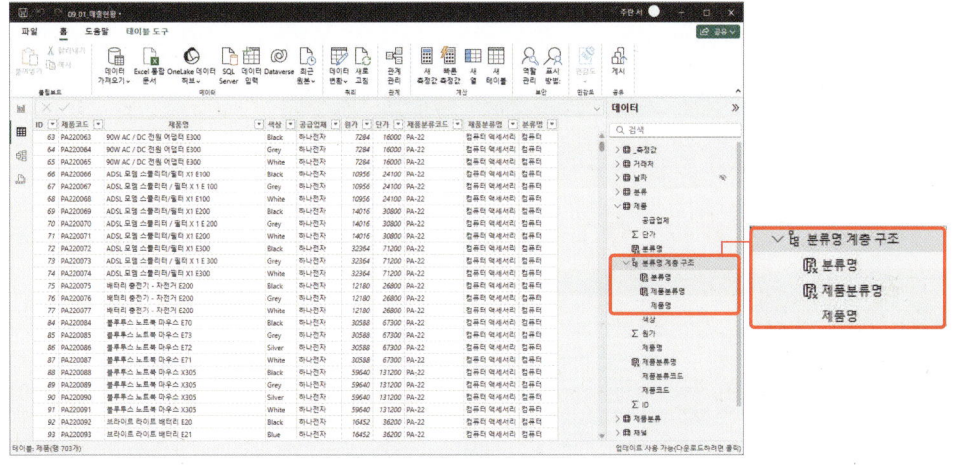

05 분류명 계층 구조에서 더블클릭하고 '제품 계층'을 입력한 후 Enter 를 누릅니다.

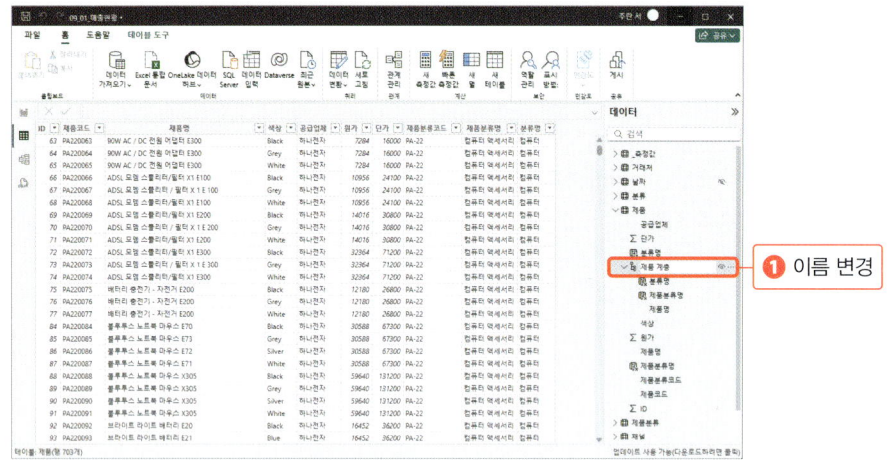

06 작성된 '제품 계층'을 테이블에 추가해 보겠습니다. [보고서](🔲) 보기에서 '제품별' 페이지의 행렬 시각적 개체를 선택합니다. [시각적 개체에 데이터 추가]에서 [행] 영역의 필드를 제거하고 '제품' 테이블의 '제품 계층' 필드를 [행] 영역에 추가합니다. 시각화 머리글의 [드릴온]을 '행'으로 선택하고 [계층 구조에서 한 수준 아래로 모두 확장](🔽)을 클릭하여 계층 구조를 모두 확장시키면 제품 정보가 모두 표시됩니다.

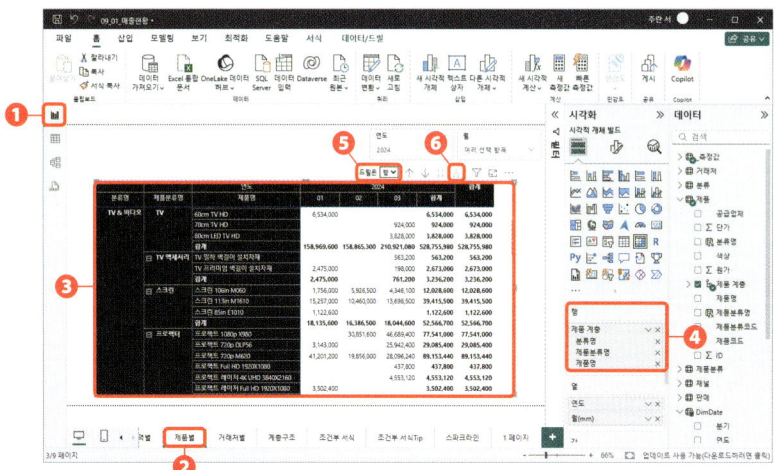

◆ 폴더 표시하기

자주 사용하는 열이나 측정값을 표시 폴더로 구성하여 관리할 수 있습니다.

01 [모델](圖) 보기의 [데이터] 창에서 '_측정값' 테이블의 '총매출금액, 총매출이익, 매출이익률' 측정값을 선택합니다.

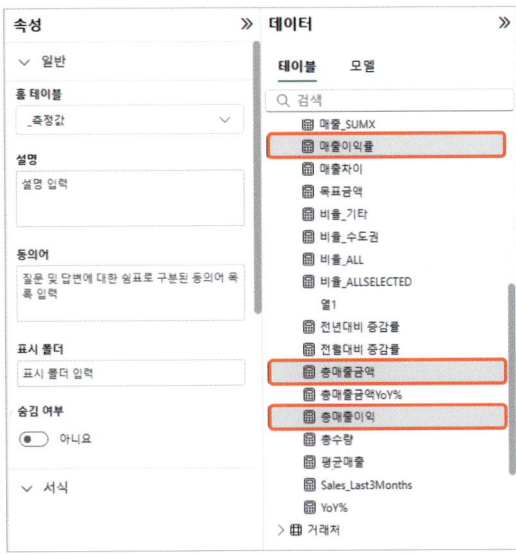

02 [속성] 창의 [표시 폴더]에 새 폴더 이름 '매출'을 입력합니다. 선택한 측정값이 폴더로 이동되며 측정값 찾기가 수월합니다. [표시 폴더]의 이름을 삭제하면 표시 폴더는 제거됩니다.

03 '총매출이익, 매출이익률' 측정값을 다시 선택하고 [표시 폴더]에 '매출\이익'과 같이 백 슬래쉬(\)와 함께 입력하면 표시 폴더에 하위 폴더가 만들어지고 측정값이 이동합니다.

2 조건부 서식

테이블이나 막대형 차트에 조건부 서식을 적용하여 데이터를 강조할 수 있습니다. 데이터 값을 기준으로 배경색이나 글꼴 색, 데이터 막대, 아이콘, 웹URL 등을 적용할 수 있습니다. 조건부 서식은 편집이 가능하며 스타일을 그라데이션, 규칙, 필드 값으로 적용하거나 값만, 값 및 합계, 합계만 등으로 서식을 적용할 수 있습니다.

다음은 테이블 시각적 개체에 총수량은 아이콘, 총매출금액은 데이터 막대, 총매출이익은 배경색, 매출이익률은 글꼴 색을 적용하여 시각화한 결과입니다.

분류명	총수량	총매출금액	총매출이익	매출이익률
TV & 비디오	▲ 12,936	8,266,609,180	4,467,390,016	54.04%
컴퓨터	● 23,485	4,991,222,440	2,700,807,176	54.11%
휴대폰	● 20,990	4,837,017,645	2,455,708,305	
카메라 & 캠코더	▲ 11,017	4,145,979,335	2,225,108,131	53.67%
오디오	▲ 14,795	2,105,491,050	1,139,741,990	54.13%
음반 & 영화	◆ 4,703	571,946,020	309,528,316	54.12%
합계	87,926	24,918,265,670	13,298,283,934	53.37%

◆ 데이터 막대 설정

테이블의 '총매출금액'에 데이터 막대를 적용해 보겠습니다.

01 '조건부서식' 페이지의 첫 번째 테이블 시각적 개체를 선택합니다. [시각적 개체에 서식 지정]의 [시각적 개체]에서 [셀 요소]를 확장합니다.

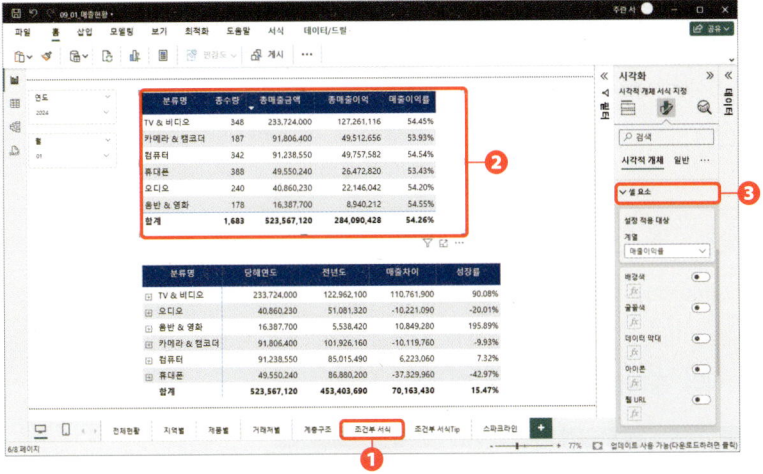

02 테이블의 '총매출금액'에 조건부 서식의 데이터 막대를 적용해 보겠습니다. [셀 요소]에서 [계열]을 '총매출금액'으로 선택하고 [데이터 막대]를 '설정'으로 변경합니다. 값이 높을수록 막대 길이가 길게 표시됩니다. 서식을 변경하기 위해 [조건부 서식](fx)을 클릭합니다.

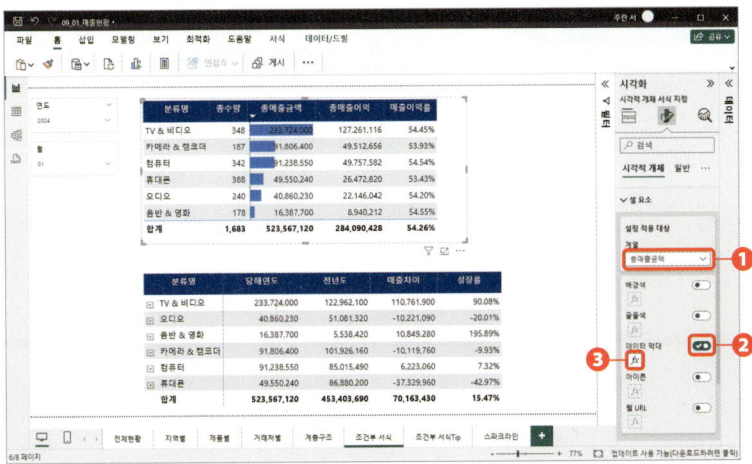

03 [데이터 막대] 대화상자가 나타납니다. 데이터 막대는 최소값과 최대값을 기준으로 시각화합니다. [양수 막대]의 색상을 '#f0a787, 테마 3, 40% 더 밝게'로 설정하고 [확인]을 클릭합니다.

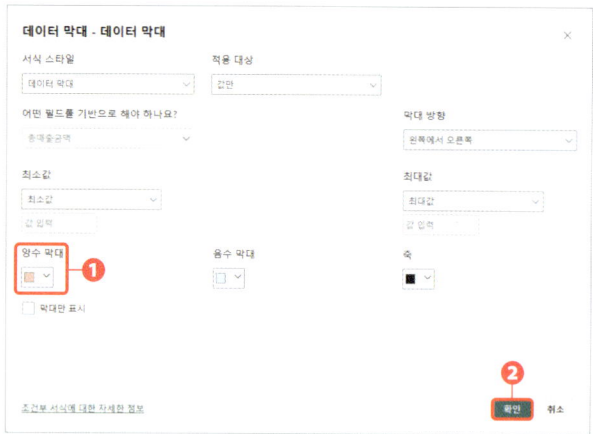

04 수정된 데이터 막대 서식이 '총매출금액'에 적용됩니다.

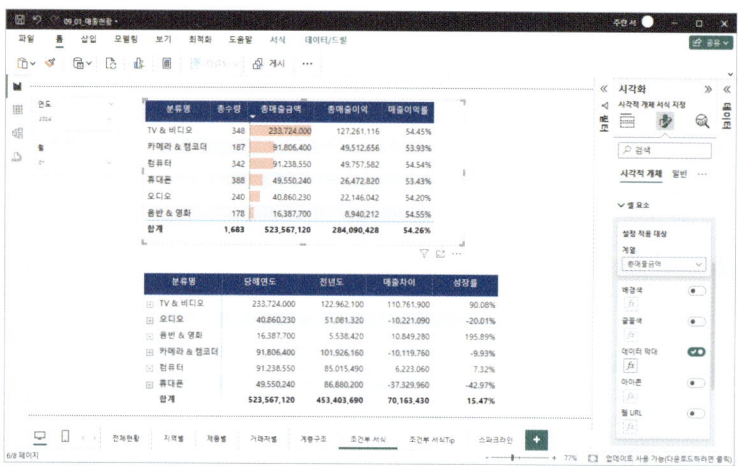

◆ 배경색 설정

테이블의 '총매출이익'에 배경색을 적용해 보겠습니다.

01 [셀 요소]의 [계열]을 '총매출이익'으로 선택하고 [배경색]을 '설정'으로 변경합니다. 총매출이익에 배경색이 표시되고 값이 높을수록 파랑, 값이 낮을수록 연한 파랑으로 적용됩니다. 서식을 변경하기 위해 [조건부 서식](fx)을 클릭합니다.

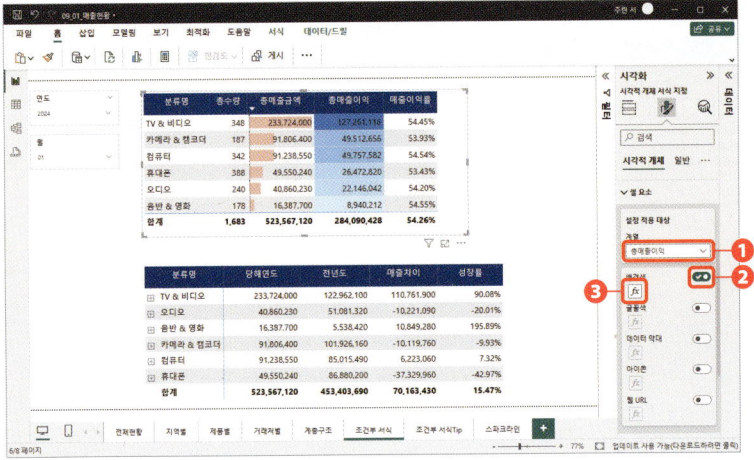

02 [배경색] 대화상자가 나타납니다. [서식 스타일]은 '그라데이션', [적용 대상]은 '값만'으로 설정되어 있습니다. 배경색은 최소값(연한 파랑)과 최대값(파랑)을 그라데이션으로 표현합니다. [중간 색 추가]를 체크하면 가운데 색상을 지정할 수 있습니다. 기본 옵션은 그대로 유지하고 [확인]을 클릭합니다.

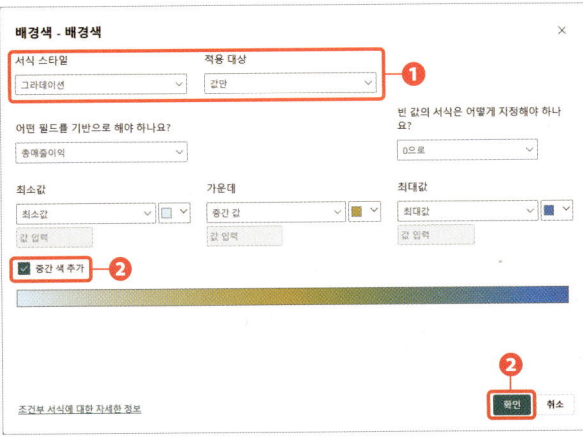

03 수정된 배경색이 '총매출이익'에 적용됩니다.

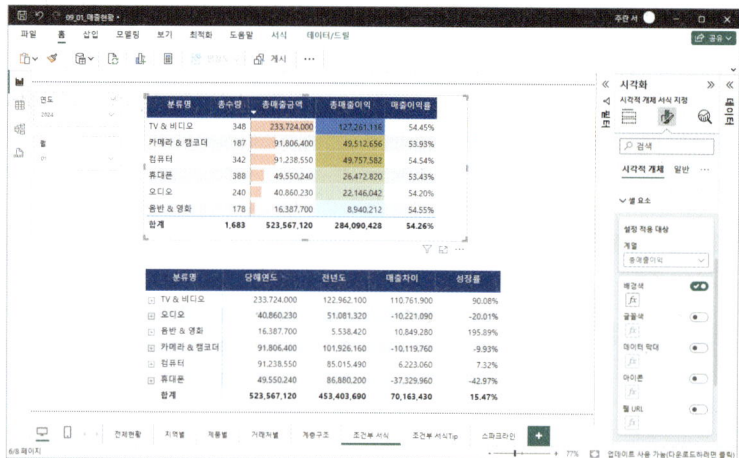

> **Tip** 조건부 서식의 서식 지정 기준

[조건부 서식] 대화상자에서 서식 스타일 기준은 다음과 같습니다.

- 그라데이션 : 최소값, 최대값을 기준으로 색 지정
- 규칙 : 사용자가 설정한 규칙에 맞추어 서식 지정
- 필드 값 : 필드의 값 또는, 측정값을 기준으로 서식 지정

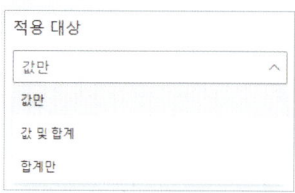

- 값만 : 테이블의 값에만 서식 적용
- 값 및 합계 : 테이블의 값과 부분합, 합계에 서식 적용
- 합계만 : 테이블의 합계만 서식 적용

◆ **글꼴 색 설정**

테이블의 '매출이익률'에 글꼴 색을 적용해 보겠습니다.

01 [셀 요소]의 [계열]을 '매출이익률'로 선택하고 [글꼴 색]을 '설정'으로 변경합니다. 매출이익률에 글꼴 색이 변경되고 값이 높을수록 파랑, 값이 낮을수록 연한 파랑으로 적용됩니다. 서식을 변경하기 위해 [조건부 서식](fx)을 클릭합니다.

02 [글꼴 색] 대화상자가 나타납니다. 글꼴 색 서식은 배경색 서식과 동일한 옵션을 제공합니다. 최소값 색은 '#118DFF, 테마 색1', 최대값 색은 '#12239E, 테마 색2'로 설정하고 [확인]을 클릭합니다.

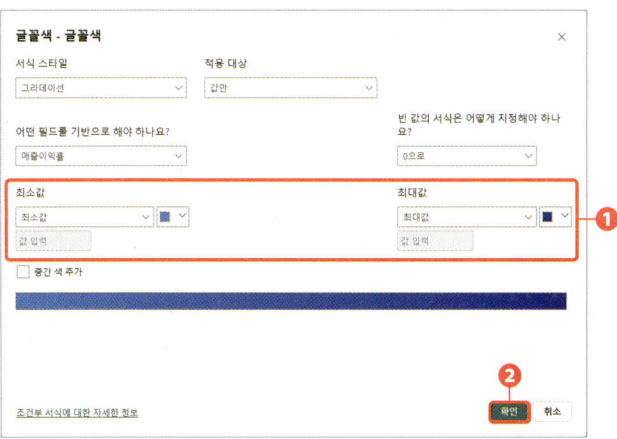

03 수정된 글꼴 색이 '매출이익률'에 적용됩니다.

◈ 아이콘 설정

테이블의 '총수량'에 조건부 서식의 아이콘을 적용해 보겠습니다.

01 [셀 요소]에서 [계열]을 '총수량'으로 선택하고 [아이콘]을 '설정'으로 변경합니다. 값을 상한값, 중간값, 하한값으로 구분하여 아이콘이 표시됩니다. 서식을 변경하기 위해 [조건부 서식](fx)을 클릭합니다.

02 [아이콘] 대화상자가 나타납니다. 아이콘 레이아웃, 아이콘 정렬, 스타일 등을 변경할 수 있으며 [새 규칙]을 클릭하여 여러 조건을 추가할 수 있습니다. 33% 미만, 67% 미만, 100% 이하 구간으로 설정된 아이콘이 표시됩니다. 아이콘 레이아웃을 '데이터 오른쪽', 스타일을 로 설정하고 [확인]을 클릭합니다.

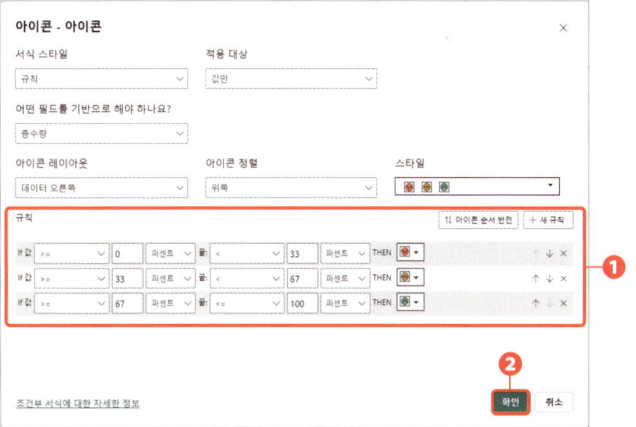

03 테이블의 '총수량'에 3색 도형으로 67% 이상은 , 33% 미만은 아이콘 스타일로 표시합니다.

Chapter 09 다양한 시각화 **289**

◆ 사용자 지정 조건부 서식

매출 성장률에 양수인 경우 파란색, 음수인 경우 빨간색으로 글꼴 색을 변경하고 화살표 아이콘을 적용해 보겠습니다.

01 페이지의 두 번째 테이블 시각적 개체를 선택합니다. [시각적 개체에 서식 지정]에서 [시각적 개체]의 [셀 요소]를 확장합니다. [계열]을 '성장률'로 변경하고 [글꼴 색]을 '설정'으로 변경한 후 서식을 변경하기 위해 [조건부 서식](fx)을 클릭합니다.

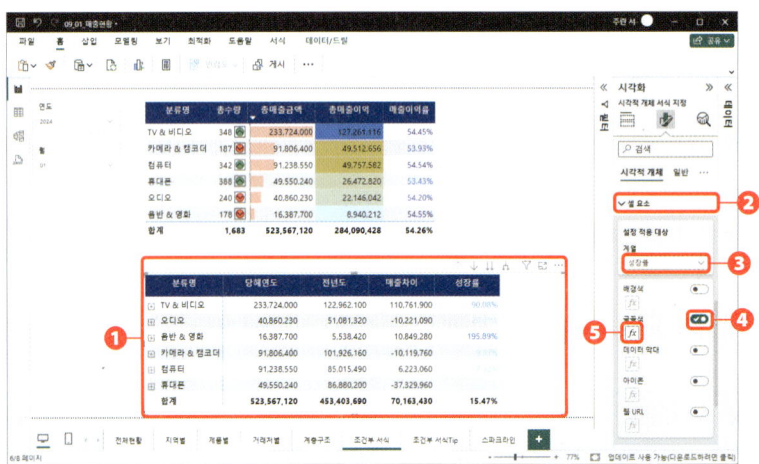

02 [글꼴 색] 대화상자가 표시되면 [서식 스타일]을 '규칙'으로 설정합니다. 다음과 같이 규칙을 서정한 후 [적용 대상]을 '값 및 합계'로 변경하고 [확인]을 클릭합니다.

If 값 : >(보다 큼), 0, 숫자, 끝 : <=(보다 작거나 같음), 최대값, 숫자, 파랑색(#118DDF, 테마색 1)
If 값 : >=(보다 크거나 같음), 최소값, 숫자, 끝 : <(보다 작음), 0, 숫자, 빨강색(#D64550, 테마색 8)

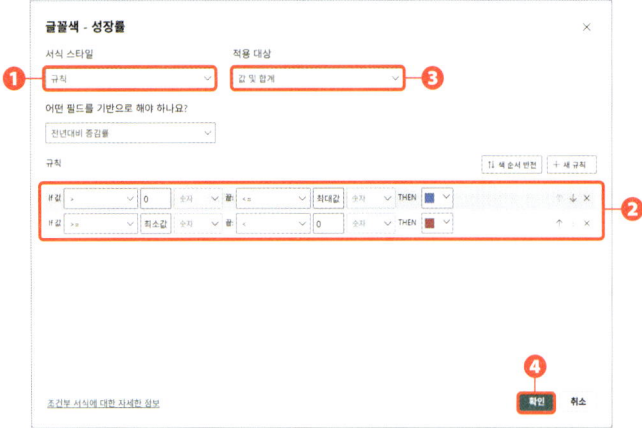

> **Tip** 조건부 서식 대화상자에서 [적용 대상]을 '값 및 합계'로 변경하면 규칙 요소인 숫자를 변경할 수 없습니다. 규칙을 모두 추가한 후 적용 대상을 '값 및 합계'로 설정합니다.

03 글꼴 색이 양수는 파랑색, 음수는 빨강색으로 변경됩니다. 셀 요소의 [아이콘]을 '설정'으로 변경합니다. 서식을 변경하기 위해 [조건부 서식](fx)을 클릭합니다.

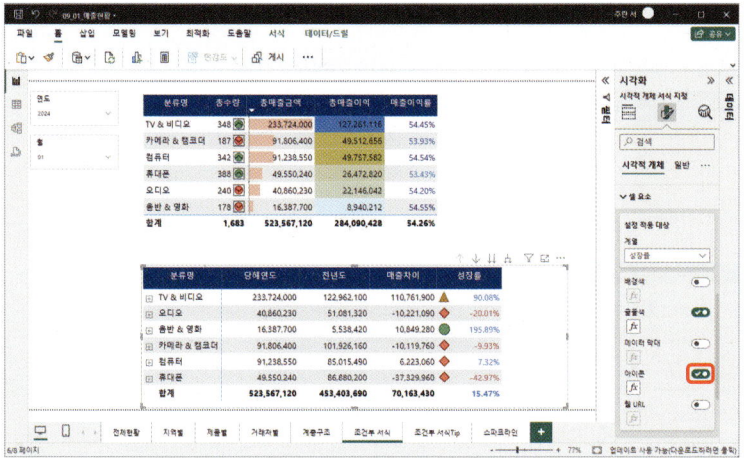

04 [아이콘] 대화상자가 표시되면 [서식 스타일]을 '규칙'으로 설정되어 있습니다. 다음과 같이 규칙을 설정한 후 [적용 대상]을 '값 및 합계'로 변경하고 [확인]을 클릭합니다.

if값 : >(보다 큼), 0, 숫자, 끝 : <=(보다 작거나 같음), 최대값, 숫자, ▲
if값 : >=(보다 크거나 같음), 최소값, 끝 : 숫자, 보다 작음, 0, 숫자, ▼

05 두 번째 테이블 시각적 개체에 글꼴 색과 아이콘 스타일이 적용되어 성장률(전월대비 증감률)의 증가/감소를 쉽게 파악할 수 있습니다.

> **Tip** 필드 값으로 색 서식 지정
>
> '제품' 테이블의 '색상' 필드에 Black, White, Red, Orange 등과 같은 데이터로 조건부 서식을 적용할 수 있습니다. 조건부 서식 대화상자의 [서식 지정 기준]에서 '필드 값'을 선택하고, [필드 기준]은 '처음 색상', [요약]은 '첫 번째'로 적용하면 데이터와 동일한 색상이 배경색이나 글꼴 색으로 적용됩니다.

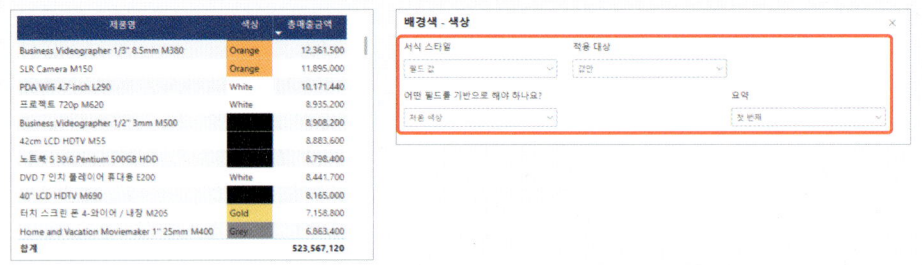

◈ 조건부 서식 제거

조건부 서식을 제거할 때는 필드에 적용된 전체 또는 하나의 조건부 서식을 제거할 수 있습니다.

01 테이블 시각적 개체를 선택하고 [시각적 개체]의 [셀 요소]에서 설정된 조건부 서식의 설정을 해제합니다.

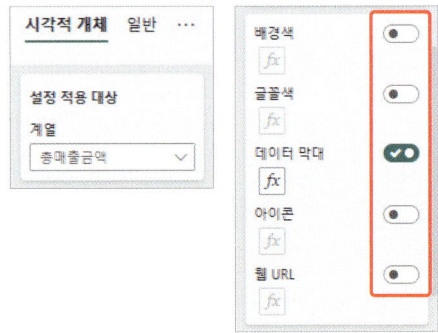

02 [시각적 개체에 데이터 추가]에서 [열] 영역의 '총매출금액' 필드에서 [아래 화살표](∨)를 클릭해서 조건부 서식을 적용하거나 제거할 수 있습니다. [조건부 서식 제거] 〉 [모두]를 선택하면 전체 조건부 서식을 제거합니다.

◈ 동적인 조건부 서식

동적인 조건부 서식으로 데이터의 값에 따라 색상, 글꼴, 아이콘, 데이터 막대 등의 서식을 동적으로 변경하여 시각적 개체를 강조하거나 패턴 인식을 쉽게 만들 수 있습니다. 또한 항목 선택, 순위 등의 측정값을 작성하여 시각적 개체의 제목이나 열(막대) 색에 측정값을 활용해 조건부 서식을 적용할 수 있습니다.

01 [보고서]( ) 보기에서 '동적조건부서식' 페이지로 이동합니다. '_측정값' 테이블을 선택하고, [측정 도구] 탭 〉 [계산] 그룹에서 [새 측정값]을 클릭합니다.

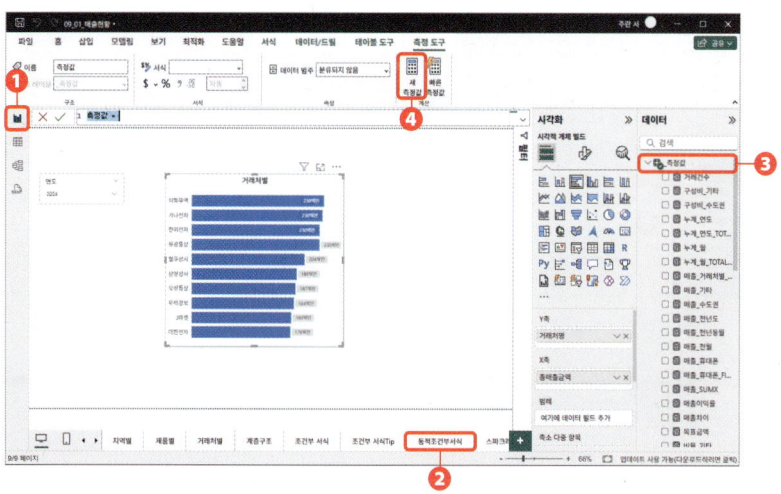

02 수식 입력줄에 다음 수식을 입력합니다. 이 수식은 '총매출금액' 측정값을 기준으로 '2억이상', '2억미만'을 반환합니다.

기준금액 = IF([총매출금액]>=200000000, "2억이상", "2억미만")

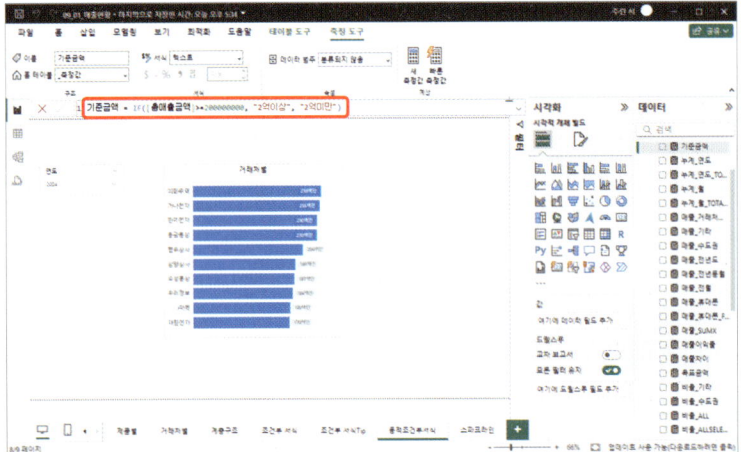

03 페이지의 묶은 가로 막대형 차트를 선택하고 [시각화] 창의 [시각적 개체 서식 지정]에서 [시각적 개체] 〉 [막대]에서 [색] 〉 [색]에서 [조건부 서식](fx)을 클릭합니다.

04 [색-범주] 대화상자에서 [서식 스타일]을 '규칙'으로 설정, [어떤 필드를 기반으로 해야 하나요?]는 '기준금액' 측정값을 선택합니다. 규칙을 다음과 같이 지정하고 [확인]을 클릭합니다.

> If값 : 다음임, 2억이상, '#118DFF, 테마 색1'
> If값 : 다음임, 2억미만, '흰색, 30% 더 어둡게'

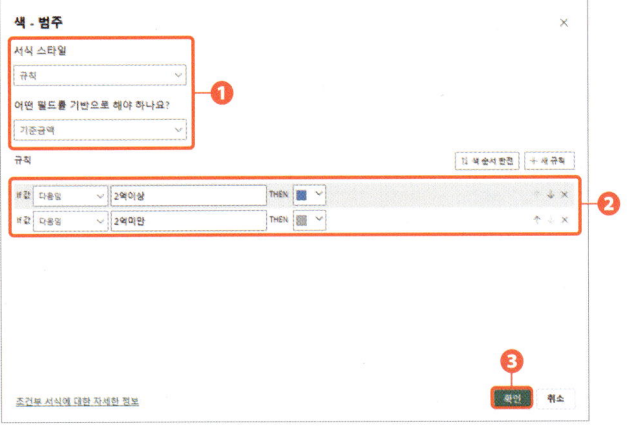

05 차트에 총매출금액이 2억이상, 2억미만으로 구분되어 막대 색상이 적용됩니다.

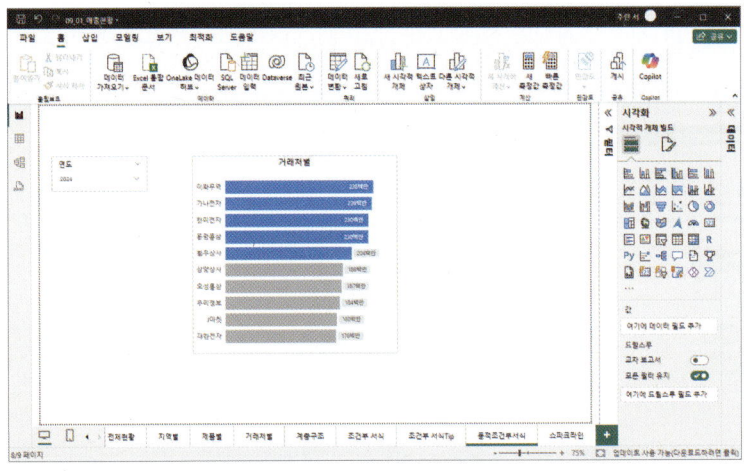

3 스파크라인

테이블 또는, 행렬에 스파크라인을 추가하여 추세를 빠르게 확인하고 비교할 수 있습니다. 월별 증가나 감소, 경제 주기와 같은 값에 추세를 표시하거나 최대값과 최소값을 강조 표시할 수 있습니다. 스파크라인은 테이블이나 행렬의 셀에 표시되는 차트로 날짜 기준으로 선이나 열 차트로 구성합니다.

◈ **스파크라인 추가**

월별로 매출금액 추세를 스파크라인으로 추가해 보겠습니다.

01 '스파크라인' 페이지의 테이블 시각적 개체를 선택하고 [삽입] 탭 〉[스파크라인] 그룹에서 [스파크라인 추가]를 클릭합니다.

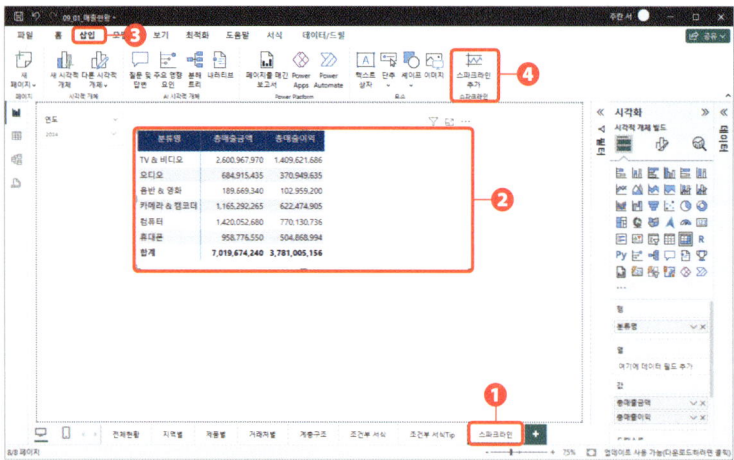

02 [스파크라인 추가] 대화상자가 나타납니다. 일반적으로 [Y축]에 요약 값, [X축]에는 날짜 필드를 추가합니다. [Y축]에 '_측정값' 테이블의 '총매출금액' 측정값 선택, [X축]에 'DimDate' 테이블의 '월' 필드를 선택하고 [만들기]를 선택합니다.

03 테이블에 '총매출금액,월' 스파크라인이 추가되며 월별 추세를 확인할 수 있습니다.

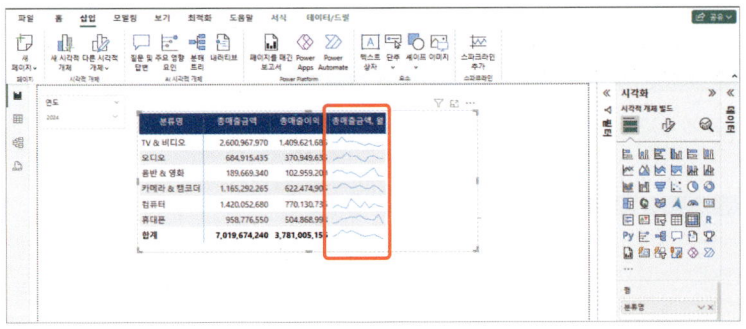

04 월별로 '총매출이익' 추세를 스파크라인으로 추가해 보겠습니다. 스파크라인은 [시각적 개체에 데이터 추가]의 [값] 영역에서 추가할 수도 있습니다. [값] 영역에서 '총매출이익' 필드의 [아래 화살표](∨)를 클릭, [스파크라인 추가]를 선택합니다.

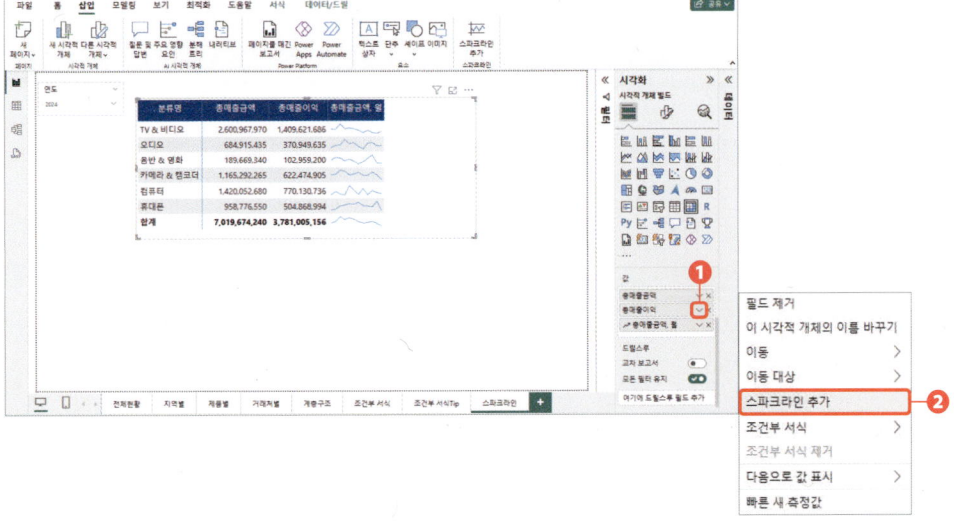

Chapter 09 다양한 시각화 **297**

05 [스파크라인 추가] 대화상자의 [Y축]에 '총매출이익' 측정값이 포함됩니다. [X축]에 'DimDate' 테이블의 '월' 필드 추가하고 [만들기]를 선택합니다.

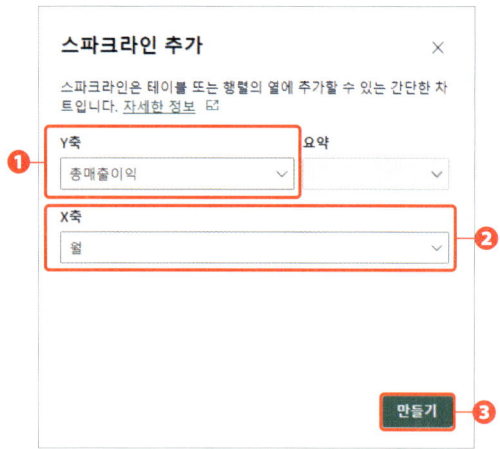

06 테이블에 '총매출이익,월' 스파크라인이 추가되며 월별 추세를 확인할 수 있습니다.

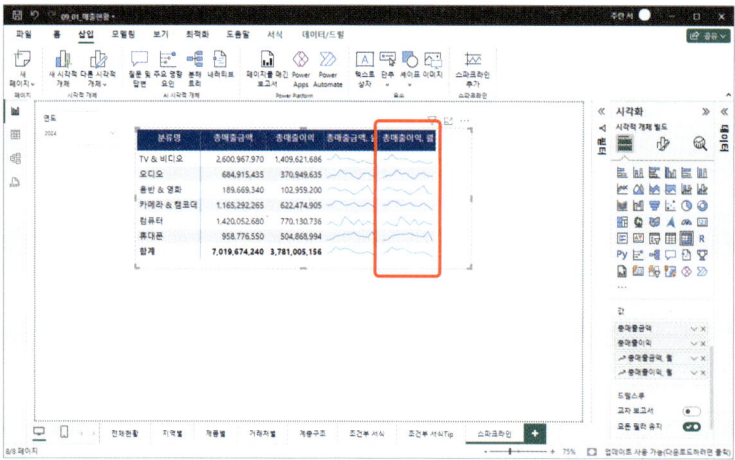

◆ **스파크라인 편집**

스파크라인은 선과 열로 차트 유형을 변경하거나 선 굵기, 표식, 색상 등을 변경할 수 있습니다. '총매출금액.월'을 마커를 표시하고 '총매출이익.월'은 열로 표시해 보겠습니다.

01 테이블 시각적 개체를 선택하고 [시각적 개체 서식 지정]에서 [시각적 개체] 〉 [스파크라인]을 확장합니다. [설정 적용 대상] 〉 [스파크라인]에서 '총매출금액, 월' 선택, [스파크라인] 〉 [너비]를 '2'로 설정합니다. [마커]를 확장하고 [이러한 표식 표시]에서 [최상위], [최하위]에 체크 표시하고 [색]은 '#12239E, 테마 색2', [유형]은 '◆', [크기]는 '4'로 설정합니다.

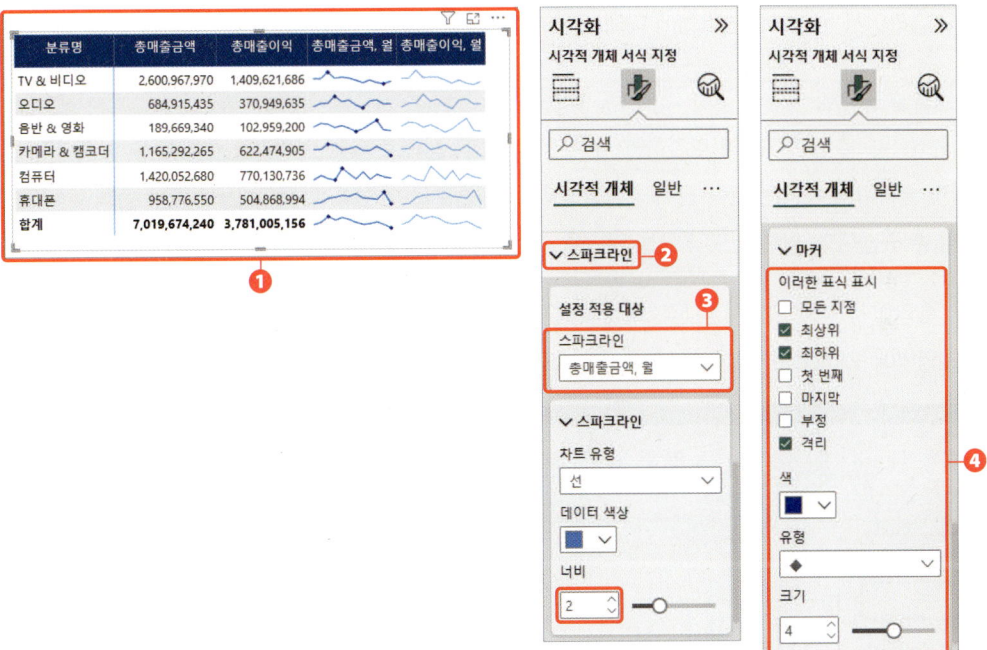

02 [스파크라인] 〉 [설정 적용 대상]을 '총매출이익, 월'로 설정합니다. [차트 유형]을 '열'로 변경, [데이터 색상]을 '#E66C37, 테마 색3'으로 설정합니다.

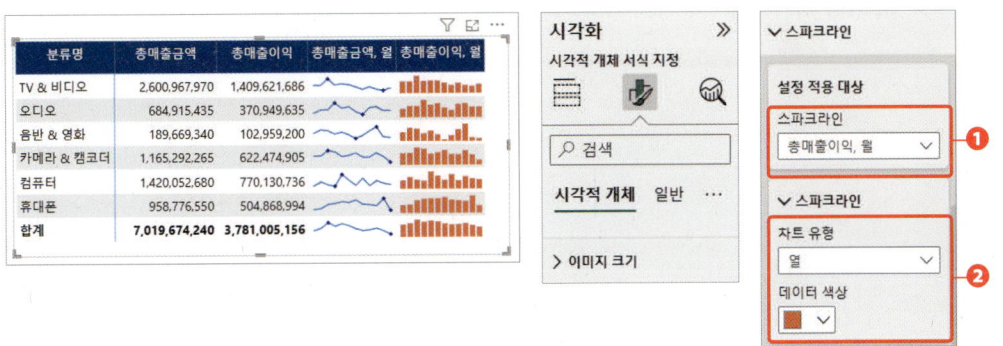

Chapter 09 다양한 시각화

4 다양한 시각화

데이터를 탐색하기 위해 슬라이서 유형을 다양하게 변경하거나 계기 차트나 KPI시각화를 이용해 목표 대비 달성이나 핵심성과지표(KPI)를 표시할 수 있습니다. 분산형 차트로 두 숫자 값 사이의 관계를 표시하거나 분해 트리를 이용해 특정 기준에 따라 드릴다운하면서 값을 탐색할 수 있습니다.

◈ 슬라이서

CHAPTER 06에서 슬라이서로 데이터를 필터링하는 방법에 대해 알아보았습니다. 이번에는 상대 날짜 필터와 슬라이서 동기화하는 방법에 대해 살펴보겠습니다. '09_02_매출현황.pbix' 파일을 불러옵니다.

상대 날짜 슬라이서

날짜 형식 필드를 슬라이서에 추가하면 사이, 이전, 이후, 상대로 다양한 기간을 설정할 수 있습니다. 상대 날짜 슬라이서 유형은 달력 단위나 오늘 날짜를 기준으로 마지막, 다음, 이번과 같은 동적인 날짜를 적용할 수 있습니다. 당해 연도나 오늘 날짜를 기준으로 3개월 전 등의 날짜를 표시해 보겠습니다.

01 '슬라이서' 페이지에서 [시각화] 창의 [슬라이서]를 클릭합니다. [시각적 개체에 데이터 추가]의 [필드] 영역에 'DimDate' 테이블의 'Date' 필드를 추가하면 슬라이서 유형이 '사이'로 표시됩니다.

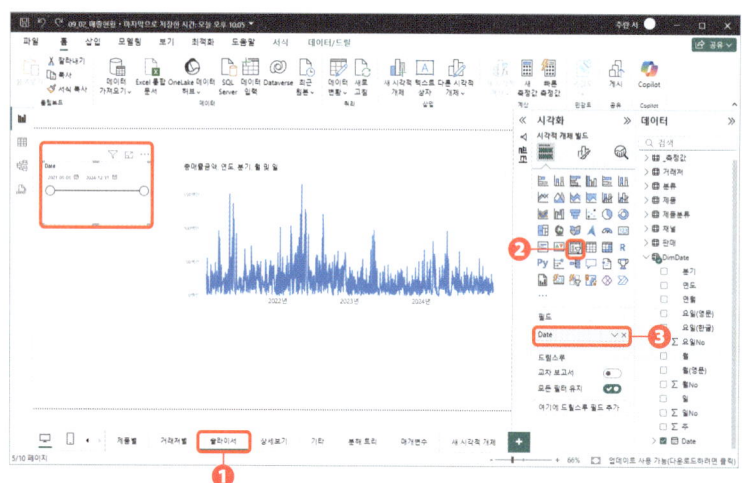

02 [시각화] 창에서 [시각적 개체 서식 지정]의 [시각적 개체]에서 [슬라이서 설정] 〉 [옵션] 〉 [스타일]을 선택하면 '사이, 이전, 이후, 상대 날짜, 상대 시간' 등의 스타일로 변경할 수 있습니다. '이전'은 선택한 날짜 이전까지 필터링하고, '이후'는 선택한 날짜 이후를 필터링합니다. 목록에서 '상대 날짜'를 선택합니다.

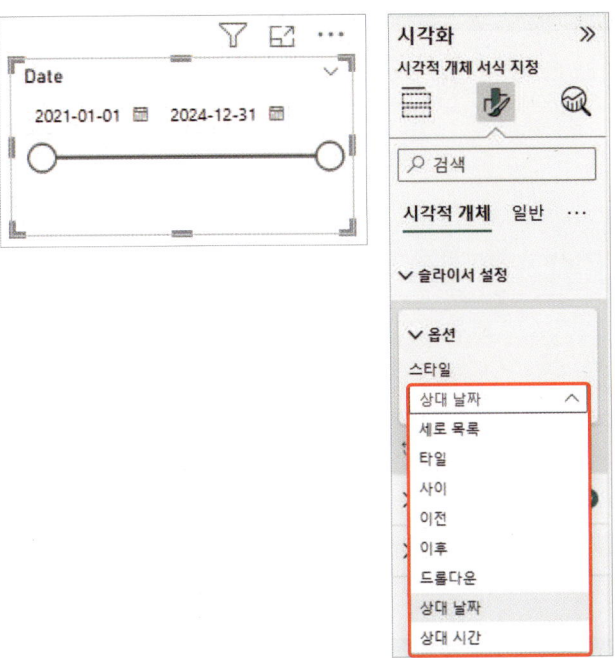

03 [상대 날짜] 유형에서 [마지막] 드롭다운을 클릭하면, '마지막, 다음, 이번' 목록이 제공됩니다. [선택] 드롭다운을 클릭하면 '일, 주, 개월, 개월(달력), 년, 년(달력)'과 같은 목록이 제공됩니다.

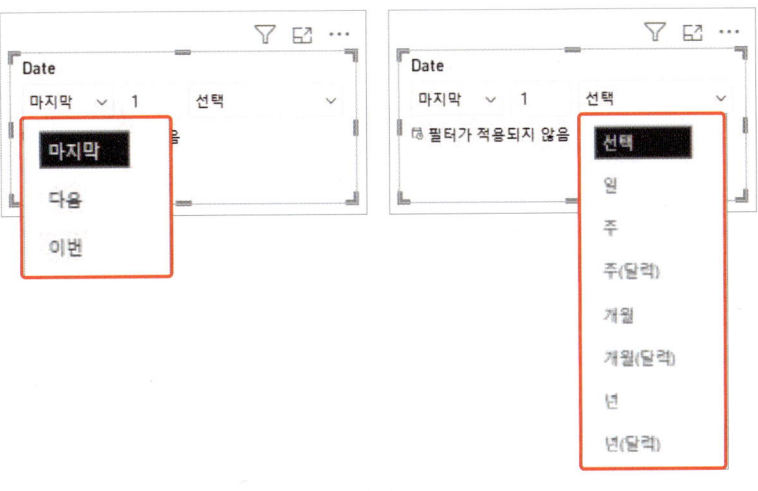

04 슬라이서를 '마지막, 3, 개월'로 설정하면 현재 날짜(2025-02-13)부터 3개월 전까지의 날짜를 필터링합니다. 기준 날짜를 변경하기 위해 [시각적 개체에 서식 지정]의 [시각적 개체]에서 [값]을 확장합니다. [앵커 날짜]에 '2024-12-31'을 입력하면 기준 날짜의 3개월 전의 데이터를 가져옵니다. [오늘 포함]을 '해제'하면 기준 날짜의 하루 전부터 3개월 전까지의 데이터를 가져옵니다.

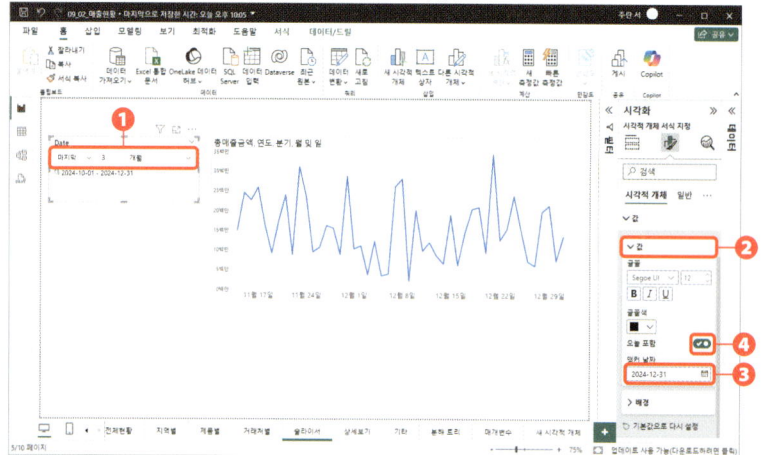

05 슬라이서의 조건을 '마지막, 3, 개월(달력)'으로 설정하면 이전 3개월의 날짜를 필터링합니다. 당월은 포함하지 않습니다.

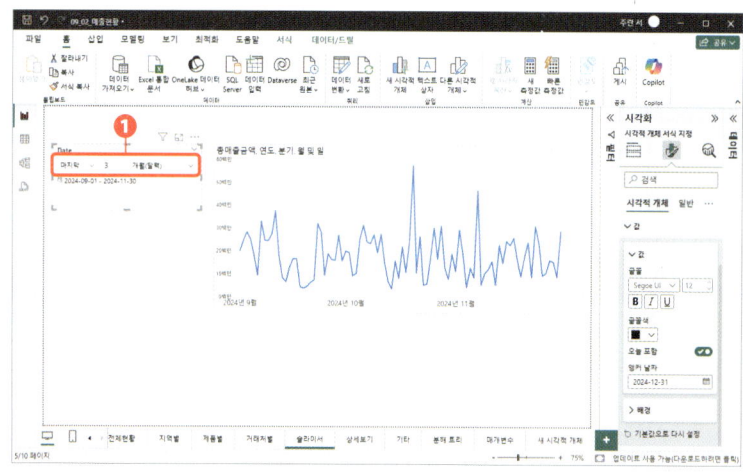

슬라이서 동기화

슬라이서는 여러 페이지에 동기화해서 사용할 수 있습니다. 슬라이서에서 필터링한 값이 다른 페이지에서도 함께 필터링되도록 슬라이서 동기화를 사용할 수 있습니다. 슬라이서를 복사해서 붙여넣기할 때 동기화하거나 [슬라이서 동기화] 창을 이용하여 슬라이서 표시 및 동기화를 적용할 수 있습니다.

01 '전체현황' 페이지의 '연도' 슬라이서를 '상세보기' 페이지에 표시해 보겠습니다. '연도' 슬라이서를 선택한 후 복사(Ctrl+C)합니다.

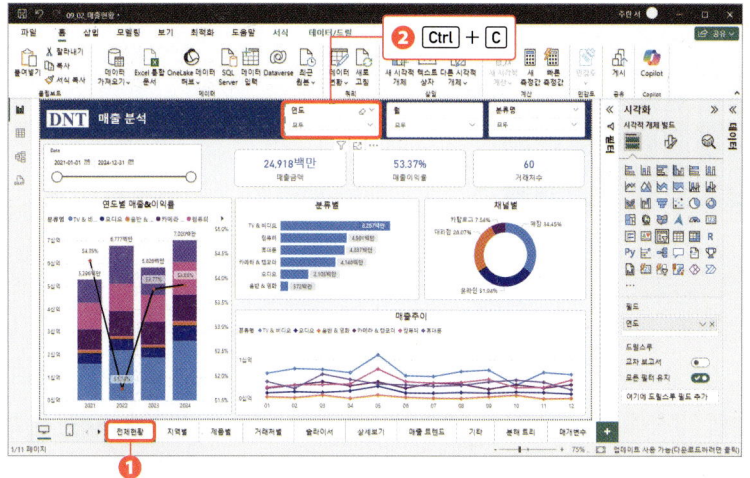

02 복사한 슬라이서를 '상세보기' 페이지에 붙여넣기(Ctrl+V)합니다. [시각적 개체 동기화] 대화상자가 표시되면 [동기화]를 클릭합니다.

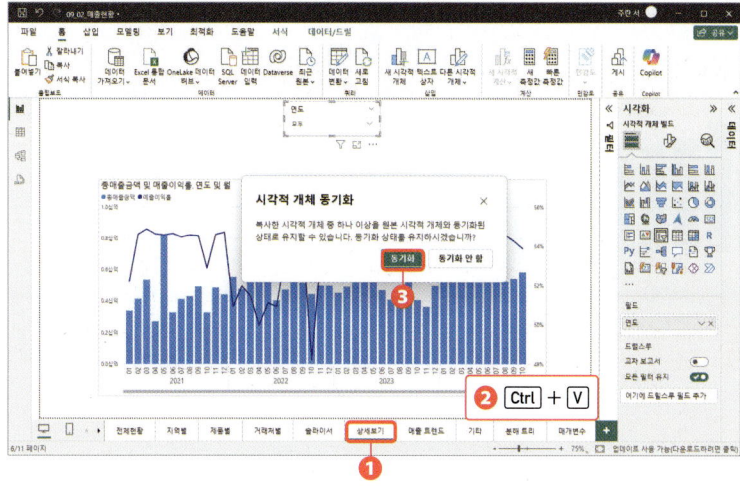

03 '전체현황' 페이지의 '연도' 슬라이서에 '2024'를 필터링하면 '상세보기' 페이지의 연도가 '2024'로 필터링된 것을 확인할 수 있습니다. 동기화된 슬라이서는 어느 페이지에서든 동일한 필터가 적용됩니다.

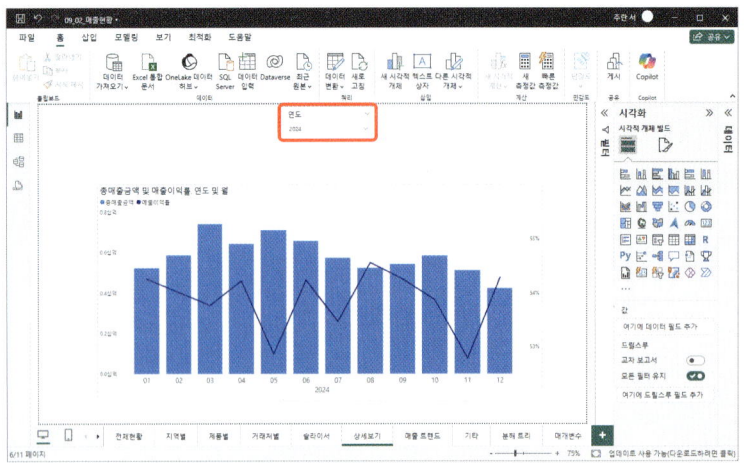

04 여러 페이지에 슬라이서를 표시해서 동기화를 설정할 수도 있습니다. '상세보기' 페이지의 '연도' 슬라이서를 선택하고 [보기] 탭 〉 [창 표시] 그룹에서 [슬라이서 동기화]를 클릭합니다. [슬라이서 동기화] 창이 나타납니다.

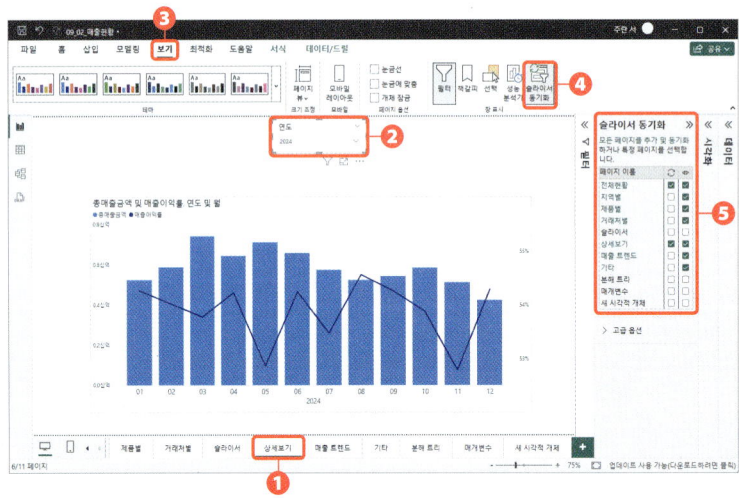

05 [슬라이서 동기화] 대화상자의 [동기화]( ), [표시]( )의 확인란을 체크하여 동기화와 표시 여부를 선택할 수 있습니다. '매출_트렌드' 페이지의 [동기화]와 [표시]의 확인란을 모두 체크합니다.

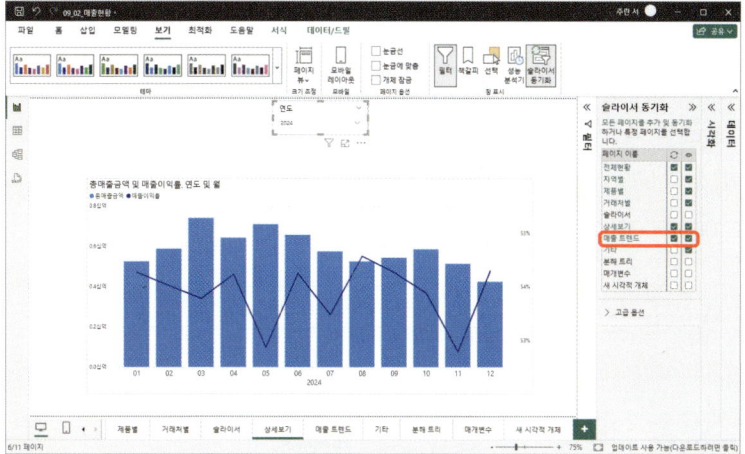

06 '매출_트렌드' 페이지에 '연도' 슬라이서가 표시되고 2024로 필터가 적용된 것을 확인할 수 있습니다.

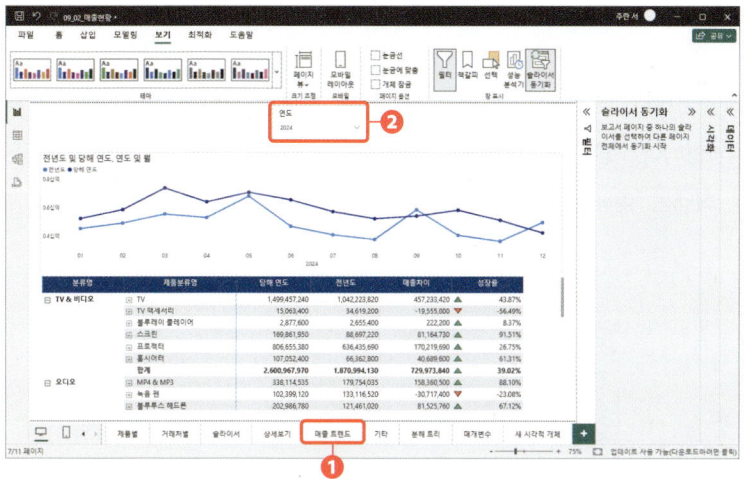

◆ 계기 차트

계기 차트는 원호 형태로 목표에 대한 진행률이나 KPI(핵심 성과 지표) 값을 표시합니다. 예를 들어, 기업의 월별 목표를 세우고, 계기 차트로 이달의 매출이 목표에 얼마나 도달하고 있는지를 시각화할 수 있습니다.

01 '_측정값' 테이블에 '목표금액' 측정값은 지난 3개월간의 평균매출을 10% 증액한 목표 매출입니다. '기타' 페이지에서 [시각화] 창의 [계기 차트]를 추가하고 크기와 위치를 적절히 조정합니다.

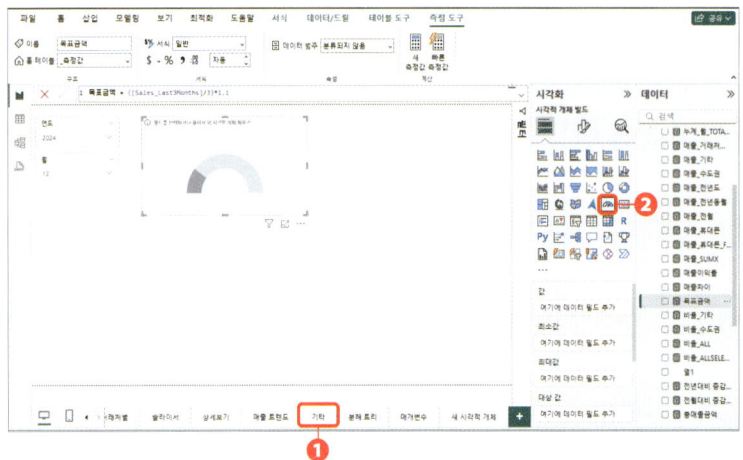

02 [시각적 개체에 데이터 추가]의 [값] 영역에 '_측정값' 테이블의 '총매출금액' 측정값, [대상 값] 영역에 '목표금액' 측정값을 추가합니다. 계기 차트에 당월 매출(2024년12월)이 가운데 숫자로, 목표값은 선으로 표시됩니다. 최소 '0', 최대는 '총매출금액'의 배수로 설정되고 파란색으로 현재 진행률이 표시됩니다.

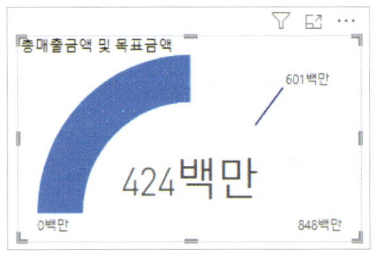 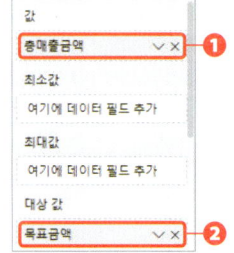

03 계기 차트의 서식을 변경해 보겠습니다. [시각적 개체 서식 지정]에서 [시각적 개체]의 [색] 〉 [대상 색상]을 '#D64550, 테마 색 8'로 설정합니다. [목표 레이블]의 [글꼴 크기]는 '14pt', [색]은 '#D64550, 테마 색 8'로 설정, [설명 값] 〉 [색]을 '#118DFF, 테마 색1'로 설정합니다. 목표대비 월 매출의 진행률을 확인할 수 있습니다.

✦ KPI

KPI(핵심 성과 지표)는 측정 가능한 목표에 대상 값의 진행률을 알리는 시각화입니다. 전년도매출을 목표(대상)로 당해 연도의 매출 진행률에 대해 표시해 보겠습니다.

01 '_측정값' 테이블의 '전년도매출', '누계_연도' 측정값을 이용해 KPI로 시각화해 보겠습니다. '기타' 페이지의 슬라이서 필터는 해제합니다. [시각화] 창의 [KPI]를 선택하고 크기를 조정합니다.

02 [시각적 개체에 데이터 추가]에서 [값] 영역에 '_측정값' 테이블의 '누계_연도' 측정값, [추세 축]에 'DimDate' 테이블의 '연도' 필드, [추세] 영역에 '_측정값' 테이블의 '매출_전년도' 측정값을 추가합니다. KPI 차트에 당해 연도 매출액이 표시되고, 당해 연도 매출이 전년도 매출보다 +20.5% 증가했음을 표시합니다. KPI는 지표가 대상 목표보다 높으면 '녹색', 보통이면 '노란색', 낮으면 '빨간색'으로 표시합니다.

 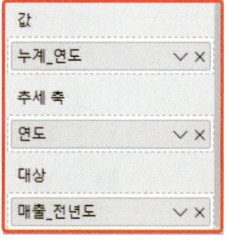

Chapter 09 다양한 시각화 **307**

03 표시 단위 조정을 위해 [시각적 개체에 서식 지정]에서 [시각적 개체] 〉 [설명 값]을 확장합니다. [표시 단위]를 '백만', [값 소수점 자릿수]를 '0'으로 설정합니다. 데이터에 따라 높은 값이 양호이거나 낮은 값이 양호일 수 있습니다. [추세 축]에서 방향이나 색상을 사용자가 원하는 기준으로 변경할 수 있습니다.

◈ 분산형 차트

분산형 차트는 두 숫자 값 사이의 관계를 표시하며, 차트에 x 및 y 숫자 값의 교차점에 점으로 표시됩니다. 또한 거품 크기를 지정하여 데이터 요소를 다차원으로 볼 수 있는 거품형 차트로 나타낼 수 있습니다.

01 평균단가가 높아지면 매출이익이 높은지, 두 숫자 사이의 관계를 시각화해 보겠습니다. '기타' 페이지에서 [시각화] 창의 [분산형 차트]를 클릭합니다.

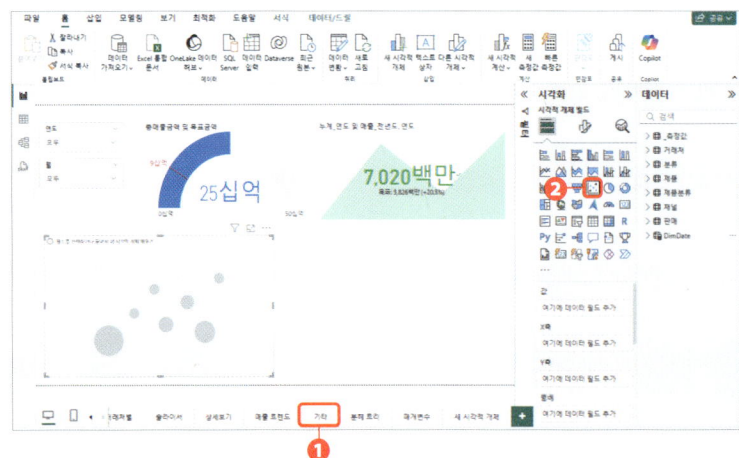

02 [시각적 개체에 데이터 추가]의 [X축] 영역에 '_측정값' 테이블의 '총매출이익' 측정값, [Y축] 영역에 '평균단가' 측정값, [범례] 영역에 '분류' 테이블의 '분류명' 필드를 추가합니다. 두 숫자 사이의 관계가 점으로 표시됩니다. 평균단가가 높은 'TV&비디오'가 매출이익도 높게 나온 걸 확인할 수 있습니다.

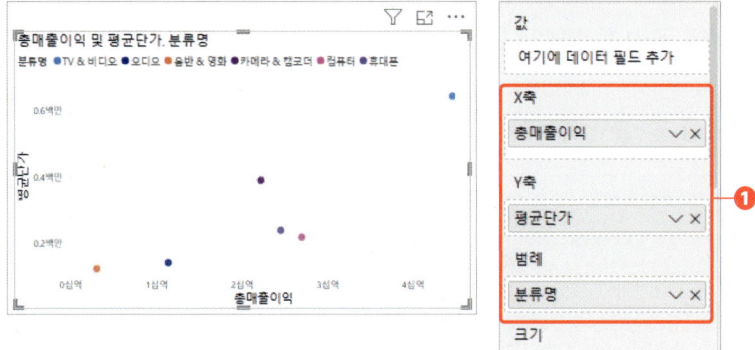

03 [크기] 영역에 '_측정값' 테이블의 '총매출금액' 측정값을 추가하면 거품 크기로 데이터 요소를 파악할 수 있습니다.

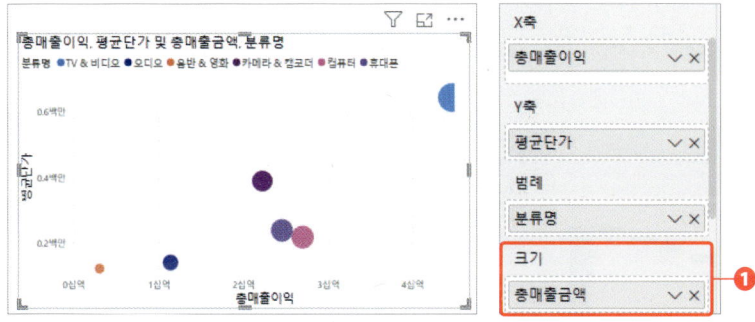

04 [재생 축] 영역에 날짜 정보를 추가하면 시간의 흐름에 따라 매출 흐름을 확인할 수 있습니다. [재생 축] 영역에 'DimDate' 테이블의 '연도' 필드를 추가합니다. 슬라이서의 조건을 해제한 후 분산형 차트의 데이터 요소(TV&비디오)를 선택하고 [재생](▷)을 클릭, 연도별로 매출 흐름을 표시합니다.

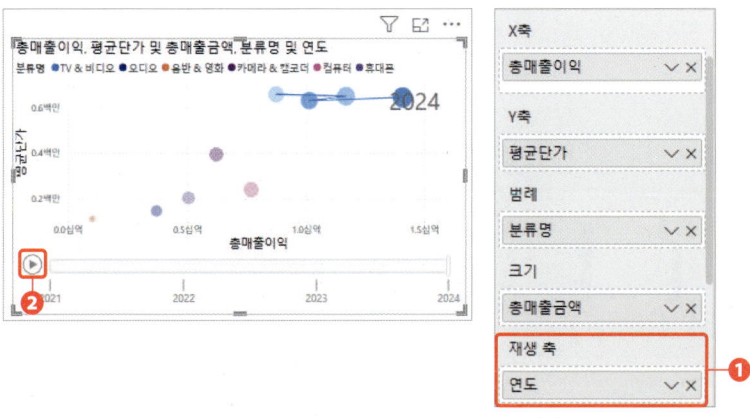

◆ 폭포 차트

폭포 차트는 값이 증가하거나 감소할 때의 누계를 보여줍니다. 값이 어떤 요소에 의해 증가 및 감소되는지 효과적으로 분석할 수 있습니다.

01 월별로 총매출금액의 증가 및 감소에 대해 분류명이 어떤 영향을 주는지 시각화해 보겠습니다. '기타' 페이지의 '연도' 슬라이서에 '2024'를 선택합니다. [시각화] 창의 [폭포 차트]를 클릭합니다.

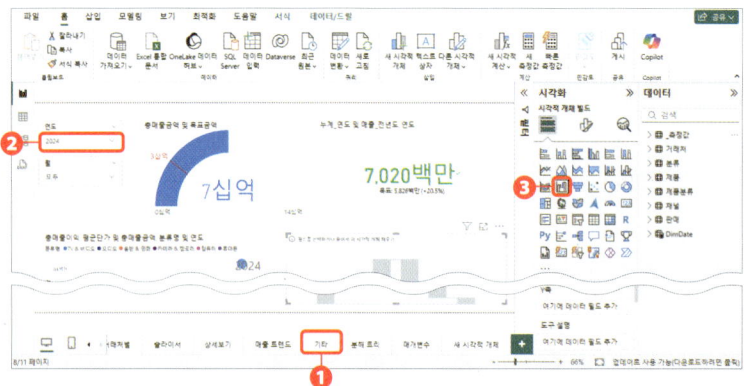

02 [시각적 개체에 데이터 추가]의 [범주] 영역에 'DimDate' 테이블의 '월' 필드, [Y축] 영역에 '_측정값' 테이블의 '총매출금액' 측정값을 추가합니다. 월별로 오름차순 정렬하면 다음과 같이 월별로 매출 변화를 확인할 수 있습니다.

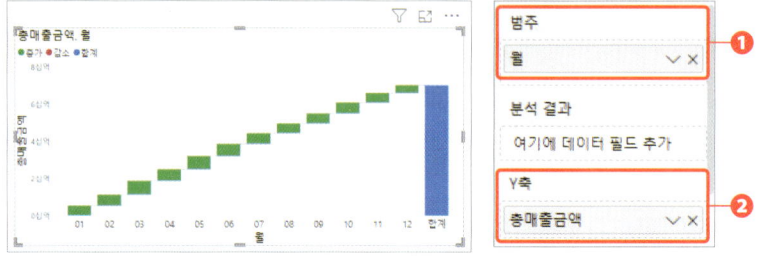

03 어떤 원인으로 매출 변화가 크게 증가 및 감소했는지 원인을 파악하려면, 매출 변화에 영향을 주는 필드를 [분석 결과] 영역에 추가합니다. [분석 결과] 영역에 '분류' 테이블의 '분류명' 필드를 추가합니다. 월별로 분류명이 증가 및 감소했는지 색으로 확인할 수 있습니다. 증가는 '녹색', 감소는 '빨간색', 기타는 '노란색'으로 표시됩니다.

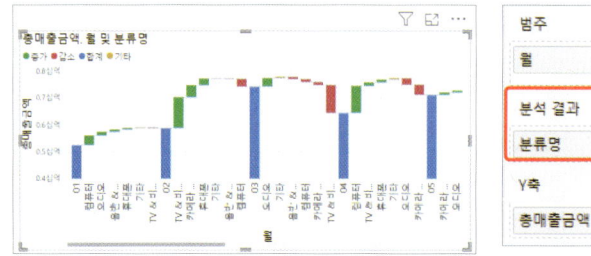

04 분석 결과는 상위 5개의 요인을 기본으로 표시합니다. [시각적 개체에 서식 지정]의 [시각적 개체]에서 [분석 결과] 〉 [최대 분석 결과]를 조정하면 결과 항목의 최대값을 변경할 수 있습니다. 최대 분석 결과를 '3'으로 설정하면 상위 3개와 기타로 분석 요인을 표시합니다. 폭포 차트를 통해 기간별로 상위 3개의 매출 트렌드를 파악할 수 있습니다.

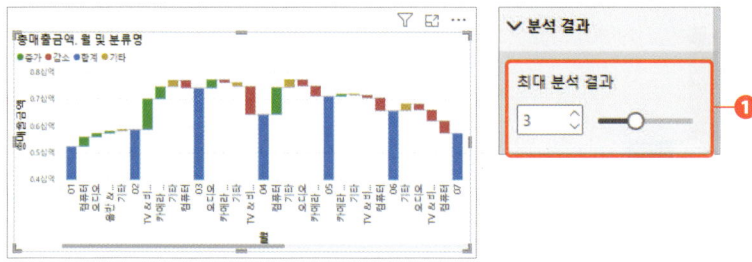

Tip 인사이트를 사용해 증가 및 감소 설명

시각적 개체에서 값이 크게 증가 및 감소가 있는 경우 이러한 변동의 원인에 대해 파악할 필요가 있습니다. Power BI Desktop에서 인사이트를 통해, 몇 번의 클릭으로 증가 및 감소 원인을 알 수 있습니다.

시각적 개체에서 2023년 분기별 매출이 계속 감소하고 있습니다. '2023년 분기2'에서 '2023년 분기3' 사이의 매출 감소 영향에 대한 원인을 파악하기 위해 '분기3' 데이터 요소에서 마우스 오른쪽 버튼을 클릭하고 [분석] 〉 [감소에 대해 설명하세요]를 클릭합니다(X축은 'DimDate' 테이블의 'Date' 필드 사용).

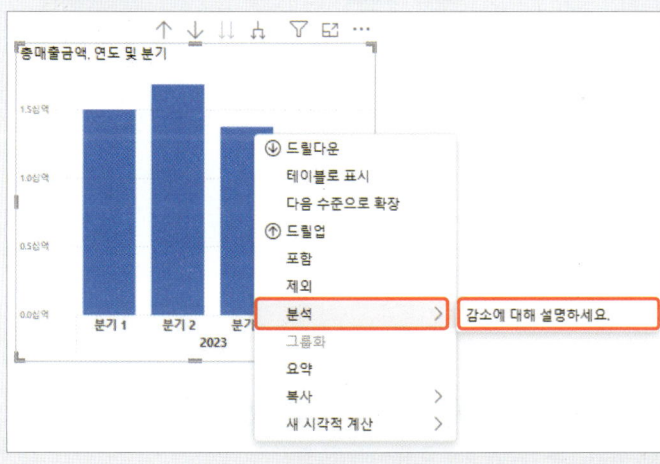

그러면 Power BI Desktop이 데이터에 대한 해당 기계 학습 알고리즘을 실행하고 증가 및 감소에 가장 영향을 주는 범주를 설명하는 시각적 개체 및 설명이 있는 창을 표시합니다. 기본적으로 데이터 요소의 증가 및 감소에 대해 폭포 차트로 제공됩니다.

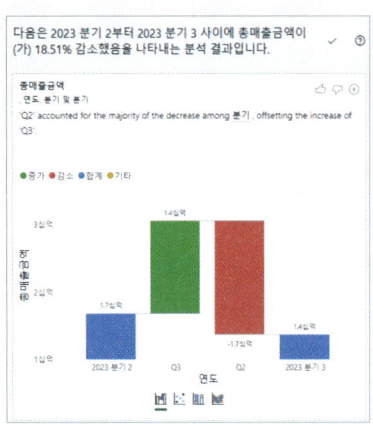

여러 조건으로 분석을 해보면 다양한 증가 및 감소 원인을 제공하고 분산형 차트나 100% 누적 세로 막대형, 리본 차트로 인사이트를 파악할 수 있습니다.

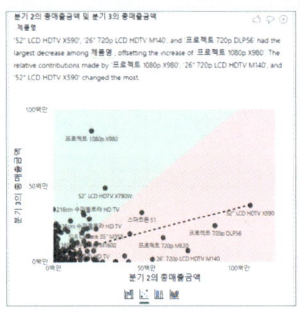 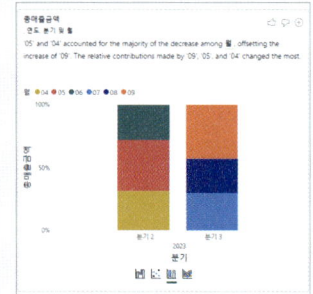 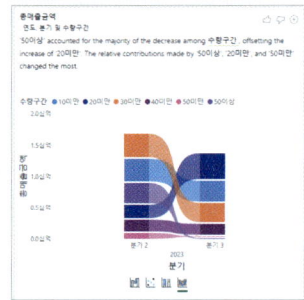

◆ 분해 트리

분해 트리 시각적 개체를 사용하면 여러 차원에서 데이터를 시각화할 수 있습니다. 분해 트리는 데이터를 자동으로 집계하여 임의 순서로 차원을 드릴다운할 수 있습니다.

01 '분해 트리' 페이지에서 [시각화] 창의 [분해 트리]를 클릭합니다. 크기와 위치를 적절히 조정합니다.

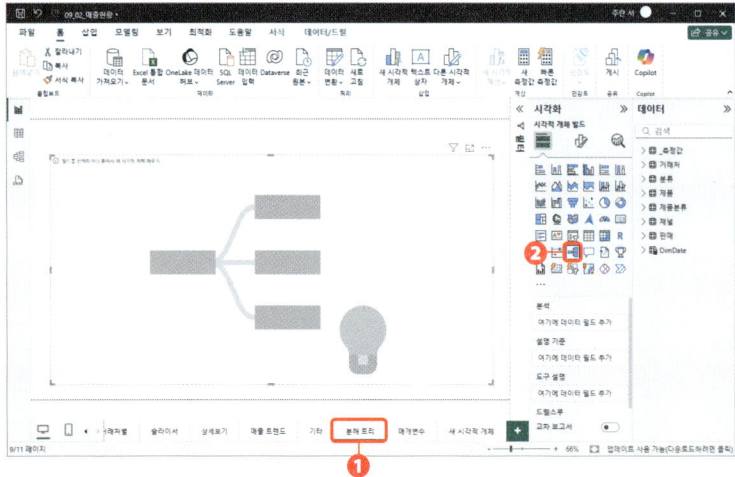

02 [시각적 개체에 데이터 추가]의 [분석]은 분석할 메트릭으로 측정값 또는, 집계 필드로 구성하고 [설명 기준]은 드릴다운할 하나 이상의 필드로 구성합니다. [시각적 개체에 데이터 추가]의 [분석] 영역에 '_측정값' 테이블의 '총매출금액' 측정값, [설명 기준] 영역에 'DimDate' 테이블의 '연도' 필드, '채널' 테이블의 '채널명' 필드, '제품분류' 테이블의 '제품분류명' 필드를 추가합니다.

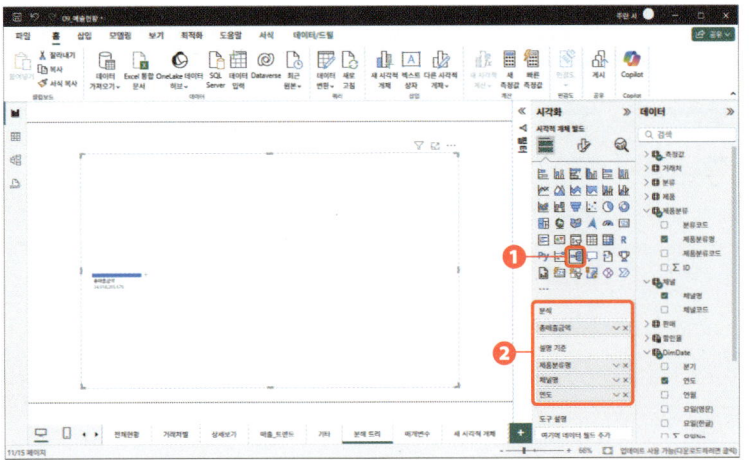

03 집계된 측정값의 ➕ 을 클릭하면 '높은 값, 낮은 값, 연도' 등으로 데이터를 분할할 수 있습니다. [연도]를 선택합니다.

04 연도의 노드(2024)에서 채널명으로 확장합니다. 채널명의 노드(매장)에서 제품분류명으로 확장합니다.

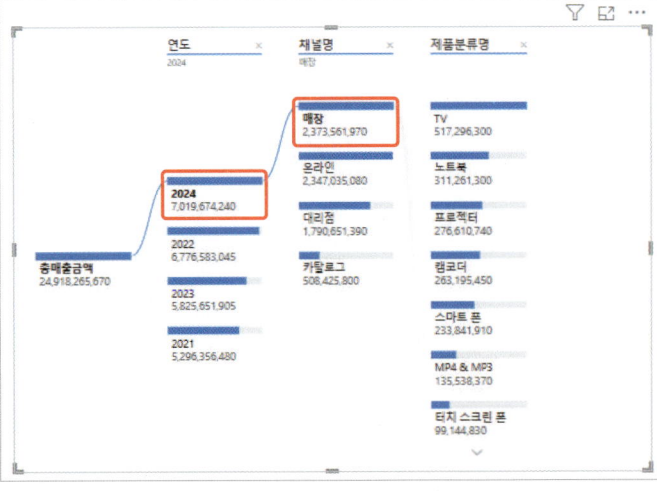

05 채널명 수준에서 노드를 선택하면 데이터가 교차 필터되고, 이전 노드를 클릭하면 경로가 변경됩니다. 필드명을 제거하면 차원을 축소합니다.

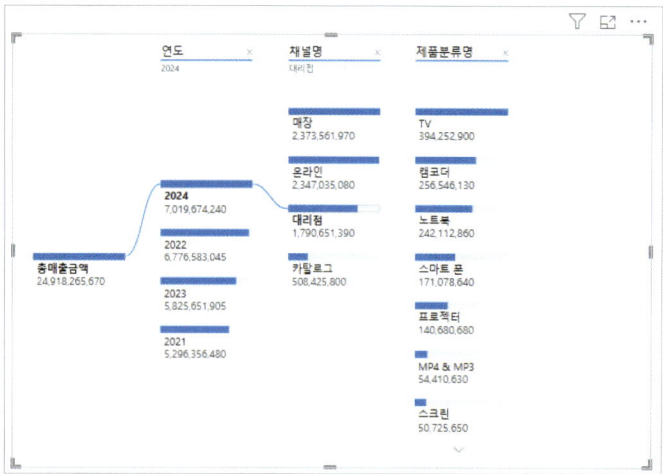

◈ 내러티브

내러티브 시각적 개체는 AI를 사용하여 시각적 개체와 보고서의 텍스트 요약을 제공합니다. Copilot을 사용하여 AI로 설명을 만들거나 사용자 지정을 선택하여 작성할 수 있는데 Copilot을 사용하려면 권한이 있어야 합니다.

01 '전체현황' 페이지에서 [시각화] 창의 [내러티브]를 클릭합니다.

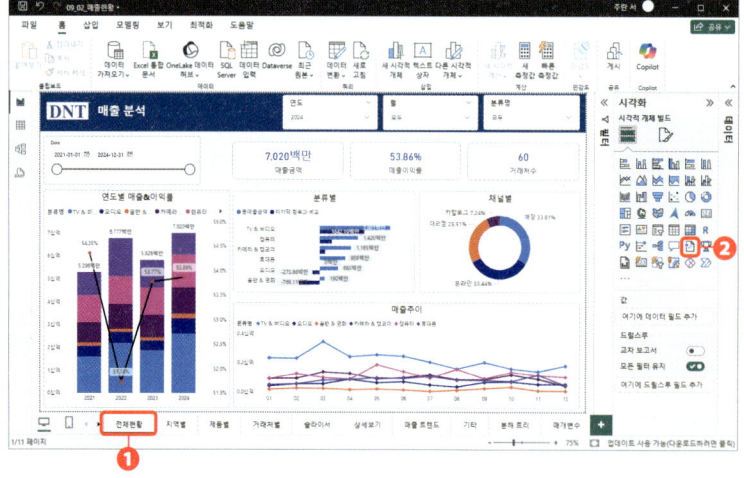

02 [설명 형식 선택]에서 [사용자 지정]을 클릭합니다. 보고서에 있는 데이터의 흥미 있는 기능을 설명하는 자동 생성 텍스트가 포함된 텍스트 상자가 나타납니다. 내러티브의 요약 값은 보고서의 다른 시각적 개체와 상호 작용되어 텍스트와 값이 자동으로 업데이트됩니다.

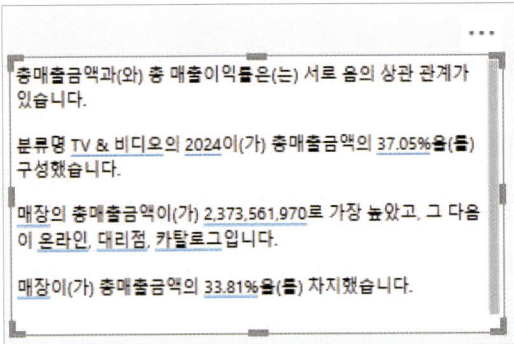

◆ 질문과 답변(Q&A)

Q&A 시각적 개체를 사용해 자연어로 질문하고 시각적 개체 형태로 답변을 얻을 수 있습니다. [시각화] 창의 [질문 및 개체]를 클릭하거나, 보고서 빈 영역을 더블클릭하여 질문한 결과를 시각화할 수 있습니다. Q&A 시각적 개체를 만들고 서식 지정 방법에 대해 알아보겠습니다.

01 보고서에 새 페이지를 추가하고 [시각화] 창의 [질문 및 답변]을 클릭합니다. 시각적 개체의 크기와 위치를 조정합니다.

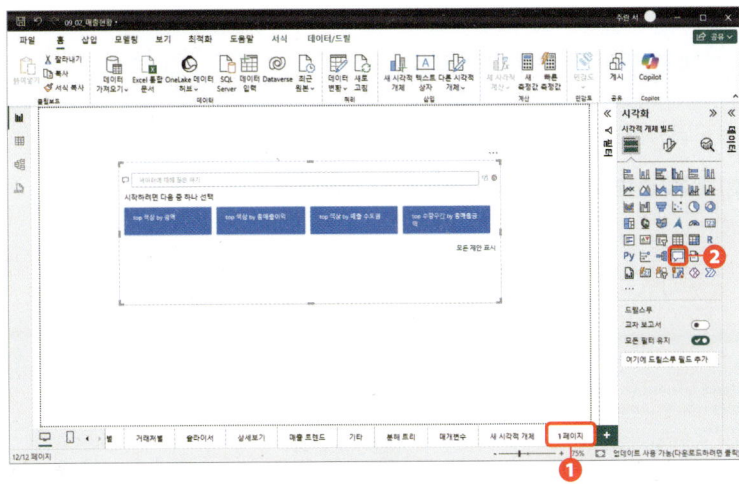

02 개체에 있는 제안된 질문 중 하나를 선택하거나 질문 상자에 입력을 시작합니다. '총매출금액 by 분류 분류명'을 입력한 결과로 가로 막대형 차트를 제시합니다. [시각적 개체로 바꾸기]( )를 클릭하면 보고서에 시각적 개체로 포함됩니다.

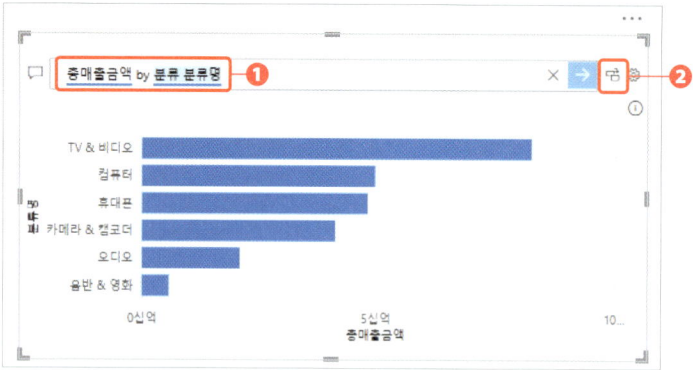

5 새 매개 변수

새 매개 변수는 보고서에 가상(What-if) 매개 변수를 만들고 슬라이서 값을 가상 매개 변수로 할당합니다. 매개 변수는 숫자와 필드 유형으로 작성할 수 있으며 DAX 수식을 작성하여 값의 변화를 시각화해서 볼 수 있습니다.

◈ 숫자 범위 매개 변수

할인율을 매개 변수로 입력해서 매출금액에 반영해 보겠습니다.

01 '매개 변수' 페이지에서 [모델링] 탭 > [가상] 그룹에서 [새 매개 변수] > [숫자 범위]를 클릭합니다.

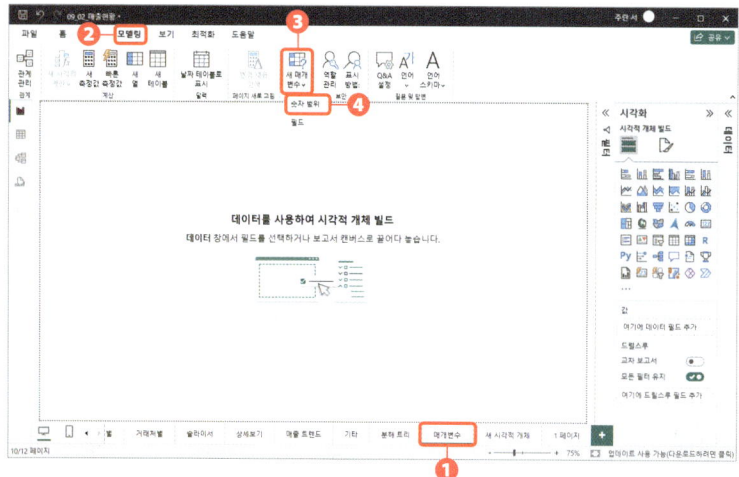

02 [가상 매개 변수] 대화상자에서 [이름]에 '할인율'을 입력하고 [데이터 형식]을 '10진수'로 선택합니다. 최소값은 '0', 최대값은 '1', 증가에 '0.01'을 입력합니다. 이렇게 하면 0%~100%의 값을 1%씩 증가 및 감소하는 매개 변수를 작성합니다. [이 페이지에 슬라이서 추가]가 체크된 상태에서 [만들기]를 클릭합니다.

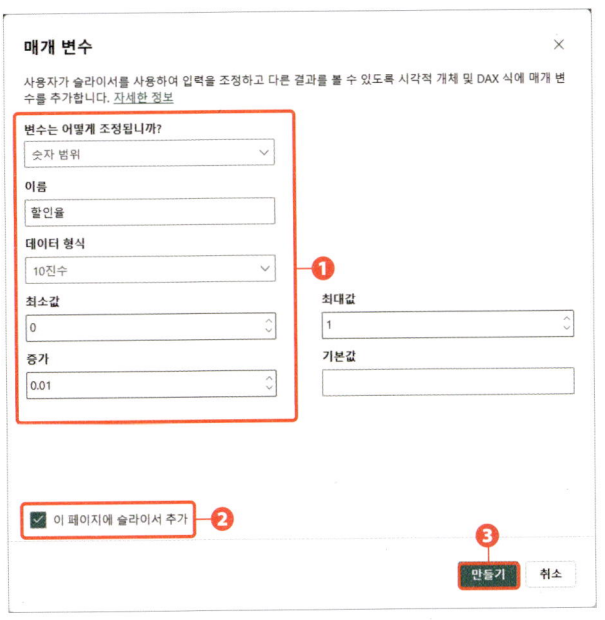

03 페이지에 '할인율' 슬라이서가 표시되고, '할인율' 테이블에 '할인율, 할인율 값' 매개 변수가 생성됩니다. 매개 변수에 할인율 값을 사용하며 다음과 같은 DAX 구문으로 이루어져 있습니다.

- 할인율 = GENERATESERIES(0, 1, 0.01)
- 할인율 값 = SELECTEDVALUE('할인율'[할인율])

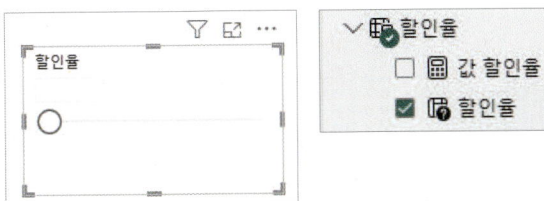

04 '할인율 값'을 이용하여 금액 변동을 파악하는 DAX 수식을 작성해 보겠습니다. '_측정값' 테이블에 [테이블 도구] 탭 > [새 측정값]으로 다음 두 측정값을 각각 추가합니다. 금액은 할인율이 적용되지 않은 수식으로 할인금액과 비교용으로 사용합니다.

- 금액 = SUMX('판매', [단가] * [수량])
- 할인금액 = SUMX('판매', [단가] * [수량] * (1-'할인율'[값 할인율]))

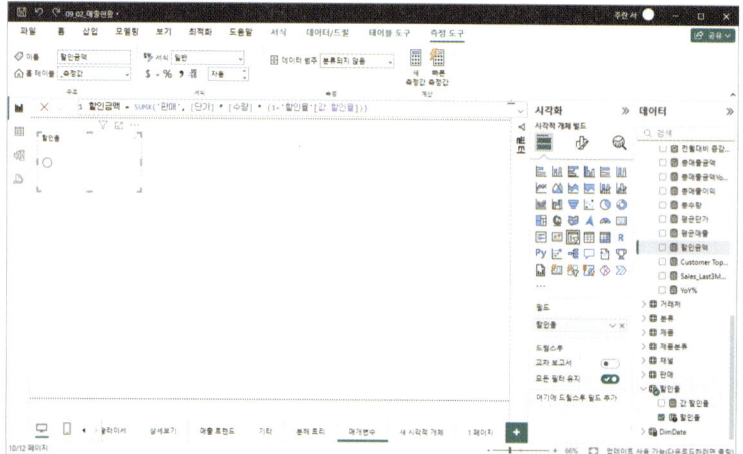

05 [시각화] 창에서 [묶은 세로 막대형 차트]를 추가한 후 [시각적 개체에 데이터 추가]의 [X축] 영역에 'DimDate' 테이블의 '연도, 월' 필드, [값] 영역에 '_측정값' 테이블의 '금액', '할인 금액' 측정값을 추가합니다. '할인율' 슬라이서의 값을 조정해 보면 차트의 할인금액 데이터 요소가 변동되는 걸 확인할 수 있습니다.

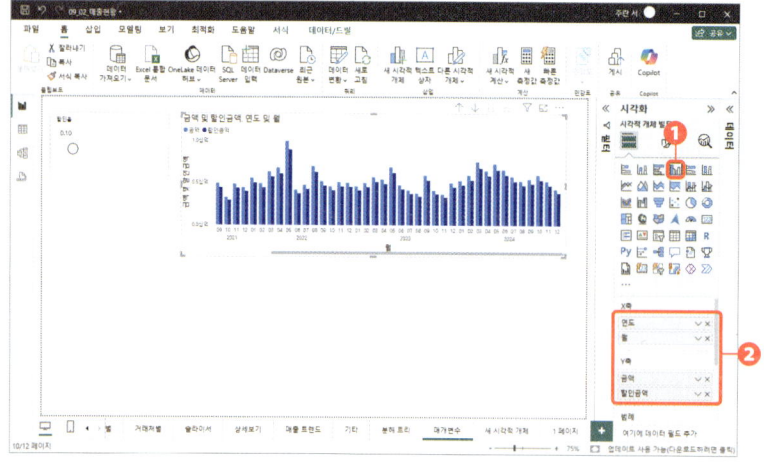

◆ 필드 매개 변수

필드 값을 매개 변수로 입력해서 시각적 개체에 반영해 보겠습니다.

01 [모델링] 탭 〉 [가상] 그룹에서 [새 매개 변수] 〉 [필드]를 클릭합니다.

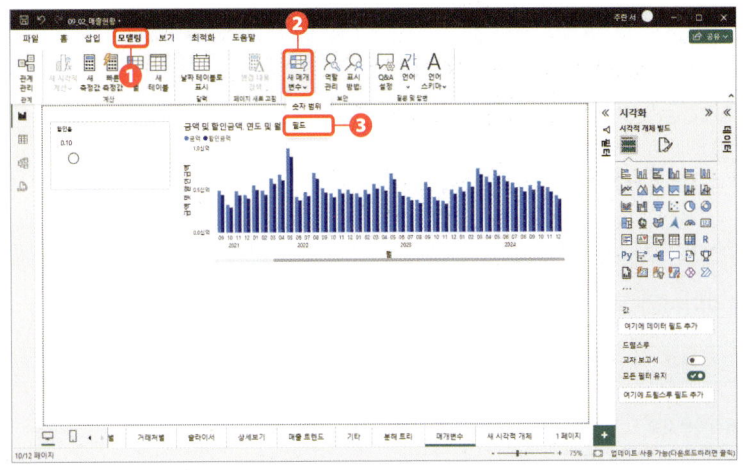

02 [가상 매개 변수] 대화상자에서 [이름]에 '필드 매개 변수'를 입력하고 [필드 추가 및 순서 변경]에 'DimDate' 테이블의 '연도' 필드, '채널' 테이블의 '채널명' 필드, '분류명' 테이블의 '분류명' 필드를 추가합니다. [이 페이지에 슬라이서 추가]가 체크된 상태에서 [만들기]를 클릭합니다.

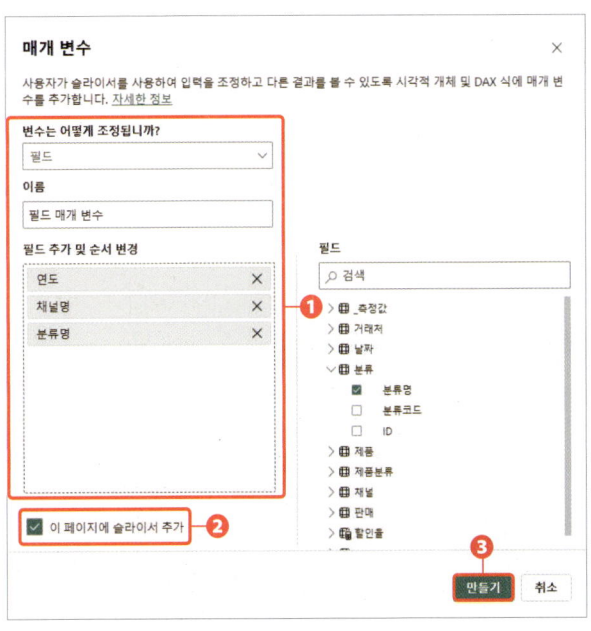

03 페이지에 '필드 매개 변수' 슬라이서가 표시되고, '필드 매개 변수' 테이블에 '필드 매개 변수' 필드가 생성됩니다. 선택한 필드 목록을 매개 변수로 사용하며 이는 다음과 같은 DAX 구문으로 이루어져 있습니다.

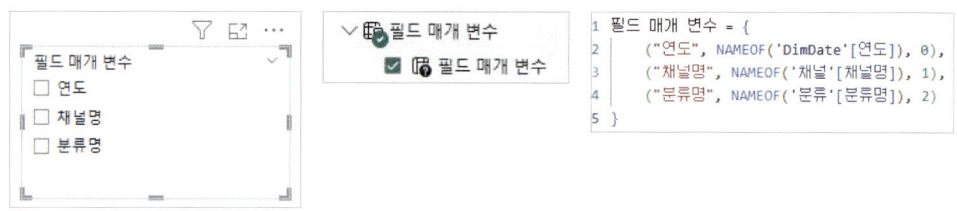

04 '필드 매개 변수' 슬라이서는 [시각적 개체 서식 지정]에서 [시각적 개체] 〉 [슬라이서 설정] 〉 [스타일]을 '타일'로 설정하고 슬라이서의 크기를 적절히 조정합니다.

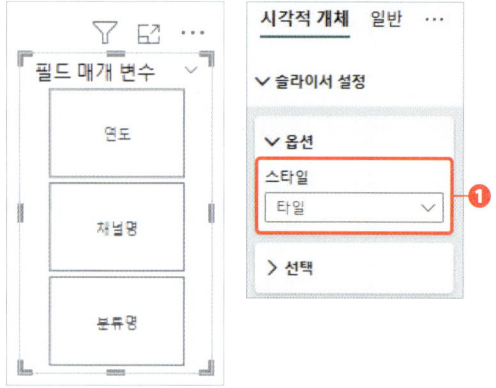

05 '필드 매개 변수'를 이용해 막대형 차트를 작성해 보겠습니다. [시각화] 창에서 [묶은 가로 막대형 차트]를 추가한 후 [시각적 개체에 데이터 추가]의 [Y축] 영역에 '필드 매개 변수' 테이블의 '필드 매개 변수' 필드, [X축] 영역에 '_측정값' 테이블의 '총매출금액' 측정값을 추가합니다. 그 외 [X축, Y축 글꼴 크기, 제목 서식] 등을 조정합니다.

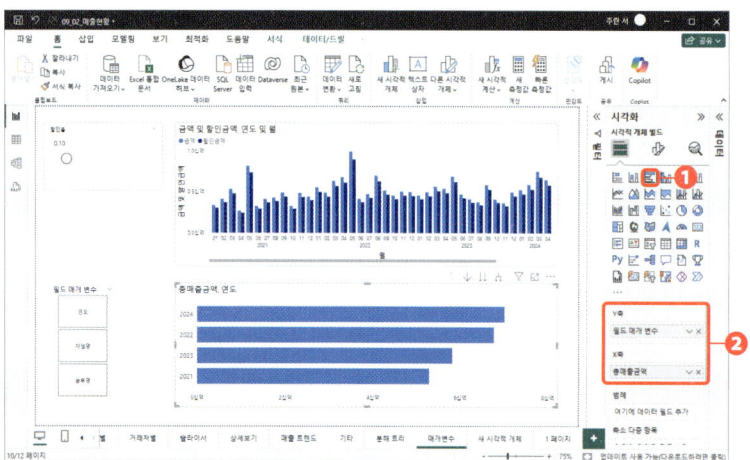

06 '필드 매개 변수' 슬라이서의 항목을 선택해 보면 묶은 가로 막대형 차트의 Y축 항목이 변동되는 걸 확인할 수 있습니다.

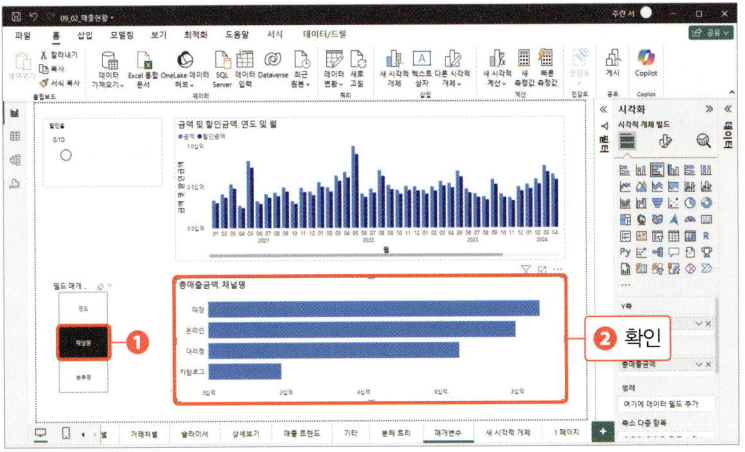

> **Tip** 필드 목록 매개 변수
>
> 테이블의 필드명을 매개 변수로 할당하여 필요한 필드만 선택해서 시각화할 수 있습니다.
>
> 다음은 '필드' 매개 변수로 '제품' 테이블의 필드를 추가한 '제품_매개 변수'입니다.

테이블에 '제품_매개 변수'를 추가한 후 슬라이서에서 시각화하려는 필드를 선택합니다. 매개 변수로 필요에 따라 필드 목록을 변경할 수 있습니다.

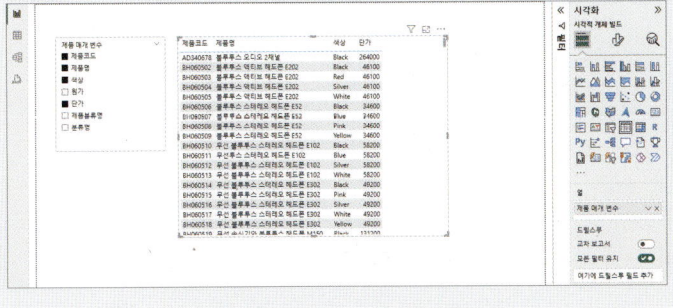

Chapter 09 다양한 시각화 **321**

6 더 많은 시각적 개체 가져오기

Power BI에서는 AppSource(Microsoft 제품에서 사용 가능한 앱 제공)에서 제공하는 다양한 유형의 비즈니스 앱을 추가해 사용할 수 있습니다. AppSource에서 직접 다운받거나 [시각화] 창의 [더 많은 시각적 개체 가져오기](…)를 클릭하면 더 다양하고 특색 있는 시각적 개체를 추가해서 사용할 수 있습니다. AppSource의 시각적 개체를 사용하기 위해서는 Power BI 계정이 필요합니다.

시각적 개체는 다음 세 가지 유형으로 제공됩니다.

- 사용자 지정 시각적 개체 : 패키지화한 .pbiviz 파일을 Power BI 보고서로 가져와 사용
- 조직의 시각적 개체 : Power BI 관리자가 조직에서 쉽게 검색, 업데이트 및 사용할 수 있도록 사용자 지정 시각적 개체를 승인 및 배포
- AppSource 시각적 개체 : Microsoft와 커뮤니티 멤버, 개발자들이 사용자 지정 시각적 개체를 구성하고 AppSource 마켓플레이스에 게시, Microsoft에서 개체를 테스트하고 승인된 자료를 다운로드하여 사용

◈ AppSource에서 가져오기

새 시각적 개체를 추가해 보겠습니다.

01 Power BI Desktop에서 직접 AppSource에서 다운받아 추가할 수 있습니다. [시각화] 창의 [더 많은 시각적 개체 가져오기](…)를 클릭하고 [더 많은 시각적 개체 가져오기]를 선택합니다.

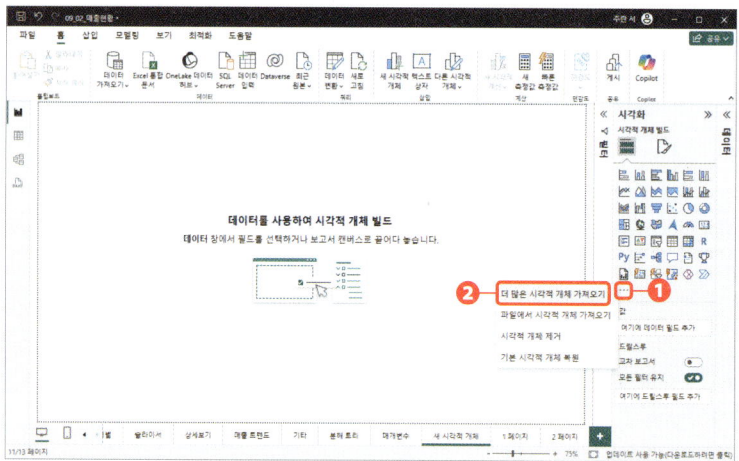

02 [Power BI 시각적 개체] 대화상자가 나타납니다. AppSource와 내 조직에서 제공하는 승인된 시각적 개체를 사용할 수 있습니다. 검색란에서 'Word'를 검색하고 검색 결과 중 'Word Cloud'를 클릭합니다.

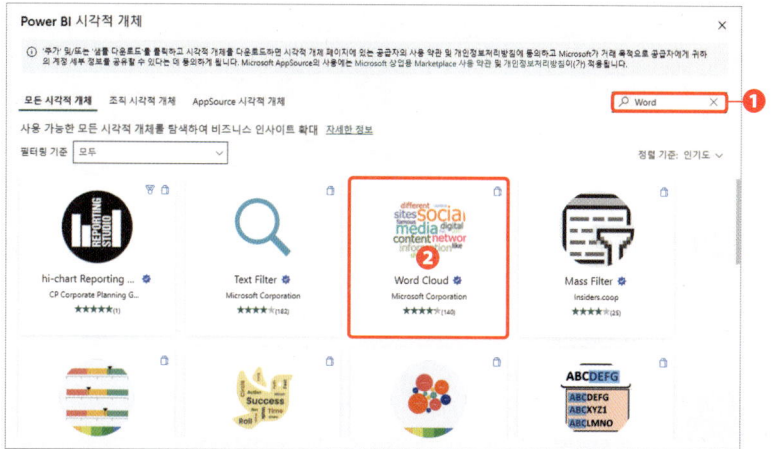

03 선택한 앱에 대한 설명 창이 나타납니다. 앱에 대한 사용 방법을 확인하거나 샘플을 다운로드 받아 사용할 수 있습니다. [추가]를 클릭하여 Power BI Desktop에 추가합니다.

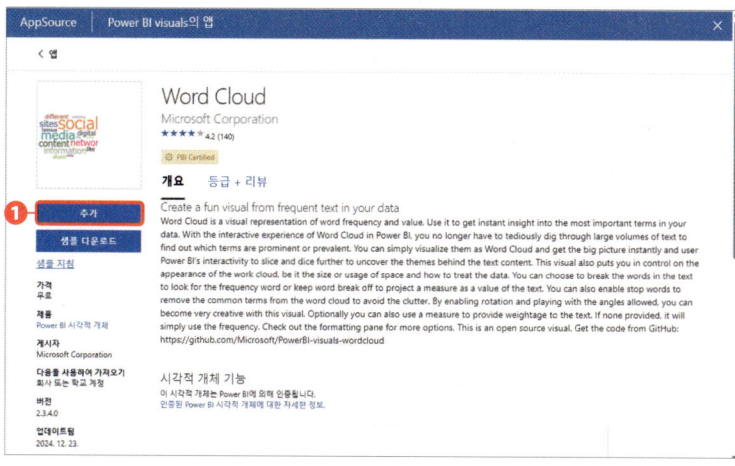

04 [가져오기 성공] 대화상자에서 [확인]을 클릭합니다. 개인 설정 시각화 창에 'Word Cloud' 시각적 개체가 추가됩니다.

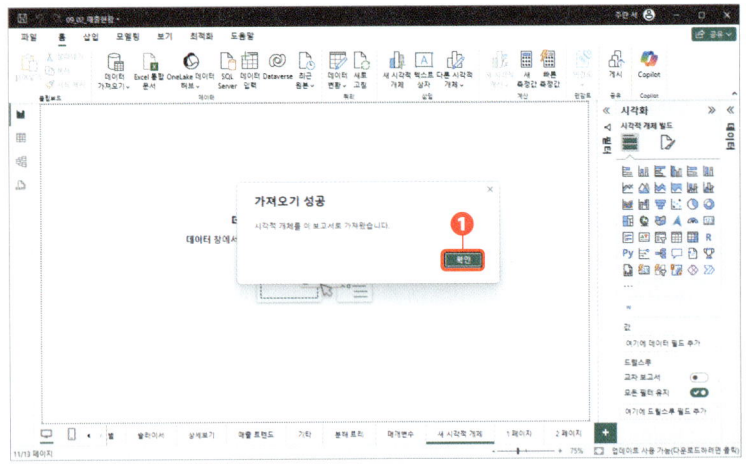

> **Tip** 새 시각적 개체를 추가할 때 보고서에 사용했던 개체라면 시각적 개체가 이미 있다고 표시됩니다. 업데이트가 발생된 시각적 개체라면 [업데이트]를 클릭하여 추가합니다.

05 '새 시각적 개체' 페이지에서 [시각화] 창의 [WordCloud]를 클릭합니다. [시각적 개체에 데이터 추가]의 [범주]에 '제품분류' 테이블의 '제품분류명' 필드, [값] 영역에 '_측정값' 테이블의 '총매출금액' 측정값을 추가합니다.

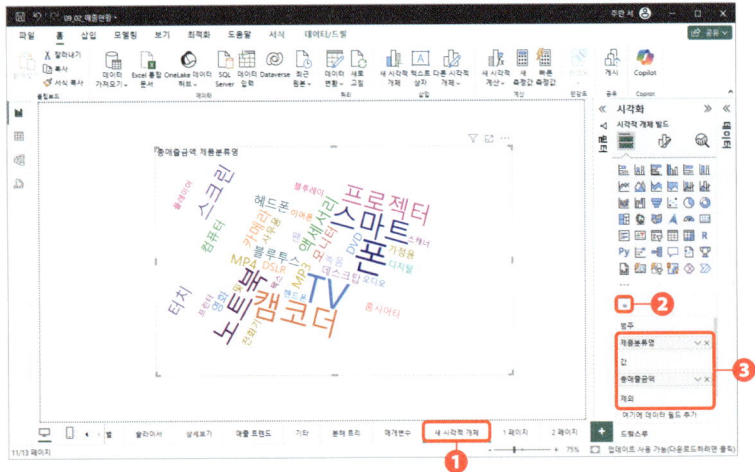

06 [시각화] 창에서 [시각적 개체 서식 지정]에서 [시각적 개체] > [일반]에서 [단어 분리]와 [텍스트 회전]의 '설정'을 해제합니다. [WordCloud]로 총매출금액 기준으로 제품분류명의 텍스트 크기를 시각화합니다.

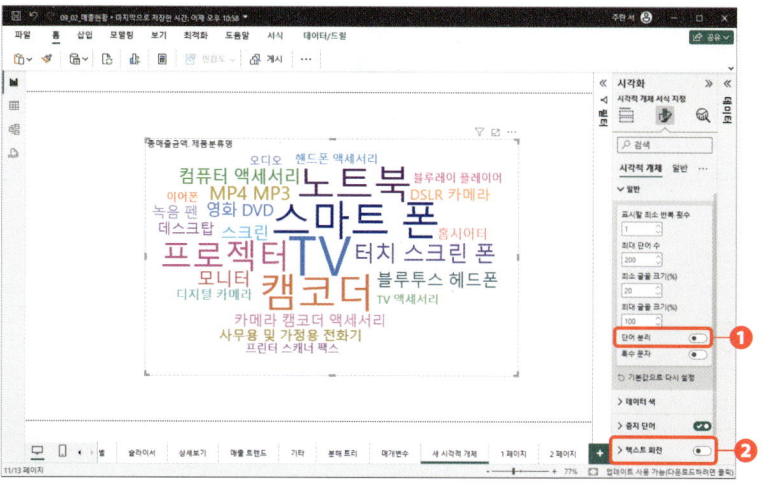

◈ 파일에서 가져오기

AppSource 사이트에서 다운받은 사용자 지정 시각적 개체가 있다면 파일에서 가져와 추가할 수 있습니다. Power BI 계정이 없다면 제공된 파일을 추가해서 사용합니다.

01 [시각화] 창의 [더 많은 시각적 개체 가져오기](...)를 클릭하고 [파일에서 시각적 개체 가져오기]를 선택합니다.

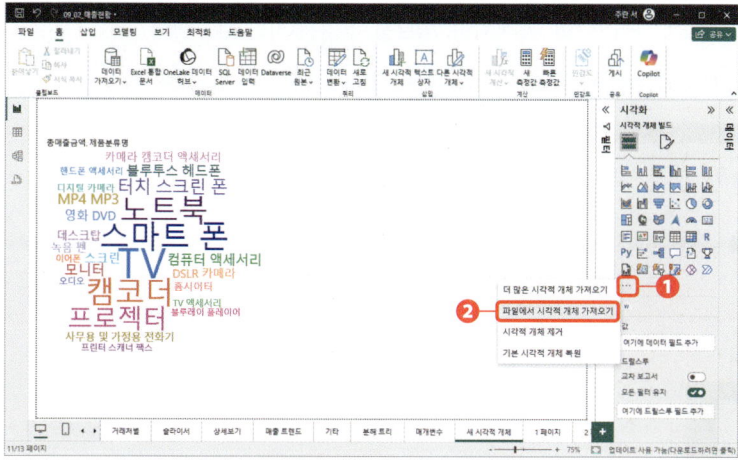

Chapter 09 다양한 시각화 **325**

02 [주의] 대화상자가 나타나고 신뢰할 수 있는 경우 [가져오기]를 클릭합니다.

03 준비된 예제의 [Custom Visuals] 폴더에서 'TextFilter.pbiviz' 파일을 선택하고 [열기]를 클릭합니다.

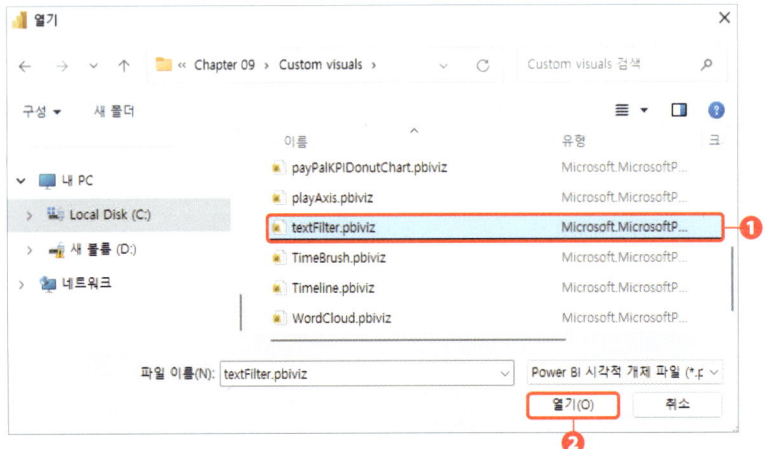

04 [시각화] 창에 추가된 [Text Filter]를 확인할 수 있습니다. [Text Filter]는 검색어를 입력하여 데이터를 탐색하는 시각적 개체입니다. '거래처별' 페이지에 [Text Filter]를 추가하고 [시각적 개체에 데이터 추가]의 [Field] 영역에 '거래처' 테이블의 '거래처명' 필드를 추가합니다. 보고서의 'Text Filter'의 검색란에 '전자'를 입력하고 Enter 를 누르면 해당 단어를 포함하는 거래처명이 필터됩니다.

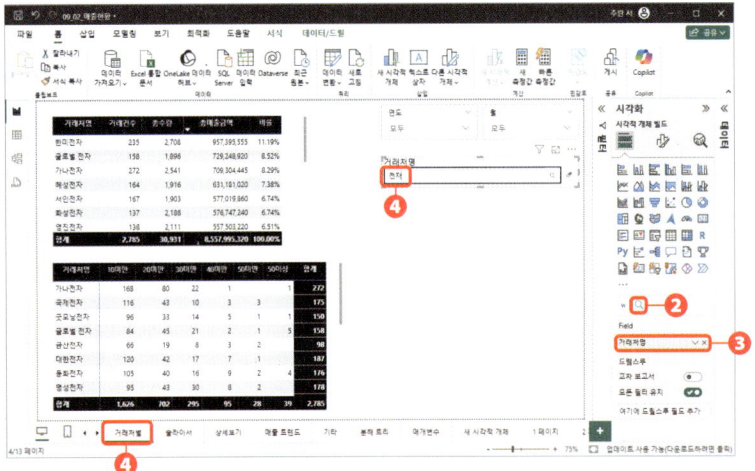

◆ 시각적 개체 삭제

추가한 시각적 개체를 삭제할 수 있습니다.

01 [시각화] 창의 [더 많은 시각적 개체 가져오기](⋯)를 클릭하고 [시각적 개체 제거]를 선택합니다.

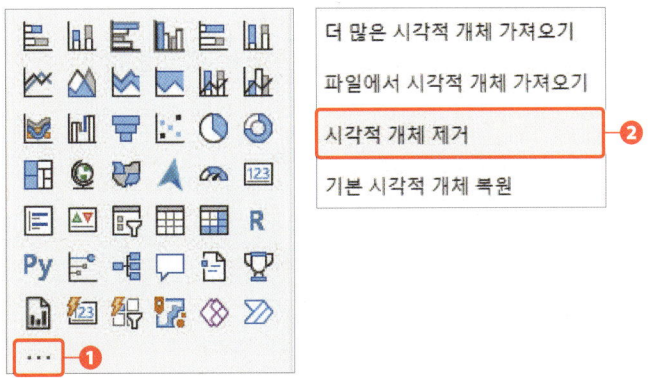

02 대화상자에서 삭제할 시각적 개체 목록을 선택하고 [삭제]를 클릭하면, 추가된 시각적 개체가 제거됩니다.

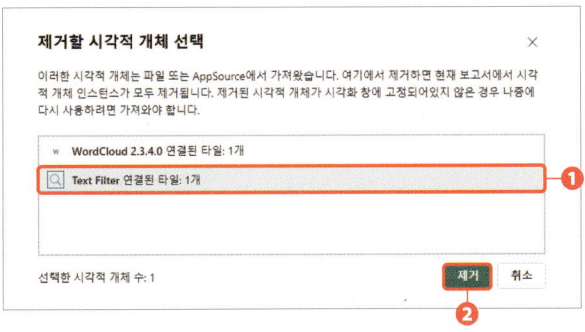

◆ AppSource에서 다운받기

AppSource에 게시된 시각적 개체를 다운받아 보겠습니다. AppSource는 Microsoft 소프트웨어에 대한 앱 및 추가 기능을 찾을 수 있는 사이트입니다. Power BI뿐만 아니라 Dynamics 365나 Microsoft 365, Power Platform, Azure 등에 관련된 솔루션을 찾을 수 있습니다.

01 웹 브라우저에서 다음 URL(https://appsource.microsoft.com/ko-kr)로 이동합니다. AppSource 사이트에서 [앱]으로 이동, [Power Platform] 〉 [Power BI 시각적 개체]를 클릭합니다.

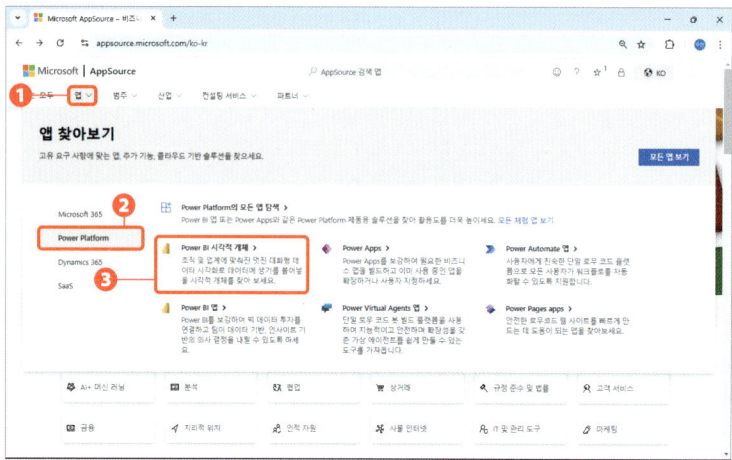

02 AppSource는 각 사용자 지정 시각적 개체에 대한 타일을 표시합니다. 타일을 클릭하면 간단한 설명과 다운로드 링크가 포함된 시각적 개체 스냅샷이 표시됩니다. 검색란에 'Sankey Chart'를 입력하면 검색 제안 목록이 나타납니다. 목록에서 'Sankey Chart'를 선택합니다.

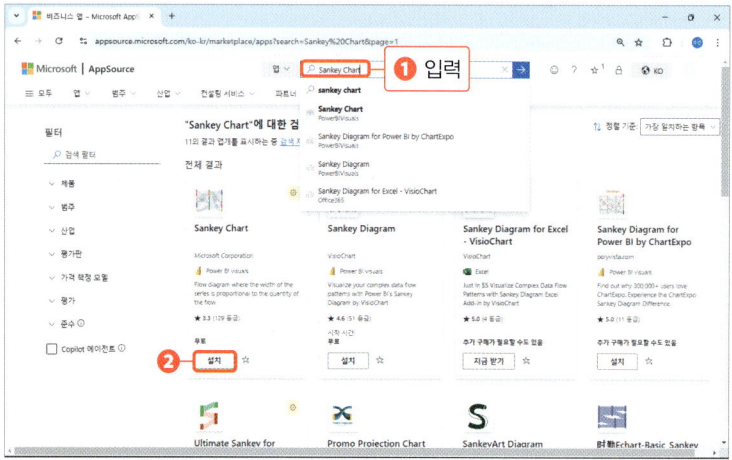

03 선택한 시각적 개체에 대해 사용 방법을 설명과 비디오, 오디오 등으로 확인할 수 있습니다. [지금 받기]를 클릭하면 'InfographicDesigner.pbiviz' 파일로 다운로드합니다. 다운로드가 완료되면 파일명을 간단하게 조정합니다. 시각적 개체의 샘플을 미리 다운받아 살펴보고 사용 여부를 결정하려면 [샘플 다운로드]를 클릭하여 확인할 수 있습니다.

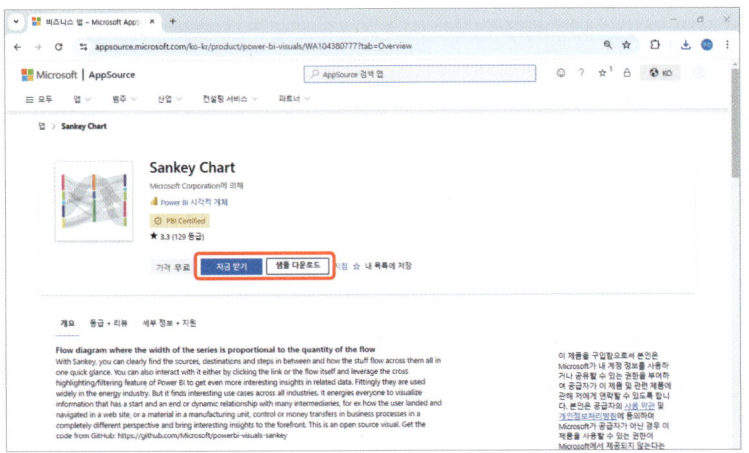

◆ 유용한 시각적 개체 활용

Power BI 보고서에 활용하면 유용한 사용자 지정 시각적 개체를 살펴보겠습니다. Power BI 계정이 없는 경우 준비된 예제의 [Custom visuals] 폴더에서 추가할 수 있습니다.

Sankey Chart

Sankey Chart를 사용하면 소스, 대상 및 그 사이의 단계와 모든 요소가 한 눈에 어떻게 흐르는지 명확하게 찾을 수 있습니다.

Sankey Chart 샘플 파일을 살펴보면 다음과 같이 [대상 주소]에서 [소스] 레이아웃과 도형으로 모양을 시각화한 걸 확인할 수 있습니다.

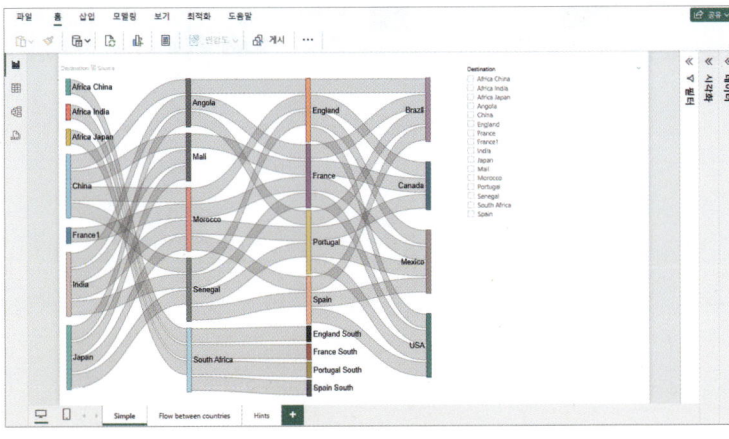

Infographic Designer

Infographic Designer 시각적 개체는 모양, 색상 및 레이아웃을 제어하여 목록, 막대형 및 특정 도형으로 시각화할 수 있습니다. 데이터에 바인딩할 수 있는 사용자 지정 모양과 이미지를 포함할 수도 있습니다.

Infographic Designer 샘플 파일을 살펴보면 다음과 같이 차트 종류별로 레이아웃과 도형으로 모양을 시각화한 걸 확인할 수 있습니다.

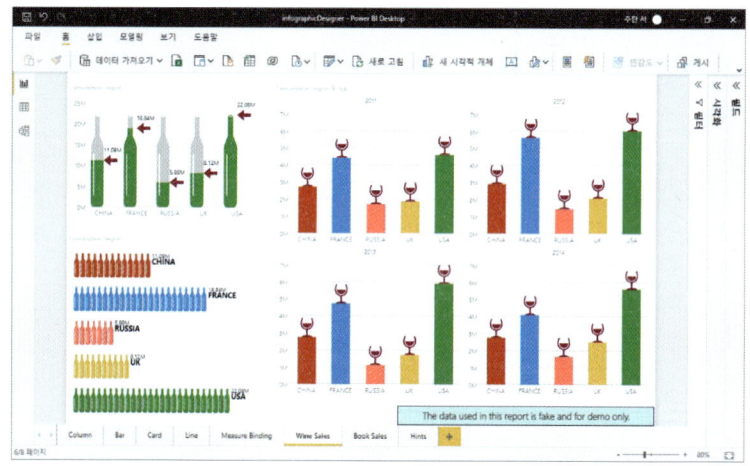

Box and Whisker chart

기술 통계학에서 상자 수염 그림(Box and Whisker) 또는, 상자 그림(Box Plot)은 수치적 자료를 표현하는 그래프입니다. Box and Whisker chart는 5가지 기본 통계 정보(평균, 중앙값, 사분위수, 최소값, 최대값)로 시각화합니다. 3분위를 박스로, 중앙값을 라인으로 표시하고 평균은 점으로 표시합니다. 박스의 끝은 최소/최대값을 표시하거나 1.5내의 하위 IQR이나 상위 IQR을 표시합니다. 박스 사이에 포함되지 않은 모든 데이터는 점과 같은 이상치로 표현하는 시각적 개체입니다.

Box and Whisker chart 샘플 파일을 살펴보면 다음과 같이 다양하게 기본 통계 결과를 시각화한 걸 확인할 수 있습니다.

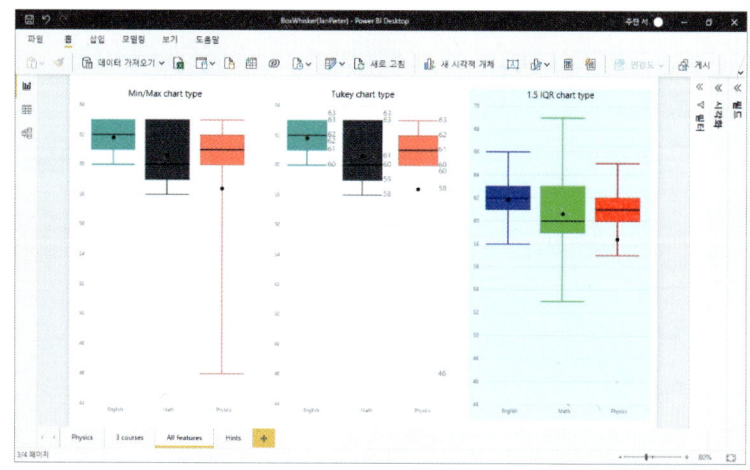

10 다양한 맵 시각화

Chapter

Power BI는 Microsoft사의 Bing Maps와 통합되어 기본 지도 좌표를 제공(지오코딩)해 지도를 쉽게 작성할 수 있습니다. Chapter 06에서 지리 정보 데이터를 맵으로 시각화하는 방법에 대해 간단히 알아보았으며 이번 챕터에서는 등치 지역도, 도형 맵, ArcGIS 맵을 살펴보겠습니다.

예제 파일 | Part 02 > Chapter 10 > 10_Map.pbix, 10_자전거 대여현황.pbix, 전국_시도.json

1 Power BI 맵 시각적 개체

Power BI에서는 지리적인 정보를 가지고 있으면 다양한 맵으로 시각화할 수 있습니다. 데이터 세트의 위치(시도, 구군시, 장소 등)나 위도/경도 등으로 지리적인 공간에 정보를 표현할 수 있습니다. Power BI에서 제공하는 맵, 등치 지역도, 도형 맵, ArcGIS 맵의 시각적 개체를 제공합니다.

맵과 등치 지역도를 사용하기 위해서는 [옵션] 대화상자에서 [보안] > [맵 및 등치 지역도 시각적 개체]의 확인란이 체크되어 있어야 합니다. 또한, ArcGIS 맵을 사용하려면 [ArcGIS for Power BI 사용] 확인란이 체크되어 있어야 합니다.

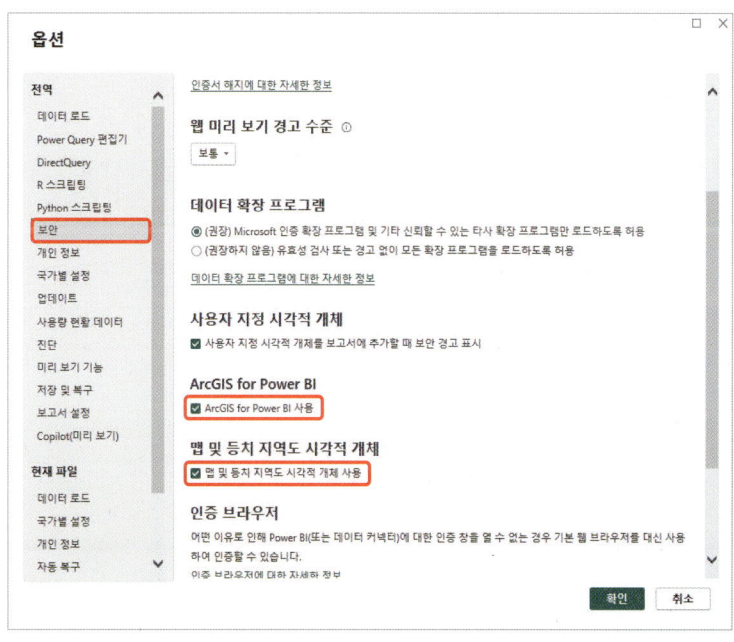

◆ 맵

맵은 지리적 위치에 거품 크기로 데이터를 시각화합니다. 위치나 위도, 경도 데이터를 Bing에 전송하여 지오코딩을 통해 필요한 좌표를 작성합니다. 지오코딩이란 주소와 같은 고유명칭을 가지고 위도와 경도의 좌표 값을 얻는 것을 말합니다.

◆ 등치 지역도

등치 지역도는 음영 또는 색조, 패턴을 사용하여 특정 값이 지역을 기준으로 무엇이 다른지 다양한 음영으로 상대적 차이를 표시합니다. 등치 지역도 역시 Bing과 통합되어 기본 맵 좌표를 제공합니다.

◈ 도형 맵

도형 맵은 색을 사용하여 맵의 영역을 비교합니다. 도형 맵은 경계 구역으로 지리적 위치를 표시하며, 색을 다르게 지정하여 맵 영역의 상대 비교를 표시하는 데 사용합니다. 도형 맵은 사용자 지정 맵인 TopoJSON 맵을 기반으로 합니다. 다른 맵(셰이프 파일 또는, GeoJSON 파일)은 MapShaper와 같은 온라인 도구에서 TopoJSON 형식으로 변환할 수 있습니다.

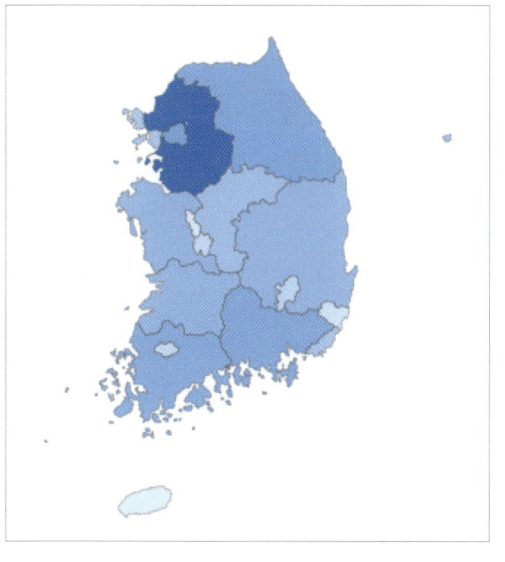

〈시도 단위〉

〈구군시 단위〉

◈ ArcGIS

Power BI용 ArcGIS 맵은 Esri(www.esri.com)에서 제공합니다. ArcGIS 시각적 개체는 기본 지도 외에도 위치 유형, 테마, 기호 스타일 및 참조 계층에서 선택하여 지도로 시각화합니다. 다음은 ArcGIS 맵을 이용해 시각화한 지도입니다.

2 맵 시각화를 위한 Tip

맵 시각화를 만들 때 올바른 지오코딩의 가능성을 높이기 위해 할 수 있는 몇 가지 방법이 있습니다.

◈ 지리적 필드 재분류

Power BI Desktop에서 위치 정보 필드에 데이터 범주를 설정하면 필드가 올바르게 지오코딩됩니다. [열 도구] 탭 〉 [속성] 그룹에서 [데이터 범주]를 '국가/지역, 시도, 구/군/시, 장소' 등으로 설정합니다.

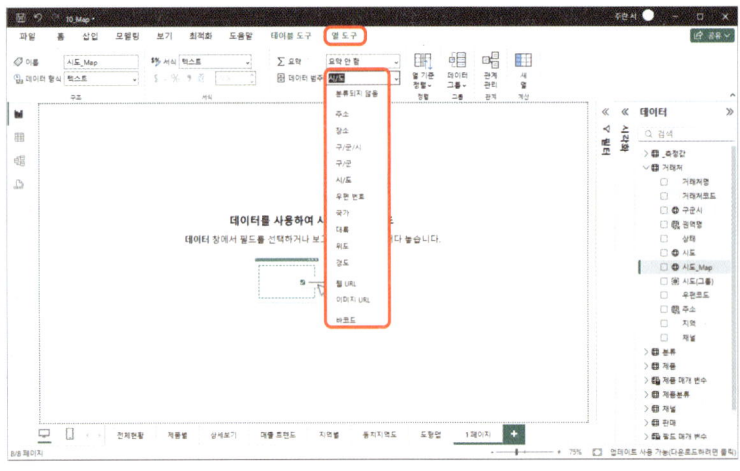

〈그림 1〉은 '거래처' 테이블의 '시도_Map' 필드에 [데이터 범주]를 '시/도'로 설정한 결과입니다. 〈그림2〉는 '대여소현황' 테이블의 '자치구' 필드를 사용한 결과입니다. '자치구' 필드에는 [데이터 범주]를 설정하지 않았습니다. [데이터 범주]를 '구군시'로 설정하면 '강북구, 노원구' 등의 몇 군데 지역은 지도에 표시되지 않습니다. 시도, 구군시를 맵의 위치에 추가해 보고 적절한 [데이터 범주]를 설정합니다.

〈그림 1〉 데이터 범주 '시도' 설정 　　　　　〈그림 2〉 데이터 범주 미설정

◈ 위도 및 경도 사용

위도와 경도를 사용하면 위치의 모호성을 제거하고 결과를 신속하게 반환할 수 있습니다. [위도] 영역에 '위도' 필드, [경도] 영역에 '경도' 필드를 추가하고 [거품 크기] 영역에 '총대여현황' 측정값을 추가하여 시각화합니다.

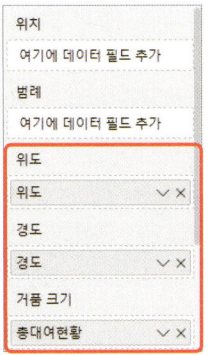

◈ 전체 위치 정보는 장소 범주 사용

맵은 지리적 계층을 사용하는 것이 좋지만 주소 체계가 다른 경우 모호한 위치를 찾지 못합니다. 이런 경우 전체 지리적 정보가 있는 단일 열을 사용하고 데이터 범주를 주소나 장소로 설정합니다. 만약 단일 열(주소)이 없다면 다른 필드를 결합하여 사용합니다. '10_Map.pbix' 파일을 엽니다.

01 다음은 주소라는 새 열을 만들고 시도와 구군시를 결합한 필드입니다. 이렇게 구성한 필드는 [열 도구] 탭 〉 [속성] 그룹에서 [데이터 범주]를 '장소'로 설정합니다.

```
주소 = [시도_map] & " " & [구군시]
```

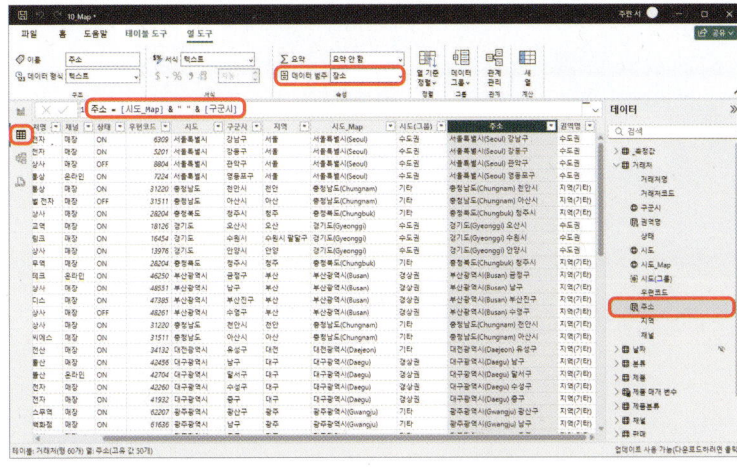

02 맵의 [위치] 영역에 '주소' 필드를 추가하고 '서울특별시'로 필터링한 결과입니다. 맵의 위치에 구 군시만 추가하면 제대로 위치를 찾지 못하는데 시도 필드를 결합하여 사용하면 좀 더 많은 위치를 찾아 표시합니다.

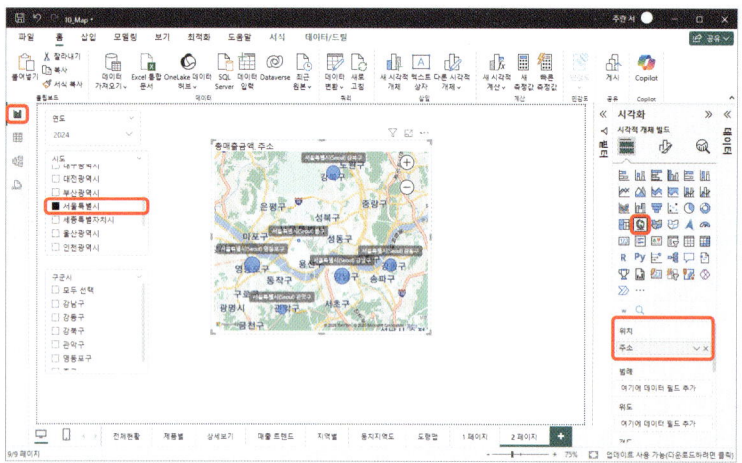

3 등치 지역도

등치 지역도는 음영 또는 색조, 패턴을 사용하여 특정 값의 차이를 다양한 음영으로 표시합니다. [보고서]( ) 보기에서 '등치 지역도' 페이지를 선택하고 [시각화] 창에서 [등치 지역도]를 추가합니다. [시각적 개체에 데이터 추가]의 [위치] 영역에 '거래처' 테이블의 '시도_Map' 필드, [범례] 영역에 '시도_Map' 필드, [도구 설명] 영역에 '_측정값' 테이블의 '총매출금액' 측정값을 추가합니다. 시도 영역으로 색상이 다르게 표시되며 도구 설명에 지역별 매출금액이 표시됩니다.

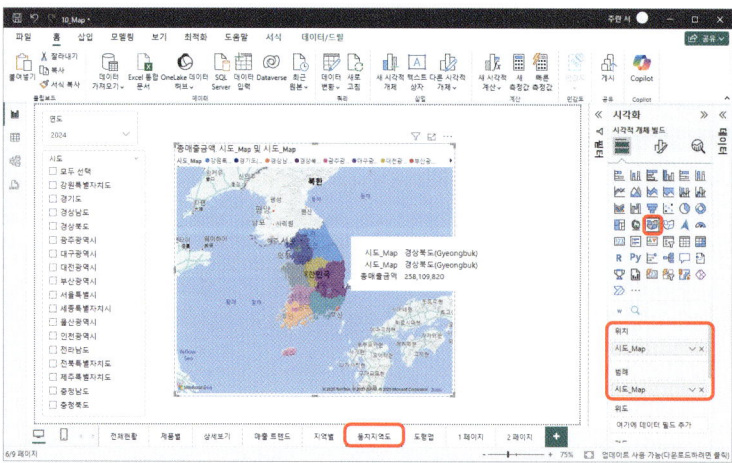

4 도형 맵

도형 맵은 색을 다르게 지정하여 맵 영역의 상대 비교를 표시합니다. 도형 맵을 사용하기 위해서는 시각화하려는 지역의 TopoJSON 파일이 준비되어 있어야 합니다. 도형 맵은 TopoJSON 맵을 기반으로 하며 이는 GeoJSON의 계열입니다.

01 준비된 예제의 MAP 〉 전국_시도.json 파일은 다음과 같은 구조로 이루어져 있습니다. TopoJSON의 Type은 'Polygon'이며 'NL_Name_1'의 값과 '거래처' 테이블의 '시도' 필드를 매핑하여 사용합니다.

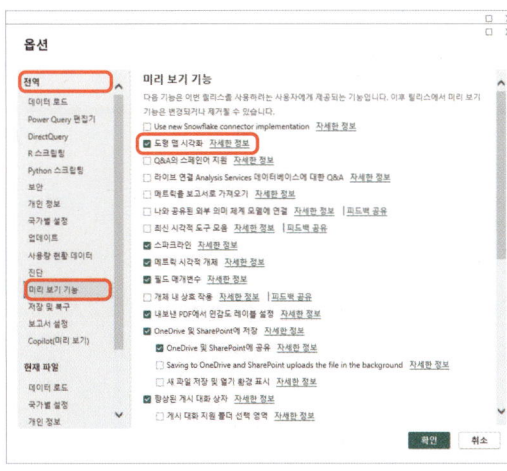

TopoJSON 구조

02 도형 맵은 미리 보기 기능으로 제공되기 때문에 옵션에서 추가해야 합니다. [파일] 탭 〉 [옵션 및 설정] 〉 [옵션]을 클릭합니다. [전역]의 [미리 보기 기능]에서 [도형 맵 시각화]를 체크하고, Power BI를 다시 시작하면 [시각화] 창에 [도형 맵]이 추가됩니다.

Chapter 10 다양한 맵 시각화 **337**

> **Tip** GeoJSON은 위치 정보를 갖는 점을 기반으로 체계적으로 지형을 표현하기 위해 설계된 개방형 공개 표준 형식으로 JSON인 자바스크립트를 사용하는 파일 포맷입니다.

> **Tip** 다른 맵 형식인 셰이프(SHP)나 GeoJSON 파일 등을 가지고 있다면 'https://mapshaper.org'에서 Power BI에서 사용 가능한 TopoJSON 파일 형식으로 변환할 수 있습니다.

03 '도형 맵' 페이지를 클릭하고 [시각화] 창의 [도형 맵]을 추가합니다. [시각적 개체에 데이터 추가]에서 [위치] 영역에 '거래처' 테이블의 '시도' 필드, [색 채도]에 '_측정값' 테이블의 '총매출금액' 측정값을 추가합니다. '거래처' 테이블의 '시도' 필드는 준비된 TopoJSON 파일의 필드 값(NL_Name_1)과 매핑됩니다. 도형 맵은 다른 국가의 도형 맵 정보를 포함하고 있습니다. 기본으로 미국 맵이 표시됩니다.

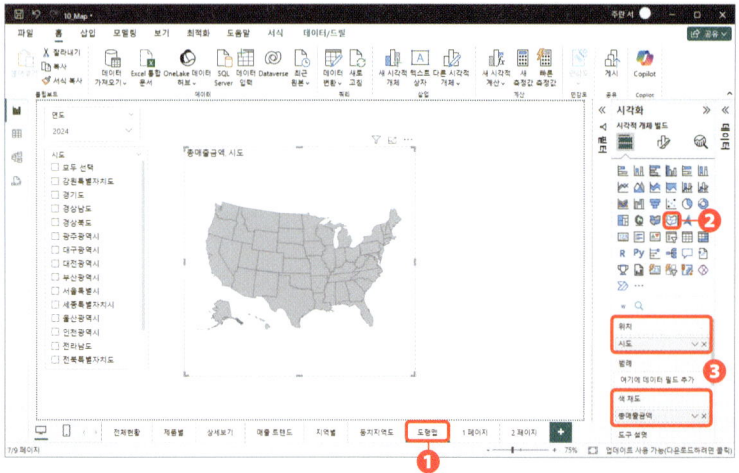

04 맵 목록에 대한민국 시도 맵을 추가해 보겠습니다. [시각적 개체의 서식 지정]의 [시각적 개체]에서 [지도 설정] 〉 [지도 설정]을 확장합니다. [맵 유형]을 '사용자 지정 맵', [맵 유형 추가]의 [찾아보기]를 클릭합니다. 준비된 예제에서 'Map 〉 전국_시도.json' 파일을 추가합니다.

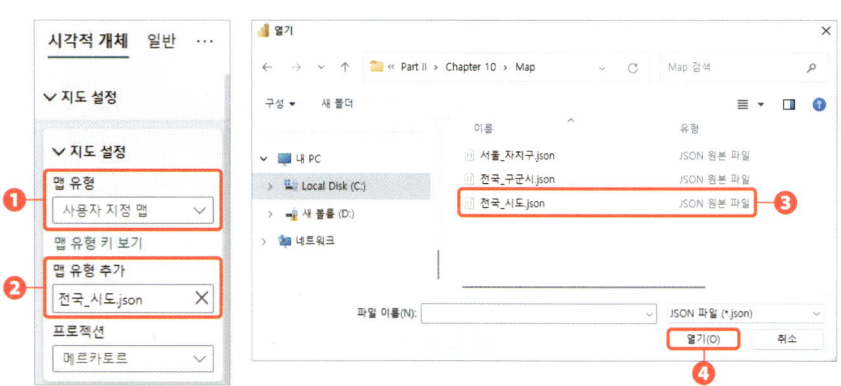

05 도형 맵에 대한민국 시도 단위가 표시됩니다. [맵 유형 키 보기]를 클릭하면 TopoJSON 파일의 키 값과 속성을 확인할 수 있습니다. '전국_시도.json' 파일은 '시도'로 매핑하여 총매출금액의 차이를 색상으로 표현합니다.

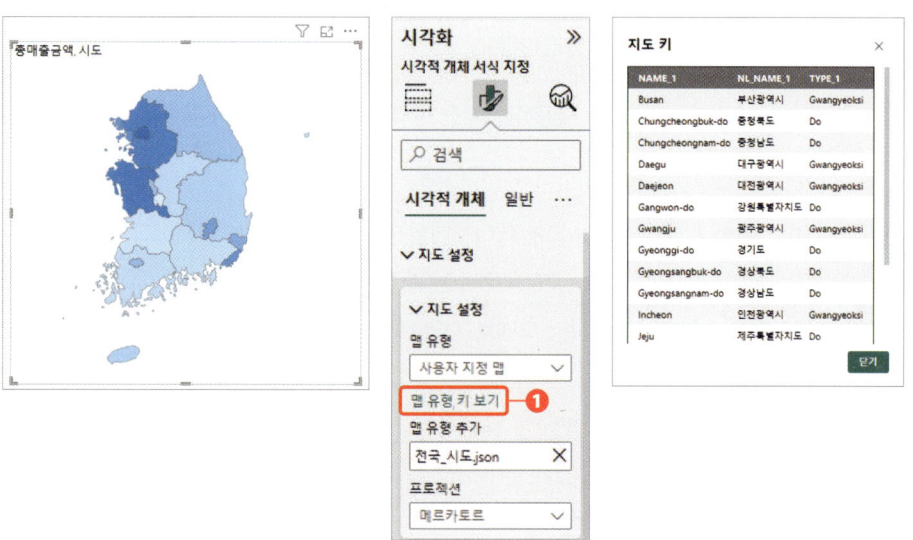

06 도형 맵은 값의 크기에 따라 색상을 밝게, 진하게 표시할 수 있고, 매핑되는 지역 데이터가 없으면 기본색(회색)으로 표시됩니다. [색 채우기] 〉 [색] 〉 [그라데이션]을 '설정'으로 변경하고 [최소값], [가운데], [최대값]의 색상을 설정합니다. TopoJSON 파일을 행정구역별로 생성해서 Power BI 보고서에 추가하면 공간 분석을 위한 시각화를 표현할 수 있습니다.

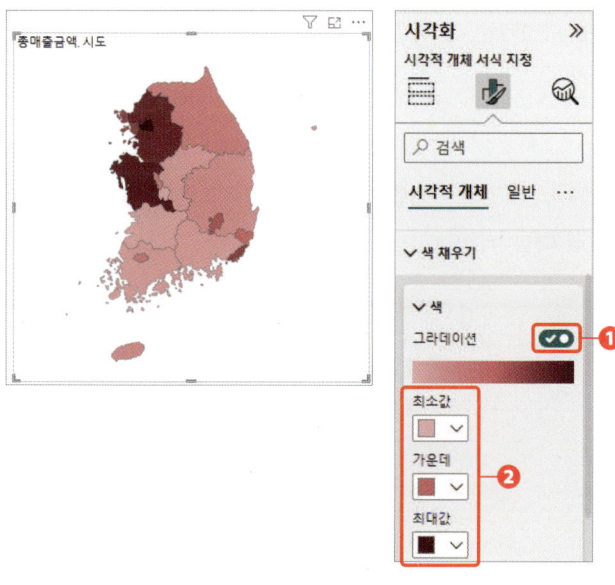

5 ArcGIS

ArcGIS 시각적 개체를 이용하여 공간 분석과 심도 있는 데이터를 탐색할 수 있습니다. ArcGIS는 ESRI 사이트(www.esri.com)에서 제공합니다. ArcGIS는 무료와 유료로 사용할 수 있으며 라이선스를 구독해서 사용하면 전문적인 지도 시각화를 할 수 있습니다.

서울열린데이터광장(data.seoul.go.kr)에서 제공하는 자전거 대여이력과 대여소현황을 이용해 ArcGIS 로 시각화해 보겠습니다.

01 '10_자전거 대여현황.pbix' 파일을 엽니다. '대여소현황' 테이블에 대여소 위치마다 위도와 경도를 포함하고 있습니다. '대여이력' 테이블의 전체 행 개수는 자전거 대여건수가 됩니다. 두 테이블은 대여소번호로 관계 설정되어 있습니다. 이 데이터 모델로 지역에서 자전거 대여현황을 살펴보겠습니다.

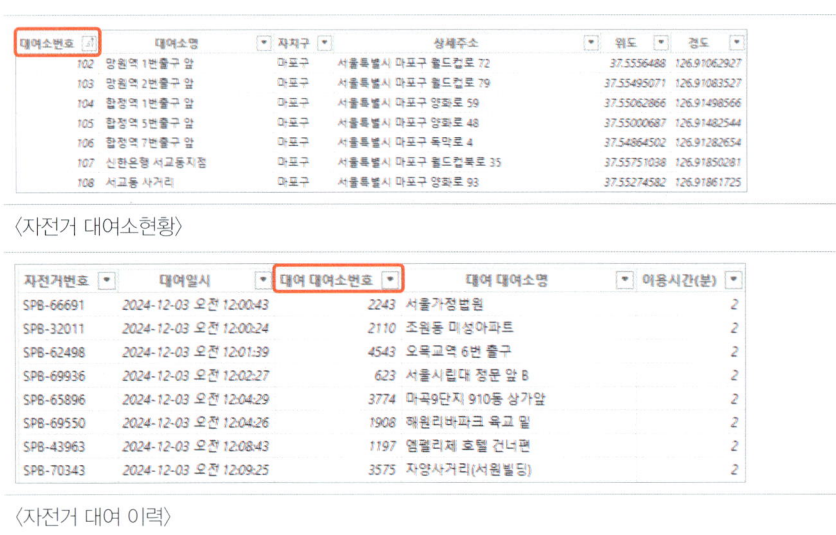

〈자전거 대여소현황〉

〈자전거 대여 이력〉

02 보고서의 '맵' 페이지에 [시각화] 창의 [ArcGIS]를 추가합니다. ArcGIS 로그인 화면이 나타납니다. 무료로 사용할 수 있는 기능만 사용하므로 따로 로그인이 필요하지는 않습니다.

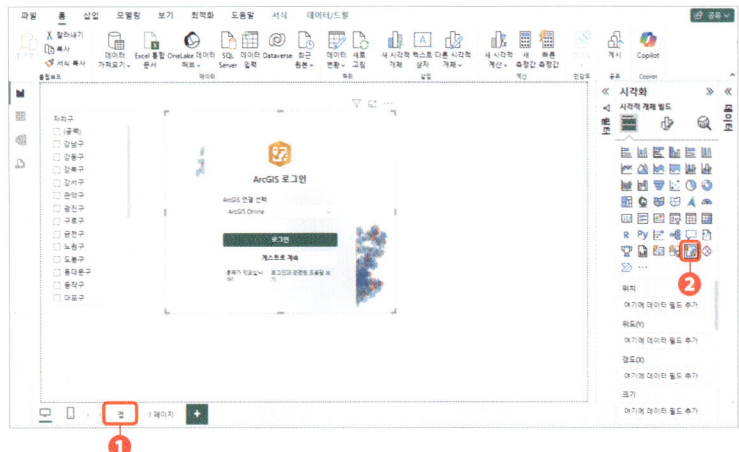

03 [시각적 개체에 데이터 추가]의 [위도 (Y)] 영역에 '대여소현황' 테이블의 '위도' 필드, [경도 (X)] 영역에 '대여소현황' 테이블의 '경도' 필드를 추가합니다. [크기] 영역에 '대여이력' 테이블의 '총대여현황' 측정값, [도구 팁] 영역에 '대여소현황' 테이블의 '대여소명' 필드를 추가합니다. 맵에서 위치를 찾아 자전거 대여현황을 심볼(원) 크기로 표시합니다.

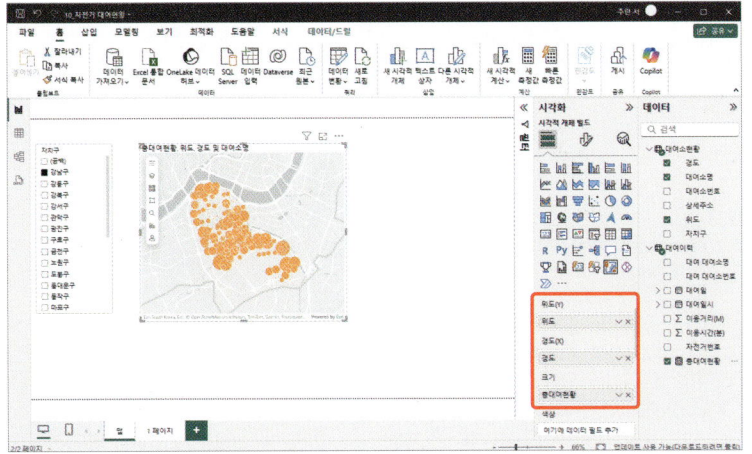

04 맵의 심볼 종류나 크기, 범위를 변경할 수 있고 심볼을 군집화해서 사용할 수 있습니다. 맵에서 [레이어] > [레이어]에서 좌표로 총대여현황의 구간을 표시할 수 있습니다. [범례 카드 표시](　)를 클릭합니다.

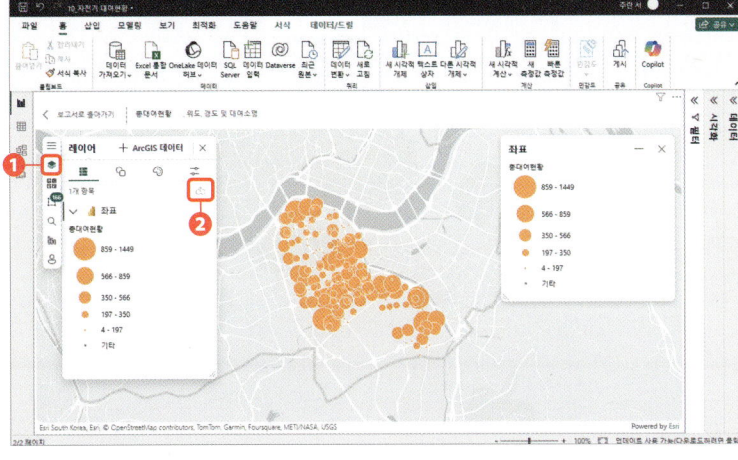

05 [스타일 옵션]에서 심볼 도형이나 색, 크기 범위 등의 옵션을 변경할 수 있습니다. [도형]에서 심볼 모양을 변경하고 색과 크기 범위를 설정합니다.

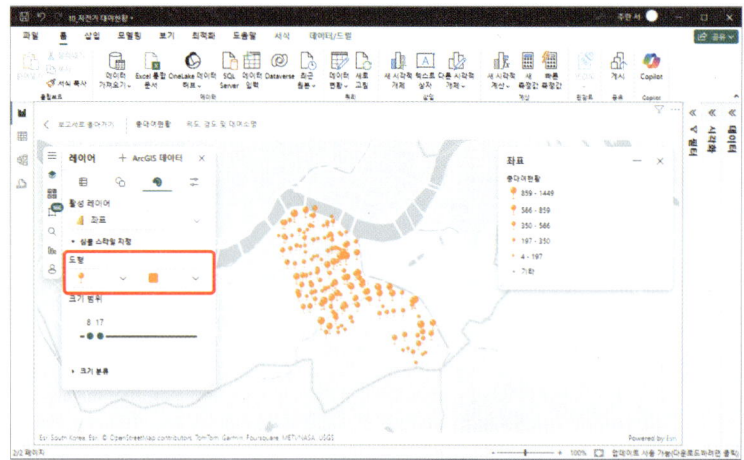

06 [시간] 영역에 '대여이력' 테이블의 '대여일' 필드를 추가합니다. 지도에 타임라인이 표시되고 [재생](▷)을 클릭하면 일자별로 대여현황을 보여줍니다.

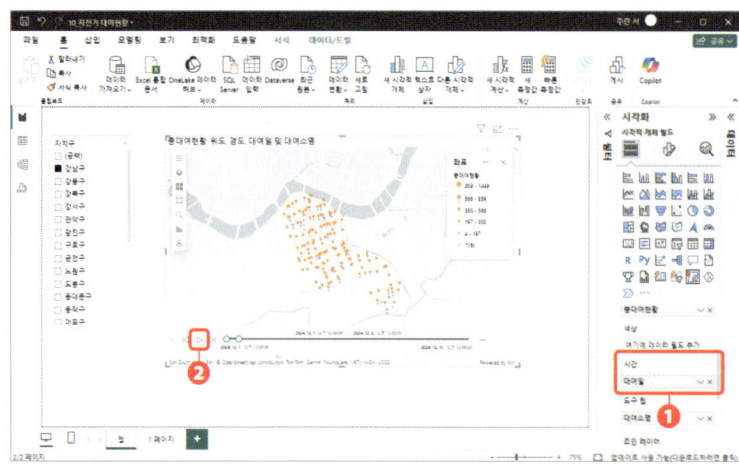

11 보고서 관리

Power BI Desktop에서 구성한 보고서에 다양한 필터를 적용하고 도구 설명을 통해 시각적 개체에서 인사이트를 찾아낼 수도 있습니다. 또한 테마를 이용하여 전체 보고서의 색상을 변경할 수 있으며, 페이지 탐색기나 책갈피를 활용하여 보고서를 탐색할 수 있습니다.

예제 파일 | Part 02 〉 Chapter 11 〉 11_매출현황.pbix

1 필터

Power BI Desktop에서 계층 구조 드릴다운, 슬라이서 적용 등 필터를 적용하는 방법은 여러 가지가 있습니다. [필터] 창의 시각적 개체 필터, 페이지 필터, 보고서 필터를 이용하거나 페이지를 이동하면서 필터를 적용하는 드릴스루 필터로 다양한 필터를 적용할 수 있습니다.

◆ 필터 환경

[필터] 창이나 [시각화] 창의 [드릴스루] 〉 [여기에 드릴스루 필드 추가] 영역을 활용해 다양한 필터를 적용할 수 있습니다.

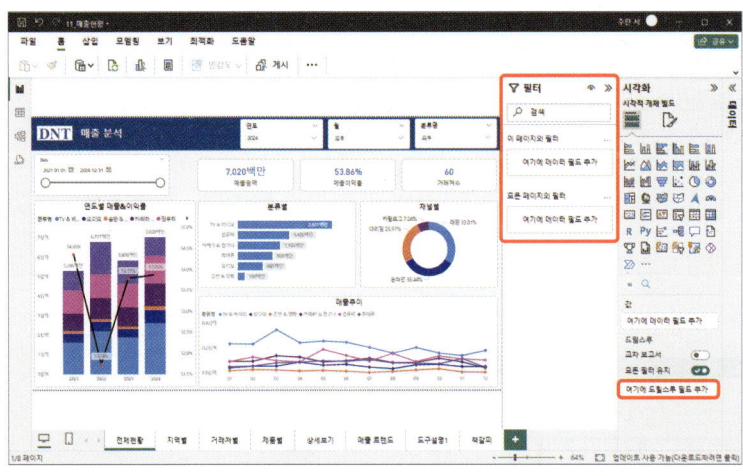

◆ 시각적 개체 필터

특정한 시각적 개체에만 필터를 적용할 수 있습니다. 보고서 페이지의 시각적 개체를 선택하면 [필터] 창에 [이 시각적 개체의 필터]가 표시되고 시각화에서 사용한 필드 목록이 나타납니다. 시각적 개체 필터의 필터 형식은 기본 필터링, 고급 필터링, 상위N 필터를 적용할 수 있습니다.

기본 필터링

시각적 개체에 기본 필터링을 적용하여 간단히 필터를 적용할 수 있습니다. 연도가 2023, 2024인 경우만 필터링해 보겠습니다.

01 '11_매출현황.pbix' 파일을 엽니다. '전체현황' 페이지의 꺾은선형 및 묶은 세로 막대형 차트를 선택합니다. [필터] 창의 [이 시각적 개체의 필터]에서 '연도' 필드의 필터 카드를 확장합니다.

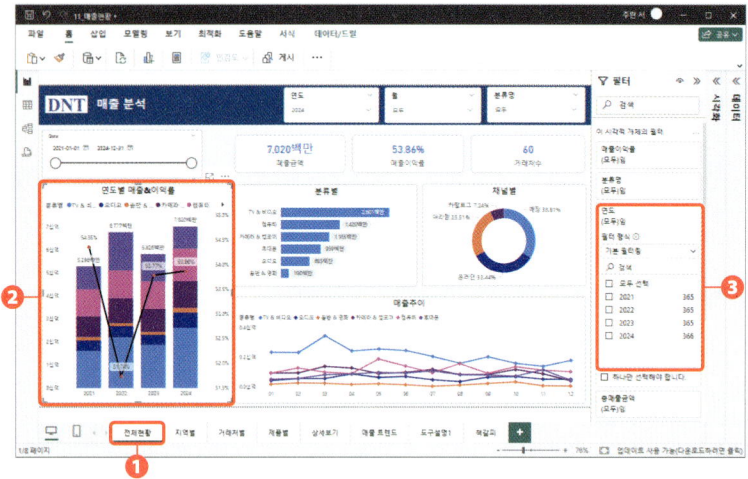

02 [필터 형식]을 '기본 필터링'으로 변경하고 목록에서 [2023, 2024]를 체크하면 꺾은선형 및 묶은 세로 막대형 차트에 필터가 적용됩니다. [필터 지우기](⌫)를 클릭하여 적용된 필터를 해제합니다.

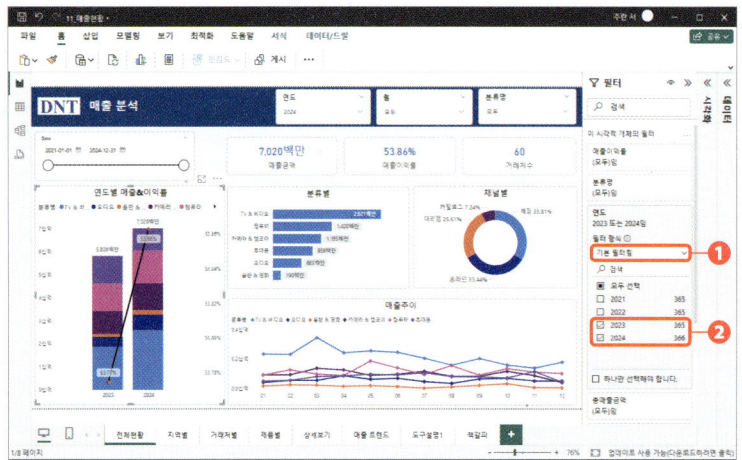

고급 필터링

고급 필터링을 이용하여 '포함, 포함하지 않음, 공백임, 공백이 아님' 등과 같은 조건을 지정할 수 있습니다. 페이지의 꺾은선형 차트의 분류명 중 '휴대폰'은 제외해 보겠습니다.

01 꺾은선형 차트를 선택합니다. [필터] 창의 [이 시각적 개체의 필터]에서 '분류명' 필드를 확장하고 [필터 형식]을 '고급 필터링'으로 설정합니다. [다음 값일 경우 항목 표시]에서 '포함하지 않음'으로 설정하고 '휴대폰'을 입력한 후 [필터 적용]을 클릭합니다.

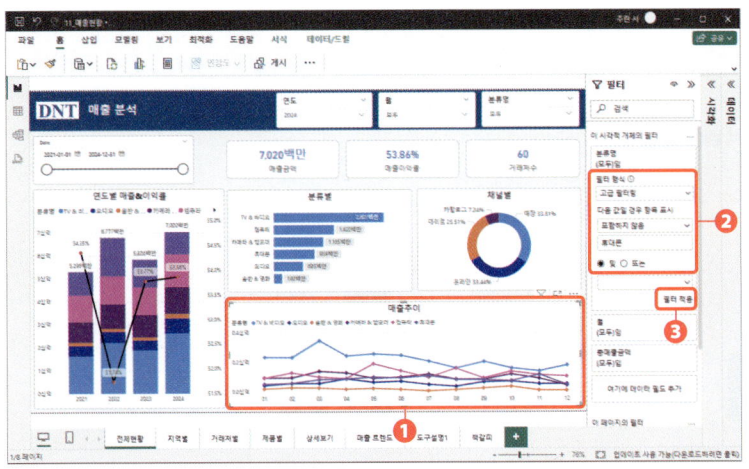

02 범례 중 '휴대폰'은 표시되지 않습니다. [필터 지우기](◇)를 클릭하여 적용된 필터를 해제합니다.

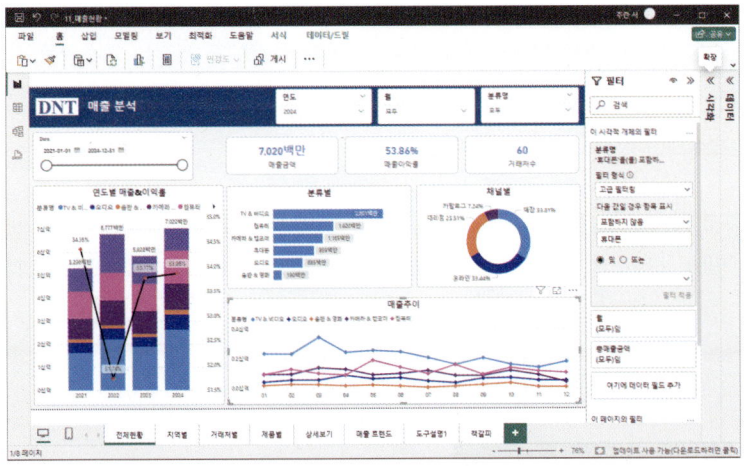

> **Tip** 공백이 아닌 경우 필터 적용
>
> 한 테이블의 필드로 시각화할 경우 값이 없는 항목(null) 인 경우 축에 이름이 표시되지 않습니다. 다음 시각화에서 제품명 필드에 공백이 있다면 [고급 필터링]에서 '비어 있지 않음'을 적용하면 값이 비어 있는 경우는 제외할 수 있습니다.

관계 설정된 테이블에서 차원(Dimension) 테이블에 없는 값이 팩트(Fact) 테이블에 존재하는 경우 공백으로 표시됩니다. 다음 시각화의 '제품명'(Dimension)에 공백이 표시되는 경우 [고급 필터링]에서 '공백이 아님'을 적용하여 공백을 표시하지 않습니다.

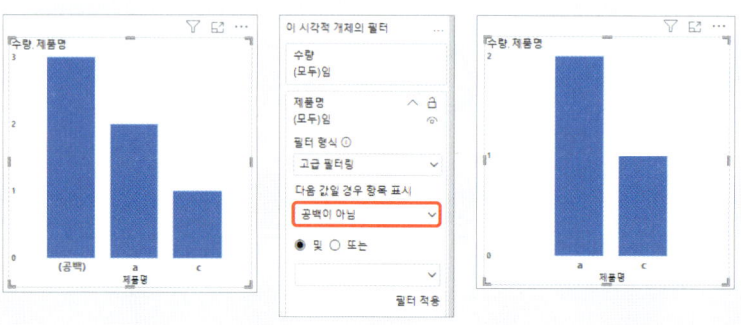

상위N 필터

상위N 필터를 적용하면 특정 필드를 기준으로 오름차순, 내림차순 정렬한 목록 중 지정한 개수만큼 표시할 수 있습니다. 상위N 필터는 시각적 개체 필터에서만 사용할 수 있습니다. 총매출금액이 가장 높은 거래처 5개 업체만 표시해 보겠습니다.

01 '거래처별' 페이지의 첫 번째 테이블 시각적 개체를 선택합니다. 이 테이블은 총매출금액으로 내림차순 정렬되어 있습니다. [필터] 창의 [이 시각적 개체의 필터]에서 거래처명의 [필터 형식]을 '상위 N'으로 선택합니다.

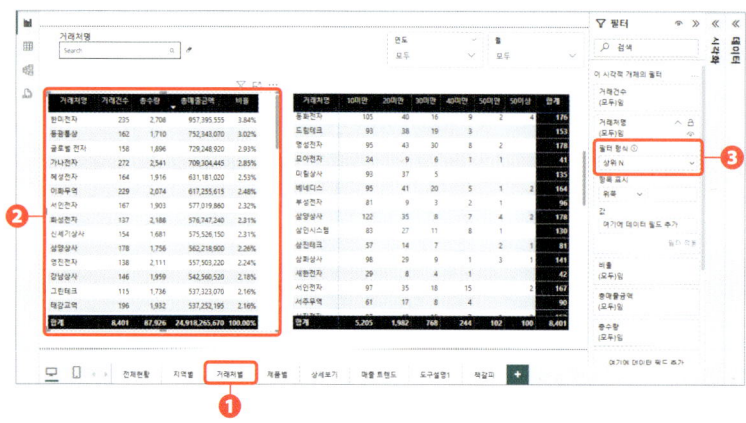

02 거래처명의 [항목 표시]는 '위쪽'으로 하고 '5'로 설정, [값]에 '_측정값' 테이블의 '총매출금액' 측정값을 추가하고 [필터 적용]을 클릭합니다. 다음과 같이 거래처 5개 업체만 표시됩니다. 상위N 필터로 특정 시각적 개체에 필드마다 하나 또는 여러 개의 조건을 적용하여 데이터를 필터링할 수 있습니다.

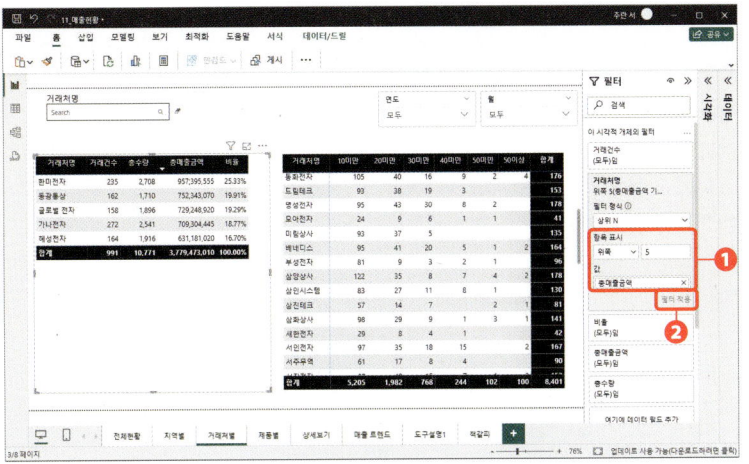

◈ 페이지 필터와 모든 페이지 필터

현재 페이지나 모든 페이지에 필터를 적용할 수 있으며, 페이지에 없는 필드로 필터를 적용할 수도 있습니다.

페이지 필터

'전체현황' 페이지에 '서울' 지역만 필터링해보겠습니다.

01 '전체현황' 페이지의 빈 영역을 클릭합니다. [필터] 창에 [이 페이지의 필터]와 [모든 페이지의 필터] 영역만 표시됩니다.

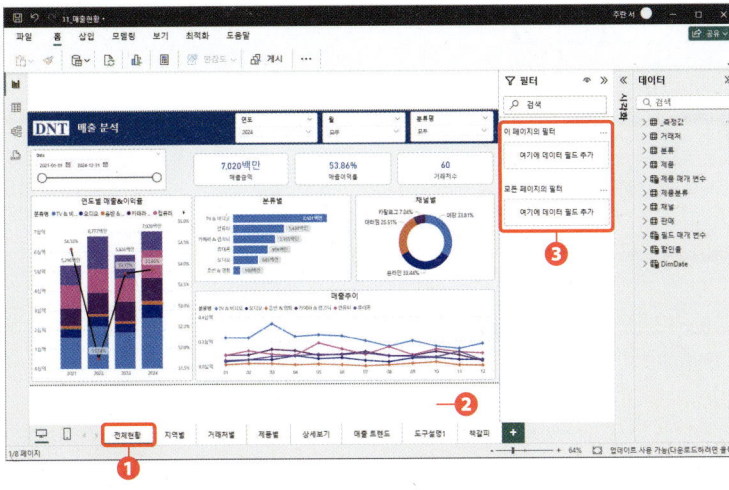

02 [이 페이지의 필터]의 [여기에 데이터 필드 추가]에 '거래처' 테이블의 '시도' 필드를 추가합니다. [필터 형식]이 '기본 필터링'에서 [서울특별시]를 체크하면 페이지에 필터가 적용됩니다. 적용된 필터를 확인한 후 [이 페이지 필터]의 필터를 제거합니다.

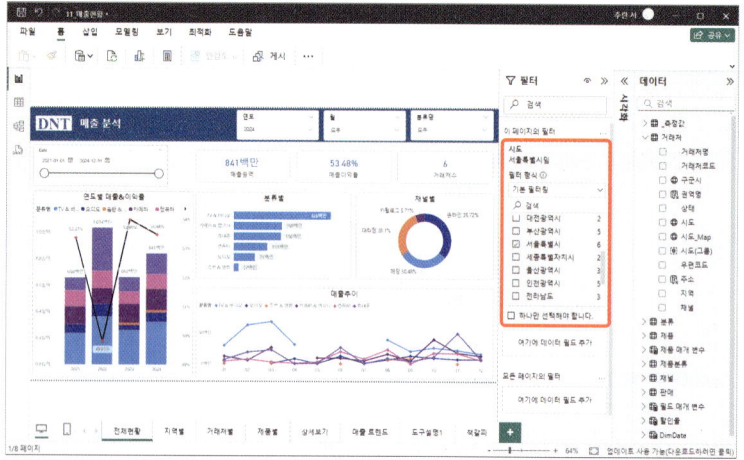

◆ 모든 페이지 필터

모든 페이지 필터를 사용하여 동일한 조건을 전체 페이지에 적용할 수 있습니다. 모든 페이지에서 수도권 매출을 확인하기 위해 권역명에 필터를 적용해 보겠습니다.

01 '전체현황' 페이지의 빈 영역을 클릭합니다. [필터] 창에 [모든 페이지의 필터]의 [여기에 데이터 필드 추가]에 '거래처' 테이블의 '권역명' 필드를 추가합니다. [필터 형식]이 '기본 필터링'에서 [수도권]을 체크합니다. '전체현황' 페이지에 필터가 적용된 걸 확인합니다.

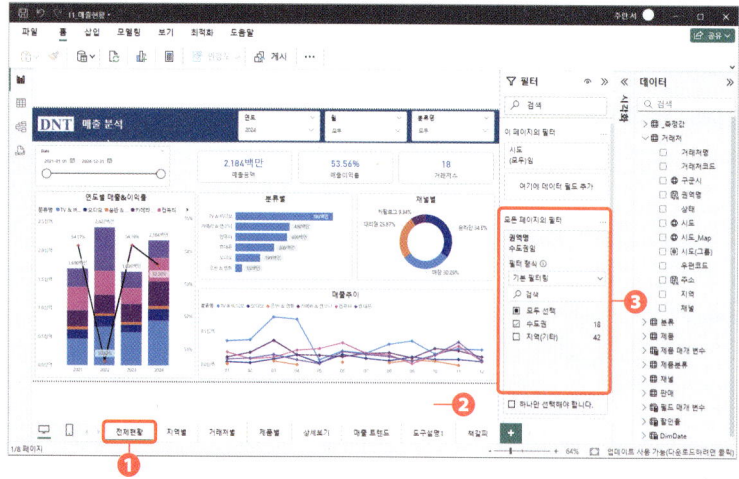

02 '지역별' 페이지로 이동해보면 동일한 조건이 필터로 적용된 걸 확인할 수 있습니다. 모든 페이지에 적용된 필터를 제거합니다.

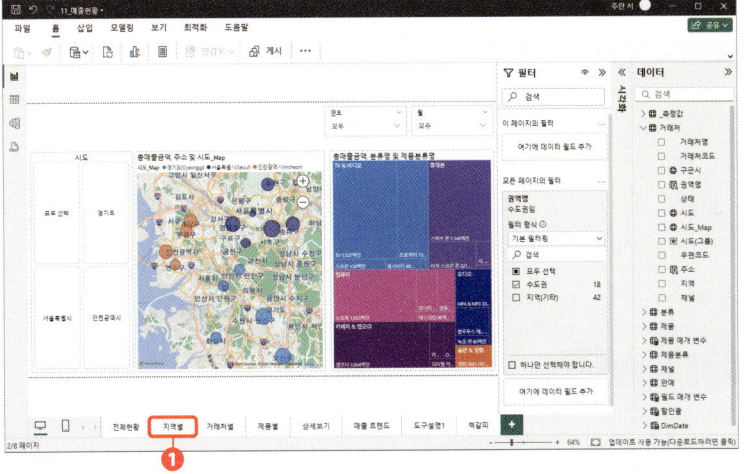

◆ 상대 날짜 필터

페이지 필터나 보고서 필터에도 상대 날짜를 적용할 수 있습니다. 상대 날짜 필터란 특정 일자로부터 일, 주, 개월, 연도로 지난, 현재, 다음 기간을 필터링할 수 있는 방식입니다.

01 '상세보기' 페이지에 상대 날짜 필터를 적용해 보겠습니다. [필터] 창의 [이 페이지의 필터]에 'DimDate' 테이블의 'Date' 필드를 추가합니다. 상대 날짜 필터는 연-월-일 형식의 '날짜' 필드로 적용할 수 있습니다. [필터 형식]을 '상대 날짜'로 설정합니다.

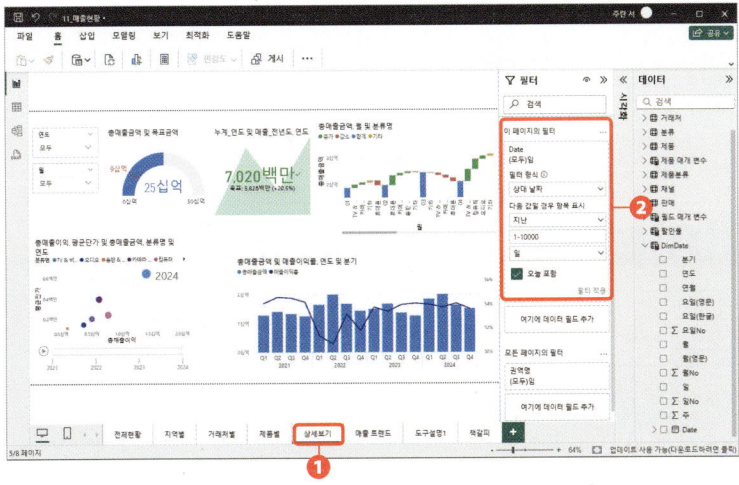

Chapter 11 보고서 관리 **349**

02 [다음 값일 경우 항목 표시]의 조건을 '지난, 3, 년'으로 설정하고, [오늘 포함]이 체크된 상태에서 [필터 적용]을 클릭합니다. 오늘 날짜(2025-02-16)로부터 3년 전의 날짜 데이터로 필터됩니다. 조건을 '년'로 지정하면 오늘 날짜(2025-02-16) 기준으로 3년간의 데이터를 가져옵니다.

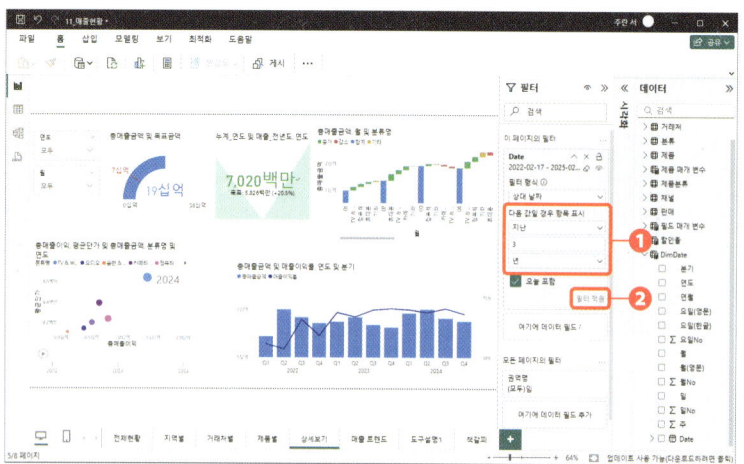

03 [다음 값일 경우 항목 표시]의 조건을 '지난, 3, 년(달력)'으로 변경하고 [필터 적용]을 클릭합니다. 지난 연도부터 3년 전의 날짜 데이터로 필터링 됩니다. 조건을 '년(달력)'으로 지정하면 당해 연도(2025)를 제외한 3년간의 데이터를 필터링합니다. 이 외에도 항목의 조건을 현재, 다음 또는 개월, 개월(달력) 등으로 변경해서 필터를 적용해 보면 사용자가 원하는 기간을 필터링할 수 있습니다.

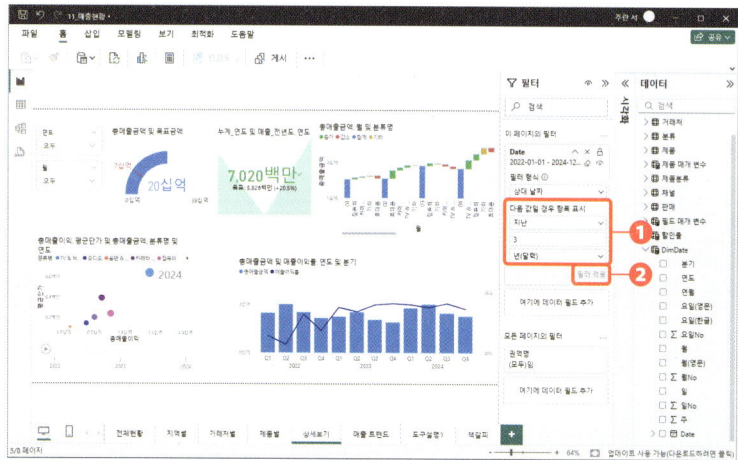

◆ 드릴스루 필터

Power BI의 드릴스루를 사용하여 공급업체나 고객, 제조업체와 같은 특정 엔티티에 초점을 맞춘 대상 보고서 페이지를 만들 수 있습니다. 드릴스루 대상 페이지를 구성한 후, 시각적 개체에서 마우스 오른쪽 버튼을 클릭하면 [드릴스루]라는 빠른 메뉴가 나타나고 대상 페이지를 선택하면 해당 페이지로 이동해서 상세 내용을 확인할 수 있습니다.

01 필터를 적용하여 '제품별' 페이지로 이동하는 드릴스루 필터를 적용해 보겠습니다. '분류명'을 사용하고 있는 시각적 개체에서 [드릴스루]를 선택, '제품별' 페이지로 이동하여 상세 정보를 확인할 수 있도록 구성해 보겠습니다. '제품별' 페이지로 이동합니다.

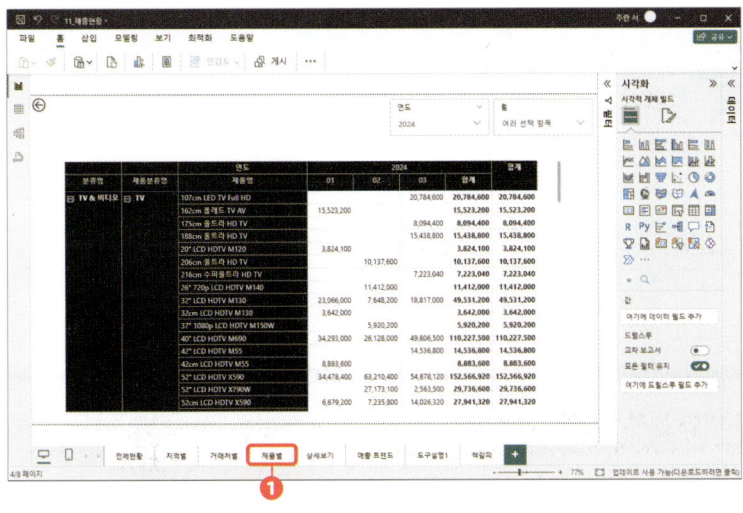

02 [시각화] 창의 [드릴스루] 〉 [여기에 드릴스루 필드 추가]에 '분류' 테이블의 '분류명' 필드를 추가합니다. 드릴스루 필터에 추가된 필드는 분류명 필드를 사용하는 시각적 개체에서 사용할 수 있습니다. 보고서 페이지 왼쪽 상단에 드릴스루 지정 후 이전 페이지로 이동할 수 있는 ⊖이 생성됩니다.

03 '전체현황' 페이지로 이동합니다. '분류명' 필드를 사용하고 있는 묶은 가로 막대형 차트의 '휴대폰'에서 마우스 오른쪽 버튼을 클릭하고 [드릴스루] 〉 [제품별]을 선택합니다.

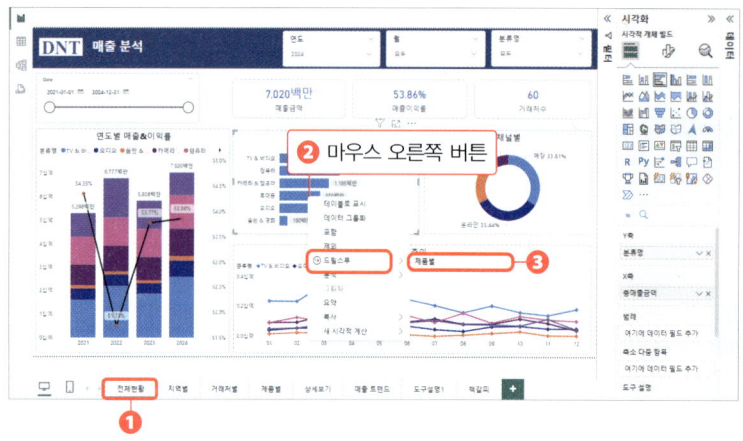

04 '제품별' 페이지로 이동되고 드릴스루에서 선택한 값으로 필터링된 결과를 확인할 수 있습니다. Ctrl과 함께 ⊖을 클릭하면 이전 페이지로 이동합니다. 또한 드릴스루에 있는 분류명의 조건을 지우면 드릴스루 필터는 삭제됩니다.

2 보고서 도구 설명

시각적 개체에 도구 설명을 사용할 수 있습니다. 시각적 개체의 데이터 요소에 마우스를 이동시키면 도구 설명에 필터된 데이터가 표시됩니다. 이 도구 설명은 다양한 시각화가 포함된 보고서 도구 설명 페이지를 작성해서 사용할 수 있습니다. 여러 개의 도구 설명 보고서 페이지 작성 후 각 시각적 개체마다 서로 다른 도구 설명 페이지를 적용할 수 있습니다.

◈ 도구 설명

'전체현황' 페이지의 시각적 개체에 도구 설명을 추가하고 정렬 기준을 변경해 보겠습니다.

01 '전체현황' 페이지의 꺾은선형 및 세로 막대형 차트를 선택합니다. [시각적 개체에 데이터 추가]의 [도구 설명]에 '_측정값' 테이블의 '총매출이익, 매출이익률, 전년대비 증감률' 측정값을 추가합니다. 시각적 개체의 데이터 요소에 마우스를 이동시키면 도구 설명에 추가한 필드 값이 표시됩니다.

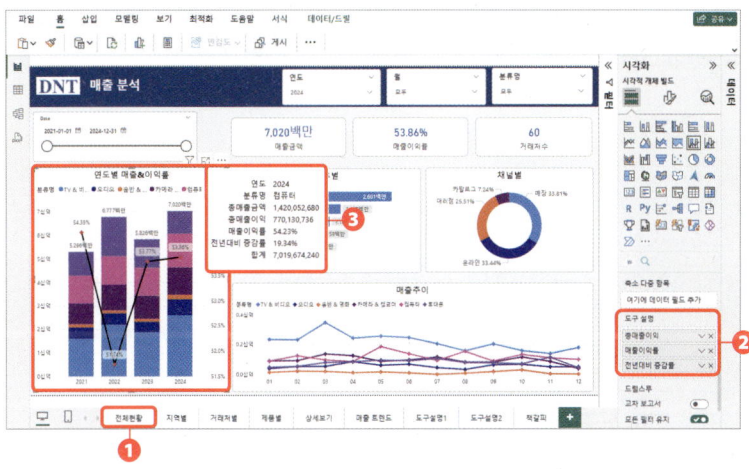

02 시각적 개체의 [추가 옵션](…)을 클릭하고 [축 정렬]에서 도구 설명에 추가한 필드 기준으로 정렬 기준을 변경할 수 있습니다.

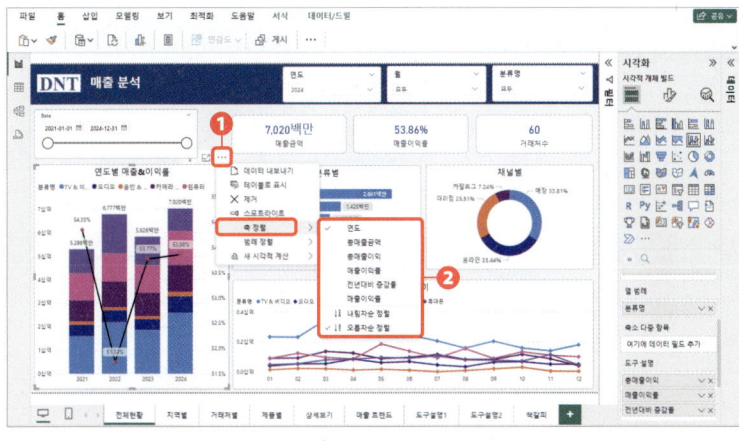

◆ 도구 설명 페이지 만들기

도구 설명 페이지를 작성하여 시각적 개체에 적용하면 다양한 시각적 개체 및 이미지 포함 등 시각적으로 풍부하게 만들 수 있습니다. 또한, 도구 설명 페이지를 여러 개 구성해 시각적 개체마다 다른 도구 설명을 지정할 수 있습니다.

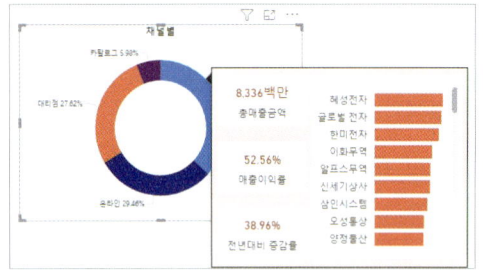

01 '도구설명1' 페이지를 클릭해 보면 카드와 묶은 가로 막대형 차트가 작성되어 있습니다. [보고서 페이지 서식 지정]에서 [페이지 정보]의 [도구 설명으로 사용 허용]을 '설정'으로 변경합니다.

02 페이지가 도구 설명용으로 변경됩니다. [캔버스 설정]에서 [유형]을 '도구 설명'으로 변경하고 [세로 맞춤]은 '중간'으로 설정합니다. [캔버스 배경]에서 색은 'f5c4af, 테마 색3, 605 더 밝게'로 설정, 투명도 '50'으로 설정합니다.

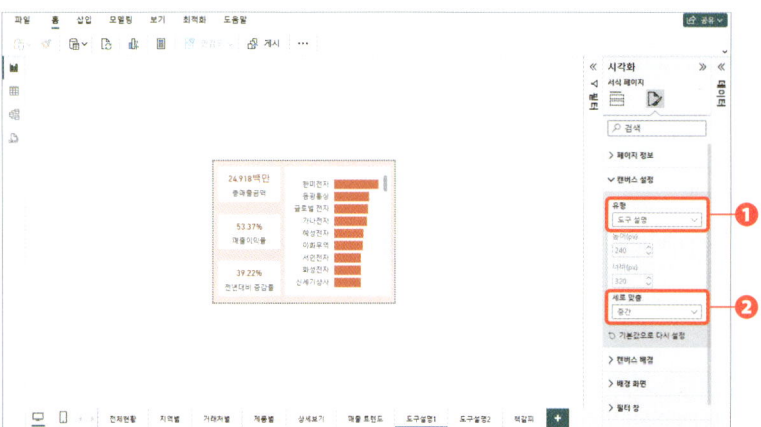

Tip 캔버스가 도구 설명으로 되어 있어도 화면 크기가 변하지 않는 경우 [보기] 탭 〉 [크기 조정] 그룹에서 [페이지 뷰] 〉 [실제 크기]를 클릭합니다.

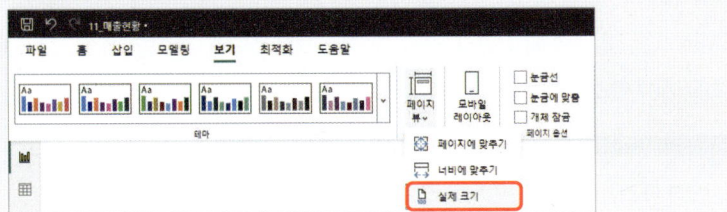

03 [시각적 개체에 데이터 추가]의 [도구 설명] 영역에 '_측정값' 테이블의 '총매출금액' 측정값을 추가합니다. 이는 '총매출금액' 측정값을 사용하는 다른 페이지의 시각적 개체에서 도구 설명으로 표시하는 역할을 합니다.

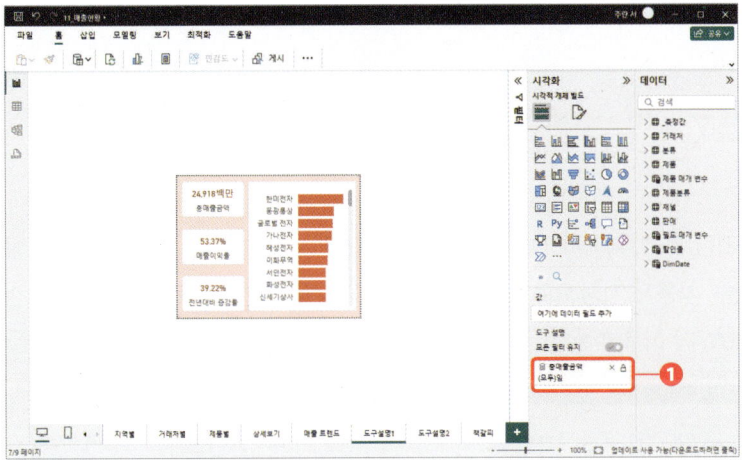

04 '전체현황' 페이지에서 '총매출금액' 측정값을 사용하는 시각적 개체에 마우스를 이동하면 사용자 지정 도구 설명이 표시됩니다.

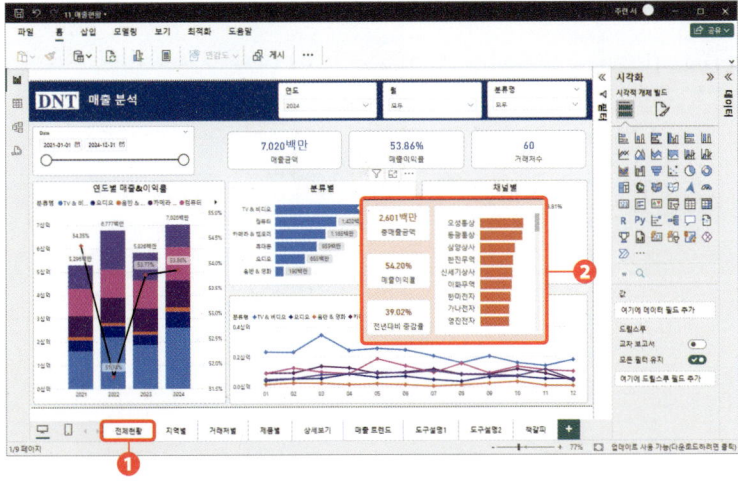

◆ 여러 도구 설명 페이지 만들기

보고서의 도구 설명을 여러 개 작성해서 시각적 개체마다 도구 설명을 다르게 적용할 수 있습니다.

01 '도구설명2' 페이지로 이동해 보면 테이블 시각적 개체에 제품코드에 총수량 기준으로 상위10개가 표시되도록 필터가 적용되어 있습니다.

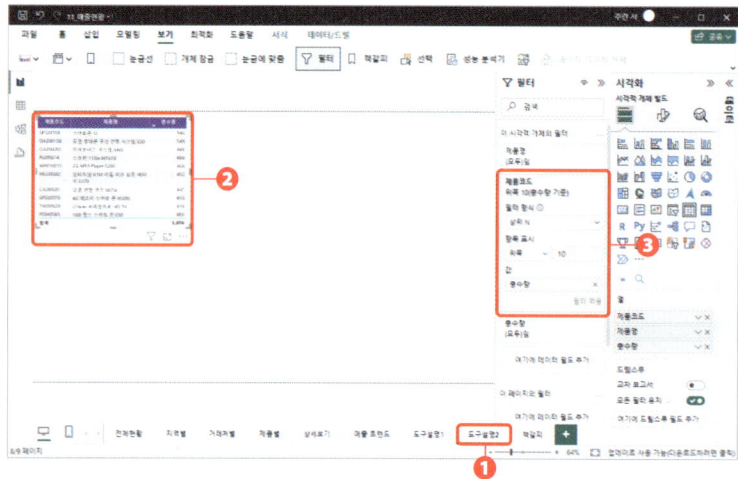

02 [보고서 페이지 서식 지정]에서 [페이지 정보]의 [도구 설명으로 사용 허용]을 '설정'으로 변경합니다. [캔버스 설정] 〉 [형식]을 '사용자 지정'으로 변경하고 높이 '320', 너비 '450'으로 설정합니다. [캔버스 배경]에서 색은 '흰색, 10% 더 어둡게' 설정, 투명도 '50'으로 설정합니다.

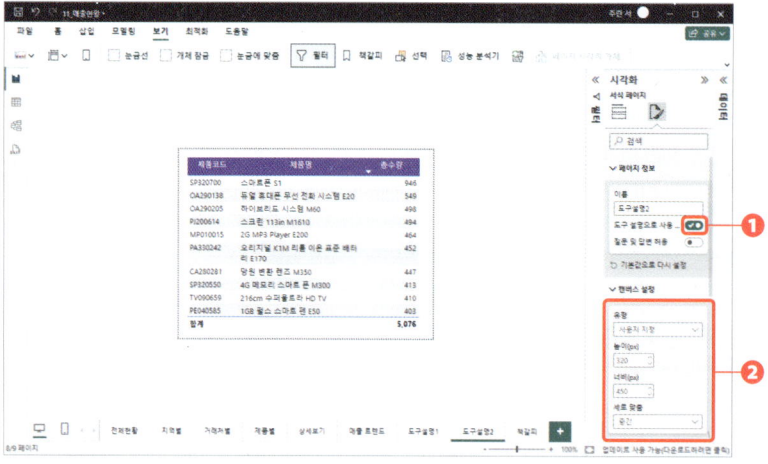

03 [시각적 개체에 데이터 추가]의 [도구 설명] 영역에 '_측정값' 테이블의 '총매출금액' 측정값을 추가합니다.

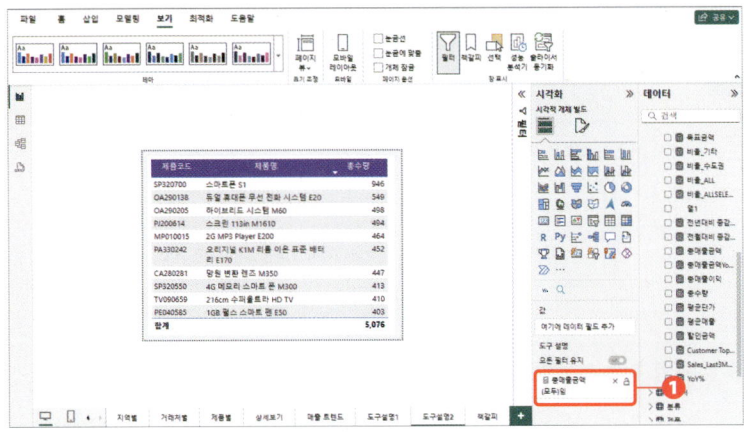

04 '전체현황' 페이지의 시각적 개체의 데이터 요소에 마우스를 이동시키면 '도구설명2'가 자동으로 표시됩니다. 마지막에 작성된 도구 설명이 자동으로 연결됩니다.

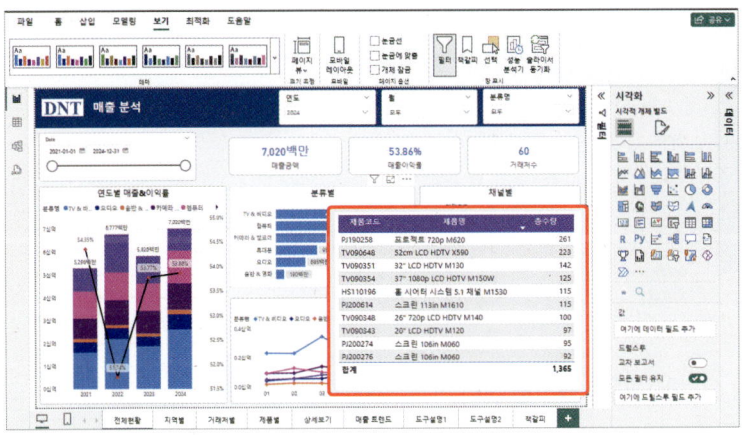

05 시각적 개체마다 도구 설명을 다르게 설정해 보겠습니다. '전체현황' 페이지의 도넛형 차트를 선택하고 [시각적 개체의 서식 지정]의 [일반]에서 [도구 설명]을 확장합니다. [유형]은 '보고서 페이지', [페이지]는 '도구설명1'로 설정합니다.

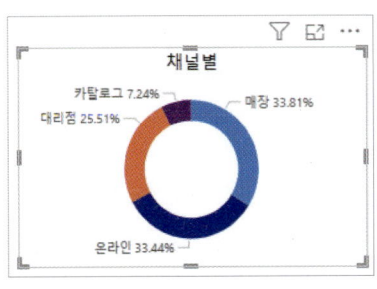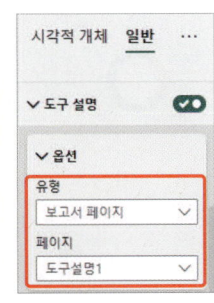

Chapter 11 보고서 관리 **357**

06 묶은 가로 막대형 차트를 선택하고 [도구 설명]에서 [유형]은 '보고서 페이지', [페이지]는 '도구설명2'로 설정합니다.

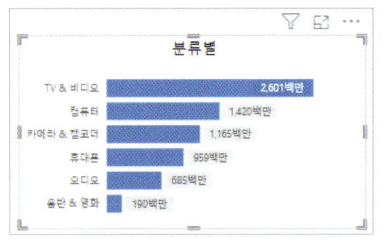 

07 꺾은선형 및 묶은 세로 막대형 차트는 기본값으로 표시하겠습니다. [도구 설명]에서 [유형]을 '기본값'으로 설정합니다.

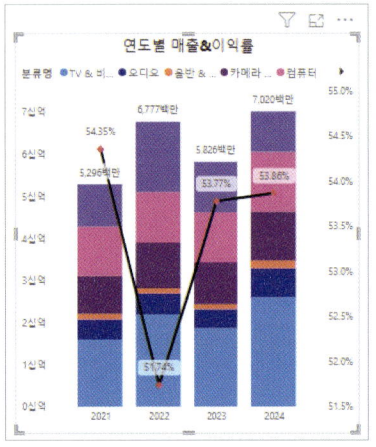 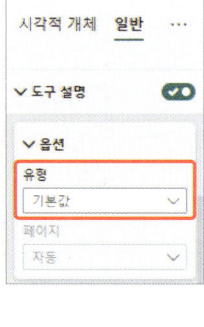

08 시각적 개체의 데이터 요소에 마우스를 이동시키면 도구 설명이 다르게 표시됩니다. 보고서 도구 설명 페이지를 활용하면 불필요한 페이지로 이동할 필요 없이 데이터를 탐색할 수 있습니다.

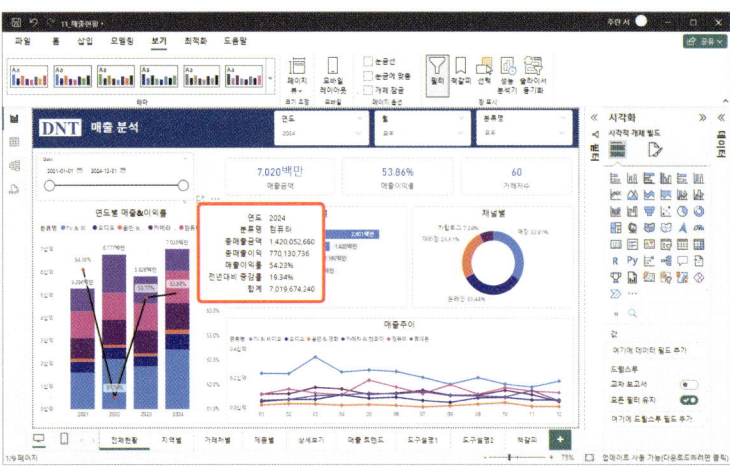

3 보고서 테마

보고서 테마를 사용하여 회사 템플릿 색을 구성하거나 다양한 테마 색을 전체 보고서에 적용할 수 있습니다. 보고서 테마를 적용하려면 보고서의 모든 시각적 개체의 기본 색을 테마 색을 사용해야 합니다. Power BI Desktop에 포함된 테마를 사용하거나 테마 갤러리에서 다운받아 사용할 수 있습니다. 또한 테마 색을 직접 사용자 지정하여 적용할 수 있습니다.

◆ 테마 전환

01 보고서에 테마를 적용해 보겠습니다. 보고서의 '전체현황' 페이지에서 [보기] 탭 〉 [테마] 그룹에서 [테마]를 선택합니다. Power BI기본 테마(기본값, 도시 공원, 클래식, 태양, 프런티어), 접근성 높은 테마 등 다양한 테마를 제공합니다. '블룸' 테마를 선택합니다.

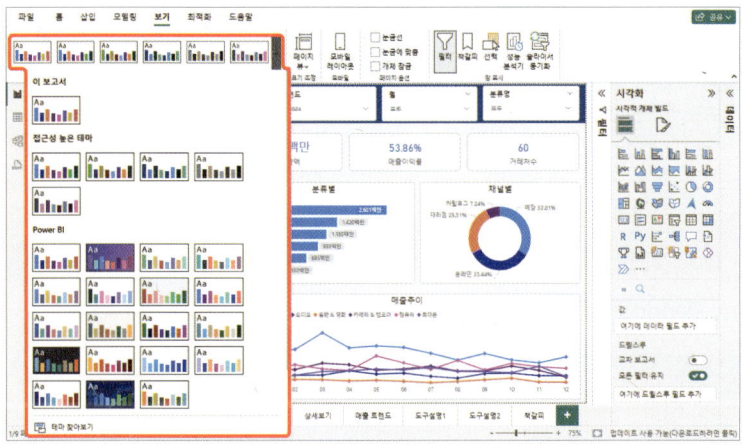

02 테마를 적용한 결과입니다. 다른 페이지의 기본 테마 색도 변경되며 몇 가지 시각적 개체(텍스트나 KPI)는 테마가 적용되지 않을 수 있습니다. 기본 테마로 사용하려면 [테마]에서 '기본값'을 적용하면 됩니다.

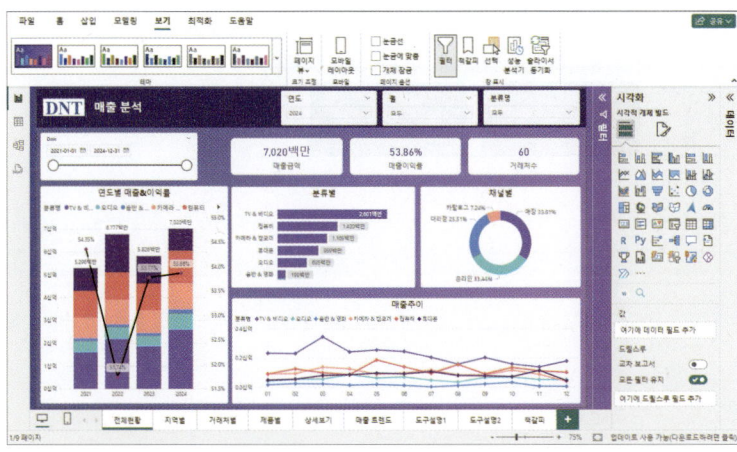

◆ 테마 갤러리에서 다운받기

테마 갤러리를 활용하면 커뮤니티 구성원이나 개발자들이 업로드한 테마 파일을 다운받아 사용할 수 있습니다.

01 [보기] 탭 〉 [테마] 그룹에서 [테마] 〉 [테마 갤러리]를 클릭합니다.

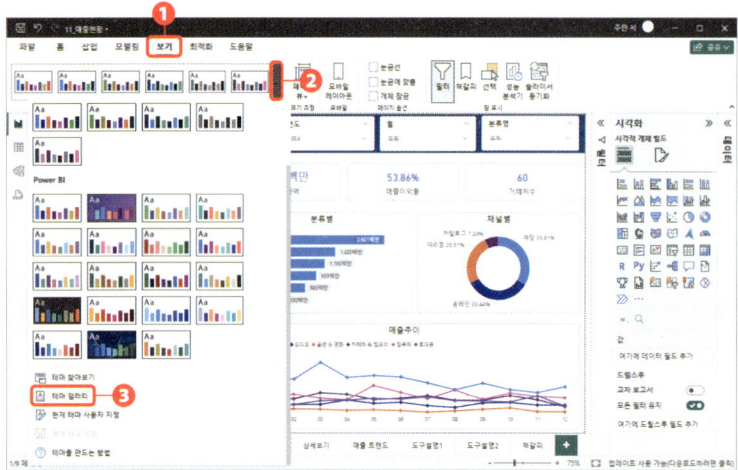

02 Power BI 커뮤니티인 테마 갤러리로 이동합니다. 여러 가지 유용한 테마 정보를 확인할 수 있습니다. 사용할 테마 카드 'Sales Report'를 클릭합니다.

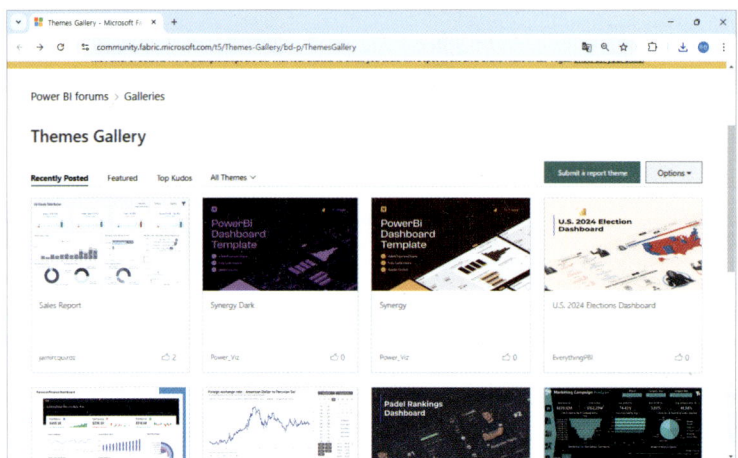

03 선택한 테마의 미리 보기가 제공되고 화면 아래에 [Theme.json]의 다운로드를 클릭하여 저장합니다.

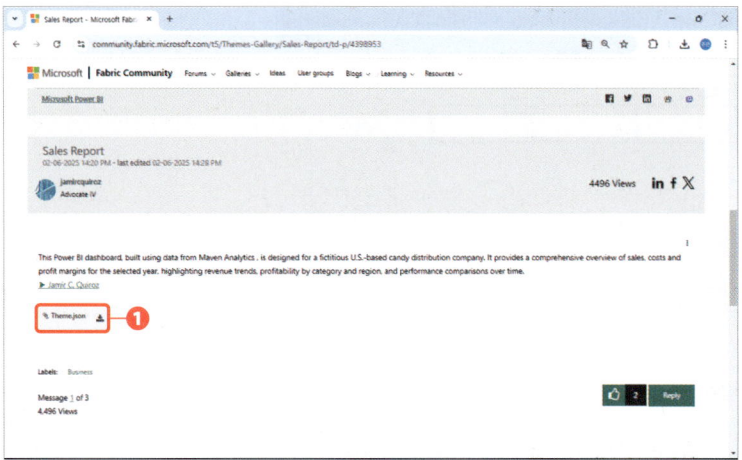

04 다운로드 받은 테마를 보고서에 적용해 보겠습니다. [보기] 탭 > [테마] 그룹에서 [테마] > [테마 찾아보기]를 클릭합니다.

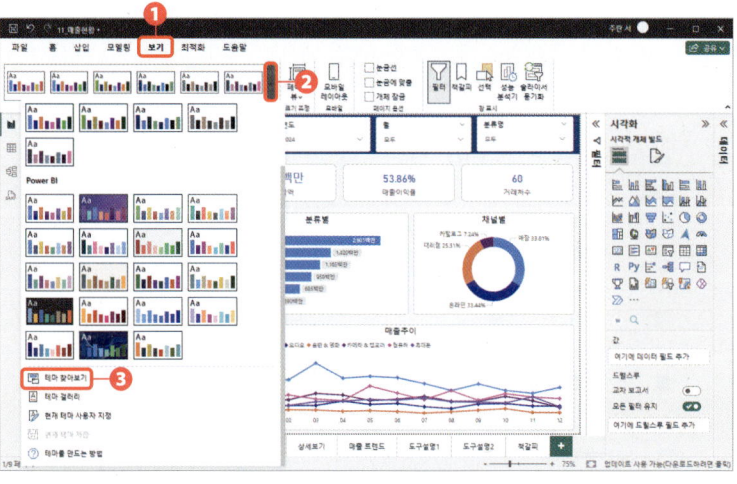

05 다운로드 받은 'Theme.json' 파일을 가져오면 다음과 같이 테마 색이 변경됩니다. 준비된 예제의 [테마] 폴더에서 다른 JSON 파일들도 적용해 봅니다.

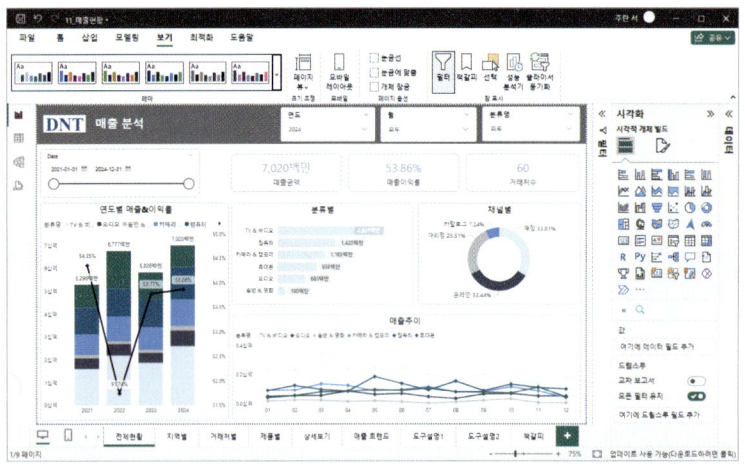

> **Tip** 현재 테마 사용자 지정
>
> 현재 보고서에 적용된 보고서의 테마를 사용자가 편집할 수 있습니다. [보기] 탭 〉 [테마] 그룹에서 [현재 테마 사용자 지정]을 클릭합니다. [이름 및 색], [텍스트], [시각적 개체] 등의 테마 색에서 색1, 색2…등의 서식을 변경할 수 있습니다.

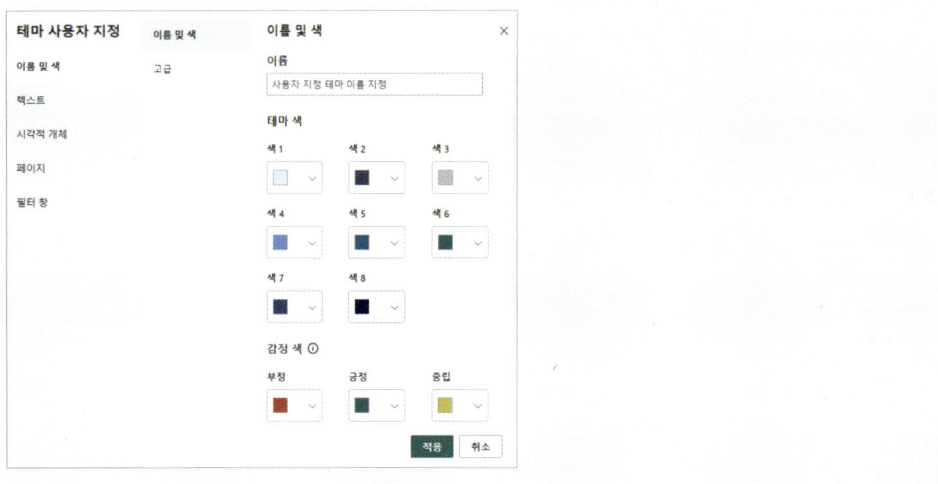

4 페이지 탐색 단추 만들기

보고서에 단추를 추가하여 다른 페이지로 이동하거나 책갈피 연결, 드릴스루 필터 등 다양한 작업을 할 당하여 상호 작용할 수 있습니다.

◈ 페이지 탐색기 추가하기

[페이지 탐색기]를 추가하면 보고서의 모든 페이지를 단추 그룹으로 사용할 수 있습니다. 페이지 마다 단추를 따로 작성하지 않아도 한 번에 페이지 탐색 단추를 추가할 수 있고 새로운 페이지가 추가되면 자동으로 페이지 탐색기에 단추로 추가됩니다.

01 'Main' 페이지의 [삽입] 탭 〉[요소] 그룹에서 [단추] 〉[탐색기] 〉[페이지 탐색기]를 클릭합니다.

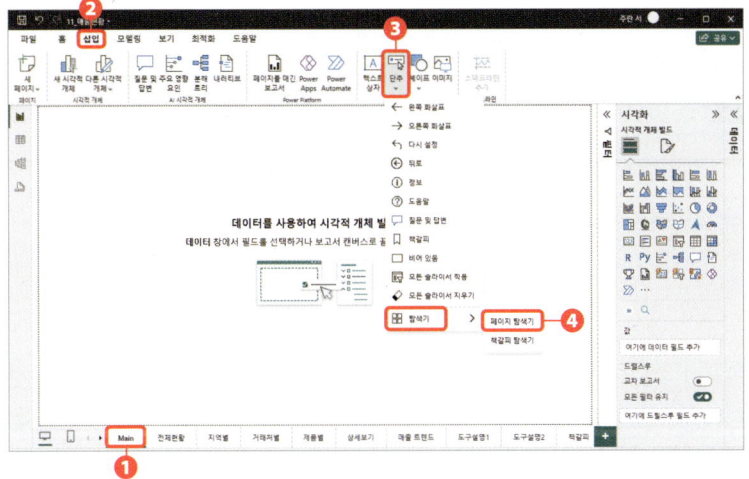

02 보고서의 모든 페이지를 단추로 구성합니다. Ctrl 을 누른 상태로 단추를 클릭하면 해당 페이지로 이동합니다. [서식 탐색기] 창의 [시각적 개체] 〉[스타일]에서 [설정 적용 대상] 〉[상태]를 '가리키기'로 변경하고, [채우기] 〉[색]을 'a0d1ff, 테마 색1, 60% 더 밝게'로 설정합니다. 단추 위에 마우스를 이동시키면 단추 색상이 변경됩니다.

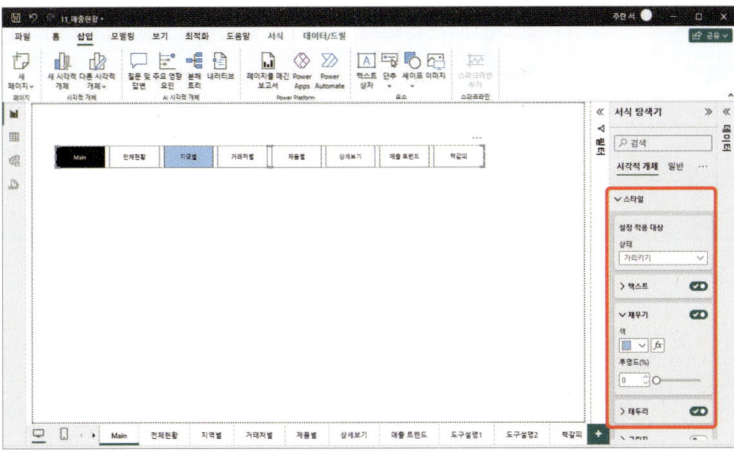

◆ 도형에 탐색할 페이지 연결하기

단추나 도형을 추가한 후 작업 유형 중 페이지 탐색을 사용하면 책갈피를 사용하지 않고 페이지 이동하는 단추를 작성할 수 있습니다. '전체현황' 페이지에서 '매출_트렌드' 페이지로 이동하는 단추를 작성해 보겠습니다.

01 '전체현황' 페이지에서 [삽입] 탭 > [요소] 그룹에서 [셰이프] > [모서리가 둥근 직사각형]을 클릭합니다.

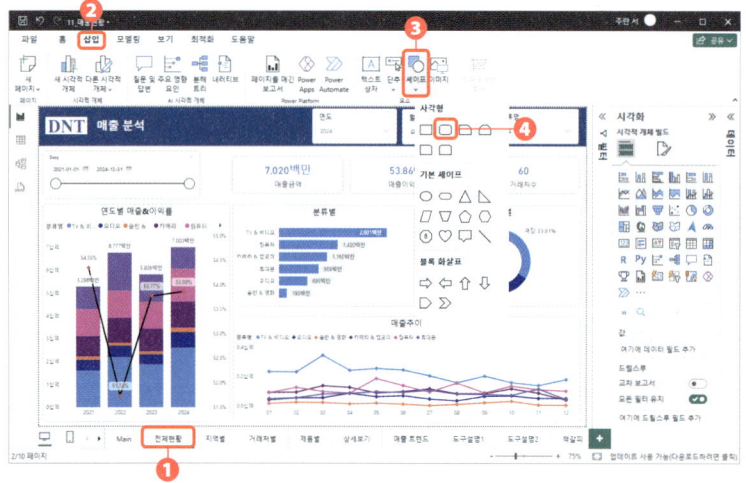

02 도형 크기와 위치를 적절히 조정하고 [도형 서식] 창의 [도형] > [스타일]을 확장합니다. 채우기 색을 '흰색 10% 더 어둡게'로 설정, 텍스트에 '매출 트렌드'를 입력하고 글꼴 크기와 색 등의 서식을 설정합니다.

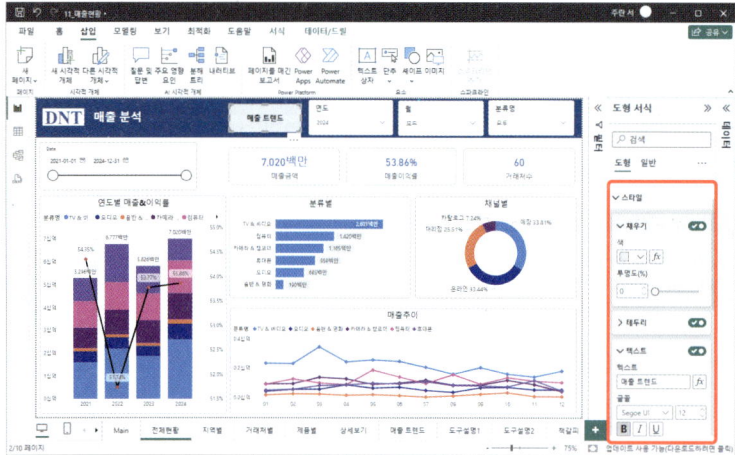

03 [작업]을 '설정'으로 변경하고 [유형]을 '페이지 탐색', [대상]을 '매출_트렌드'로 설정합니다. `Ctrl`을 누른 상태로 '매출_트렌드' 단추를 클릭하면 '매출_트렌드' 페이지로 이동됩니다.

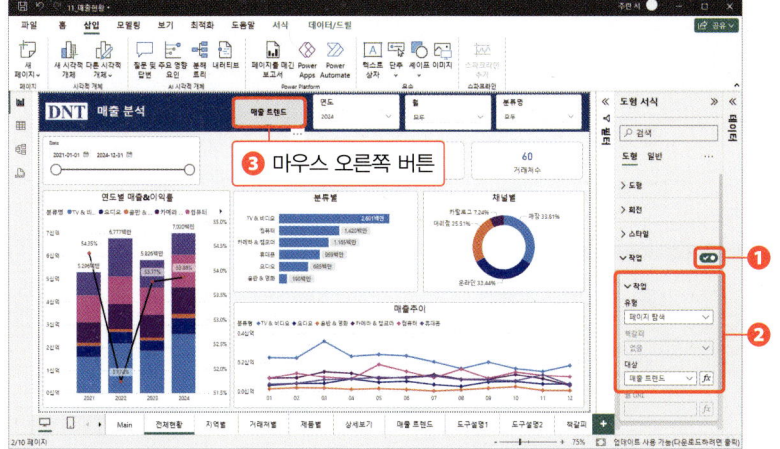

04 '매출_트렌드' 페이지에서 [삽입] 탭 〉 [요소] 그룹에서 [셰이프] 〉 [모서리가 둥근 직사각형]을 클릭합니다. [도형 서식] 창의 [도형] 〉 [스타일]에서 [텍스트]에 '전체현황'을 입력하고 글꼴 크기와 색, 채우기, 테두리 등의 서식을 적용합니다.

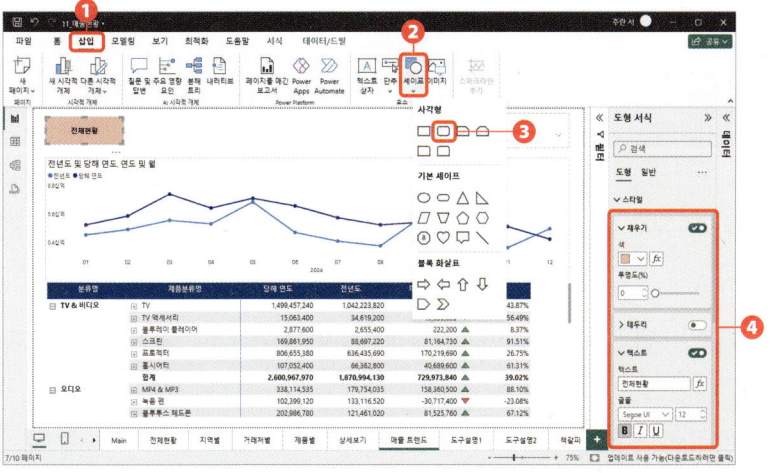

05 [작업]을 '설정'으로 변경하고 [유형]을 '페이지 탐색', [대상]을 '전체현황'으로 설정합니다. Ctrl 을 누른 상태로 '전체현황' 단추를 클릭하면 '전체현황' 페이지로 이동됩니다.

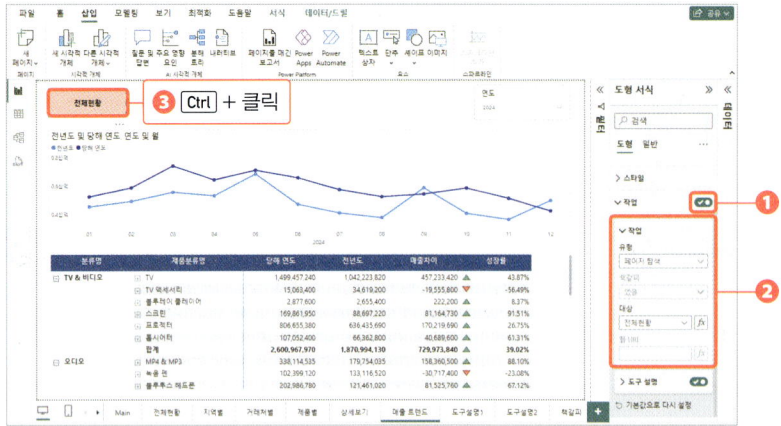

5 책갈피 만들기

책갈피를 사용해 보고서 페이지의 현재 상태를 캡처하여 저장할 수 있습니다. 책갈피는 현재 필터 및 슬라이서, 정렬 순서, 교차 강조된 시각적 개체 등을 저장합니다. 저장된 책갈피를 선택하여 저장된 상태의 데이터를 탐색할 수 있습니다.

◆ 책갈피 추가하기

'전체현황' 페이지의 '연도' 슬라이서에 '2024'를 적용하고 다른 필터는 해제되는 책갈피를 추가해 보겠습니다.

01 '전체현황' 페이지에서 [보기] 탭 〉 [창 표시] 그룹에서 [책갈피]를 클릭합니다. 화면 오른쪽에 [책갈피] 창이 나타납니다.

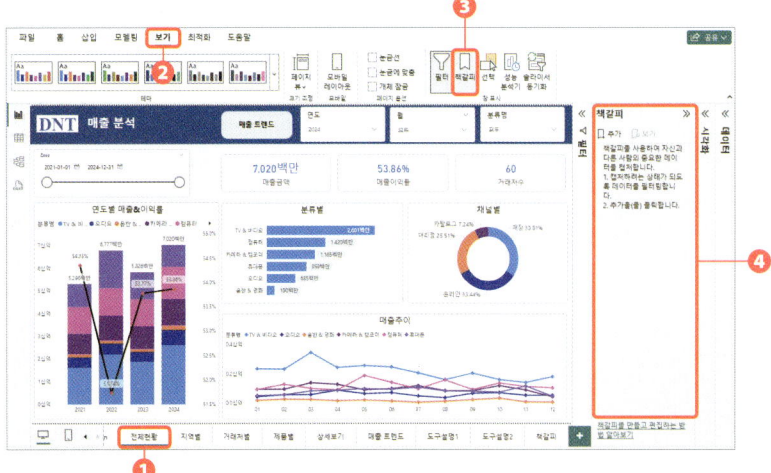

02 현재 페이지에는 '연도' 슬라이서에 '2024'로 필터가 적용되어 있습니다. [책갈피] 창의 [추가](추가)를 클릭하면 '책갈피1'이 추가됩니다. 현재 화면을 캡처해서 '책갈피 1'로 저장한 결과입니다.

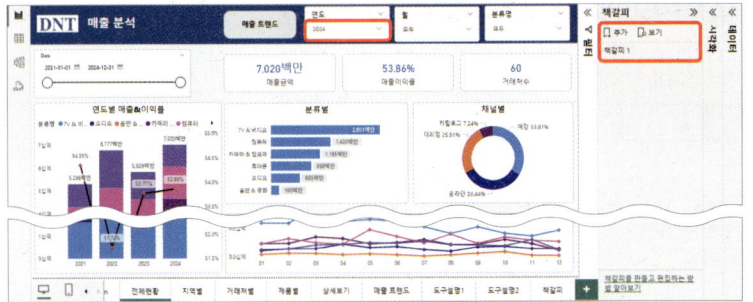

03 '책갈피1'은 더블클릭하여 이름을 '모두표시'로 변경합니다. 페이지의 슬라이서나 막대형 차트 등에 필터를 적용한 후 [책갈피] 창의 [모두표시]를 클릭하면 '연도' 슬라이서의 필터는 유지하고 다른 필터는 제거됩니다.

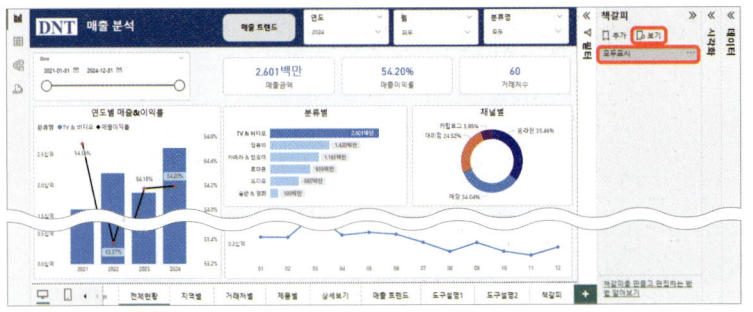

◈ 책갈피 단추 추가하기

책갈피는 페이지에 단추로 추가해서 사용하면 편리합니다. 책갈피 단추나 도형의 작업에 책갈피를 적용해서 사용할 수 있습니다. '모두 표시' 단추를 추가하여 책갈피를 연결해 보겠습니다.

01 [삽입] 탭 〉 [요소] 그룹에서 [셰이프] 〉 [모서리가 둥근 직사각형]을 추가하여 텍스트를 '모두표시'로 입력하고 글꼴 색, 배경색, 테두리 등의 서식을 설정합니다. [도형 서식] 창에서 [도형] 〉 [작업]을 '설정'으로 변경하고 [유형]을 '책갈피', [책갈피]를 '모두표시'로 설정합니다.

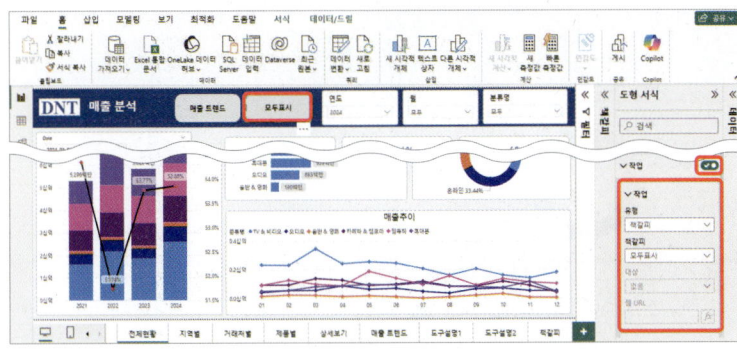

02 페이지의 연도, 월, 차트 등에 필터를 적용합니다. Ctrl을 누른 상태로 '모두표시' 단추를 클릭하면 필터가 해제된 상태로 표시됩니다.

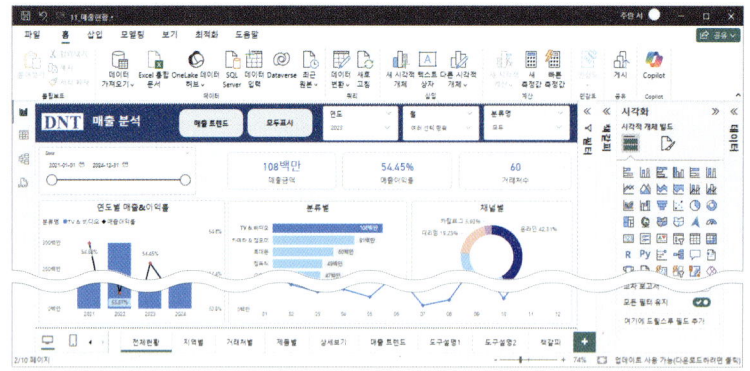

03 [책갈피] 창의 [모두표시]에 있는 [추가 옵션](…)을 클릭하면 책갈피를 삭제하거나 업데이트할 수 있습니다. 현재 화면 상태를 다시 캡처하고 싶다면 '모두표시'에 업데이트를 적용합니다.

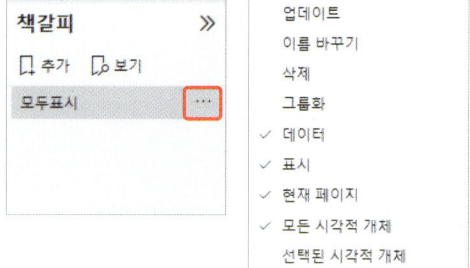

◈ 선택 창

선택 창을 이용하여 보고서 페이지에 있는 여러 도형이나 시각적 개체의 표시 또는, 숨기기를 변경할 수 있습니다. 개체의 레이어 순서를 변경하거나 특정 개체를 숨기기 할 때 선택 창을 활용합니다.

01 보고서에서 '책갈피' 페이지를 클릭합니다. 페이지의 묶은 가로 막대형 차트와 도넛형 차트를 겹쳐서 표시하겠습니다. 두 시각적 개체를 선택하고 [서식] 탭 〉 [정렬] 그룹에서 [맞춤] 〉 [왼쪽 맞춤], [위쪽 맞춤]을 클릭한 후 위치를 조정합니다.

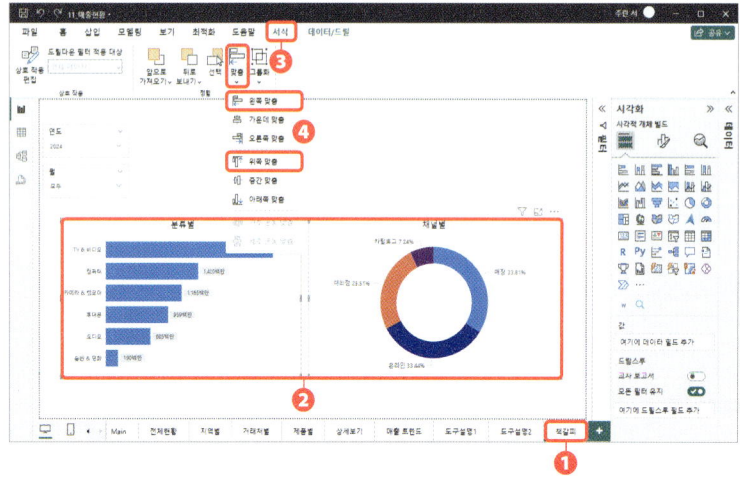

02 [보기] 탭 〉 [창 표시] 그룹에서 [선택]을 클릭합니다. 선택 창의 [레이어 순서]에서 페이지의 도형이나 시각적 개체 등의 순서 변경이나 숨기기를 설정할 수 있습니다.

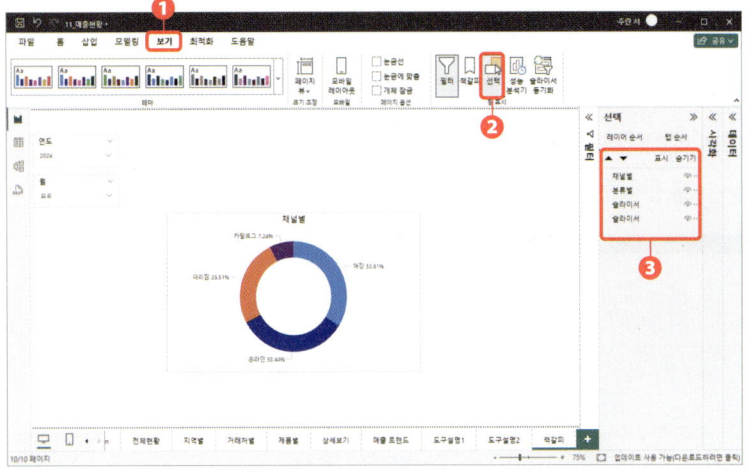

03 도넛형 차트를 숨기기 위해 [선택] 창의 [채널별]의 [이 시각적 개체 숨기기](👁)를 클릭합니다. 도넛형 차트에 숨기기를 적용하면서 뒤에 있던 묶은 가로 막대형 차트가 표시됩니다. 필요에 따라 개체에 표시/숨기기를 적용할 수 있습니다.

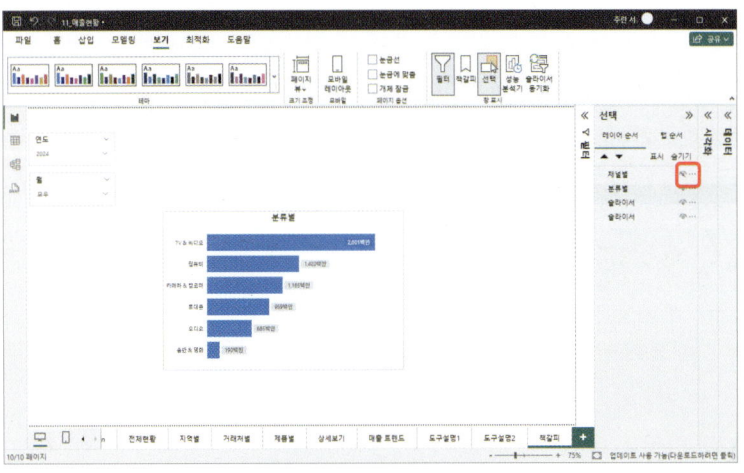

◈ 책갈피 탐색기로 시각적 개체 표시하기

책갈피 탐색기로 여러 차트를 교차해서 표시해 보겠습니다. 하나의 시각적 개체를 교대로 숨긴 상태에서 책갈피를 추가하고 책갈피 탐색기로 단추를 구성할 수 있습니다. [보기] 탭에서 [선택] 창과 [책갈피] 창을 선택합니다.

01 '책갈피' 페이지에서 [선택] 창의 [채널별]에서 [이 시각적 개체 숨기기]( )를 클릭하여 숨기기합니다. [책갈피] 창의 [추가](추가)를 클릭하여 화면을 캡처하고 이름을 '분류별'로 변경합니다.

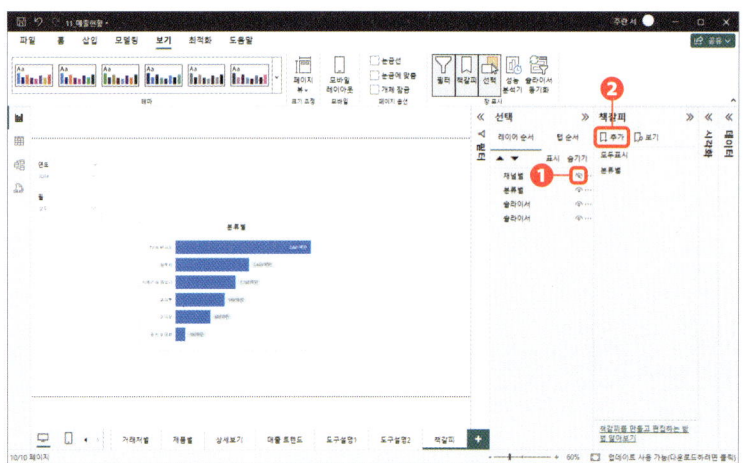

02 [선택] 창의 [분류별]을 숨기기하고 [채널별]을 표시합니다. [책갈피] 창의 [추가](추가)를 클릭하여 화면을 캡처하고 이름을 '채널별'로 변경합니다.

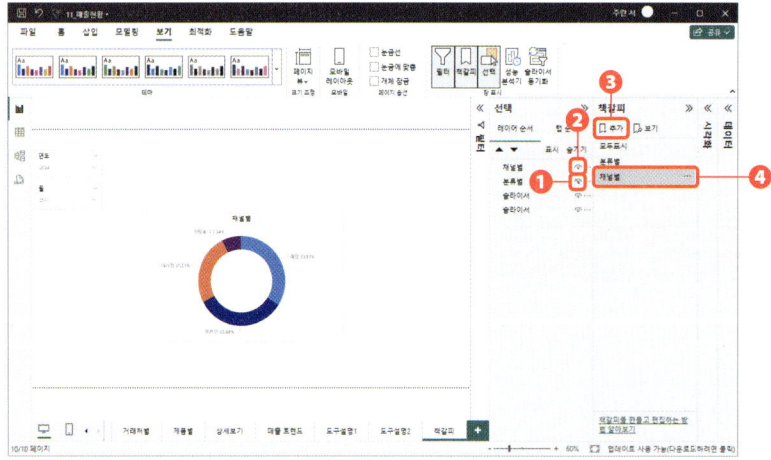

03 [선택] 창과 [책갈피] 창을 닫습니다. 책갈피 탐색기를 이용하여 시각적 개체를 선택해 보겠습니다. [삽입] 탭 〉 [요소] 그룹에서 [단추] 〉 [탐색기] 〉 [책갈피 탐색기]를 클릭합니다.

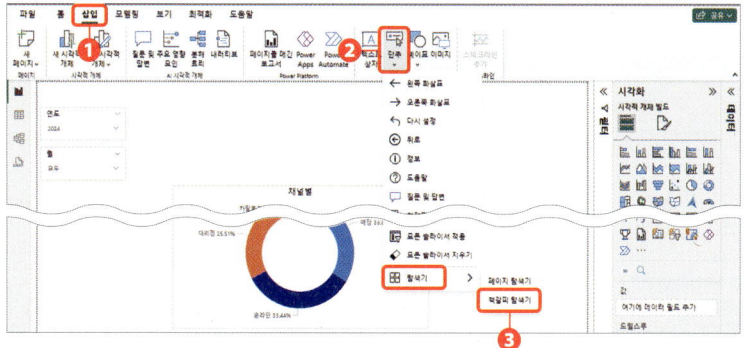

04 책갈피 탐색기의 크기와 위치를 적절히 조정한 후 [서식 탐색기] 창의 [도형] 〉 [스타일]에서 [설정 적용 대상] 〉 [상태]는 '선택한 상태', [텍스트]의 글꼴 크기 '12', 글꼴 색 '검은색', [채우기]의 [색]은 '#a0d1ff, 테마 색1, 60% 더 밝게', [투명도]는 '60'으로 설정합니다.

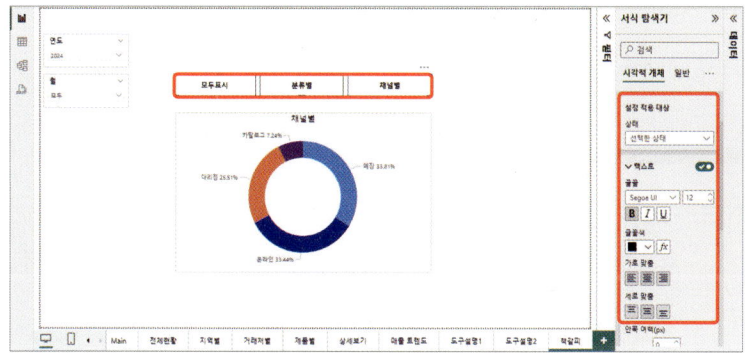

05 책갈피 목록에서 '모두표시'는 숨기겠습니다. [서식 탐색기] 창의 [책갈피] 〉 [선택 취소 허용]을 '설정'으로 변경하고 [선택 취소 시 시작]에서 '모두표시'를 선택합니다. [선택 취소 책갈피 숨기기]가 '설정'으로 적용되어 있으면 '모두표시'는 책갈피 탐색기에서 표시되지 않습니다.

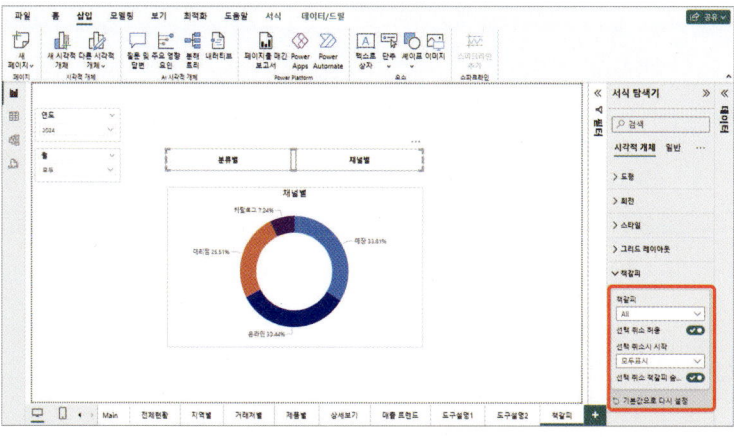

06 Ctrl 을 누른 상태로 책갈피 탐색기의 '분류별'을 클릭하면 도넛형 차트는 숨겨지고 묶은 가로 막대형 차트가 표시됩니다. 책갈피 단추를 이용해 한 페이지의 여러 시각적 개체를 교차해서 표시할 수 있습니다.

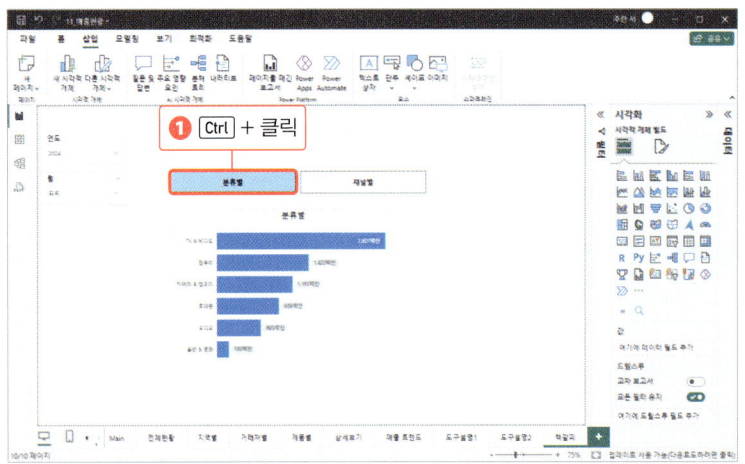

> **Tip** 모든 슬라이서 조건 초기화
>
> 여러 슬라이서에 적용된 필터를 한 번에 초기화하려면, [삽입] 탭 〉 [단추] 그룹에서 [모든 슬라이서 지우기]를 추가하여 사용합니다.

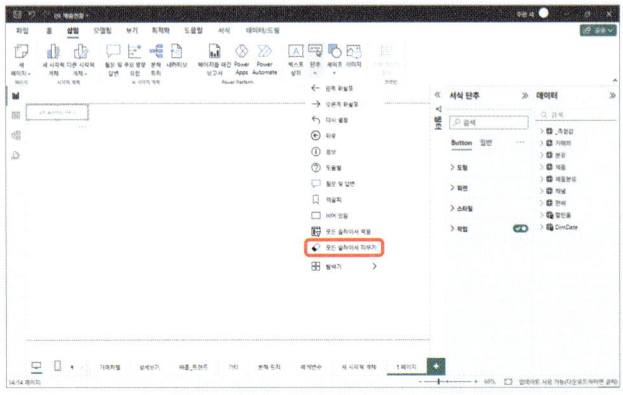

12 Power BI 서비스

Chapter

Power BI 서비스는 Power BI Desktop의 확장으로 보고서 업로드, 대시보드 만들기, 자연어를 사용한 데이터에 대해 질문하기 등을 사용할 수 있습니다. 또한 조직에서 보고서와 대시보드를 공유 및 구독해서 사용할 수 있으며 주기적으로 데이터 새로 고침을 적용할 수 있습니다. 이제부터 Power BI 서비스에 대해 살펴보겠습니다.

예제 파일 | Part 02 〉 Chapter 12 〉 FY2024_매출.xlsx, 12_매출현황.pbix

1 Power BI 서비스 살펴보기

Power BI 서비스에 로그인하면 의미 체계 모델(데이터 모델)을 가져와 시각적 개체를 사용해 상호 작용되는 보고서를 작성하고 대시보드를 구성할 수 있습니다. 또는 Power BI Desktop에서 작성한 보고서를 Power BI 서비스에 게시해서 사용할 수 있습니다. Power BI서비스에서 수행할 수 있는 작업 범위는 라이선스, 용량, 작업 영역에 따라 결정됩니다.

◈ Power BI 서비스 화면 구성

웹 브라우저에서 Power BI 서비스(https://app.powerbi.com)에 로그인하면 홈 화면에서 시작합니다. 화면에 표시되는 요소는 다음과 같습니다.

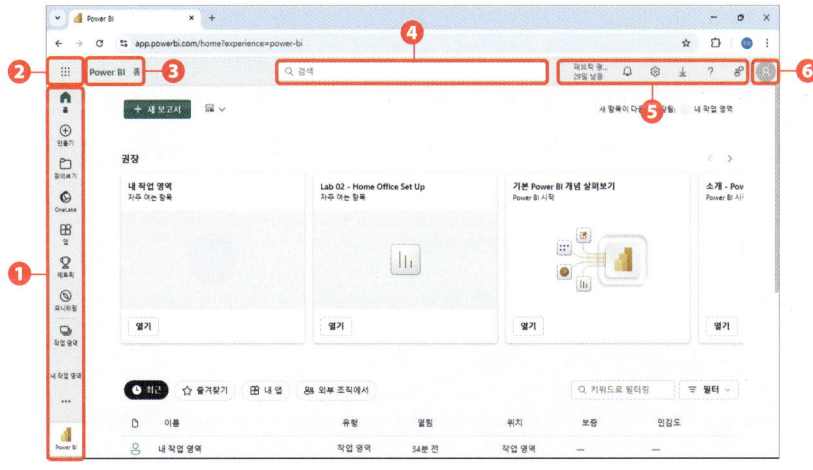

① **탐색 창** : Power BI 서비스 홈이나 만들기, 찾아보기, OneLake, 앱, 메트릭, 모니터링, 작업 영역, 내 작업 영역을 표시합니다. [내 작업 영역]에 데이터 세트나 보고서, 대시보드를 포함합니다.
② **Office 365 앱 시작 관리자** : Office 365 앱을 관리할 수 있습니다.
③ **Power BI 홈** : Power BI 홈 화면으로 이동합니다.
④ **검색 상자** : 콘텐츠 검색 상자입니다.
⑤ **아이콘** : 알림, 설정, 다운로드, 도움말 및 지원 포함합니다.
⑥ **로그인 계정** : 로그인한 사용자 정보를 확인할 수 있습니다.

◈ Power BI 서비스의 새 환경

- 만들기 : Excel이나 CSV, 의미 체계 모델에서 데이터를 추가합니다.
- 찾아보기 : 최근 항목이나 즐겨찾기, 공유한 항목을 열거나 관리하고 페이지 목록을 검색하고 필터링할 수 있습니다.
- OneLake : 조직의 의미 체계 모델을 탐색하여 요구 사항에 맞는 데이터를 찾습니다.
- 앱 : 앱을 보거나, 열거나, 삭제합니다.
- 메트릭 : 주요 비즈니스 메트릭을 추적합니다.
- 모니터링 : Microsoft Fabric 내에서 사용 권한이 있는 모든 작업 영역에서 활동의 상태를 보고 추적합니다.
- 작업 영역 : 동료들과 콘텐츠를 공유, 조직을 만든 후 게시하고, 관리하는 영역으로 동료를 추가하고 콘텐츠에 대해 공동 작업할 수 있습니다. Power BI Pro 또는, PPU(사용자 단위 Premium) 라이선스가 필요합니다.
- 내 작업 영역 : 개인 작업 영역으로 본인만 액세스할 수 있습니다.

◈ 데이터 가져오기

Power BI 서비스에서 데이터를 가져와 보고서를 작성해 보겠습니다. 원드라이브(OneDrive)의 데이터를 연결하거나 파일을 업로드해서 가져올 수 있으며 데이터 모델링을 수행할 수 있습니다.

01 탐색 창의 [만들기]( )를 클릭하면 의미 체계 모델에서 데이터를 가져와 필요에 맞게 사용자 지정할 수 있고, Excel, CSV 파일을 가져오거나 데이터를 복사해서 사용할 수도 있습니다. Excel 통합 문서의 매출 데이터를 가져와보겠습니다. [데이터를 추가하여 보고서 작성 시작] 〉 [Excel(미리 보기)]를 클릭합니다.

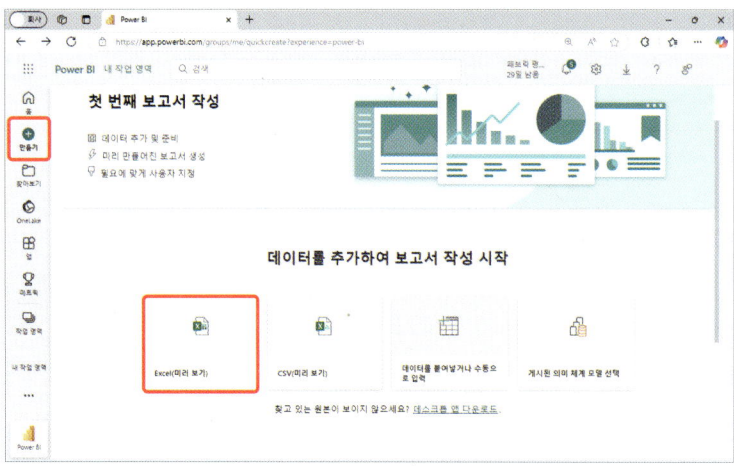

02 데이터 원본에 연결할 파일의 위치를 선택합니다. OneDrive, SharePoint와 같은 클라우드 저장소의 파일에 연결하거나 업로드할 수 있습니다. 클라우드 저장소의 파일을 연결하면 자동 업데이트하여 최신 정보를 유지할 수 있습니다. [파일 업로드]를 체크하고 준비된 예제의 'FY2024_매출.xlsx' 파일을 선택합니다.

03 데이터 선택에서 '매출' 테이블에 체크하고 [만들기]를 클릭합니다.

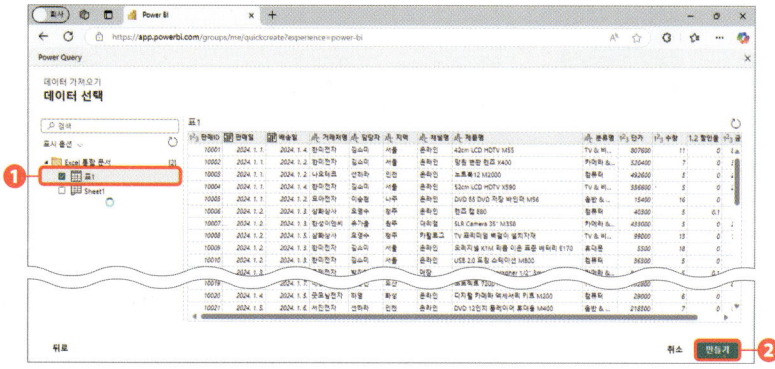

04 새 보고서 페이지가 나타나고 추가된 데이터 모델로 보고서를 작성할 수 있습니다.

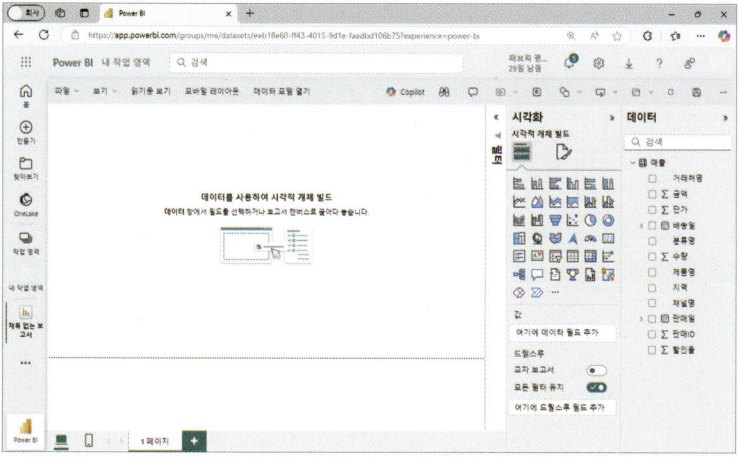

◆ 보고서

데이터에 연결한 후 보고서를 작성할 수 있습니다. Power BI 서비스에서도 시각적 개체 간의 상호 작용이나 필터 등을 적용할 수 있습니다. 자동 보고서를 작성하거나 빈 보고서로 시작할 수 있습니다. 시각적 개체 추가나 필터, 상호 작용 등은 Power BI Desktop에서 작성한 방법과 동일합니다.

새 보고서 만들기

보고서를 직접 작성해 보겠습니다.

01 다양한 시각적 개체를 이용해 보고서를 작성하고 [이 보고서 저장]을 클릭합니다.

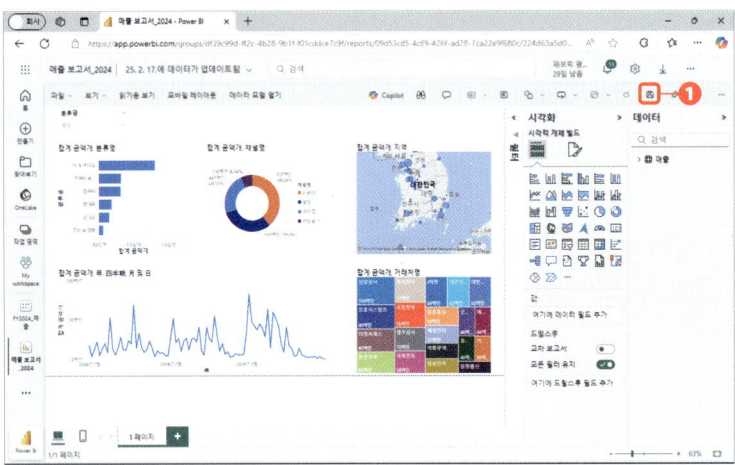

02 보고서 저장의 기본 위치는 [내 작업 영역]으로 설정되어 있습니다. [보고서의 이름 입력]에 '매출 보고서_2024'를 입력하고 [저장]을 클릭합니다.

03 보고서가 저장되면 '읽기용 보기'로 바뀌고 탐색 창에 저장된 보고서가 고정됩니다.

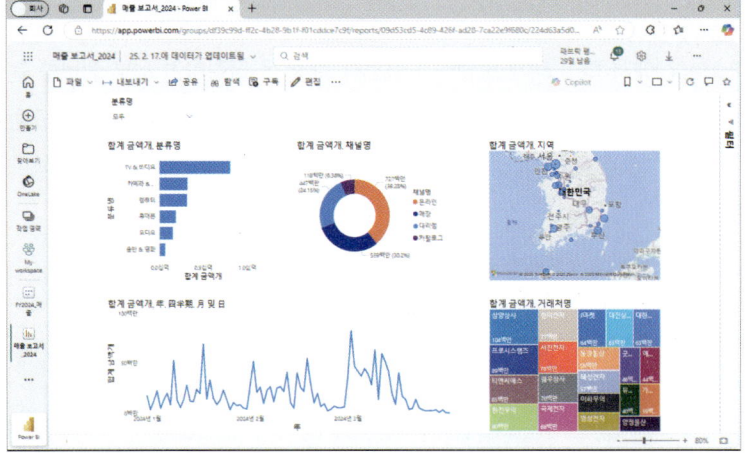

04 탐색 창에서 내 작업 영역(My workspace)를 클릭하면 가져온 데이터 모델(의미 체계 모델)과 보고서 목록을 확인할 수 있습니다.

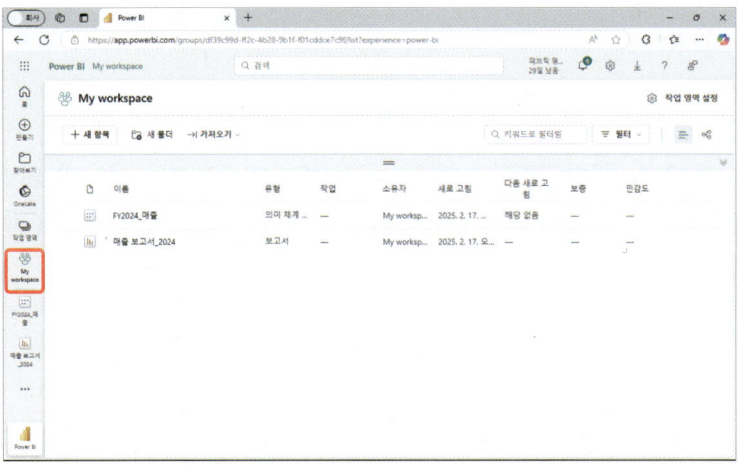

보고서 자동 생성

보고서 자동 생성을 사용하면 데이터 탐색하여 적합한 시각적 개체를 찾아 시각화한 보고서가 생성됩니다.

01 내 작업 영역(My workspace)에서 의미 체계 모델인 'FY2024_매출'을 클릭하면 세부 정보를 볼 수 있습니다. 선택한 의미 체계 모델을 이용해 보고서를 작성하거나 공유할 수 있고 테이블에 필요한 필드만 선택해서 데이터 내보내기를 할 수 있습니다. 자동 보고서를 작성하기 위해 [이 데이터 탐색] 〉 [보고서 자동 만들기]를 클릭합니다.

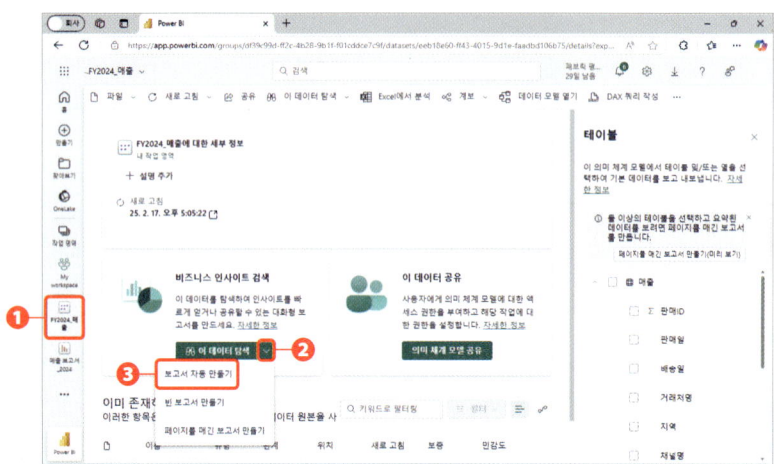

02 매출 정보에서 단가와 배송일을 이용해 자동으로 보고서가 생성됩니다. [사용자의 데이터] 창에서 '판매일', '금액' 필드에 체크하면 보고서에 반영됩니다. 이 보고서를 편집하려면 메뉴의 [편집]을 클릭하여 시각적 개체를 편집하거나 추가할 수 있습니다.

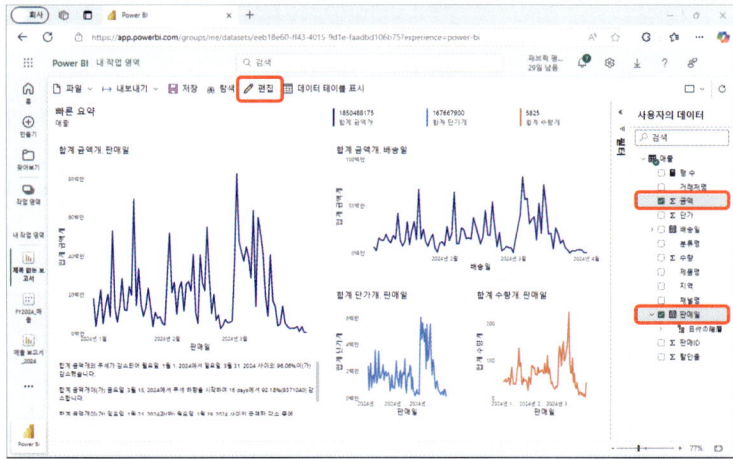

03 메뉴의 [저장]을 클릭하여 보고서 이름에 '매출 보고서_자동 생성'을 입력하고 [저장]을 클릭합니다.

04 탐색 창의 내 작업 영역(My workspace)에 저장된 보고서 목록이 표시됩니다.

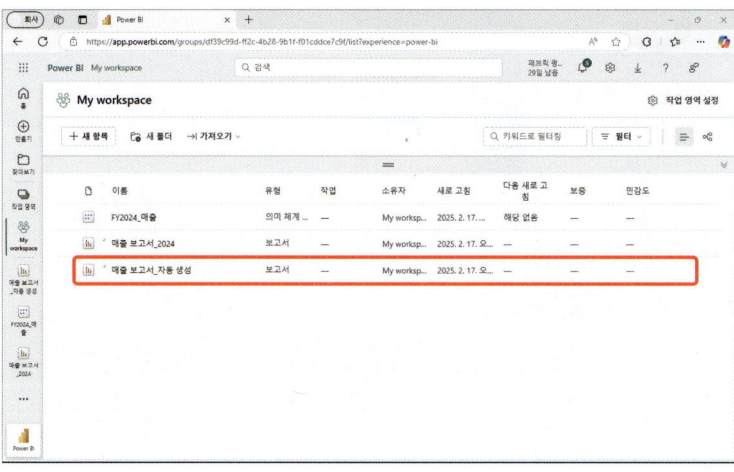

◆ 대시보드

대시보드란 하나의 캔버스로 보고서의 시각적 개체 중 스토리를 가지고 전달해야 할 시각적 개체의 모음입니다. 대시보드에서는 시각적 개체를 '타일'이라 하고 사용자가 원하는 스토리로 타일을 배치할 수 있습니다. 보고서에 작성된 시각적 개체를 대시보드에 추가해 보겠습니다.

01 내 작업 영역(My workspace)에서 '매출 보고서_2024'를 선택합니다. 도넛형 차트에 마우스를 이동시키고 [시각적 개체 고정](📌)을 클릭합니다. 시각적 개체를 고정하면 대시보드에 저장되고 최신 상태로 유지되므로 최신 값을 한눈에 추적할 수 있습니다.

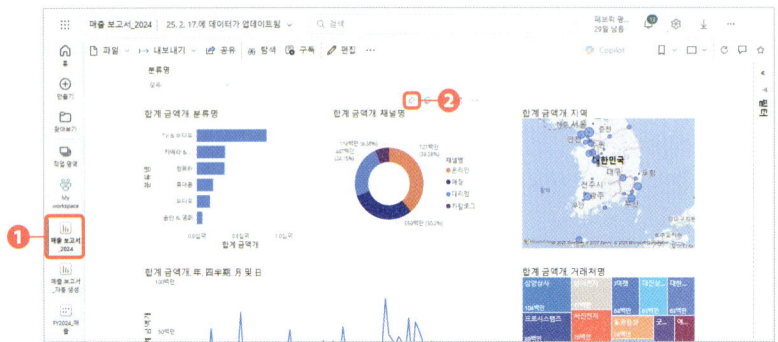

02 [대시보드에 고정] 대화상자가 나타납니다. [새 대시보드]를 체크하고 대시보드 이름에 '매출_2024'를 입력한 후 [고정]을 클릭합니다.

03 오른쪽 위에 표시되는 대시보드 고정됨 메시지를 통해 시각적 개체가 대시보드에 추가되었음을 알 수 있습니다. 동일한 방법으로 막대형 차트와 꺾은선형 차트도 기존 대시보드(매출_2024)에 고정합니다.

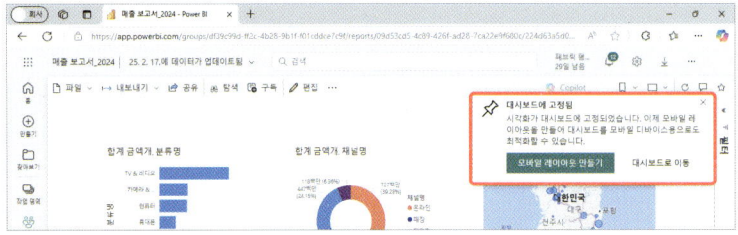

> **Tip** 슬라이서는 대시보드에 고정되지 않습니다. 슬라이서가 포함된 대시보드가 필요한 경우 [라이브 고정 페이지]를 이용합니다.

04 탐색 창의 [내 작업 영역(My Workspace)]의 [대시보드]에서 '매출_2024'를 클릭하여 대시보드로 이동합니다. 추가된 시각적 개체(타일)를 확인할 수 있습니다. 타일은 드래그하여 원하는 순서로 배치할 수 있으며 타일의 [추가 옵션](...)을 클릭하면 타일에 대해 댓글 추가, Teams에서 채팅, 타일 고정, 타일 삭제 등의 작업을 수행할 수 있습니다.

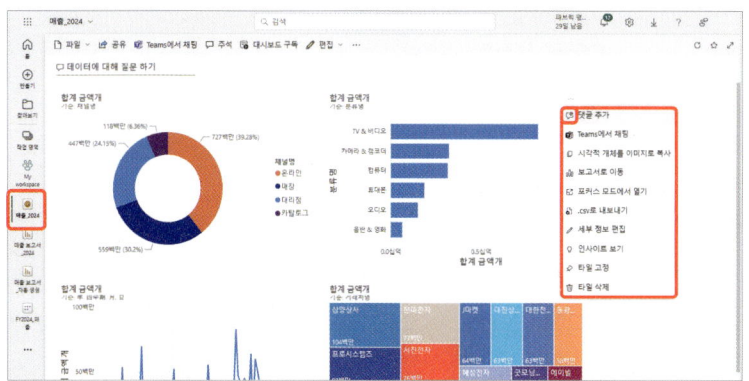

2 보고서 게시와 공유

Power BI Desktop에서 작성한 보고서를 Power BI 서비스로 게시해 조직 구성원들과 공유할 수 있습니다. 보고서 공유는 Power BI Pro나 PPU(사용자 단위 Premium) 라이선스가 필요합니다. Power BI 무료 계정으로 보고서를 공유하려면 웹에 게시(공용)를 사용하여 공유할 수 있습니다.

◈ Power BI 서비스에 보고서 게시

Power BI Desktop에서 작성한 보고서를 Power BI 서비스에 게시하면 의미 체계 모델(데이터 모델)와 보고서가 업로드 됩니다. 게시하기 전에 다른 사용자에게 공유하지 않을 페이지는 모두 숨기기합니다.

01 Power BI Desktop에서 준비된 '12_매출현황.pbix' 파일을 엽니다. 보고서의 사용자 계정으로 로그인한 후 [홈] 탭 〉 [공유] 그룹에서 [게시]를 클릭합니다.

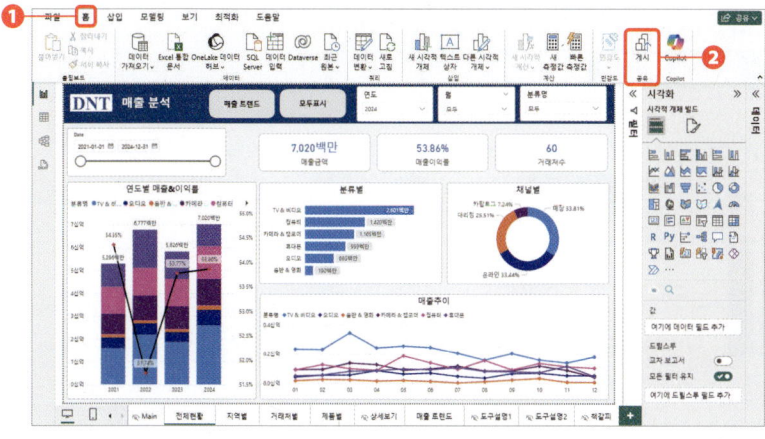

02 [Power BI에 게시] 대화상자에 Power BI 서비스 작업 영역이 표시됩니다. 내 작업 영역은 개인용이고 조직원들과 함께 공유해서 사용하려면 작업 영역을 구성해서 사용합니다. 지금은 [내 작업 영역]을 선택하고 [선택]을 클릭합니다. 게시가 끝나면 성공 메시지가 나타납니다. [확인]을 클릭합니다.

03 Power BI 서비스에서 탐색 창의 내 작업 영역(My Workspace)에 게시된 의미 체계 모델과 보고서가 표시됩니다.

04 '12_매출현황' 보고서를 클릭해 보면 숨기기 한 페이지는 표시되지 않습니다. 데이터를 탐색해 보고 시각적 개체의 상호 작용을 확인합니다.

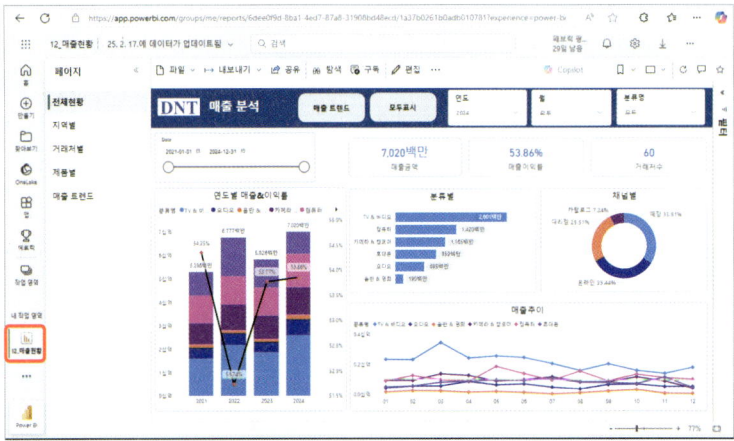

◆ 매출현황 대시보드 구성

매출현황 보고서를 대상으로 대시보드를 구성해 보겠습니다.

01 전체현황 페이지의 묶은 가로 막대형 차트에서 [시각적 개체 고정](📌)을 클릭합니다.

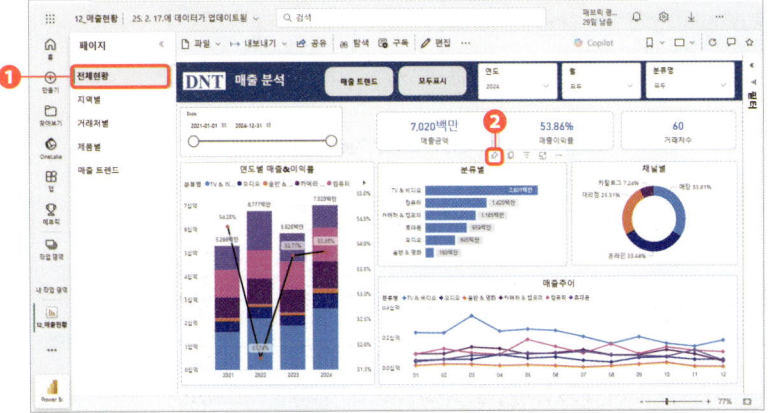

02 [대시보드에 고정] 대화상자에서 [새 대시보드]에 체크합니다. 대시보드 이름에 '전체 매출현황'으로 입력한 후 [고정]을 클릭합니다.

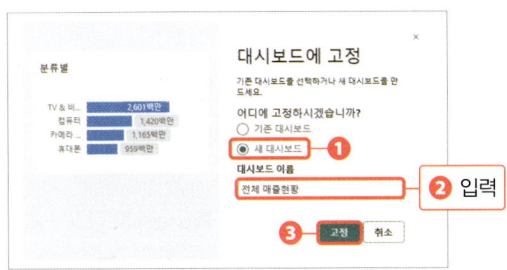

03 다음 그림처럼 카드, 막대형 차트, 도넛형 차트, 꺾은선형 차트, 지도 등 시각적 개체를 기존 대시보드(전체 매출현황)에 추가 후 타일을 적절히 배치해 봅니다.

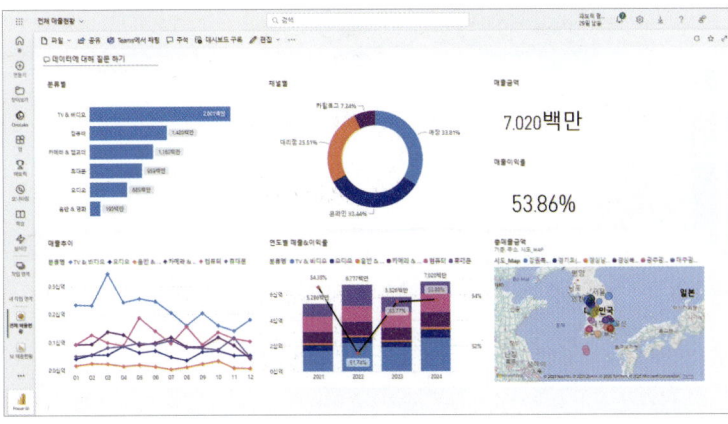

Tip 대시보드에 고정으로 대시보드 만들기

보고서 페이지를 '대시보드에 고정'하면 페이지 단위로 모든 시각적 개체를 대시보드로 구성할 수 있습니다.

Power BI 서비스의 보고서에서 메뉴의 [추가 옵션](…)을 클릭하고 [대시보드에 고정]을 클릭합니다.

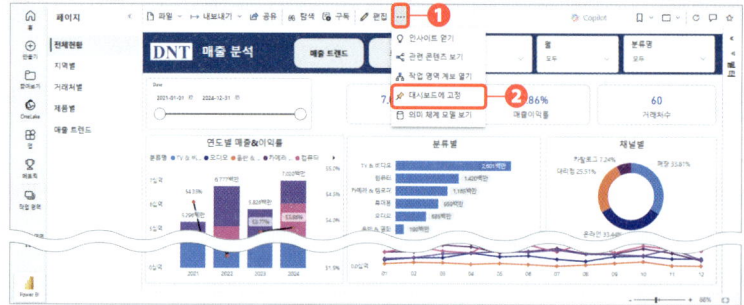

[대시보드에 고정] 대화상자에서 [새 대시보드]를 체크하고 대시보드 이름을 입력한 후 [라이브 고정]을 클릭합니다.

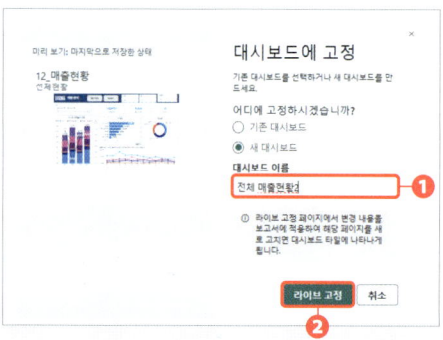

다음과 같이 페이지 단위로 고정된 대시보드를 사용할 수 있습니다. 페이지로 대시보드를 구성하면 타일 단위로 위치 이동은 사용할 수 없습니다.

◆ 보고서 공유

보고서를 조직 구성원과 공유해 보겠습니다. 보고서와 대시보드 공유는 동일한 방법으로 진행하며 여기서는 보고서 공유만 살펴보겠습니다.

01 보고서를 선택하고 메뉴에서 [공유]를 클릭하면 [링크 보내기] 대화상자가 나타납니다. 액세스 권한을 부여할 대상의 전자메일 주소를 입력한 후 [보내기]를 클릭하면 보고서 링크가 수신자에게 메일로 전달됩니다.

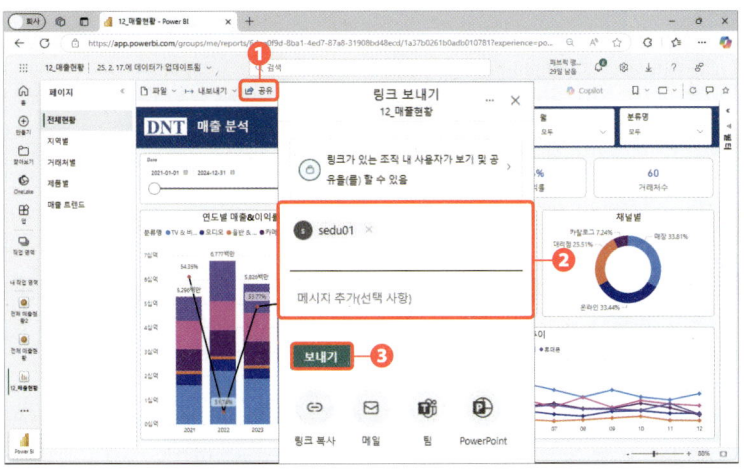

> **Tip 공유 옵션**
>
> [링크가 있는 조직 내 사용자가 보기 및 공유(를) 할 수 있음]을 클릭하면 공유 대상자를 조직 내 사용자나 액세스 권한이 있는 사용자, 특정 사용자로 변경할 수 있습니다.
>
>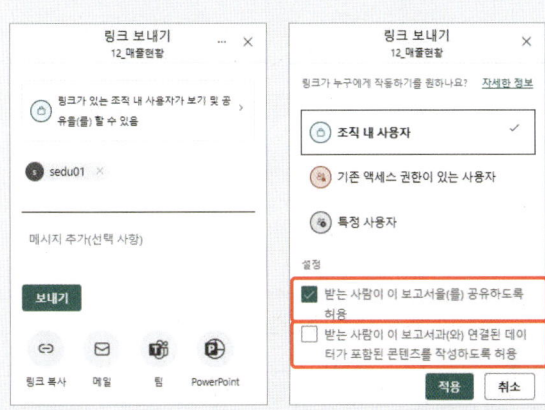
>
> - [받는 사람이 이 보고서을(를) 공유하도록 허용]의 체크를 해제하면 수신자가 다른 사용자에게 공유할 수 없습니다.
> - [받는 사람이 이 보고서과(와) 연결된 데이터가 포함된 콘텐츠를 작성하도록 허용]의 체크를 해제하면 수신자는 공유한 보고서를 편집할 수 없습니다.

◆ 보고서 공유 해제

보고서 공유 중지가 필요한 경우 액세스 권한을 제거해야 합니다.

01 메뉴에서 [공유]를 클릭하고 [링크 보내기] 대화상자의 [추가 옵션](…)에서 [권한 관리]를 클릭합니다.

02 [권한 관리] 창에서 링크 옆의 [추가 옵션](…)을 클릭하여 공유 권한을 삭제합니다.

◆ 웹에 게시

조직 구성원이 아닌 외부 사용자와 Power BI 보고서를 공유할 경우, 웹에 게시를 이용해 URL을 공유할 수 있습니다. 웹에 게시는 Power BI Pro 사용자가 아니어도 사용할 수 있습니다.

01 보고서에서 [파일] 〉 [보고서 포함] 〉 [웹에 게시(공용)]을 클릭합니다.

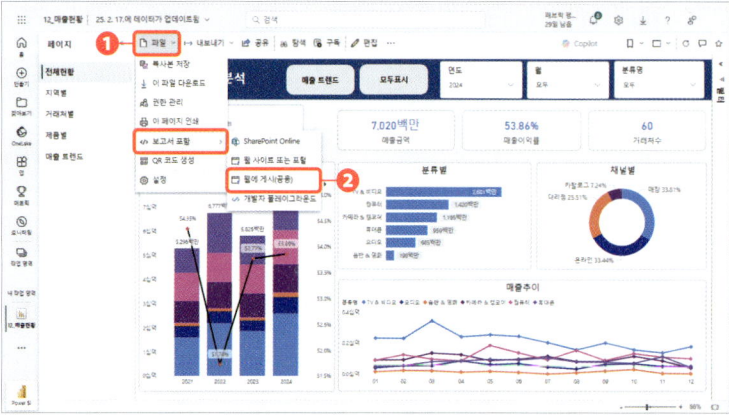

> **Tip** 웹에 게시 제한 사항
>
> 조직 계정에 따라 웹에 게시가 포함되지 않은 경우도 있으니 회사 관리자에게 문의하시기 바랍니다. 또한 보고서에 R을 포함한 시각적 개체, ArcGIS Maps for Power BI 시각적 개체, 보고서 수준의 DAX 함수 등이 포함된 경우 웹에 게시가 불가능합니다. 기타 사항은 아래 사이트를 참조하기 바랍니다.
> https://docs.microsoft.com/ko-kr/power-bi/service-publish-to-web

02 [공용 웹 사이트에 포함] 대화상자에서 [계속]을 클릭한 후 대화상자에서 [게시]를 클릭합니다.

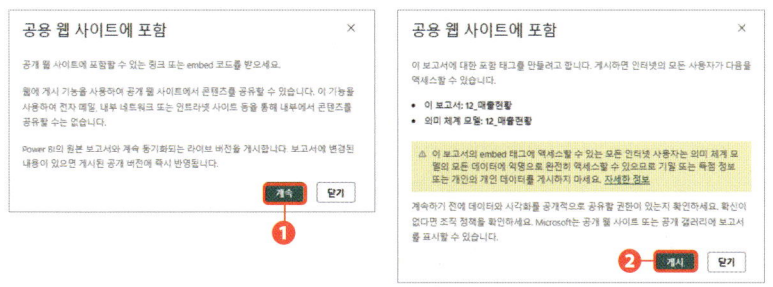

03 보고서 공유 준비 완료 대화상자가 나타납니다. 첫 번째 링크는 복사해서 다른 사용자에게 메일이나 메신저로 전달합니다. 두 번째 링크는 블로그나 웹 사이트에 붙여넣을 수 있습니다.

04 다음은 첫 번째 링크(URL)를 복사한 후, 웹 브라우저에 붙여넣은 링크 보고서 화면입니다. 이 링크의 보고서에서도 슬라이서나 상호 작용 등을 사용할 수 있습니다. 웹에 게시 후 원본 데이터가 업데이트되면 공유된 보고서도 업데이트된 결과를 반영합니다.

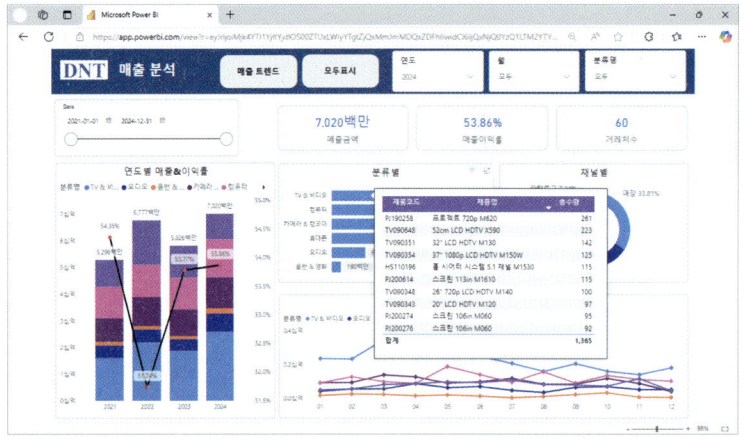

05 외부 사용자가 더 이상 링크에 접근하지 못하도록 권한을 제거할 수 있습니다. 화면 상단의 [설정](⚙)을 클릭하고 [Embed 태그 관리]를 선택합니다.

06 생성된 태그 목록이 나타납니다. [삭제]를 클릭하면 더 이상 웹에 게시된 링크는 유효하지 않습니다.

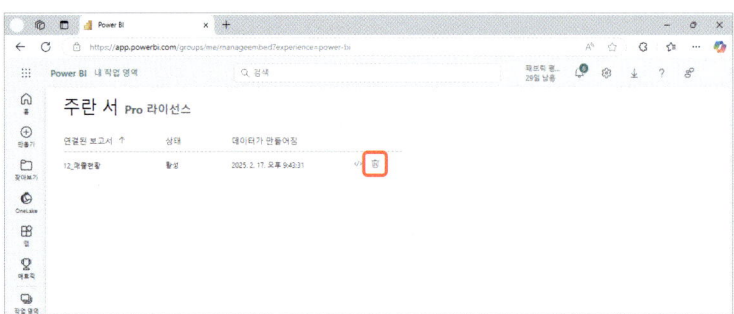

3 보고서 내보내기

Power BI 서비스의 내보내기를 이용해 Excel에서 분석하거나 PDF 또는, PowerPoint로 내보내기 할 수 있습니다. PowerPoint 내보내기는 이미지만 내보내거나 데이터까지 포함해서 내보내기를 할 수 있습니다.

◈ Excel에서 분석하기

의미 체계 모델을 'Excel에서 분석'을 이용해 Excel에서 분석할 수 있습니다.

01 보고서에서 메뉴의 [내보내기] 〉 [Excel에서 분석]을 클릭합니다.

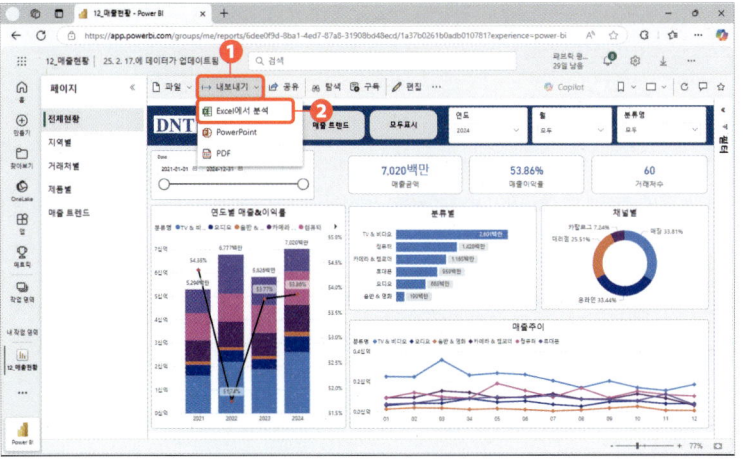

02 [Excel 파일이 준비됨] 대화상자가 나타나면 [웹용 Excel에서 열기]를 클릭합니다.

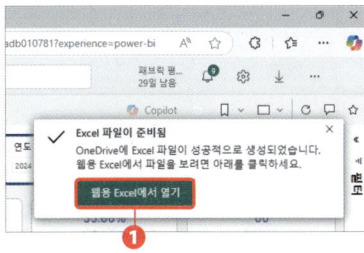

03 웹용 Excel이 열리면 피벗 테이블을 작성해 데이터 분석을 할 수 있습니다.

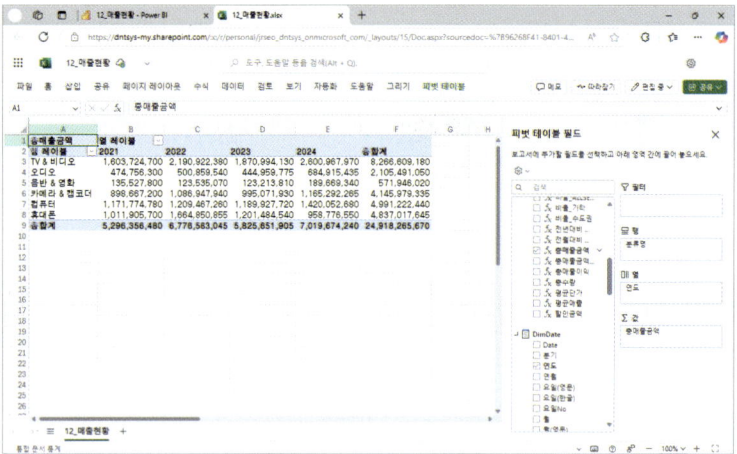

Tip Excel에서 Power BI 데이터 가져오기

Excel의 [데이터] 〉 [데이터 가져오기 및 변환] 그룹에서 [데이터 가져오기] 〉 [Power Platform] 〉 [Power BI에서]를 클릭하여 Power BI 서비스의 데이터 세트에 연결하여 피벗 테이블로 분석할 수 있습니다.

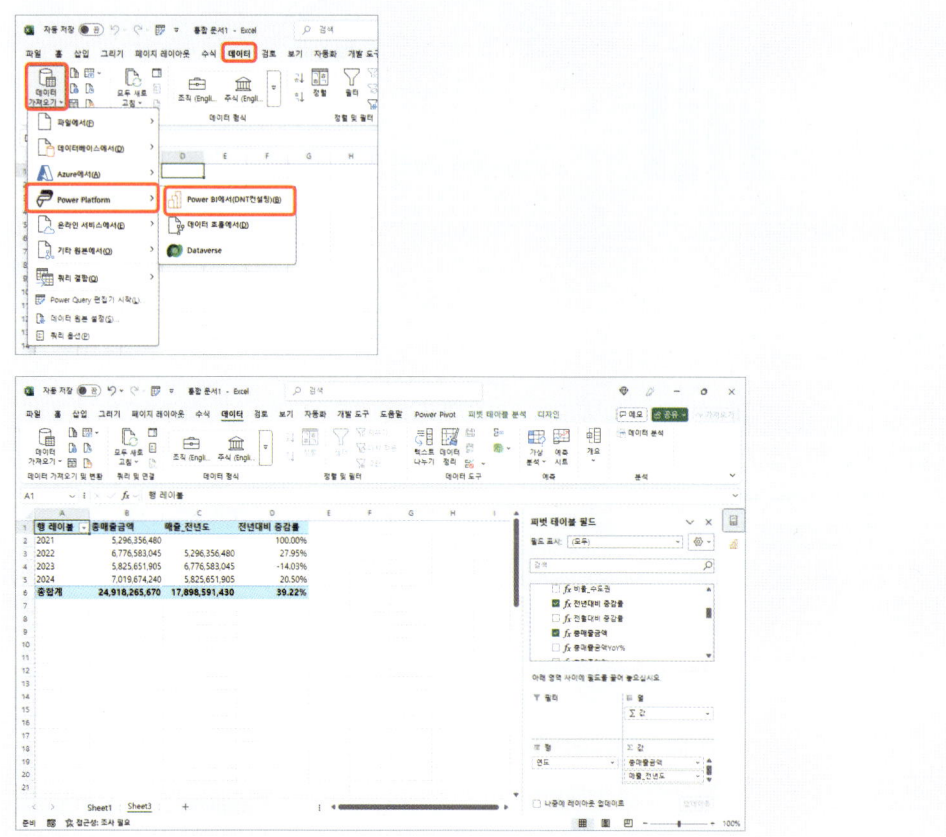

◈ PowerPoint로 데이터 포함하여 내보내기

PowerPoint로 내보내면 슬라이드에서도 데이터와 상호 작용을 사용할 수 있습니다. 이미지로 내보내기 하거나 라이브 데이터 포함하여 내보내기 할 수 있는데 라이브 데이터 포함은 보고서의 특정 페이지를 내보내기 하며 슬라이드에서도 데이터를 탐색할 수 있습니다. 라이브 데이터를 포함한 PowerPoint 보고서는 조직 내부에서 사용할 수 있습니다.

01 보고서에서 메뉴의 [내보내기] 〉 [PowerPoint] 〉 [라이브 데이터 포함]을 클릭합니다.

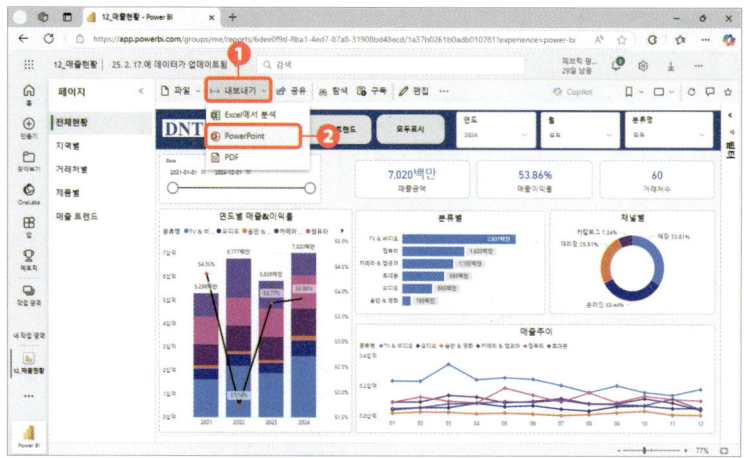

02 [PowerPoint로 내보내기] 대화상자에 내보내기 방법을 선택할 수 있습니다. '라이브 데이터 포함'을 선택하고 [PowerPoint에서 열기]를 클릭합니다.

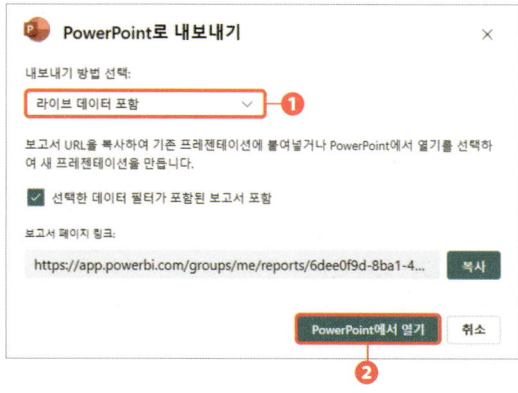

03 다음은 PowerPoint로 내보내기한 결과입니다. Power BI 보고서의 페이지가 PowerPoint의 슬라이드에 포함되었습니다. 데이터를 포함하고 있기 때문에 필터를 적용하여 데이터 탐색이 가능합니다. [데이터 옵션]을 클릭하여 데이터 새로 고침을 적용하여 최신 데이터를 가져올 수 있습니다.

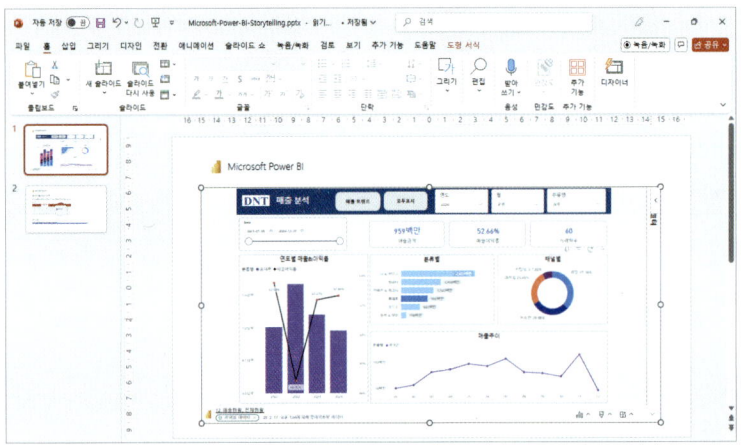

> **Tip** PowerPoint에서 Power BI 보고서 추가하기
>
> Power BI 보고서를 프레젠테이션에 직접 추가하여 스토리텔링할 수 있고 다른 조직 구성원에게 BI 보고서를 프레젠테이션할 수 있도록 URL을 전달하여 사용할 수도 있습니다.
>
> Power BI 서비스에서 라이브 데이터 포함으로 내보내기 할 때 생성된 URL을 복사합니다.
>
>
>
> PowerPoint의 [삽입] 탭 〉 [Power BI] 그룹에서 [Power BI]를 클릭하고 URL을 붙여넣기 하여 Power BI 보고서를 추가할 수 있습니다.
>
>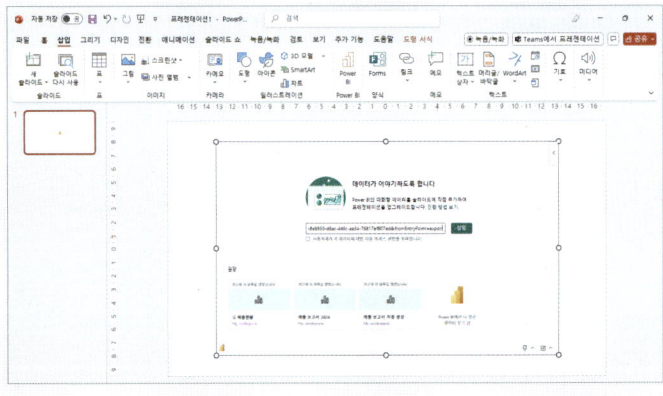

4 데이터 새로 고침

Power BI를 사용하여 보고서 및 대시보드를 작성했다면 데이터가 최신 상태인지 확인해야 합니다. 데이터를 새로 고칠 때마다 Power BI에서 기본 데이터 원본을 쿼리하고, 원본 데이터를 데이터 세트에 로드한 다음, 보고서 또는 대시보드의 시각화를 업데이트해야 합니다. 데이터 세트의 스토리지 모드에 따라 새로 고침 방법이 달라집니다.

01 Power BI는 데이터, OneDrive, 쿼리 캐시, 보고서 시각적 개체 등 여러 가지 새로 고침 유형으로 구성됩니다. OneDrive와 같은 클라우드 저장소에서 가져온 의미 체계 모델에 1시간에 1회씩 업데이트 시간 예약을 할 수 있습니다. [설정] 창에서 [의미 체계 모델]에 대한 새로 고침 예약 시간을 설정하거나 게이트웨이 및 클라우드 연결을 설정할 수 있습니다.

02 데이터를 가져온 방식에 따라 게이트웨이 설치가 필요할 수 있습니다. 화면 상단의 [다운로드]를 클릭하면 [데이터 게이트웨이]를 다운받아 설치할 수 있습니다.

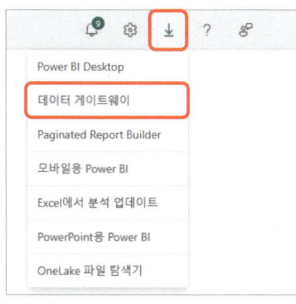

03 이 외에도 다양한 새로 고침 유형이 있지만 이 책에서는 Power BI 서비스 관리에 관한 부분은 다루지 않습니다. 데이터 새로 고침에 대한 자세한 사항은 아래 사이트를 참고하기 바랍니다.

https://docs.microsoft.com/ko-kr/power-bi/refresh-data

부록 | 생성형 AI를 활용한 데이터 분석

데이터는 현대 비즈니스의 핵심 자산입니다. 그러나 데이터가 가치 있는 통찰로 변환되기 위해서는 분석과 시각화 과정이 필수적입니다. Power BI는 이러한 분석과 시각화를 직관적으로 수행할 수 있는 강력한 도구지만, 여전히 DAX, Power Query, 데이터 모델링 등 높은 학습 곡선을 요구합니다.

최근 AI 기술의 발전은 이러한 복잡성을 획기적으로 줄이는 방향으로 나아가고 있습니다. Microsoft의 Copilot과 OpenAI의 ChatGPT는 데이터 분석 환경에서도 새로운 패러다임을 제시하며, 사용자가 더 쉽고 효율적으로 인사이트를 얻을 수 있도록 돕고 있습니다.

- **Copilot**은 Power BI의 기본 기능과 통합되어 자연어 기반으로 보고서를 생성하고, 데이터의 패턴을 자동으로 분석하는 등 기존의 분석 과정을 한층 더 간소화합니다.
- **ChatGPT**는 DAX 수식 작성, 데이터 모델링 최적화, 분석 자동화 등의 영역에서 활용할 수 있어, Power BI의 기능을 더욱 확장할 수 있습니다.

이제 데이터 분석을 위해 더 이상 복잡한 코드를 외우거나, 수많은 클릭을 통해 원하는 결과를 찾아야 하는 부담에서 벗어날 수 있습니다. AI와 협업하는 방식으로 데이터 분석의 패러다임이 변화하고 있으며, Copilot과 ChatGPT는 그 중심에 있습니다.

Power BI 사용자들이 Copilot과 ChatGPT를 적절히 활용하여 데이터 분석의 효율성을 극대화하고, 보다 깊이 있는 인사이트를 얻을 수 있습니다.

1 ChatGPT vs Copilot 비교

항목	ChatGPT	Copilot
개발사	OpenAI	Microsoft(OpenAI 기술 포함)
주요 목적	범용 AI 챗봇(텍스트 생성, 코드 작성, 데이터 분석 등)	생산성 도구 내 AI 지원 기능(Power BI, Office 등)
기능	• 자연어 처리 및 텍스트 생성 • 코드 작성 및 디버깅 • 데이터 분석 및 요약	• 데이터 분석 및 보고서 생성 • DAX 및 Power Query 코드 추천 • 보고서 설명 자동 생성
인터페이스	웹 기반(ChatGPT UI, API 제공)	Power BI, Excel, Word, Teams 등에 통합됨
사용 방식	대화형으로 직접 명령 입력	UI 내에서 AI 기능 사용(예 : "이 데이터 요약해줘")
확장성	API 활용 가능	Microsoft 365 및 Power Platform과 연동됨

사용 조건	OpenAI 계정 필요	Power BI Premium(P1이상) 또는, Fabric(F64 이상) 구독 필요
주요 장점	다양한 질문과 응답이 가능하며 확장성 높음	사용자의 컨텍스트를 이해하고 보고서 및 데이터 분석 자동화 가능

2 Power BI에서 Copilot을 사용하기 위한 조건

Power BI에서 Copilot을 활용하려면 다음과 같은 조건을 충족해야 합니다.

1. 라이선스 요구 사항
- Power BI Premium 또는, Power BI Pro + Fabric 구독 필요
- Microsoft Fabric 포함 라이선스(Copilot은 Fabric 환경에서 실행됨)
- 조직의 테넌트에서 Copilot 기능이 활성화되어야 함

2. 환경 설정
- Microsoft Fabric 기능이 활성화된 Power BI 서비스 사용
- 조직 관리자(Admin)가 Copilot 기능을 허용해야 함
- OneLake 데이터 저장소와 연결된 작업공간에서 사용 가능

3. 데이터 모델 요구 사항
- Copilot이 지원하는 Power BI 데이터셋 사용
- 데이터가 OneLake 및 Microsoft Fabric 환경과 연결되어 있어야 함
- RLS (Row-Level Security) 및 민감한 데이터 보호 설정 확인 필요

4. 지원되는 기능
- 자연어 쿼리를 통해 DAX, Power Query 자동 생성
- 보고서 요약 및 인사이트 제공
- 데이터 분석을 위한 주요 패턴 및 트렌드 감지

3 Power BI에서 ChatGPT 활용 시 유용한 기능

Power BI에서 ChatGPT를 활용하면 아래와 같은 작업을 더욱 효과적으로 수행할 수 있습니다.

1. DAX 및 Power Query 코드 생성 및 최적화
- DAX 수식 자동 생성 및 오류 수정
- Power Query M 코드 변환 및 최적화

2. 데이터 분석 및 패턴 탐색
- 데이터 요약 및 주요 패턴 분석
- 이상값 탐지 및 시각화 개선 아이디어 제공

3. 시각적 요소 설명 및 데이터 인사이트 제공
- 보고서의 특정 시각적 요소 설명 자동화
- 차트 및 그래프의 데이터 변동 요인 분석

4. 사용자 질의 응답 시스템 구축
- 자연어 기반 데이터 조회 및 질의응답 시스템 구축 가능
- Power Automate 또는, API를 활용하여 ChatGPT와 Power BI 연동 가능

5. 자동화된 보고서 작성 및 데이터 내러티브 생성
- 데이터를 요약하여 자동으로 설명 생성
- 의사결정 지원을 위한 주요 인사이트 제공

4 DAX 수식 작성에 ChatGPT활용하기

DAX(Data Analysis Expressions)는 Power BI에서 계산된 열, 측정값, 테이블을 만드는 데 사용하는 강력한 언어입니다. 그러나 DAX는 문법이 복잡하고 최적화가 어려운 경우가 많아 초보자뿐만 아니라 숙련된 사용자에게도 도전적인 부분이 있습니다.

ChatGPT를 활용하면 DAX 수식 작성, 최적화, 디버깅 등의 작업을 보다 쉽고 효율적으로 수행할 수 있습니다. ChatGPT를 활용하여 DAX를 작성하는 주요 방안입니다.

◈ DAX 수식 생성 및 변환

ChatGPT에 자연어로 비즈니스 로직을 설명하면 해당 로직을 반영한 DAX 수식을 생성할 수 있습니다.

> **프롬프트** : 총매출금액을 계산하는 DAX 수식을 만들어줘. '판매' 테이블에서 '수량'과 '단가', '할인율' 필드 이용.

총매출금액(Total Sales Amount)을 계산하는 DAX 수식은 다음과 같습니다.

```DAX
Total Sales Amount =
SUMX(
    '판매',
    '판매'[수량] * '판매'[단가] * (1 - '판매'[할인율])
)
```

설명:
- `SUMX` 함수는 '판매' 테이블의 각 행을 순회하며 계산한 후 총합을 구합니다.
- 각 행에서 매출액 계산:
    - `판매[수량] * 판매[단가]` → 총금액(할인 전)
    - `* (1 - 판매[할인율])` → 할인율을 적용한 후 최종 금액

이제 해당 측정을 Power BI에서 **Measure(측정값)**로 추가하면 원하는 총매출금액을 계산할 수 있습니다.

◈ 기존 엑셀 수식을 DAX로 변환

엑셀의 SUMIFS, AVERAGEIFS 등의 함수로 작성한 수식을 ChatGPT로 엑셀 수식을 DAX로 변환하여 활용할 수 있습니다.

> **프롬프트** : SUMIFS를 DAX로 변환해줘: =SUMIFS(매출[금액],매출[분류명],"휴대폰")

DAX에서 `SUMIFS` 의 역할을 수행하는 함수는 `CALCULATE` 와 `SUM` 또는 `FILTER` 를 조합하여 사용할 수 있습니다.
아래는 `SUMIFS(매출[금액],매출[분류명],"휴대폰")` 을 DAX로 변환한 코드입니다.

```DAX
총매출_휴대폰 =
CALCULATE(
    SUM(매출[금액]),
    매출[분류명] = "휴대폰"
)
```

설명:
- `CALCULATE` 는 컨텍스트를 변경할 때 사용됩니다.
- `SUM(매출[금액])` 은 매출 금액의 합계를 계산합니다.
- `매출[분류명] = "휴대폰"` 은 해당 열에서 "휴대폰"인 값만 필터링합니다.

◆ 복잡한 DAX 수식 최적화 및 성능 개선

DAX는 최적화가 중요한 수식 언어이며 ChatGPT에 성능을 개선하는 방법을 요청하여 최적화할 수 있습니다.

> **프롬프트** : 이 DAX를 최적화해줘: 매출_휴대폰_FILTER = CALCULATE(SUM('판매'[매출금액]), FILTER('분류', [분류명]="휴대폰"))

이 DAX 식을 최적화하려면, FILTER 함수를 사용하는 대신 CALCULATE 의 필터 인수를 직접 활용하는 것이 좋습니다. FILTER 를 사용하면 모든 행을 하나씩 검사하기 때문에 성능이 저하될 수 있습니다.

최적화된 DAX:

```DAX
매출_휴대폰_FILTER = CALCULATE(SUM('판매'[매출금액]), '분류'[분류명] = "휴대폰")
```

최적화 이유:

1. FILTER('분류', [분류명]="휴대폰") 대신 '분류'[분류명] = "휴대폰" 을 직접 사용하여 보다 효율적인 필터링을 수행합니다.
2. FILTER 함수는 테이블을 반환하므로, 성능상 오버헤드가 발생할 수 있습니다. 반면, CALCULATE 의 직접 필터링은 인덱스 최적화를 활용하여 속도를 향상시킵니다.

이제 DAX가 더 빠르게 실행될 것입니다. 🚀

◆ 가중 평균, 이동 평균, 누적 합산과 같은 고급 DAX 최적화

ChatGPT는 가중 평균, 이동 평균, 누적 합산 등을 효과적으로 구현하는 방법을 제안해 줍니다.

> **프롬프트** : 'DimDate' 테이블의 'Date' 필드, '판매' 테이블의 '금액' 필드로 누적 매출을 계산하는 가장 효율적인 방법은?

Power BI에서 DimDate 테이블의 'Date' 필드와 '판매' 테이블의 '금액' 필드를 사용하여 누적 매출을 계산하는 가장 효율적인 DAX 수식은 다음과 같습니다.

누적 매출 (Cumulative Sales) DAX 수식

```DAX
누적 매출 = 
CALCULATE(
    SUM(판매[금액]),
    FILTER(
        ALLSELECTED(DimDate[Date]),
        DimDate[Date] <= MAX(DimDate[Date])
    )
)
```

이 외에도 DAX 디버깅 및 오류 수정이나 관계형 데이터 모델에 맞는 DAX 수식을 제안해 주니 ChatGPT를 활용해 다양한 수식을 작성해 봅니다.

5 M쿼리를 활용해 여러 웹 페이지의 데이터 결합하기

웹 URL을 이용해 데이터를 가져오면 특정 페이지의 데이터만 가져오기 합니다. 여러 페이지의 데이터를 가져와 결합하는 작업을 ChatGPT를 사용해 작업해 보겠습니다. Power BI에서 데이터를 결합하기 위해 파워 쿼리 편집기에서 매개 변수를 설정하거나, 고급 편집기를 사용하여 URL의 패턴을 설정하여 반복적으로 데이터를 수집할 수 있습니다.

◆ 데이터

01 식품산업통계정보(https://www.atfis.or.kr)에서 제공하는 커피 원료의 국제 가격 변화를 파악하기 위해 데이터를 Power BI로 가져와보겠습니다. 기간(1년, 일단위)을 지정해서 검색해 보면 1페이지에 15개씩 여러 페이지로 데이터를 제공합니다. 페이지 번호를 클릭해 보면 URL 주소가 아래와 같이 표시됩니다. URL에는 시작일, 종료일, 행 개수, 페이지번호 등의 정보를 포함하고 있습니다. URL을 복사(Ctrl + C)합니다.

https://www.atfis.or.kr/home/commodity.do?act=detail&beginYmd=2024-02-18&endYmd=2025-02-18&cmdtSeCd=FOOD&periodGubun=DAY&pageUnit=15&cmdtId=0701000001111101&pageIndex=1

02 Power BI Desktop에서 [홈] 〉[데이터 가져오기] 〉[웹]을 클릭하고 [웹에서] 대화상자의 URL에 붙여넣기(Ctrl+V)합니다.

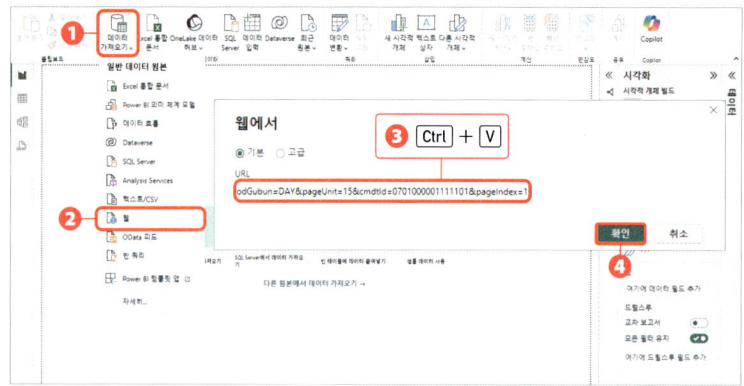

03 탐색 창에서는 '커피' 테이블에 체크하고 데이터를 편집하기 위해 [데이터 변환]을 클릭합니다.

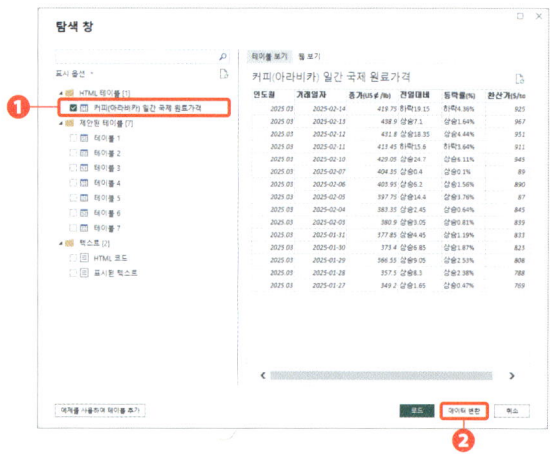

04 파워 쿼리 편집기에 1페이지의 데이터 목록이 표시됩니다. 여러 페이지의 데이터를 가져오려면 URL의 pageindex를 변경해서 데이터를 가져와 결합해야 하는데 M-Query(M코드)를 이용해 보겠습니다. M-Query는 MDX를 이용한 코드로 [홈] 〉 [쿼리] 그룹의 [고급 편집기]에서 확인할 수 있습니다.

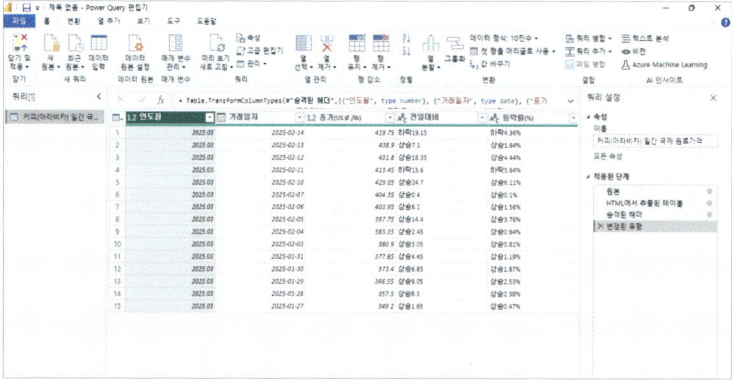

05 [고급 편집기] 창에 데이터를 가져오기에서 사용한 URL 정보와 데이터 편집 과정이 M코드로 기록되어 있습니다. ChatGPT를 이용해 M코드를 수정해 보겠습니다. [고급 편집기] 창의 전체 코드를 복사(Ctrl+C)합니다.

06 ChatGPT에 다음과 같이 프롬프트를 작성하고 복사한 코드를 붙여넣기(Ctrl+V)하여 요청합니다. 결과를 보면 페이지 목록을 1~5페이지로 변경해서 데이터를 결합하는 M코드와 설명까지 제안해 줍니다. 제안해 준 코드를 복사합니다.

> **프롬프트** : Power BI의 파워 쿼리 편집기에서 1~5페이지까지 변경하면서 데이터를 가져와 결합하도록 아래 코드를 수정해줘.

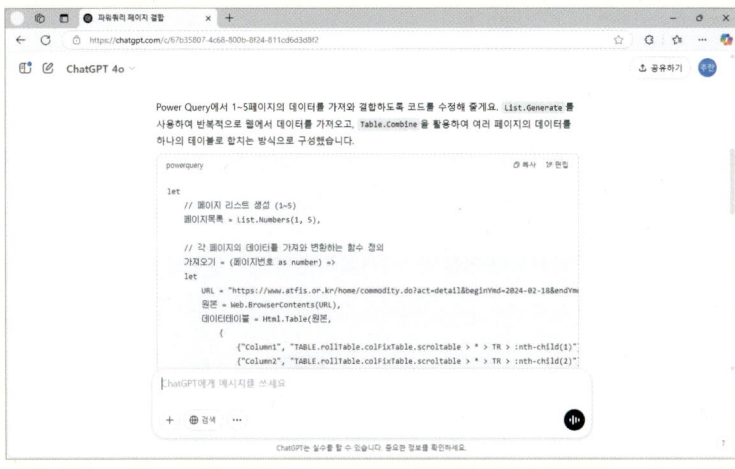

07 Power BI Desktop의 파워 쿼리 편집기로 이동합니다. [고급 편집기] 창에 기존 코드를 제거하고 붙여넣기(Ctrl+V)하고 [완료]를 클릭합니다.

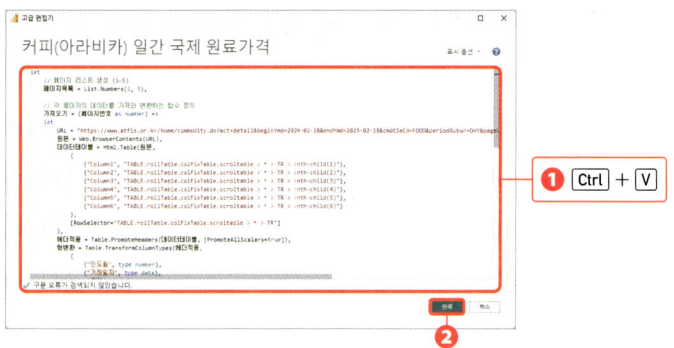

08 쿼리에 1~5페이지까지의 데이터를 가져와 결합한 결과를 확인할 수 있습니다. ChatGPT를 이용해 M코드를 수정하면 여러 웹 페이지의 데이터 목록을 쉽게 가져와 분석할 수 있습니다.

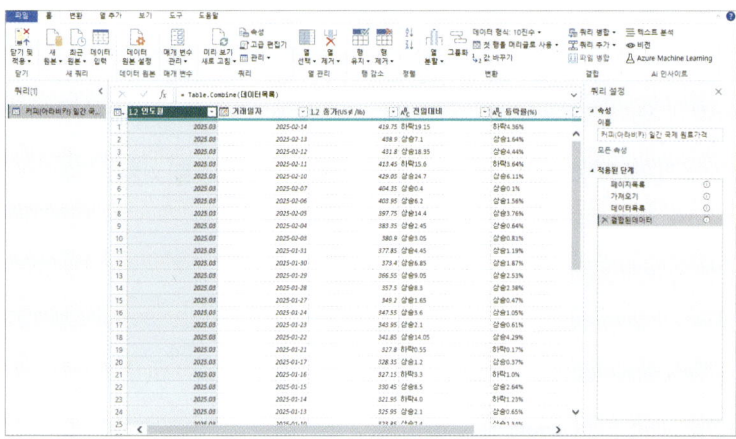

09 보고서에 꺾은선형 차트를 추가하여 '쿼리1' 테이블의 '거래일자', '종가' 필드로 가격 동향을 파악할 수 있습니다.

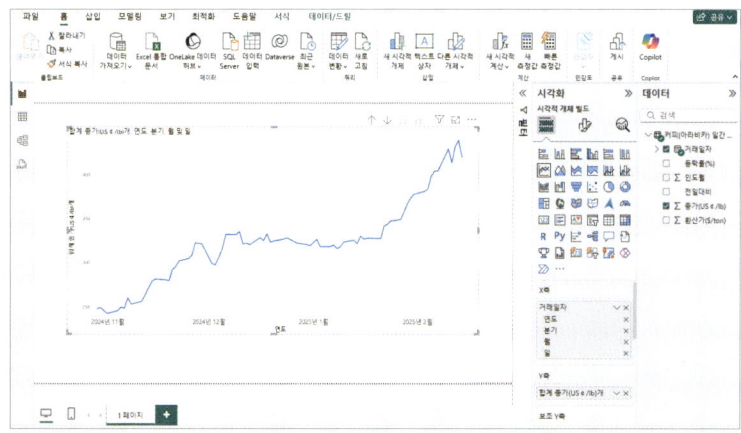

402 PART 02 Power BI 활용

MEMO

PART 03 실전편

서울의 1인 세대, 어디서 살고 있을까?

서울의 10가구 중 4가구가 1인 세대입니다. 혼자 사는 사람들이 어느 동네에 많이 살고 있고, 어떤 특성을 가진 사람들이 어디로 이사하는지 궁금하지 않나요? 이번 파트에서는 Power BI로 서울시 426개 행정동의 세대 구성을 분석하여, 1인 세대의 분포와 이동 패턴을 파악해 보겠습니다. 행정안전부의 주민등록 데이터와 통계청의 인구이동 데이터를 활용하여 다음과 같은 이야기를 들려드립니다.

- 서울의 1인 세대는 얼마나 늘어나고 있나?
- 30대 여성들은 어느 동네를 선호할까?
- 대학생들은 주로 어디로 이사할까?

분석 결과는 도서와 함께 제공하는 Power BI 파일(Part 03 〉 Output 〉 Solo.pbix)에서 직접 확인하고 실습해 볼 수 있습니다.

01 분석 개요

> 특정 분야를 제대로 분석하려면 그 분야에 대한 배경 지식('도메인 지식'이라고도 합니다)이 필요합니다. 이번 챕터에서는 1인 가구에 대한 간단한 배경 지식과 함께 분석 절차와 학습해야 할 내용을 살펴봅니다.

1 분석 배경

최근 서울의 1인 세대 증가는 주목할 만한 사회 현상입니다. 서울의 10가구 중 4가구가 1인 세대일 정도로 우리 사회의 가구 구조가 급격히 변화하고 있습니다. 이러한 변화는 다음과 같은 분야에서 새로운 과제를 제시하고 있습니다.

◆ 주거 정책 측면

1인 가구를 위해 소형 주택 공급을 확대할 필요가 있습니다. 또한, 청년과 고령자 등 다양한 계층을 위한 맞춤형 주거지원 정책의 수립도 요구됩니다. 아울러, 1인 세대가 밀집된 지역에서는 주거 인프라를 확충하는 것이 중요한 과제로 대두되고 있습니다.

◆ 사회 안전망 측면

고령 1인 가구의 고독사를 예방하기 위한 대책을 마련하는 것이 필요합니다. 또한, 1인 세대의 범죄 및 재난에 대한 취약성을 효과적으로 대응할 방안을 마련해야 합니다. 마지막으로, 커뮤니티를 활성화하여 사회적 관계망을 구축하는 노력도 중요한 과제로 고려되어야 합니다.

◆ 도시 계획 측면

1인 세대의 특성을 반영하여 생활 편의시설을 효율적으로 배치할 필요가 있습니다. 또한, 대중교통 중심의 도시 설계를 통해 교통 접근성을 강화하는 것이 점점 더 중요해지고 있습니다. 아울러, 소형 상업시설 위주의 근린생활시설로 재편하여 1인 세대의 생활 요구를 충족시키는 방향으로 도시를 설계하는 것이 바람직합니다.

◆ 경제·산업적 측면

1인 가구의 요구를 충족시키기 위해 맞춤형 상품과 서비스 시장을 확대하는 것이 중요합니다. 또한, 공유 경제를 비롯한 새로운 비즈니스 모델의 등장이 주목받고 있으며, 이는 경제 구조에 혁신을 가져올 가능성이 있습니다. 아울러, 변화하는 소비 패턴에 따라 산업 구조를 재편하는 과정도 필수적이라 할 수 있습니다.

이러한 배경에서 서울시 1인 세대의 분포와 이동 패턴을 분석하는 것은 매우 중요합니다. 본 분석을 통해 아래와 같은 실질적인 인사이트를 도출할 수 있을 것입니다.

- 지역별 1인 세대의 현황과 특성 파악
- 연령대별, 성별 주거 선호 지역 도출
- 효과적인 정책 수립을 위한 기초 자료 제공

2 분석 절차

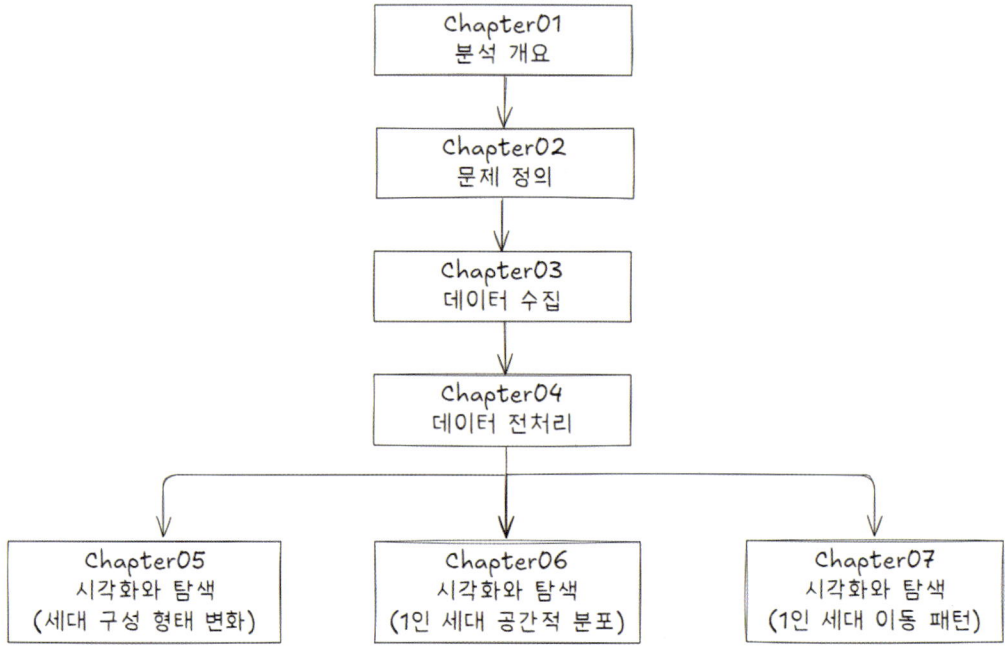

분석은 크게 5단계로 구성되며, 각 단계는 다음의 세부 절차를 포함합니다.

◈ 1단계 : 분석 개요(Chapter 01)

분석의 배경과 목적을 명확히 제시합니다. 이어서 전체 분석의 범위와 방법을 간략히 개괄하며, 분석에 활용된 데이터의 특징과 그에 따른 한계를 설명합니다. 이러한 내용은 전체적인 분석 과정을 이해하는 데 중요한 기초를 제공합니다.

◈ 2단계 : 문제 정의(Chapter 02)

구체적인 분석 질문을 설정하는 과정과 각 질문에 대한 세부 분석 방법을 계획하는 것이 포함됩니다. 주요 질문으로는 세대 구성의 변화 추이, 1인 세대의 공간적 분포, 그리고 1인 세대의 이동 패턴 등이 제시됩니다. 이러한 질문에 따라 각 항목에 적합한 세부 분석 방법을 설계하여 보다 체계적이고 심층적인 분석을 수행하게 됩니다.

◈ 3단계 : 데이터 수집(Chapter 03)

행정안전부의 주민등록 통계 데이터를 비롯하여 통계청의 인구이동 통계 데이터를 수집합니다. 또한, 분석의 정확성을 높이기 위해 행정동 코드 데이터도 함께 수집하여 활용합니다. 이러한 데이터들은 전반적인 분석의 기반을 구성하며, 체계적인 연구를 가능하게 합니다.

◈ 4단계 : 데이터 전처리(Chapter 04)

수집된 데이터의 결측치와 이상치를 처리하여 분석의 정확도를 높이는 작업이 포함됩니다. 또한, 데이터를 통일된 형식으로 정리하고 분석에 적합한 형태로 가공하는 과정이 이루어집니다. 마지막으로, 여러 데이터 간 연계를 쉽게 하기 위해 코드 체계를 정비하는 작업이 진행됩니다. 이러한 전처리 과정은 안정적인 데이터 분석을 위한 필수 단계입니다.

◈ 5단계 : 각 분석 주제에 따른 데이터 시각화와 탐색

- 세대 구성 형태의 변화 분석(Chapter 05)

  이를 위해 세대수의 변화 추이를 시각적으로 표현하며, 세대 구성비의 변화 패턴을 탐색하는 과정이 포함됩니다. 이러한 분석은 데이터의 흐름과 경향을 한눈에 파악할 수 있도록 돕는 데 초점을 맞춥니다.

- 1인 세대의 공간적 분포 분석(Chapter 06)

  자치구별 및 행정동별로 1인 세대의 현황을 비교 분석합니다. 이와 동시에, 1인 세대의 공간적 분포 패턴을 파악하여 특정 지역에서의 밀집도 및 분포 특징을 이해하는 데 초점을 둡니다.

- 1인 세대의 이동 패턴 분석(Chapter 07)

  성별과 연령대별로 선호 지역을 파악하여 각 그룹의 특성을 분석합니다. 또한, 이동 사유에 따른 특성을 심층적으로 분석함으로써 1인 세대가 이동하는 데 영향을 미치는 요인들을 이해하는 데 주력합니다.

3 분석 특징 및 한계

이번 분석의 범위와 한계는 다음과 같습니다.

◈ 분석 범위
- 공간적 범위 : 서울특별시
- 시간적 범위 : 2019년 1월 ~ 2023년 12월(5년간)

◈ 사용 데이터
- 세대원별 세대수 데이터(행정안전부)
  - 행정동별 세대 구성 현황
  - 1인~5인 이상 세대별 세대수
  - 매월 1일 기준 데이터
- 인구이동 통계 데이터(통계청)
  - 전입지, 전출지 정보
  - 성별, 연령, 이동 사유
  - 1인 세대 이동 현황
- 행정동 코드 데이터(행정안전부)
  - 행정동 코드와 명칭
  - 시도-시군구-행정동 체계
  - 2024년 1월 1일 기준
- 주의사항 : 1인 세대(주민등록)와 1인 가구(통계청)는 비슷하지만 다른 개념

◈ 활용 목적 및 한계

Power BI의 데이터 분석 방법을 학습하는 것이 주된 목적이므로, 이를 통해 도출된 결과를 실제 정책 수립이나 의사결정에 직접 활용할 때 신중한 접근이 필요합니다. 본 도서는 Power BI를 활용하여 데이터를 분석하는 방법을 익히는 것을 목적으로 하므로, 도서의 분석 결과는 신뢰성을 보장할 수 없습니다.

> **배경지식** ≫
>
> 통계청에서 발표하는 '가구'의 개념을, 주민등록 분야에서는 '세대(世帶)'라고 표현합니다. '가구'와 '세대'는 모두 '1인 또는 2인 이상이 모여서 취사, 취침 등 생계를 같이하는 생활단위'로 정의되며 개념상의 큰 차이는 없습니다. 본 도서에서는 주민등록 데이터만을 사용하므로 이후부터 '가구' 대신 '세대'라는 용어를 사용합니다.

02 문제 정의

Chapter

우리 사회의 세대 구조가 빠르게 변화하고 있습니다. 이러한 변화는 도시 공간과 생활 양식에 어떤 영향을 미치고 있을까요? 데이터를 통해 실제 현실을 들여다보고자 합니다.

1 세대 구성의 변화 추이는?

부부, 부모와 자식 등 세대를 구성하는 형태는 다양합니다. 과거에는 다수의 가족이 세대를 구성하는 형태가 일반적이었습니다. 하지만 최근에는 혼자 또는, 부부만으로 구성되는 소규모 세대가 많아지고 있습니다. 고령화 · 저출산 시대를 맞아 대한민국의 경제 인구는 급격히 감소 추세에 있습니다. 세대 형태의 변화 추이를 자세히 파악하고 미래를 예측하는 활동이 무엇보다 필요한 시기입니다. 이러한 이유로 이번 파트의 첫 번째 문제는 '세대 형태의 변화'입니다.

◆ 분석 목적

세대 구성의 변화 추이를 분석하는 목적은 다음과 같습니다. 우선, 전체 세대수의 변화 추세를 파악함으로써 세대 구조의 전반적인 경향성을 이해하는 데 초점을 맞춥니다. 또한, 세대 규모별로 구성비가 어떻게 변화해 왔는지를 분석하여 세대 구성의 다양성과 그 원인을 탐구합니다. 마지막으로, 서울시의 인구 감소와 세대수 증가 간의 상관관계를 살펴봄으로써 두 현상이 어떠한 방식으로 연관되어 있는지를 규명하는 데 목적이 있습니다.

◆ 분석 방법

세대 구성의 변화 추이를 분석하기 위해 다음과 같은 방법을 사용합니다. 먼저, 2019년부터 2023년까지의 5년간 세대수 변화를 분석하여 전체적인 경향성을 파악합니다. 이어서, 세대 규모별(1인부터 5인 이상까지) 구성비 변화를 추적하며, 규모에 따라 나타나는 특징을 살펴봅니다. 마지막으로, 연도별 증감률을 계산하여 세대 구성의 변화 패턴을 명확히 도출합니다. 이러한 방법을 통해 세대 구조의 변화 양상을 체계적으로 이해할 수 있습니다.

2 1인 세대의 공간적 분포는?

혼자 생활하는 1인 세대는 2인 이상의 세대와 다른 생활 형태를 보입니다. 마트보다 편의점을 선호하고 혼자서 식사하기 편한 식당을 찾습니다. 도소매업이나 음식점을 창업하려는 사람과 업종 변경을 희망하는 사람에게 1인 세대주 거주 지역에 대한 정보는 중요한 경쟁력 포인트가 될 것입니다. 서울에서 행정 구역의 단위는 '자치구'와 '행정동'입니다. 이러한 행정 구역을 기준으로 '서울에서의 1인 세대 주 거주지역'이 어디인지를 밝히는 것이 두 번째 문제입니다.

◈ 분석 목적

자치구별 및 행정동별 1인 세대의 현황을 비교하여 각 지역의 분포 차이를 명확히 이해하는 데 초점을 둡니다. 또한, 1인 세대의 절대적인 수치와 전체 인구 대비 비율을 분석하여 해당 세대의 상대적 중요성을 평가합니다. 마지막으로, 지역별 집중도를 파악하고 각 지역의 특성을 분석하여 1인 세대의 주거 및 생활 방식에 대한 구체적인 인사이트를 도출합니다.

◈ 분석 방법

1인 세대의 공간적 분포를 분석하기 위해 다음과 같은 방법을 사용합니다. 먼저, 자치구 및 행정동별로 1인 세대수를 집계하여 각 지역의 현황을 구체적으로 파악합니다. 이어서, 전체 세대 대비 1인 세대의 비율을 계산하여 상대적인 비중을 분석합니다. 마지막으로, 도형 맵을 활용하여 1인 세대의 공간적 분포를 시각적으로 표현함으로써 지역 간 차이와 패턴을 명확히 드러냅니다.

3 1인 세대의 이동 패턴은?

혼자 생활하는 1인 세대는 2인 이상의 세대와 다른 생활 형태를 보입니다. 마트보다 편의점을 선호하고 혼자서 식사하기 편한 식당을 찾습니다. 도소매업이나 음식점을 창업하려는 사람과 업종 변경을 희망하는 사람에게 1인 세대주 거주 지역에 대한 정보는 중요한 경쟁력 포인트가 될 것입니다. 서울에서 행정 구역의 단위는 '자치구'와 '행정동'입니다. 이러한 행정 구역을 기준으로 '서울에서의 1인 세대 주 거주지역'이 어디인지를 밝히는 것이 두 번째 문제입니다.

◈ 분석 목적

성별과 연령대에 따라 선호하는 지역을 분석하여 각 그룹의 특성과 요구를 심층적으로 이해하는 데 초점을 맞춥니다. 이어서, 직장, 학업 등 이동의 주요 사유에 따른 특성을 파악함으로써 1인 세대가 이동을 결정하는 주요 요인들을 규명합니다. 마지막으로, 주요 인구 그룹별 이동 경향을 도출하여 1인 세대의 이동 패턴에 대한 구체적인 이해를 제공합니다.

◈ 분석 방법

먼저, 연령대와 성별에 따른 전입지를 분석하여 특정 그룹의 이동 특성을 파악합니다. 이어서, 이동 사유별로 선호 지역을 분류하여 직장, 학업 등 다양한 이유에 따른 이동 경향을 도출합니다. 마지막으로, 30대 여성, 대학생 등 특정 그룹을 대상으로 이동 패턴을 심층적으로 분석하여 각 그룹의 주요 특징과 경향성을 세부적으로 이해합니다.

이러한 분석을 통해 서울시 1인 세내의 현황을 이해하고, 변화하는 도시 공간과 생활 양식을 파악할 수 있을 것입니다.

03 데이터 수집

Chapter

이번 파트에서 필요한 데이터는 '세대원별 세대수 데이터', '인구이동 통계 데이터' 두 가지입니다. 각 기관의 홈페이지 운영 정책에 따라 데이터 수집 경로와 데이터 형식이 변경될 수 있으므로 본 도서와 함께 제공하는 데이터를 이용하여도 무방합니다. 이번 파트의 실습에 필요한 모든 데이터는 Part 03 〉 Data 폴더에서 다운로드할 수 있습니다.

1 세대원별 세대수 데이터

주민등록 업무를 담당하는 행정안전부에서는 다양한 '주민등록 인구통계' 관련 데이터를 제공하고 있습니다. 아래 절차에 따라 과거 5년 동안(2019년~2023년)의 세대 형태가 기록된 '세대원수별 세대수' 데이터를 다운로드합니다.

01 주민등록 인구통계 사이트(https://jumin.mois.go.kr)에 접속

02 좌측 메뉴에서 [세대원수별 세대수] 메뉴 클릭

03 검색 조건을 다음과 같이 설정

- [행정구역] : 서울특별시, 시군구
- [조회기간] : [연간] 선택, 2019년~2019년

04 [검색] 클릭

05 데이터 출력 형식을 다음과 같이 설정

- [전체읍면동현황] 선택
- [CSV 파일 다운로드] 클릭

06 다운로드한 파일의 이름을 '2019_세대원수별 세대수.csv'와 같이 연도를 포함하여 변경

07 위 과정을 2019년부터 2023년까지 각 연도별로 반복하여 총 5개의 파일을 다운로드

이름	크기
2019_세대원수별 세대수.csv	384KB
2020_세대원수별 세대수.csv	384KB
2021_세대원수별 세대수.csv	384KB
2022_세대원수별 세대수.csv	385KB
2023_세대원수별 세대수.csv	387KB

2 인구이동 통계 데이터

통계청에서는 국민들의 거주지 이동 현황을 마이크로데이터 서비스(https://mdis.kostat.go.kr)를 통해 제공하고 있습니다. 2023년 인구이동 통계 데이터를 다운로드하는 방법은 다음과 같습니다. 통계청 마이크로데이터 서비스는 회원 가입이 필요합니다.

01 통계 마이크로데이터 사이트 접속 및 로그인

- 통계청 마이크로데이터 통합서비스(https://mdis.kostat.go.kr) 접속
- 회원 가입 후 로그인(비회원은 데이터 다운로드 불가)

02 데이터 검색

- 상단 메뉴에서 [자료이용] 〉 [다운로드 서비스] 클릭

- STEP 1의 [조사분야]에서 다음 순서대로 선택
- [주제별] 선택
- [인구] 〉 [국내인구이동통계] 〉 [세대관련연간자료(제공)] 〉 [2023] 체크
- [항목조회] 클릭

03 데이터 항목 선택

- STEP 2에서 제공되는 모든 항목 선택
- 화면 하단의 [다운로드] 클릭

04 다운로드 정보 입력

- 제목 : 2023년 인구이동통계 분석
- 이용목적 : 교육 및 학습
- 이용목적 내용 : 가구 형태별 인구 변화 분석
- 다운로드 옵션 : [CSV(항목명미포함)] 체크
- [확인] 클릭

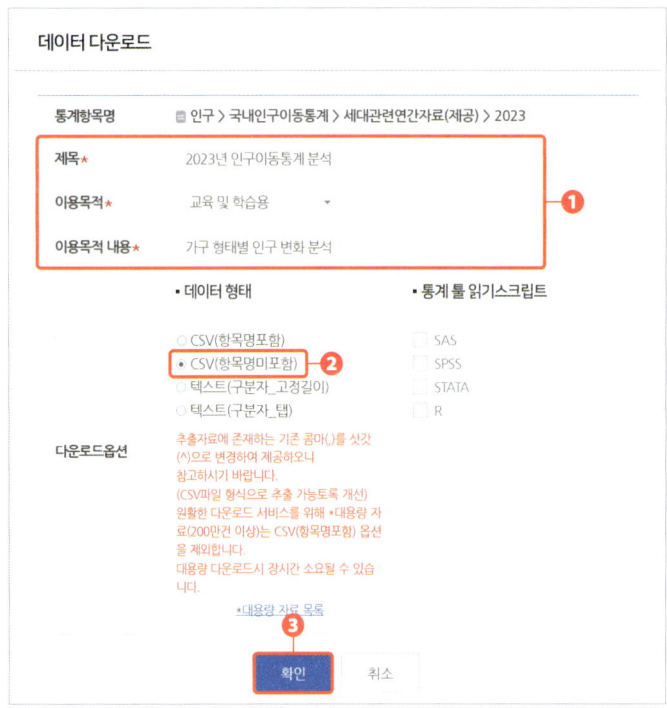

05 파일 다운로드

- [마이페이지] > [데이터 다운로드 및 이용현황] 메뉴로 이동
- 신청한 데이터 목록에서 해당 파일 선택

- [처리결과]의 [데이터] 아이콘을 클릭하여 데이터 파일 다운로드
- [설명자료]의 '[파일설계서(공공용)]_국내인구이동통계_세대관련연간자료(제공)_2023(코드집포함).xlsx' 파일도 함께 다운로드

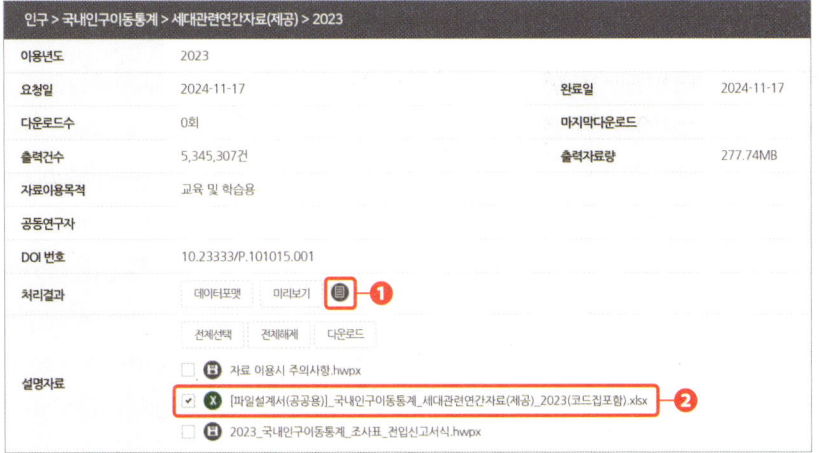

06 파일 정리

- 다운로드한 압축 파일 해제
- CSV 파일의 이름을 '인구이동_2023.csv'로 변경
- 엑셀 파일의 이름을 '인구이동_2023_코드.xlsx'로 변경

인구이동_2023.csv

인구이동_2023_코드.xlsx

> **Tip** 통계청 마이크로데이터 서비스는 사전에 회원 가입이 필요합니다.
> - 다운로드한 파일의 용량이 큰 편이므로 저장 공간을 충분히 확보하세요.
> - 파일 설계서는 데이터의 구조를 이해하는 데 매우 중요하므로 함께 다운로드하세요.

3 행정동 코드 데이터

세대수와 인구이동 데이터에는 행정동별 코드만 포함되어 있어 실제 지역명을 알 수 없습니다. 예를 들어 '1174010700'이라는 코드만으로는 이 지역이 서울 강동구 천호1동이라는 것을 알기 어렵습니다. 행정동 코드 데이터는 이러한 코드와 실제 지역명을 연결해 주는 역할을 합니다.

01 행정안전부 사이트 접속 : https://www.mois.go.kr/

02 [업무안내] 〉 [차관보] 〉 [주민등록, 인감] 선택

03 게시물 중 '행정기관(행정동) 및 관할구역(법정동) 변경내역(2024.1.1. 시행)' 선택

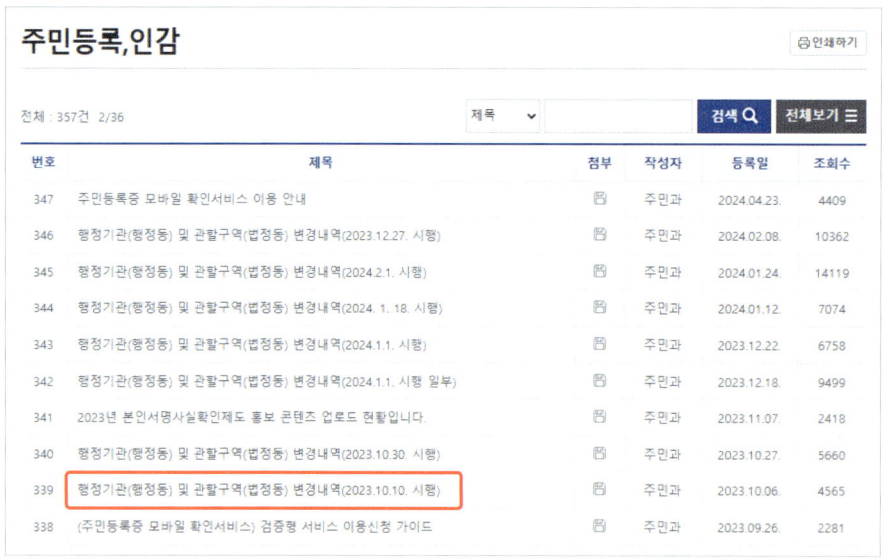

04 'jscode20240101.zip' 파일 다운로드

첨부파일	jscode20240101.zip [2.0 MB]
	jscode20240101(말소코드포함).zip [4.8 MB]
	240101 행정기관(행정동) 및 관할구역(법정동) 변경내역(인천광역시 중구).hwpx [39.5 KB] 바로보기
	240101 행정기관(행정동) 및 관할구역(법정동) 변경내역(광주광역시 북구).hwpx [39.7 KB] 바로보기
	240101 행정기관(행정동) 및 관할구역(법정동) 변경내역(울산광역시 중구).hwpx [39.6 KB] 바로보기
	240101 행정기관(행정동) 및 관할구역(법정동) 변경내역(경기도 안양시).hwpx [47.7 KB] 바로보기
	240101 행정기관(행정동) 및 관할구역(법정동) 변경내역(경기도 오산시).hwpx [30.5 KB] 바로보기
	980801행정기관(행정동) 및 관할구역(법정동) 변경내역(전라북도 전주시).hwpx [37.8 KB] 바로보기
	221111행정기관(행정동) 및 관할구역(법정동) 변경내역(전라북도 익산시).hwpx [35.1 KB] 바로보기
	행정기관(행정동) 및 관할구역(법정동) 코드 Layout.hwpx [40.3 KB] 바로보기

05 파일을 압축 해제하여 'KIKcd_H.20240101.xlsx' 파일의 이름을 '행정동코드_20240101.xlsx'로 변경

배경지식 ≫ 행정동과 법정동

우리가 흔히 쓰는 '동'에는 '행정동'과 '법정동' 두 가지가 있습니다.

구분	행정동(行政洞)	법정동(法定洞)
특징	행정안전부에서 부여하고 관리 • 실제 주민센터가 있는 행정 단위 • 인구 수에 따라 통합/분리될 수 있음 • 주민등록주소에 사용 – 예 : 역삼1동, 역삼2동	• 국토교통부에서 부여하고 관리 • 토지 등기부등본상 사용되는 주소 • 지번 주소의 기본 단위 • 행정구역이 변경되어도 유지 • 예 : 역삼동
사용 목적	• 주민등록 • 인구통계 • 행정서비스 제공 • 선거구 획정	• 부동산 등기 • 토지대장 • 지적도 • 등기부등본
코드 체계	• 10자리 코드 : AABBCCDDEE • AA : 시도코드(11 : 서울특별시) • BB : 시군구코드(11 : 종로구) • CC : 행정동코드 • DDEE : 행정동 일련번호	• 10자리 코드 : AABBCCDDEE • AA : 시도코드(11 : 서울특별시) • BB : 시군구코드(11 : 종로구) • CC : 읍면동코드 • DDEE : 동리코드

> **Tip** 본 도서에서는 실제 행정업무가 이루어지는 '행정동'을 기준으로 데이터를 분석합니다. 행정동은 실제 거주하는 인구를 기준으로 나누어져 있어 분석에 더 적합하기 때문입니다.

04 데이터 전처리

Chapter

주민등록 세대수, 인구이동 통계, 행정동 코드의 세 가지 데이터를 불러와서, 각각의 데이터를 분석에 적합한 형태로 정제하고, 세 데이터를 행정동 코드를 기준으로 연결하는 작업을 수행합니다.

1 세대원별 세대수 데이터

연도별로 분리된 세대원별 세대수 데이터(2019~2023년)를 불러와서, 열 중심에서 행 중심 구조로 변경하고 서울시 데이터만 추출한 뒤, 5개의 파일을 하나로 통합하는 작업을 수행합니다.

◆ 원본 데이터 구조 파악

01 원본 데이터(2019_세대원수별 세대수.csv) 구조

- 연도별로 다섯 개의 파일(2019년~2023년)로 구성
- 각 파일은 약 3,800여개 행과 12개 열로 구성
- 현재 구조로는 분석이 어려워 다음과 같은 변경 필요
  - ▶ 열 중심에서 행 중심 구조로 변경
  - ▶ 행정구역명 단순화(시도 + 시군구 + 읍면동 + 코드 〉 '읍면동 코드')

02 전처리 후 데이터 구조(예시)

행정구역코드	기준일자	1인세대	2인세대	3인세대	4인세대	5인이상세대
1111010100	2023-12-01	3,245	2,876	1,987	1,234	567

◆ Power BI에 데이터 가져오기

01 Power BI Desktop을 실행하고 [빈 보고서] 선택

02 [홈] 탭 〉 [데이터] 그룹에서 [데이터 가져오기] 〉 [텍스트/CSV] 클릭

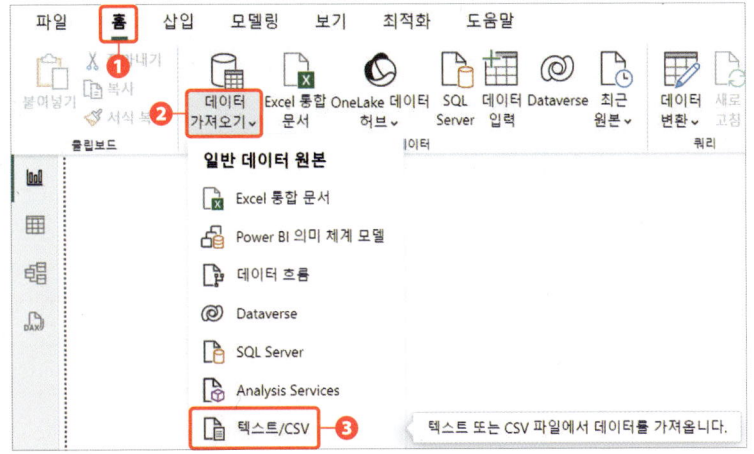

03 '2019_세대원별 세대수.csv' 파일 선택 후 [열기] 클릭

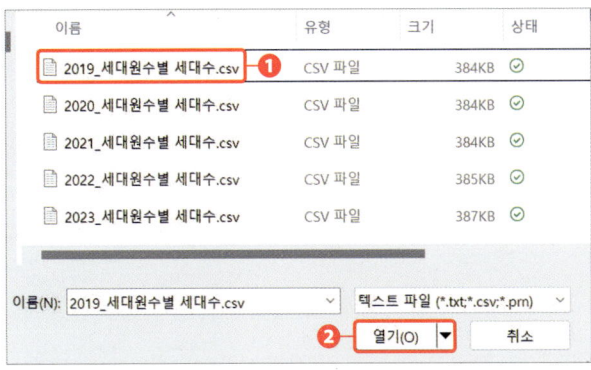

04 미리 보기 창에서 [데이터 변환]을 클릭하여 파워 쿼리 편집기 실행

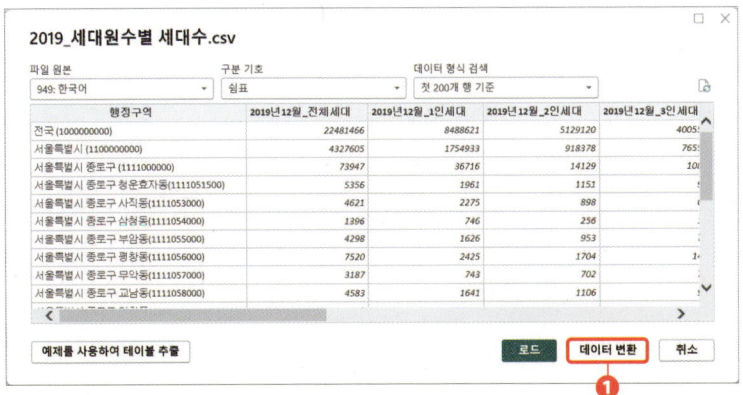

Chapter 04 데이터 전처리 **419**

◆ 행정구역 정보 정제

01 '행정구역' 열 분할

- '행정구역' 열 머리글 선택
- [홈] 탭 > [변환] 그룹에서 [열 분할] > [구분 기호 기준] 클릭

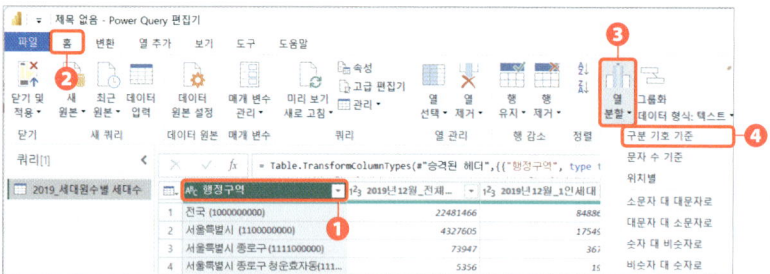

- 구분 기호 : '공백' 선택
- 다음 위치에 분할 : [각 구분 기호에서] 체크
- [확인] 클릭

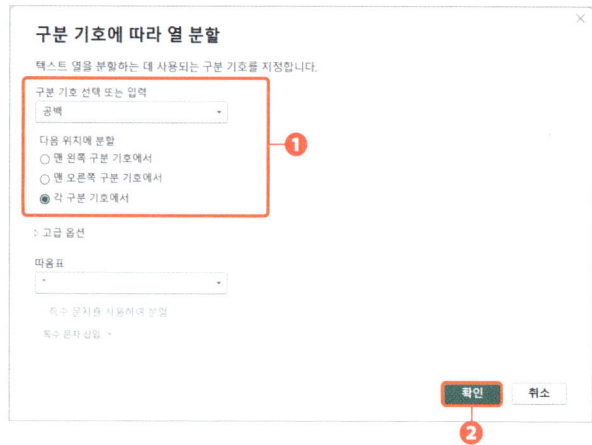

02 행정구역 코드 추출

- '행정구역.3' 열 머리글 선택
- [홈] 탭 > [변환] 그룹에서 [열 분할] > [구분 기호 기준] 클릭

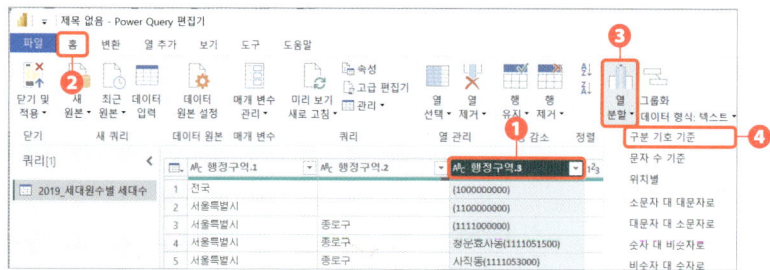

- 구분 기호 : '사용자 지정', '(' 입력
- 다음 위치에 분할 : [맨 왼쪽 구분 기호에서] 체크
- [확인] 클릭

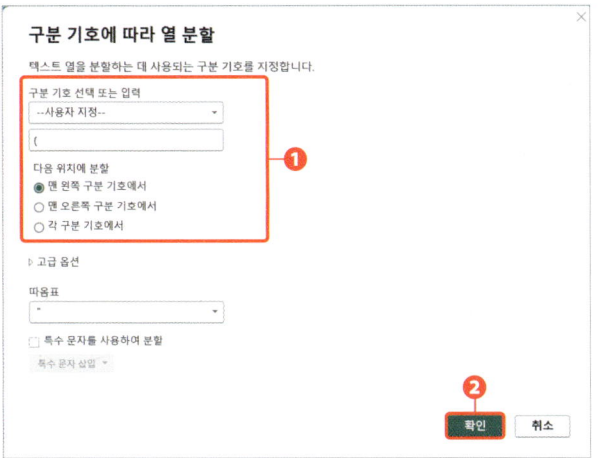

- '행정구역.3.2' 열 머리글 선택
- [변환] 탭 〉[열] 그룹에서 [값 바꾸기] 클릭

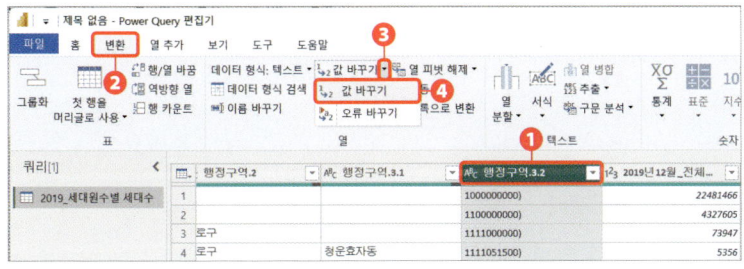

- 찾을 값 : ')' 입력
- 바꿀 항목 : 빈 칸
- [확인] 클릭

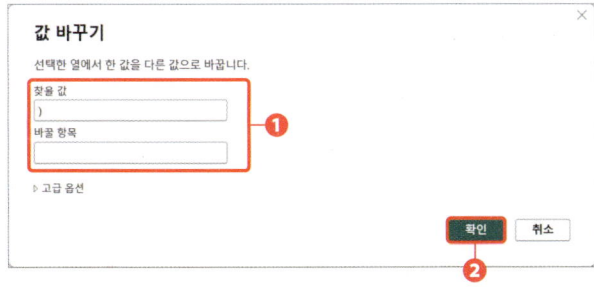

◆ 분석 대상 데이터 선별

01 집계 행 제거

- '행정구역.3.1' 열 머리글의 [필터 단추](▼) 클릭
- [비어 있음] 체크 해제
- [확인] 클릭

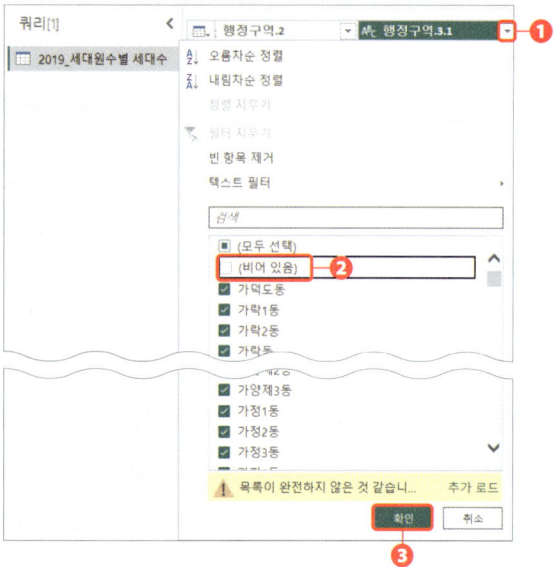

02 서울시 외 지역 제거

- '행정구역.1' 열 머리글의 [필터 단추](▼) 클릭
- [모두 선택] 체크 해제
- [서울특별시]만 체크
- [확인] 클릭

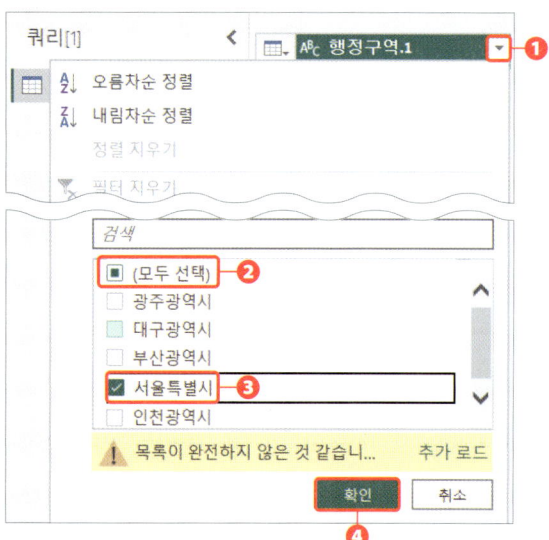

03 불필요한 열 제거

- Ctrl 을 누른 상태에서 '행정구역.1', '행정구역.2', '행정구역.3.1' 열 머리글 선택
- [홈] 탭 〉 [열 관리] 〉 [열 제거] 클릭

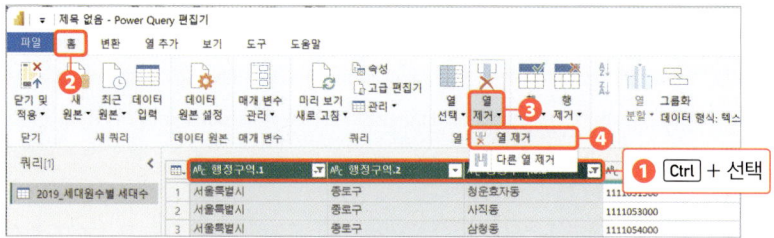

◈ 데이터 구조 변환

01 행 중심 테이블로 변환

- '행정구역.3.2' 열 머리글 선택
- [변환] 탭 〉 [열] 그룹에서 [열 피벗 해제] 〉 [다른 열 피벗 해제] 클릭

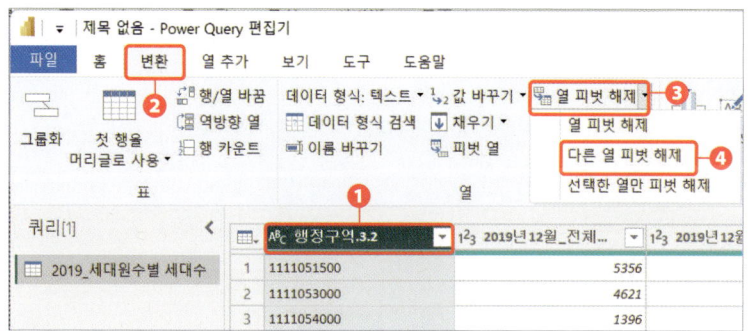

02 날짜와 세대구분 분리를 위해 '특성' 열 분할

- '특성' 열 머리글 선택
- [홈] 탭 〉 [변환] 그룹에서 [열 분할] 〉 [구분 기호 기준] 클릭

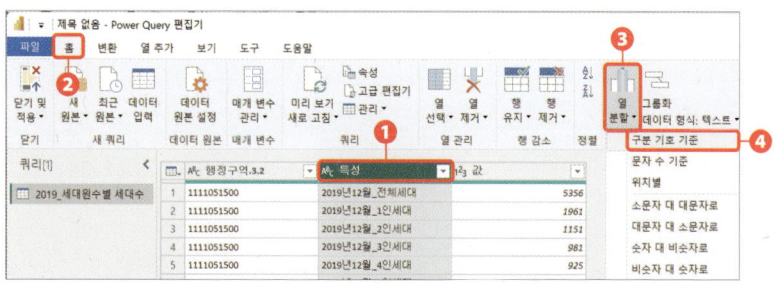

- 구분 기호 : '_' 입력
- 다음 위치에 분할 : [맨 왼쪽 구분 기호에서] 체크
- [확인] 클릭

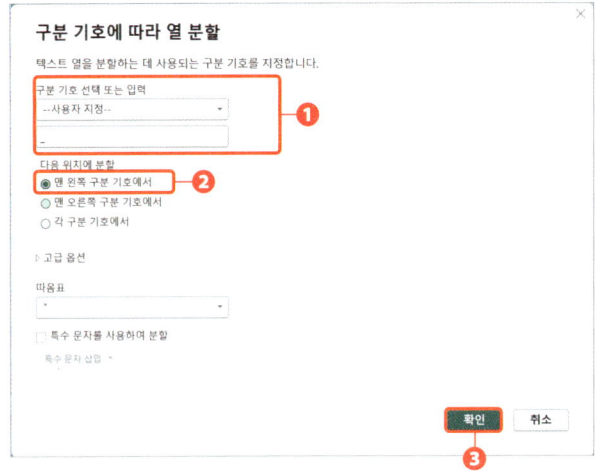

03 세대 구분별 피벗

- '특성.2' 열 머리글 선택
- [변환] 탭 〉 [열] 그룹에서 [피벗 열] 클릭

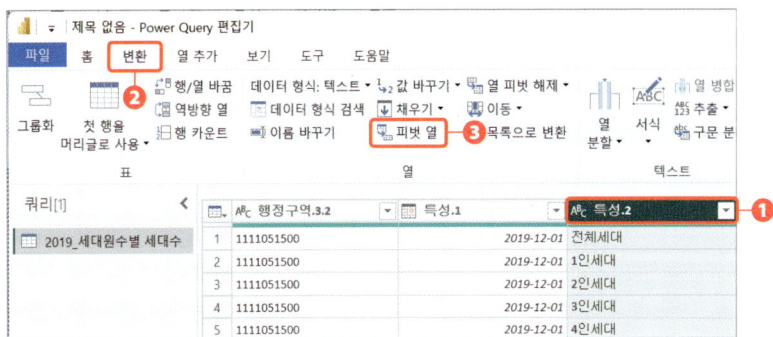

- 값 열 : '값' 선택
- [확인] 클릭

◆ 열 병합 및 이름 변경

01 5인 이상 세대 통합

- Ctrl을 누른 상태로 '5인 세대'부터 '10인이상 세대' 열 머리글 선택
- [열 추가] 탭 〉 [숫자에서] 그룹에서 [통계] 〉 [합계] 클릭

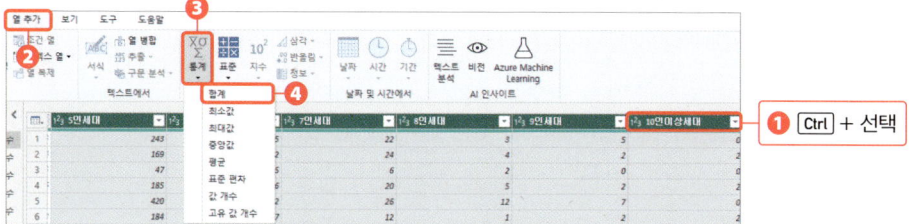

- 통합한 열 이름 더블클릭하고 '5인 이상 세대'로 변경

02 불필요한 열 삭제

- Ctrl을 이용해 '5인 세대'부터 '10인이상 세대' 열 선택
- [홈] 탭 〉 [열 관리] 그룹에서 [열 제거] 〉 [열 제거] 클릭

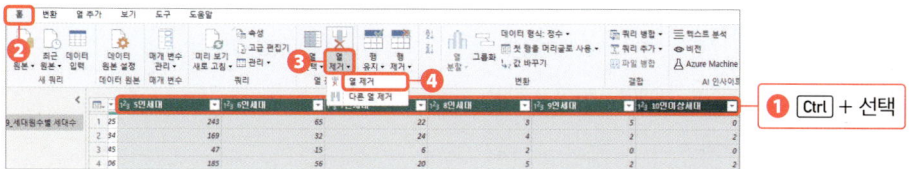

03 열 이름을 직관적으로 변경

- '행정구역.3.2' 열 이름을 '행정구역코드' 열
- '특성.1' 열 이름을 '기준일' 열

행정구역코드	기준일	전체세대	1인세대	2인세대
1100000000	2019-12-01	4327605	1754933	918378
1111000000	2019-12-01	73947	36716	14129
1111051500	2019-12-01	5356	1961	1151

◆ **나머지 연도 데이터 처리**

01 새 데이터 가져오기

- [홈] 탭 〉[새 쿼리] 〉[새 원본] 〉[텍스트/CSV] 클릭
- '2020_세대원별 세대수.csv' 파일 선택 〉[열기] 클릭
- 데이터 미리 보기 창에서 [확인] 클릭

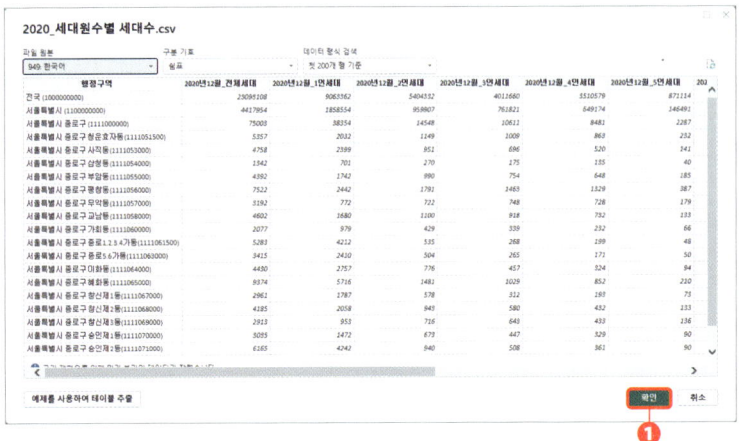

02 고급 편집기로 변환 과정 복사

- [쿼리] 창에서 '2019_세대원수별 세대수' 쿼리 선택
- [보기] 탭 〉[고급 편집기] 클릭

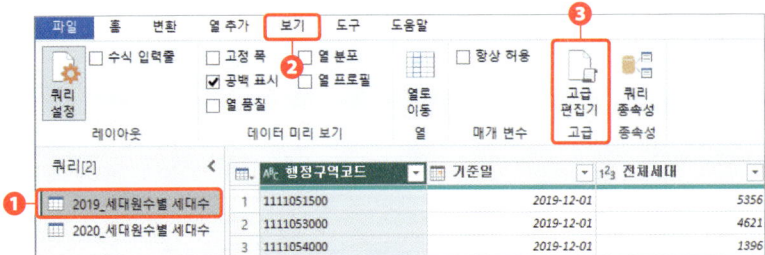

- 5행("#구분 기호에 따라 열 분할")부터 마지막 행까지 선택하여 복사
- [완료] 클릭하여 고급 편집기 닫기

03 새 데이터에 변환 과정 적용

- [쿼리] 창에서 '2020_세대원수별 세대수' 쿼리 선택
- [보기] 탭 > [고급 편집기] 클릭
- 4행(#"변경된 유형") 끝에 쉼표(,) 추가

- 5행(in) 이후의 모든 내용 삭제하고 복사한 변환 단계 붙여넣기
- [완료] 클릭

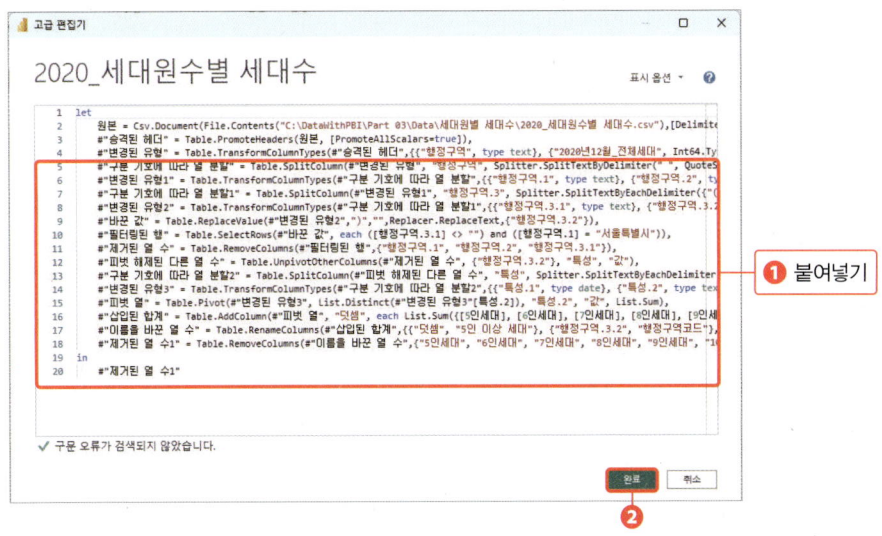

04 2021년, 2022년, 2023년 데이터도 동일한 방법으로 처리

배경지식 ≫ 파워 쿼리 M 언어(Power Query M Language)

파워 쿼리 M 언어(Power Query M Language)는 데이터 변환과 처리를 위한 전문 함수형 프로그래밍 언어입니다. 주요 특징은 다음과 같습니다:

- 기본 구조
    - let...in 구문 사용
    - let : 데이터 변환 단계 정의
    - in : 최종 결과 반환

    let

    　　Source = Excel.Workbook(File.Contents("경로/파일.xlsx")),

    　　Sheet1 = Source{[Item="Sheet1"]}[Data],

    　　결과 = Table.TransformColumnTypes(Sheet1,{{"날짜", type date}})

    in

    　　결과

- 주요 사용 목적
    - 데이터 정제 및 변환
    - 여러 데이터 소스 결합
    - 반복적인 데이터 처리 자동화
- 핵심 특징
    - 값의 불변성 : 한번 할당된 값은 변경 불가
    - 단계별 데이터 처리 : 각 변환 단계가 독립적
    - 지연 평가 : 실제 필요할 때까지 연산 미룸

◈ 모든 테이블 통합하기

01 쿼리 통합 설정

- [쿼리] 창에서 '2019_세대원수별 세대수' 쿼리 선택
- [홈] 탭 〉 [결합] 그룹에서 [쿼리 추가] 〉 [쿼리를 새 항목으로 추가] 클릭

02 테이블 선택

- [추가] 대화상자에서 [3개 이상의 테이블] 체크

- 추가 대상 테이블(2020~2023) 선택 및 [추가] 클릭
- [확인] 클릭

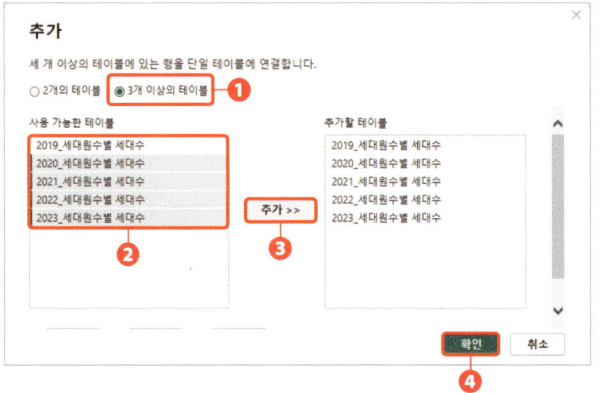

03 통합 쿼리 확인 및 이름 변경

- [쿼리] 창에 생성된 '추가1' 쿼리 확인

- 쿼리 이름을 '세대원별 세대수'로 변경

04 원본 쿼리 로드 설정 변경 : '세대원별 세대수' 쿼리만 로드되도록 설정

- [쿼리] 창에서 각 연도별 원본 쿼리 선택
- 마우스 오른쪽 버튼 클릭 〉 [로드 사용] 체크 해제

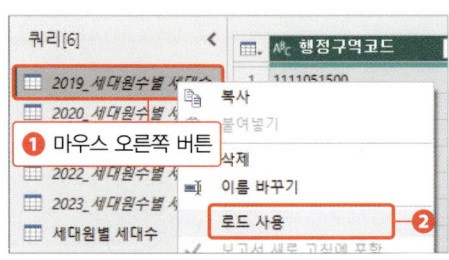

Tip [로드 사용]을 해제하면, Power BI Desktop으로 로딩되는 시간이 감소하고 Power BI Desktop의 화면이 단순해지는 효과가 있습니다.

Tip
- 고급 편집기에서 코드 복사/붙여넣기 시 쉼표(,) 위치 주의
- 원본 쿼리의 로드를 해제하면 성능이 향상되고 작업이 간편해짐
- 대용량 데이터의 경우 처리 시간이 오래 걸릴 수 있음

2 인구이동 데이터

약 534만 건의 전입신고 기록이 담긴 CSV 파일을 불러와서, 행정구역 코드, 날짜, 전입사유, 성별 등의 필드를 정제하고, 1인 세대의 전입 패턴을 분석할 수 있는 형태로 데이터를 가공합니다.

◈ 원본 데이터 구조 파악

01 원본 데이터(인구이동_2023.csv) 구조

- 약 534만 건의 전입신고 기록 포함
- 17개 열로 구성된 데이터
- 필드 항목 :

항목번호	항목명	길이	타입
1	전입행정구역_시도코드	2	Y
2	전입행정구역_시군구코드	3	Y
3	전입행정구역_읍면동코드	5	Y
4	전입연도	4	T
5	전입월	2	T
6	전입일	2	T
7	전출행정구역_시도코드	2	Y
8	전출행정구역_시군구코드	3	Y
9	전출행정구역_읍면동코드	5	Y
10	전입사유코드	1	Y
11	세대주관계코드	1	Y
12	세대주만연령	3	N
13	세대주성별코드	1	Y
14	세대관련코드	1	Y
15	이동_총인구수	2	N
16	이동_남자인구수	2	N
17	이동_여자인구수	2	N

▸ 타입 : 코드(Y), 텍스트(T), 수치(N)

02 전처리 후 데이터 구조(예시)

전입지코드	전입일	전입사유	연령	성별	연령대
1111010100	2023-12-01	직업	35	여성	35-39세

◆ Power BI에 데이터 가져오기

01 [홈] 탭 〉 [데이터] 그룹 〉 [새 원본] 〉 [텍스트/CSV] 클릭

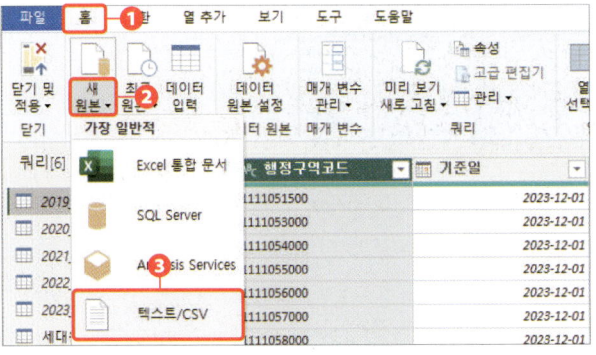

02 '인구이동_2023.csv' 파일 선택 〉 [열기] 클릭

03 데이터 미리 보기 창에서 [확인] 클릭

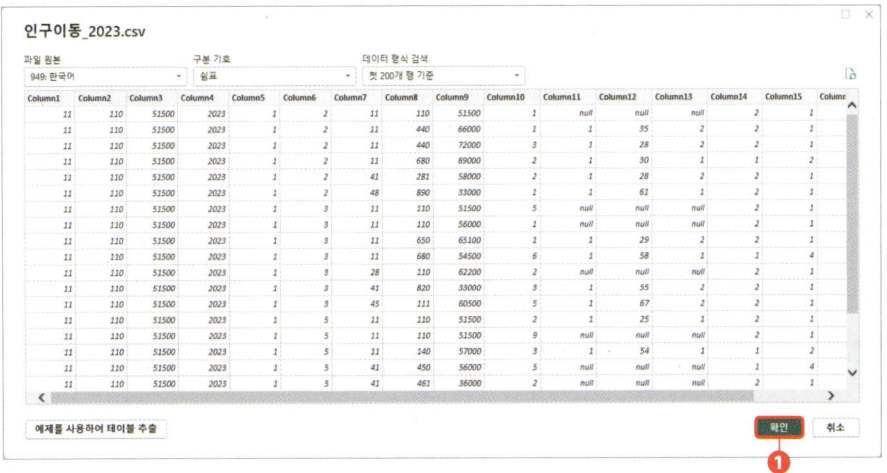

◆ 전입지 및 전출지 코드 생성

01 전입지 코드 생성

- Ctrl 을 이용해 'Column 1', 'Column 2', 'Column 3' 열 선택
- [변환] 탭 > [텍스트] 그룹에서 [열 병합] 클릭

- 구분 기호 : '없음' 선택
- 새 열 이름 : '전입지 코드' 입력
- [확인] 클릭

02 전출지 코드 생성

- Ctrl 을 이용해 'Column 7', 'Column 8', 'Column 9' 열 머리글 선택
- [변환] 탭 > [텍스트] 그룹에서 [열 병합] 클릭
- 구분 기호 : '없음' 선택
- 새 열 이름 : '전출지 코드' 입력
- [확인] 클릭

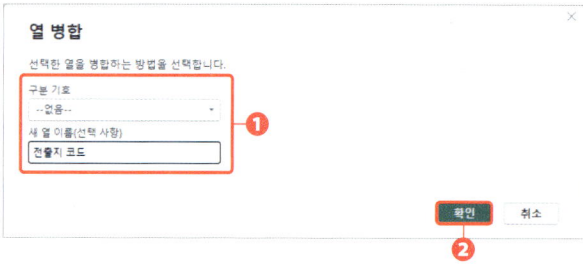

◈ 날짜 열 생성

01 날짜 관련 열 병합

- 'Column 4', 'Column 5', 'Column 6' 열 머리글 선택
- [변환] 탭 > [텍스트] 그룹에서 [열 병합] 클릭
- 구분 기호 : '사용자 지정', '-' 입력
- 새 열 이름 : '전입일' 입력
- [확인] 클릭

◈ 1인 세대 데이터 추출

01 세대주 데이터 필터링

- 'Column 11' 열 머리글의 [필터 단추](▼) 클릭
- 코드값 [1]만 체크
- [확인] 클릭

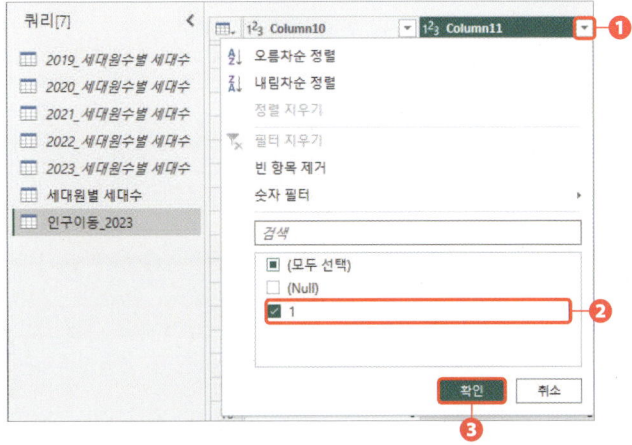

02 1인 세대 필터링

- 'Column 14' 열 머리글의 [필터 단추](▼) 클릭
- 코드값 [2](1인 세대)만 체크
- [확인] 클릭

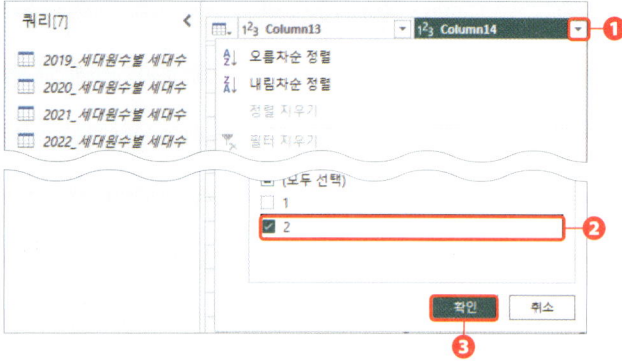

◆ 데이터 정리

01 열 이름 변경

- 'Column 10' 열의 이름을 '전입사유' 열
- 'Column 12' 열의 이름을 '연령' 열
- 'Column 13' 열의 이름을 '성별' 열

02 불필요한 열 제거

- 'Column 11', 'Column 14', 'Column 15', 'Column 16', 'Column 17' 열 머리글 선택
- [홈] 탭 〉[열 관리] 〉[열 제거] 클릭

◆ 데이터 형식 및 값 변환

01 날짜 형식 변경

- '전입일' 열 머리글 선택
- [변환] 탭 〉[열] 그룹에서 [데이터 형식] 〉[날짜] 선택

02 텍스트 형식 지정

- '전입사유'와 '성별' 열 머리글 선택
- [변환] 탭 > [열] 그룹에서 [데이터 형식] > [텍스트] 선택

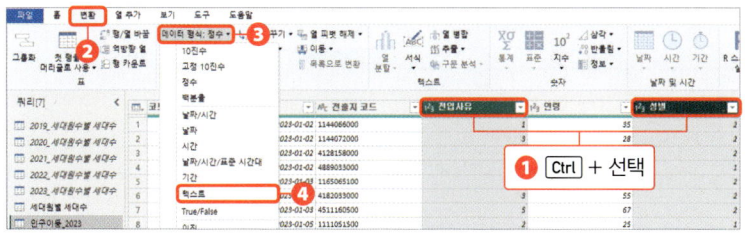

03 코드값을 의미 있는 텍스트로 변환

- '전입사유' 열 머리글 선택
- [변환] 탭 > [열] 그룹에서 [값 바꾸기] > [값 바꾸기] 클릭

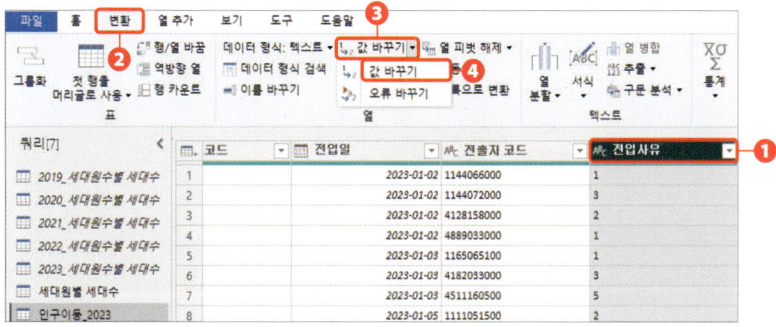

- 찾을 값 : '1' 입력
- 바꿀 항목: '직업' 입력
- [확인] 클릭

- 아래의 표를 참조하여 '전입사유' 모든 코드를 해당 변환값으로 변환

코드	1	2	3	4	5	6	9
변환값	직업	가족	주택	교육	교통	건강	기타

Chapter 04 데이터 전처리 **435**

- '성별' 열 머리글 선택
- [변환] 탭 > [열] 그룹에서 [값 바꾸기] > [값 바꾸기] 클릭

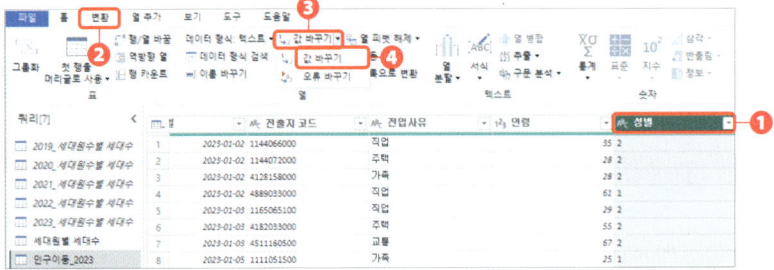

- 찾을 값 : '1' 입력
- 바꿀 항목 : '남성' 입력
- [확인] 클릭

- 아래의 표를 참조하여 '성별' 코드를 텍스트로 변환

코드	1	2	3	4
변환값	남성	여성	남성	여성

◈ 연령대 그룹화

01 연령대 열 추가

- [열 추가] 탭 > [일반] 그룹에서 [조건 열] 클릭

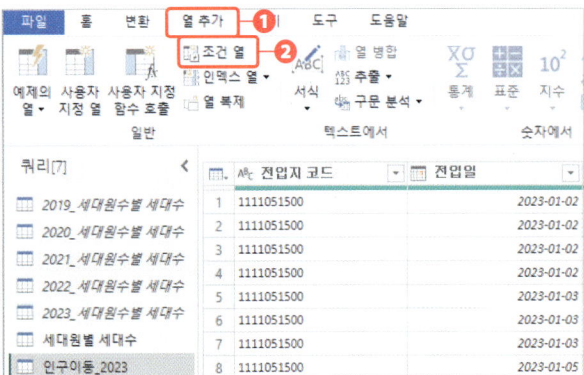

- 새 열 이름 : '연령대' 입력
- 조건 설정

	열 이름	연산자	값	출력
조건	연령	보다 작거나 같음	19	19세 이하
다음	연령	보다 작거나 같음	24	20–24세
다음	연령	보다 작거나 같음	29	25–29세
다음	연령	보다 작거나 같음	34	30–34세
다음	연령	보다 작거나 같음	39	35–39세
다음	연령	보다 작거나 같음	44	40–44세
다음	연령	보다 작거나 같음	49	45–49세
다음	연령	보다 작거나 같음	54	50–54세
다음	연령	보다 작거나 같음	59	55–59세
다음	연령	보다 작거나 같음	64	60–64세
다음	연령	보다 작거나 같음	69	65–69세
기타	70세 이상			

- 기타 : '70세 이상' 입력
- [확인] 클릭

Tip [절 추가]를 클릭하면, 새로운 행(조건)을 입력할 수 있습니다.

3 행정동 코드 데이터

행정동 코드와 지역명이 담긴 엑셀 파일을 불러와서 필요한 열만 남기고 불필요한 행과 열을 제거한 뒤, 데이터 형식을 텍스트로 변경하는 작업을 수행합니다.

◈ 원본 데이터 구조 파악

01 원본 데이터(행정동코드_20240101.xlsx) 구조

- 데이터 내용 : 전국의 행정구역 코드와 명칭 정보
- 주요 필드 :
  ▶ 행정동 코드
  ▶ 시도명, 시군구명, 읍면동명
  ▶ 생성일자, 말소일자

02 전처리 후 데이터 구조(예시)

행정동코드	시도명	시군구명	읍면동
1174070000	서울특별시	강동구	둔촌제2동

◈ Power BI에 데이터 가져오기

01 [홈] 탭 〉 [새 원본] 〉 [Excel 통합 문서] 클릭

02 '행정동코드_20240101.xlsx' 파일 선택 〉 [열기] 클릭

03 탐색 창에서 'KIKcd_H' 시트 선택

04 [확인] 클릭

◆ 데이터 정리

01 불필요한 행 제거

- '읍면동명' 열 머리글의 [필터 단추](▼) 클릭
- [Null] 값 체크 해제
- [확인] 클릭

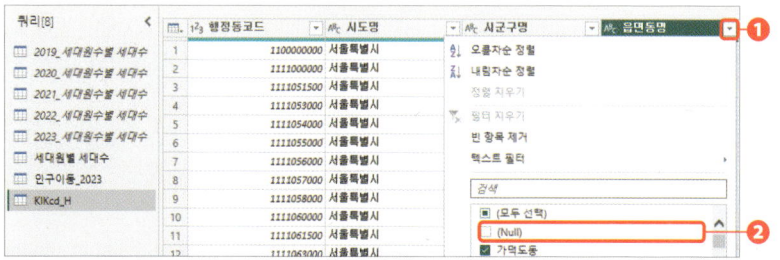

02 데이터 형식 변경

- '행정동코드' 열 머리글 선택
- [변환] 탭 〉 [열] 그룹에서 [데이터 형식] 〉 [텍스트] 선택

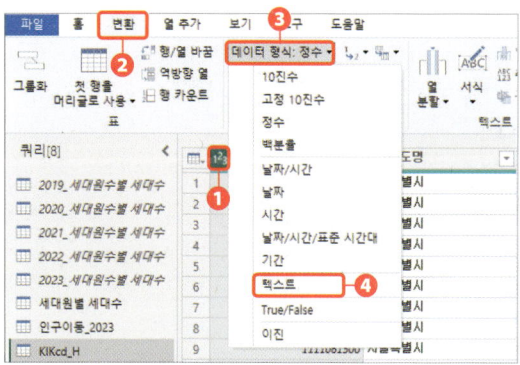

03 불필요한 열 제거

- '생성일자', '말소일자' 열 머리글 선택
- [홈] 탭 〉 [열 관리] 〉 [열 제거] 클릭

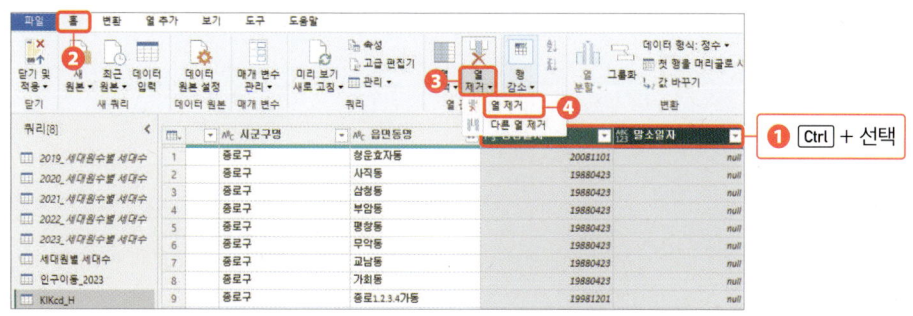

◆ **쿼리 이름 변경**

01 [쿼리] 창에서 테이블 이름을 더블클릭

02 '행정동코드'로 이름 변경

4 최종 데이터 적용

데이터 전처리가 완료되었으므로, 파워 쿼리 편집기의 내용을 Power BI Desktop에 적용하고 다음 단계로 진행합니다.

01 데이터 최종 확인

- 각 테이블의 데이터 구조 확인
- 전처리 단계가 모두 완료되었는지 점검
- 오류 메시지가 없는지 확인

02 파워 쿼리 편집기 닫기

- [홈] 탭 〉 [닫기 및 적용] 〉 [닫기 및 적용] 클릭

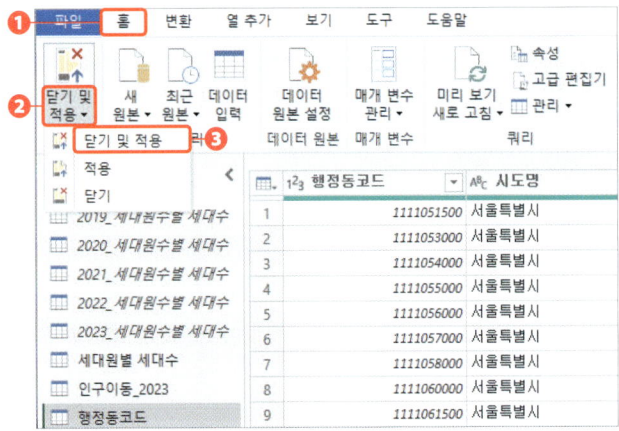

> **Tip** 데이터의 파일 크기가 크고 여러 개이면 전처리 결과를 Power BI Desktop에 적용하는 과정에 많은 시간이 소요됩니다. 지나치게 많은 시간이 걸린다면 파일을 최소화하거나 컴퓨터의 사양을 높여야 합니다.

05 세대 구성 형태의 변화 분석

Chapter

서울시의 세대 구조 변화를 파악하기 위해, 2019년부터 2023년까지 5년간의 세대수와 구성 형태의 변화를 분석합니다. Power BI에서 DAX로 세대 관련 지표를 만들고, 꺾은선형 차트와 도넛형 차트로 세대수 증가와 구성비 변화를 시각화합니다.

이번 챕터의 시각화 결과물을 미리 보면 아래 그림과 같습니다.

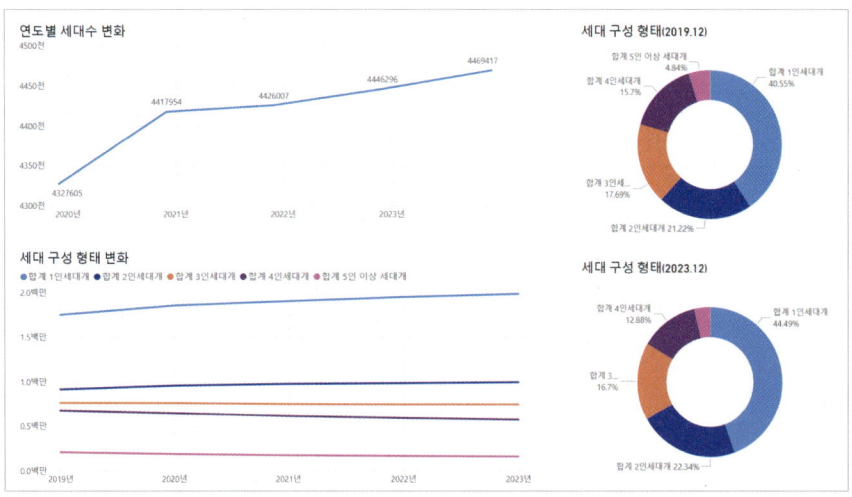

Power BI Desktop 보고서의 페이지 이름('1페이지')을 더블클릭하고 이름을 '세대 구성 형태'로 변경합니다.

Chapter 05 세대 구성 형태의 변화 분석 **441**

1 세대수의 변화 시각화

DAX를 사용하여 전체 세대수를 계산하는 '세대합계' 열을 만들고, 꺾은선형 차트를 활용하여 2019년부터 2023년까지의 연도별 전체 세대수 변화를 시각화합니다.

◈ 세대수 합계 열 추가

01 Power BI Desktop의 [테이블](▦) 보기에서,

- '세대원별 세대수' 테이블 선택
- [홈] 탭 > [계산] 그룹에서 [새 열] 클릭

02 DAX 수식 입력 후 [커밋](✓) 클릭

세대합계 = [1인세대]+ [2인세대]+ [3인세대]+ [4인세대]+ [5인이상세대]

◆ 세대수 변화 시각화

01 Power BI Desktop의 [보고서]( ) 보기에서 꺾은선형 차트 생성

- [시각화] 창의 [시각적 개체 빌드] 〉 [꺾은선형 차트] 선택
- [X축] : '세대원별 세대수' 테이블의 '기준일' 필드
- [Y축] : '세대원별 세대수' 테이블의 '세대합계' 필드

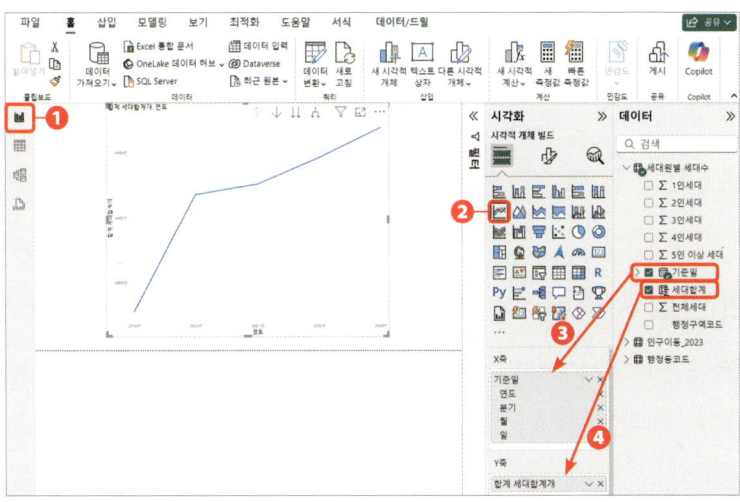

02 차트 서식 지정

- [시각화] 창의 [시각적 개체 서식 지정] 〉 [시각적 개체]에서,
  ▶ [X축] 〉 [제목] : 비활성화
  ▶ [Y축] 〉 [제목] : 비활성화
  ▶ [데이터 레이블] : 활성화
  ▶ [데이터 레이블] 〉 [값] 〉 [표시 단위] : 없음

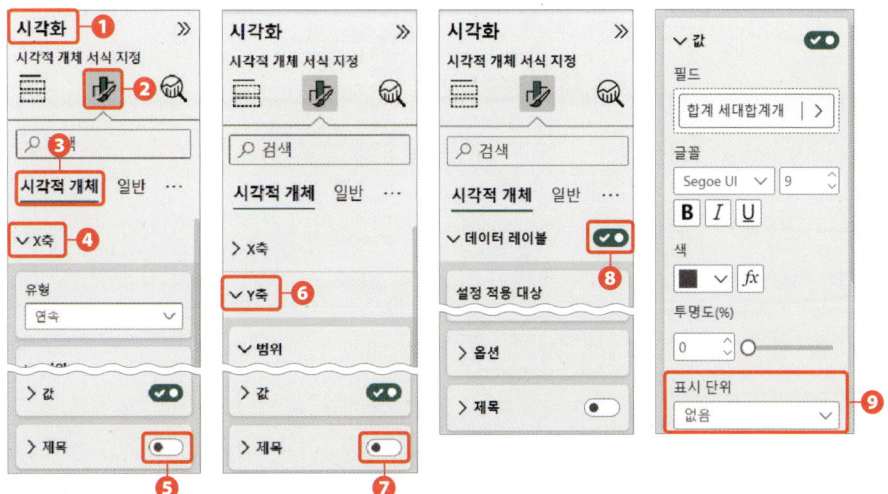

- [시각화] 창의 [시각적 개체 서식 지정] 〉 [일반]에서,
  - ▶ [제목] 〉 [텍스트] : '연도별 세대수 변화' 입력

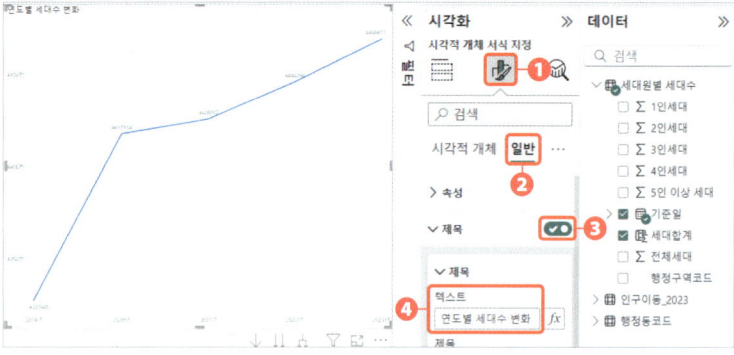

2 세대 구성 형태의 변화 시각화

꺾은선형 차트를 사용하여 1인~5인 이상 세대까지 유형별 세대수의 5년간 변화 추이를 시각화하고, 도넛형 차트 2개를 만들어 2019년과 2023년의 세대 구성 비율을 비교합니다.

◈ 세대원별 세대수 변화 시각화

01 꺾은선형 차트 생성

- [시각화] 창의 [시각적 개체 빌드] 〉 [꺾은선형 차트] 선택
- [X축] : '세대원별 세대수' 테이블의 '기준일' 필드
- [Y축]에 다음 필드 추가
  - ▶ '1인 세대' / '2인 세대' / '3인 세대' / '4인 세대' / '5인 이상 세대' 필드

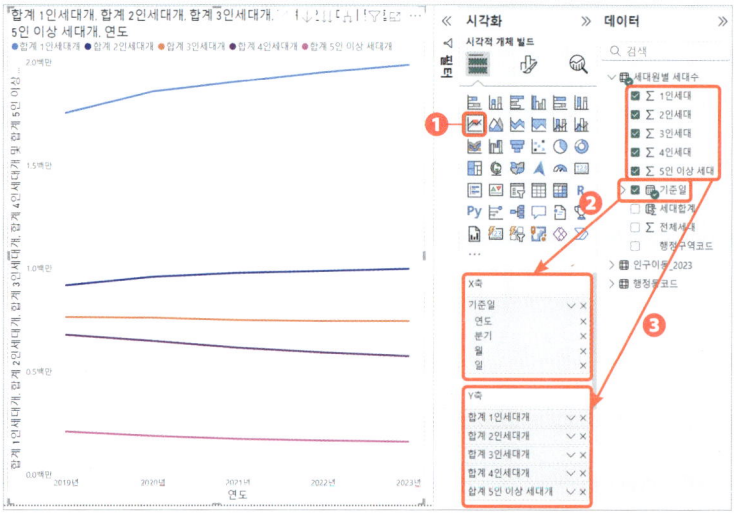

02 차트 서식 지정

- [시각화] 창의 [시각적 개체 서식 지정] 〉 [시각적 개체]에서,
  ▶ [X축] 〉 [제목] : 비활성화 / [Y축] 〉 [제목] : 비활성화
- [시각화] 창의 [시각적 개체 서식 지정] 〉 [일반]에서,
  ▶ [제목] 〉 [텍스트] : '세대 구성 형태 변화' 입력

◆ 세대 구성 비교 시각화

01 도넛형 차트 생성

- [시각화] 창의 [시각적 개체 빌드] 〉 [도넛형 차트] 선택
- [값] : '세대원별 세대수' 테이블의 '1인 세대', '2인 세대', '3인 세대', '4인 세대', '5인 이상 세대' 필드

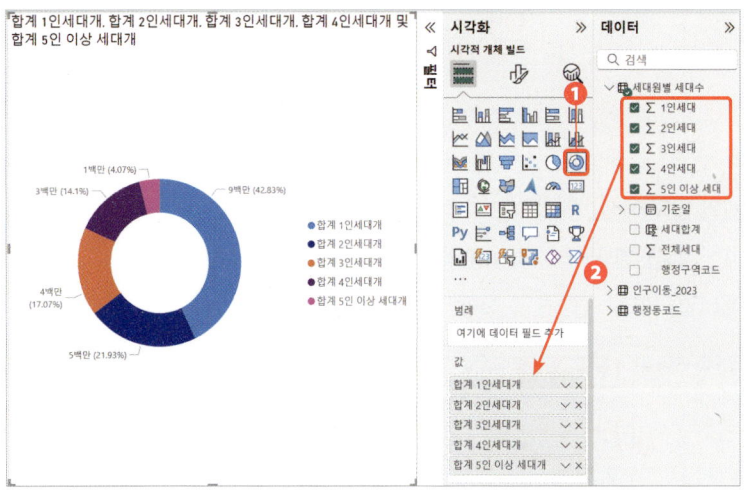

02 차트 서식 지정

- [시각화] 창의 [시각적 개체 서식 지정] 〉 [시각적 개체]에서,
  ▶ [범례] : 비활성화
  ▶ [세부 정보 레이블] 〉 [레이블 내용] : '범주, 총 퍼센트' 선택

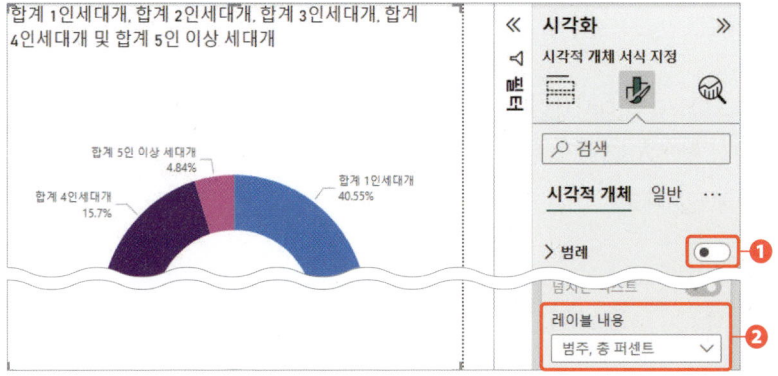

- [시각화] 창의 [시각적 개체 서식 지정] 〉 [일반]에서,
  ▶ [제목] 〉 [텍스트] : '세대 구성 형태(2019.12)' 입력

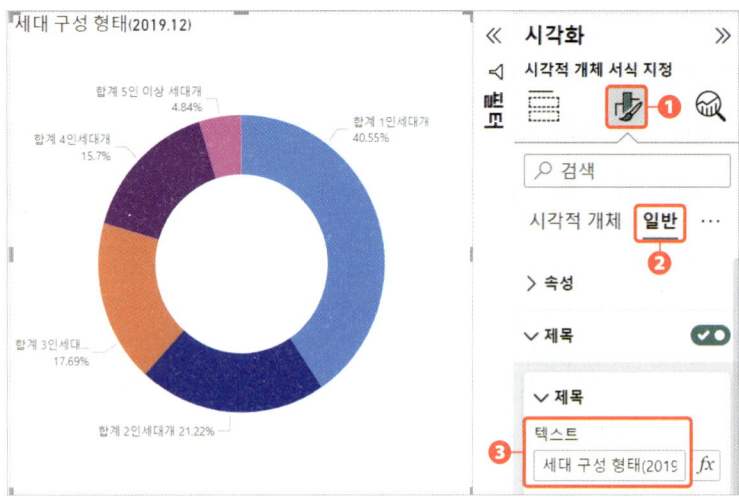

03 필터 설정

- [필터] 창의 [이 시각적 개체의 필터]에서,
  ▶ [여기에 데이터 필드 추가] : '세대원별 세대수' 테이블의 '기준일' 필드
  ▶ 기본 필터링 : [2019년 12월 1일] 체크

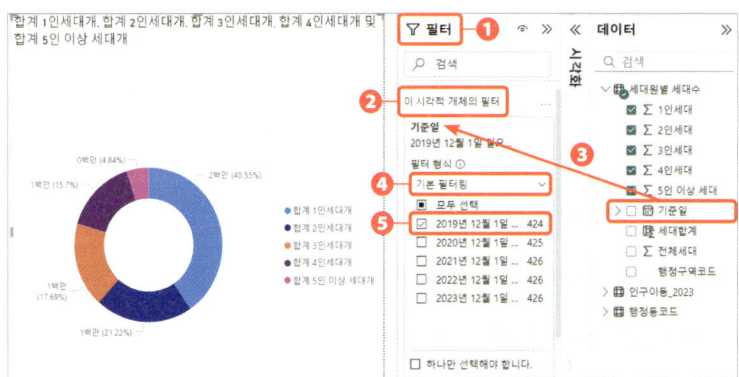

04 도넛형 차트 복제

- 위 차트(세대 구성 형태(2019.12)) 복사(Ctrl + C) 후 붙여넣기(Ctrl + V)
- [제목] 〉 [텍스트] : '세대 구성 형태(2023.12)'로 변경
- [필터] : 기준일 [2023년 12월 1일] 체크

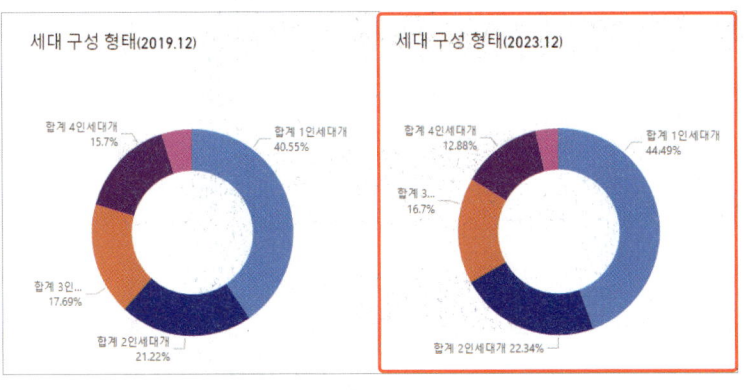

3 시각화 결과 탐색

앞서 만든 시각화 자료를 바탕으로 5년간(2019-2023) 서울의 전체 세대수 변화와 증가율과 1인 세대부터 5인 이상 세대까지 유형별 세대수와 구성 비율의 변화를 분석합니다.

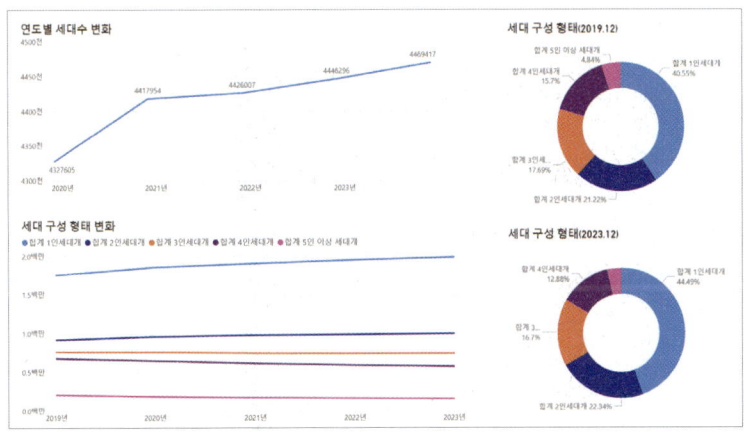

◈ 전체 세대수 변화 분석

2019년부터 2023년까지 서울시 전체 세대수는 지속적으로 증가하는 추세를 보였습니다.

- 2019년 12월 : 4,327,605세대
- 2020년 12월 : 4,417,954세대(전년 대비 +90,349세대, +2.09%)
- 2021년 12월 : 4,426,007세대(전년 대비 +8,053세대, +0.18%)
- 2022년 12월 : 4,446,296세대(전년 대비 +20,289세대, +0.46%)
- 2023년 12월 : 4,469,417세대(전년 대비 +23,121세대, +0.52%)

전체적으로 5년간 141,812세대(3.28%)가 증가했으며, 특히 2020년에 가장 큰 폭의 증가세를 보였습니다.

◈ 세대 규모별 구성비 변화

각 세대 규모별 구성비의 변화를 2019년과 2023년을 비교하여 분석하면,

- 1인 세대
    - 2019년 : 40.55%(1,754,933세대)
    - 2023년 : 44.49%(1,988,235세대)
    - 변화 : +3.94%p, 가장 큰 폭의 증가
- 2인 세대
    - 2019년 : 21.22%(918,334세대)
    - 2023년 : 22.34%(998,347세대)
    - 변화 : +1.12%p, 완만한 증가
- 3인 세대
    - 2019년 : 17.69%(765,651세대)
    - 2023년 : 16.70%(746,392세대)
    - 변화 : −0.99%p, 소폭 감소
- 4인 세대
    - 2019년 : 15.70%(679,433세대)
    - 2023년 : 12.88%(575,662세대)
    - 변화 : −2.82%p, 큰 폭의 감소
- 5인 세대
    - 2019년 : 4.84%(209,254세대)
    - 2023년 : 3.59%(160,781세대)
    - 변화 : −1.25%p, 지속적 감소

◈ 주요 발견 사항

- 핵가족화를 넘어선 1~2인 가구 중심으로의 재편
    - 1인과 2인 세대의 비중이 지속적으로 증가
    - 2023년 기준 1~2인 세대가 전체의 66.83% 차지
- 전통적 4인 가족의 급격한 감소
    - 4인 세대 비중이 5년간 2.82%p 감소
    - 절대 수로도 약 10만 세대 이상 감소
- 서울시 인구와 세대수의 상반된 추세
    - 서울시 전체 인구는 감소 추세이나 세대수는 지속 증가
    - 이는 세대 분화가 활발히 일어나고 있음을 시사

06 1인 세대의 공간적 분포 분석

Chapter

서울시의 1인 세대 분포를 자치구와 행정동 단위로 분석하기 위해, Power BI의 다양한 시각화 도구를 활용합니다. 먼저 DAX로 1인 세대 비율을 계산하고 막대형 차트로 세대수와 비율을 시각화한 후, 도형 맵으로 공간적 분포를 표현합니다.

이번 챕터의 시각화 결과물을 미리 보면 아래 그림과 같습니다.

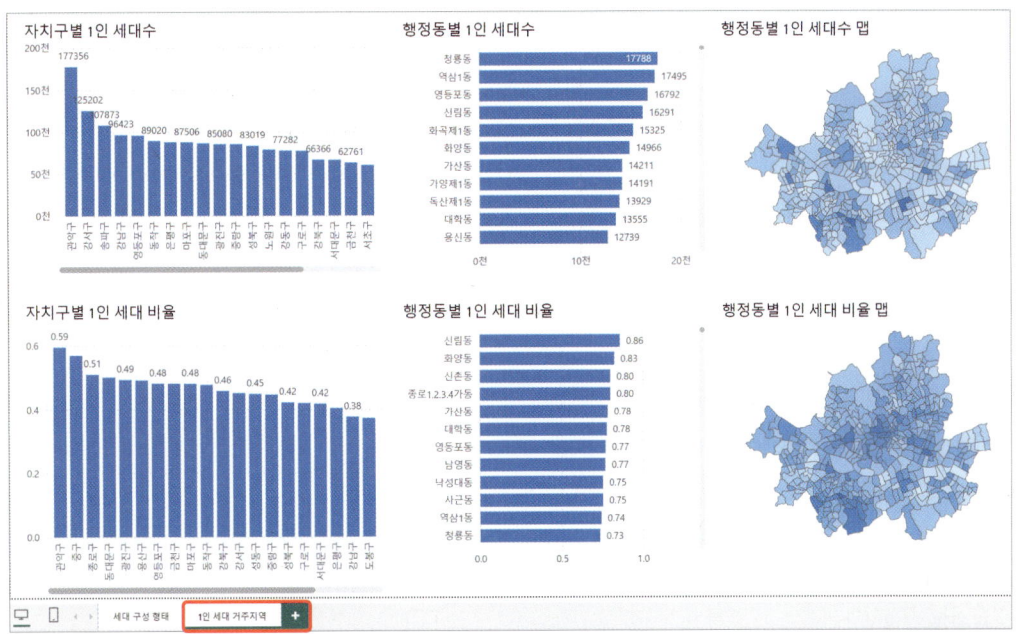

Power BI Desktop 보고서에 새 페이지를 추가한 후 이름을 '1인 세대 거주지역'으로 변경합니다.

1 분석 데이터 준비

'세대원별 세대수' 테이블의 '행정구역코드' 필드는 숫자로만 이루어져 있어 해당 지역이 어딘지 유추하기 어렵습니다. '행정동코드' 테이블에 있는 지역명을 활용하기 위하여 두 개의 테이블을 연결합니다. 아울러 이번 페이지의 모든 시각적 개체가 2023년 12월의 데이터가 적용되도록 [필터]를 설정합니다.

◈ 테이블 관계 설정

01 [모델](🗐) 보기에서 '세대원별 세대수' 테이블의 '행정구역코드' 필드를 드래그하여 '행정동코드' 테이블의 '행정동코드' 필드에 연결합니다.

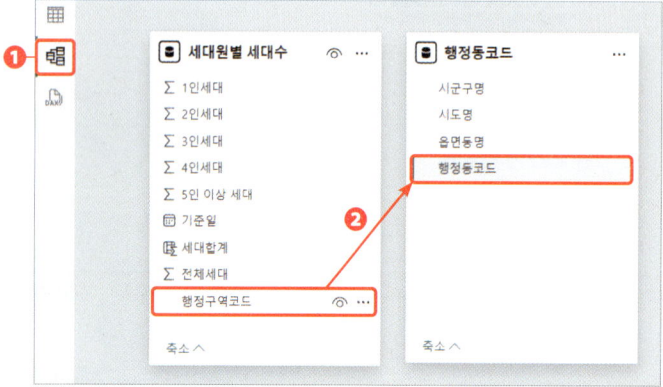

02 [새 관계] 창에서 [저장]을 클릭합니다.

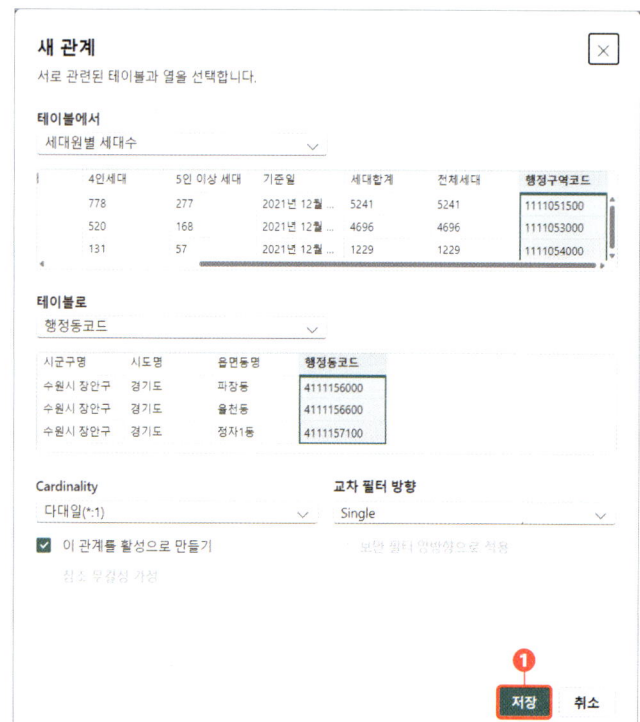

◈ 분석 기준 설정

01 [보고서](📊) 보기에서,

- [필터] 창의 [이 페이지의 필터]에 '세대원별 세대수' 테이블의 '기준일' 필드 추가

02 '기본 필터링' 상태에서 [2023년 12월 1일]을 체크합니다. 이제 이 페이지의 모든 시각적 개체는 [2023년 12월 1일]의 값만 표시합니다.

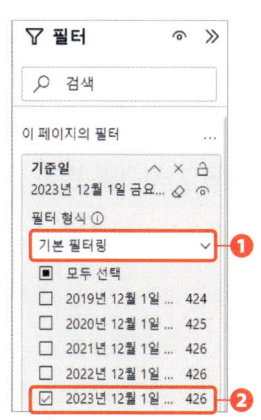

2 지역별 1인 세대 현황 시각화

DAX로 '1인세대비율' 열을 새로 만들고 자치구와 행정동의 1인 세대수와 비율을 시각화합니다.

◈ 1인 세대 비율 열 추가

01 [테이블](▦) 보기에서,

- '세대원별 세대수' 테이블 선택
- [홈] 탭 > [계산] 그룹에서 [새 열] 클릭

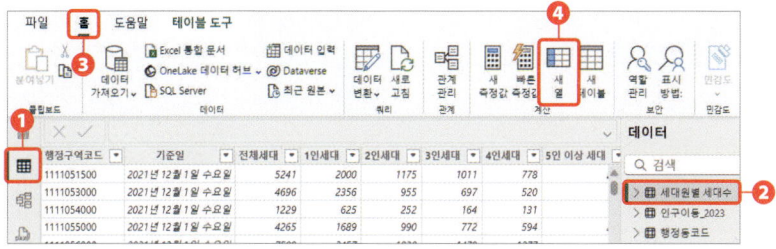

Chapter 06 1인 세대의 공간적 분포 분석 **451**

02 DAX 수식 입력 후 [커밋](✓) 클릭

1인세대비율 = [1인세대] / [세대합계]

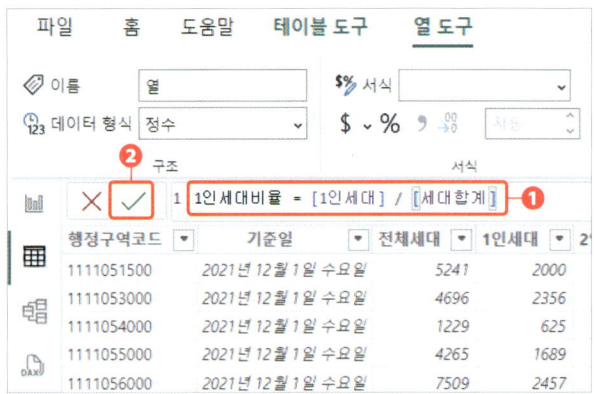

◈ 자치구별 분석

01 [보고서](📊) 보기에서 묶은 세로 막대형 차트 생성

- [시각화] 창의 [시각적 개체 빌드] 〉 [묶은 세로 막대형 차트] 선택
- [X축] : '행정동코드' 테이블의 '시군구명' 필드
- [Y축] : '세대원별 세대수' 테이블의 '1인세대' 필드

02 차트 서식 지정

- [시각화] 창의 [시각적 개체 서식 지정] 〉 [시각적 개체]에서,
  - ▶ [X축] 〉 [제목] : 비활성화
  - ▶ [Y축] 〉 [제목] : 비활성화
  - ▶ [데이터 레이블] : 활성화
  - ▶ [데이터 레이블] 〉 [값] 〉 [표시 단위] : 없음
- [시각화] 창의 [시각적 개체 서식 지정] 〉 [일반]에서,
  - ▶ [제목] 〉 [텍스트] : '자치구별 1인 세대수' 입력

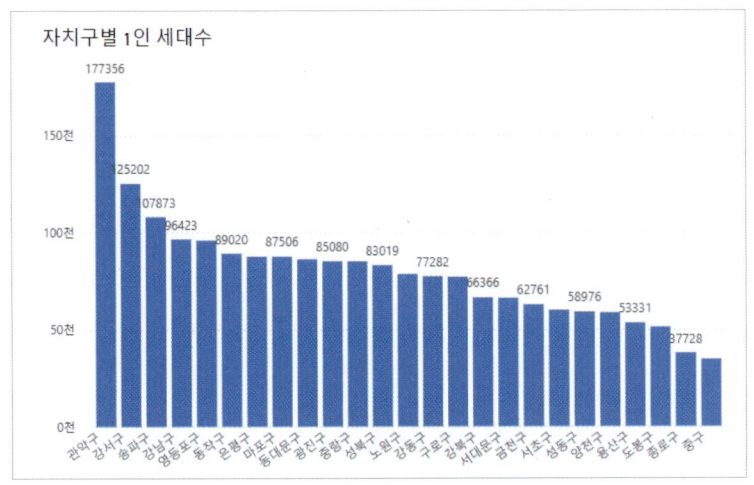

03 [보고서](📊) 보기에서 묶은 세로 막대형 차트 생성

- [시각화] 창의 [시각적 개체 빌드] 〉 [묶은 세로 막대형 차트] 선택
- [X축] : '행정동코드' 테이블의 '시군구명' 필드
- [Y축] : '세대원별 세대수' 테이블의 '1인세대비율' 필드
  - ▶ [아래 화살표](∨) 〉 [평균] 선택

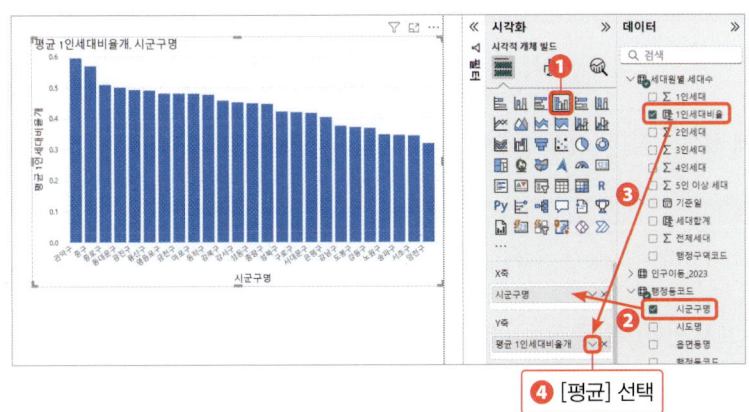

04 차트 서식 지정

- [시각화] 창의 [시각적 개체 서식 지정] 〉 [시각적 개체]에서,
  - ▶ [X축] 〉 [제목] : 비활성화
  - ▶ [Y축] 〉 [제목] : 비활성화
  - ▶ [데이터 레이블] : 활성화
  - ▶ [데이터 레이블] 〉 [값] 〉 [표시 단위] : 없음
- [시각화] 창의 [시각적 개체 서식 지정] 〉 [일반]에서,
  - ▶ [제목] 〉 [텍스트] : '자치구별 1인 세대수' 입력

◈ 행정동별 상세 분석

01 [보고서]( ) 보기에서 누적 가로 막대형 차트 생성

- [시각화] 창의 [시각적 개체 빌드] 〉 [누적 가로 막대형 차트]
- [Y축] : '행정동코드' 테이블의 '읍면동명' 필드
- [X축] : '세대원별 세대수' 테이블의 '1인세대' 필드

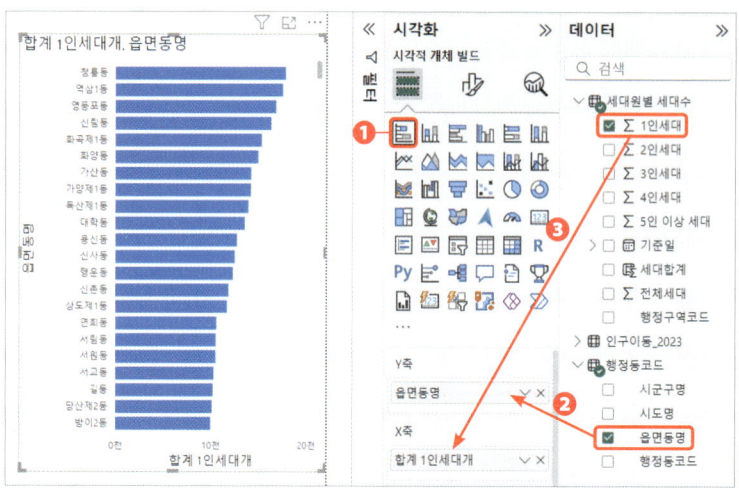

02 차트 서식 지정

- [시각화] 창의 [시각적 개체 서식 지정] 〉 [시각적 개체]에서,
  - ▶ [X축] 〉 [제목] : 비활성화
  - ▶ [Y축] 〉 [제목] : 비활성화
  - ▶ [데이터 레이블] : 활성화
  - ▶ [데이터 레이블] 〉 [값] 〉 [표시 단위] : 없음

- [시각화] 창의 [시각적 개체 서식 지정] 〉 [일반]에서,
  - [제목] 〉 [텍스트] : '행정동별 1인 세대수' 입력

03 [보고서]( ) 보기에서 누적 가로 막대형 차트 생성

- [시각화] 창의 [시각적 개체 빌드] 〉 [누적 가로 막대형 차트] 선택
- [Y축] : '행정동코드' 테이블의 '읍면동명' 필드
- [X축] : '세대원별 세대수' 테이블의 '1인세대비율' 필드
  - [아래 화살표]( ) 〉 [평균] 선택

04 차트 서식 지정

- [시각화] 창의 [시각적 개체 서식 지정] 〉 [시각적 개체]에서,
  - [X축] 〉 [제목] : 비활성화
  - [Y축] 〉 [제목] : 비활성화
  - [데이터 레이블] : 활성화
- [시각화] 창의 [시각적 개체 서식 지정] 〉 [일반]에서,
  - [제목] 〉 [텍스트] : '행정동별 1인 세대 비율' 입력

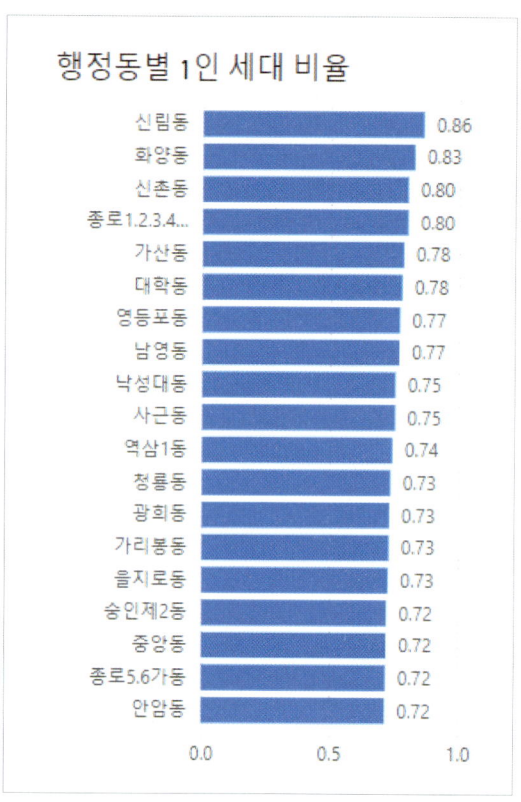

3 공간 분포 패턴 시각화

Power BI의 도형 맵 기능을 활성화하고 서울시 행정동 경계 지도(json) 파일을 설정한 후 행정동별 1인 세대수와 세대 비율을 도형 맵으로 시각화하여 지역적 분포를 표현합니다.

◉ 도형 맵 구성 및 설정

도형 맵은 아직 미리 보기 기능 상태에 있으므로 Power BI Desktop의 [옵션]에서 설정해야 합니다.

01 [파일] 탭 〉 [옵션 및 설정] 〉 [옵션] 클릭

02 [전역] > [미리 보기 기능] > [도형 맵 시각화]를 선택하고 [확인]을 클릭

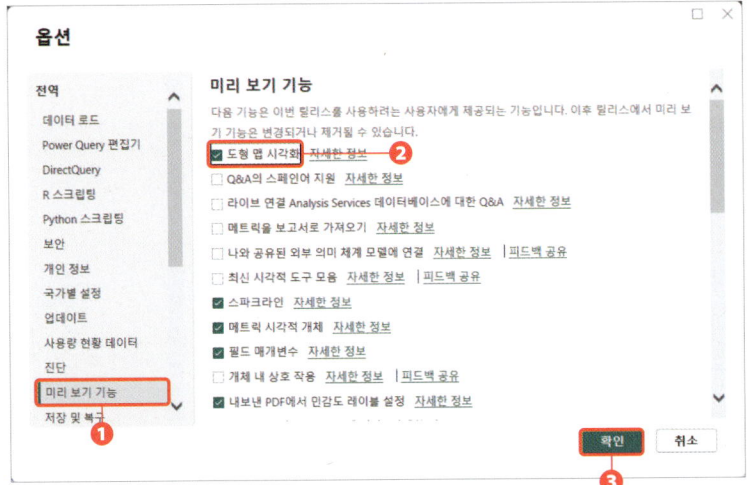

03 설정이 끝난 후 Power BI Desktop을 다시 실행하고, [시각화] 창에 [도형 맵]이 나타난 것을 확인

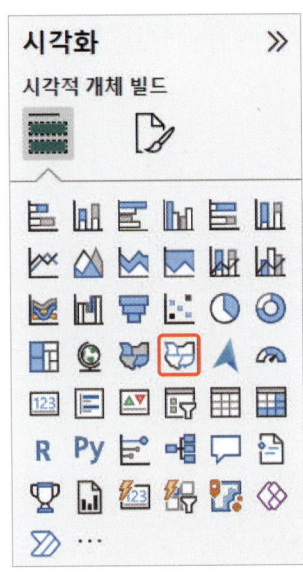

04 도서와 함께 제공되는 파일 폴더(Part 03 > Data)에서 '서울시_행정동_20240101.json' 파일 다운로드

◈ 1인 세대수의 공간적 분포 시각화

01 [보고서]( ) 보기에서 도형 맵 생성

- [시각화] 창의 [시각적 개체 빌드] 〉 [도형 맵] 선택
- [위치] : '행정동코드' 테이블의 '행정동코드' 필드
- [색 채도] : '세대원별 세대수' 테이블의 '1인 세대' 필드
  ▸ [아래 화살표]( ) 〉 [평균] 선택
- [도구 설명] : '행정구역코드' 테이블의 '읍면동명' 필드

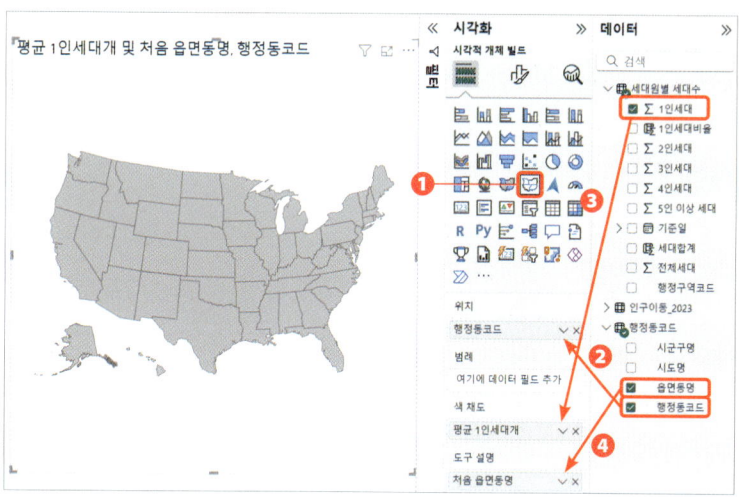

02 맵 서식 지정

- [시각화] 창의 [시각적 개체 서식 지정] 〉 [시각적 개체]에서,
- [지도 설정] 〉 [지도 설정] 〉 [맵 유형] : 사용자 지정 맵
- [지도 설정] 〉 [지도 설정] 〉 [맵 유형 추가] : 서울시_행정동_20240101.json

- [시각화] 창의 [시각적 개체 서식 지정] > [일반]에서,
  ▸ [제목] > [텍스트] : '행정동별 1인 세대수 맵' 입력

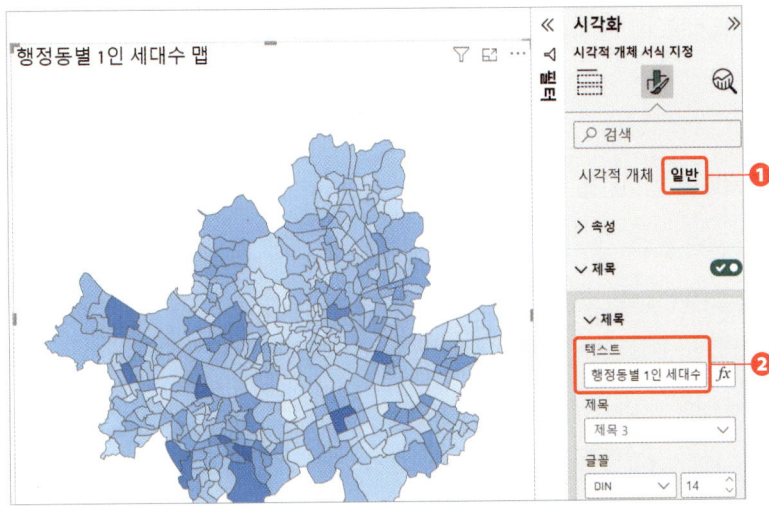

1인 세대 비율의 공간적 분포 시각화

01 '행정동별 1인 세대수 맵' 시각적 개체를 선택하고 복사(Ctrl + C)한 후 붙여넣기(Ctrl + V)

- [색 채도] : '세대원별 세대수' 테이블의 '1인 세대비율' 필드
  ▸ [아래 화살표](⌄) > [평균] 선택

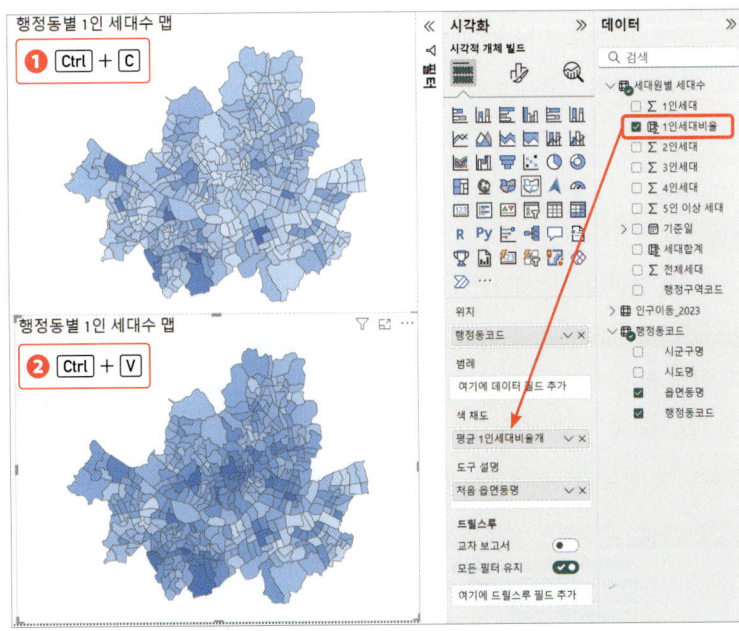

- [시각화] 창의 [시각적 개체 서식 지정] > [일반]에서,
  ▸ [제목] > [텍스트] : '행정동별 1인 세대 비율 맵'으로 변경

4 시각화 결과 탐색

자치구와 행정동 차트 간의 상호 작용을 설정하여 연계 분석이 가능하도록 하고, 생성된 시각화 자료들을 바탕으로 1인 세대의 분포 특성을 세대수와 비율 측면에서 분석합니다.

◈ 차트 간 상호 설정

01 '자치구별 1인 세대수' 차트와 '행정동별 1인 세대수' 차트 연계

- '자치구별 1인 세대수' 차트 선택 후 [서식] 탭 〉 [상호 작용 편집] 클릭
- '행정동별 1인 세대수' 차트의 [필터]( ) 클릭

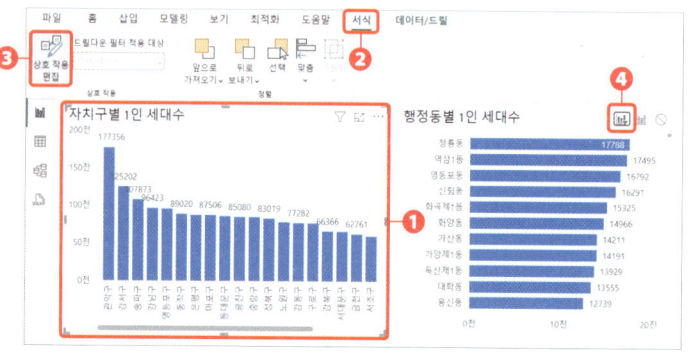

02 '자치구별 1인 세대 비율' 차트와 '행정동별 1인 세대 비율' 차트 연계

- '자치구별 1인 세대 비율' 차트 선택 후 [상호 작용 편집] 클릭
- '행정동별 1인 세대 비율' 차트의 [필터]( ) 클릭

◈ 주요 분석 결과

자치구별, 행정동별 1인 세대 현황

'행정동별 1인 세대수' 시각적 개체를 통하여 1인 세대가 가장 많은 행정동은 관악구 청룡동(17,788)세대임을 알 수 있습니다. 가장 적은 둔촌제1동(22세대)에 비하여 약 800배가 많습니다.

자치구별로 따지면 1인 세대가 가장 많은 지역은 관악구입니다. '자치구별 1인 세대수' 시각적 개체에서 '관악구'를 선택하면, '행정동별 1인 세대수' 시각적 개체에 관악구에 해당하는 행정동만 표시됩니다. 관악구의 청룡동 · 신림동 · 대학동 · 행운동은 1인 세대수가 12,000세대가 넘습니다.

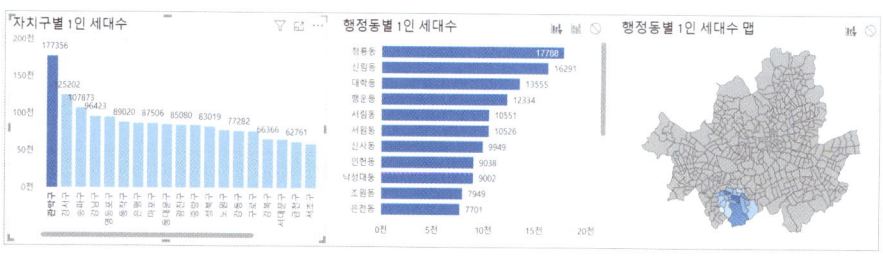

1인 세대의 절대 수와 비율

비율로 따지면 관악구 신림동(86%), 광진구 화양동(83%), 서대문구 신촌동(80%) 순으로 1인세대 비율이 높습니다.

중구의 경우 인구가 적기 때문에 절대적인 1인 세대수는 적지만(34,519세대), 상대적인 1인 세대 비율은 관악구 다음으로 높습니다(57%). 관악구를 제외하고 1인 세대 비율이 높은 지역은 중구·종로구·동대문구 등 시내 중심 지역입니다.

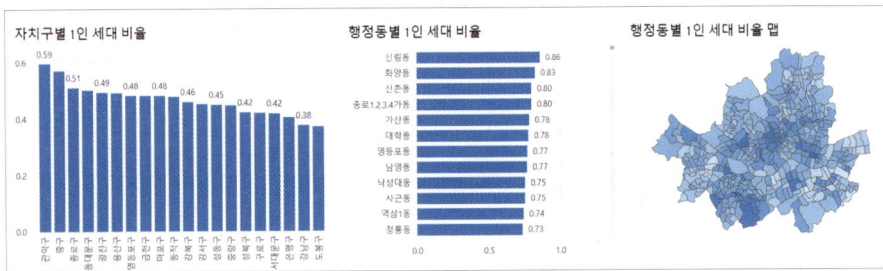

지역별 집중도와 특성

- 1인 세대 밀집 지역의 특징
  - 대학가 주변 : 관악구(서울대), 광진구(건국대), 서대문구(연세대) 등
  - 업무 중심지 : 강남구(역삼동), 영등포구(영등포동) 등
  - 도심 지역 : 중구, 종로구 일대
- 지역별 특성
  - 관악구 : 대학가와 저렴한 주거비용으로 1인 세대 최다 밀집
  - 강남구 : 직장인 1인 세대가 많은 업무중심지구
  - 광진구/서대문구 : 대학생 1인 세대 중심의 대학가 주변
- 도형 맵을 통한 공간적 분포 확인
  - 전반적으로 서울 도심권과 부도심권을 중심으로 1인 세대가 집중
  - 외곽 지역으로 갈수록 1인 세대 비율이 상대적으로 낮아지는 경향
  - 대중교통 접근성이 좋은 지역에 1인 세대가 많이 분포

> **Tip**
> - 차트에서 항목을 클릭하면 관련된 모든 정보가 함께 바뀝니다.
> - 여러 항목을 동시에 보려면 Ctrl 을 누른 채 클릭하세요.
> - 지도에서 색이 진할수록 더 많은 1인 세대가 선택했다는 뜻입니다.
> - 초기 상태로 돌아가려면 차트의 빈 공간을 클릭하세요.

07 1인 세대의 이동 패턴 분석

Chapter

서울시 1인 세대의 인구 이동 데이터를 분석하여 이들의 이동 패턴을 살펴봅니다. Power BI의 도넛형 차트로 성별, 연령대, 이동 사유의 분포를 시각화하고, 테이블과 도형 맵으로 선호 지역의 공간적 분포를 표현합니다. 이렇게 만든 차트들을 상호 연동하여 30대 여성, 대학생 등 특성별 그룹의 선호 지역과 이동 사유를 분석합니다.

이번 챕터의 시각화 결과물을 미리 보면 아래 그림과 같습니다.

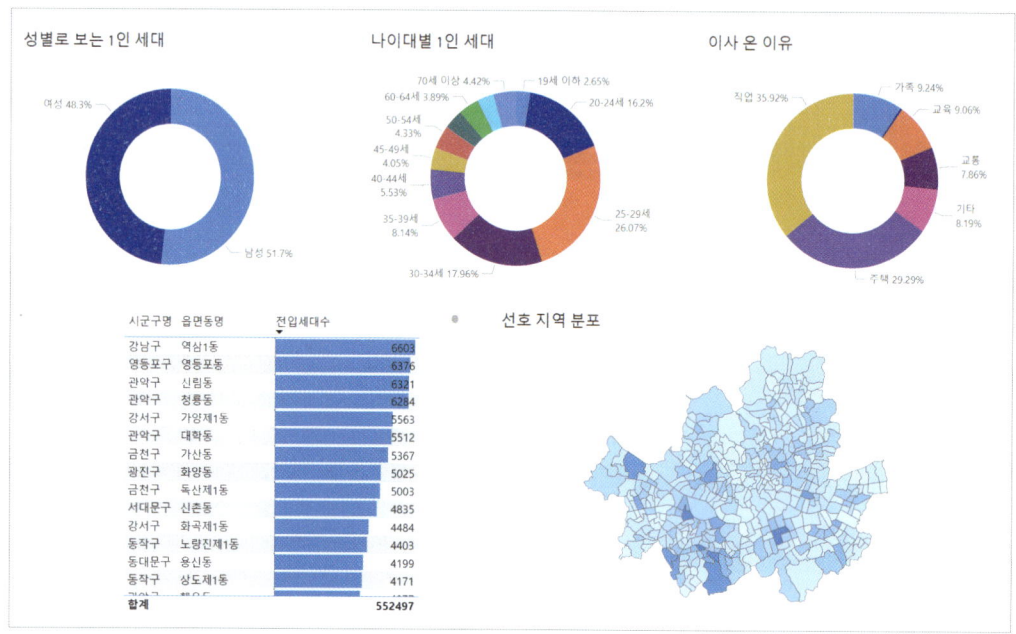

Power BI Desktop 보고서에 새 페이지를 추가한 후 이름을 '특성별 선호 지역'으로 변경합니다.

1 분석 데이터 준비

[모델]( ) 보기에서 '인구이동_2023' 테이블의 '전입지 코드' 필드와 '행정동코드' 테이블의 '행정동코드' 필드를 연결하고, [필터] 창의 [이 페이지의 필터]에 '행정동코드' 테이블의 '시도명' 필드를 추가한 후 [서울특별시]를 선택하여 서울시의 데이터만 분석할 수 있도록 합니다.

◆ 테이블 관계 설정

01 [모델]( ) 보기에서 '인구이동_2023' 테이블의 '전입지 코드' 필드를 드래그하여 '행정동코드' 테이블의 '행정동코드' 필드에 연결합니다.

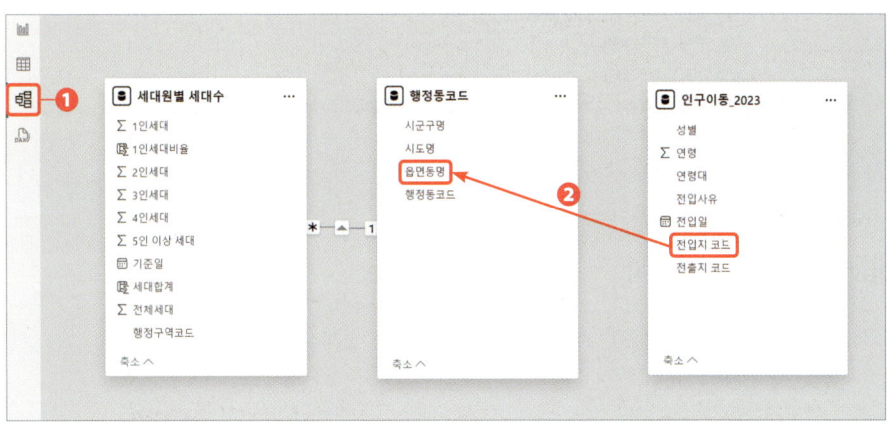

02 [새 관계] 창에서 [저장]을 클릭합니다.

◆ 분석 기준 설정

01 [보고서]( ) 보기에서 [필터] 창의 [이 페이지의 필터]에 '행정동코드' 테이블의 '시도명' 필드를 추가합니다.

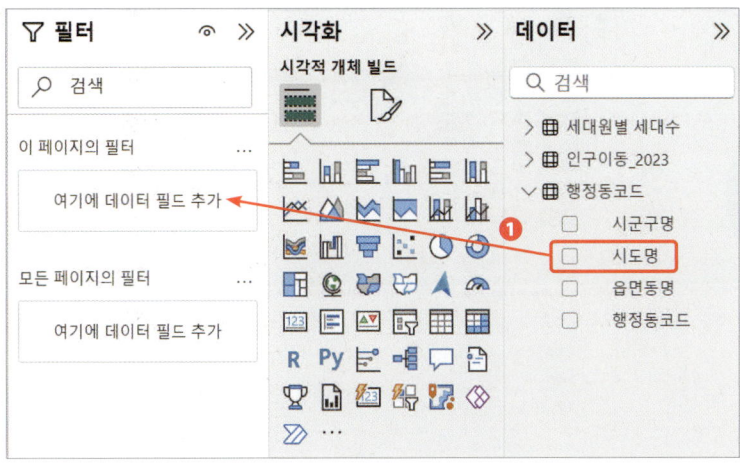

02 [기본 필터링] 상태에서 [서울특별시]를 체크합니다. 이제 이 페이지의 모든 시각적 개체는 [서울특별시]의 값만 표시합니다.

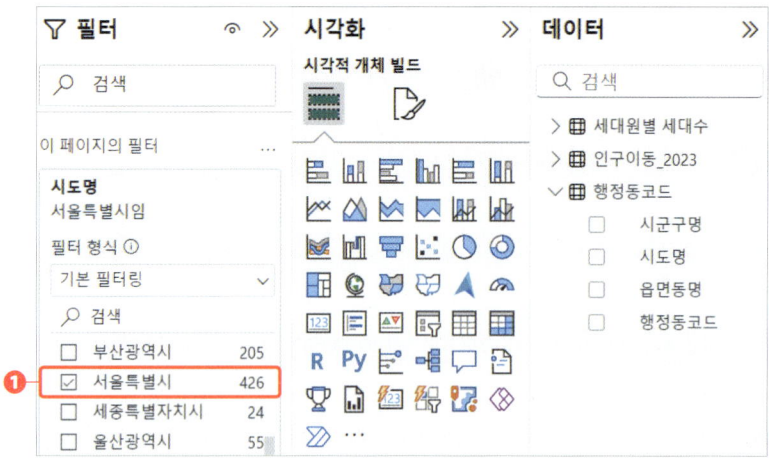

2 1인 세대 인구 특성 분석

도넛형 차트 3개를 만들어 1인 세대의 성별, 연령대별, 이사 이유별 분포를 시각화합니다.

◆ 성별 분포 시각화

01 도넛형 차트 생성

- [시각화] 창의 [시각적 개체 빌드] 〉 [도넛형 차트] 선택
- [값] : '인구이동_2023' 테이블의 '성별' 필드
- [자세히] : '인구이동_2023' 테이블의 '성별' 필드

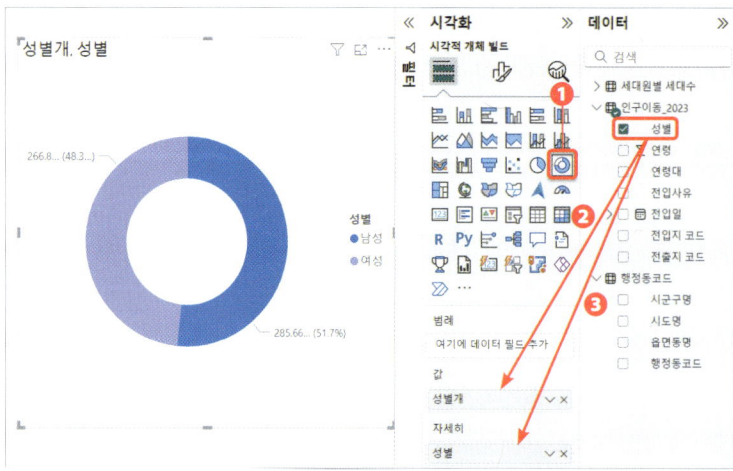

464 PART 03 서울의 1인 세대, 어디서 살고 있을까?

02 차트 서식 지정

- [시각화] 창의 [시각적 개체 서식 지정] 〉 [시각적 개체]에서,
  - ▶ [범례] : 비활성화
  - ▶ [세부 정보 레이블] 〉 [레이블 내용] : 범주, 총 퍼센트

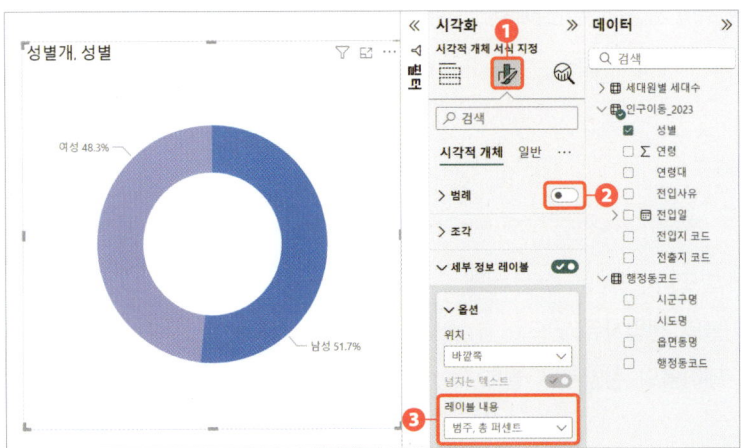

- [시각화] 창의 [시각적 개체 서식 지정] 〉 [일반]에서,
  - ▶ [제목] 〉 [텍스트] : '성별로 보는 1인 세대' 입력

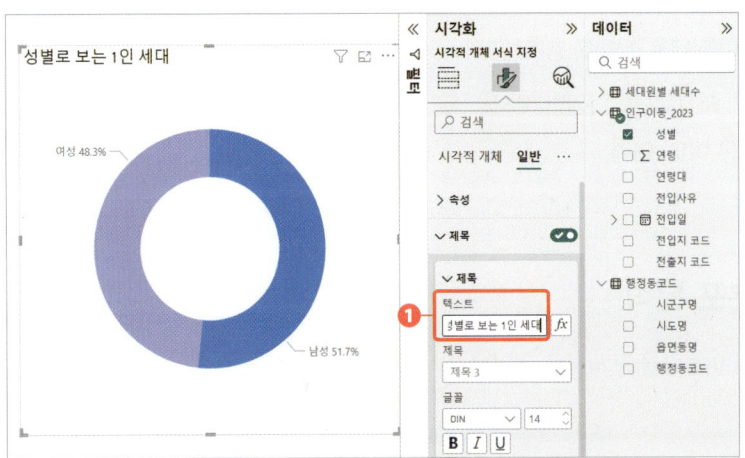

◈ 연령대별 분포 시각화

01 도넛형 차트 생성

- [시각화] 창의 [시각적 개체 빌드] 〉 [도넛형 차트] 선택
- [값] : '인구이동_2023' 테이블의 '연령대' 필드
- [자세히] : '인구이동_2023' 테이블의 '연령대' 필드

02 차트 서식 지정

- [시각화] 창의 [시각적 개체 서식 지정] 〉 [일반]에서,
  - ▸ [범례] : 비활성화
  - ▸ [세부 정보 레이블] 〉 [레이블 내용] : 범주, 총 퍼센트
- [시각화] 창의 [시각적 개체 서식 지정] 〉 [일반]에서,
  - ▸ [제목] 〉 [텍스트] : '나이대별 1인 세대' 입력

◈ 전입 이유 시각화

01 도넛형 차트 생성

- [시각화] 창의 [시각적 개체 빌드] 〉 [도넛형 차트] 선택
- [값] : '인구이동_2023' 테이블의 '전입사유' 필드
- [자세히] : '인구이동_2023' 테이블의 '전입사유' 필드

02 차트 서식 지정

- [시각화] 창의 [시각적 개체 서식 지정] 〉 [일반]에서,
  - ▸ [범례] : 비활성화
  - ▸ [세부 정보 레이블] 〉 [레이블 내용] : 범주, 총 퍼센트
- [시각화] 창의 [시각적 개체 서식 지정] 〉 [일반]에서,
  - ▸ [제목] 〉 [텍스트] : '이사 온 이유' 입력

3 1인 세대 공간 분포 분석

테이블을 생성하여 행정동별 이동량을 표시하고 데이터 막대와 도형 맵으로 1인 세대 거주지 이동을 시각화합니다.

◈ 지역별 이동량 테이블 작성

01 [보고서](📊) 보기에서 테이블 생성

- [시각화] 창의 [시각적 개체 빌드] 〉 [테이블] 선택
- [열] : 아래의 필드 추가
  - ▸ '행정동코드' 테이블의 '시군구명' 필드

▶ '행정동코드' 테이블의 '읍면동명' 필드

▶ '인구이동_2023' 테이블의 '전입지 코드' 필드

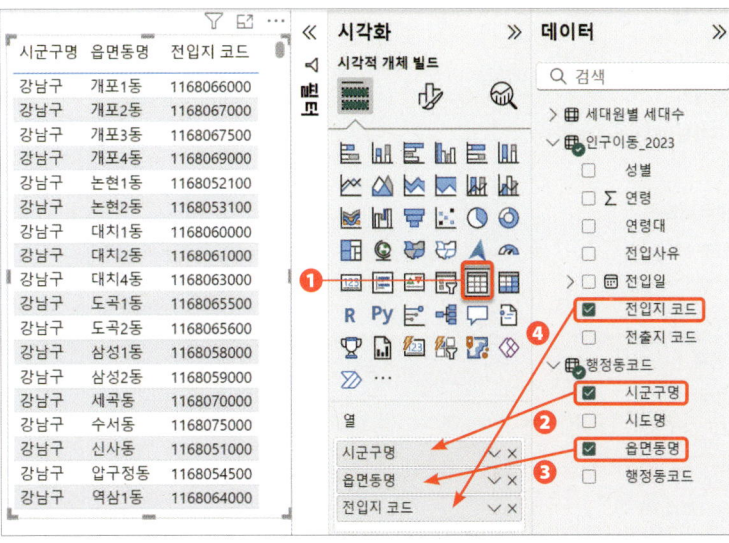

02 차트 서식 지정

- '전입지 코드' 필드의 [아래 화살표](⌄) 〉 [이 시각적 개체의 이름 바꾸기]에서 이름을 '전입세대수'로 변경

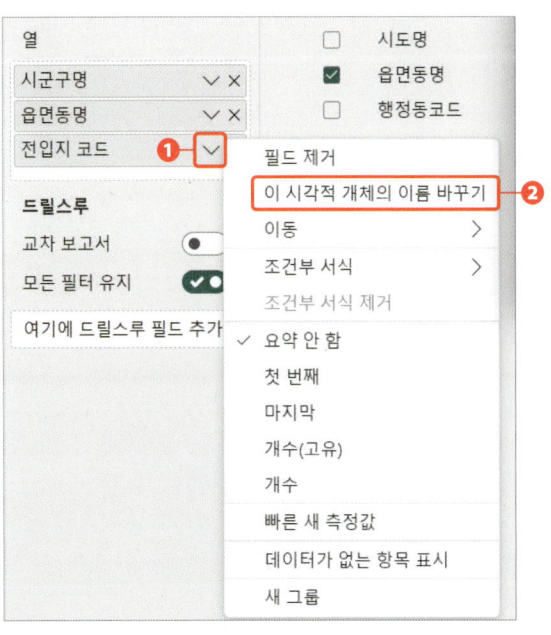

- '전입세대수' 필드의 [아래 화살표](∨) 〉 [개수] 선택

- '전입세대수' 필드의 [아래 화살표](∨) 〉 [조건부 서식] 〉 [데이터 막대] 선택

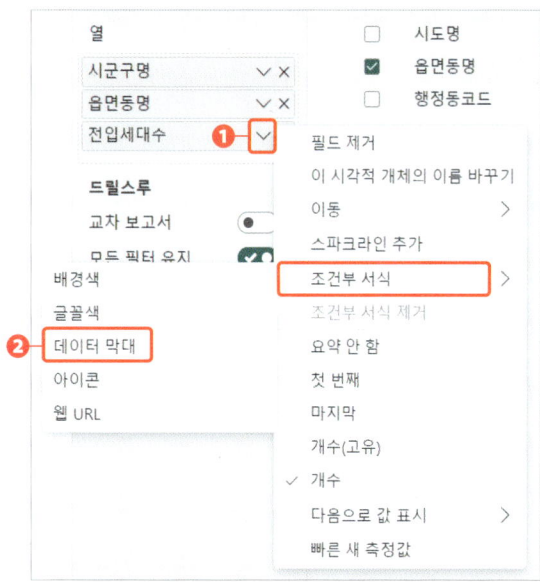

- [데이터 막대 - 전입세대수] 대화상자에서 내용 확인 후 [확인] 클릭

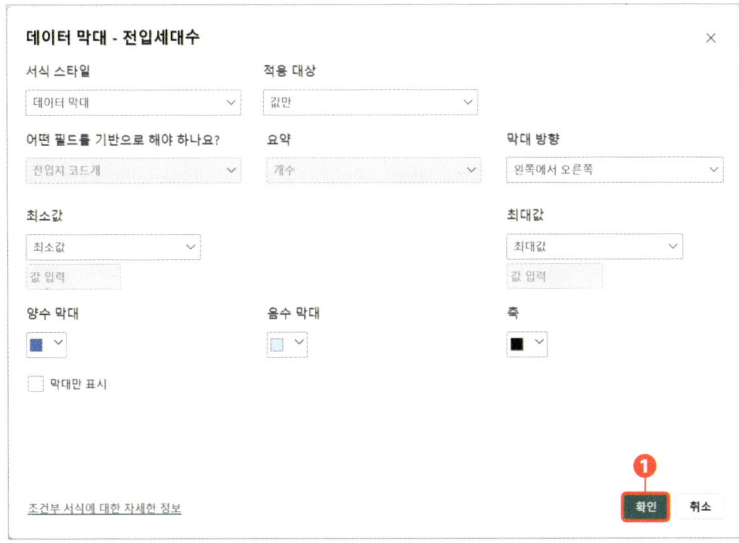

◆ 이동 패턴 지도 시각화

01 [보고서](📊) 보기에서 도형 맵 생성

- [시각화] 창의 [시각적 개체 빌드] > [도형 맵] 선택
- [위치] : '행정동코드' 테이블의 '행정동코드' 필드
- [색 채도] : '인구이동_2023' 테이블의 '전입지 코드' 필드
- [도구 설명] : '행정동코드' 테이블의 '읍면동명' 필드

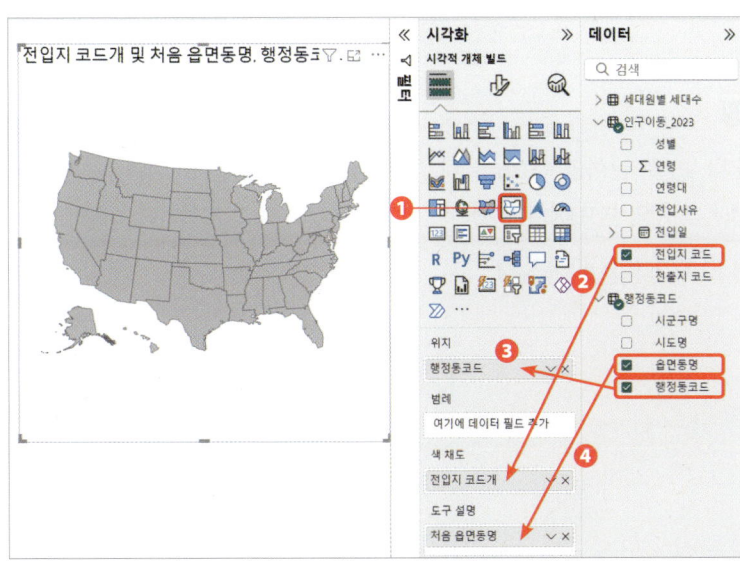

02 맵 서식 지정

- [시각화] 창의 [시각적 개체 서식 지정] 〉 [시각적 개체]에서,
  - ▶ [지도 설정] 〉 [맵 유형] : 사용자 지정 맵
  - ▶ [지도 설정] 〉 [맵 유형 추가] : 서울시_행정동_20240101.json

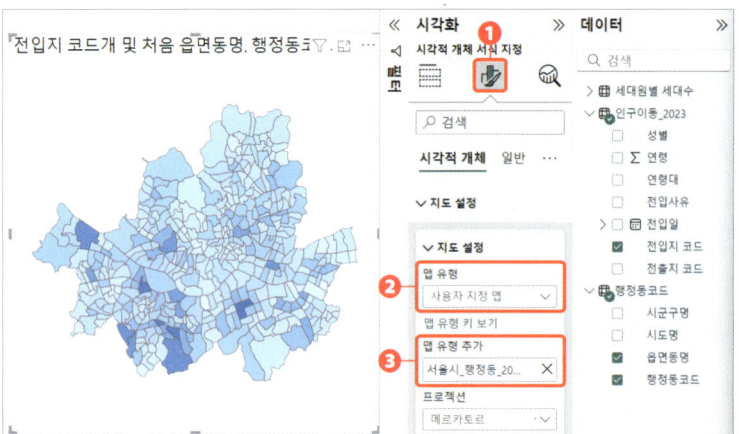

- [시각화] 창의 [시각적 개체 서식 지정] 〉 [일반]에서,
  - ▶ [제목] 〉 [텍스트] : '선호 지역 분포' 입력

4 시각화 결과 탐색

차트 간 상호 작용을 설정하여 성별, 연령대, 이동 사유에 따른 연계 분석을 가능하게 하고, 30대 여성과 대학생 그룹의 이동 패턴을 분석하여 각 그룹별 선호 지역과 이동 사유의 특징을 도출합니다.

◈ **차트 간 상호 작용 설정**

차트들을 연동하여 데이터를 다각도로 분석할 수 있습니다. 예를 들어, 도넛 차트(나이대별 1인 세대)에서 '20대'를 선택하면 도형 맵(선호 지역 분포)에서는 20대가 많이 사는 지역이 강조됩니다. 이렇게 차트 간 연결을 설정하면 데이터를 더 쉽게 분석할 수 있습니다.

연결 방식은 세 가지가 있습니다.

- [필터] : 선택한 데이터만 보여줍니다(예 : '20대' 선택 시 20대 데이터만 표시).
- [강조] : 선택한 데이터를 밝게 표시합니다(예 : '20대' 선택 시 20 데이터는 밝게, 나머지는 흐리게 표시).
- [없음] : 차트 간 연결을 하지 않습니다(예 : 각 차트가 독립적으로 동작).

시각적 상호 작용을 활용하려면, ① 특정 시각적 개체를 선택하고, ② [서식] 탭 〉 [상호 작용 편집]을 클릭한 후 ③ 상호 작용할 시각적 개체의 [필터] 또는 [강조 표시]를 선택하면 됩니다.

아래 사례는 ① '성별로 보는 1인세대' 시각적 개체를 선택하고, ② [상호 작용 편집]을 클릭한 후, ③ '나이대별 1인 세대' 시각적 개체는 [필터]를 적용하고 '이사 온 이유' 시각적 개체는 [강조 표시]를 적용했습니다.

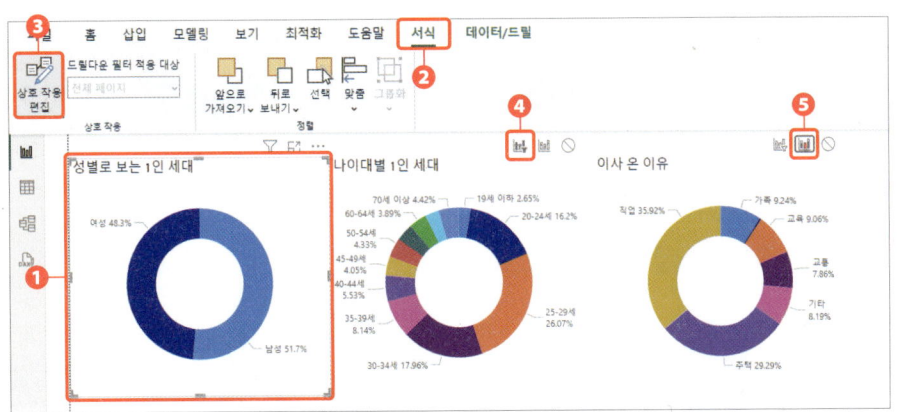

여기서 '성별로 보는 1인세대' 시각적 개체에서 여성을 선택하면, '나이대별 1인 세대' 시각적 개체는 여성만 필터링하여 표시하고 '이사 온 이유' 시각적 개체는 여성을 강조하여 표시합니다.

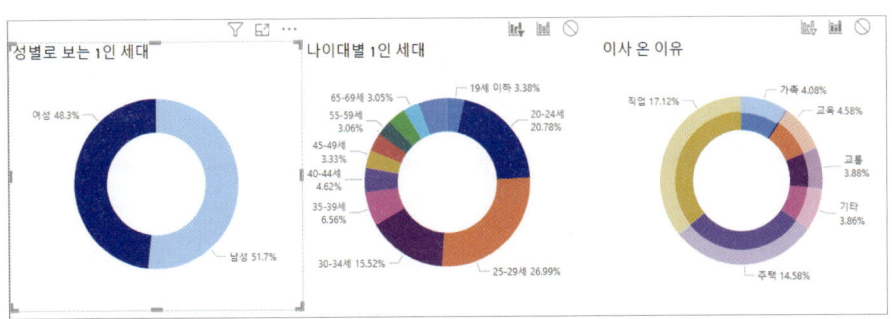

주요 분석 결과

30대 여성의 이동 패턴 분석

- '성별로 보는 1인세대' 시각적 개체를 선택하고 나머지 시각적 개체는 모두 상호 작용 설정에서 [필터]를 선택합니다. 동일한 방법으로, '나이대별 1인세대' 시각적 개체를 선택하고 나머지 시각적 개체는 모두 [필터]를 선택합니다.
- Ctrl 을 누른 상태에서, '나이대별 1인세대' 시각적 개체에서 '30-34세'와 '35-39세'를 선택하고 '성별로 보는 1인세대' 개체에서 '여성'을 선택합니다. '이사 온 이유' 시각적 개체와 '테이블' 시각적 개체, '선호 지역 분포' 시각적 개체에서 필터링된 값을 확인합니다.

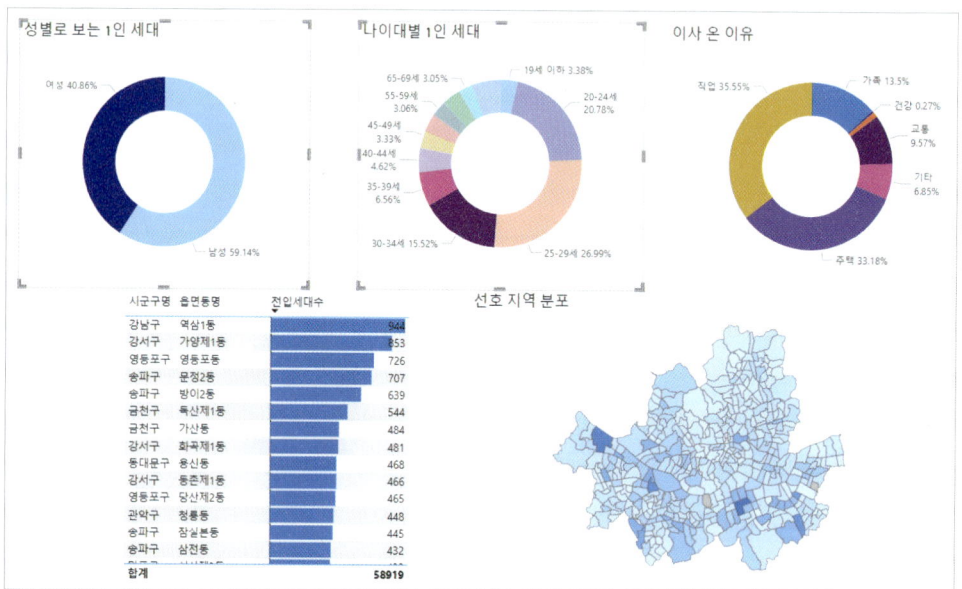

- 주요 발견
  - 강남구 역삼1동(944세대)이 가장 인기
  - 주요 이사 이유 : 직장(35.55%), 주거 환경(33.18%)
  - 특징 : 업무 지구 근처 선호

대학생 이동 패턴 분석

- '이사 온 이유' 시각적 개체를 선택하고 나머지 시각적 개체는 모두 상호 작용 설정에서 [필터]를 선택합니다.
- Ctrl 을 누른 상태에서, '이사 온 이유' 시각적 개체에서 '교육'을 선택하고 '나이대별 1인 세대' 시각적 개체에서 '20-24세'와 '25-29세'를 선택합니다. '테이블' 시각적 개체와 '도형 맵' 시각적 개체에서 상호 작용되어 필터링된 지역을 확인합니다.

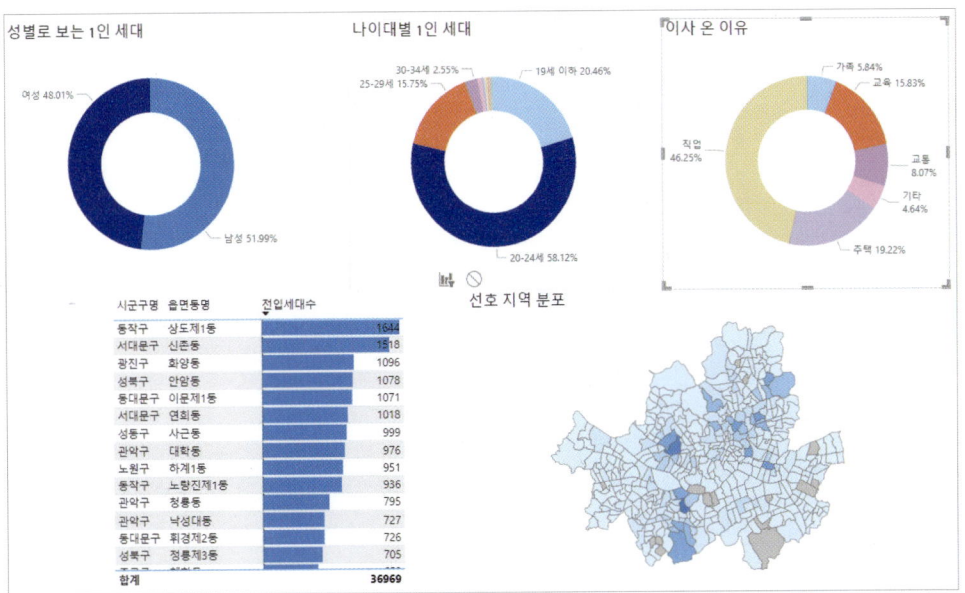

- 주요 발견
  - 동작구 상도1동(1,644세대)이 최다
  - 인기 지역 : 서대문구 신촌동, 광진구 화양동
  - 특징 : 대학교 주변 선호

PART 04 실전편

서울의 미세먼지, 어떻게 변화하고 있을까?

'마스크는 이제 필수품이에요. 미세먼지가 많아서 아이들 밖에 내보내기가 걱정이죠.' 한 초등학생 학부모의 말처럼, 미세먼지는 서울 시민의 일상을 바꿔놓았습니다.

이번 파트에서는 Power BI로 서울시의 대기질을 분석합니다. 서울특별시가 제공하는 대기오염 측정 데이터와 기상청의 기후 데이터를 활용하여 서울의 미세먼지 현황을 파악하고 앞으로의 변화를 예측해 봅니다. 주요 분석 주제는 다음과 같습니다.

- 미세먼지와 초미세먼지는 어떤 관계일까?
- 정부의 미세먼지 저감 정책은 효과가 있었을까?
- 날씨는 미세먼지에 어떤 영향을 미칠까?
- 왜 특정 지역의 미세먼지가 더 심할까?

분석 결과는 도서와 함께 제공되는 Power BI 파일(Part 04 〉 Output 〉 Dust.pbix)에서 직접 확인하고 실습해 볼 수 있습니다.

01 분석 개요

Chapter

공공 데이터를 이용하여 미세먼지와 관련한 궁금증을 분석하기 위한 절차와 학습 내용을 알아봅니다. 아울러 미세먼지 농도 기준과 용어에 대해서도 알아보겠습니다.

1 분석 배경

미세먼지는 최근 수년간 국민 건강을 위협하는 가장 심각한 환경문제로 대두되고 있습니다. 세계보건기구(WHO)가 미세먼지를 1급 발암물질로 지정할 만큼 그 위험성이 큰 상황에서, 체계적인 분석과 대응이 필요합니다. 이러한 상황은 다음과 같은 분야에서 새로운 과제를 제시하고 있습니다.

◈ 공중보건 측면

미세먼지로 인해 호흡기 질환 등 건강 위험이 증가함에 따라 이를 효과적으로 대응하려는 방안을 마련하는 것이 필요합니다. 또한, 노약자와 어린이 등 취약계층을 보호하기 위한 적절한 대책을 마련하여 이들의 건강을 보장하는 데 중점을 둡니다. 아울러, 실외 활동 제한으로 인한 생활 방식 변화를 고려하여 이에 따른 공중보건과 사회적 영향을 분석하는 것도 중요한 과제로 다뤄져야 합니다.

◈ 환경 정책 측면

차량 2부제와 같은 긴급 저감조치의 실효성을 평가하여 실제로 대기질 개선에 얼마나 기여했는지를 확인하고, 필요한 경우 보완 방안을 마련하는 것이 중요합니다. 또한, 친환경 교통수단의 도입 필요성이 증가하고 있으며, 이를 통해 지속 가능한 교통 체계를 구축하는 것이 요구됩니다. 마지막으로, 산업 시설에서의 배출 규제를 강화하기 위한 구체적인 방안을 수립하여, 대기 오염물질 배출을 효율적으로 줄이는 데 기여해야 합니다.

◈ 도시 계획 측면

먼저, 바람길 확보를 위한 도시 설계가 필요합니다. 이는 대기 순환을 촉진하여 미세먼지를 효과적으로 줄이는 데 중요한 역할을 합니다. 또한, 도심 내 녹지 공간을 확충하기 위한 계획을 수립하여 공기 정화와 도시 환경 개선을 동시에 도모해야 합니다. 마지막으로, 대기질 측정망의 최적화를 통해 정확하고 신뢰할 수 있는 데이터를 확보하고, 이를 기반으로 더 효율적인 대기질 관리 정책을 수립하는 방안을 도출해야 합니다.

◆ 경제·사회적 측면

미세먼지로 인해 마스크, 공기청정기와 같은 관련 산업이 빠르게 성장하고 있으며, 이는 경제에 새로운 동력을 제공하는 한편 경쟁력을 강화할 기회를 만듭니다. 또한, 실외 활동 감소가 소비 패턴 변화를 유발하여 실내 활동 및 관련 제품 및 서비스 수요가 증가하고 있습니다. 마지막으로, 월경성 오염물질 문제를 해결하기 위해 국제 협력이 요구되며, 이는 국가 간 협력을 통해 공통의 환경 문제를 극복할 수 있는 중요한 과제로 떠오르고 있습니다.

이러한 배경에서 서울시 미세먼지의 시공간적 분포와 영향 요인을 분석하는 것은 매우 중요합니다. 본 분석을 통해 아래와 같은 실질적인 인사이트를 도출할 수 있을 것입니다.

- 미세먼지 저감 정책의 실효성 평가
- 기상 조건과 미세먼지의 상관관계 파악
- 지역별 미세먼지 취약성 진단과 대응

2 분석 절차

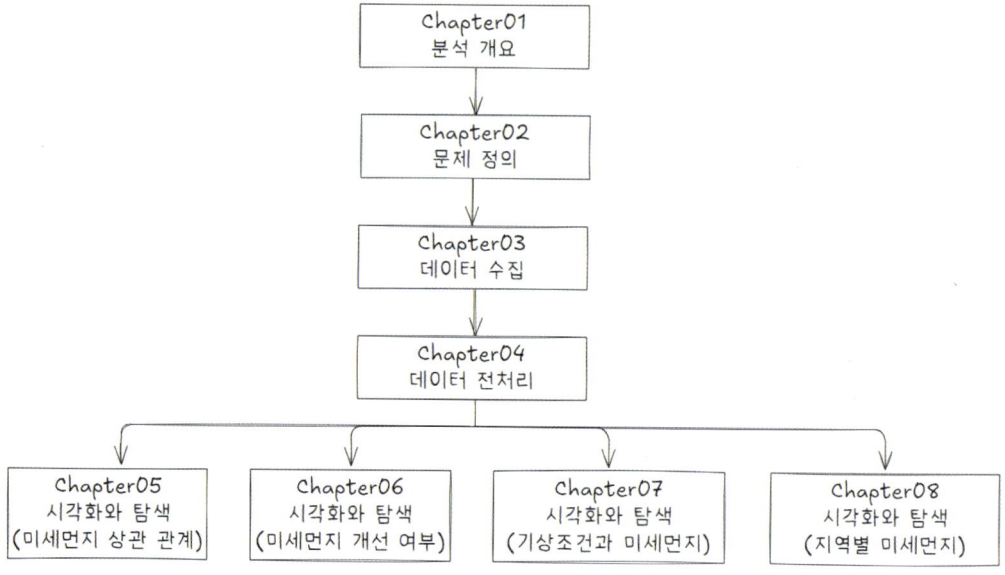

분석은 크게 5단계로 구성되며, 각 단계는 다음의 세부 절차를 포함합니다.

◈ 1단계 : 분석 개요(Chapter 01)

분석의 배경과 목적을 명확히 제시하여 미세먼지 문제를 연구하게 된 이유와 그 중요성을 설명합니다. 이어서, 전체 분석의 범위와 방법을 간략히 개괄하며, 어떠한 데이터와 도구를 사용하여 분석을 수행하는지를 소개합니다. 마지막으로, 분석의 특징과 한계를 설명합니다.

◈ 2단계 : 문제 정의(Chapter 02)

- 구체적인 분석 질문 설정
  - ▶ 미세먼지와 초미세먼지의 상관관계
  - ▶ 장기적 농도 변화 추이
  - ▶ 기상 조건의 영향
  - ▶ 지역별 농도 분포
- 각 질문별 세부 분석 방법 계획

◈ 데이터 수집(Chapter 03)

- 서울시 열린데이터광장에서 2014~2023년 일별 평균 대기오염도 데이터 수집
- 기상청 기상자료개방포털에서 2023년 기온, 습도, 풍속 등 기후 데이터 수집

◈ 4단계 : 데이터 전처리(Chapter 04)

- 수집 데이터의 결측치와 이상치 처리
- 데이터 형식 통일 및 분석에 적합한 형태로 가공

◈ 5단계 : 각 분석 주제에 따른 데이터 시각화와 탐색(Chapter 04~08)

- 미세먼지와 초미세먼지의 상관관계 분석(Chapter 05)
- 미세먼지 농도의 장기 변화 추이 분석(Chapter 06)
- 기상 조건과 미세먼지 농도의 관계 분석(Chapter 07)
- 서울시 지역별 미세먼지 농도 분포 분석(Chapter 08)

3 분석 특징 및 한계

분석의 공간적 범위는 서울시이며, 시간적 범위는 2023년 1월 1일부터 2023년 12월 31일까지 1년입니다. 일부는 2014년 1월 1일부터 2023년 12월 31일까지 10년간을 대상으로 합니다.

◈ 분석 범위
- 공간적 범위 : 서울특별시 25개 자치구
- 시간적 범위
  - ▸ 기본 분석 : 2023년 1월 1일 ~ 2023년 12월 31일
  - ▸ 장기 추세 분석 : 2014년 1월 1일 ~ 2023년 12월 31일

◈ 사용 데이터
- 대기오염 측정 데이터(서울특별시)
  - ▸ 자치구별 대기오염도 현황
  - ▸ 미세먼지와 초미세먼지 농도
  - ▸ 매시간 단위 측정값
- 기상 데이터(기상청)
  - ▸ 기온, 습도, 풍속 정보
  - ▸ 기상 관측소별 측정값
  - ▸ 시간대별 기상 상태

◈ 분석의 한계
- 측정소의 공간적 한계
  - ▸ 25개 측정소로 서울 전역의 미세먼지 현황을 대표하는 데 제한적
  - ▸ 측정소 주변 환경에 따른 영향 존재
- 외부 요인의 영향
  - ▸ 국외 유입 미세먼지의 영향 분석 제한
  - ▸ 기상 조건의 복합적 영향 고려 필요
- 데이터 제약
  - ▸ 일부 시간대의 결측치 존재
  - ▸ 측정기 오작동이나 점검으로 인한 데이터 누락

◆ 활용 목적 및 한계

Power BI의 데이터 분석 방법을 학습하는 것이 주요 목표이므로, 분석 결과를 실제 정책 수립이나 의사결정에 활용할 때 신중함이 요구됩니다. 특히, 학습 과정에서 사용된 데이터의 한계와 가정 조건을 충분히 검토하고, 이를 바탕으로 정책적 결정을 내릴 때는 추가적인 검증과 전문가 의견을 반영하는 것이 중요합니다. 분석을 학습 목적에 맞게 활용하되, 결과의 신뢰성과 적합성을 평가하는 과정이 반드시 수반되어야 합니다.

배경지식 》 미세먼지의 구분 및 농도 기준

- 미세먼지의 구분
    - ▶ 미세먼지(PM-10) : 지름이 10㎛ 이하인 먼지
    - ▶ 초미세먼지(PM-2.5) : 지름이 2.5㎛ 이하인 먼지

참고 : PM(Particulate Matter)은 입자상 물질을 의미하며, 숫자는 먼지의 지름 크기를 마이크로미터(㎛) 단위로 나타낸 것입니다.

〈미세먼지의 상대적 크기 비교〉

- 미세먼지 농도 기준

한국의 미세먼지 연 평균 관리 기준은 50㎍/㎥ 이하이며, 초미세먼지는 15㎍/㎥ 이하로 설정되어 있습니다. 이는 세계보건기구(WHO)의 2021년 개정 권고 기준인 미세먼지 15㎍/㎥, 초미세먼지 5㎍/㎥보다는 완화된 수준이지만, 유럽연합(EU)의 기준(미세먼지 40㎍/㎥, 초미세먼지 25㎍/㎥)과 비교하면 초미세먼지 기준은 더욱 엄격한 반면 미세먼지 기준은 다소 완화된 수준임을 보여줍니다

구분	한국	WHO 권고 기준	EU 권고 기준
초미세먼지(㎍/㎥)	50	15	40
초미세먼지(㎍/㎥)	15	5	25

우리나라와 주요 국제기구의 하루 평균 미세먼지 농도에 대한 기준은 아래와 같습니다. 세계보건기구(WHO)와 유럽연합(EU)에 비하여 완화된 수준입니다.

구분	한국	WHO 권고 기준	EU 권고 기준
초미세먼지(㎍/㎥)	100	45	50
초미세먼지(㎍/㎥)	35	15	–

• 미세먼지 예보 등급

예보 구간	PM-10($\mu g/m^3$)	PM-2.5($\mu g/m^3$)	행동 지침
좋음	0-30	0-15	실외활동 가능
보통	31-80	16-35	무리하지 않은 실외활동 가능
나쁨	81-150	36-75	장시간 실외활동 자제
매우 나쁨	151 이상	76 이상	실외활동 금지

참고 사항 : 본 분석에서는 다음과 같이 용어를 통일하여 사용합니다.

• 미세먼지 : 환경정책기본법상 PM-10

• 초미세먼지 : 환경정책기본법상 PM-2.5

02 문제 정의

> 미세먼지는 국민 건강에 직접적인 영향을 미치는 중요한 환경 문제입니다. 본 분석에서는 서울시 미세먼지 데이터를 활용하여 다음 네 가지 핵심 질문에 대한 답을 찾아보고자 합니다.

1 미세먼지(PM-10)와 초미세먼지(PM-2.5)의 상관관계는?

◈ 분석 목적

두 종류의 미세먼지 사이의 상관관계를 규명함으로써 이들이 서로 영향을 주고받는 방식과 그 연관성을 깊이 이해하고자 합니다. 또한, 계절에 따른 농도 변화 패턴을 비교하여 특정 계절적 요인이나 기상 조건이 미세먼지 농도에 미치는 영향을 탐구합니다. 마지막으로, 고농도 발생 시점의 특성을 분석하여 이와 관련된 환경적, 기상적, 사회적 요인을 파악하는 데 초점을 맞춥니다.

◈ 분석 방법

2023년 시간대별 농도 데이터를 활용하여 상세한 분석의 기초 자료로 삼습니다. 상관계수를 계산하여 두 미세먼지 농도 간의 정량적인 관계를 파악하고, 이를 통해 상호작용의 강도와 방향을 규명합니다. 또한, 시계열 그래프를 활용하여 농도의 변화 패턴을 시각적으로 표현함으로써 시간에 따른 변화를 한눈에 파악하고 계절적·시간적 특징을 분석합니다.

2 서울의 미세먼지, 개선되고 있나?

◈ 분석 목적

먼저, 장기적인 관점에서 미세먼지 농도 변화 추이를 파악하여 대기질 개선의 경향성을 이해합니다. 이를 통해 미세먼지 문제 해결을 위한 정책 방향을 설정할 수 있습니다. 또한, 정부가 시행한 미세먼지 저감 정책의 효과를 검증하여 정책의 실효성을 평가하고, 필요한 경우 보완책을 마련합니다. 마지막으로, WHO의 권고 기준 및 국내 환경 기준을 달성했는지를 평가하여 국제적 기준과의 격차를 확인하고, 개선 방향을 모색합니다.

◈ 분석 방법

2014년부터 2023년까지의 10년간 데이터를 활용하여 장기적인 농도 변화를 살펴봅니다. 연평균 농도 변화 추이를 분석함으로써 대기질의 개선 또는 악화 경향을 파악합니다. 또한, 국내 및 국제 기준치를 초과한 빈도를 분석하여 대기 오염이 심각한 시점을 구체적으로 이해합니다. 이때 기준은 미세먼지(PM-10)의 경우 100㎍/㎥/일 이상, 초미세먼지(PM-2.5)의 경우 35㎍/㎥/일 이상으로 설정됩니다.

3 기후 요소는 미세먼지에 어떤 영향을 끼칠까?

◆ 분석 목적

먼저, 기상 조건과 미세먼지 농도 간의 관계를 규명하여 대기 오염의 주요 요인을 이해하고, 이를 통해 효과적인 대응 방안을 마련합니다. 또한, 고농도 미세먼지가 발생하는 기상학적 조건을 파악함으로써 특정 환경에서의 위험성을 예측하고 관리할 수 있습니다. 마지막으로, 미세먼지 예보의 정확도를 향상시키기 위한 기초 자료를 확보합니다.

◆ 분석 방법

기온과 미세먼지 농도의 관계를 분석하여 온도 변화가 미세먼지 농도에 미치는 영향을 파악합니다. 이는 계절별 및 기온 변화에 따른 대기질 변동성을 이해하는 데 중요한 자료가 될 것입니다.

다음으로, 습도와 미세먼지 농도의 관계를 살펴봄으로써 공기 중 수분 함량과 미세먼지 농도 간의 상호 작용을 규명합니다. 특히, 습도가 높은 환경에서 미세먼지의 집적이 어떻게 변하는지를 분석합니다.

마지막으로, 풍속과 풍향이 미세먼지 농도에 미치는 영향을 평가합니다. 이를 통해 대기의 순환과 확산 양상이 미세먼지 농도에 어떤 영향을 미치는지 이해할 수 있습니다. 특정 풍향 조건에서 고농도의 미세먼지가 특정 지역에 더 많이 발생하는지 등의 패턴도 분석하게 됩니다.

4 서울시내 지역별 미세먼지 농도는?

◆ 분석 목적

서울시 25개 자치구별 미세먼지 농도를 비교하여 각 지역의 대기질 상태를 명확히 이해하는 데 초점을 맞춥니다. 이를 통해 지역별로 나타나는 농도 차이를 파악하고, 대기 오염의 주요 원인을 규명할 수 있습니다. 또한, 지역별 고농도 미세먼지 발생 특성을 분석하여 특정 지역에서 발생하는 고농도의 원인과 패턴을 탐구합니다.

◆ 분석 방법

먼저, 자치구별로 연평균 미세먼지 농도를 비교하여 각 지역의 대기질 상태를 명확히 파악합니다. 이를 통해 지역별 미세먼지 수준과 오염의 심각성을 평가할 수 있습니다. 이어서, 고농도 미세먼지 발생 빈도의 공간적 분포를 분석하여 특정 지역에서 빈번히 발생하는 고농도의 원인과 특성을 규명합니다.

이러한 분석을 통해 서울시 미세먼지 현황을 종합적으로 이해하고, 더 나은 대기질 관리를 위한 과학적 근거를 마련할 수 있을 것으로 기대됩니다.

03 데이터 수집

이번 파트에서는 '미세 먼지 측정 데이터', '기후 데이터'를 수집합니다. 이번 파트의 실습에 필요한 모든 데이터는 도서와 함께 제공되는 Part 04 〉 Data 폴더에서도 다운로드할 수 있습니다.

1 미세먼지 측정 데이터

서울시에서 운영하는 열린데이터광장(https://data.seoul.go.kr)에서 '대기오염' 관련 데이터를 다운로드할 수 있습니다.

01 서울 열린데이터광장(https://data.seoul.go.kr) 접속

02 검색 창에서 '대기오염도' 검색

03 [서울시 일별 평균 대기오염도 정보] 클릭

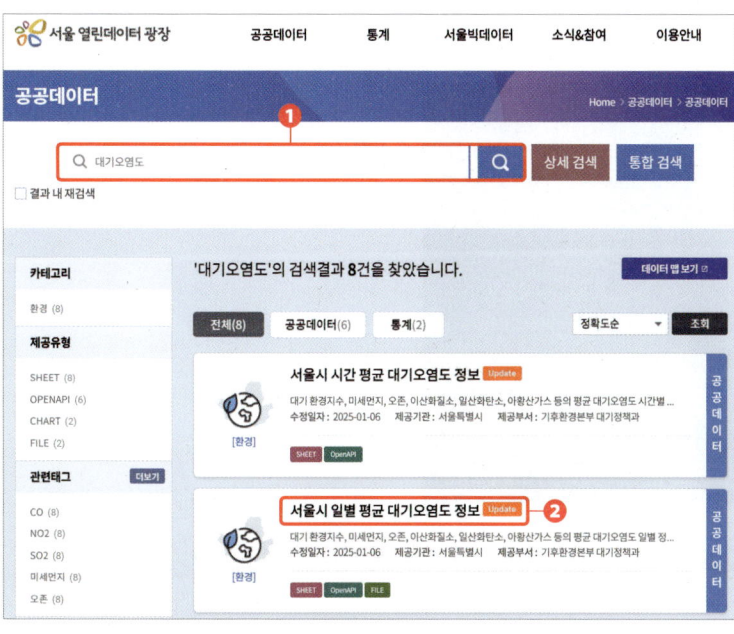

04 상세 화면 [파일내려받기]에서 [전체파일보기] 클릭

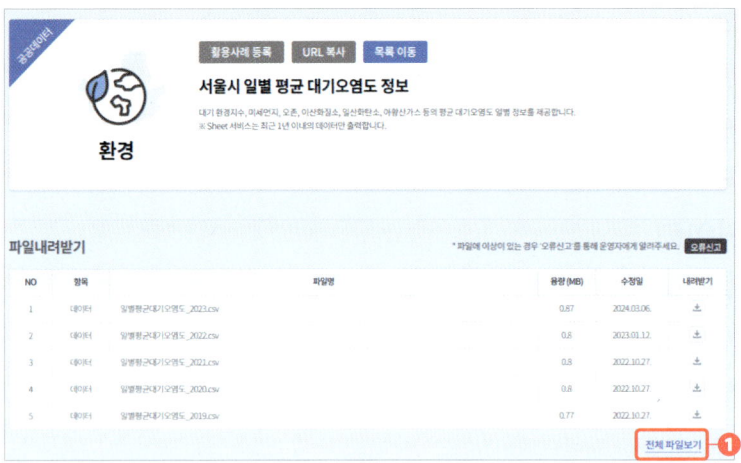

05 2014년부터 2023년까지 10년간의 일평균대기오염도 파일 다운로드

- 2014년부터 2017년까지 파일은 엑셀 형식(xlsx)이며, 2018년부터 2023년까지는 텍스트 형식(csv)입니다.
- 형식별로 별도의 폴더를 생성한 후(예, 'XLSX', 'CSV'), 해당 형식의 파일을 각 폴더에 저장합니다.

```
─CSV
     일별평균대기오염도_2018.csv
     일별평균대기오염도_2019.csv
     일별평균대기오염도_2020.csv
     일별평균대기오염도_2021.csv
     일별평균대기오염도_2022.csv
     일별평균대기오염도_2023.csv
─XLSX
     일별평균대기오염도_2014.xlsx
     일별평균대기오염도_2015.xlsx
     일별평균대기오염도_2016.xlsx
     일별평균대기오염도_2017.xlsx
```

- 2014년부터 2023년까지 10년간의 데이터는 도서와 함께 제공되는 다음 폴더에서 다운로드 가능합니다.

2 기후 데이터

온도, 풍속 등 기후 데이터를 기상청 기상자료개방포털(https://data.kma.go.kr)에서 다운로드할 수 있습니다. 사전에 회원 가입이 필요합니다.

01 기상자료개방포털 접속 및 로그인, [데이터] 메뉴 클릭

02 종관기상관측 데이터 검색 조건 설정

- 자료 형태 : 일 자료
- 기간 : 2023.01.01 ~ 2023.12.31
- 지점 : 서울특별시 > 서울
- 요소 : 평균기온, 평균풍속, 최다풍향, 평균 상대습도

03 [조회] > [CSV] 클릭하여 다운로드, 파일명을 'CLIMATE_DAY_2023.csv'로 저장

> **Tip**
> - 데이터 수집 경로와 형식은 사이트 운영 정책에 따라 변경될 수 있습니다.
> - 대용량 데이터의 경우, 다운로드에 많은 시간이 소요될 수 있습니다.
> - 데이터의 최신성을 위해 다운로드 직전 업데이트 여부를 확인하기를 바랍니다.
> - 오류나 시스템 점검으로 다운로드가 불가능할 경우, 도서와 함께 제공되는 데이터를 활용하기를 바랍니다.

04 데이터 전처리

Chapter

2014년부터 2023년까지의 대기오염 측정 데이터와 기상 데이터를 통합하고, 자치구별 미세먼지 농도와 기상 조건 간의 상관관계 분석이 가능하도록 데이터를 준비합니다.

1 미세먼지 측정 데이터

다운로드한 파일들은 데이터 시각화 및 탐색에 적합한 구조가 아닙니다. 데이터 전처리 과정을 통하여 시각화와 탐색에 용이한 구조로 변경해 봅니다.

◈ XLSX 데이터 가져오기

01 Power BI Desktop 실행 후 [빈 보고서] 클릭

02 [홈] 탭 〉 [데이터] 그룹에서 [데이터 가져오기] 〉 [자세히] 클릭

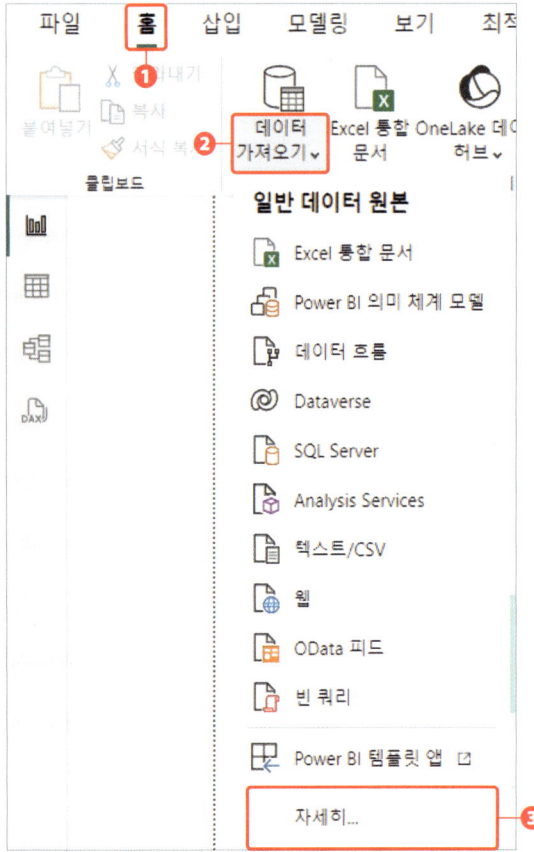

03 [데이터 가져오기] 창에서 [폴더]를 선택하고 [연결] 클릭

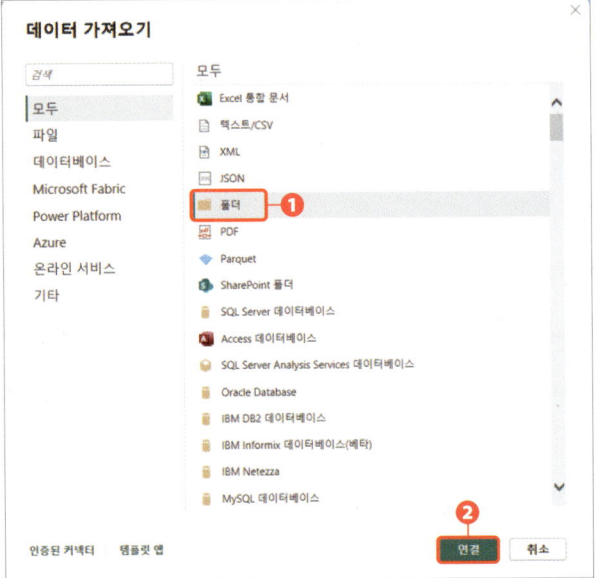

04 [폴더] 창에서 2014년~ 2017년 일별평균대기오염도 엑셀 파일이 들어 있는 [XLSX] 폴더를 선택하고 [확인] 클릭

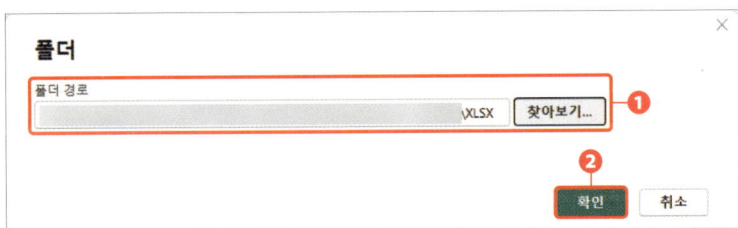

05 새로 열린 창에서 [결합] 〉 [데이터 결합 및 변환] 클릭

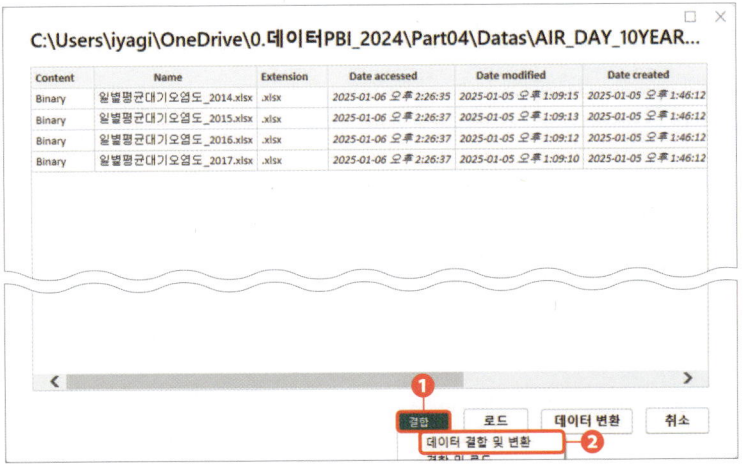

06 [파일 병합] 창의 [매개 변수1]에서 [Sheet1]을 선택하고 [확인] 클릭

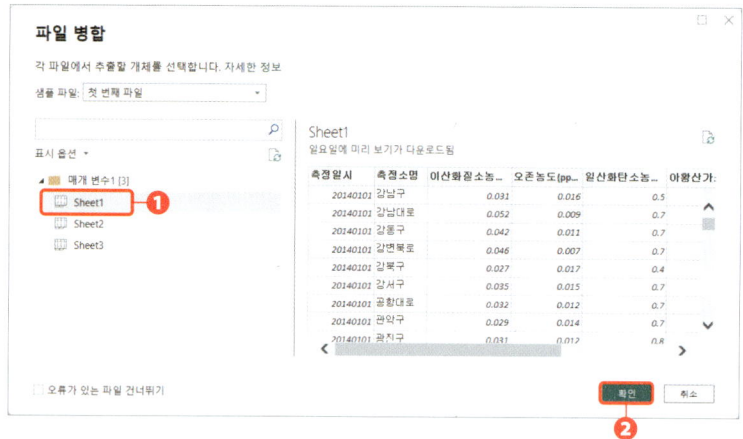

07 파워 쿼리 편집기로 전환하면 'XLSX' 쿼리 선택 후,

- '미세먼지(㎍/㎥)' 열 이름을 더블클릭하고, 이름을 '미세먼지농도(㎍/㎥)'로 변경
- '초미세먼지(㎍/㎥)' 열 머리글을 더블클릭하고, 이름을 '초미세먼지농도(㎍/㎥)'로 변경

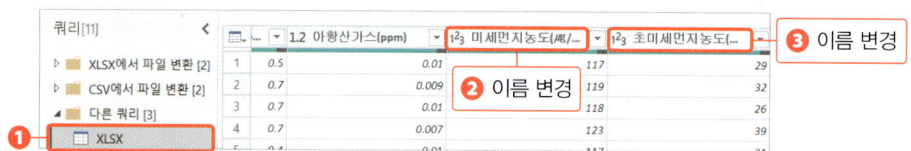

◈ CSV 데이터 가져오기

01 [홈] 탭 〉 [새 쿼리] 그룹에서 [새 원본] 〉 [추가] 클릭

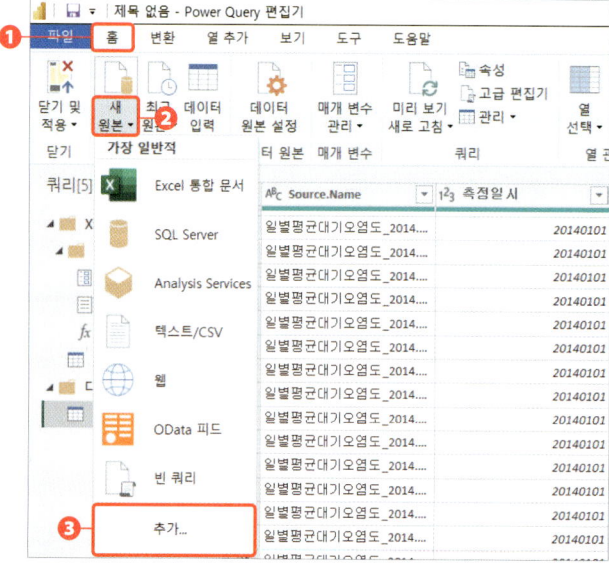

02 [데이터 가져오기] 창에서 [폴더]를 선택하고 [연결] 클릭

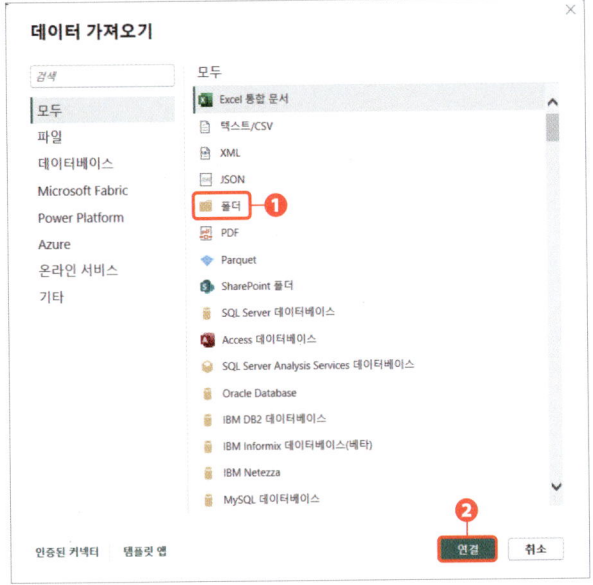

03 [폴더] 창에서 2018년~ 2023년 일별평균대기오염도 텍스트 파일이 들어 있는 [CSV] 폴더를 선택하고 [확인] 클릭

04 새로 열린 창에서 [데이터 결합 및 변환] 클릭

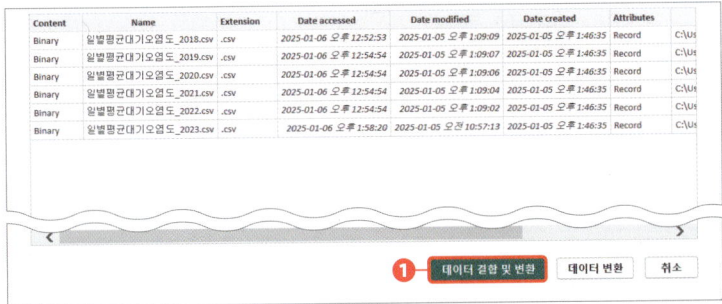

05 [파일 병합] 창에서 [확인] 클릭

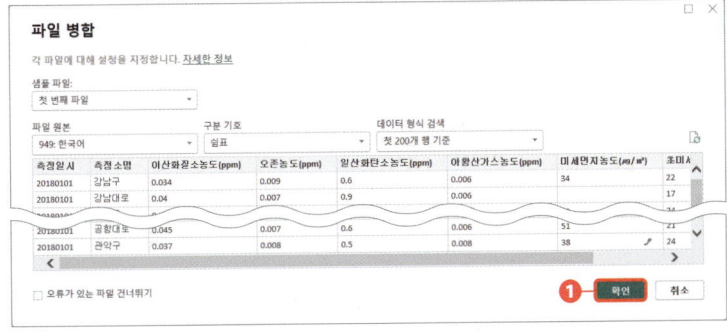

◈ 쿼리 합치기

01 'CSV' 쿼리가 선택된 상태에서 [홈] 탭 > [결합] 그룹의 [쿼리 추가] > [쿼리를 새 항목으로 추가] 클릭

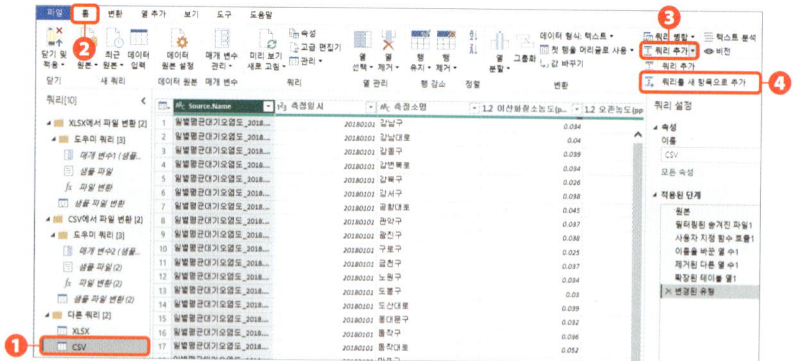

02 [추가] 창에서 [2개의 테이블]을 체크, [첫 번째 테이블]은 'CSV'를 선택, [두 번째 테이블]은 'XLSX'를 선택하고 [확인] 클릭

03 새로 생성된 쿼리를 선택하고 이름을 'AIR_DAY_10YEARS'로 변경

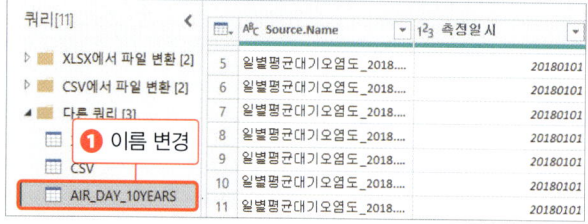

◈ 측정소 필터링

01 'AIR_DAY_10YEARS' 쿼리의 '측정소명' 열 머리글의 [필터 단추](▼) 클릭

02 필터 목록에서 [모두 선택]의 체크 해제

03 25개의 자치구만 선택한 후 [확인] 클릭

- 25개 자치구 : 강남구, 강동구, 강북구, 강서구, 관악구, 광진구, 구로구, 금천구, 노원구, 도봉구, 동대문구, 동작구, 마포구, 서대문구, 서초구, 성동구, 성북구, 송파구, 양천구, 영등포구, 용산구, 은평구, 종로구, 중구, 중랑구

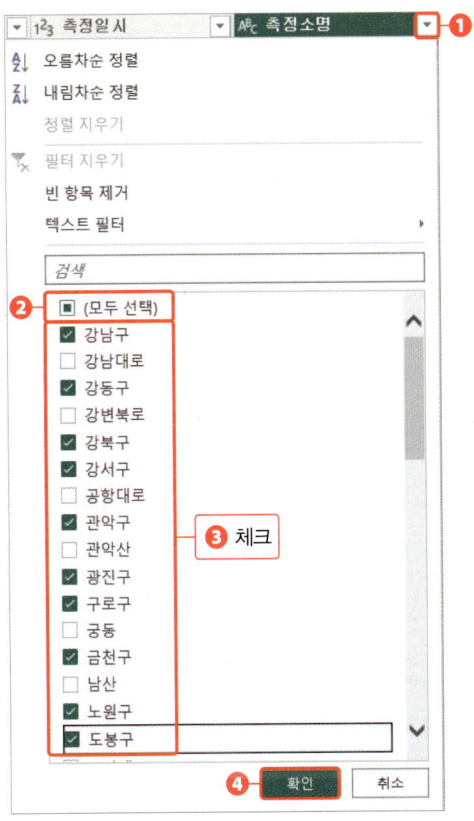

◆ 날짜/시간 형식 변경

01 '측정일시' 열 머리글을 선택하고 [변환] 탭 〉 [열] 그룹에서 [데이터 형식] 〉 [텍스트] 선택

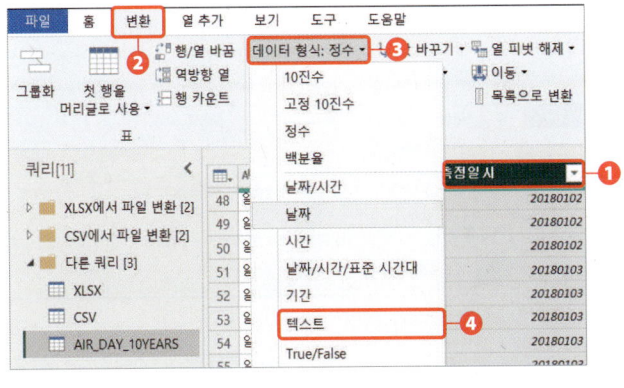

02 동일한 방법으로 '측정일시' 열의 [텍스트] 형식을 [날짜] 형식으로 변경

- [열 형식 변경] 창에서 [새 단계 추가] 클릭

> **Tip** [정수] 형식의 열은 일단 [텍스트] 형식을 거쳐야 [날짜] 형식으로 변경됩니다.

◈ 불필요한 열 제거

01 'Source.Name', '이산화질소농도(ppm)', '오존농도(ppm)', '일산화탄소농도(ppm)', '아황산가스농도(ppm)', '아황산가스(ppm)' 열 머리글을 선택하고 [홈] 탭 〉 [열 관리] 그룹에서 [열 제거] 〉 [열 제거] 클릭

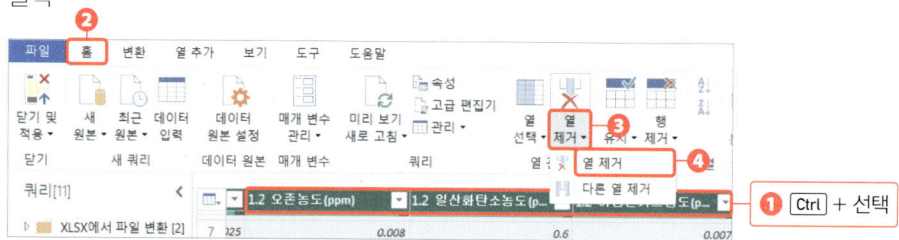

2 기후 데이터

기후 데이터는 기온, 습도, 풍속 등의 기후 요인과 미세먼지 농도와의 관계를 파악하기 위하여 사용합니다. 분석에 사용하지는 않은 열은 제거하고 풍향에 대한 열을 추가합니다.

◈ 데이터 가져오기

01 [홈] 탭 〉 [새 쿼리] 그룹에서 [새 원본] 〉 [텍스트/CSV] 클릭

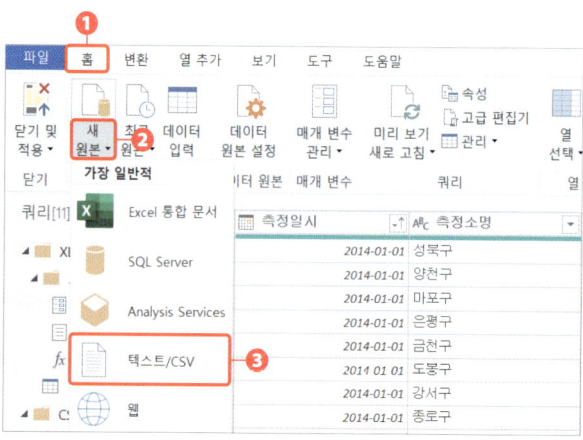

02 'CLIMATE_DAY_2023.csv' 파일 선택하여 [열기] 클릭

03 대화상자에서 내용 확인 후 [확인] 클릭

◆ 풍향명 열 추가

'CLIMATE_DAY_2023' 테이블의 '최다 풍향(16방위)' 열의 값은 그림과 같이 16 방위의 각도를 개략적으로 나타냅니다.

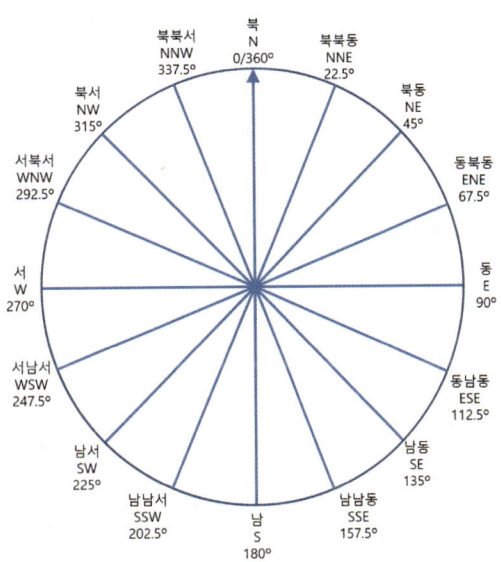

보다 직관적인 바람의 방향을 나타내기 위하여 아래의 표와 같이 '풍향명' 열을 추가합니다.

풍향	풍향명	풍향	풍향명
0	북	200	남남서
20	북북동	230	남서
50	북동	250	서남서
70	동북동	270	서
90	동	290	서북서
110	동남동	320	북서

01 'CLIMATE_DAY_2023' 쿼리를 선택하고, [열 추가] 탭 > [조건 열]을 클릭합니다.

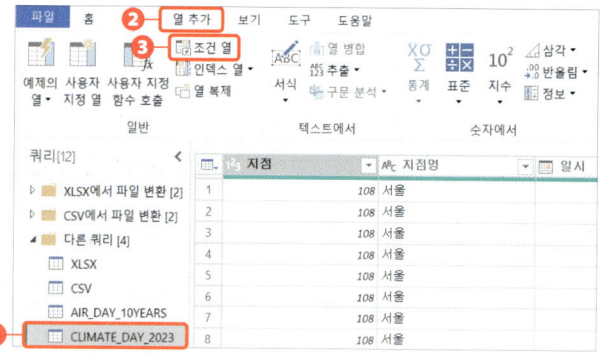

02 [조건열 추가] 대화상자에서 [새 열 이름]에는 '풍향명'을 입력하고 아래와 같이 17개의 값을 순서대로 입력합니다. 마지막의 [기타]에는 'null'을 입력한 후 [확인]을 클릭합니다.

열 이름	연산자	값	출력
최다풍향(16방위)	같음	0	북
최다풍향(16방위)	같음	20	북북동
최다풍향(16방위)	같음	50	북동
최다풍향(16방위)	같음	70	동북동
최다풍향(16방위)	같음	90	동
최다풍향(16방위)	같음	110	동남동
최다풍향(16방위)	같음	140	남동
최다풍향(16방위)	같음	160	남남동
최다풍향(16방위)	같음	180	남
최나풍향(16방위)	같음	200	남남서

최다풍향(16방위)	같음	230	남서
최다풍향(16방위)	같음	250	서남서
최다풍향(16방위)	같음	270	서
최다풍향(16방위)	같음	290	서북서
최다풍향(16방위)	같음	320	북서
최다풍향(16방위)	같음	340	북북서
최다풍향(16방위)	같음	360	북

Tip [절 추가]를 클릭하면 새로운 새로운 행을 입력할 수 있습니다.

◆ 불필요한 열 제거

'지점' 열과 '지점명' 열은 분석에 사용하지 않으므로 [홈] 탭 > [열 제거]를 이용하여 삭제합니다.

3 최종 데이터 연결하기

01 'XLSX'와 'CSV' 쿼리는 사용하지 않으므로 마우스 오른쪽 버튼을 클릭하고 [로드 사용]을 해제합니다.

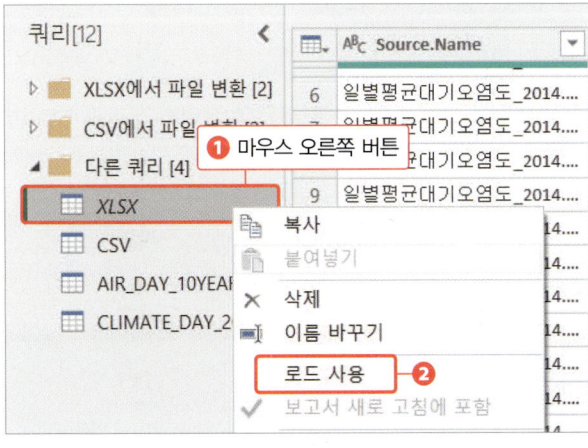

02 [홈] 탭 > [닫기 및 적용] > [닫기 및 적용] 클릭

05 미세먼지와 초미세먼지의 상관관계

Chapter

서울시의 미세먼지(PM-10)와 초미세먼지(PM-2.5)의 상관관계를 파악하기 위해 Power BI의 다양한 시각화 도구를 활용합니다. 먼저 DAX로 상관계수를 계산하고 꺾은선형 차트와 분산형 차트로 시각화한 후, 계절별로 두 변수의 관계를 분석합니다.

이번 챕터의 시각화 결과물을 미리 보면 아래와 같습니다.

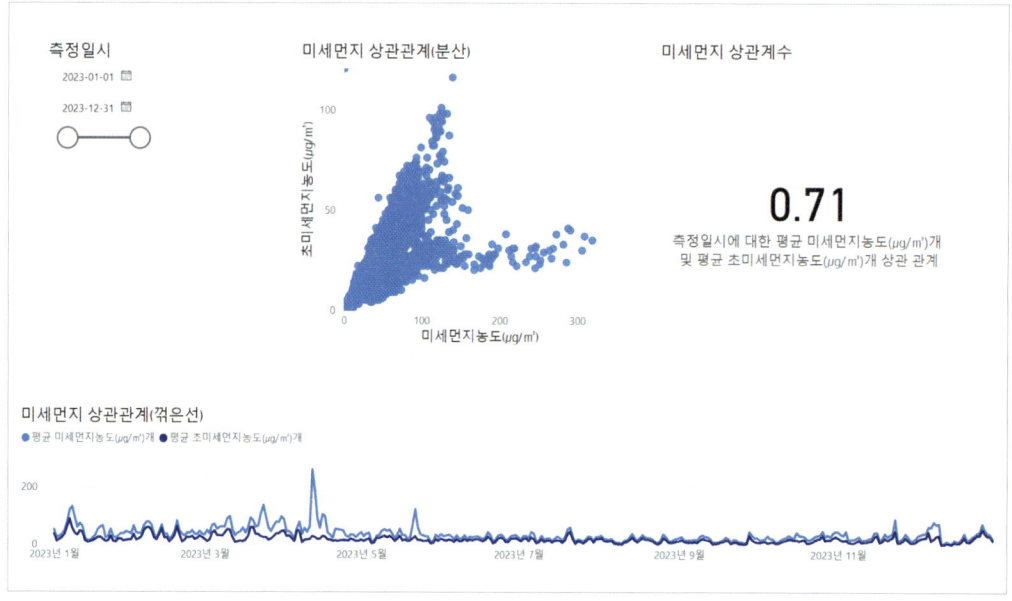

Power BI Desktop 보고서의 페이지 이름([1페이지])을 더블클릭하고 이름을 '미세먼지 상관관계'로 변경합니다.

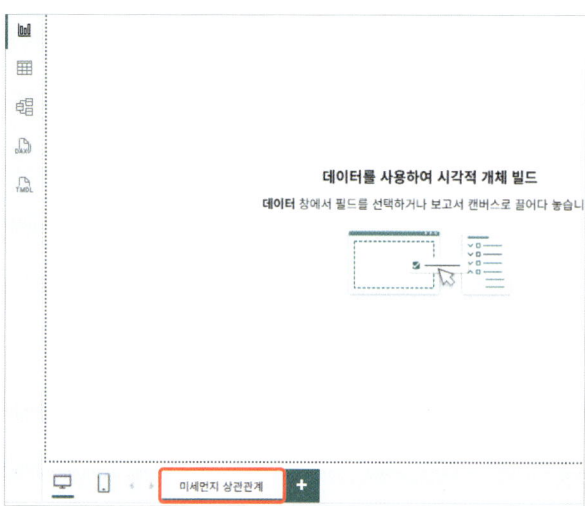

배경지식 ▶ 상관분석이란?

상관분석은 두 변수 간의 관계를 파악하는 통계 분석 방법입니다. 예를 들어, '키가 큰 사람이 몸무게도 많이 나갈까?', '공부 시간이 늘어나면 성적도 올라갈까?'와 같은 궁금증을 해결할 때 사용합니다.

- 양의 상관관계(+)
  - ▶ 한 변수가 증가하면 다른 변수도 증가
  - ▶ 예 : 공부 시간이 늘면 성적도 상승
- 음의 상관관계(−)
  - ▶ 한 변수가 증가하면 다른 변수는 감소
  - ▶ 예 : 게임 시간이 늘면 성적은 하락
- 상관관계가 없는 경우(0에 가까움)
  - ▶ 두 변수가 서로 관련이 없음
  - ▶ 예 : 신발 크기와 시험 성적

상관계수(r)는 두 변수 간 관계의 강도를 −1에서 +1 사이의 숫자로 나타냅니다.

상관계수 범위	관계의 강도	실생활 예시
±0.9 이상	매우 강한 관계	키와 몸무게
±0.7~0.9	강한 관계	공부 시간과 성적
±0.4~0.7	중간 정도의 관계	운동 시간과 체중 감소
±0.2~0.4	약한 관계	TV시청 시간과 성적
±0.2 미만	매우 약한 관계	신발 크기와 수학 성적

산점도(scatter plot)는 두 변수의 관계를 시각적으로 보여주는 그래프입니다.

- 강한 양의 상관관계
  - ▶ 점들이 왼쪽 아래에서 오른쪽 위로 밀집
  - ▶ 거의 직선 형태
- 강한 음의 상관관계
  - ▶ 점들이 왼쪽 위에서 오른쪽 아래로 밀집
  - ▶ 거의 직선 형태
- 약한 상관관계
  - ▶ 점들이 흩어져 있으나 방향성은 있음
- 상관관계 없음
  - ▶ 점들이 무작위로 흩어짐

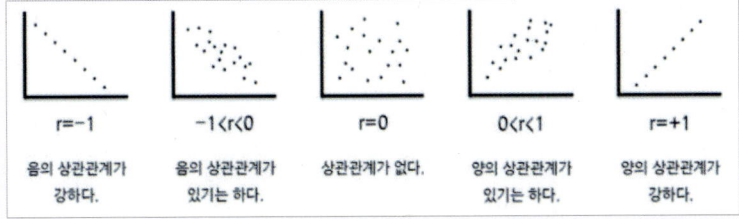

상관분석 사용 시 주의사항

- 인과관계와는 다름
  - ▶ 상관관계가 있다고 해서 반드시 인과관계가 있는 것은 아님
  - ▶ 예 : 아이스크림 판매량과 수영장 방문객 수는 강한 상관관계가 있지만, 서로가 원인과 결과는 아님(더운 날씨라는 공통 원인이 있음)
- 비선형 관계 파악 불가
  - ▶ 상관계수는 선형적인 관계만 측정
  - ▶ 곡선 형태의 관계는 제대로 파악하지 못함
- 극단값의 영향
  - ▶ 극단적인 값 하나가 상관계수를 크게 왜곡할 수 있음
  - ▶ 데이터 확인과 이상치 처리가 중요

1 데이터 준비

분석 기간 범위를 2023년으로 한정하기 위하여 페이지 필터를 설정합니다.

01 [필터] 창을 엽니다.

02 [이 페이지의 필터]에 'AIR_DAY_10YEARS' 테이블의 '측정일시' 필드를 추가합니다.

03 [필터 형식]에서 '고급 필터링'을 선택하고 다음과 같이 설정

- 다음 값일 경우 항목 표시
  - ▶ '다음 기간 이후' 선택
  - ▶ 2023-01-01
  - ▶ [및] 체크
  - ▶ '다음 기간 이전' 선택
  - ▶ 2023-12-31

04 [필터 적용]을 클릭합니다.

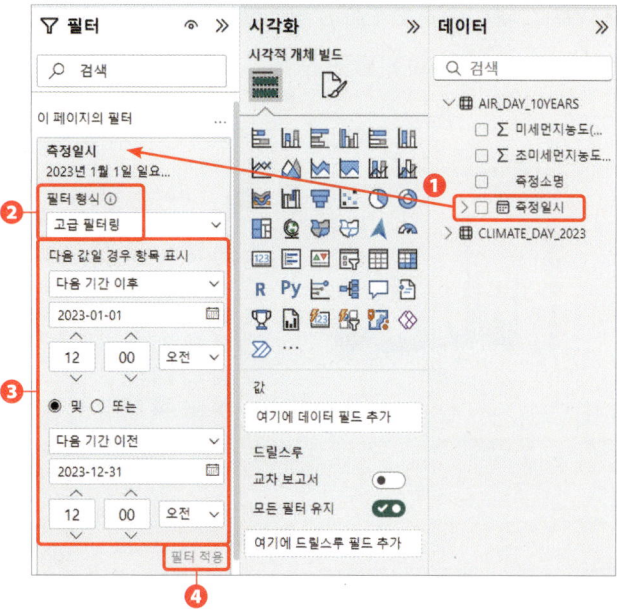

2 상관관계 시각화

시간의 변화에 따른 두 종류 미세먼지의 변화 패턴을 꺾은선형 차트로 비교하고, 분산형 차트와 상관계수로 직접적인 상관관계를 분석합니다.

◈ 미세먼지 변화 패턴 비교

01 [보고서](📊) 보기에서 꺾은선형 차트 생성

- [시각화] 창의 [시각적 개체 빌드] 〉 [꺾은선형 차트] 선택
- [X축] : 'AIR_DAY_10YEARS' 테이블의 '측정일시' 필드
  ▸ [아래 화살표](⌄) 〉 [측정일시] 선택

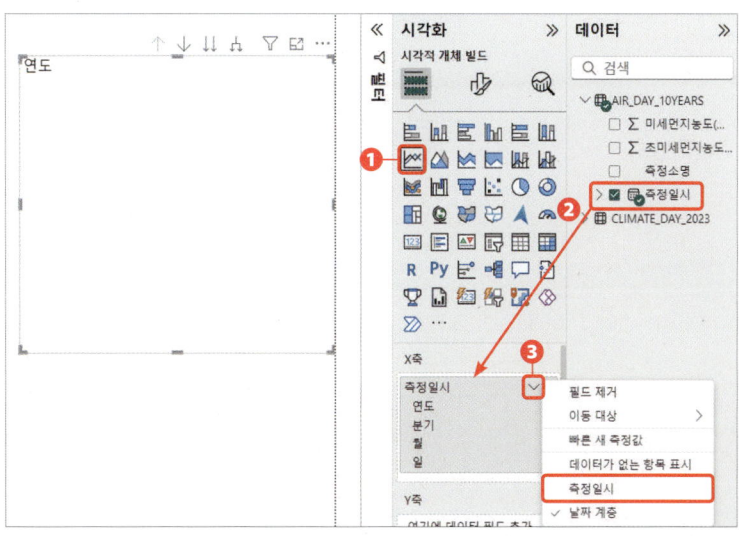

- [Y축] : 'AIR_DAY_10YEARS' 테이블의 '미세먼지농도'와 '초미세먼지농도' 필드
  - [아래 화살표](⌄) 〉 [평균] 선택

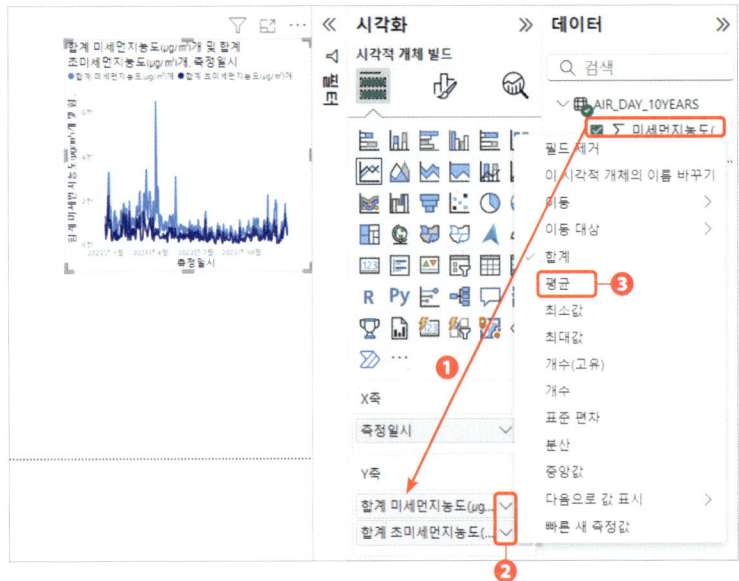

02 차트 서식 지정

- [시각화] 창의 [시각적 개체 서식 지정] 〉 [시각적 개체]에서,
  - [X축] 〉 [제목] : 비활성화
  - [Y축] 〉 [제목] : 비활성화
- [시각화] 창의 [시각적 개체 서식 지정] 〉 [일반]에서,
  - [제목] 〉 [텍스트] : '미세먼지 상관관계(꺾은선)' 입력

◆ 미세먼지 간의 상관관계 시각화

01 [보고서](📊) 보기에서 분산형 차트 생성

- [시각화] 창의 [시각적 개체 빌드] 〉 [분산형 차트] 선택
- [X축] : 'AIR_DAY_10YEARS' 테이블의 '미세먼지농도' 필드
  ▸ [아래 화살표](⌄) 〉 [요약 안 함] 선택
- [Y축] : 'AIR_DAY_10YEARS' 테이블의 '초미세먼지농도' 필드
  ▸ [아래 화살표](⌄) 〉 [요약 안 함] 선택

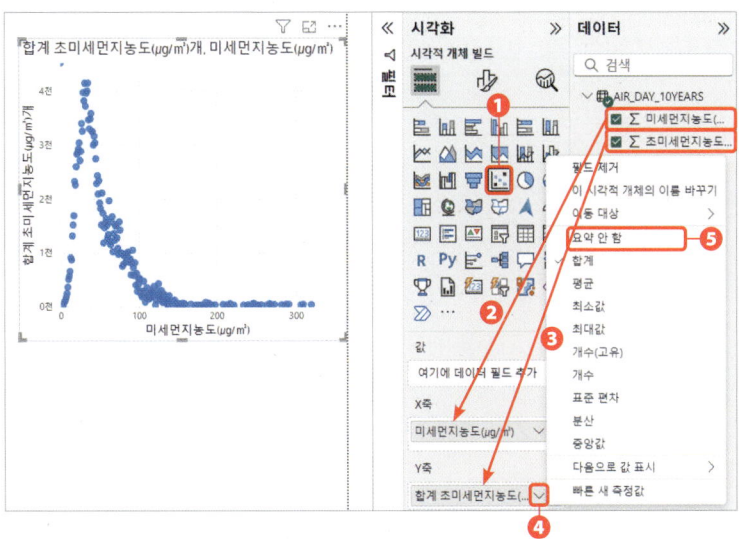

02 차트 서식 지정

- [시각화] 창의 [시각적 개체 서식 지정] 〉 [일반]에서,
  ▸ [제목] 〉 [텍스트] : '미세먼지 상관관계(분산)' 입력

◆ 상관계수 계산 및 표시

01 [데이터] 창의 'AIR_DAY_10YEARS' 테이블 선택

02 [홈] 탭 〉 [계산] 그룹에서 [빠른 측정값] 클릭

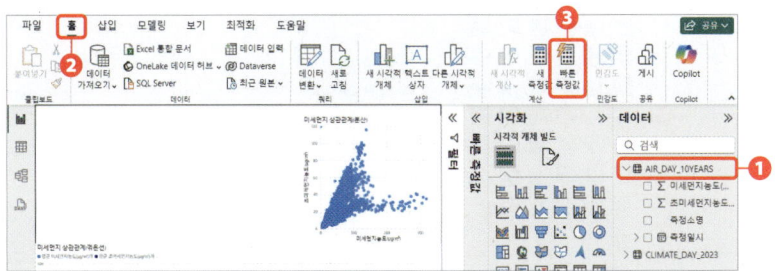

03 [빠른 측정값] 대화상자 설정

- [계산식 선택] : 수학 연산 〉 상관 계수
- [범주] : 'AIR_DAY_10YEARS' 테이블의 '측정일시' 필드
- [측정값 X] : 'AIR_DAY_10YEARS' 테이블의 '미세먼지농도' 필드
  ▶ [데이터 옵션](⟩) 〉 [평균] 선택
- [측정값 Y] : 'AIR_DAY_10YEARS' 테이블의 '초미세먼지농도' 필드
  ▶ [데이터 옵션](⟩) 〉 [평균] 선택
- [추가] 클릭

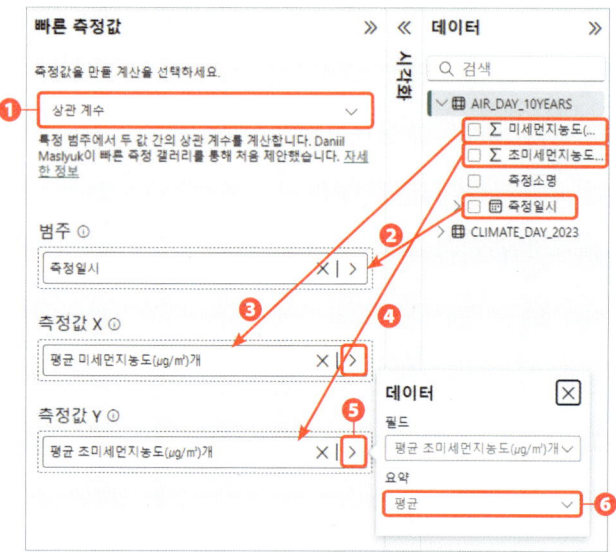

04 [보고서](📊) 보기에서 카드 생성

- [시각화] 창의 [시각적 개체 빌드] 〉 [카드] 선택
- [필드] : '새로 생성된 측정값(측정일시에 대한 평균 …)'

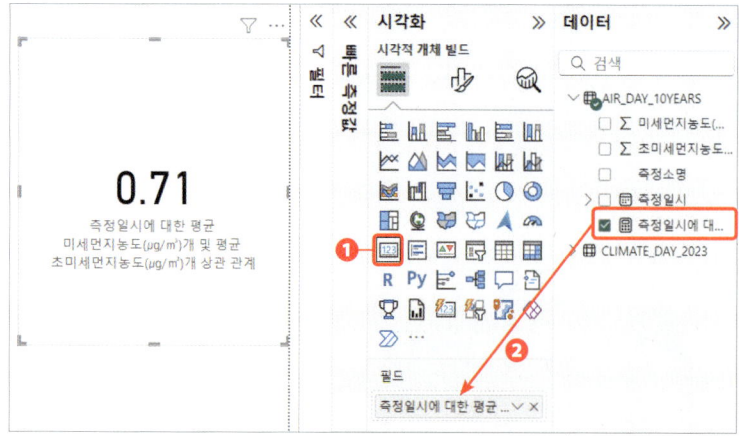

05 차트 서식 지정

- [시각화] 창의 [시각적 개체 서식 지정] 〉 [일반]에서,
  - ▶ [제목] : 활성화
  - ▶ [제목] 〉 [텍스트] : '미세먼지 상관계수' 입력

3 측정일시 추가

01 [보고서](📊) 보기에서 슬라이서 생성

- [시각화] 창의 [시각적 개체 빌드] 〉 [슬라이서] 선택
- [필드] : 'AIR_DAY_10YEARS' 테이블의 '측정일시' 필드

4 시각화 결과 탐색

생성된 시각화 자료들을 바탕으로 미세먼지와 초미세먼지의 상관관계를 분석합니다. 특히 계절에 따른 두 미세먼지의 연관성 변화와 그 특징을 살펴봅니다.

이번 챕터의 시각화 결과물은 아래와 같으며 각 개체는 다음과 같은 의미가 있습니다.

- ❶ 슬라이서 : 미세먼지 농도를 기간별로 확인할 수 있도록 필터링합니다.
- ❷ 분산형 차트 : 두 종류 미세먼지 간의 직접적인 상관관계를 시각적으로 보여줍니다.
- ❸ 상관계수 카드 : 두 변수 간의 관계를 수치로 나타냅니다.
- ❹ 꺾은선형 차트 : 2023년 미세먼지와 초미세먼지의 농도 변화 추이를 살펴볼 수 있습니다.

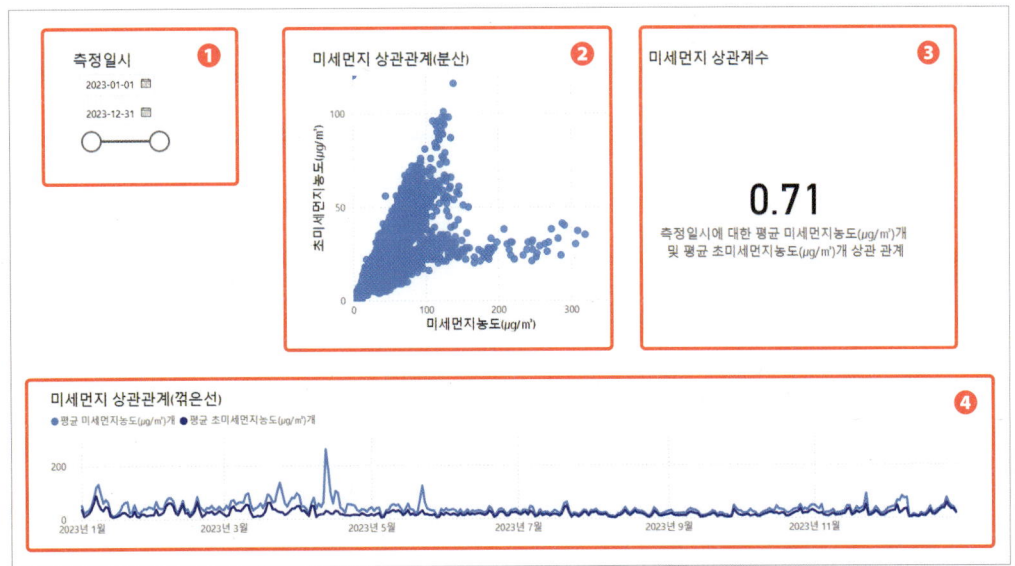

⊕ 전체 기간 상관관계 분석(2023년)

연간 상관계수가 0.71로 분석되었으며, 이는 두 미세먼지 간에 강한 양의 상관관계가 존재함을 보여줍니다. 즉, 미세먼지 농도가 상승하면 초미세먼지 농도도 함께 증가하는 경향이 확인되었습니다. 이와 같은 상관성은 미세먼지 300μg/m³, 초미세먼지 100μg/m³ 범위에서도 일관되게 나타나, 농도의 넓은 범위에서 두 미세먼지 간의 연관성이 유지되고 있음을 시사합니다.

⊕ 계절별 상관관계 분석

- 상반기(1월~6월)

2023년 상반기(1월~6월)를 분석한 결과, 미세먼지(PM-10)와 초미세먼지(PM-2.5)의 상관계수는 0.61로, 중간 정도의 상관관계가 나타났습니다. 특히, 봄철 황사 시기에는 두 미세먼지 간의 농도 차이가 크게 발생하였으며, 계절적 요인이 미세먼지 농도 변화에 중요한 역할을 함을 보여줍니다. 또한, 4월에는 미세먼지 농도가 260μg/m³ 이상으로 급증하는 특이점이 발견되어, 특정 시기 대기 오염이 심화되는 경향을 확인할 수 있었습니다.

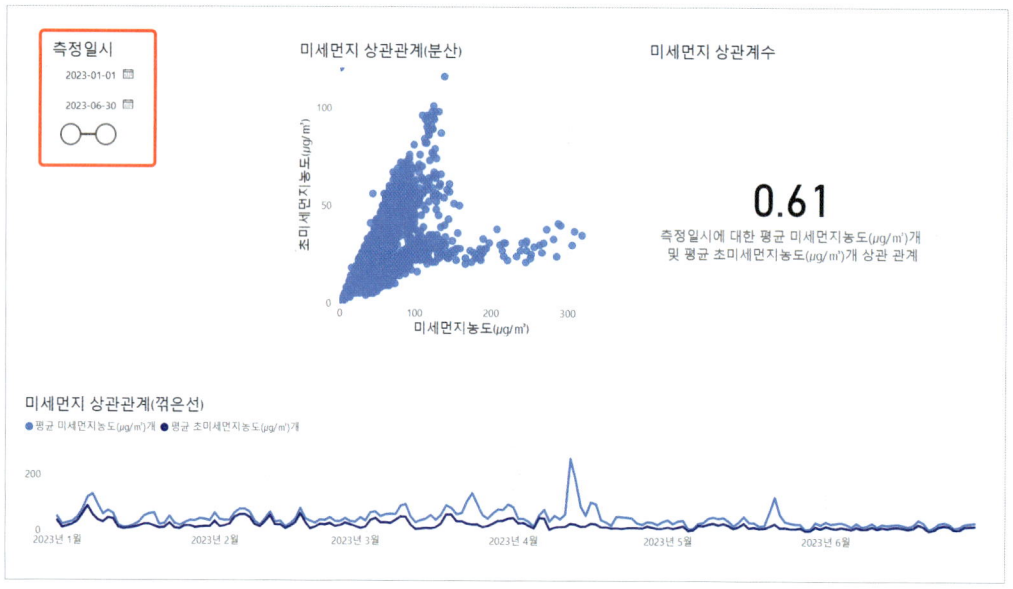

- 하반기(7월 ~ 12월)

2023년 하반기(7월 ~ 12월) 데이터를 분석한 결과, 미세먼지(PM-10)와 초미세먼지(PM-2.5)의 상관계수는 0.90으로 나타나 매우 강한 상관관계를 보였습니다. 이는 두 미세먼지가 거의 동일한 패턴으로 변화했음을 의미하며, 하반기에는 대기 오염 원인이 두 종류의 미세먼지에 유사하게 영향을 미쳤음을 시사합니다.

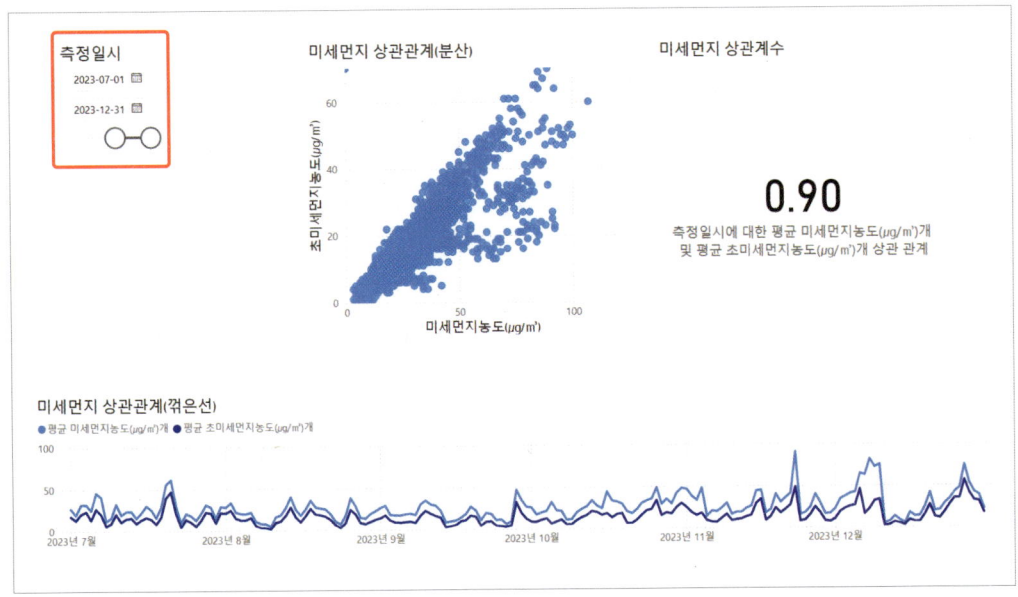

◆ 고농도 발생 시점 분석

- 봄철 고농도 현상

3월에서 5월 사이에는 고농도 미세먼지 발생 빈도가 높은 편입니다. 미세먼지 농도는 최대 260㎍/㎥까지, 초미세먼지 농도는 최대 80㎍/㎥까지 상승할 수 있습니다. 특히, 황사의 영향으로 인해 미세먼지 농도가 초미세먼지 농도보다 더 큰 폭으로 상승하는 경향이 있습니다.

- 겨울철 고농도 현상

11월에서 12월 사이 난방 시즌에는 미세먼지와 초미세먼지 농도가 함께 상승하는 경향이 나타납니다. 이는 대기 정체로 인한 영향으로 추정되고 있습니다.

06 서울의 미세먼지, 개선되고 있나?

Chapter

이번 챕터에서는 2014년부터 2023년까지 미세먼지/초미세먼지 농도의 연 평균값과 일 기준 초과 횟수의 변화를 탐색하여 서울의 미세먼지 농도 개선 여부를 확인합니다.

이번 챕터의 시각화 결과물을 미리 보면 아래와 같습니다.

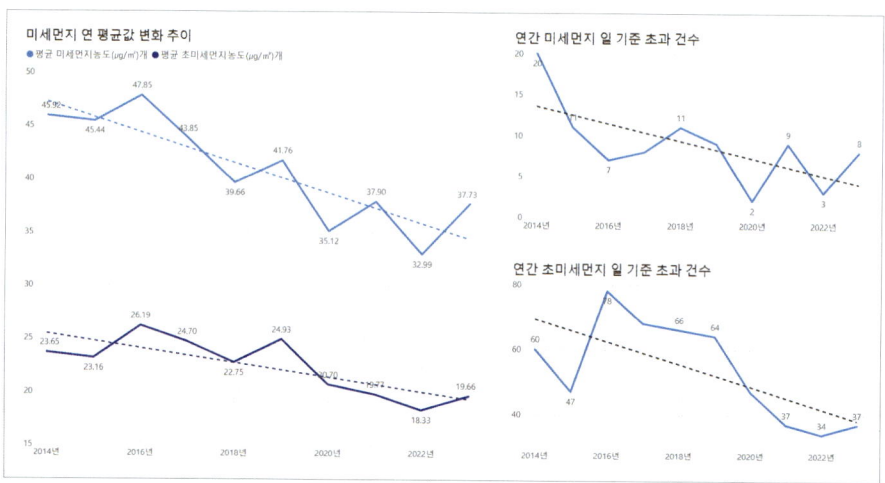

Power BI Desktop 보고서에 새 페이지를 추가한 후 페이지 이름을 '미세먼지 변화추이'로 변경합니다.

배경지식 ≫ 미세먼지 기준

우리나라는 미세먼지의 연평균 농도를 50μg/m³ 이하로, 초미세먼지는 15μg/m³ 이하로 관리하고 있습니다. 이는 2021년에 세계보건기구(WHO)에서 개정한 권고 기준인 미세먼지 15μg/m³, 초미세먼지 5μg/m³에 비해서는 완화된 기준입니다. 한편, 유럽연합(EU)의 경우 미세먼지 기준은 40μg/m³, 초미세먼지 기준은 25μg/m³로 설정되어 있습니다. 따라서, 우리나라의 기준은 초미세먼지에 대해 유럽연합보다 더 엄격하지만, 미세먼지 기준은 다소 완화된 수준임을 확인할 수 있습니다.

구분	한국	WHO 권고 기준	EU 권고 기준
초미세먼지(μg/m³)	50	15	40
초미세먼지(μg/m³)	15	5	25

우리나라와 주요 국제기구의 하루 평균 미세먼지 농도에 대한 기준은 아래와 같습니다. 세계보건기구(WHO)와 유럽연합(EU)에 비하여 완화된 수준입니다.

구분	한국	WHO 권고 기준	EU 권고 기준
초미세먼지(μg/m³)	100	45	50
초미세먼지(μg/m³)	35	15	—

1 데이터 준비

서울의 미세먼지/초미세먼지 농도의 일 초과 건수 계산을 위해 'AIR_DAY_10YEARS' 테이블에서 일별 25개 자치구의 평균값을 가진 새로운 테이블을 생성합니다.

01 [테이블](▦) 보기의 [테이블 도구] 탭 〉 [계산] 그룹에서 [새 테이블] 클릭

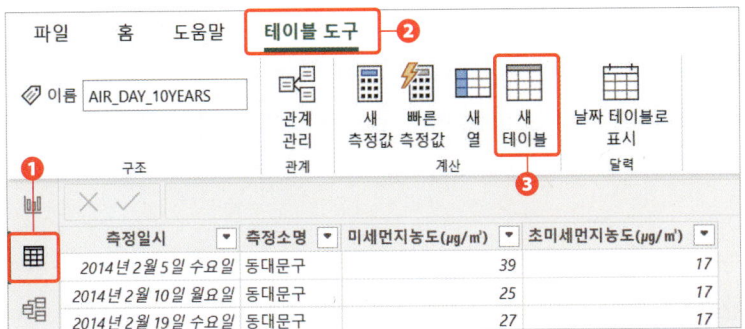

02 수식 입력줄에 다음과 같이 DAX 식을 입력하고 [커밋](✓) 클릭

```
AIR_DAY_AVG =
SUMMARIZE(
    AIR_DAY_10YEARS,
    AIR_DAY_10YEARS[측정일시],
    "미세먼지농도", AVERAGE(AIR_DAY_10YEARS[미세먼지농도(㎍/㎥)]),
    "초미세먼지농도", AVERAGE(AIR_DAY_10YEARS[초미세먼지농도(㎍/㎥)])
)
```

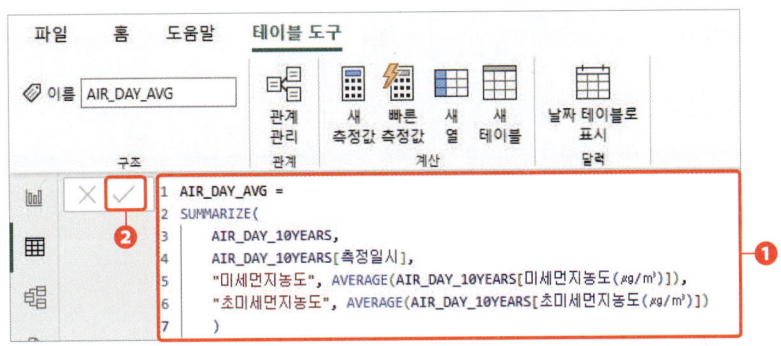

DAX 코드 해설

- 주요 구성 요소
  - SUMMARIZE : 테이블을 그룹화하고 집계하는 함수
  - 첫 번째 매개변수 : 데이터 원본 테이블
  - 두 번째 매개변수 : 그룹화할 열
  - 이후 매개변수 : 계산할 새로운 열들('열 이름', 계산식)
- 결과

측정일시별로 미세먼지와 초미세먼지의 평균 농도를 계산한 새로운 테이블 생성하고, 각 날짜에 대해 하나의 평균값만 존재하도록 데이터 집계합니다. 참고로, Alt + Enter 를 누르면 줄바꿈하면서 수식을 작성할 수 있습니다.

2 연평균 값의 변화 시각화

10년간의 미세먼지와 초미세먼지 농도가 어떻게 변화했는지 시각적으로 확인하기 위해 꺾은선형 차트를 작성합니다. 참고로, 꺾은선형 차트는 시간의 흐름에 따른 변화를 효과적으로 보여줄 수 있어, 장기적인 추세와 계절적 변동을 파악하는 데 적합합니다.

01 [보고서](📊) 보기에서 꺾은선형 차트 생성

- [시각화] 창의 [시각적 개체 빌드] 〉 [꺾은선형 차트] 선택
- [X축] : 'AIR_DAY_10YEARS' 테이블의 '측정일시' 필드
- [Y축] : 'AIR_DAY_10YEARS' 테이블의 '미세먼지농도'와 '초미세먼지농도' 필드

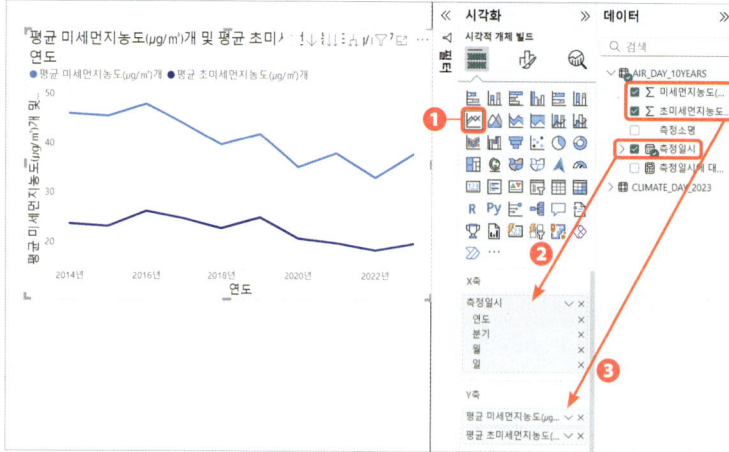

▶ 각 [Y축] 영역의 필드는 [아래 화살표](∨) 〉 [평균] 선택

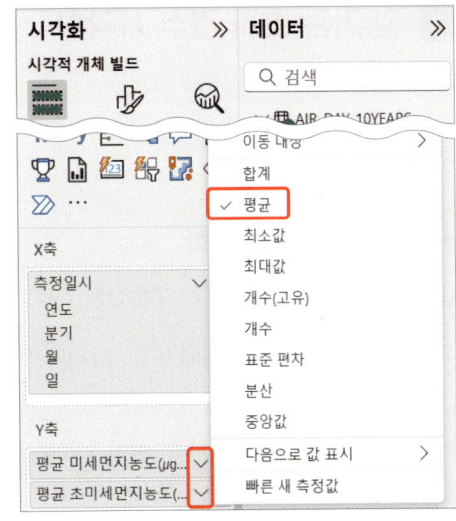

02 차트 서식 지정

- [시각화] 창의 [시각적 개체 서식 지정] 〉 [시각적 개체]에서,
  ▶ [X축] 〉 [제목] : 비활성화
  ▶ [Y축] 〉 [제목] : 비활성화
  ▶ [데이터 레이블] : 활성화

- [시각화] 창의 [시각적 개체 서식 지정] 〉 [일반]에서,
  ▶ [제목] 〉 [텍스트] : '미세먼지 연 평균값 변화 추이' 입력

03 추세선 추가

- [시각화] 창의 [시각적 개체에 추가 분석 추가]에서,
  ▶ [추세선] : 활성화
  ▶ [추세선] 〉 [계열 결합] : 비활성화

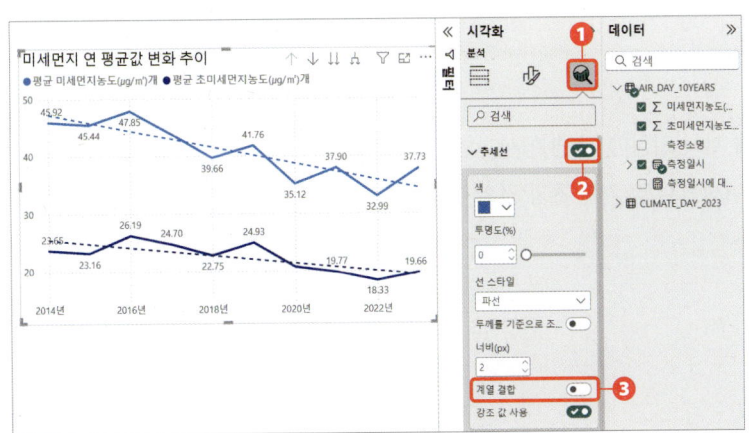

3 일 기준 초과 건수 시각화

미세먼지와 초미세먼지의 일 평균 기준을 초과한 횟수를 꺾은선형 차트로 시각화하고, 추세선을 추가하여 연도별 변화를 분석합니다.

◆ 미세먼지 농도 시각화

01 [보고서](📊) 보기에서 꺾은선형 차트 생성

- [시각화] 창의 [시각적 개체 빌드] 〉 [꺾은선형 차트] 선택
- [X축] : 'AIR_DAY_AVG' 테이블의 '측정일시' 필드
- [Y축] : 'AIR_DAY_AVG' 테이블의 '미세먼지농도' 필드
  ▸ [아래 화살표](⌄) 〉 [개수] 선택

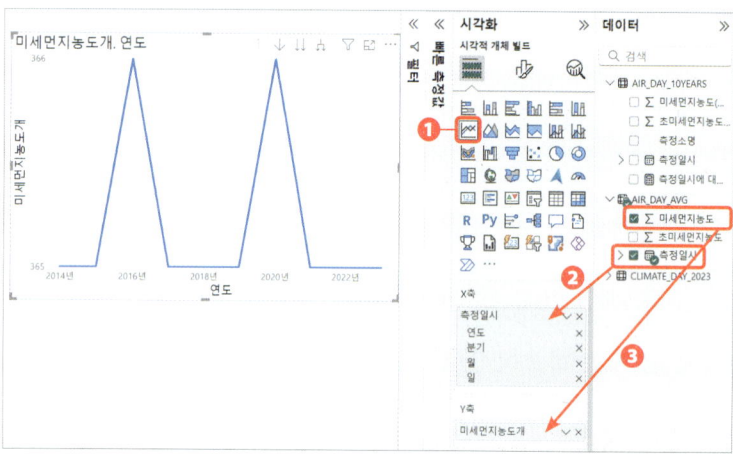

02 차트 서식 지정

- [시각화] 창의 [시각적 개체 서식 지정] 〉 [시각적 개체]에서,
  ▸ [X축] 〉 [제목] : 비활성화
  ▸ [Y축] 〉 [제목] : 비활성화
  ▸ [데이터 레이블] : 활성화
- [시각화] 창의 [시각적 개체 서식 지정] 〉 [일반]에서,
  ▸ [제목] 〉 [텍스트] : '연간 미세먼지 일 기준 초과 건수' 입력

03 필터 설정

- [필터] 창의 [이 시각적 개체의 필터] > [여기에 데이터 필드 추가]에 'AIR_DAY_AVG' 테이블의 '미세먼지농도' 필드 추가

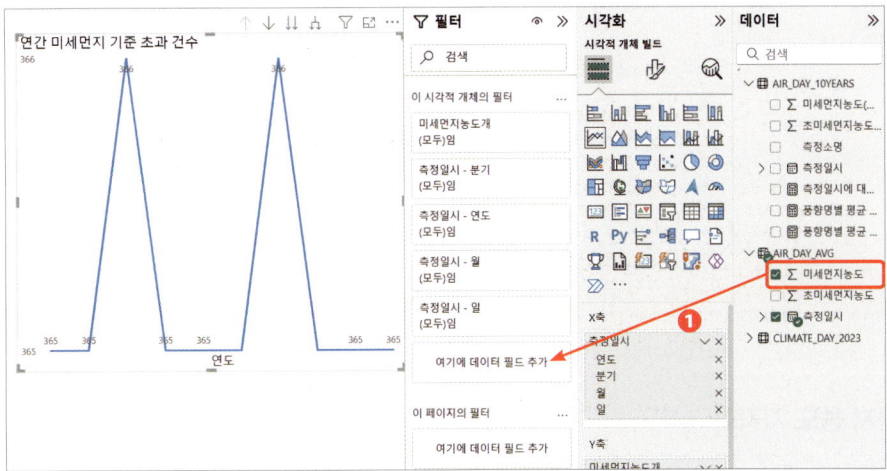

- [필터 형식] : 고급 필터링
- [다음 값일 경우 항목 표시] : 보다 큼, 100
- [필터 적용] 클릭

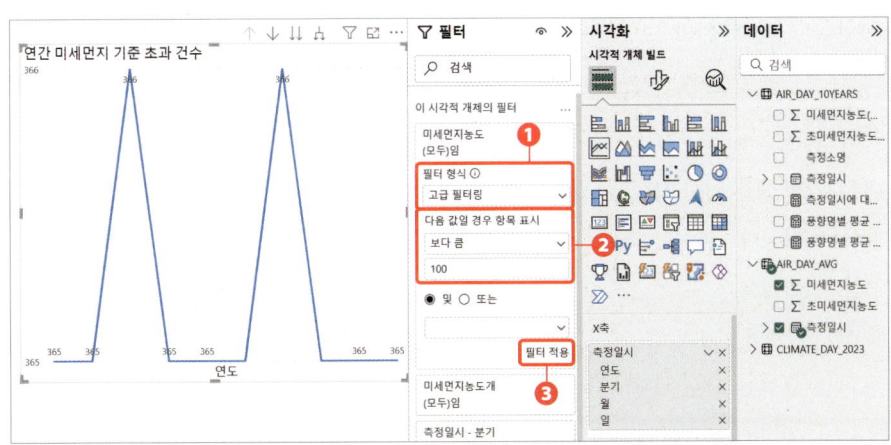

04 추세선 추가

- [시각화] 창의 [시각적 개체에 추가 분석 추가]에서,
  ▶ [추세선] : 활성화

◆ 초미세먼지 농도 시각화

01 꺾은선형 차트 생성

- [시각화] 창의 [시각적 개체 빌드] 〉 [꺾은선형 차트] 선택
- [X축] : 'AIR_DAY_AVG' 테이블의 '측정일시' 필드
- [Y축] : 'AIR_DAY_AVG' 테이블의 '초미세먼지농도' 필드
  ▶ [아래 화살표](∨) 〉 [개수] 선택

02 차트 서식 지정

- [시각화] 창의 [시각적 개체 서식 지정] 〉 [시각적 개체]에서,
  ▶ [X축] 〉 [제목] : 비활성화
  ▶ [Y축] 〉 [제목] : 비활성화
  ▶ [데이터 레이블] : 활성화
- [시각화] 창의 [시각적 개체 서식 지정] 〉 [일반]에서,
  ▶ [제목] 〉 [텍스트] : '연간 초미세먼지 일 기준 초과 건수' 입력

03 필터 설정

- [필터] 창의 [이 시각적 개체의 필터] 〉 [여기에 데이터 필드 추가]에 'AIR_DAY_AVG' 테이블의 '초미세먼지농도' 필드
- [필터 형식] : 고급 필터링
- [다음 값일 경우 항목 표시] : 보다 큼, 35
- [필터 적용] 클릭

04 추세선 추가

- [시각화] 창의 [시각적 개체에 추가 분석 추가]에서,
  - [추세선] : 활성화

4 시각화 결과 탐색

지난 10년(2014 ~ 2023년)간 서울시 미세먼지/초미세먼지 농도 데이터 시각화 결과를 바탕으로 서울의 미세먼지와 초미세먼지 농도가 개선되었는지를 확인합니다.

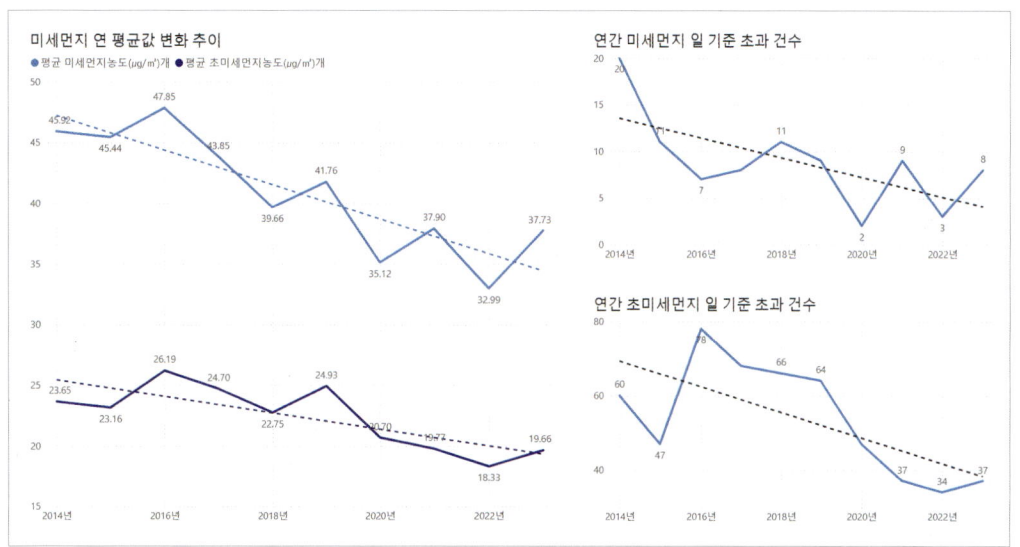

◈ 연평균 농도 변화 추이

- 미세먼지(PM-10) 농도

2014년에는 45.92㎍/㎥였던 미세먼지 농도가 2022년에는 32.99㎍/㎥로 약 27% 감소했으며, 2016년 (47.85㎍/㎥) 이후로는 뚜렷한 감소 추세를 이어왔습니다. 그러나 2023년에는 37.73㎍/㎥로 소폭 증가한 모습을 보였지만, 여전히 국내 기준(50㎍/㎥)은 충족하고 있습니다. 더불어, EU 기준(40㎍/㎥)도 만족하지만, WHO 권고 기준(15㎍/㎥)과는 여전히 큰 차이가 존재합니다.

- 초미세먼지(PM-2.5) 농도

2014년에는 23.65㎍/㎥였던 초미세먼지 농도가 2022년에는 18.33㎍/㎥로 약 21% 감소하였으며, 2016년 (26.19㎍/㎥)를 정점으로 지속적인 감소세를 보여 왔습니다. 하지만 2023년에는 19.66㎍/㎥로 소폭 상승하였으나, 여전히 EU 기준(25㎍/㎥)을 충족하고 있습니다. 그러나 국내 기준(15㎍/㎥)과 WHO 권고 기준(5㎍/㎥)는 초과하고 있어 추가적인 대기질 개선 노력이 요구됩니다.

◈ 일평균 기준 초과 건수 변화

• 미세먼지 일평균 기준(100㎍/㎥) 초과 건수

20건이었던 초과 건수가 2022년에는 3건으로 많이 감소하며, 미세먼지 관리 정책의 성과를 반영하는 결과를 보여줍니다. 2016년에는 7건을 기록한 이후 등락이 있었으나, 전반적으로는 지속적인 감소 추세를 유지하고 있습니다. 다만, 2023년에는 초과 건수가 8건으로 다소 증가했지만, 과거 수치와 비교했을 때 여전히 낮은 수준입니다.

• 초미세먼지 일평균 기준(35㎍/㎥) 초과 건수

2014년에는 60건을 기록했던 초과 건수가 2022년에는 34건으로 약 43% 감소하며, 대기질 개선의 긍정적인 신호를 보여줍니다. 2016년에는 78건으로 정점을 찍은 이후 지속적으로 감소하는 뚜렷한 추세를 보였습니다. 그러나 2023년에는 초과 건수가 37건으로 소폭 증가하였지만, 여전히 개선 추세는 유지되고 있는 상태입니다.

◈ 정책 효과 평가

2016년 이후 지속적인 미세먼지 감소 추세는 국내 미세먼지 저감 정책이 효과적으로 작용하고 있음을 보여줍니다. 특히, 초미세먼지 농도의 개선이 두드러지게 나타나며 배출 저감 정책의 실효성을 확인할 수 있습니다.

그러나 WHO 권고 기준을 달성하려면 현재보다 더 강화된 정책이 필요하며, 농도 감소 목표를 더 엄격히 설정하고 추가적인 정책적 노력이 요구되는 상황입니다.

07 기상 조건과 미세먼지 농도의 관계 분석

기온, 습도, 풍속 등 기상 조건이 미세먼지 농도에 어떤 영향을 미치는지 분석합니다. 이를 위해 2023년의 기상 데이터와 미세먼지 농도를 Power BI로 시각화하고, 각 기상 요소별 상관관계를 도출합니다.

이번 챕터의 시각화 결과물을 미리 보면 아래와 같습니다

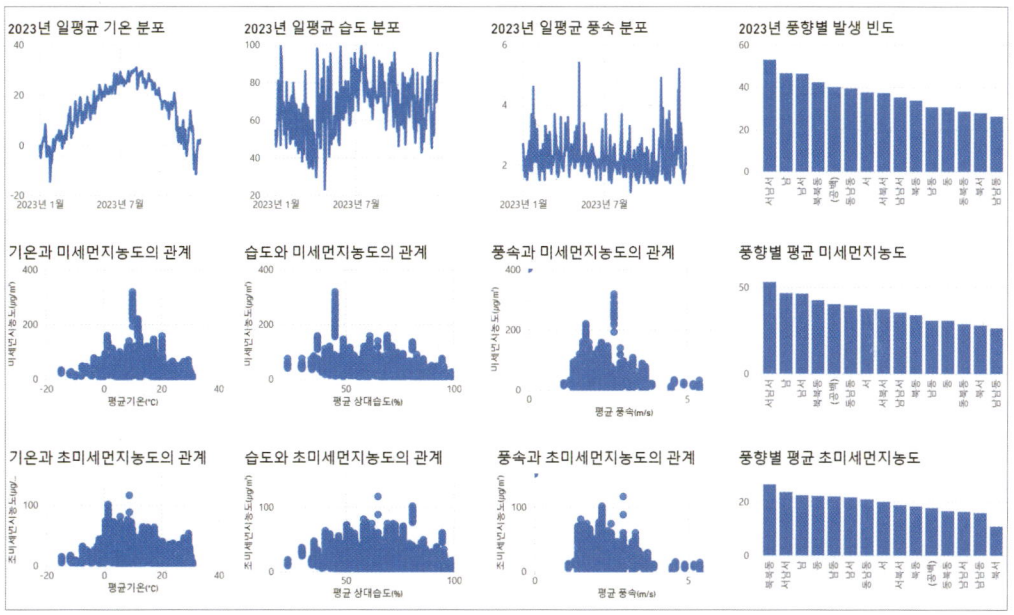

Power BI Desktop 보고서에 새 페이지를 추가하고, 페이지 이름을 '기상조건과의 관계'로 변경합니다.

1 데이터 준비

2023년의 기상 조건과 연관성을 확인하려면 먼저 동일한 기간의 미세먼지 측정 데이터를 추출해야 합니다. 아울러 기상 데이터와 미세먼지 데이터의 관계를 파악하기 위해 테이블 간의 관계를 설정합니다.

◈ 분석 기간 설정

데이터 값의 범위를 2023년으로 한정하기 위하여 페이지 필터를 설정합니다.

01 [필터] 창을 열고, [이 페이지의 필터]에 'AIR_DAY_10YEARS' 테이블의 '측정일시' 필드를 추가합니다.

02 [필터 형식]에서 '고급 필터링'을 선택하고 다음과 같이 설정

- 다음 값일 경우 항목 표시
  - '다음 기간 이후' 선택
  - 2023-01-01
  - [및] 체크
  - '다음 기간 이전' 선택
  - 2023-12-31

03 [필터 적용]을 클릭합니다.

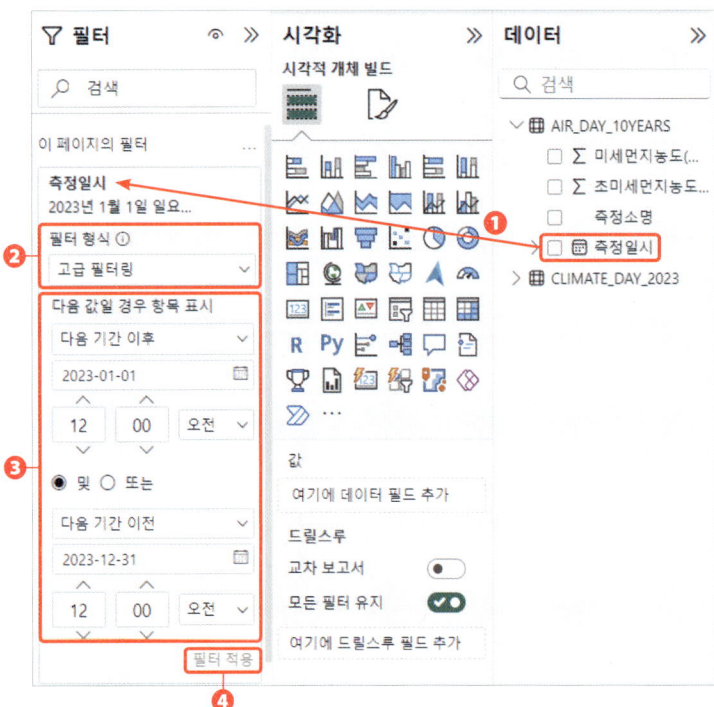

◈ **연계를 위한 날짜 열 생성**

01 [테이블]( ) 보기에서 'AIR_DAY_10YEARS' 테이블을 선택한 후, [테이블 도구] 탭 〉 [계산] 그룹에서 [새 열] 클릭

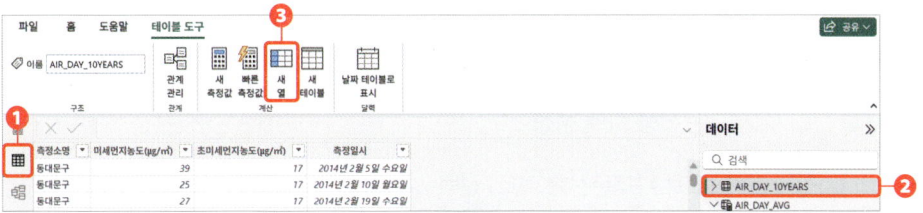

02 수식 입력줄에 다음과 같이 DAX 식을 입력하고 [커밋](✓) 클릭

측정일시2 = [측정일시].[Date]

◈ **테이블 관계 설정**

기상 요인과 미세먼지의 관계를 파악하기 위해서 해당 테이블의 관계를 설정해야 합니다.

01 [모델]( ) 보기로 전환에서, 'CLIMATE_DAY_2023' 테이블의 '일시' 필드를 'AIR_DAY_10YEARS' 테이블의 '측정일시2' 필드로 드래그하여 연결

02 [새 관계] 창에서 [저장] 클릭

2 기온과 미세먼지/초미세먼지 관계 시각화

2023년 기온의 일별 변화를 꺾은선형 차트로 확인하고, 기온과 미세먼지/초미세먼지 농도의 상관관계를 분산형 차트로 시각화합니다.

◈ 기온 분포

01 [보고서]( ) 보기에서 꺾은선형 차트 생성

- [시각화] 창의 [시각적 개체 빌드] 〉 [꺾은선형 차트] 선택
- [X축] : 'CLIMATE_DAY_2023' 테이블의 '일시' 필드
  ▸ [아래 화살표]( ) 〉 [일시] 선택
- [Y축] 영역 : 'CLIMATE_DAY_2023' 테이블의 '평균 기온' 필드

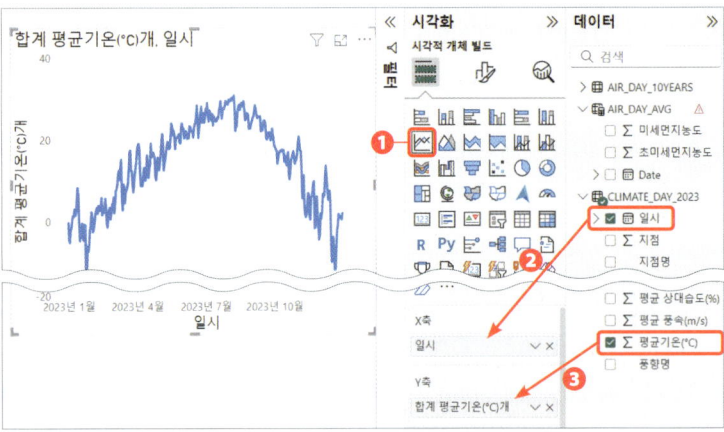

02 차트 서식 지정

- [시각화] 창의 [시각적 개체 서식 지정] 〉 [시각적 개체]에서,
  ▸ [X축] 〉 [제목] : 비활성화
  ▸ [Y축] 〉 [제목] : 비활성화
- [시각화] 창의 [시각적 개체 서식 지정] 〉 [일반]에서,
  ▸ [제목] 〉 [텍스트] : '2023년 일평균 기온 분포' 입력

◈ 기온과 미세먼지의 관계

01 [보고서]( ) 보기에서 분산형 차트 생성

- [시각화] 창의 [시각적 개체 빌드] 〉 [분산형 차트] 선택
- [X축] : 'CLIMATE_DAY_2023' 테이블의 '평균기온' 필드
  ▸ [아래 화살표]( ) 〉 [요약 안 함] 선택
- [Y축] : 'AIR_DAY_10YEARS' 테이블의 '미세먼지농도' 필드
  ▸ [아래 화살표]( ) 〉 [요약 안 함] 선택

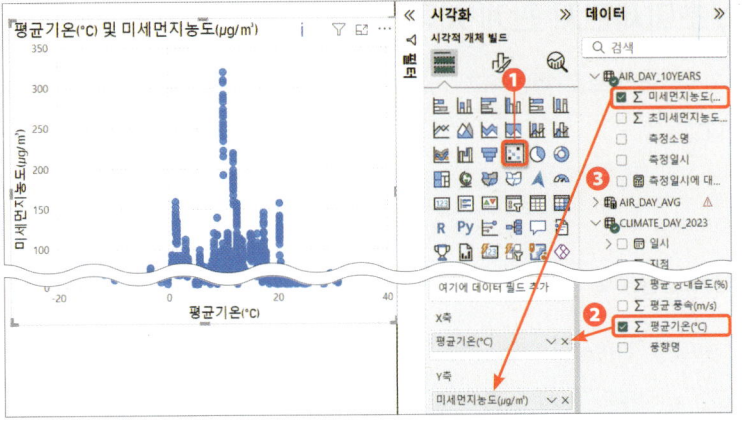

02 차트 서식 지정

- [시각화] 창의 [시각적 개체 서식 지정] > [일반]에서,
  ▶ [제목] > [텍스트] : '기온과 미세먼지농도의 관계' 입력

◈ 기온과 초미세먼지의 관계

01 [보고서]( ) 보기에서 분산형 차트 생성

- [시각화] 창의 [시각적 개체 빌드] > [분산형 차트] 선택
- [X축] : 'CLIMATE_DAY_2023' 테이블의 '평균기온' 필드
  ▶ [아래 화살표]( ) > [요약 안 함] 선택
- [Y축] : 'AIR_DAY_10YEARS' 테이블의 '초미세먼지농도' 필드
  ▶ [아래 화살표]( ) > [요약 안 함] 선택

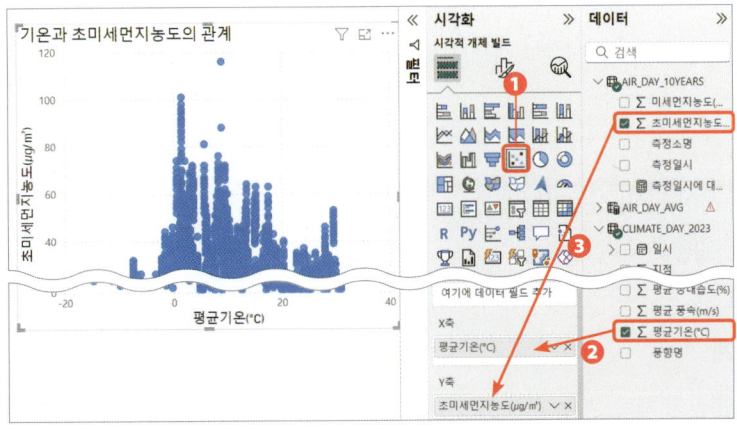

02 차트 서식 지정

- [시각화] 창의 [시각적 개체 서식 지정] > [일반]에서,
  ▶ [제목] > [텍스트] : '기온과 초미세먼지농도의 관계' 입력

3 습도와 미세먼지/초미세먼지 관계 시각화

2023년 습도의 일별 변화를 꺾은선형 차트로 확인하고, 기온과 미세먼지/초미세먼지 농도의 상관관계를 분산형 차트로 시각화합니다.

◆ 습도 데이터 분포

01 [보고서](📊) 보기에서 꺾은선형 차트 생성

- [시각화] 창의 [시각적 개체 빌드] 〉 [꺾은선형 차트] 선택
- [X축] : 'CLIMATE_DAY_2023' 테이블의 '일시' 필드
  ▶ [아래 화살표](⌄) 〉 [일시] 선택
- [Y축] 영역 : 'CLIMATE_DAY_2023' 테이블의 '평균 상대습도' 필드

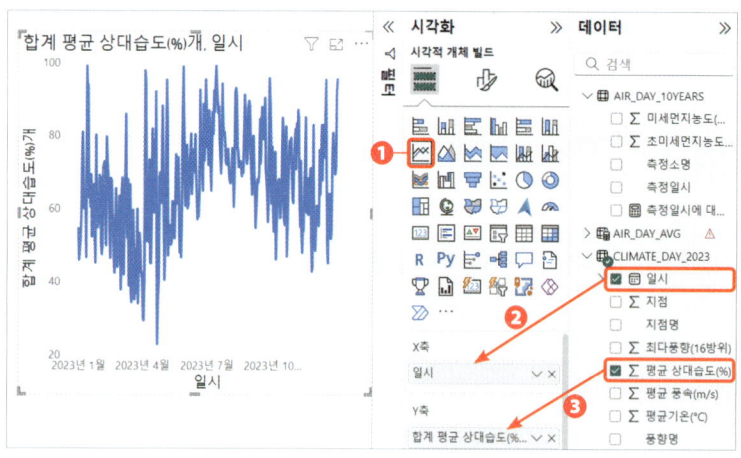

02 차트 서식 지정

- [시각화] 창의 [시각적 개체 서식 지정] 〉 [시각적 개체]에서,
  ▶ [X축] 〉 [제목] : 비활성화
  ▶ [Y축] 〉 [제목] : 비활성화
- [시각화] 창의 [시각적 개체 서식 지정] 〉 [일반]에서,
  ▶ [제목] 〉 [텍스트] : '2023년 일평균 습도 분포' 입력

◆ 습도와 미세먼지의 관계

01 [보고서](📊) 보기에서 분산형 차트 생성

- [시각화] 창의 [시각적 개체 빌드] 〉 [분산형 차트] 선택
- [X축] : 'CLIMATE_DAY_2023' 테이블의 '평균 상대습도' 필드
  ▶ [아래 화살표](⌄) 〉 [요약 안 함] 선택

- [Y축] : 'AIR_DAY_10YEARS' 테이블의 '미세먼지농도' 필드
  ▶ [아래 화살표](∨) 〉 [요약 안 함] 선택

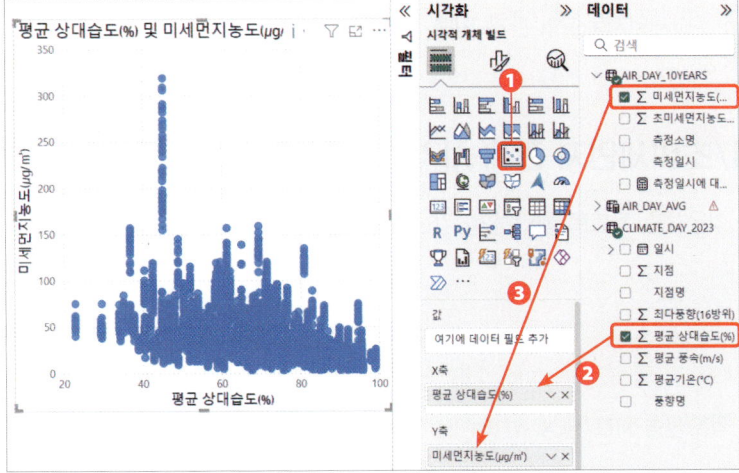

02 차트 서식 지정

- [시각화] 창의 [시각적 개체 서식 지정] 〉 [일반]에서,
  ▶ [제목] 〉 [텍스트] : '습도와 미세먼지농도의 관계' 입력

◈ 습도와 초미세먼지의 관계

01 [보고서](📊) 보기에서 분산형 차트 생성

- [시각화] 창의 [시각적 개체 빌드] 〉 [분산형 차트] 선택
- [X축] : 'CLIMATE_DAY_2023' 테이블의 '평균 상대습도' 필드
  ▶ [아래 화살표](∨) 〉 [요약 안 함] 선택
- [Y축] : 'AIR_DAY_10YEARS' 테이블의 '초미세먼지농도' 필드
  ▶ [아래 화살표](∨) 〉 [요약 안 함] 선택

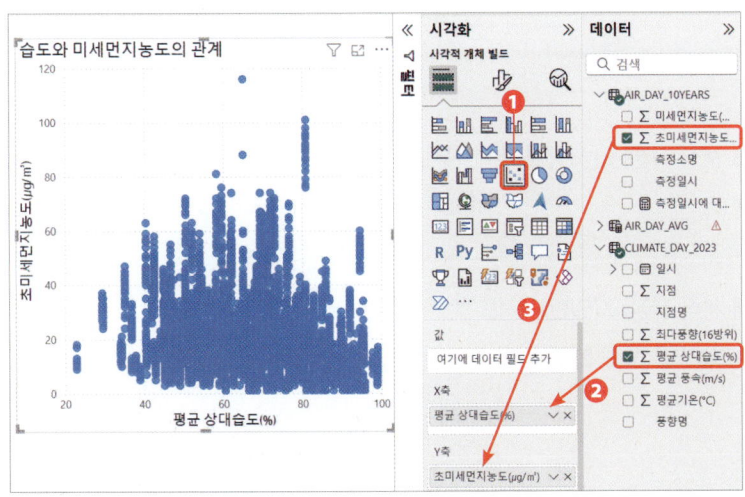

Chapter 07 기상 조건과 미세먼지 농도의 관계 분석 **521**

02 차트 서식 지정

- [시각화] 창의 [시각적 개체 서식 지정] 〉 [일반]에서,
  ▶ [제목] 〉 [텍스트] : '습도와 초미세먼지농도의 관계' 입력

4 풍속과 미세먼지/초미세먼지 관계 시각화

2023년 풍속의 일별 변화를 꺾은선형 차트로 확인하고, 기온과 미세먼지/초미세먼지 농도의 상관관계를 분산형 차트로 시각화합니다.

◈ 풍속 분포

01 [보고서]( ) 보기에서 꺾은선형 차트 생성

- [시각화] 창의 [시각적 개체 빌드] 〉 [꺾은선형 차트] 선택
- [X축] : 'CLIMATE_DAY_2023' 테이블의 '일시' 필드
  ▶ [아래 화살표](∨) 〉 [일시] 선택
- [Y축] : 'CLIMATE_DAY_2023' 테이블의 '평균 풍속' 필드

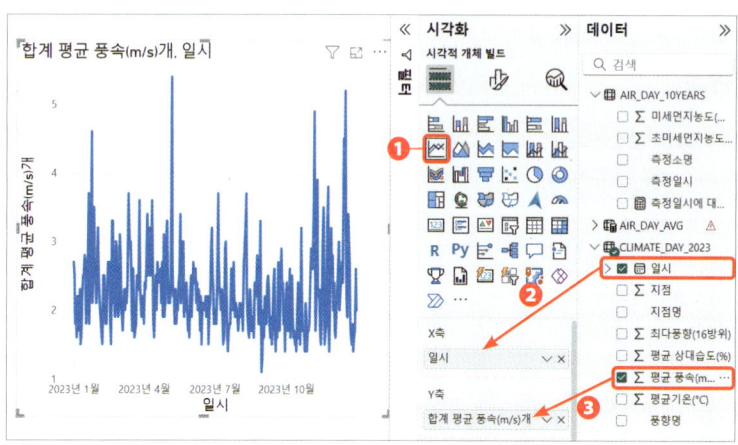

02 차트 서식 지정

- [시각화] 창의 [시각적 개체 서식 지정] 〉 [시각적 개체]에서,
  ▶ [X축] 〉 [제목] : 비활성화
  ▶ [Y축] 〉 [제목] : 비활성화
- [시각화] 창의 [시각적 개체 서식 지정] 〉 [일반]에서,
  ▶ [제목] 〉 [텍스트] : '2023년 일평균 풍속 분포' 입력

◆ 풍속과 미세먼지의 관계

01 [보고서]( ) 보기에서 분산형 차트 생성

- [시각화] 창의 [시각적 개체 빌드] > [분산형 차트] 선택
- [X축] : 'CLIMATE_DAY_2023' 테이블의 '평균 풍속' 필드
  ▸ [아래 화살표]( ) > [요약 안 함] 선택
- [Y축] : 'AIR_DAY_10YEARS' 테이블의 '미세먼지농도' 필드
  ▸ [아래 화살표]( ) > [요약 안 함] 선택

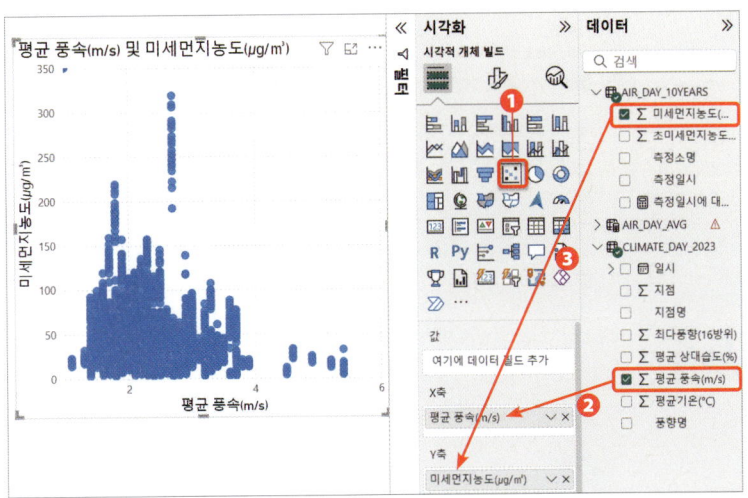

02 차트 서식 지정

- [시각화] 창의 [시각적 개체 서식 지정] > [일반]에서,
  ▸ [제목] > [텍스트] : '풍속과 미세먼지농도의 관계' 입력

◆ 풍속과 초미세먼지의 관계

01 [보고서]( ) 보기에서 분산형 차트 생성

- [시각화] 창의 [시각적 개체 빌드] 〉 [분산형 차트] 선택
- [X축] : 'CLIMATE_DAY_2023' 테이블의 '평균 풍속' 필드
  ▸ [아래 화살표]( ) 〉 [요약 안 함] 선택
- [Y축] : 'AIR_DAY_10YEARS' 테이블의 '초미세먼지농도' 필드
  ▸ [아래 화살표]( ) 〉 [요약 안 함] 선택

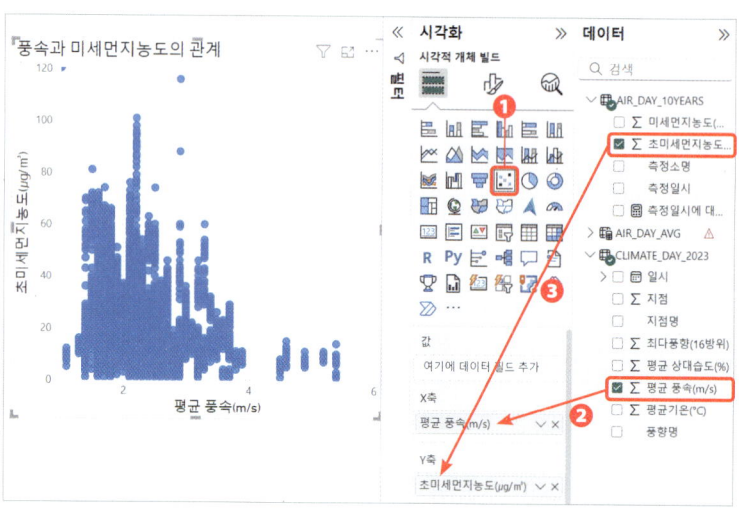

02 차트 서식 지정

- [시각화] 창의 [시각적 개체 서식 지정] 〉 [일반]에서,
  ▸ [제목] 〉 [텍스트] : '풍속과 초미세먼지농도의 관계' 입력

5 풍향과 미세먼지/초미세먼지 관계 시각화

2023년 풍향의 일별 변화를 꺾은선형 차트로 확인하고, 기온과 미세먼지/초미세먼지 농도의 상관관계를 분산형 차트로 시각화합니다. '풍향명' 필드는 범주형 변수이므로 막대형 차트를 활용하여 풍향별 분포와 미세먼지 농도와의 관계를 분석합니다.

◆ 풍향 분포

01 [보고서](📊) 보기에서 막대형 차트 생성

- [시각화] 창의 [시각적 개체 빌드] 〉 [누적 세로 막대형 차트] 선택
- [X축] : 'CLIMATE_DAY_2023' 테이블의 '풍향명' 필드
- [Y축] : 'CLIMATE_DAY_2023' 테이블의 '풍향명' 필드
  ▶ [아래 화살표](∨) 〉 [개수] 선택

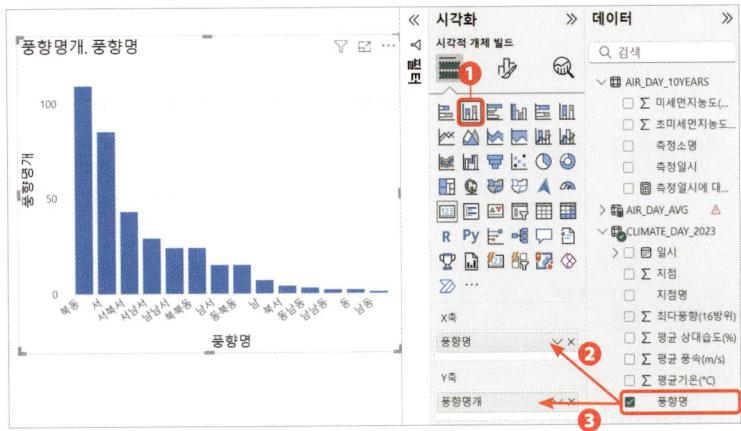

02 차트 서식 지정

- [시각화] 창의 [시각적 개체 서식 지정] 〉 [시각적 개체]에서,
  ▶ [X축] 〉 [제목] : 비활성화
  ▶ [Y축] 〉 [제목] : 비활성화
- [시각화] 창의 [시각적 개체 서식 지정] 〉 [일반]에서,
  ▶ [제목] 〉 [텍스트] : '2023년 풍향별 발생 빈도' 입력

◈ 풍향별 미세먼지 평균값

01 빠른 측정값 생성

- [데이터] 창의 'AIR_DAY_10YEARS' 테이블 선택
- [테이블 도구] 탭 > [계산] 그룹에서 [빠른 측정값] 클릭

- 설정
  - ▶ [계산] : 범주별 집계 > 범주별 평균
  - ▶ [기준값] : '미세먼지농도' 선택
    - ▶ 오른쪽 화살표(>) > [평균] 선택
  - ▶ [범주] : 'CLIMATE_DAY_2023' 테이블의 '풍향명' 필드
  - ▶ [추가] 클릭

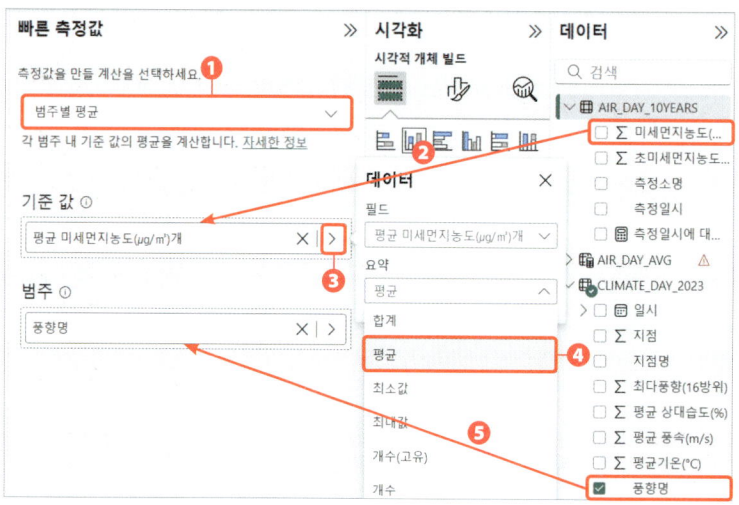

◈ 풍향별 초미세먼지 평균값

- 초미세먼지농도에 대해서도 동일한 과정 반복

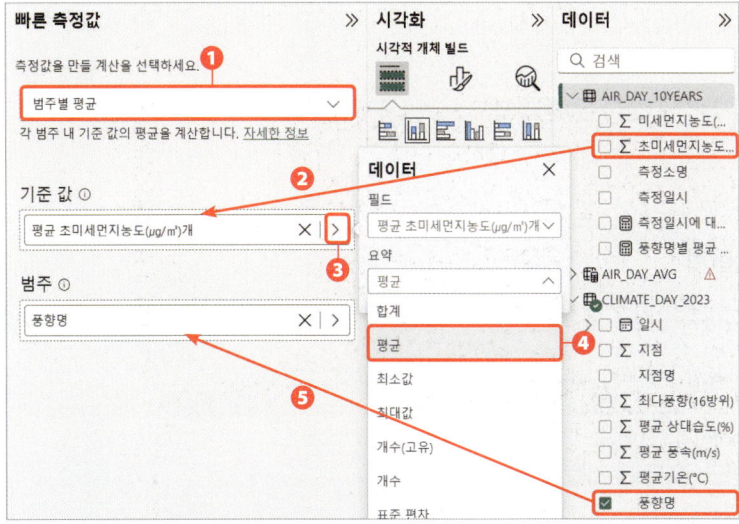

◈ 풍향과 미세먼지의 관계

01 [보고서]( ) 보기에서 막대형 차트 생성

- [시각화] 창의 [시각적 개체 빌드] 〉 [누적 세로 막대형 차트] 선택
- [X축] : 'CLIMATE_DAY_2023' 테이블의 '풍향명' 필드
- [Y축] : 생성된 '풍향명별 평균 미세먼지농도 평균값' 측정값

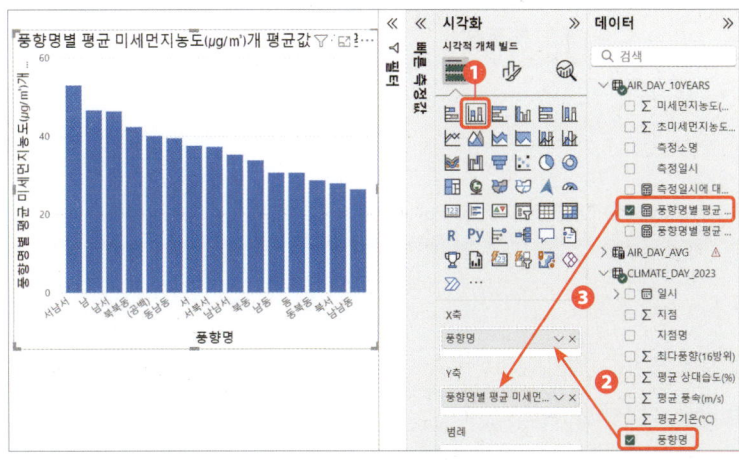

Chapter 07 기상 조건과 미세먼지 농도의 관계 분석 **527**

02 차트 서식 지정

- [시각화] 창의 [시각적 개체 서식 지정] > [시각적 개체]에서,
  - [X축] > [제목] : 비활성화
  - [Y축] > [제목] : 비활성화
- [시각화] 창의 [시각적 개체 서식 지정] > [일반]에서,
  - [제목] > [텍스트] : '풍향별 평균 미세먼지농도' 입력

◈ 풍향과 초미세먼지의 관계

01 [보고서]( ) 보기에서 막대형 차트 생성

- [시각화] 창의 [시각적 개체 빌드] > [누적 세로 막대형 차트] 선택
- [X축] : 'CLIMATE_DAY_2023' 테이블의 '풍향명' 필드
- [Y축] : 생성된 '풍향명별 평균 초미세먼지농도 평균값' 측정값

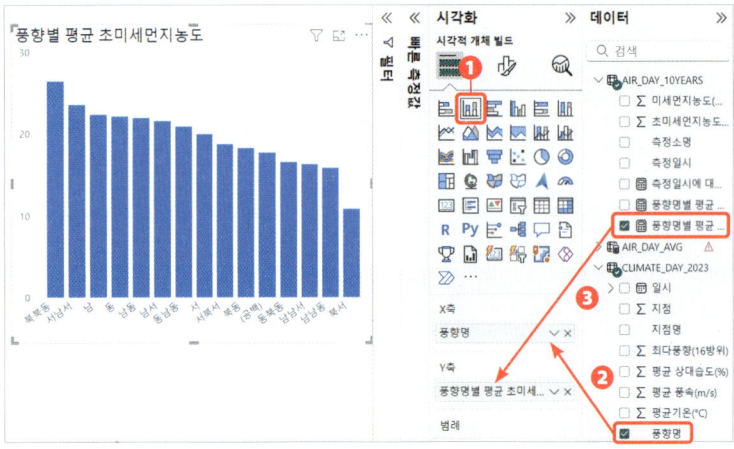

02 차트 서식 지정

- [시각화] 창의 [시각적 개체 서식 지정] > [시각적 개체]에서,
  - [X축] > [제목] : 비활성화
  - [Y축] > [제목] : 비활성화
- [시각화] 창의 [시각적 개체 서식 지정] > [일반]에서,
  - [제목] > [텍스트] : '풍향별 평균 초미세먼지농도' 입력

6 시각화 결과 탐색

서울시의 2023년 기상 조건(기온, 습도, 풍속, 풍향)과 미세먼지 농도의 관계를 시각화한 결과를 바탕으로, 각 기상 요소가 미세먼지 농도에 미치는 영향과 특징을 도출합니다.

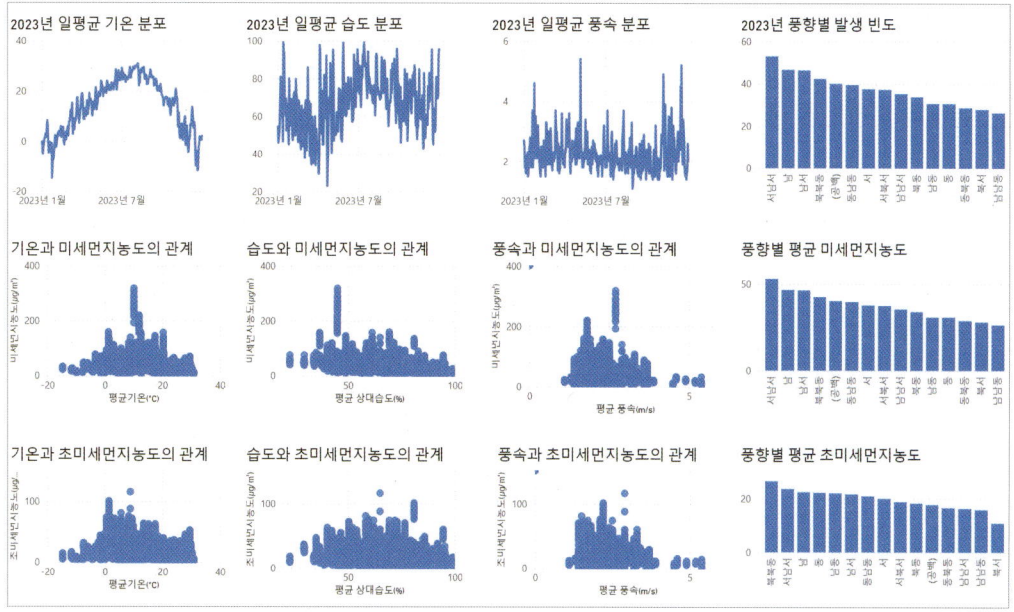

◈ 기온과 미세먼지 농도의 관계

● 미세먼지(PM-10)

기온이 약 10℃ 부근일 때, 미세먼지 농도가 300㎍/㎥ 이상으로 최고치를 기록하며, 이는 특정 온도 조건에서 대기 중 오염물질 농도가 급격히 증가할 수 있음을 보여줍니다. 또한, 기온이 -10℃에서 0℃ 사이 및 15℃에서 25℃ 사이의 두 구간에서 농도가 상대적으로 높은 이중 피크 분포를 나타냈습니다. 이는 기온과 대기 오염 간의 복잡한 상호작용을 시사하며, 계절적 영향과 함께 관찰될 수 있는 흥미로운 특징입니다. 반면, 30℃ 이상의 고온에서는 미세먼지 농도가 낮아지는 경향을 보입니다.

● 초미세먼지(PM-2.5)

기온이 0℃ 부근일 때 초미세먼지 농도가 100㎍/㎥ 이상으로 최고치를 기록하며, 이 구간에서 대기 중 오염물질이 집적되는 경향이 두드러집니다. 또한, -10℃에서 0℃ 사이의 구간에서도 초미세먼지가 높은 농도를 나타내며, 낮은 기온이 초미세먼지 농도에 강한 영향을 미치는 것으로 보입니다. 반면, 기온이 상승함에 따라 초미세먼지 농도는 점진적으로 감소하는 경향을 보여줍니다.

- 주요 특징

한랭한 기온에서는 미세먼지와 초미세먼지 모두 고농도 발생 빈도가 높아지는 경향이 나타났습니다. 이는 저온 환경에서 대기 중 오염물질이 정체되거나 축적되기 쉬운 기상 조건이 형성되기 때문일 가능성이 있습니다. 또한, 고온보다는 저온에서 미세먼지 농도가 상대적으로 높게 나타나는 패턴이 관찰되었습니다. 이는 겨울철과 같이 온도가 낮은 계절에 대기 오염 문제가 더 심각해질 수 있음을 시사합니다.

◈ 습도와 미세먼지 농도

- 미세먼지(PM-10)
  - 상대습도 50% 부근에서 300㎍/㎥ 이상의 최고 농도 기록
  - 습도 40~60% 구간에서 전반적으로 높은 농도 분포
  - 습도 80% 이상에서는 농도가 뚜렷하게 감소하는 경향

상대습도가 50% 부근일 때, 미세먼지 농도가 300㎍/㎥ 이상으로 최고치를 기록하며, 이 습도 구간에서 대기 중 미세먼지 농도가 극대화되는 경향이 관찰되었습니다. 또한, 습도 40~60% 구간에서 전반적으로 높은 농도 분포를 보였으며, 이는 대기 중 습도와 미세먼지 농도의 상호작용이 이 구간에서 특히 강하게 나타날 수 있음을 시사합니다. 반면, 습도가 80% 이상으로 증가하면 미세먼지 농도가 뚜렷하게 감소하는 경향을 보여줍니다.

- 초미세먼지(PM-2.5)

초미세먼지는 상대습도 60% 부근에서 100㎍/㎥ 이상의 고농도가 발생하여, 이 습도 범위에서 농도가 가장 높게 나타나는 특징을 보였습니다. 또한, 습도가 상승함에 따라 초미세먼지 농도가 점진적으로 증가했으나, 70%를 넘어서면서 농도가 감소하는 경향이 관찰되었습니다. 특히, 상대습도가 30% 이하나 90% 이상에서는 초미세먼지 농도가 낮은 수준을 유지하며, 극단적인 습도 조건에서는 오염 물질의 농도가 감소하는 특징이 나타났습니다.

- 주요 특징

중간 범위의 습도(40~70%)에서는 미세먼지 농도가 높게 나타나는 경향이 관찰되었으며, 이는 대기 중 습도와 미세먼지의 상호작용이 이 범위에서 특히 활발하게 이루어질 수 있음을 시사합니다. 반면, 매우 건조한 조건(습도 30% 이하)이나 매우 습한 조건(습도 90% 이상)에서는 농도가 낮게 유지되는 특징이 나타났습니다. 이는 극단적인 습도 조건에서 대기 중 미세먼지의 침강 효과나 확산의 영향이 더 강하게 작용할 가능성을 보여줍니다.

또한, 초미세먼지가 미세먼지보다 습도 변화에 더 민감하게 반응하는 것으로 확인되었습니다. 이는 초미세먼지의 작은 입자 크기가 환경 변화에 더 영향을 받기 쉽기 때문일 수 있습니다.

◈ 풍속과 미세먼지 농도

● 미세먼지(PM-10)

풍속이 2.7m/s일 때 미세먼지 농도가 300㎍/㎥ 이상의 고농도를 기록하며, 이 구간에서 미세먼지 축적이 극대화되는 경향을 보여줍니다. 그러나 풍속이 증가함에 따라 미세먼지 농도는 급격히 감소하는 패턴을 나타냈습니다. 특히, 풍속이 4m/s 이상일 경우 대부분의 미세먼지 농도가 100㎍/㎥ 이하로 유지되며, 이는 강한 바람이 대기의 미세먼지를 효과적으로 확산시키는 데 기여함을 시사합니다.

● 초미세먼지(PM-2.5)

풍속이 2m/s 이하일 때 초미세먼지 농도가 100㎍/㎥ 이상의 고농도를 기록하며, 낮은 풍속 조건에서 초미세먼지 축적이 뚜렷하게 나타났습니다. 또한, 풍속이 증가함에 따라 초미세먼지 농도는 감소하는 경향이 확인되었으며, 이러한 감소 폭은 미세먼지(PM-10)보다 더 뚜렷한 양상을 보여주었습니다. 풍속이 4m/s 이상일 경우 대부분의 초미세먼지 농도가 50㎍/㎥ 이하로 유지되며, 강한 바람이 초미세먼지 확산에 효과적으로 기여하는 것으로 보입니다.

● 주요 특징

풍속과 미세먼지 농도 간에는 뚜렷한 음의 상관관계가 존재하며, 풍속이 증가할수록 미세먼지 농도가 감소하는 경향이 나타납니다.
정체성 기압(약한 풍속)은 대기 중 미세먼지가 축적되는 주요 원인으로, 약한 바람은 미세먼지가 확산되지 않고 고농도로 머물게 하는 환경을 조성합니다.
반면, 강한 바람은 미세먼지 저감에 효과적으로 작용하며, 대기 중 오염 물질을 넓은 지역으로 빠르게 확산시켜 농도를 낮추는 데 기여합니다.

◈ 풍향별 영향

● 미세먼지(PM-10)

서풍 계열에서 약 50㎍/㎥로 가장 높은 농도를 기록하며, 북서풍과 남서풍 방향에서도 비교적 높은 농도를 나타냅니다. 반면, 동풍과 남동풍 계열에서는 가장 낮은 농도가 분포하여 동쪽에서 유입되는 공기의 상대적으로 깨끗한 특성을 보여줍니다. 전반적으로 서쪽에서 동쪽으로 갈수록 미세먼지 농도가 감소하는 경향이 관찰됩니다.

● 초미세먼지(PM-2.5)

초미세먼지(PM-2.5)의 경우, 풍향에 따른 농도 차이가 명확히 발견되지 않았습니다. 이는 초미세먼지 농도가 특정 풍향보다 다른 요인의 영향을 더 크게 받을 가능성을 시사합니다.

08 서울시 지역별 미세먼지 농도 분석

Chapter

서울시의 25개 자치구를 대상으로 미세먼지와 초미세먼지의 공간적 분포를 분석합니다. 먼저 자치구별 미세먼지 농도를 막대 차트로 시각화하고 도형 맵을 활용하여 공간적 분포를 표현한 후, 미세먼지 농도 기준(100μg/㎥)과 초미세먼지 농도 기준(35μg/㎥)을 초과하는 지역의 특성을 도출합니다.

이번 챕터의 시각화 결과물을 미리 보면 아래와 같습니다.

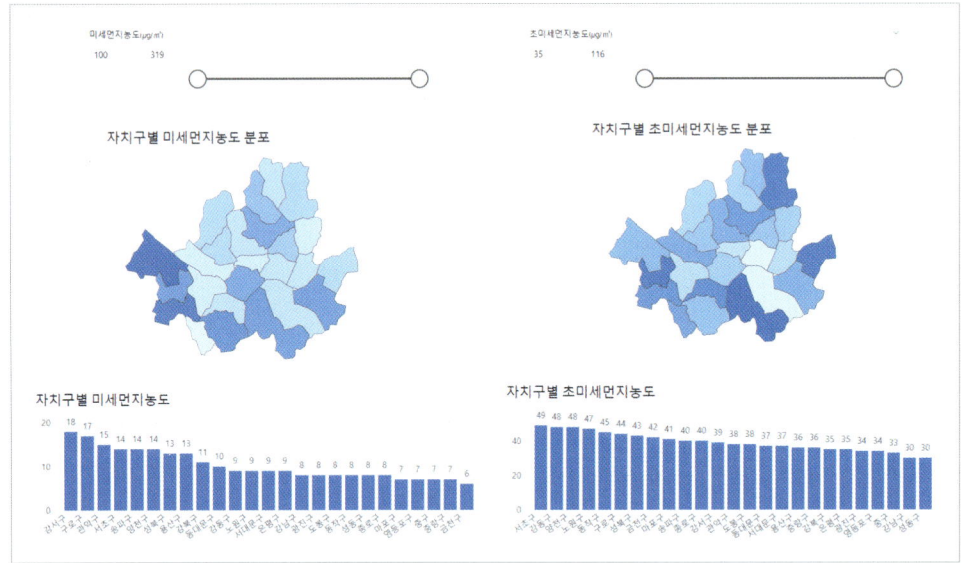

Power BI Desktop 보고서의 [새 페이지]를 클릭하여 새로운 페이지를 추가한 후, 페이지 이름을 '지역별 미세먼지'로 변경합니다.

배경지식 》 서울의 지역적 특성

서울의 면적은 약 600㎢이며 산악에 둘러싸인 분지 형태입니다. 도심의 자동차와 상업 시설은 지속적으로 미세먼지를 발생하고 외곽을 둘러싼 산과 도심의 높은 빌딩은 대기 흐름을 방해합니다. 이러한 자연적, 인위적 조건은 지역별 미세먼지의 농도 차이에 영향을 끼치게 됩니다. 서울시는 25개 자치구에 설치된 대기오염 측정소를 통해 미세먼지 농도를 모니터링하고 있습니다.

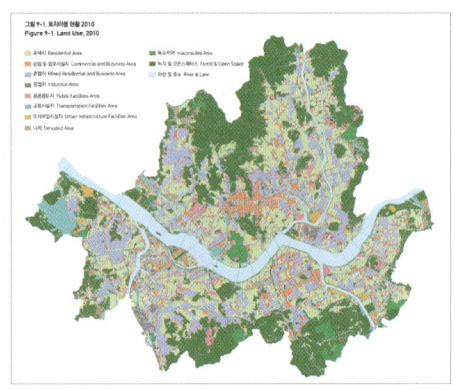

1 데이터 준비

2023년 자치구별 미세먼지와 초미세먼지의 고농도 발생을 분석하기 위해 페이지 필터를 설정하고, 공간적 분포를 표현하기 위한 서울시 자치구 경계 지도 파일을 준비합니다.

◆ 분석 기간 설정

데이터 값의 범위를 2023년으로 한정하기 위하여 페이지 필터를 설정합니다.

01 [필터] 창을 엽니다.

- [이 페이지의 필터]에 'AIR_DAY_10YEARS' 테이블의 '측정일시' 필드 추가

02 [필터 형식]에서 '고급 필터링'을 선택하고 다음과 같이 설정

- 다음 값일 경우 항목 표시
  ▸ '다음 기간 이후' 선택 / 2023-01-01 / [및] 체크 / '다음 기간 이전' 선택 / 2023-12-31
- [필터 적용]을 클릭합니다.

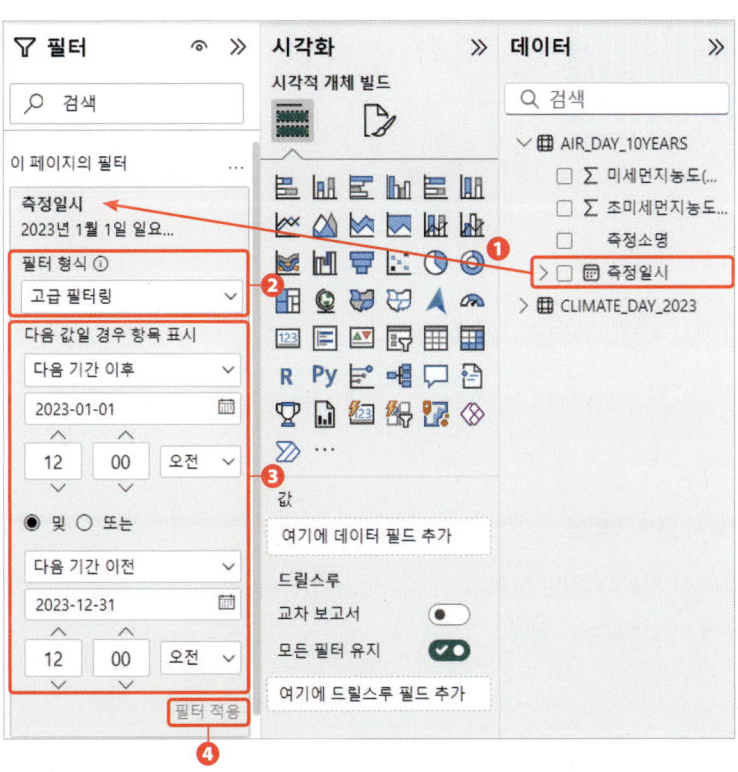

2 자치구별 미세먼지/초미세먼지 농도 시각화

서울시 25개 자치구별 연간 미세먼지와 초미세먼지 농도를 누적 세로 막대형 차트로 시각화하고, 각 그래프에 측정값을 표시하여 지역별 차이를 쉽게 비교할 수 있도록 합니다.

◆ 미세먼지 농도

01 [보고서]( ) 보기에서 누적 세로 막대형 차트 생성

- [시각화] 창의 [시각적 개체 빌드] 〉 [누적 세로 막대형 차트] 선택
- [X축] : 'AIR_DAY_10YEARS' 테이블의 '측정소명' 필드
- [Y축] : 'AIR_DAY_10YEARS' 테이블의 '미세먼지농도' 필드
  ▶ [아래 화살표]( ) 〉 [개수] 선택

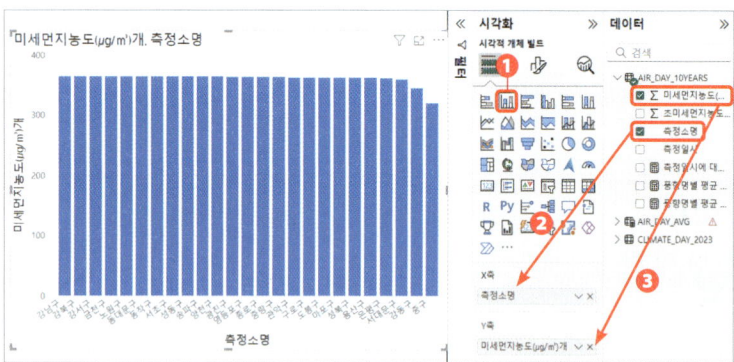

02 차트 서식 지정

- [시각화] 창의 [시각적 개체 서식 지정] 〉 [시각적 개체]에서,
  ▶ [X축] 〉 [제목] : 비활성화
  ▶ [Y축] 〉 [제목] : 비활성화
  ▶ [데이터 레이블] : 활성화
  ▶ [데이터 레이블] 〉 [값] 〉 [표시 단위] : 없음
- [시각화] 창의 [시각적 개체 서식 지정] 〉 [일반]에서,
  ▶ [제목] 〉 [텍스트] : '자치구별 미세먼지농도' 입력

◆ 초미세먼지 농도

01 [보고서](📊) 보기에서 누적 세로 막대형 차트 생성

- [시각화] 창의 [시각적 개체 빌드] 〉 [누적 세로 막대형 차트] 선택
- [X축] : 'AIR_DAY_10YEARS' 테이블의 '측정소명' 필드
- [Y축] : 'AIR_DAY_10YEARS' 테이블의 '초미세먼지농도' 필드
  ▸ [아래 화살표](⌄) 〉 [개수] 선택

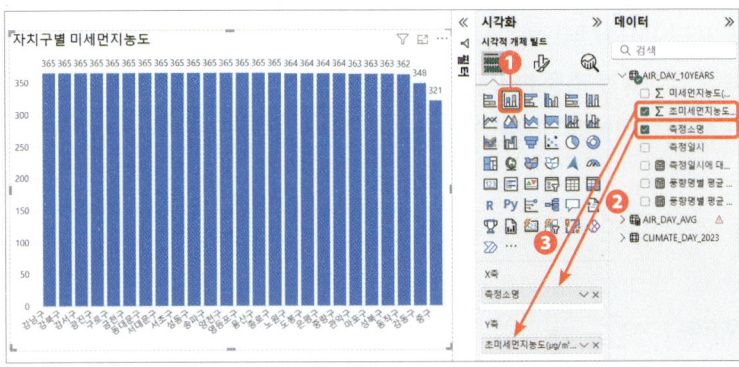

02 차트 서식 지정

- [시각화] 창의 [시각적 개체 서식 지정] 〉 [시각적 개체]에서,
  ▸ [X축] 〉 [제목] : 비활성화
  ▸ [Y축] 〉 [제목] : 비활성화
  ▸ [데이터 레이블] : 활성화
  ▸ [데이터 레이블] 〉 [값] 〉 [표시 단위] : 없음
- [시각화] 창의 [시각적 개체 서식 지정] 〉 [일반]에서,
  ▸ [제목] 〉 [텍스트] : '자치구별 초미세먼지농도' 입력

3 지도로 미세먼지 농도 시각화

서울시 자치구 경계 지도를 활용하여 미세먼지와 초미세먼지의 농도를 도형 맵으로 시각화하고, 각 자치구별 농도 차이를 색상 강도로 표현해 공간적 분포를 한눈에 파악할 수 있도록 합니다.

◆ 미세먼지 농도

01 [보고서]( ) 보기에서 도형 맵 생성

- [시각화] 창의 [시각적 개체 빌드] 〉 [도형 맵] 선택
- [위치] : 'AIR_DAY_10YEARS' 테이블의 '측정소명' 필드
- [색 채도] : 'AIR_DAY_10YEARS' 테이블의 '미세먼지농도' 필드
  ▶ [아래 화살표]( ) 〉 [개수] 선택
- [도구 설명] : 'AIR_DAY_10YEARS' 테이블의 '측정소명' 필드

02 지도 설정

- [시각화] 창의 [시각적 개체 서식 지정] 〉 [시각적 개체]에서,
  ▶ [지도 설정] 〉 [맵 유형] : '사용자 지정 맵' 선택
  ▶ [지도 설정] 〉 [맵 유형 추가] : 도서와 함께 제공되는 파일 폴더(Part 04 〉 Data)에서 '서울_자치구_경계_2024.json' 파일을 불러옵니다.

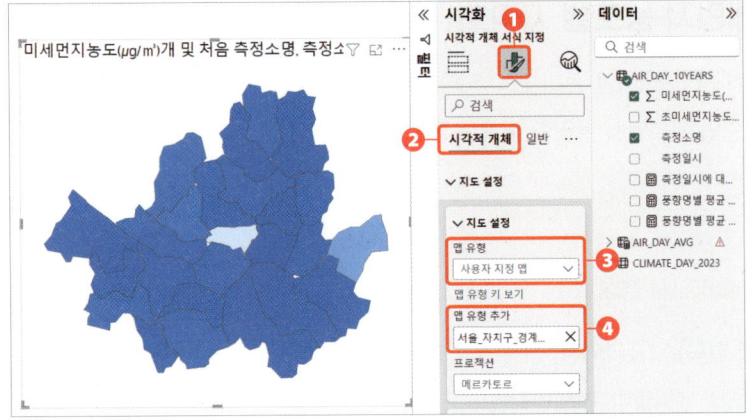

03 차트 서식 지정

- [시각화] 창의 [시각적 개체 서식 지정] 〉 [일반]에서,
  ▶ [제목] 〉 [텍스트] : '자치구별 미세먼지농도 분포' 입력

◆ 초미세먼지 농도

01 [보고서](📊) 보기에서 도형 맵 생성

- [시각화] 창의 [시각적 개체 빌드] 〉 [도형 맵] 선택
- [위치] : 'AIR_DAY_10YEARS' 테이블의 '측정소명' 필드
- [색 채도] : 'AIR_DAY_10YEARS' 테이블의 '초미세먼지농도' 필드
  ▶ [아래 화살표](⌄) 〉 [개수] 선택
- [도구 설명] : 'AIR_DAY_10YEARS' 테이블의 '측정소명' 필드

02 지도 설정

- [시각화] 창의 [시각적 개체 서식 지정] 〉 [시각적 개체]에서,
  ▶ [지도 설정] 〉 [맵 유형] : '사용자 지정 맵' 선택
  ▶ [지도 설정] 〉 [맵 유형 추가] : '서울_자치구_경계_2024.json' 선택

03 차트 서식 지정

- [시각화] 창의 [시각적 개체 서식 지정] 〉 [일반]에서,
  ▶ [제목] 〉 [텍스트] : '자치구별 초미세먼지농도 분포' 입력

4 미세먼지/초미세먼지 농도별 시각화

슬라이서를 이용하여 미세먼지(100㎍/㎥)와 초미세먼지(35㎍/㎥) 농도 기준을 초과하는 지역을 시각화하고, 농도별 분포 변화를 지도와 차트에서 확인할 수 있도록 합니다.

◆ 미세먼지 농도

01 [보고서]( ) 보기에서 슬라이서 생성

- [시각화] 창의 [시각적 개체 빌드] 〉[슬라이서] 선택
- [필드] : 'AIR_DAY_10YEARS' 테이블의 '미세먼지농도' 필드

02 [서식] 탭에서 [상호 작용 편집] 선택

- '자치구별 초미세먼지 농도 분포'와 '자치구별 초미세먼지 농도' 시각적 개체를 [없음]으로 선택

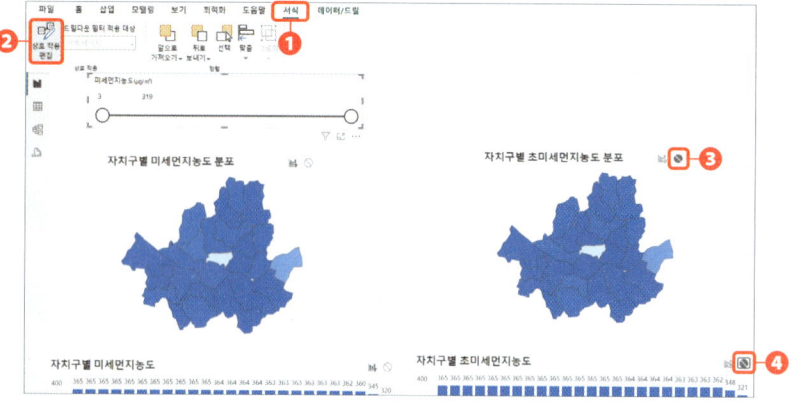

03 슬라이서의 시작값을 '100'으로 설정

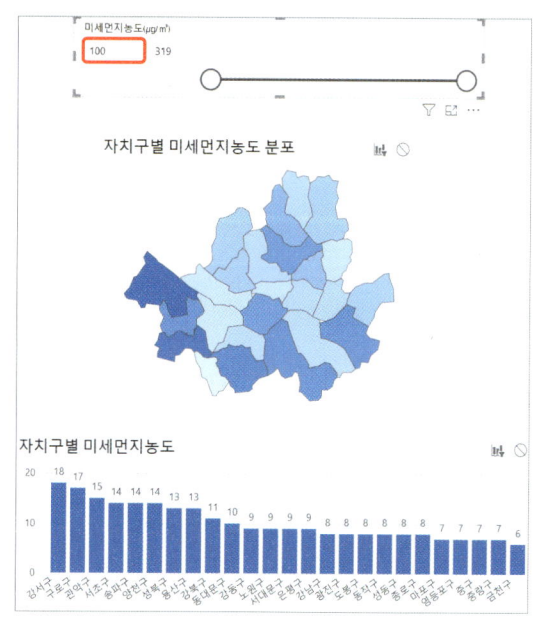

⊕ 초미세먼지 농도

01 [보고서](📊) 보기에서 초미세먼지용 슬라이서 생성

- [시각화] 창의 [시각적 개체 빌드] 〉 [슬라이서] 선택
- [필드] : 'AIR_DAY_10YEARS' 테이블의 '초미세먼지농도' 필드

02 [서식] 탭에서 [상호 작용 편집] 클릭

- '자치구별 미세먼지 농도 분포'와 '자치구별 미세먼지 농도' 시각적 개체를 [없음]으로 선택

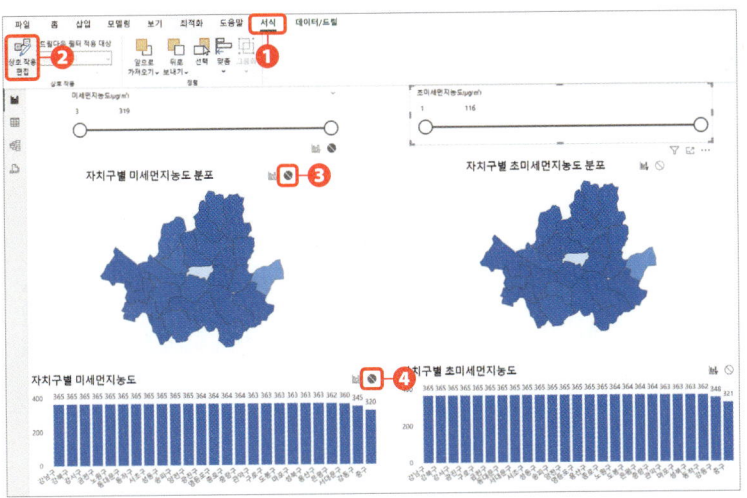

03 슬라이서의 시작값을 '35'로 설정

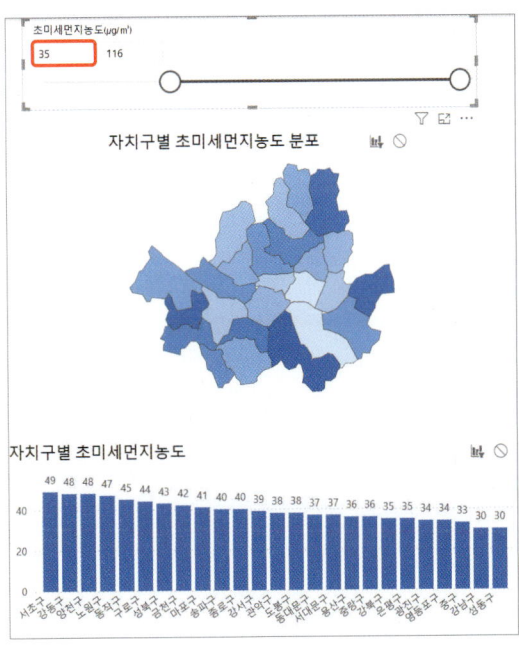

5 시각화 결과 탐색

2023년 고농도 발생 시점(미세먼지 100㎍/㎥ 이상, 초미세먼지 35㎍/㎥ 이상)의 서울시 지역별 미세먼지 분포를 분석하고, 지역별 초과 빈도와 공간적 특성을 파악합니다.

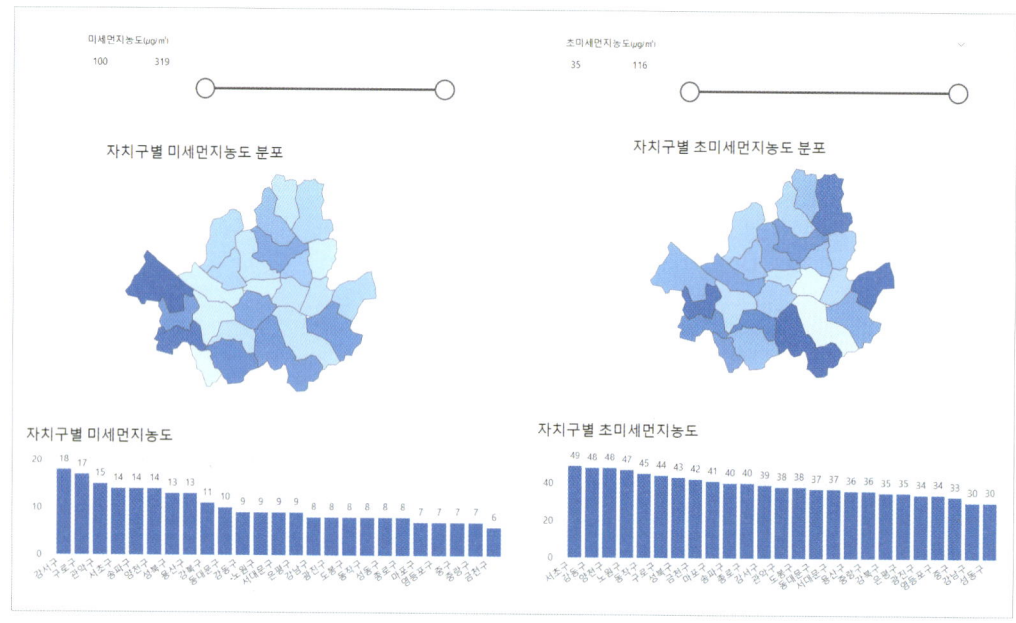

◈ 미세먼지(PM-10) 분포 특성

• 고농도 발생 현황

미세먼지(PM-10) 고농도 발생 현황 분석 결과, 강서구가 가장 높은 초과 빈도인 18회를 기록하며, 구로구(17회)와 관악구(15회)가 그 뒤를 이었습니다. 종로구와 중구는 상대적으로 낮은 빈도로 7~8회의 초과 빈도를 보였으며, 전반적으로 남서부 지역에서 높은 빈도가 분포하는 특징이 확인되었습니다.

• 지역적 특징

미세먼지(PM-10) 농도는 도심 외곽 지역에서 도심 중심부보다 높은 초과 빈도를 기록하며, 특히 남서부 권역인 강서구, 구로구, 관악구에서 집중적으로 나타났습니다. 반면, 도심 중심부인 종로구와 중구에서는 상대적으로 낮은 빈도를 보여 지역별 농도 차이가 뚜렷하게 확인되었습니다.

◆ 초미세먼지(PM-2.5) 분포 특성

• 고농도 발생 현황

초미세먼지(PM-2.5) 고농도 발생 현황 분석 결과, 서초구에서 최고 초과 빈도인 49회를 기록하며, 강동구와 양천구가 각각 48회로 그 뒤를 이었습니다. 반면, 중구와 성동구는 상대적으로 낮은 빈도로 30회를 기록하며, 초미세먼지 고농도 초과 빈도 분포에서 가장 낮은 수준을 보였습니다. 전반적으로 남서부 지역에서 높은 빈도가 관찰되는 경향이 확인되었습니다.

• 지역적 특징

초미세먼지(PM-2.5) 농도는 강남권역에서 전반적으로 높은 초과 빈도를 기록하며, 도심 외곽 지역이 도심 중심부보다 발생 빈도가 더 높은 특징을 보였습니다. 반면, 도심 중심부는 상대적으로 초미세먼지 농도가 양호한 수준으로 관찰되었습니다.

PART 05 실전편

직장 그만두고, 나만의 카페를 창업해 볼까?

'퇴사하고 작은 카페나 차릴까 생각 중이에요. 근데 망하면 어쩌죠?' SNS에서 흔히 볼 수 있는 고민입니다. 실제로 많은 직장인이 카페 창업을 꿈꾸지만, 5년 내 폐업률이 70~80%에 이른다는 통계 앞에서 망설이곤 합니다.

이번 파트에서는 Power BI로 서울의 카페 창업 시장을 분석합니다. 지방자치단체의 인허가 데이터와 서울시의 생활인구 데이터를 활용하여 '성공하는 카페'의 조건을 찾아보겠습니다. 주요 분석 주제는 다음과 같습니다.

- 카페 창업의 실패율은 정말 그렇게 높을까?
- 폐업하는 카페들의 평균 수명은?
- 프랜차이즈는 어떤 위치를 선호할까?
- 내 카페를 창업하기에 좋은 동네는?

분석 결과는 도서와 함께 제공되는 Power BI 파일(Part 05 〉 Output 〉 Cafe.pbix)에서 직접 확인하고 실습해 볼 수 있습니다.

01 분석 개요

Chapter

이번 파트의 분석 주제 선정 배경과 분석 절차, 그리고 한계를 알아보겠습니다.

1 분석 배경

'지겨운 직장 생활 그만두고 카페나 차려볼까?'라며 많은 직장인이 카페 창업을 꿈꾸지만, 5년 내 폐업률이 70~80%에 이를 정도로 현실은 녹록지 않습니다. 성공적인 카페 창업을 위해서는 다음과 같은 분야에 대한 사전 분석이 필요합니다.

◈ 시장 진입 측면

카페 창업 시장에 진입하기 위해서는 지역별 수요와 공급 현황을 정확히 파악해야 하며, 입지 선정 시 이를 기준으로 전략을 세우는 것이 중요합니다. 또한, 적정한 창업 비용을 산출하고 예상 수익성을 철저히 분석하여 경제적인 부담을 최소화할 방안을 모색해야 합니다. 더불어, 프랜차이즈 카페와 개인 카페의 경쟁력을 비교하여 각 옵션의 장단점을 파악하고, 자신의 목표와 상황에 가장 적합한 형태를 선택해야 합니다.

◈ 입지 선정 측면

카페 창업을 위한 입지 선정 시, 상권별 유동 인구의 특성을 분석하여 타깃 고객층과 지역의 소비 패턴을 파악하는 것이 중요합니다. 또한, 주변 경쟁 업체의 현황을 조사하여 경쟁 강도를 평가하고, 차별화된 전략을 마련해야 합니다. 마지막으로, 임대료와 예상 매출을 비교 검토하여 경제적으로 지속 가능한 입지 여부를 결정하는 것도 필요합니다.

◈ 운영 전략 측면

타깃 고객층의 선호도를 기반으로 메뉴를 구성하는 것이 중요합니다. 이를 통해 고객 만족도를 높이고 특정 소비자 그룹에 효과적으로 어필할 수 있습니다. 또한, 매장 규모와 인테리어 콘셉트는 브랜드 이미지와 고객 경험을 극대화할 수 있는 방향으로 설정해야 합니다. 마지막으로, 효율적인 마케팅 및 홍보 방안을 수립하여 지역사회와 온라인에서 브랜드를 알리고 지속적인 고객 유입을 유도하는 것이 필요합니다.

◆ 리스크 관리 측면

카페 창업 시 리스크 관리를 위해서는 먼저 초기 정착기에 안정적인 운영자금을 확보하는 것이 중요합니다. 충분한 자금을 준비하면 초기 매출이 예상보다 낮거나 예기치 못한 지출이 발생하더라도 사업을 안정적으로 운영할 수 있습니다. 또한, 계절별 매출 변동성을 철저히 분석하고 이에 대비한 전략을 수립해야 합니다. 비수기에는 특별 프로모션이나 이벤트를 활용하거나, 신규 메뉴를 개발해 매출을 보완할 수 있습니다. 마지막으로 긴급 상황에 대비한 대응 계획을 마련하여 예기치 못한 사고나 외부적인 문제가 발생했을 때 신속하고 효과적으로 대응할 수 있어야 합니다.

이러한 배경에서 카페 창업 시장을 분석하는 것은 매우 중요합니다. 본 분석을 통해 아래와 같은 실질적인 인사이트를 도출할 수 있을 것입니다.

- 지역별 카페 밀집도와 생존율 파악
- 성공적인 카페의 입지 특성 도출
- 효과적인 창업 전략 수립을 위한 기초 자료 제공

배경지식 ▶ **우리나라의 커피 소비량**

2023년 기준, 우리나라 성인의 1인당 연간 커피 소비량은 405잔에 달하며, 이는 세계 평균 소비량의 두 배 이상으로 매우 높은 수준입니다. 특히, 매년 커피 소비량이 꾸준히 증가하고 있는 추세를 보여주며, 커피에 대한 국내 소비자의 수요가 계속해서 확대되고 있음을 나타냅니다. 그러나 이러한 소비 증가에 따라 커피 시장 내 경쟁이 더욱 치열해지는 상황도 함께 확인되고 있습니다.

---

2 분석 절차

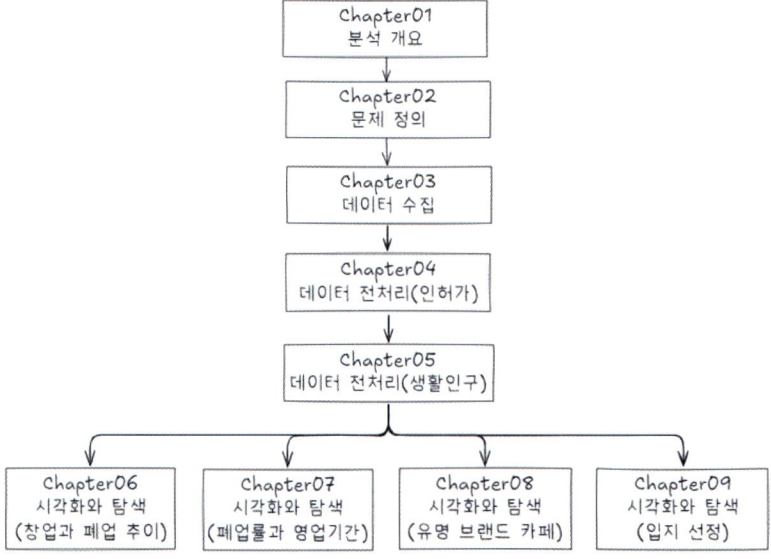

분석은 크게 5단계로 구성되며, 각 단계는 다음의 세부 절차를 포함합니다.

◆ 1단계 : 분석 개요(Chapter 01)

분석의 배경과 목적을 명확히 제시합니다. 이를 통해 왜 이러한 분석이 필요한지와 목표가 무엇인지를 이해할 수 있습니다. 다음으로, 전체 분석 범위와 절차를 간략히 설명하여 분석이 진행될 전반적인 흐름을 개괄합니다. 마지막으로, 데이터의 주요 특징을 설명하고 분석 과정에서 발생할 수 있는 한계를 논의함으로써 객관적인 접근 방식을 유지합니다.

◆ 2단계 : 문제 정의(Chapter 02)

첫째, 구체적인 분석 질문을 설정합니다. 여기에는 창업과 폐업의 현황을 파악하는 것, 폐업률과 평균 영업기간을 조사하는 것, 프랜차이즈가 시장에 미치는 영향을 분석하는 것, 그리고 성공적인 창업을 위한 최적 입지 조건을 탐구하는 것이 포함됩니다.

둘째, 질문별로 적합한 분석 방법을 계획합니다. 이를 통해 설정한 질문에 대해 체계적이고 정밀한 답을 도출할 수 있도록 준비합니다.

◆ 3단계 : 데이터 수집(Chapter 03)

첫째, 지방자치단체의 인허가 데이터를 수집합니다. 이를 통해 창업 및 폐업과 관련된 절차와 현황을 파악하고 지역별 창업 동향을 분석할 수 있습니다.

둘째, 서울시 생활인구 데이터를 수집합니다. 유동인구, 인구 분포, 생활 패턴 등 다양한 정보를 통해 고객층의 특성과 상권 분석을 위한 기초 데이터를 확보합니다.

◆ 4단계 : 데이터 전처리(Chapter 04~06)

수집된 데이터에서 분석에 필요한 데이터만 선별적으로 추출합니다. 이를 통해 데이터의 효율성을 높이고 불필요한 정보를 배제하여 분석 과정을 간소화합니다. 다음으로, 법정동 주소를 행정동으로 변환하고 좌표계를 변환하여 공간 데이터의 통일성을 확보합니다. 이를 통해 보다 정확한 상권 분석과 지리적 데이터를 활용할 수 있습니다. 마지막으로, 여러 데이터 간 연계성을 강화하기 위해 코드 체계를 정비합니다. 이를 통해 데이터 통합 작업을 원활히 진행하고 분석의 신뢰성을 높일 수 있습니다.

◆ 5단계 : 각 분석 주제에 따른 데이터 시각화와 탐색

- 이 단계에서 중요한 주제는 창업과 폐업 추이 분석입니다(Chapter 05).
  첫째, 연도별 창업 건수 변화를 시각화합니다. 이를 통해 특정 연도에 창업 건수가 증가하거나 감소한 추세를 파악하고, 그 원인을 탐구할 수 있습니다. 둘째, 연도별 폐업 건수 변화를 분석합니다. 이를 통해 폐업률이 높아지는 시점을 확인하고, 외부 요인이나 시장 변화와의 연관성을 탐색합니다.

- 폐업률과 영업기간 분석은 중요한 주제로 다음과 같이 구성됩니다(Chapter 06)

  첫째, 연도별 폐업률 추이를 시각화합니다. 이를 통해 시간이 지남에 따라 폐업률이 어떻게 변화했는지를 파악할 수 있으며, 특정 시점에 폐업률 상승 또는 하락의 원인을 분석할 수 있습니다.

  둘째, 평균 영업기간의 분포를 분석합니다. 이를 통해 폐업한 매장의 평균 영업기간이 어느 정도인지를 확인하며, 영업기간이 긴 매장과 짧은 매장의 차이를 탐구할 수 있습니다.

- 유명 브랜드 카페를 분석하는 데 초점을 맞춥니다. 이 단계는 다음과 같은 내용으로 구성됩니다(Chapter 07).

  첫째, 브랜드별 시장 점유율을 분석합니다. 이를 통해 각 브랜드가 시장에서 차지하는 비중을 파악하고, 경쟁 구도를 이해합니다.

  둘째, 입지 선정 전략의 특성을 탐구합니다. 유명 브랜드 카페들이 입지를 선정할 때 어떤 요소를 고려하는지 분석하며, 유동인구, 상권 특성, 접근성 등의 중요 기준을 확인합니다.

- 마지막으로 입지 선정 분석에 중점을 둡니다. 이 과정에서는 생활인구를 기반으로 한 상권 분석을 수행합니다(Chapter 08).

3 분석 특징 및 한계

분석의 시간적 범위는 1960년 1월 1일부터 2023년 12월 31일까지이며 공간적 범위는 서울의 자치구와 행정동입니다.

◆ 분석 범위

- 공간적 범위 : 서울특별시 25개 자치구
- 시간적 범위 : 1960년 1월 1일 ~ 2023년 12월 31일
- 업종적 범위 : 휴게음식점으로 신고된 카페(다방, 커피숍)

◆ 사용 데이터

- 인허가 데이터(지방자치단체)
  - 카페의 개업과 폐업 정보
  - 위치, 규모 등 기본 정보
  - 매월 1일 기준 데이터
- 생활인구 데이터(서울특별시)
  - 시간대별 체류 인구
  - 성별, 연령대별 인구
  - 행정동 단위 데이터

- 행정동 코드 데이터(행정안전부)
  - ▶ 행정동 코드와 명칭
  - ▶ 시도-시군구-행정동 체계
  - ▶ 2024년 1월 1일 기준

◈ 분석의 한계

- 인허가 데이터의 한계
  - ▶ 행정 신고 기준으로 실제 영업 상황과 차이 가능
  - ▶ 업종 분류의 모호성(일반음식점 카페 제외)
  - ▶ 프랜차이즈 여부 판단의 어려움
- 생활인구 데이터의 한계
  - ▶ 추정치이므로 실제 유동인구와 차이 존재
  - ▶ 체류 목적 파악 불가
- 매출 데이터 부재
  - ▶ 실제 수익성 분석 불가
  - ▶ 임대료 정보 부재

◈ 활용 목적 및 한계

본 분석은 Power BI 학습을 위한 예시이므로, 실제 창업 결정 시에는 추가적인 현장 조사와 전문가 상담이 필요합니다.

02 문제 정의

Chapter

'자영업자의 십중팔구는 망한다.' 언론에서 자주 보도되는 이런 충격적인 내용은 카페 창업을 고민하는 사람들을 망설이게 만듭니다. 정말 카페 창업이 그렇게 위험한 걸까요? 데이터를 통해 실제 현실을 들여다보고자 합니다.

1 창업과 폐업 현황은 어떨까?

매년 몇 개의 카페가 새로 문을 열고 또 몇 개의 카페가 사라지는 걸까? 그 결과 매년 서울에서 영업하는 카페는 몇 개일까? 연도별로 카페의 창업 건수와 폐업 건수를 집계하고 그 추이를 확인해 봅니다. 아울러 연도별 카페의 증감 사항도 살펴봅니다.

◈ 분석 목적

서울시 카페 시장의 전반적인 현황을 파악하여 현재 시장의 구조와 특징을 이해합니다. 이를 통해 시장의 규모와 주요 동향을 확인할 수 있습니다. 그리고, 연도별 창업과 폐업 추이를 분석하여 시간에 따른 변화와 패턴을 탐구하며, 실제 시장 성장률을 검증하여 카페 시장의 지속 가능성과 성장 가능성을 평가합니다.

◈ 분석 방법

창업과 폐업 현황을 분석하기 위해 다음과 같은 방법을 활용합니다. 첫째, 연도별 창업 건수를 집계하고 추세를 분석합니다. 둘째, 연도별 폐업 건수를 집계하여 주요 패턴을 도출합니다. 셋째, 순증가율(창업 건수 – 폐업 건수)을 계산하고 변화 추적합니다.

2 폐업률과 영업기간은 어떨까?

자영업의 폐업률이 높다고 하는데, 카페의 폐업률은 얼마나 될까? 또 창업 후 폐업까지의 영업기간은 얼마나 될까? 카페의 연도별 폐업률을 산출하고, 아울러 현재 영업 중인 카페와 이미 폐업한 카페를 구분하여 영업기간을 산출해 봅니다.

◈ 분석 목적

실제 카페의 생존율을 검증하여 창업 후 카페가 유지될 가능성을 평가하고, 영업 지속 기간의 분포를 파악하여 폐업하는 카페들이 평균적으로 얼마 동안 영업을 지속했는지 분석합니다. 마지막으로, 폐업 위험이 높은 시기를 도출하여 특정 시점에 폐업률이 상승하는 이유를 탐색합니다.

◆ 분석 방법

개업 연도별 폐업률을 계산합니다. 이를 통해 창업 연도에 따른 폐업률의 차이를 분석하고, 특정 연도의 창업이 시장에서 얼마나 성공적으로 유지되었는지 평가합니다. 그리고, 영업기간의 통계적 분포를 분석함으로써, 폐업한 카페들의 평균 영업기간과 분포를 도출하며, 사업 지속 가능성을 검토할 수 있습니다. 마지막으로 생존 분석을 통해 폐업 위험이 큰 시기를 파악합니다.

3 프랜차이즈의 영향력은 어느 정도일까?

스타벅스, 이디야 등 유명 브랜드 카페의 시장 점유율은 얼마나 될까? 유명 브랜드 카페는 어디에 많을까? 유명 브랜드 카페 10개를 정하여 브랜드별 시장 점유율과 매장 위치의 특징을 분석합니다. 아울러 브랜드별 창업 추이도 함께 살펴봅니다.

◆ 분석 목적

분석의 목적은 다음과 같습니다. 첫째, 주요 브랜드의 시장 점유율을 파악하여 시장 내 경쟁력을 평가합니다. 둘째, 프랜차이즈의 입지 선정 전략을 분석하여 성공적인 입지 조건을 도출합니다. 셋째, 브랜드별 성장 패턴을 비교하여 각 브랜드의 전략적 강점과 약점을 이해합니다

◆ 분석 방법

브랜드별 매장 수와 시장 점유율을 집계하고, 입지 선정의 공간적 패턴을 분석합니다. 그리고, 브랜드별 확장 전략과 성과를 분석합니다.

4 창업하기 좋은 입지는 어디일까?

카페의 주 소비층이 많은 지역은 어디이며, 그 지역에는 몇 개의 카페가 있을까? 서울의 지역별로 카페 주 수요층 인구를 집계하고, 그 지역에서 운영 중인 카페의 수를 비교하면서 카페 과밀 지역을 찾아봅니다.

◆ 분석 목적

첫째, 상권별 수요와 공급의 균형을 분석합니다. 이를 통해 각 지역의 카페 수요와 공급의 균형 상태를 평가하고, 과잉 공급으로 인해 경쟁이 치열한 지역과 아직 기회가 남아 있는 지역을 파악합니다.
둘째, 생활인구를 기반으로 잠재 수요를 추정합니다. 이를 통해 특정 지역의 유동인구, 거주 인구, 그리고 주요 소비층의 특성을 고려하여 창업 성공 가능성이 높은 지역을 찾을 수 있습니다.

셋째, 최적 입지 선정 기준을 도출합니다. 이를 위해 입지 선택에 영향을 미치는 요소들 예를 들어, 교통 접근성, 주변 시설, 유동인구의 성격 등을 종합적으로 분석하여 성공적인 창업을 위한 기준을 설정합니다.

◈ 분석 방법

창업하기 좋은 입지를 분석하기 위해 다음과 같은 방법을 사용할 수 있습니다. 첫째, 행정동별 카페 밀집도 분석을 수행함으로써 창업 가능성이 높은 지역을 선정할 수 있습니다. 둘째, 생활인구 데이터를 기반으로 수요를 추정함으로써 수요와 공급 간 균형을 이해하고 최적의 창업 위치를 도출하는 데 도움을 줍니다.

이러한 문제들에 대한 답을 찾기 위해 다음 장부터 본격적인 데이터 분석을 시작합니다. 이 분석 방법은 카페뿐만 아니라 다른 자영업 분야를 분석할 때도 활용할 수 있습니다.

03 데이터 수집

Chapter

카페 창업을 분석하기 위해서는 카페의 창업/폐업 정보를 담은 '인허가 데이터'와 잠재 고객을 파악할 수 있는 '생활인구 데이터'가 필요합니다. 이번 파트의 실습에 필요한 모든 데이터는 도서와 함께 제공하는 폴더(Part 05 > Data)에서 다운로드할 수 있습니다.

1 카페 인허가 데이터

창업을 위해서는 관할 관청에 신고나 허가를 받아야 합니다. 카페는 '휴게음식점'으로 분류되어 영업신고가 필요한데, 이런 정보들이 모여 인허가 데이터가 됩니다. 이 데이터에는 가게의 위치, 크기, 개업일, 폐업일 등 다양한 정보가 담겨 있습니다.

> **배경지식 》 인허가 신고 제도**
>
> 소비자 및 환경 보호, 국가관리의 필요를 위하여 일부 업종은 창업 전에 국가 및 지방자치단체에 허가, 신고 등을 하여야 합니다. 허가, 신고 등을 하지 않고 해당 업종의 영업을 한 경우 징역 또는 벌금, 과태료 등이 부과됩니다.
>
> 1) 영업증이 필요한 업종 : 법에서 정한 일정한 요건을 충족한 후에 관할관청에서 영업신고증, 영업등록증, 영업허가증을 발급받아 영업을 해야 하는 업종
>   ① 허가업종 : 단란주점, 유흥주점, 성인오락실, 유료직업소개소, 의약품도매상 등
>   ② 등록업종 : 공인중개사, 노래연습장, PC방, 청소년오락실, 약국, 의원, 학원, 안경점 등
>   ③ 신고업종 : 일반음식점, 휴게음식점, 제과점, 당구장, 스크린골프장, 체육도장, 교습소, 동물병원, 만화방, 미용실, 헬스클럽 등
> 2) 영업증이 필요 없는 업종 : 영업을 하기 위하여 일정한 요건을 갖추어야 하지만 관할관청에서 영업에 관한 영업허가증, 영업등록증, 영업신고증을 발급받지 않고도 영업을 할 수 있는 업종
>   ① 자유업종 : 완제품을 판매하는 소매점 대부분의 업종, 의류점, 화장품점, 신발점, 슈퍼, 편의점, 문구점, 휴대폰점, 조명점, 가구점, 철물점, 서점, 꽃집 등

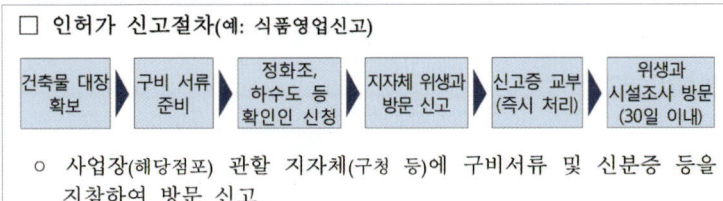

○ 사업장(해당점포) 관할 지자체(구청 등)에 구비서류 및 신분증 등을 지참하여 방문 신고

◆ 데이터 다운로드

행정안전부와 한국지역정보개발원에서 운영하는 지방행정데이터 개방시스템(https://localdata.kr)은 대한민국 17개 시도 228개의 시군구가 행정업무 처리를 위해 접수한 인허가 신고 데이터를 개방하는 사이트입니다. 건강·문화·식품 등 우리의 일상과 관련한 다양한 인허가 관련 데이터를 손쉽게 얻을 수 있는 곳이니 잘 기억해두고 활용하기를 추천합니다.

01 지방행정데이터개방시스템 사이트(https://localdata.kr/)에 접속

02 사이트 상단의 메뉴에서 [데이터받기] > [데이터다운로드] 클릭

03 [식품] 카테고리를 선택하고 [음식점] 탭을 선택

04 [휴게 음식점] 오른쪽의 [EXCEL]을 클릭하여 파일(07_24_05_P.xlsx)을 다운로드

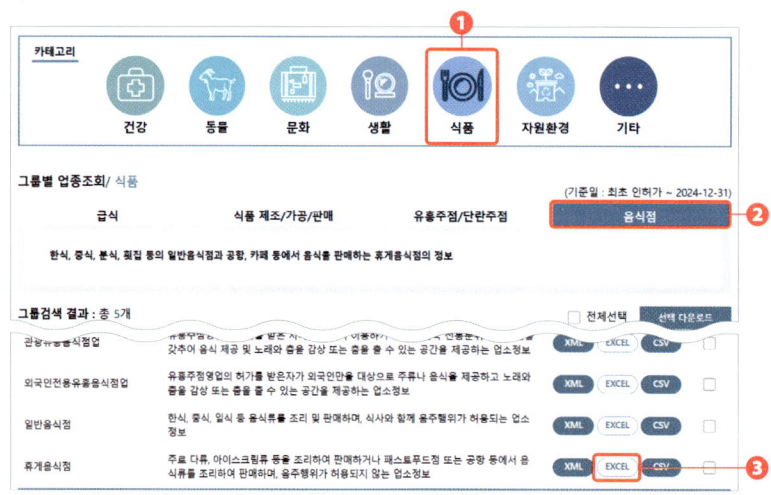

배경지식 》 일반음식점과 휴게음식점
- 일반음식점 : 모든 음식과 주류 판매 가능(주류 판매 시 허가 필요)
- 휴게음식점 : 주류 판매가 금지되며 음료와 간단한 디저트만 판매 가능

2 생활인구 데이터

'생활인구'는 서울시와 KT가 보유한 공공/통신 빅데이터를 추계한 '서울의 특정 지역, 특정 시점에 존재하는 모든 인구'입니다. '생활인구'는 개념적으로 이미 익숙한 '유동인구'와 비슷합니다. '주민등록인구'는 전입신고로 집계되어 일정 기간 수치에 변화가 없는 반면에, '생활인구'는 시민의 움직임을 반영하기 때문에 매시간 역동적으로 변화합니다.

01 열린데이터광장(https://data.seoul.go.kr) 사이트에 접속

02 검색 창에서 '생활인구'를 검색하고, 결과 창에서 [행정동 단위 서울 생활인구(내국인)]을 클릭

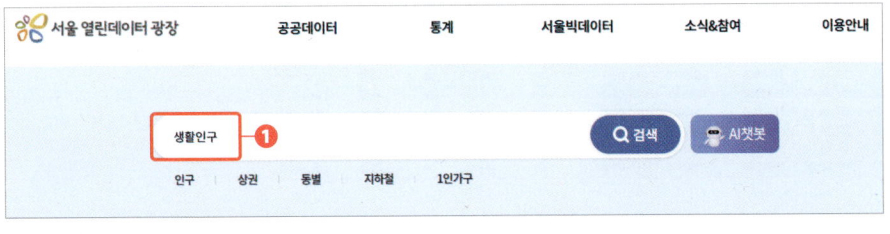

03 [전체 파일보기]를 클릭하고 2024년 1월 파일(파일명 : LOCAL_PEOPLE_DONG_202312.zip)을 다운로드

> **Tip** 생활인구 데이터는 '집계구'라는 공간 단위가 기본이지만, 이번 분석에서는 '집계구'보다 큰 공간 단위인 '행정동' 단위의 데이터를 사용합니다.

04 인허가 데이터 전처리

Chapter

전체 인허가 데이터에서 서울시 카페 정보만 추출하고 필요한 컬럼만 선별한 후, 법정동 주소를 행정동으로 변환하고 좌표계를 Power BI가 지원하는 형식으로 변환하여 이후 분석에 활용할 수 있도록 데이터를 준비하는 작업을 수행합니다.

1 데이터 구조 확인

엑셀(Excel)을 이용하여 지방행정데이터개방시스템 사이트에서 다운로드한 파일(07_24_05_P.xlsx)을 엽니다.

Tip 엑셀이 설치되어 있지 않다면, 다음의 링크에서 평가판을 무료로 다운로드하여 사용할 수 있습니다.
https://www.microsoft.com/ko-kr/microsoft-365/onedrive/online-cloud-storage-trial

파일에는 58만 개가 넘는 휴게음식점에 대한 데이터가 두 개의 시트에 나누어 기록되어 있습니다. 데이터는 전국의 모든 휴게음식점을 포함하는데, 서울시에 해당하는 데이터는 '휴게음식점_1' 시트에 있습니다. 분석의 공간적 범위가 서울시이므로, 여기서는 '휴게 음식점_1' 시트만 사용합니다.

데이터의 주요 항목(열) 내용은 다음과 같습니다.

- 개방자치단체코드 : 인허가 신고를 접수하는 전국 시군구의 코드입니다. 서울에 해당하는 자치구의 코드는 뒷 페이지(556p)의 [표](서울시 자치구 코드)와 같습니다.
- 인허가일자 : 인허가 신고 접수일입니다. LOCALDATA 사이트에서 파일을 다운로드 받는 날을 기준으로 이전 월까지 기록되어 있습니다.
- 상세영업상태명 : 휴게음식점의 영업 또는, 폐업 여부가 기록되어 있습니다.
- 폐업일자 : 휴게음식점의 폐업신고 일자가 기록되어 있습니다.
- 소재지전체주소 : 휴게음식점의 주소지입니다. 법정동으로 되어 있으므로 행정동으로 변경해야 합니다.
- 사업장명 : 휴게음식점의 업소 명칭입니다. 여기에서 주요 업소의 이름을 추출하여 사용합니다.
- 업태구분명 : 휴게음식점을 30개의 하위 개념으로 분류한 명칭입니다. 이중에서 '다방', '커피숍'만을 추출해야 합니다. 흔히 카페라고 부르는 사업장을 인허가 신고할 경우, '다방', '커피숍'의 업태명으로 신고합니다.
- 좌표정보(X), 좌표정보(Y) : 사업장의 위치를 나타내는 공간 좌표입니다. 중부원점TM(EPSG :20 97) 좌표계로 되어 있으므로 Power BI에서 지원하는 좌표계(EPSG:4326 - WGS 84)로 변환해야 합니다.
- 시설총규모 : 인허가 신고 시 기록하는 사업장 면적으로 제곱미터(m²) 단위입니다.

배경지식 ▶ 좌표계EPSG:4326(WGS 84)

좌표계 EPSG:4326(WGS 84)은 지리 정보를 표현하는 가장 보편적인 좌표 체계입니다. 이는 구글 맵, GPS 등에서 기본적으로 사용하는 전 세계 표준 좌표계로, 위도(Latitude)와 경도(Longitude)를 이용해 지구상의 위치를 표현합니다.

2 분석할 데이터 정리

원본 데이터의 크기를 줄이면 Power BI가 실행되는 컴퓨터의 부하를 최소화할 수 있습니다. 엑셀을 이용하여 원본 데이터에서 서울 지역과 카페 업태만 추출하고 불필요한 항목은 삭제합니다.

◈ 서울 지역 추출

01 엑셀로 파일(07_24_05_P.xlsx)을 열고 '휴게음식점_1' 탭을 선택합니다. [A1] 셀을 선택하고 [데이터] 탭 〉 [정렬 및 필터] 그룹에서 [필터]를 클릭합니다.

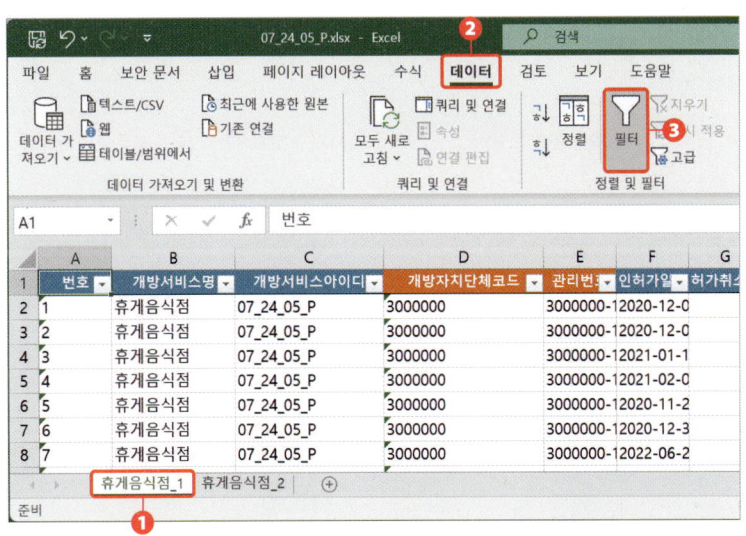

02 '개방자치단체코드' 열 머리글의 [필터 단추](▼)를 클릭하고 [모두 선택]의 체크를 해제합니다. 그 다음 아래 표를 참조하여 서울시 자치구에 해당하는 코드만(25개) 체크한 후 [확인]을 클릭합니다

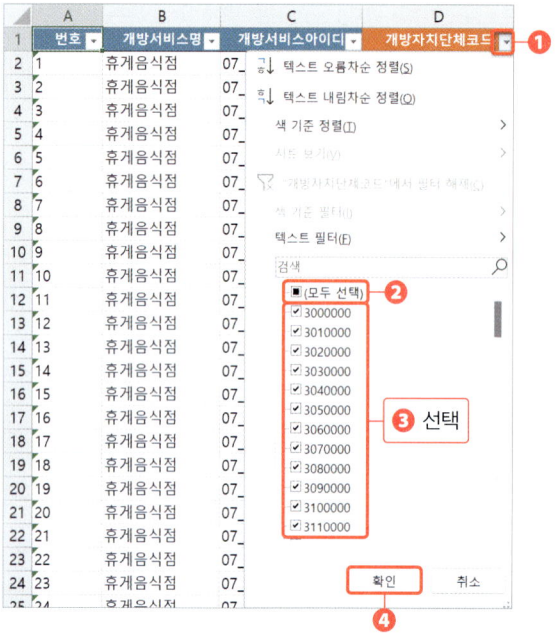

[서울시 자치구 코드]

번호	시도명	자치구명	자치구 코드
1	서울특별시	종로구	3000000
2	서울특별시	중구	3010000
3	서울특별시	용산구	3020000
4	서울특별시	성동구	3030000
5	서울특별시	광진구	3040000
6	서울특별시	동대문구	3050000
7	서울특별시	중랑구	3060000
8	서울특별시	성북구	3070000
9	서울특별시	강북구	3080000
10	서울특별시	도봉구	3090000
11	서울특별시	노원구	3100000
12	서울특별시	은평구	3110000
13	서울특별시	서대문구	3120000
14	서울특별시	마포구	3130000
15	서울특별시	양천구	3140000

16	서울특별시	강서구	3150000
17	서울특별시	구로구	3160000
18	서울특별시	금천구	3170000
19	서울특별시	영등포구	3180000
20	서울특별시	동작구	3190000
21	서울특별시	관악구	3200000
22	서울특별시	서초구	3210000
23	서울특별시	강남구	3220000
24	서울특별시	송파구	3230000
25	서울특별시	강동구	3240000

◆ **카페 업종 추출**

01 '업태구분명' 열 머리글의 [필터 단추](▼)를 클릭합니다. [모두 선택]을 해제하고 카페에 해당하는 [다방]과 [커피숍]만 체크한 후 [확인]을 클릭합니다.

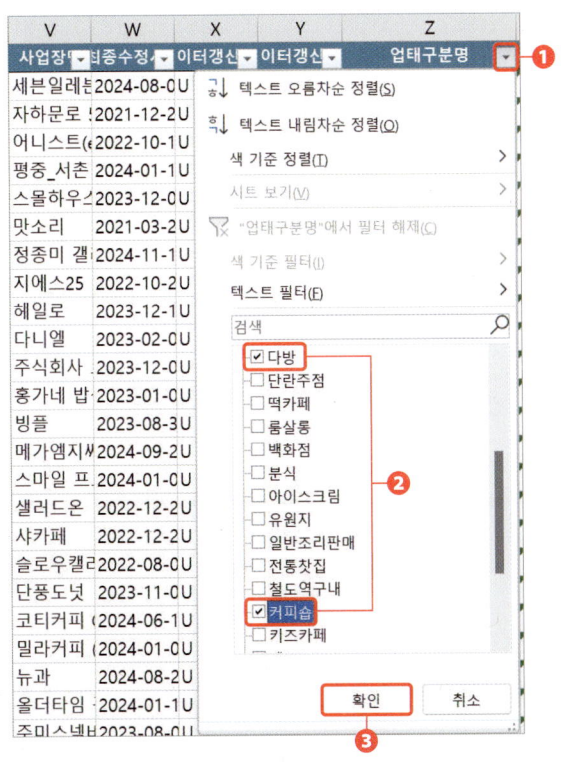

◆ **필요한 항목만 저장**

01 아래의 열(항목)만 남기고 모든 열(항목)을 삭제합니다.

'개방자치단체코드', '인허가일자', '상세영업상태명', '폐업일자', '소재지전체주소', '사업장명', '업태구분명', '좌표정보(X)', '좌표정보(Y)', '시설총규모'

02 모든 열을 선택합니다.

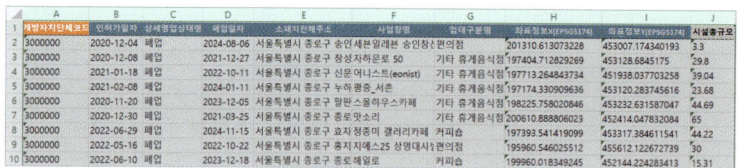

03 F5 또는, Ctrl + G를 눌러 [이동] 대화상자가 나타나면 [옵션]을 클릭합니다.

04 [이동 옵션] 대화상자에서 그림과 같이 [화면에 보이는 셀만]을 체크하고 [확인]을 클릭합니다.

05 화면이 선택된 상태에서 마우스 오른쪽 버튼을 클릭하고 [복사]를 선택합니다.

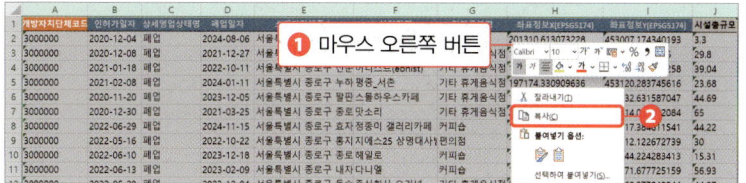

06 [파일] 탭에서 [새로 만들기] 〉 [새 통합 문서]를 클릭하여, 새로운 문서를 생성합니다. 새로운 문서 창에서 마우스 오른쪽 버튼을 클릭하여 [붙여넣기]를 선택합니다.

07 새로운 문서에서 '개방자치단체코드'와 '업태구분명' 열(항목)을 삭제합니다. [파일] 탭에서 [다른 이름으로 저장]을 클릭하고, 파일 이름은 '서울카페_2024', [파일 형식]은 'CSV(쉼표로 분리)'로 저장합니다. Power BI 〉 Part 05 〉 Data 폴더에서 해당 파일(서울카페_2024.csv)을 다운로드할 수 있습니다.

3 공간정보 정리

인허가 신고 데이터는 법정동 주소와 중부원점 TM(EPSG:5174) 좌표계를 사용합니다. 하지만 법정동주 소는 지역별 비교가 어렵고 중부원점 TM 좌표계는 Power BI에서 지원하지 않습니다. 이번 단계에서는 QGIS를 이용하여 '서울카페_2024.csv' 파일에 행정동 항목을 추가하고 Power BI에서 사용할 수 있는 좌표계로 변환합니다. 구체적인 QGIS의 역할은 다음과 같습니다.

- 행정동 정보 추가 : 카페 위치와 행정동 경계를 중첩하여 각 카페의 행정동 정보 자동 추출
- 좌표계 변환 : 원본 데이터의 좌표계를 Power BI 지원 좌표계(WGS84, EPSG:4326)로 변환하여 지도 시각화 가능하게 함

Tip QGIS 설치와 사용에 부담이 된다면, 이번 단계를 생략하고 공간정보 정리가 완료된 파일을 바로 사용해도 됩 니다(파일 : Part 05 〉 Data 〉 서울카페2024_공간처리.csv).

배경지식 ≫ QGIS란?

- 무료로 사용할 수 있는 오픈소스 지리정보시스템(GIS) 소프트웨어
- 지도 제작, 공간 데이터 분석, 좌표계 변환 등 GIS 핵심 기능 제공
- Windows, Mac, Linux 등 다양한 운영체제에서 실행 가능
- 한글 매뉴얼과 교육 자료를 공식 웹사이트(qgis.org)에서 제공

◈ QGIS 설치

QGIS 공식 사이트(https://qgis.org/)에서 최신 버전의 QGIS를 다운로드하여 컴퓨터에 설치합니다. 본 도서에서는 QGIS 3.34.14 버전을 기준으로 설명합니다.

Tip QGIS 설치 및 사용법에 대한 설명은 본 도서의 범위를 벗어나므로 생략합니다.

◈ 카페 위치 표시

01 컴퓨터에 설치한 QGIS를 실행하고 화면 상단의 [레이어] 메뉴에서 [레이어 추가] 〉 [벡터 레이어 추가]를 클릭합니다.

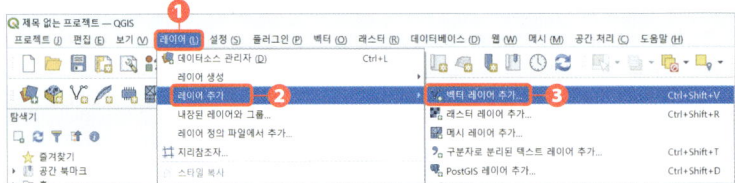

02 [소스] 〉 [벡터 데이터셋(들)] 항목에 도서와 함께 제공하는 파일 폴더(Part 05 〉 Data)에서 '서울시_행정동_20240101.geojson' 파일을 선택하고 [추가]와 [닫기]를 클릭합니다

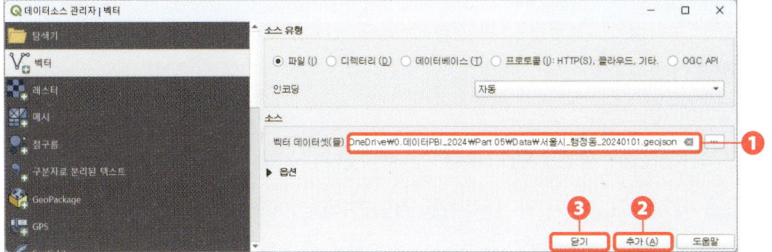

03 [레이어] 창에 파일 목록이 나타나고, 캔버스에 서울시 행정동 경계 지도가 나타난 것을 확인할 수 있습니다.

04 상단의 [레이어] 메뉴에서 [레이어 추가] 〉 [구분자로 분리된 텍스트 레이어 추가]를 클릭합니다.

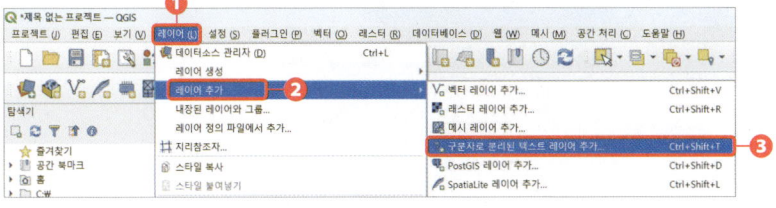

05 [파일 이름]에서 '서울카페2024.csv' 파일을 찾아서 선택하고 다음과 같이 설정합니다.

- [인코딩] : 'EUC-KR' 선택
- [도형 정의] : [포인트 좌표] 체크
  ▶ [X 필드] : '좌표정보X(EPSG5174)' 선택
  ▶ [Y 필드] : '좌표정보Y(EPSG5174)' 선택
  ▶ [도형 좌표계] : 'EPSG :5174' Korean 1985 / Modified Central Belt' 선택
- 나머지 선택 사항은 초기값을 유지하고, [추가]와 [닫기]를 클릭합니다.

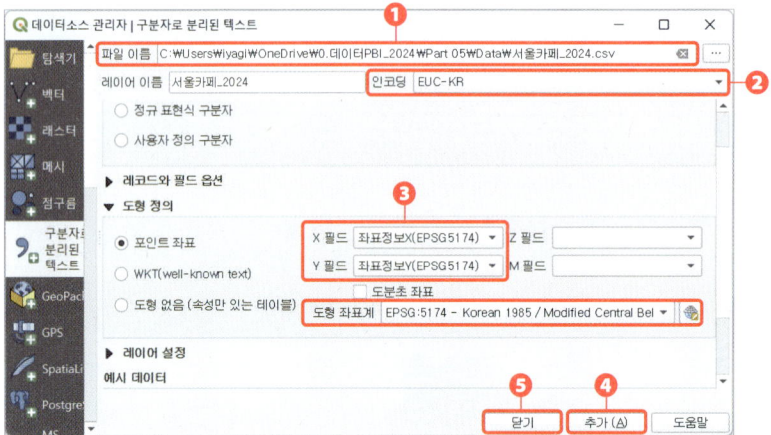

06 서울시의 행정동 경계 지도 위에, '서울카페2024'의 카페 위치가 표시된 것을 확인할 수 있습니다.

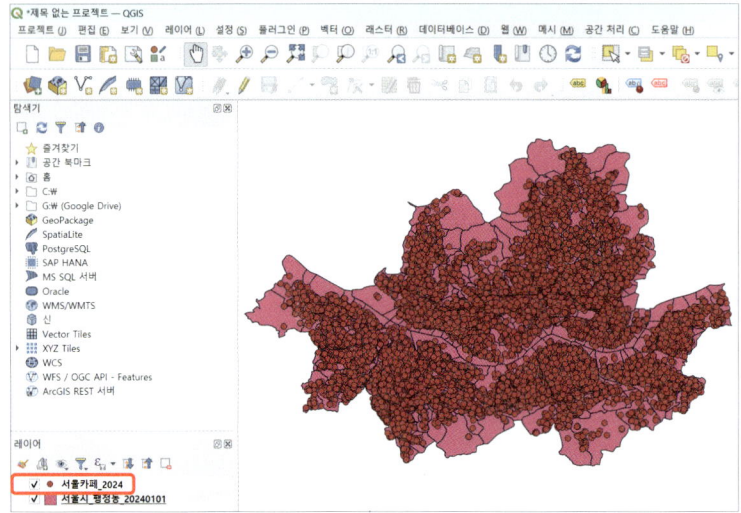

◆ 행정동 정보 추가

01 [레이어] 창에서 '서울카페2024'를 선택하고, [벡터] 메뉴에서 [데이터 관리 도구] 〉 [위치에 따라 속성 결합]을 클릭합니다.

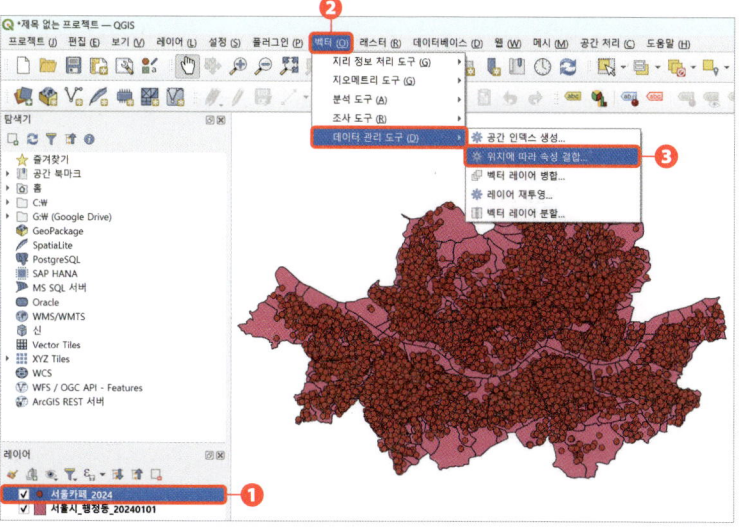

02 대화상자를 다음과 같이 설정합니다.

- [내부 피처와 결합하기] : '서울카페_2024' 선택
- [피처(지오메트릭 서술자)] : [내부(are within)] 체크
- [비교하기] : '서울시_행정동_20240101' 선택
- [결합할 수 없는 레코드 버리기] 체크
- 나머지 선택 사항은 초기값을 유지한 채 하단의 [실행]을 클릭합니다.

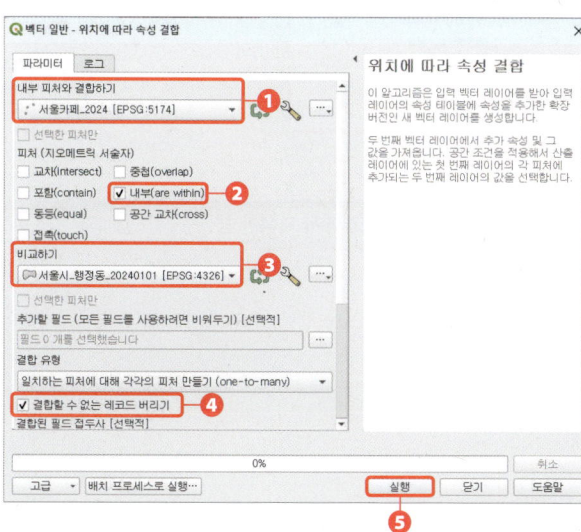

03 작업이 완료되면, [레이어] 창에 '결합한 레이어'라는 레이어가 생성됩니다. 이 레이어를 마우스 오른쪽 버튼으로 클릭하고 [속성 테이블 열기]를 선택합니다.

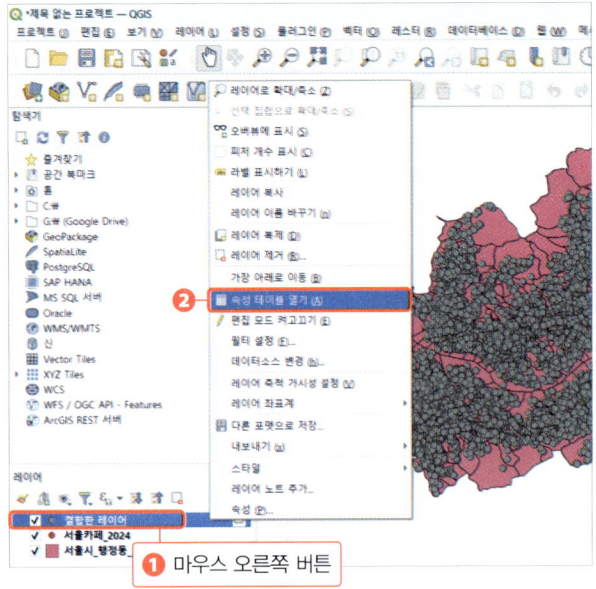

04 그림과 같이 '서울카페2024' 데이터에 행정동 이름(adm_nm)과 행정동 코드(adm_cd, adm_cd2) 열 등이 추가되었음을 확인할 수 있습니다

> **Tip** adm_cd는 통계청에서 지정한 행정동 코드이며, adm_cd2는 행정안전부에서 지정한 행정동 코드입니다.

⊕ 행정동별 면적 계산

01 [레이어] 창에서 '서울시_행정동_20240101'을 마우스 오른쪽 버튼으로 클릭하고, [속성 테이블 열기]를 선택합니다.

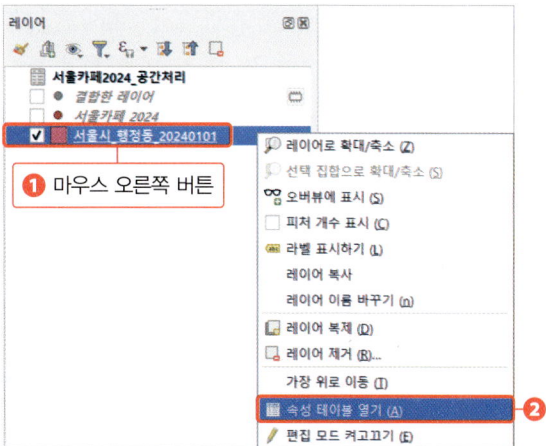

02 상단에 있는 [필드 계산기 열기]를 클릭합니다.

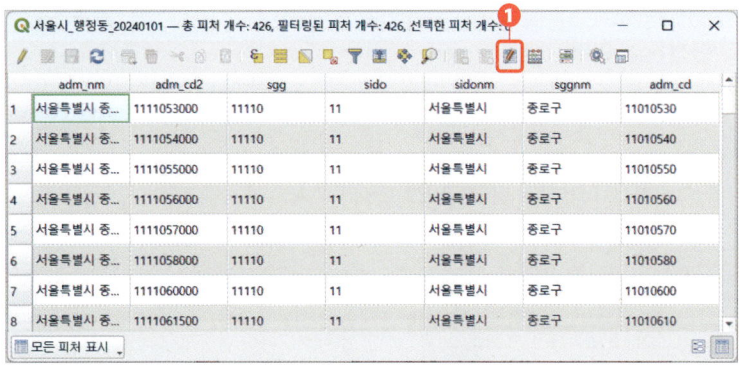

03 [필드 계산기] 대화상자를 다음과 같이 설정합니다.

- [새로운 필드 생성] 체크
- [산출 필드 이름] : 'area' 입력
- [산출 필드 유형] : '십진수(실수)' 선택
- [표현식] : '$area / 1000' 입력
- 나머지 선택 사항은 초기값을 유지하고, [확인]을 클릭합니다.

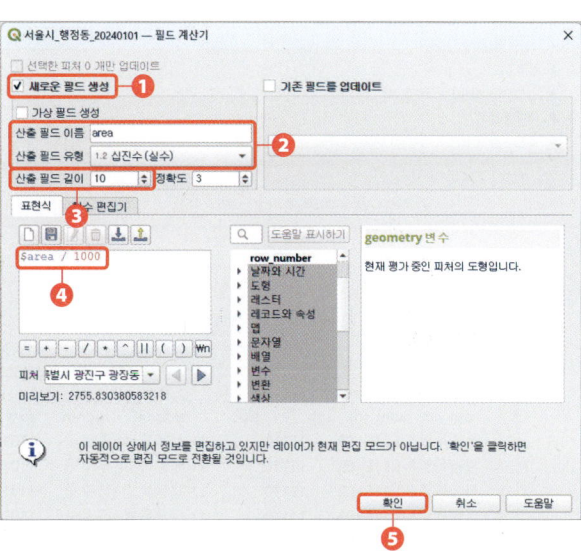

Chapter 04 인허가 데이터 전처리 **565**

04 행정동별로 'area' 열이 추가되었음을 확인하고 [속성 테이블] 창을 닫습니다.

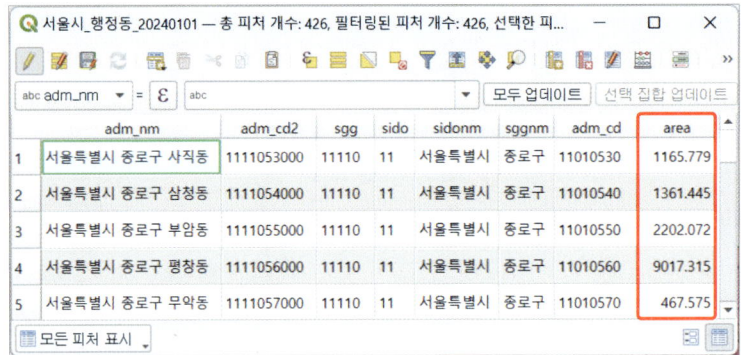

05 [레이어] 창에서 [서울시_행정동_20240101]을 마우스 오른쪽 버튼으로 클릭하고 [내보내기] 〉 [피처를 다른 이름으로 저장]을 선택합니다. 대화상자가 나타나면 다음과 같이 설정합니다.

- [포맷] : '쉼표로 구분된 값(CSV)' 선택
- [파일 이름] : '서울시행정동_면적.csv' 입력
- [좌표계] : 'EPSG :4326 – WGS 84' 선택
- [인코딩] : 'windows-949' 선택
- 나머지 선택 사항은 초기값을 유지하고, [확인]을 클릭합니다.

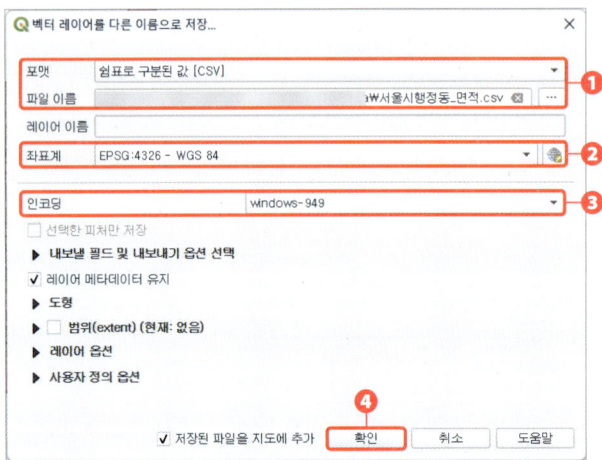

> **Tip** 엑셀을 이용하여 저장된 '서울시행정동_면적.csv' 파일을 열어보면, 서울시 행정동의 이름과 코드와 함께 면적(area) 열이 있는 것을 확인할 수 있습니다.

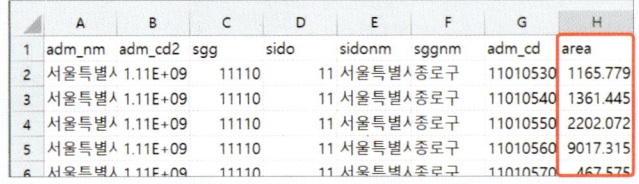

◆ 새로운 좌표값 추가

01 [레이어] 창의 [결합한 레이어]를 마우스 오른쪽 버튼으로 클릭하고 [내보내기] 〉 [피처를 다른 이름으로 저장]을 선택합니다

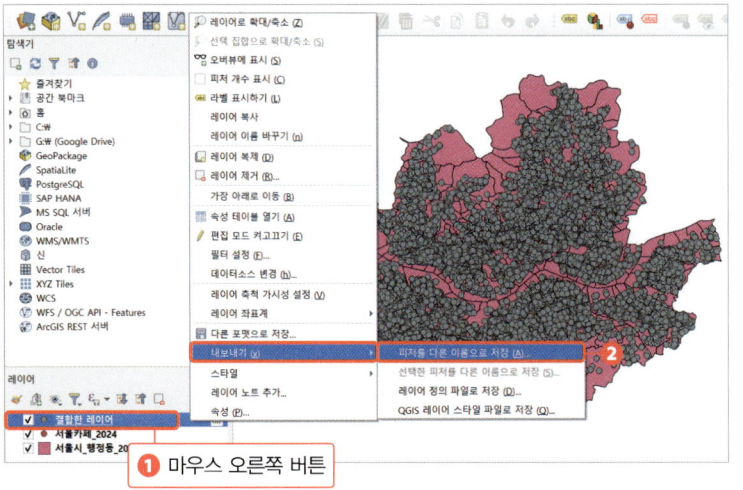

02 대화상자가 나타나면 아래와 같이 설정합니다.

- [포맷] : '쉼표로 구분된 값(CSV)' 선택
- [파일 이름] : '서울카페2024_공간처리.csv' 입력
- [좌표계] : '프로젝트 좌표계 : EPSG :4326 – WGS 84' 선택
- [인코딩] : CP949 또는, windows949
- [레이어 옵션] 〉 [GEOMETRY] : AS_XY
- 나머지 선택 사항은 초기값을 유지하고, [확인]을 클릭합니다.

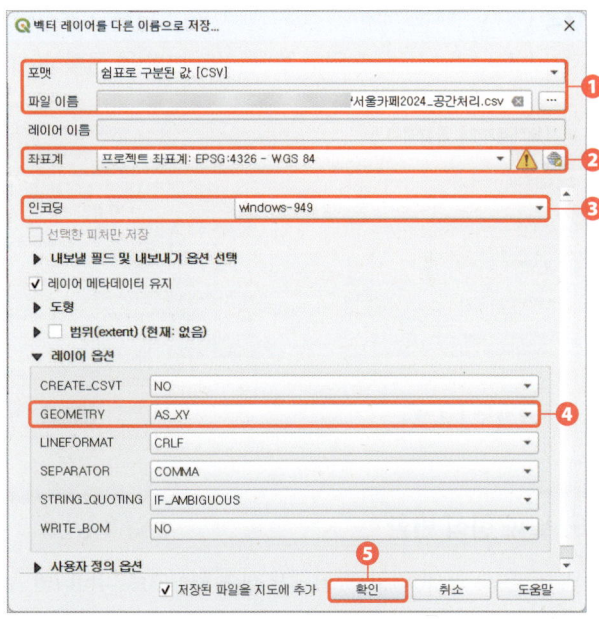

Tip 엑셀을 이용하여 저장된 '서울카페2024_공간처리.csv' 파일을 열어보면, 변환된 좌표 열(X, Y)이 추가되었음을 확인할 수 있습니다.

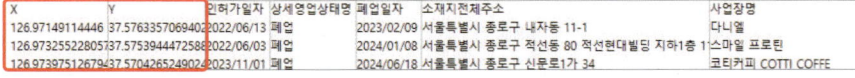

Chapter 04 인허가 데이터 전처리 **567**

4 Power BI로 마무리

Power BI를 이용하여 '서울카페2024_공간처리.csv' 파일의 전처리 과정을 마무리합니다.

◈ 데이터 가져오기

01 Power BI Desktop을 실행하고 [빈 보고서]를 클릭합니다. [홈] 탭에서 [데이터 가져오기] > [텍스트/CSV]를 클릭합니다.

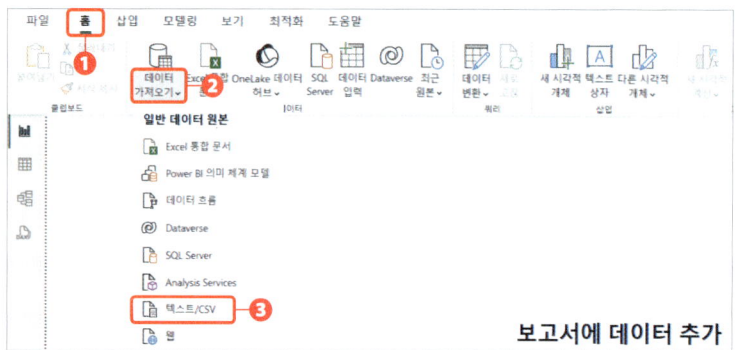

02 [열기] 대화상자에서 '서울카페2024_공간처리.csv' 파일을 선택하고 [열기]를 클릭합니다. 대화상자가 나타나면 내용을 확인한 후 [데이터 변환]을 클릭하여 파워 쿼리 편집기로 파일을 불러옵니다.

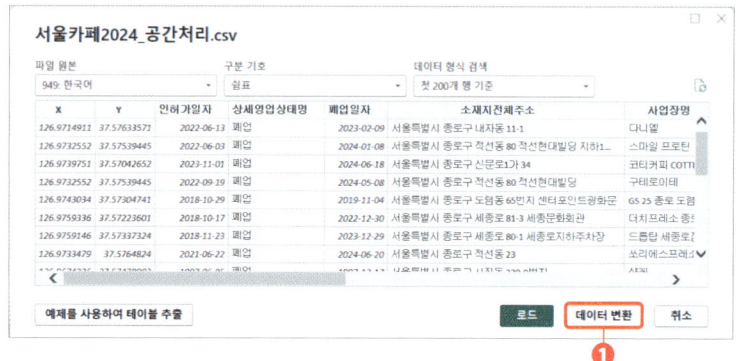

◈ 날짜 형식 변환

'인허가일자'와 '폐업일자' 필드가 정수 형식으로 나타나면, 날짜 형식으로 변환해야 합니다(날짜 형식이면 변환하지 않아도 됩니다).

> **Tip** 아래 그림처럼 열의 형식에 따라 아이콘의 모습이 다릅니다. 날짜 형식의 아이콘은 캘린더 모습입니다.

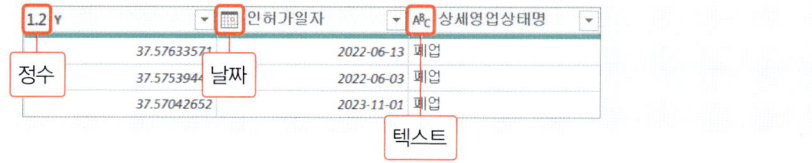

01 '인허가일자' 열 머리글을 선택하고, [변환] 탭에서 [데이터 형식] 〉 [텍스트]로 변경합니다.

> **Tip** 정수 형식에서 날짜 형식으로 바로 변환되지 않을 수 있습니다. 이런 경우를 위하여, 1) 정수 형식을 텍스트로 변환하고 2) 텍스트 형식을 다시 날짜 형식으로 변환합니다.

02 [열 형식 변경] 대화상자가 나타나면 [현재 전환 바꾸기]를 클릭합니다

03 다시 '인허가일자' 열 머리글을 선택하고, [변환] 탭에서 [데이터 형식]을 [날짜]로 변경합니다.

04 [열 형식 변경] 대화상자가 나타나면 [현재 전환 바꾸기]를 클릭합니다.

05 동일한 방법으로 '폐업일자' 열의 데이터 형식도 '날짜'로 변경합니다.

◈ 날짜 범위 설정

'인허가일자' 열에서 1960년 1월1일 이전과 2023년 12월 31일 이후의 데이터는 제외합니다.

01 '인허가일자' 열 머리글의 [필터 단추](▼)를 클릭하고, [날짜 필터] 〉 [사이]를 클릭합니다.

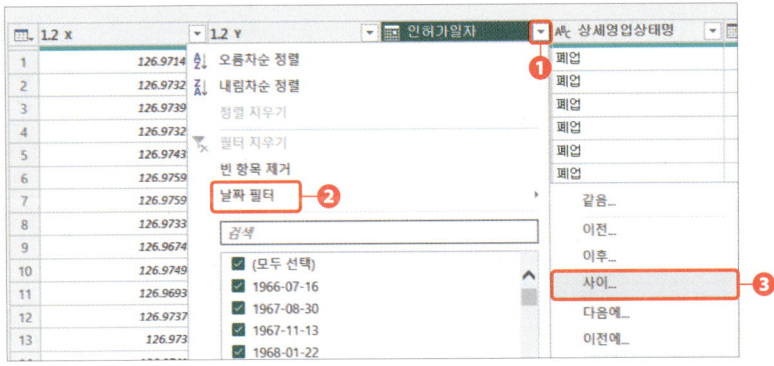

02 [행 필터] 대화상자에서 아래와 같이 설정하고 [확인]을 클릭합니다.

- [기본] 체크
- [이후] : 1960-01-01
- [및] 체크
- [이전] : 2023-12-31

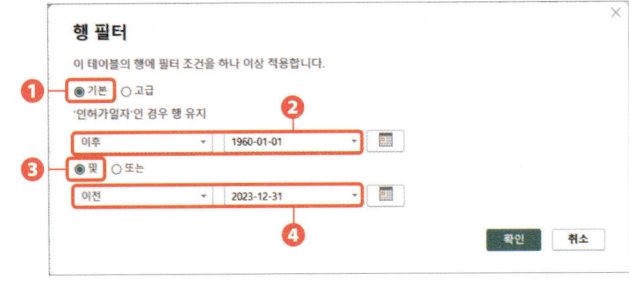

◈ 영업기간 추가

영업기간을 계산하여 새로운 열로 추가합니다. 이미 폐업한 업소는 폐업일자에서 인허가일자를 빼고 영업 중인 업소는 2023년 12월 31일에서 인허가일자를 빼도록 합니다.

01 [열 추가] 탭 〉 [일반] 그룹에서 [사용자 지정 열]을 클릭합니다.

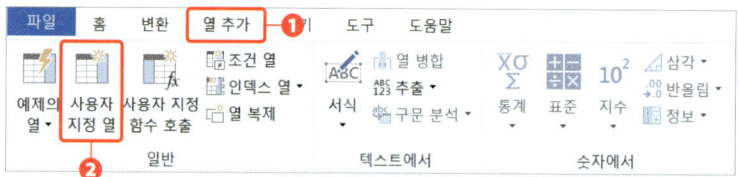

02 [사용자 지정 열] 대화상자에서 아래와 같이 설정하고 [확인]을 클릭합니다.

- [새 열 이름] : '영업기간' 입력
- [사용자 지정 열 수식]

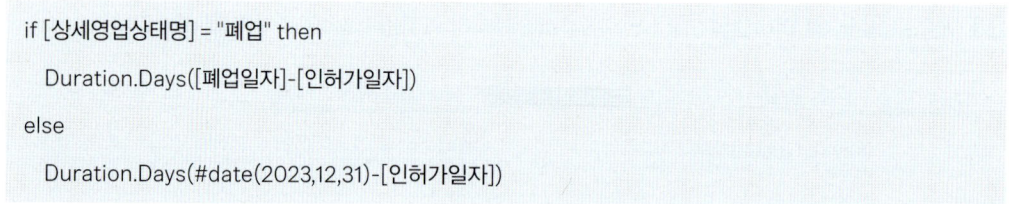

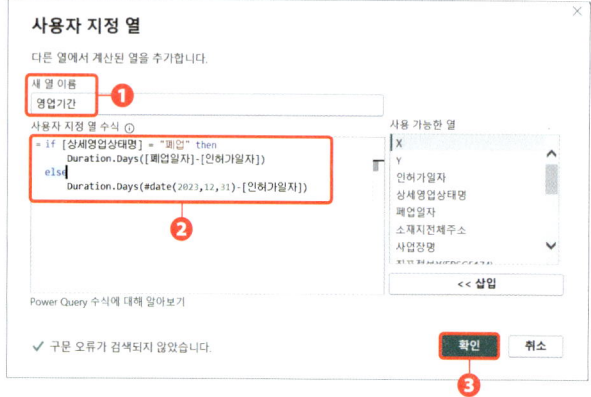

> **Tip** 파워쿼리 M 코드

이 파워 쿼리 M 코드는 카페의 영업기간을 계산하는 조건문입니다.

```
// 상세영업상태가 "폐업"인 경우
if [상세영업상태명] = "폐업" then
    Duration.Days([폐업일자]-[인허가일자]) // 폐업일자에서 인허가일자를 빼서 영업한 일수 계산

// 현재 영업 중인 경우
else
    Duration.Days(#date(2023,12,31)-[인허가일자]) // 2023년 12월 31일에서 인허가일자를 빼서 영업한 일수 계산
```

- 주요 구성 요소
  - if...then...else : 조건문 구조
  - Duration.Days() : 두 날짜 간의 차이를 일수로 계산하는 함수
  - #date(2023,12,31) : 2023년 12월 31일을 나타내는 날짜 리터럴
- 예시
  - 폐업한 카페 : 2020년 1월 1일 개업, 2022년 12월 31일 폐업 → 1,095일
  - 영업 중인 카페 : 2020년 1월 1일 개업, 현재 영업 중 → 1,461일(2023년 12월 31일 기준)

03 새로 생성한 '영업기간' 열 머리글을 선택하고, [변환] 탭에서 [데이터 형식]을 [10진수]로 변경합니다.

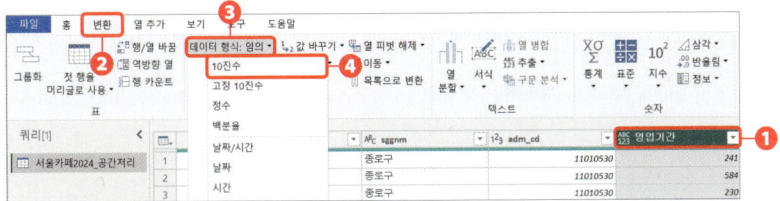

◈ 불필요한 열 삭제

'X', 'Y', '인허가일자', '상세영업상태명', '폐업일자', '소재지전체주소', '사업장명', '시설총규모', 'adm_cd2', '영업기간' 외의 열은 사용하지 않으니 나머지 열은 [홈] 탭의 [열 제거]로 모두 삭제합니다.

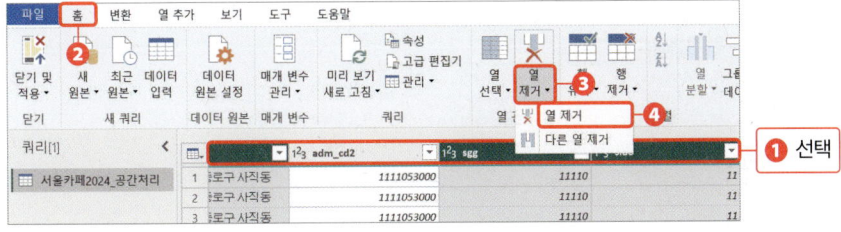

05 생활인구 데이터 전처리

Chapter

서울시 행정동별 인구 데이터를 지역 코드 기준으로 구조화하고, 카페 주요 이용 시간대(08~21시)와 연령대(20~40대) 데이터만 추출한 후, 행정동별 면적 정보와 연계하여 인구 밀도 분석이 가능하도록 데이터를 준비합니다.

1 행정구역 데이터 정리

파워 쿼리 편집기로 '서울시행정동_면적.csv' 파일을 불러온 후 자치구 · 행정동 등 서울시 행정구역을 구분합니다.

◆ 데이터 가져오기

01 파워 쿼리 편집기의 [홈] 탭에서 [새 원본] 〉 [텍스트/CSV]를 클릭합니다.

02 [열기] 대화상자에서 '서울시행정동_면적.csv' 파일을 선택하고 하단에 있는 [열기]를 클릭합니다.

03 대화상자가 나타나면 내용 확인 후 [확인]을 클릭하여 파워 쿼리 편집기로 파일을 불러옵니다.

◆ 행정구역 분리

01 'adm_nm' 열 머리글을 선택하고, [변환] 탭에서 [열 분할] 〉 [구분 기호 기준]을 클릭합니다.

02 [구분 기호에 따라 열 분할] 대화상자에서 아래와 같이 설정하고 [확인]을 클릭합니다.

- [구분 기호 선택 또는 입력] : 공백
- [다음 위치에 분할] : [각 구분 기호에서] 체크

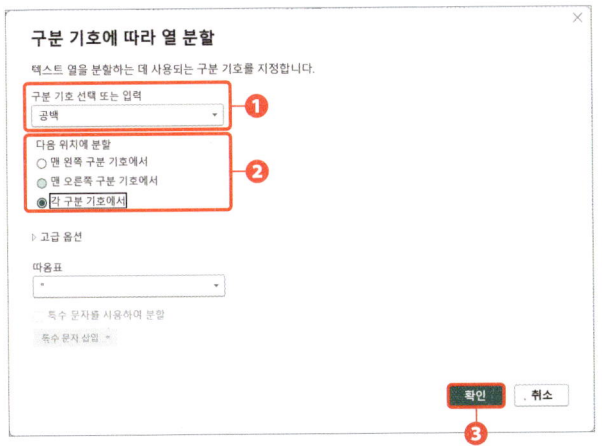

03 'adm_nm.2' 열의 이름은 '자치구'로, 'adm_nm.3' 열의 이름은 '행정동'으로 변경합니다.

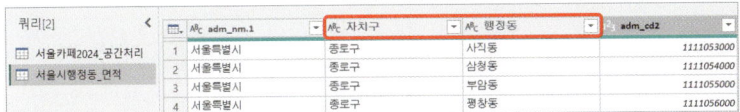

◆ 불필요한 열 삭제

01 '자치구', '행정동', 'adm_cd2', 'area' 외의 열은 사용하지 않으니 나머지 열은 모두 삭제합니다.

02 '서울시행정동_면적.csv' 파일의 전처리 결과는 아래 그림과 같습니다.

2 생활인구 데이터 정리

생활인구 데이터(LOCAL_PEOPLE_DONG_202112.csv)에서 카페의 주 고객층인 20대부터 40대까지의 인구가 08시부터 21시까지 활동하는 데이터를 추출합니다.

◆ 데이터 가져오기

01 [홈] 탭에서 [새 원본] 〉 [텍스트/CSV]를 클릭합니다.

02 [열기] 대화상자에서 'LOCAL_PEOPLE_DONG_202312.csv' 파일을 선택하고 하단에 있는 [열기]를 클릭합니다.

03 대화상자가 나타나면 내용 확인 후 [확인]을 클릭하여 파워 쿼리 편집기로 파일을 불러옵니다.

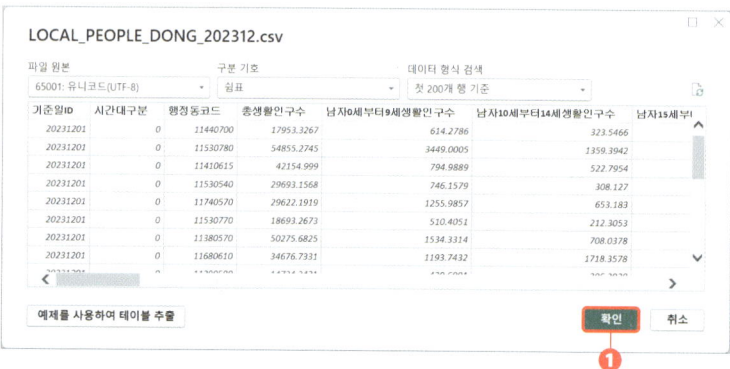

◆ 20대~40대 인구 합계 열 생성

01 [열 추가] 탭 〉 [일반] 그룹에서 [사용자 지정 열]을 클릭합니다.

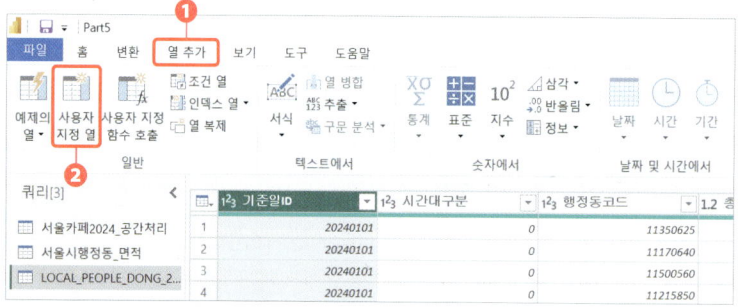

02 [사용자 지정 열] 대화상자에서 아래와 같이 설정합니다.

- [새 열 이름] : '생활인구2040' 입력
- [사용자 지정 열 수식]

```
= [남자20세부터24세생활인구수]+[남자25세부터29세생활인구수]+
  [남자30세부터34세생활인구수]+[남자35세부터39세생활인구수]+
  [남자40세부터44세생활인구수]+[남자45세부터49세생활인구수]+
  [여자20세부터24세생활인구수]+[여자25세부터29세생활인구수]+
  [여자30세부터34세생활인구수]+[여자35세부터39세생활인구수]+
  [여자40세부터44세생활인구수]+[여자45세부터49세생활인구수]
```

◆ 카페 이용 시간대 추출

01 '시간대구분' 열 머리글의 [필터 단추](▼)를 클릭하고, 오른쪽 하단의 [추가 로드]를 클릭하여 모든 목록을 펼칩니다.

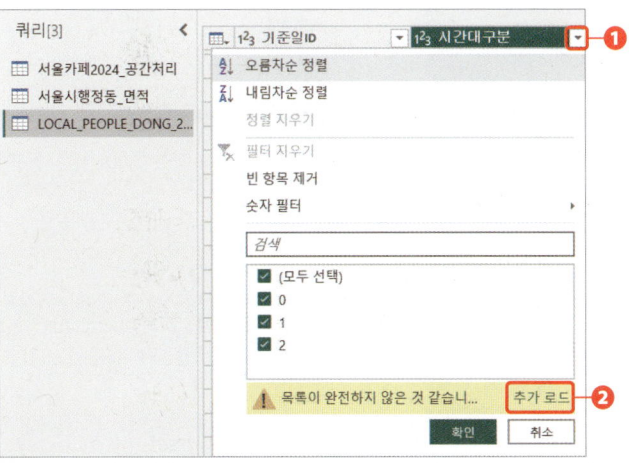

Chapter 05 생활인구 데이터 전처리 **575**

02 [모두 선택]의 체크를 해제한 후 [8]부터 [21]까지 체크하고 [확인]을 클릭합니다.

◈ 불필요한 열 삭제 및 테이블명 변경

01 '기준일 ID', '시간대구분', '행정동코드', '생활인구2040' 외의 열은 분석에 사용하지 않으므로 나머지 열은 모두 삭제합니다.

02 'LOCAL_PEOPLE_DONG_202312' 쿼리를 더블클릭하고, 이름을 '생활인구_202312'로 변경합니다. 전처리 결과는 다음과 같습니다.

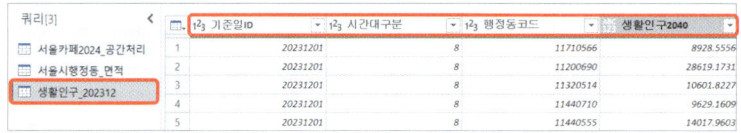

03 [홈] 탭의 [닫기 및 적용] > [닫기 및 적용]을 클릭하여 파워 쿼리 편집기를 닫고 Power BI Desktop에 변경 내용을 적용합니다.

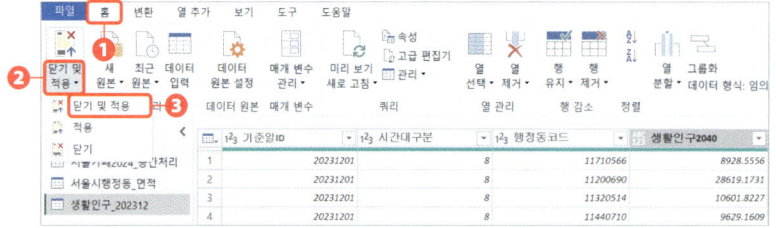

06 창업과 폐업 추이 분석

연도별 카페의 창업 건수와 폐업 건수를 집계하여 카페 창업의 트렌드를 파악합니다. 창업 건수에서 폐업 건수를 차감하여 실제 운영 중인 카페의 수를 계산하고, 이를 통해 서울시 카페 시장의 성장세를 확인합니다.

이번 챕터의 시각화 결과물을 미리 보면 아래와 같습니다.

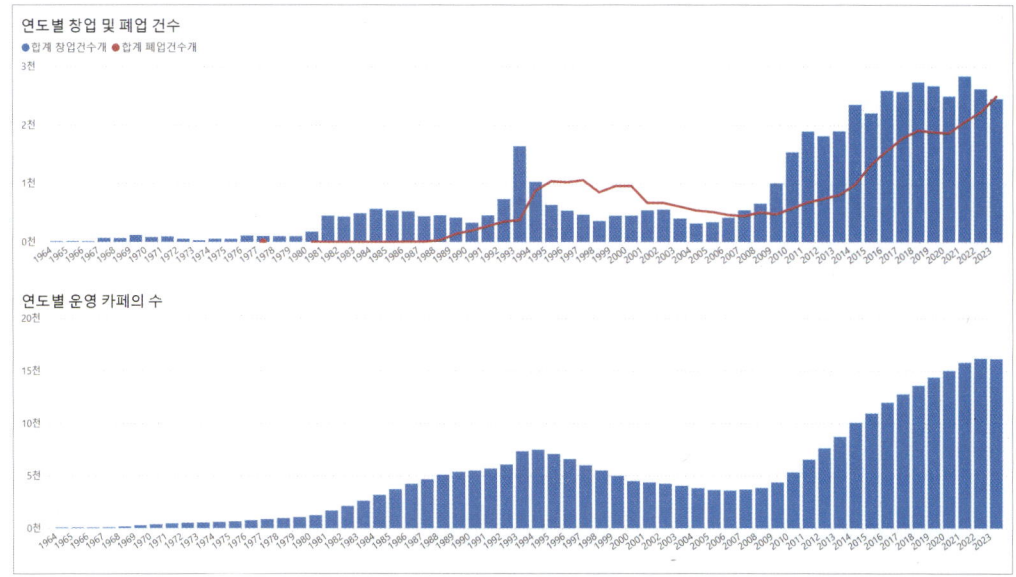

Power BI Desktop 보고서의 페이지 이름([1페이지])을 더블클릭하고 이름을 '창업 및 폐업 건수'로 변경합니다.

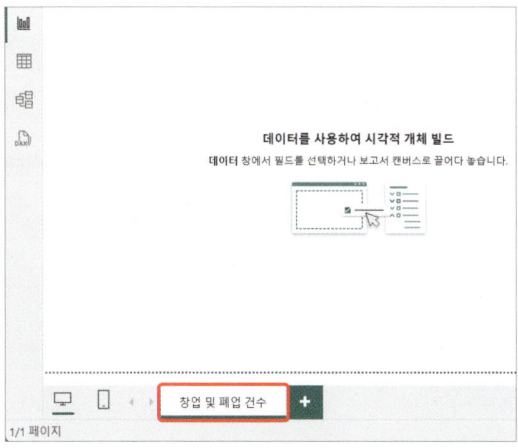

Chapter 06 창업과 폐업 추이 분석 **577**

1 데이터 준비

'서울카페2024_공간처리' 데이터에는 카페의 기본 정보(사업장명, 주소, 창업일자 등)가 포함되어 있습니다. 하지만 연도별 창업과 폐업 추이를 분석하기 위해서는 연속된 날짜 정보가 필요합니다. 이를 위해 별도의 날짜 테이블을 생성하고, 이를 '서울카페2024_공간처리' 데이터와 연결하여 분석합니다.

◈ 날짜 테이블 생성

카페의 인허가 데이터는 1960년부터 시작됩니다. 따라서 1960년 1월 1일부터 2023년 12월 31일까지 모든 날짜를 포함하는 날짜 테이블을 생성합니다. 이 날짜 테이블을 통해 연도별 창업과 폐업 현황을 정확하게 파악할 수 있습니다.

01 [테이블](▦) 보기의 [테이블 도구] 탭 〉 [새 테이블]을 클릭

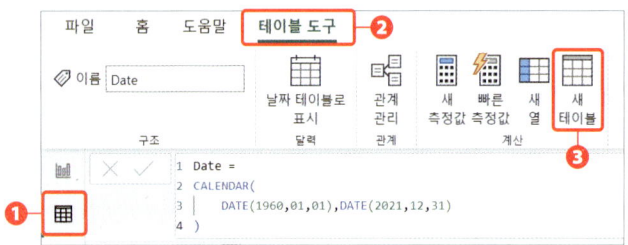

02 수식 입력줄에 다음과 같이 DAX 식을 입력하고 [커밋](✓) 클릭

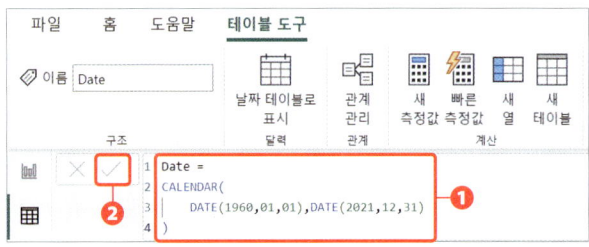

DAX 코드 해설

이 식은 '1960년 1월 1일부터 2023년 12월 31일까지의 모든 날짜를 포함하는 테이블을 생성'합니다.

- 주요 함수 설명 :
  - ▶ DATE() : 연,월,일을 입력받아 날짜 값을 생성
  - ▶ CALENDAR() : 시작일부터 종료일까지 연속된 날짜 목록을 생성
- 생성되는 테이블 :
  - ▶ 단일 열('Date') 테이블 생성
  - ▶ 1960/1/1부터 2023/12/31까지 모든 날짜가 행으로 존재
  - ▶ 즉, 약 23,376일의 데이터가 생성됨

03 '1960년 1월 1일부터 2023년 12월 31일까지 날짜 형식의 'Date' 열을 갖는 테이블이 생성된 것을 확인

◈ 날짜와 카페 데이터 연결

'서울카페2024_공간처리' 테이블과 'Date' 테이블의 관계를 설정합니다.

01 [모델]( ) 보기에서 '서울카페2024_공간처리' 테이블의 '인허가일자' 필드를 드래그하여 'Date' 테이블의 'Date' 필드와 연결

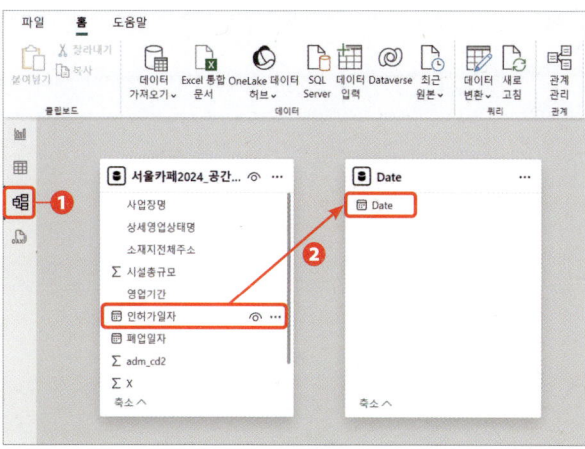

02 [새 관계] 창이 나타나면 [저장] 클릭

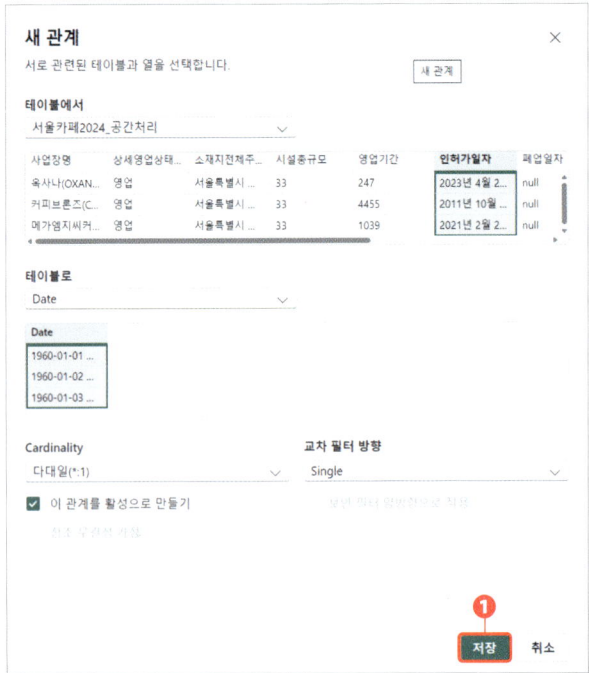

2 창업과 폐업 현황 시각화

새로 생성한 'Date' 테이블에 '창업건수'와 '폐업건수' 열을 생성하고 연도별 집계 결과를 시각화합니다.

◆ 창업건수 계산

01 [테이블]( ) 보기에서 'Date' 테이블을 선택하고, [테이블 도구] 탭 〉 [계산] 그룹에서 [새 열] 클릭

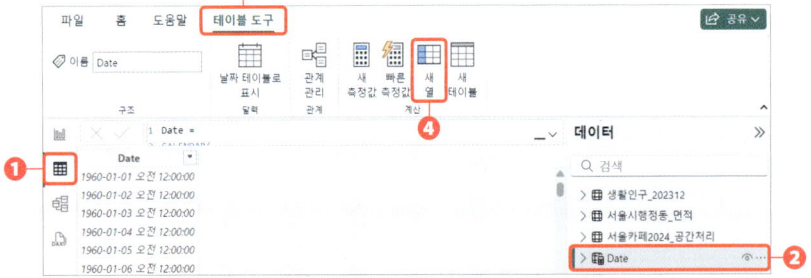

02 수식 입력줄에 다음과 같이 DAX 식을 입력하고 [커밋](✓) 클릭

```
창업건수 =
CALCULATE(
    COUNTROWS('서울카페2024_공간처리'),
    FILTER('서울카페2024_공간처리', '서울카페2024_공간처리'[인허가일자] = 'Date'[Date])
)
```

DAX 코드 해설

이 코드는 '특정 날짜에 새로 창업한 카페의 수를 계산'합니다.
▶ FILTER 함수로 해당 날짜에 인허가된 카페만 선택
▶ COUNTROWS로 선택된 카페의 수를 집계
▶ CALCULATE로 최종 결괏값 계산

예를 들어, 2023년 1월 1일에 3개의 카페가 인허가를 받았다면 해당 날짜의 '창업건수' 값은 3이 됩니다.

◈ 폐업건수 계산

01 [테이블] 보기에서 'Date' 테이블을 선택한 후, [테이블 도구] 탭 〉 [계산] 그룹에서 [새 열]을 클릭

02 수식 입력줄에 다음과 같이 DAX 식을 입력하고 [커밋](✓) 클릭

```
폐업건수 =
CALCULATE(
    COUNTROWS('서울카페2024_공간처리'),
    FILTER('서울카페2024_공간처리', '서울카페2024_공간처리'[폐업일자] = 'Date'[Date])
)
```

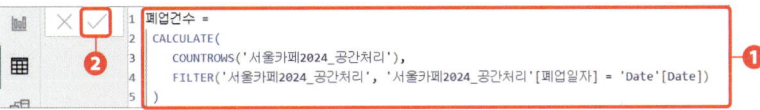

DAX 코드 해설

이 식은 '특정 날짜에 폐업한 카페의 수를 계산'합니다.

- ▶ FILTER 함수로 해당 날짜에 폐업한 카페만 선택
- ▶ COUNTROWS로 선택된 카페의 수를 집계
- ▶ CALCULATE로 최종 결괏값 계산

예를 들어, 2023년 3월 15일에 5개의 카페가 폐업했다면 해당 날짜의 '폐업건수' 값은 5가 됩니다.

◈ 창업과 폐업 추이 시각화

01 [보고서](📊) 보기에서 꺾은 선형 및 누적 세로 막대형 차트 생성

- [시각화] 창 [시각적 개체 빌드] 〉 [꺾은선형 및 누적 세로 막대형 차트] 선택
- [X축] : 'Date' 테이블의 'Date' 필드
- [열 Y축] : 'Date' 테이블의 '창업건수' 필드
  - ▶ [아래 화살표](∨) 〉 [합계] 선택
- [선 Y축] : 'Date' 테이블의 '폐업건수' 필드
  - ▶ [아래 화살표](∨) 〉 [합계] 선택

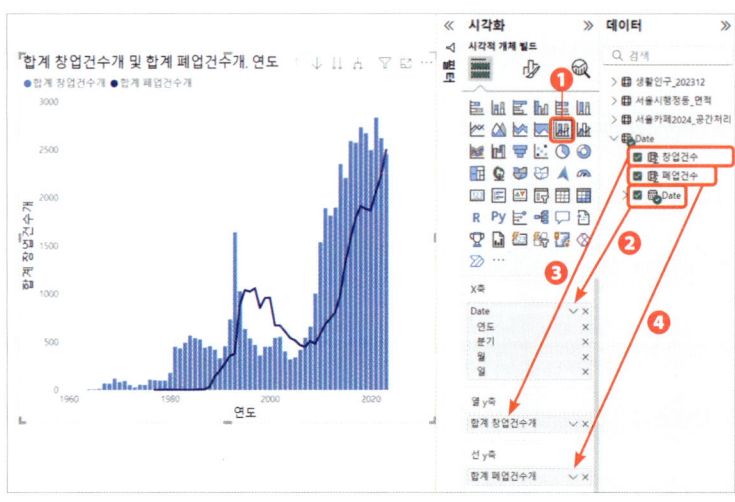

02 [시각화] 창의 [시각적 개체 서식 지정] 〉 [시각적 개체]에서,

- [X축] 〉 [유형] : 범주별
- [X축] 〉 [제목] : 비활성화
- [Y축] 〉 [제목] : 비활성화

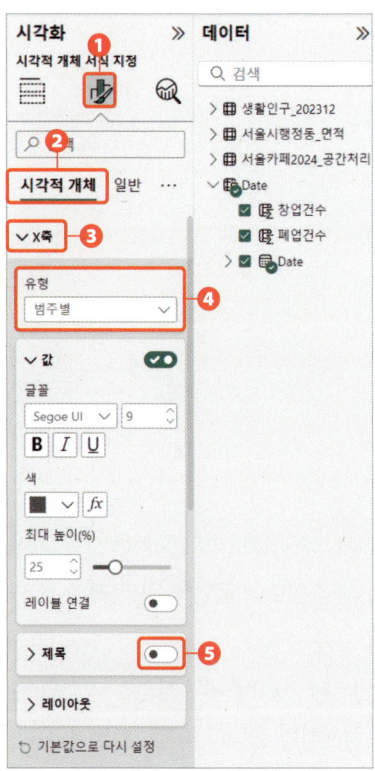

- [선] 〉 [색] : 테마 색 8(붉은색)

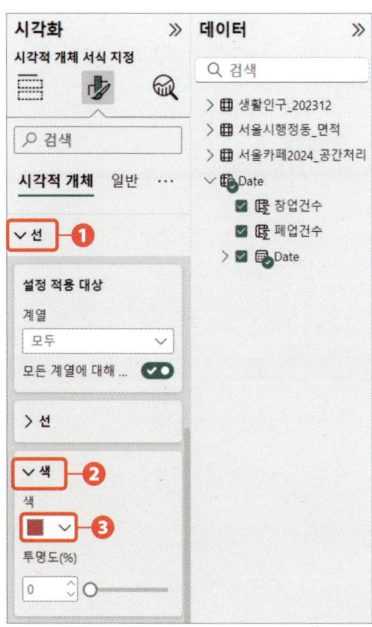

Chapter 06 창업과 폐업 추이 분석 **583**

03 [시각화] 창의 [시각적 개체 서식 지정] 〉 [일반]에서,

- [제목] 〉 [텍스트] : '연도별 창업 및 폐업 건수' 입력

3 서울시 카페의 증감 시각화

특정 연도에 운영 중인 카페의 수를 계산하는 방식은 다음과 같습니다. 해당 연도까지 창업한 모든 카페의 누적 수에서 해당 연도까지 폐업한 모든 카페의 누적 수를 빼면, 해당 연도에 운영 중인 카페 수를 얻을 수 있습니다.

예를 들어, 2024년의 운영 중인 카페 수를 계산하려면, 먼저 1960년부터 2023년까지 창업된 카페의 총 누적 수를 확인한 뒤, 같은 기간 동안 폐업된 카페의 총 누적 수를 차감하면 됩니다. 이때 [빠른 측정값] 기능을 활용하여 '창업 누적건수'와 '폐업 누적건수'를 손쉽게 계산할 수 있습니다.

◈ 창업 누적건수 계산

01 'Date' 테이블을 선택한 상태에서 [테이블 도구] 탭의 [빠른 측정값] 클릭

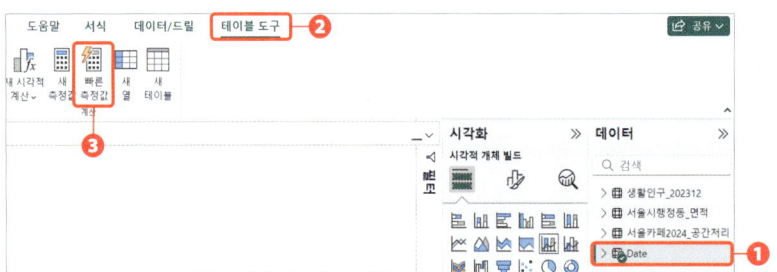

02 [빠른 측정값] 대화상자를 아래와 같이 설정하고 [확인] 클릭

- [계산식 선택] : [합계] 〉 [누계] 클릭
- [기준 값] : 'Date' 테이블의 '창업건수' 필드를 추가하고 오른쪽 화살표(〉)를 클릭하여 [합계] 선택
- [필드] : 'Date' 테이블의 'Date' 필드
- [방향] : 오름차순

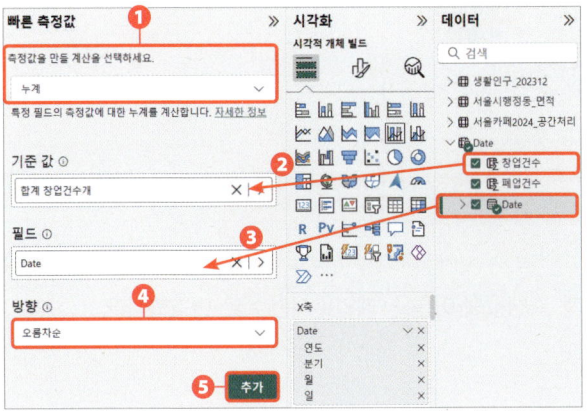

03 'Date' 테이블에 'Date의 창업건수 누계' 측정값이 생성되었음을 확인할 수 있습니다. 이름을 '창업 누적건수'로 변경합니다.

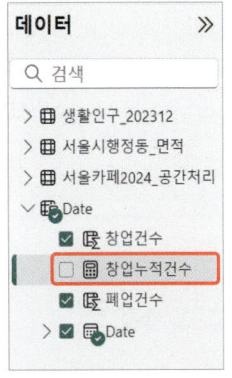

◈ 폐업 누적건수 계산

01 'Date' 테이블을 선택한 상태에서 [테이블 도구] 탭의 [빠른 측정값] 클릭

02 [빠른 측정값] 대화상자를 아래와 같이 설정하고 [확인] 클릭

- [계산식 선택] : [합계] 〉 [누계] 선택
- [기준 값] : 'Date' 테이블의 '폐업건수' 필드를 추가하고 오른쪽 화살표(〉)를 클릭하여 [합계] 선택
- [필드] : 'Date' 테이블의 'Date' 필드

- [방향] : 오름차순

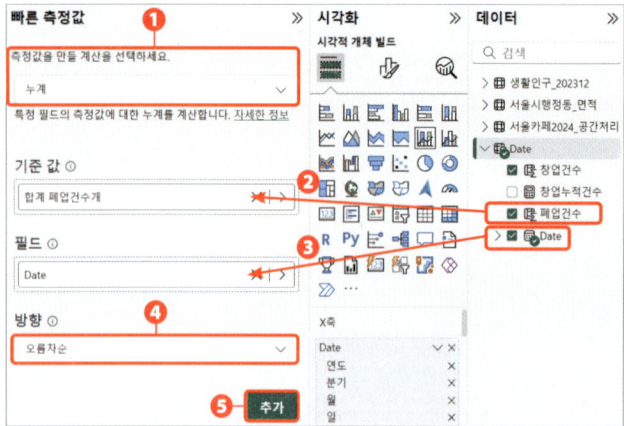

03 'Date' 테이블의 'Date의 폐업건수 누계' 측정값의 이름을 '폐업누적건수'로 변경합니다.

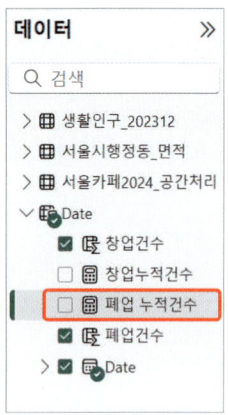

◈ 운영 중인 카페 수 계산

01 'Date' 테이블을 선택한 상태에서 [테이블 도구] 탭 〉 [계산] 그룹의 [새 측정값]을 클릭

02 수식 입력줄에 다음과 같이 DAX 식을 입력하고 [커밋](✓) 클릭

운영카페의 수 = [창업누적건수] - [폐업누적건수]

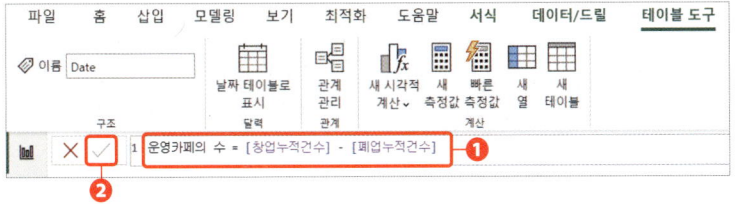

03 'Date' 테이블에 '운영카페의 수' 측정값이 생성되었음을 확인합니다.

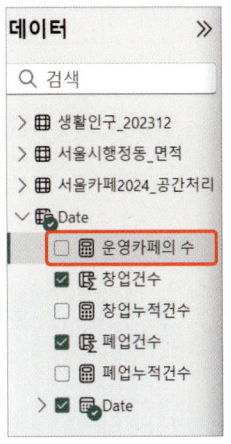

◆ 운영 중인 카페 수 시각화

01 [보고서](📊) 보기에서 누적 세로 막대형 차트 생성

- [시각화] 창의 [시각적 개체 빌드] 〉 [누적 세로 막대형 차트] 선택
- [X축] : 'Date' 테이블의 'Date' 필드
- [Y축] : 'Date' 테이블의 '운영카페의 수' 필드

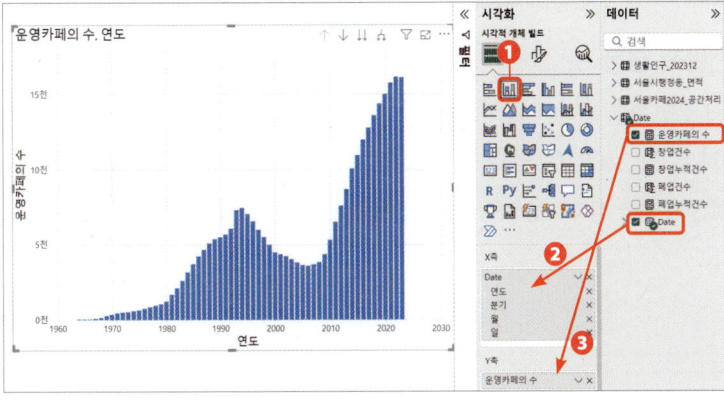

02 차트 서식 지정

- [시각화] 창의 [시각적 개체 서식 지정] 〉 [시각적 개체]에서,
  - [X축] 〉 [유형] : 범주별
  - [X축] 〉 [제목] : 비활성화
  - [Y축] 〉 [제목] : 비활성화
- [시각화] 창의 [시각적 개체 서식 지정] 〉 [일반]에서,
  - [제목] 〉 [텍스트] : '연도별 운영 카페의 수' 입력

4 시각화 결과 탐색

2014년부터 2023년까지 10년간의 카페 창업과 폐업 데이터를 시각화한 결과를 바탕으로 서울시 카페 시장의 성장 추세를 분석하고, 초기 시장, 구조조정기, 고성장기로 구분하여 시기별 특징을 도출합니다.

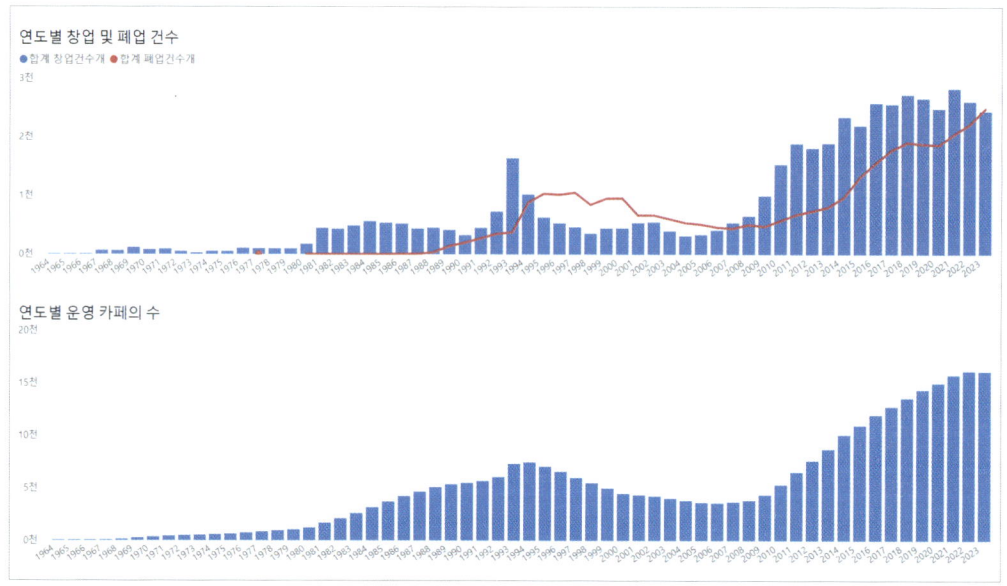

◈ 서울시 카페 시장의 전반적 현황

2023년 말 기준으로 서울에서 운영 중인 카페는 총 16,118개입니다. 같은 해 연간 신규 창업된 카페는 약 2,450건이며, 연간 폐업된 카페는 약 2,493건으로 나타났습니다. 이러한 데이터를 통해 서울의 카페 시장은 성숙기에 진입했으나 여전히 성장 잠재력을 보유하고 있음을 알 수 있습니다.

◆ 연도별 창업과 폐업 추이

- 초기 시장(1964~1992)

초기 시장(1964~1992) 동안 카페 창업과 폐업의 추이는 다음과 같이 요약될 수 있습니다. 이 시기에 연간 창업 건수는 600건 미만으로 안정적인 패턴을 유지했습니다. 또한 폐업률은 창업건수의 약 30% 수준으로 낮은 편이었으며, 전체적인 카페 시장의 순증가는 연평균 7.2%로 꾸준한 성장세를 기록했습니다.

- 프랜차이즈 확산기(1993~2007)

1993년에 창업건수가 1,641건으로 급증했으나 이후 점진적으로 감소하는 경향을 보였습니다. 이 시기는 구조조정 시기로써 폐업 건수가 창업 건수를 초과하는 상황이 지속되었습니다. 결과적으로 카페 시장의 순증가율은 연평균 −2.4%를 기록하며 마이너스 성장을 나타냈습니다.

- 현대화 성장기(2008~2023)

이 시기에 창업건수는 연평균 12.8%로 꾸준히 증가하며 활발한 성장을 보였습니다. 동시에 폐업건수는 창업건수의 70~80% 수준으로 비교적 안정적으로 유지되었습니다. 그 결과, 카페 시장의 순증가율은 연평균 8.9%를 기록하며 높은 성장세를 이어갔습니다.

◆ 시장 성장률 검증

1964년부터 2023년까지 카페 창업 시장의 연평균 성장률은 4.6%로 나타났습니다. 시기별로 살펴보면, 초기(~1992년)에는 연평균 7.2%의 안정적인 성장세를 기록하며 꾸준히 확장되었습니다. 중기(1993~2007년)에는 구조조정기가 도래하며 연평균 −2.4%의 마이너스 성장률을 보였습니다. 최근(2008년 이후)에는 연평균 8.9%로 높은 성장률을 기록하며 고성장기를 맞이했습니다.

향후 전망으로는 카페 시장이 성숙기에 접어들면서 성장률이 둔화될 것으로 예상되지만, 시장 규모는 지속적으로 확대될 가능성이 높습니다.

이러한 분석 결과는 서울시 카페 시장이 성장과 조정을 반복하며 발전해왔으며, 현재는 안정적인 성장세를 유지하고 있음을 보여줍니다.

07 폐업률과 영업기간 분석

Chapter

카페의 폐업률을 정확히 계산하기 위해 '전년도 운영 카페 수 대비 당해 연도 폐업건수'를 산출하고 그 추이를 분석합니다. 현재 영업 중인 카페와 폐업한 카페의 영업기간을 각각 계산하여 생존기간의 특성을 파악합니다.

이번 챕터의 시각화 결과물을 미리 보면 다음과 같습니다.

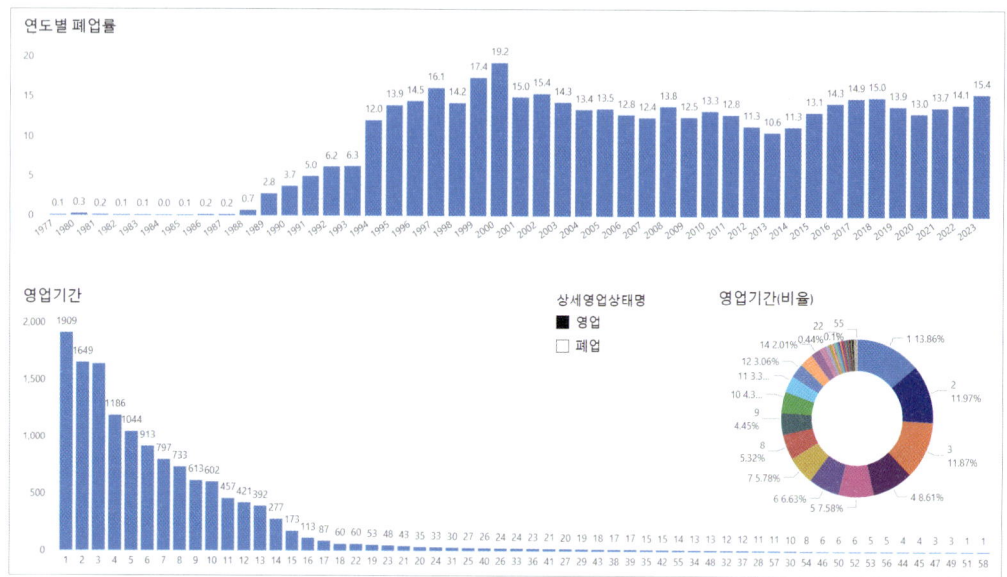

Power BI Desktop 보고서에서 새로운 페이지를 생성하고 페이지 이름을 '폐업률과 영업기간'으로 변경합니다.

1 연도별 폐업률 시각화

카페의 폐업률을 정의하고 측정값을 이용하여 연도별 폐업률을 시각화합니다.

◈ 폐업률의 이해

폐업률은 매년 기존 카페들 중 몇 %가 폐업했는지 보여주는 지표로, 예를 들어, 폐업률 20%는 기존 카페 100개 중 20개가 1년 내 폐업했다는 의미입니다.

계산 방법은 아래와 같습니다.

> 폐업률(%) = (해당 연도 폐업건수 ÷ 전년도 운영 카페 수) × 100

여기서 '전년도 운영 카페 수'는 다음과 같이 계산할 수 있습니다.

> 전년도 운영 카페 수 = 현재 운영 카페 수 − 올해 창업 수 + 올해 폐업 수

◆ 폐업률 계산

폐업률을 산출하려면 '현재 운영 카페 수', 올해 창업 수', 올해 '폐업 수' 값이 필요합니다.
- '현재 운영 카페 수'는 앞 단계에서 생성한 '운영 카페의 수' 측정값을 활용하고,
- '올해 창업 수'와 '올해 폐업 수'는 새로 계산해야 합니다.

폐업률 계산 순서는,
- 먼저 '올해 창업 수'와 '올해 폐업 수' 측정값을 생성하고,
- 이후 위 데이터를 활용하여 최종 폐업률을 계산합니다.

01 [테이블](▦) 보기에서 'Date' 테이블을 선택한 상태로 [테이블 도구] 탭의 [새 측정값]을 클릭합니다. 수식 입력줄에 다음과 같이 DAX 식을 입력한 후 [커밋](✓) 클릭

```
올해 창업 수 =
CALCULATE(
    SUM('Date'[창업건수]),
    DATESYTD('Date'[Date])
)
```

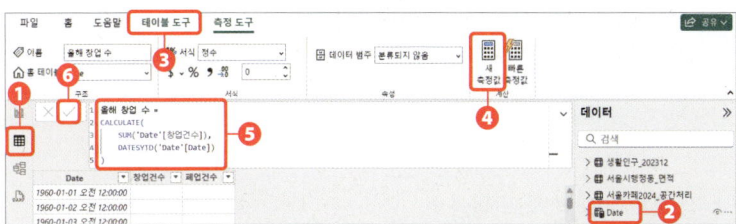

DAX 코드 해설

이 DAX 코드는 해당 연도 누적 창업 건수를 계산하는 수식입니다.

- 주요 함수 설명 :
  ▶ CALCULATE : 최종 결괏값 계산
  ▶ SUM : 창업건수 열의 합계 계산
  ▶ DATESYTD : 해당 연도의 1월 1일부터 현재 날짜까지 필터

예를 들어, 2023년 6월 30일 기준으로 계산 시 : 2023년 1월 1일부터 6월 30일까지의 창업건수 합산,
2023년 12월 31일 기준으로 계산 시 : 2023년 전체 창업건수 합산

02 동일한 방법으로 '올해 폐업 수' 측정값을 생성합니다. 'Date' 테이블을 선택한 상태에서 [테이블 도구] 탭의 [새 측정값] 클릭하고, 수식 입력줄에 다음과 같이 DAX 식을 입력한 후 [커밋](✓) 클릭

```
올해 폐업 수 =
  CALCULATE(
    SUM('Date'[폐업건수]),
  DATESYTD('Date'[Date])
  )
```

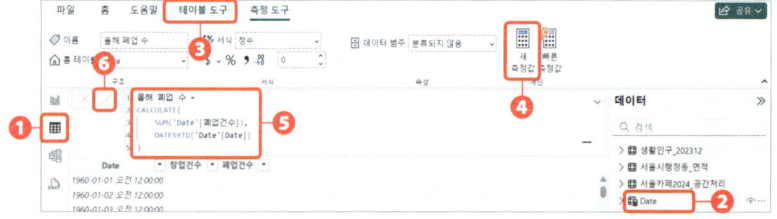

03 '폐업률' 측정값을 생성합니다. 'Date' 테이블을 선택한 상태에서 [테이블 도구] 탭의 [새 측정값]을 클릭하고, 수식 입력줄에 다음과 같이 DAX 식을 입력한 후 [커밋](✓) 클릭

폐업률 = [올해 폐업 수] /([운영카페의 수] − [올해 창업 수] + [올해 폐업 수]) * 100

◆ 폐업률 시각화

01 [보고서](📊) 보기에서 누적 세로 막대형 차트 생성

- [시각화] 창의 [시각적 개체 빌드] 〉 [누적 세로 막대형 차트] 선택
- [X축] : 'Date' 테이블의 'Date' 필드
- [Y축] : 'Date' 테이블의 '폐업률' 필드

02 차트 서식 지정

- [시각화] 창의 [시각적 개체 서식 지정] 〉 [시각적 개체]에서,
  ▸ [X축] 〉 [유형] : 범주별
  ▸ [X축] 〉 [제목] : 비활성화

▶ [Y축] 〉 [제목] : 비활성화

▶ [데이터 레이블] : 활성화

- [시각화] 창의 [시각적 개체 서식 지정] 〉 [일반]에서,

▶ [제목] 〉 [텍스트] : '연도별 폐업률' 입력

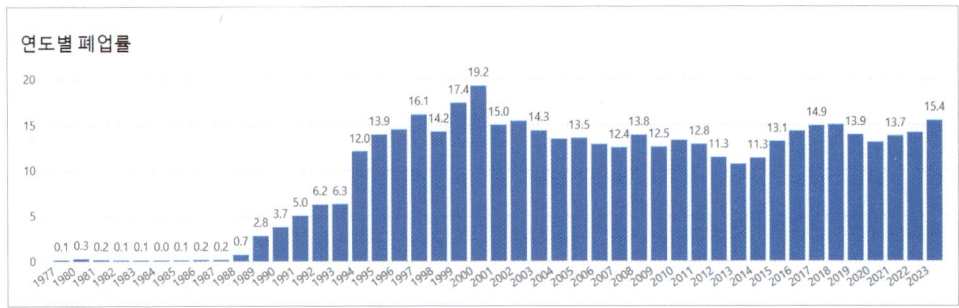

2 영업기간 현황 시각화

앞서 데이터 전처리 과정에서 생성한 일 단위 '영업기간'을 활용하여 카페 창업 후 폐업 또는, 일정 시점까지의 영업기간을 연 단위로 시각화합니다.

◈ 연 단위 영업기간 산출

01 [테이블](⊞) 보기에서 '서울카페2024_공간처리' 테이블을 선택하고, [테이블 도구] 탭에 있는 [새 열] 클릭

02 수식 입력줄에 영업기간을 1년(365일)으로 나누기 위한 DAX 식을 입력하고 [커밋](✓) 클릭

영업기간(연) = INT([영업기간] / 365) + 1

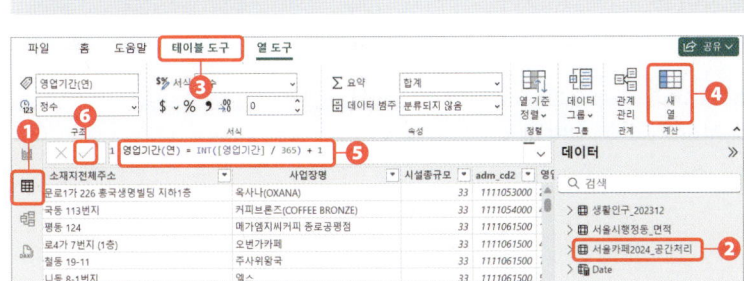

DAX 코드 해설

이 DAX 코드는 카페의 영업일수를 연 단위로 변환하는 수식입니다.

- 주요 함수 설명
  - INT() : 소수점 이하를 버리고 정수만을 취하는 함수
- 예시
  - 영업일수 364일 〉 영업기간(연) = 0 + 1 = 1년
  - 영업일수 732일 〉 영업기간(연) = 2 + 1 = 3년
- 따라서 영업기간(연)의 값이,
  - 1이면 1년 이하
  - n이면 n년 이하를 의미합니다.

◈ 영업 상태별 기간 분포 시각화

01 [보고서]( ) 보기에서 누적 세로 막대형 차트 생성

- [시각화] 창의 [시각적 개체 빌드] 〉 [누적 세로 막대형 차트] 선택
- [X축] : '서울카페2024_공간처리' 테이블의 '영업기간(연)' 필드
- [Y축] : '서울카페2024_공간처리' 테이블의 '영업기간(연)' 필드
  - [아래 화살표]( ) 〉 [개수] 선택

02 차트 서식 지정

- [시각화] 창의 [시각적 개체 서식 지정] 〉 [시각적 개체]에서,
  - [X축] 〉 [유형] : 범주별
  - [X축] 〉 [제목] : 비활성화
  - [Y축] 〉 [제목] : 비활성화
  - [데이터 레이블] : 활성화
  - [데이터 레이블] 〉 [값] 〉 [표시 단위] : '없음' 선택
- [시각화] 창의 [시각적 개체 서식 지정] 〉 [일반]에서,
  - [제목] 〉 [텍스트] : '영업기간' 입력

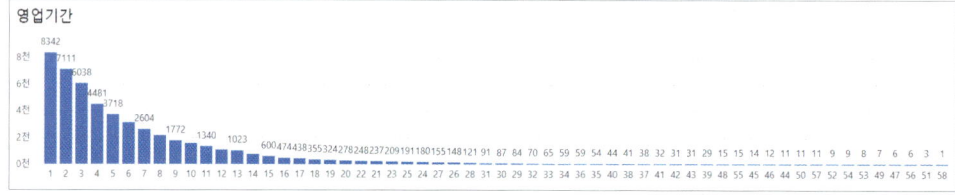

03 [보고서]( ) 보기에서 도넛형 차트 생성

- [시각화] 창의 [시각적 개체 빌드] 〉 [도넛형 차트] 선택
- [값] : '서울카페2024_공간처리' 테이블의 '영업기간(연)' 필드
  - [아래 화살표]( ) 〉 [개수] 선택
- [자세히] : '서울카페2024_공간처리' 테이블의 '영업기간(연)' 필드

04 차트 서식 지정

- [시각화] 창의 [시각적 개체 서식 지정] 〉 [시각적 개체]에서,
  - [범례] : 비활성화
  - [세부 정보 레이블] 〉 [레이블 내용] : 범주, 총 퍼센트
- [시각화] 창의 [시각적 개체 서식 지정] 〉 [일반]에서,
  - [제목] 〉 [텍스트] : '영업기간(비율)' 입력

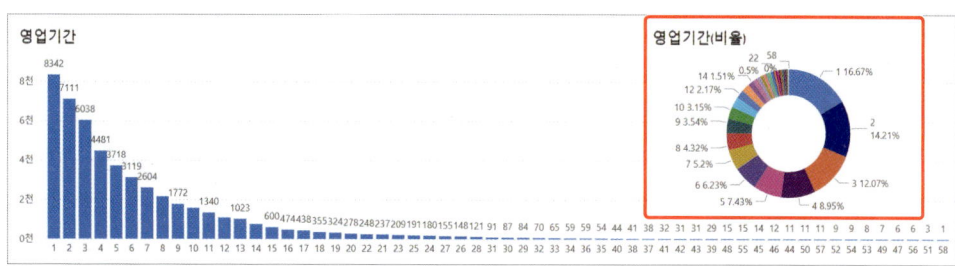

05 슬라이서 생성

- [시각화] 창의 [시각적 개체 빌드] 〉 [슬라이서] 선택
- [필드] : '서울카페2024_공간처리' 테이블의 '상세영업상태명' 필드

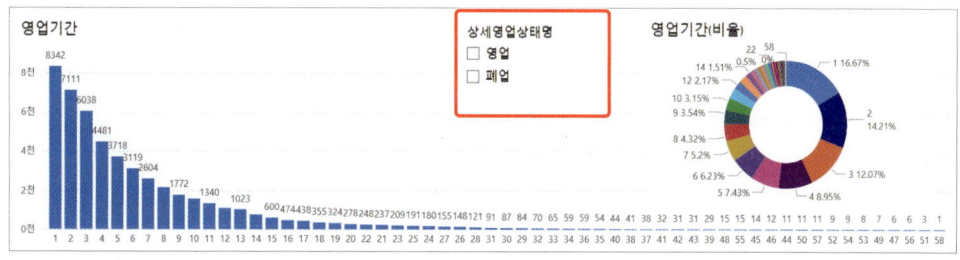

3 시각화 결과 탐색

서울시 카페의 연도별 폐업률과 영업기간을 집계하여 폐업의 시기적 특성과 패턴을 파악하고, 데이터를 기반으로 카페 창업 시 고려해야 할 고위험 시기와 안정화 시점을 도출합니다.

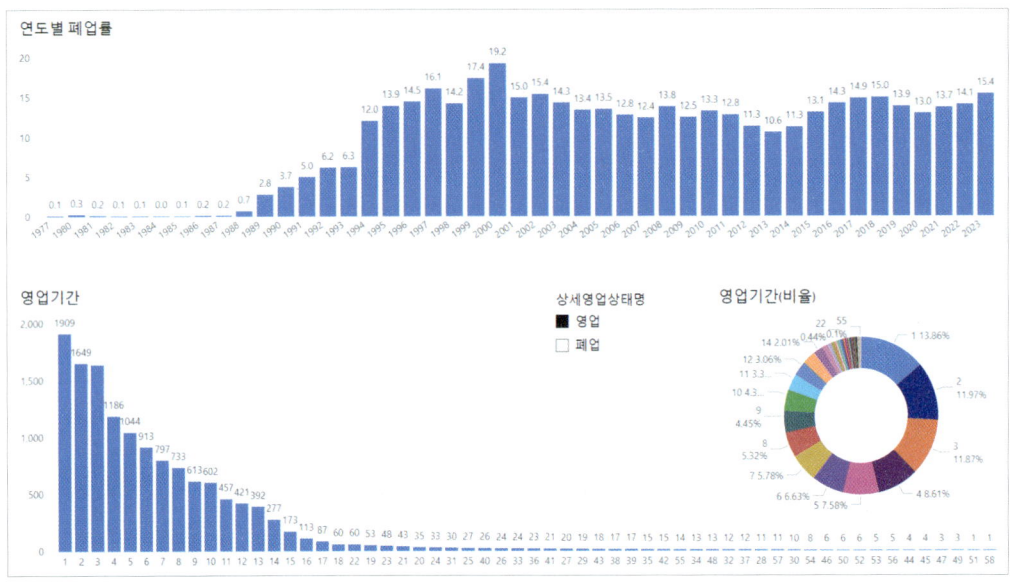

◆ 실제 카페의 생존율 검증

• 시기별 폐업률 변화

초기 시기(~1992)에는 폐업률이 1% 미만으로 매우 낮아 카페 시장이 안정적인 상태를 유지했습니다. 그러나 과도기(1993-2000)에는 폐업률이 6.2%에서 19.2%까지 급격히 상승하며 시장 구조조정이 이루어진 시기로 평가됩니다. 이후 성숙기(2001~2023)에는 폐업률이 12~15% 수준에서 안정화되어, 시장이 비교적 안정적인 국면에 접어들었음을 보여줍니다.

• 연차별 생존율

카페의 연차별 생존율을 분석한 결과, 창업 후 1년 차 생존율은 86.14%로 비교적 높은 수준을 보였습니다. 그러나 시간이 지남에 따라 생존율은 감소하여, 3년 차 생존율은 63.3%, 5년 차 생존율은 46.91%로 나타났습니다. 이러한 수치는 시장에서의 경쟁과 운영 지속 가능성의 현실을 반영하며, 초기 1~2년 동안의 안정적인 운영이 사업의 장기적인 성공 가능성을 높이는 데 중요한 역할을 한다고 해석할 수 있습니다.

◈ 영업 지속 기간의 분포

• 영업기간별 비중

운영기간이 1년 이하인 카페의 비중은 13.86%로 나타났습니다. 2~3년 동안 운영된 카페는 전체의 23.84%를 차지하며, 세부적으로는 2년간 운영한 경우가 11.97%, 3년간 운영한 경우가 11.87%입니다. 4~5년간 운영한 카페의 비중은 16.19%로, 4년간은 8.61%, 5년간은 7.58%로 나뉩니다. 6~10년간 운영한 카페는 전체의 21.18%를 차지하며, 10년 이상 장기적으로 운영한 카페는 25%로 가장 높은 비율을 기록했습니다.

• 평균 영업기간

전체 카페의 평균 영업기간은 5.7년으로 나타났습니다. 현재 운영 중인 카페의 평균 영업기간은 이보다 높은 6.3년을 기록했으며, 폐업한 카페의 평균 영업기간은 3.8년으로, 상대적으로 짧은 수명을 보여주고 있습니다.

◈ 폐업 위험 시기 파악

• 고위험 시기

카페 운영에서 가장 높은 폐업 위험은 창업 후 첫 1년 차에 나타나며, 이 시기의 폐업률은 13.86%로 집계되었습니다. 이는 초기 시장 안정화와 운영 적응 과정에서 발생하는 어려움이 주요 요인일 가능성이 큽니다. 두 번째로 높은 폐업 위험 시기는 창업 후 2~3년 차로, 이 기간 동안의 폐업률은 23.84%에 달합니다. 이는 초기 자금 고갈, 경쟁 심화, 그리고 운영 관리의 문제 등이 영향을 미칠 수 있는 시기로 보입니다.

• 안정화 시기

운영 기간이 5년 이상인 카페는 폐업 위험이 많이 감소하는 경향을 보입니다. 이는 사업이 안정화되고 시장 내 위치를 확립하게 되는 시점으로 해석할 수 있습니다. 또한 10년 이상 운영된 카페는 높은 생존율을 유지하며, 장기적으로 안정적인 운영이 가능함을 보여줍니다. 이 기간의 성공적인 운영은 지속 가능성을 강화하고, 시장에서 신뢰를 구축하는 중요한 요인으로 작용합니다.

• 특이 사항

첫째, 외부 충격으로 인해 예상되는 폐업률 급증 현상이 나타나지 않았습니다. 예를 들어, 코로나19와 같은 외부적인 요인이 있었음에도, 카페 폐업률은 안정적인 수준을 유지했습니다. 이는 해당 시장이 비교적 탄탄한 생태계를 형성하고 있음을 시사합니다.

둘째, 최근의 폐업률은 시장의 성숙도를 반영한 적정 수준으로 평가됩니다. 이는 경쟁의 안성화와 함께 시장의 구조적 완성도가 높아졌음을 보여줍니다.

이러한 분석 결과는 카페 창업 시 초기 3년이 가장 중요한 시기이며, 5년 이상 생존할 경우 안정적인 운영이 가능함을 시사합니다.

08 유명 브랜드 카페 분석

Chapter

이번 챕터에서는 유명 브랜드 카페 10곳을 선정하여 시장점유율과 지역별 분포, 창업/폐업 추이 등을 분석합니다.

이번 챕터의 시각화 결과물을 미리 보면 아래와 같습니다.

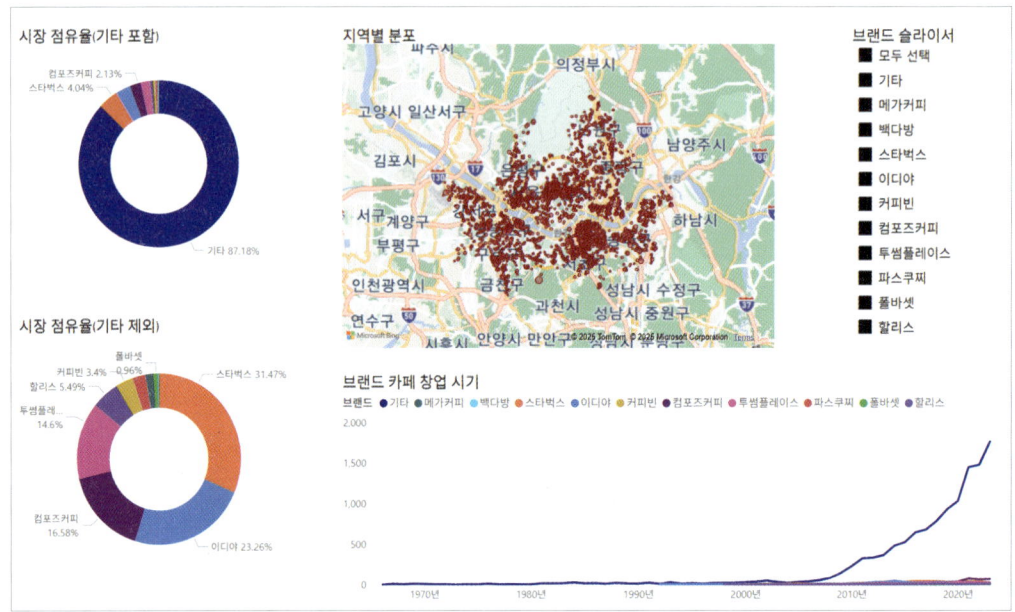

Power BI Desktop 보고서에서 새로운 페이지를 생성하고 이름을 '유명 브랜드 카페'로 변경합니다.

1 데이터 준비

사람들에게 많이 알려진 브랜드 카페 10개를 선정하고, '서울카페2024_공간처리' 테이블의 '사업장명' 필드에서 상호를 추출하여 '브랜드' 필드를 추가합니다.

◈ 분석 대상 브랜드 선정

한국기업평판연구소에서 제공하는 '커피전문점 브랜드 2023년 12월 빅데이터 분석 결과'를 참고하여 10개의 브랜드 카페를 선정합니다(출처 : https://monitor.or.kr/bbs/board.php?bo_table=rank&wr_id=573).

연번	한글 상호	영문 상호
1	스타벅스	starbucks
2	메가커피	mega
3	투썸플레이스	twosome
4	이디야	ediya
5	빽다방	paik's
6	컴포즈커피	compose
7	파스쿠찌	pascucci
8	커피빈	coffeebean
9	할리스	hollys
10	폴바셋	Paul Bassett

◈ 브랜드명 표준화

'서울카페2024_공간처리' 테이블의 '사업장명' 필드는 한글과 영문이 혼용되어 있습니다. 영문으로 된 사업장명은 대/소문자 여부에 따라 검색이 달라질 수 있으므로 '사업장명' 필드의 모든 영문을 대문자로 변경합니다.

01 [홈] 탭 > [쿼리] 그룹에서 [데이터 변환]을 클릭하여 파워 쿼리 편집기를 엽니다.

02 '서울카페2024_공간처리' 쿼리를 선택합니다. '사업장명' 열 머리글을 선택하고 [열 추가] 탭의 [텍스트에서] 그룹에서 [서식] 〉 [대문자]를 클릭합니다.

03 영문의 소문자가 모두 대문자로 변경된 '대문자' 열이 생성되었음을 확인할 수 있습니다.

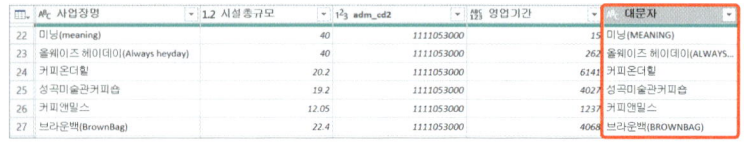

◈ 브랜드 정보 테이블 구성

'대문자' 열에서 10개의 브랜드를 찾아 새로운 열에 기록합니다(10개의 브랜드에 포함되지 않으면 '기타'로 기록합니다).

01 [열 추가] 탭 〉 [일반] 그룹에서 [조건 열]을 클릭합니다.

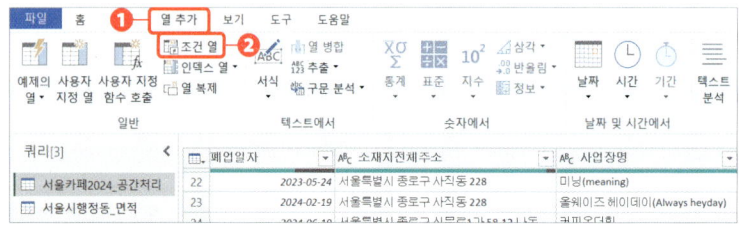

02 [조건 열 추가] 대화상자가 나타나면 다음과 같이 설정하고 [확인]을 클릭합니다. [절 추가]를 클릭하면 새로운 행을 입력할 수 있습니다.

- [새 열 이름] : '브랜드' 입력

	열 이름	연산자	값	출력
조건	대문자	포함	스타벅스	스타벅스
다음	대문자	포함	STARBUCKS	스타벅스
다음	대문자	포함	메가커피	메가커피
다음	대문자	포함	MEGA	메가커피
다음	대문자	포함	투썸플레이스	투썸플레이스
다음	대문자	포함	TWOSOME	투썸플레이스
다음	대문자	포함	이디야	이디야
다음	대문자	포함	EDIYA	이디야
다음	대문자	포함	백다방	백다방
다음	대문자	포함	PAIK'S	백다방
다음	대문자	포함	컴포즈커피	컴포즈커피
다음	대문자	포함	COMPOSE	컴포즈커피
다음	대문자	포함	파스쿠찌	파스쿠찌
다음	대문자	포함	PASCUCCI	파스쿠찌
다음	대문자	포함	커피빈	커피빈
다음	대문자	포함	COFFEEBEAN	커피빈
다음	대문자	포함	할리스	할리스
다음	대문자	포함	HOLLYS	할리스
다음	대문자	포함	폴바셋	폴바셋
다음	대문자	포함	PAUL BASSETT	폴바셋

- [기타] : '기타' 입력

03 '브랜드' 열이 생성되었음을 확인할 수 있습니다.

04 [홈] 탭에 있는 [닫기 및 적용]을 클릭하여 Power BI Desktop으로 돌아갑니다.

2 시장 점유율 시각화

현재 영업 중인 10개의 유명 브랜드 카페를 중심으로 카페의 시장 점유 현황을 파악합니다.

◈ 분석 조건 설정

01 [필터] 창의 [이 페이지의 필터]에 '서울카페2024_공간처리' 테이블의 '상세영업상태명' 필드를 추가하고 '기본 필터링' 상태에서 [영업]만 체크합니다. 이제 이 페이지의 모든 시각적 개체는 영업 중인 카페만 표시합니다.

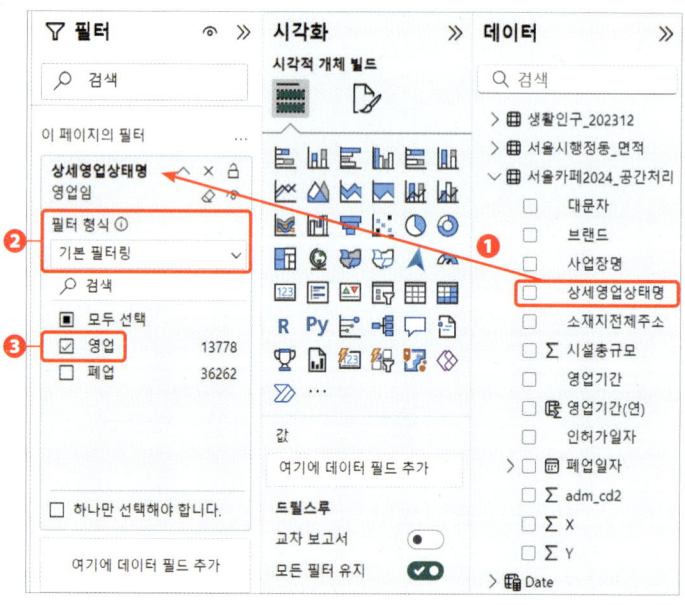

◆ 브랜드 점유율 시각화

01 [보고서](📊) 보기에서 도넛형 차트 생성

- [시각화] 창의 [시각적 개체 빌드] 〉 [도넛형 차트] 선택
- [범례] : '서울카페2024_공간처리' 테이블의 '브랜드' 필드
- [값] : '서울카페2024_공간처리' 테이블의 '브랜드' 필드
  ▶ [아래 화살표](⌄) 〉 [개수] 선택

02 차트 서식 지정

- [시각화] 창의 [시각적 개체 서식 지정] 〉 [시각적 개체]에서,
  ▶ [범례] : 비활성화
  ▶ [세부 정보 레이블] 〉 [레이블 내용] : 범주, 총 퍼센트
- [시각화] 창의 [시각적 개체 서식 지정] 〉 [일반]에서,
  ▶ [제목] 〉 [텍스트] : '시장 점유율(기타 포함)' 입력

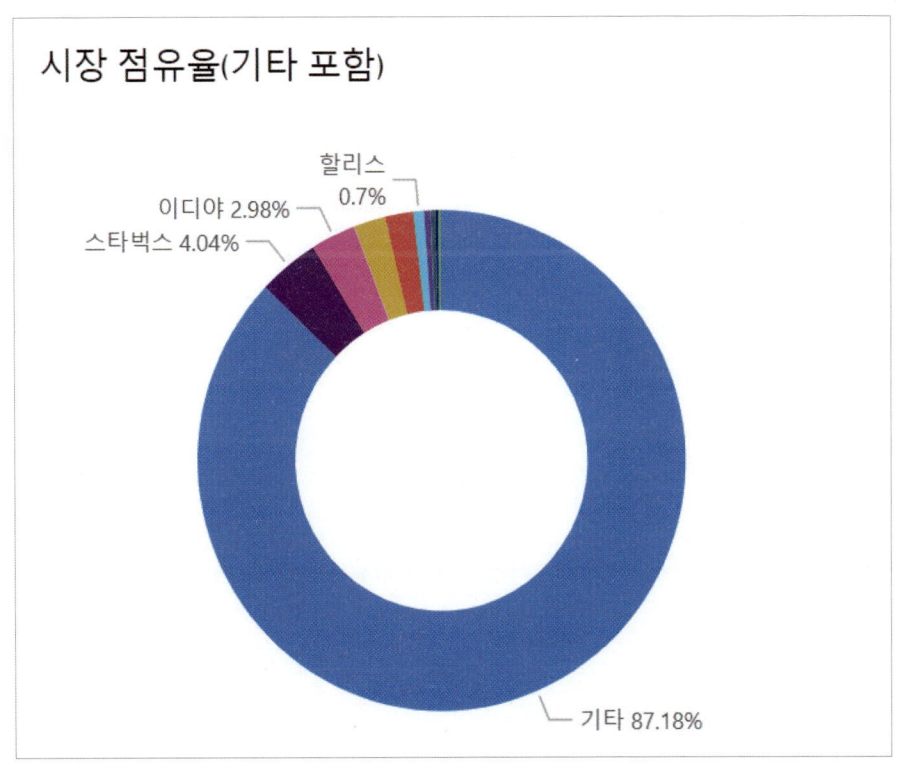

◆ 브랜드 간 점유율 시각화

01 [보고서](📊) 보기에서 도넛형 차트 생성

- [시각화] 창의 [시각적 개체 빌드] 〉 [도넛형 차트] 선택
- [범례] : '서울카페2024_공간처리' 테이블의 '브랜드' 필드
- [값] : '서울카페2024_공간처리' 테이블의 '브랜드' 필드
  ▸ [아래 화살표](⌄) 클릭 〉 [개수] 선택

02 차트 서식 지정

- [시각화] 창의 [시각적 개체 서식 지정] 〉 [시각적 개체]에서,
  ▸ [범례] : 비활성화
  ▸ [세부 정보 레이블] 〉 [레이블 내용] : 범주, 총 퍼센트
- [시각화] 창의 [시각적 개체 서식 지정] 〉 [일반]에서,
  ▸ [제목] 〉 [텍스트] : '시장 점유율(기타 제외)' 입력

03 [필터] 창의 [이 시각적 개체의 필터]에서 '브랜드' 필드의 [모두 선택]을 체크하고 [기타] 체크 해제

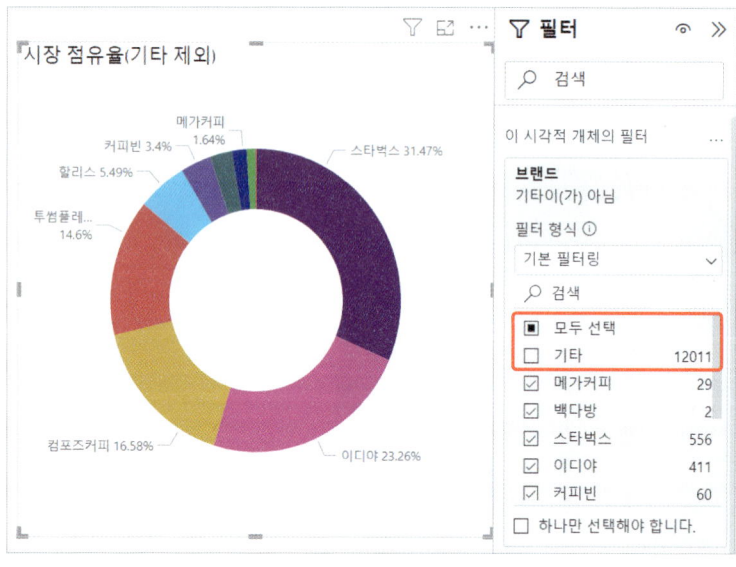

3 매장 분포 시각화

지도를 기반으로 10개의 브랜드 카페 지역별 분포를 시각화하고 특징을 살펴봅니다.

◈ 지도 기반 분포 시각화

01 [보고서]( ) 보기에서 맵 생성

- [시각화] 창의 [시각적 개체 빌드] 〉 [맵] 선택
- [위도] : '서울카페2024_공간처리' 테이블의 'Y' 필드
- [경도] : '서울카페2024_공간처리' 테이블의 'X' 필드
- [거품 크기] : '서울카페2024_공간처리' 테이블의 '시설총규모' 필드
- [도구 설명] : '서울카페2024_공간처리' 테이블의 '사업장명' 필드

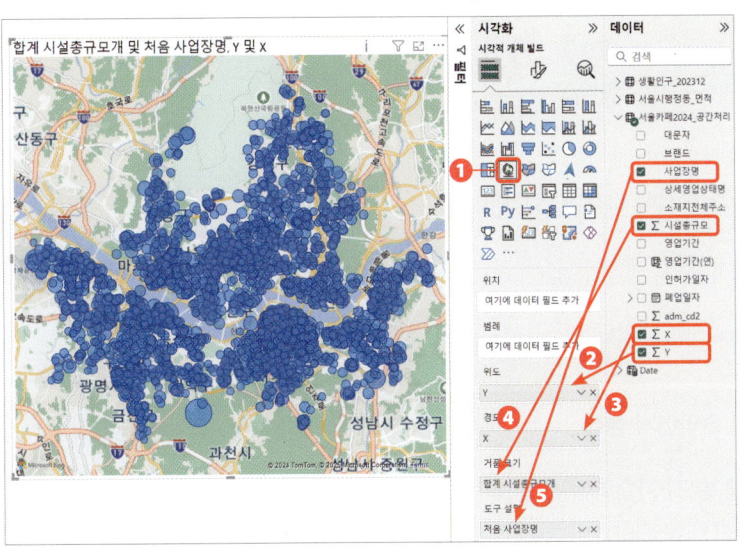

02 [시각화] 창의 [시각적 개체 서식 지정] 〉 [시각적 개체]에서,

- [거품형] 〉 [크기] : −25
- [거품형] 〉 [색] 〉 [기본값] : 테마 색8

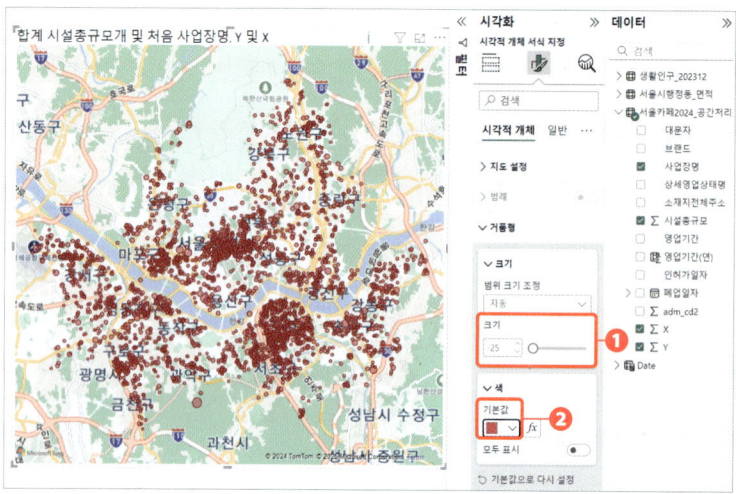

03 [시각화] 창의 [시각적 개체 서식 지정] 〉 [일반]에서,

- [제목] 〉 [텍스트] : '지역별 분포' 입력

◆ 슬라이서 배치

01 [보고서](📊) 보기에서 슬라이서 생성

- [시각화] 창의 [시각적 개체 빌드] 〉 [슬라이서] 선택
- [필드] : '서울카페2024_공간처리' 테이블의 '브랜드' 필드

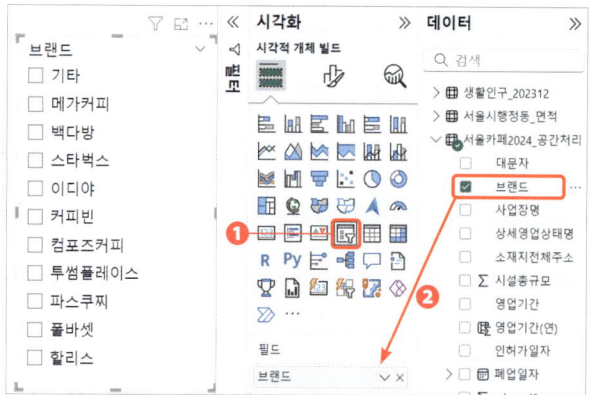

02 차트 서식 지정

- [시각화] 창의 [시각적 개체 서식 지정] 〉 [시각적 개체]에서,
  - [슬라이서 설정] 〉 [선택] 〉 ["모두 선택" 옵션 표시] : 활성화
  - [슬라이서 머리글] : 비활성화
- [시각화] 창의 [시각적 개체 서식 지정] 〉 [일반]에서,
  - [제목] : 활성화
  - [제목] 〉 [텍스트] : '브랜드 슬라이서' 입력

4 성장 추이 시각화

꺾은선형 차트를 이용하여 10개 브랜드 카페의 창업 추이를 시각화합니다.

01 [보고서]( ) 보기에서 꺾은선형 차트 생성

- [시각화] 창의 [시각적 개체 빌드] 〉 [꺾은선형 차트] 선택
- [X축] : 'Date' 테이블의 'Date' 필드
- [Y축] : '서울카페2024_공간처리' 테이블의 '브랜드' 필드
  - [아래 화살표]( ) 〉 [개수] 선택
- [범례] : '서울카페2024_공간처리' 테이블의 '브랜드' 필드

02 차트 서식 지정

- [시각화] 창의 [시각적 개체 서식 지정] 〉 [시각적 개체]에서,
  - [X축] 〉 [제목] : 비활성화
  - [Y축] 〉 [제목] : 비활성화
- [시각화] 창의 [시각적 개체 서식 지정] 〉 [일반]에서,
  - [제목] 〉 [텍스트] : '브랜드 카페 창업 시기' 입력

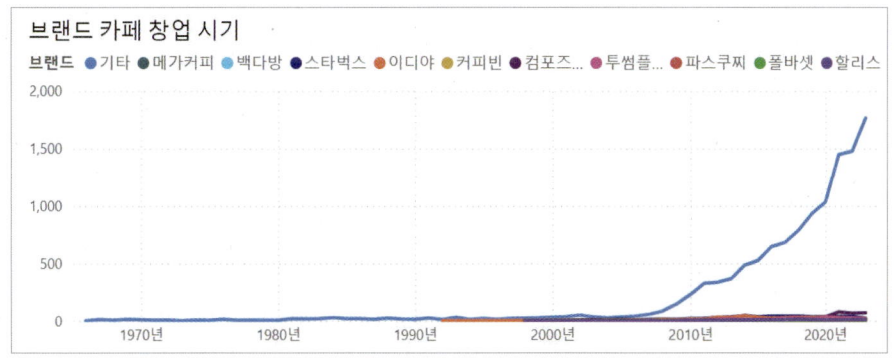

5 시각화 결과 탐색

스타벅스, 이디야 등 주요 브랜드의 시장 점유율과 매장 분포를 분석하여 각 브랜드의 성장 추이와 입지 전략을 파악하고, 프랜차이즈와 개인 카페의 시장 균형 상태를 평가합니다.

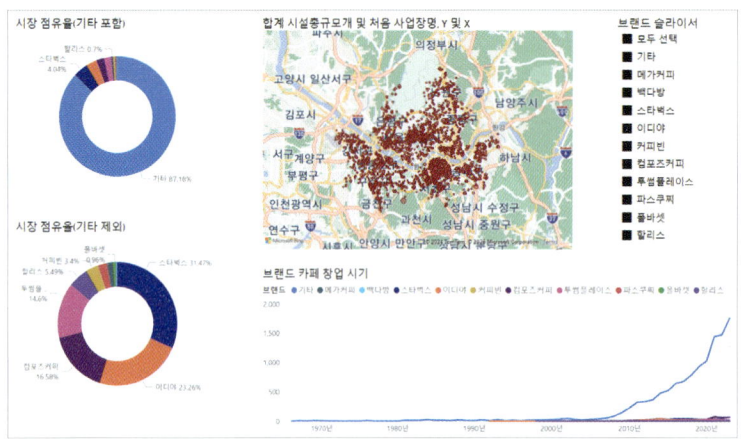

◆ 시장 점유율 분석

- 전체 시장 구조

기타 카페가 전체 시장의 87.18%를 차지하며 압도적인 비중을 기록하고 있습니다. 반면, 주요 프랜차이즈 카페는 12.82%의 점유율로 상대적으로 적은 비율을 차지하고 있습니다.

- 프랜차이즈 내부 점유율

스타벅스는 31.47%의 점유율로 시장 내에서 선도적인 위치를 차지하고 있습니다. 그 뒤를 이어 이디야가 23.26%로 2위를 기록하고 있으며, 컴포즈커피는 16.58%로 3위에 자리 잡았습니다. 투썸플레이스는 14.60%의 점유율로 4위를 차지하며, 할리스는 5.49%로 그 뒤를 잇고 있습니다. 기타 브랜드들은 합산 8.6%의 점유율을 보이며 나머지 시장을 구성하고 있습니다.

◆ 입지 선정 전략 분석

- 스타벅스

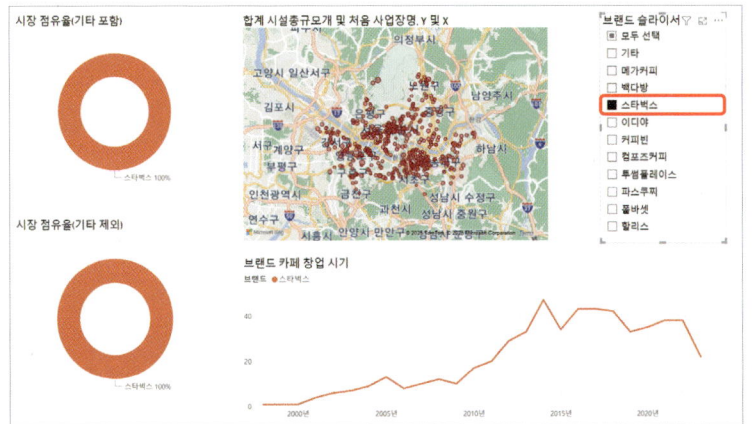

스타벅스는 핵심 상권을 중심으로 매장을 배치하며, 특히 강남과 종로 등 도심 지역에 집중하고 있습니다. 또한, 역세권 및 오피스 밀집 지역을 선호하여 접근성과 고객 유입을 극대화하려는 전략을 활용하고 있습니다. 이와 함께 대형 매장을 중심으로 프리미엄 입지 전략을 구사하며, 소비자에게 고급스러운 경험을 제공하려는 경향도 보입니다

- 이디야

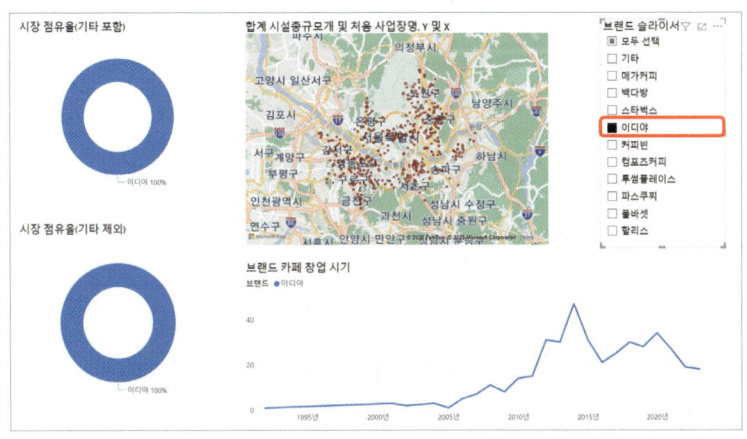

이디야는 전 지역에 걸쳐 균형 있는 출점 전략을 구사하고 있으며, 도심 지역과 주거 지역에 고르게 분포되어 있습니다. 특히 중소형 상권을 적극적으로 공략하며, 실용성을 강조한 접근성 중심의 입지 전략을 채택하고 있습니다.

- 컴포즈커피

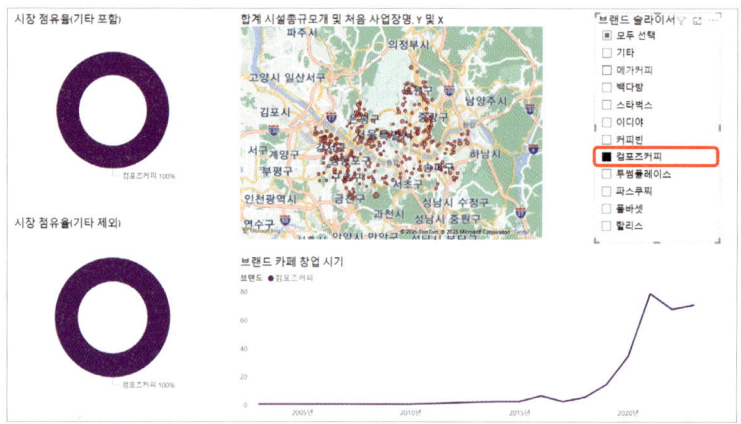

컴포즈커피는 신흥 주거지역을 중심으로 매장을 출점하여 새롭게 형성되는 지역 사회에서 고객층을 확보하는 전략을 구사하고 있습니다. 중소형 매장을 주로 운영하며, 이를 통해 효율적인 공간 활용과 비용 절감 효과를 극대화하고 있습니다. 또한 가격 경쟁력을 바탕으로 시장을 확장해 나가는 전략을 채택하고 있습니다.

◈ 브랜드별 성장 패턴

- 스타벅스

스타벅스는 2000년에 국내 시장에 초기 진입하며 브랜드의 입지를 다지기 시작했습니다. 이후 2010년까지 안정적인 성장을 이어가며 시장 내에서 점차 인지도를 확대했습니다. 2015년에는 급격한 확장세를 보이며 매장 수를 크게 늘리고 시장 점유율을 강화했습니다. 그러나 최근에는 성장세가 다소 둔화되는 모습을 보여주고 있습니다.

- 이디야

1995년에 시장에 진입한 이디야는 카페 업계의 경쟁에 본격적으로 참여하기 시작했습니다. 이후 2010년부터 공격적인 확장 전략을 통해 빠르게 성장하며 시장 점유율을 확대했습니다. 2015년에는 정점에 도달하며 성장세의 절정을 이루었으며, 최근에는 안정적인 성장을 유지하면서 지속적으로 시장에서 탄탄한 입지를 확보하고 있습니다.

- 컴포즈커피

2005년 이후 시장에 진입한 컴포즈커피는 초기에는 느린 성장세를 보이며 2015년까지 더딘 발전 과정을 겪었습니다. 그러나 2020년 이후 급격한 확장을 이루며 시장 내 점유율을 빠르게 확대하기 시작했습니다. 현재도 높은 성장세를 유지하며 꾸준히 브랜드 영향력을 강화하고 있습니다.

◈ 주요 시사점

- 프랜차이즈와 개인 카페의 공존 : 각각의 시장 영역 확보
- 차별화된 입지 전략 : 브랜드별 특성에 맞는 위치 선정
- 성장 패턴의 다양화 : 급격한 확장과 안정적 성장 공존
- 시장 성숙도 반영 : 선도 기업의 성장 둔화와 후발 주자의 급성장

09 카페 입지 분석

서울시 행정동별 카페 분포와 생활인구 데이터를 분석하여 지역별 수요-공급 현황을 파악하고, 행정동의 면적을 고려한 인구밀도를 반영하여 실제 수요를 더 정확히 추정한 후, 이를 통해 과밀/적정 상권을 구분하여 창업하기 좋은 입지를 도출합니다.

이번 챕터의 시각화 결과물을 미리 보면 아래 그림과 같습니다.

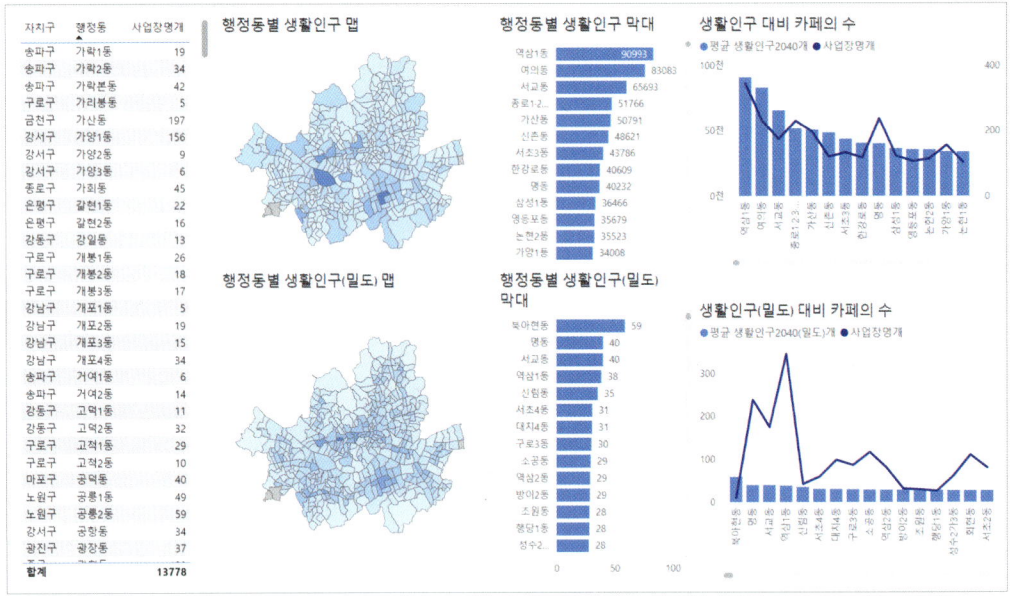

Power BI Desktop 보고서에서 새로운 페이지를 생성하고 페이지 이름을 '카페 밀집지역'으로 변경합니다.

1 데이터 준비

카페 정보, 지역 정보, 유동 인구 정보가 담긴 테이블들을 서로 연계하기 위해 공통된 행정동 코드로 데이터를 구조화하고, 현재 영업 중인 카페만 분석하도록 필터를 설정합니다.

◈ 행정동 코드 변환 테이블 다운로드

이번 챕터에서 카페 입지 분석을 하려면 상호 연계된 카페 정보, 지역 정보, 유동 인구 정보가 필요합니다. 각 정보는 다음의 테이블로부터 추출할 수 있습니다.

- 유동인구 정보 : 생활인구_202312
- 지역 정보 : 서울시행정동_면적
- 카페 정보 : 서울카페2024_공간처리

테이블을 상호 연계하려면 각 테이블에 같은 내용과 형식의 '열(필드)'이 존재해야 합니다. 카페 입지 분석을 위한 각 테이블은 아래와 같이 동일한 내용의 열을 갖고 있습니다.

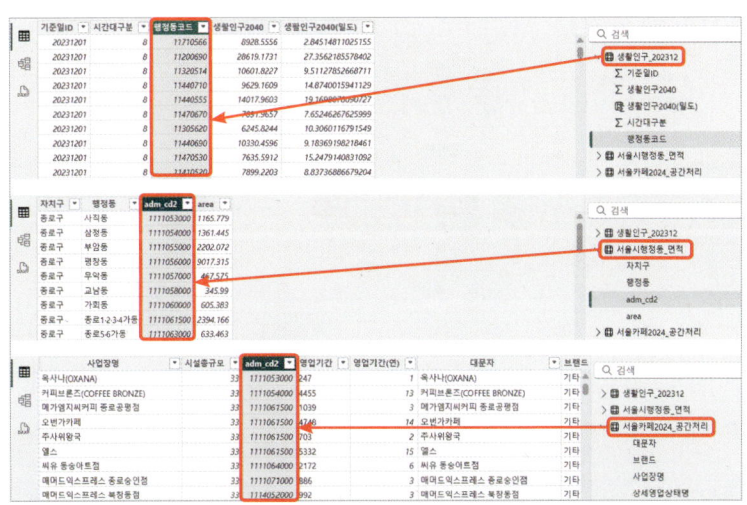

하지만 '생활인구_202312' 테이블의 '행정동코드' 열은 정수 8자리로, '서울시 행정동_면적'과 서울카페2024_공간처리' 테이블과 직접적인 연계가 불가능합니다.

테이블 이름	열 이름	열 형식
생활인구_202312	행정동코드	정수 8자리
서울시행정동면적	adm_cd2	정수 10자리
서울카페2024_공간처리	adm_cd2	정수 10자리

이 문제를 해결하기 위하여, 도서와 함께 제공되는 파일 폴더(Part 05 > Data)에서 '행정동코드_변환_테이블.xlsx' 파일을 다운로드하여 테이블 간 매개체로 사용합니다.

01 [홈] 탭에서 [데이터 가져오기] 〉 [Excel 통합 문서]를 클릭하고 '행정동코드_변환_테이블.xlsx' 파일을 선택한 후 [열기]를 클릭합니다.

02 탐색 창에서 [행정동 코드 변환]을 체크하고, 하단에 있는 [로드]를 클릭합니다.

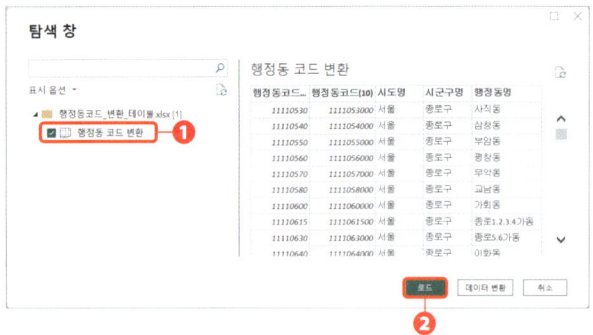

◆ 데이터 형식 변경

01 [테이블](▦) 보기에서 '생활인구202312' 테이블의 '생활인구2040' 필드를 선택하고, [열 도구] 탭 〉 [구조] 그룹에서 [데이터 형식] 〉 [10진수]로 변경합니다.

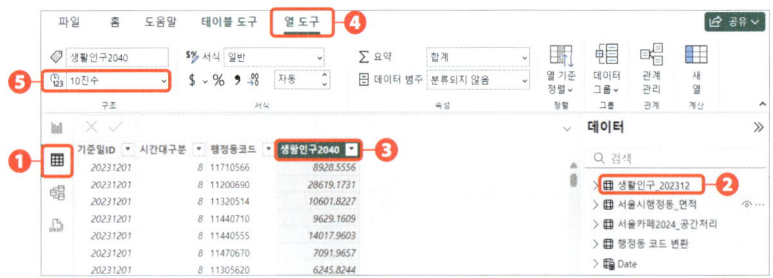

02 '서울시행정동_면적' 테이블의 'adm_cd2' 필드를 선택하고, [열 도구] 탭 〉 [구조] 그룹에서 [데이터 형식] 〉 [텍스트]로 변경합니다.

> **Tip** 도형 맵의 [위치] 속성은 '텍스트' 형식이어야 합니다. 따라서 도형 맵의 [위치]로 사용할 '서울시행정동_면적' 테이블의 'adm_cd2' 열을 '텍스트' 형식으로 변경해야 합니다.

◈ 데이터 관계 설정

01 [모델](🗐) 보기로 이동합니다. '서울카페2024_공간처리' 테이블의 'adm_cd2' 필드를 '서울시행정 동_면적' 테이블의 'adm_cd2' 필드에 연결합니다.

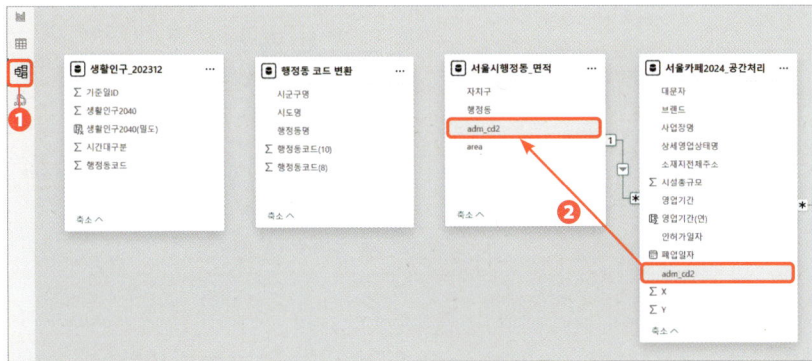

02 '생활인구_202312' 테이블의 '행정동코드' 필드를 '행정동 코드 변환' 테이블의 '행정동코드(8)' 필드와 연결하고, '서울행정동_면적' 테이블의 'adm_cd2' 필드를 '행정동 코드 변환' 테이블의 '행정동코드(10)' 필드와 연결합니다

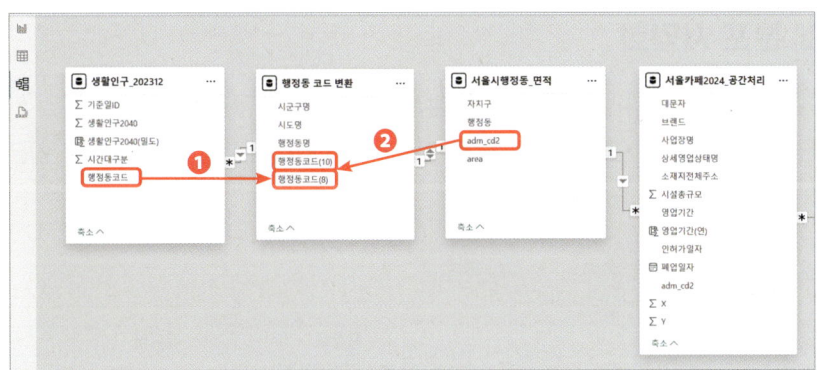

◆ 분석 조건 설정

01 [필터] 창의 [이 페이지의 필터]에 '서울카페2024_공간처리' 테이블의 '상세영업상태명' 필드를 추가하고 '기본 필터링' 상태에서 [영업]만 체크합니다. 이제 이 페이지의 모든 시각적 개체는 영업 중인 카페만 표시합니다.

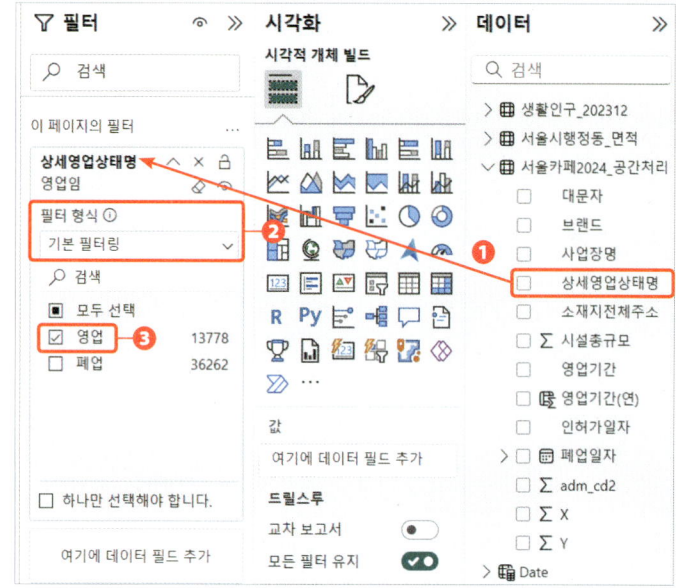

2 지역별 카페 분포 시각화

자치구와 행정동별 현재 운영 중인 카페의 수를 테이블로 정리하고, 데이터 막대를 활용하여 지역 간 카페 수의 차이를 시각적으로 비교할 수 있도록 하며, 이를 통해 카페가 밀집된 지역과 상대적으로 적은 지역을 파악해 봅니다.

01 [보고서](📊) 보기에서 테이블 생성

- [열] : '서울시행정동_면적' 테이블의 '자치구' 필드
- [열] : '서울시행정동_면적' 테이블의 '행정동' 필드
- [열] : '서울카페2024_공간처리' 테이블의 '사업장명' 필드
  ▶ [아래 화살표](˅) 〉 [개수] 선택

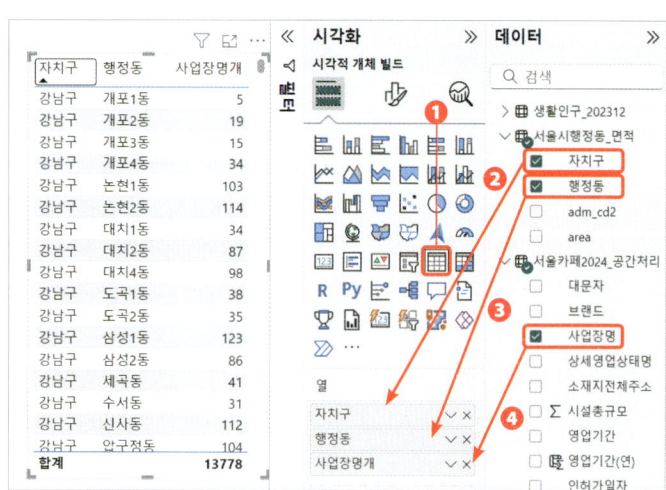

02 테이블의 [추가 옵션]을 클릭하고, [정렬 기준]에서 [사업장명개]를 선택한 후, 다시 [내림차순 정렬] 선택

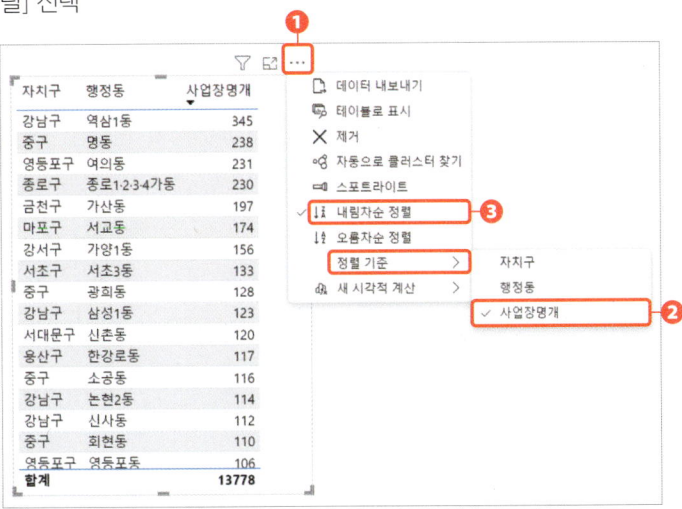

03 차트 서식 지정

- [시각화] 창의 [시각적 개체 서식 지정] 〉 [시각적 개체]에서,
  ▶ [계열] : 사업자명
  ▶ [셀 요소] 〉 [데이터 막대] : 활성화

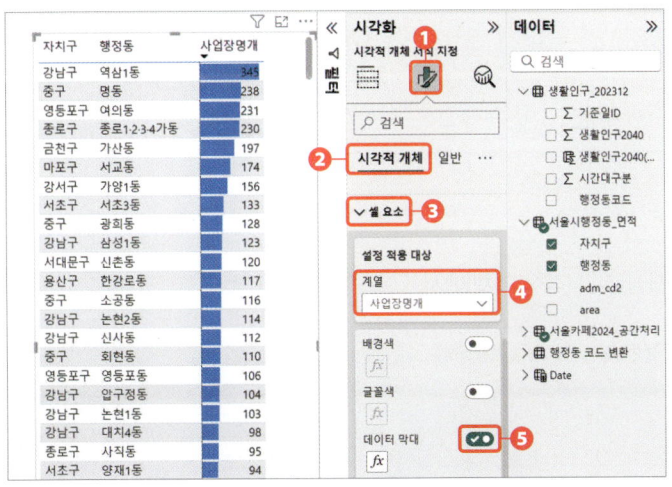

3 지역별 생활인구 시각화

생활인구 데이터를 기반으로 도형 맵과 막대 차트를 생성하여 지역별 유동인구 현황을 파악하고, 면적당 생활인구를 계산하여 실제 인구 밀집도가 높은 지역을 더 정확하게 파악하는 작업을 수행합니다. 부연 설명을 하면, '단순 생활인구수 기준', '면적을 고려한 인구밀도 기준' 이 두 가지 측면에서 분석이 이루어집니다.

◆ 지역별 생활인구

01 [보고서]( ) 보기에서 도형 맵 생성

- [시각화] 창의 [시각적 개체 빌드] 〉 [도형 맵] 선택
- [위치] : '서울시행정동_면적' 테이블의 'adm_cd2' 필드
- [색 채도] : '생활인구_202312' 테이블의 '생활인구2040' 필드
  ▶ [아래 화살표]( ) 〉 [평균] 선택
- [도구 설명] : '서울시행정동_면적' 테이블의 '행정동' 필드

02 지도 설정

- [시각화] 창의 [시각적 개체 서식 지정] 〉 [시각적 개체]에서,
  ▶ [지도 설정] 〉 [맵 유형] : 사용자 지정 맵
  ▶ [지도 설정] 〉 [맵 유형 추가] : 서울시_행정동_20240101. json(도서와 함께 제공하는 파일 폴더 Part 05 〉 Data)

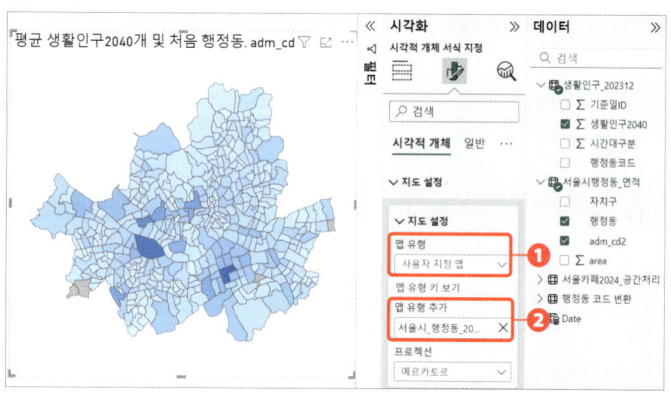

03 차트 서식 지정

- [시각화] 창의 [시각적 개체 서식 지정] 〉 [일반]에서,
  - ▶ [제목] 〉 [텍스트] : '행정동별 생활인구 맵' 입력

04 [보고서]( ) 보기에서 누적 가로 막대형 차트 생성

- [시각화] 창의 [시각적 개체 빌드] 〉 [누적 가로 막대형 차트] 선택
- [Y축] : '서울시행정동_면적' 테이블의 '행정동' 필드
- [X축] : '생활인구_202312' 테이블의 '생활인구2040' 필드
  - ▶ [아래 화살표](∨) 〉 [평균] 선택

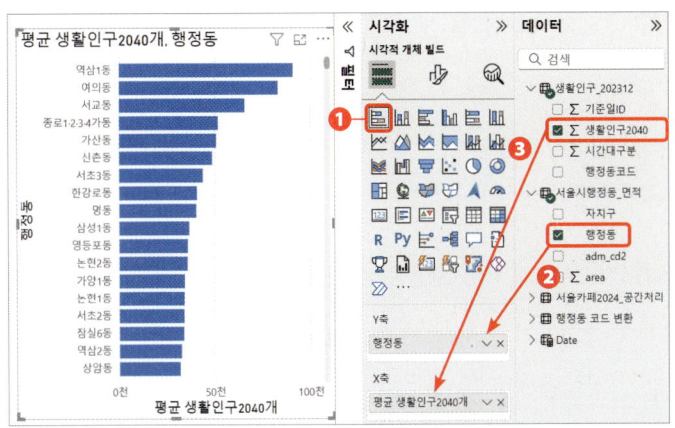

05 차트 서식 지정

- [시각화] 창의 [시각적 개체 서식 지정] 〉 [시각적 개체]에서,
  - ▶ [Y축] 〉 [제목] : 비활성화
  - ▶ [X축] 〉 [값] : 비활성화
  - ▶ [X축] 〉 [제목] : 비활성화
  - ▶ [데이터 레이블] : 활성화
  - ▶ [데이터 레이블] 〉 [값] 〉 [표시 단위] : 없음
  - ▶ [데이터 레이블] 〉 [값] 〉 [값 소수 자릿수] : 0
- [시각화] 창의 [시각적 개체 서식 지정] 〉 [일반]에서,
  - ▶ [제목] 〉 [텍스트] : '행정동별 생활인구 막대' 입력

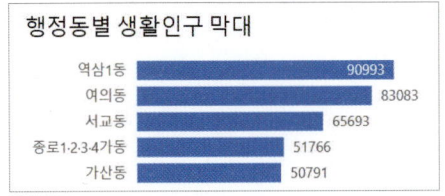

◆ 행정동별 생활인구

단순 생활인구 기준으로는 역삼1동, 여의동, 서교동 순으로 인구가 많은 것으로 나타났습니다. 하지만 각 행정동의 면적이 매우 다르기 때문에, 이를 고려한 분석이 필요합니다. 면적당 생활인구(인구밀도)를 기준으로 분석하면 실제 인구 밀집도가 높은 지역을 더 정확하게 파악할 수 있습니다.

배경지식 ▶ 인구밀도

인구밀도(人口密度)는 단위 면적당 인구수를 나타내는 지표로 인구 분포의 밀집 정도를 파악하는 가장 간편하면서도 효과적인 방법으로 자주 이용되고 있습니다. 산술적 인구밀도는 인구(명)를 전체 면적으로 나눈 것으로 보통 행정구역이나 국가 단위로 계산합니다.

---

01 [테이블](▦) 보기에서 '생활인구_202312' 테이블을 선택하고 [테이블 도구] 탭의 [새 열]을 클릭합니다.

02 수식 입력줄에 다음과 같이 수식을 입력하고 실행하면, '생활인구2040' 필드 값을 '서울시행정동_면적' 테이블의 'area' 필드 값으로 나눈 결과가 생성됩니다.

생활인구2040(밀도) = [생활인구2040] / RELATED('서울시행정동_면적'[area])

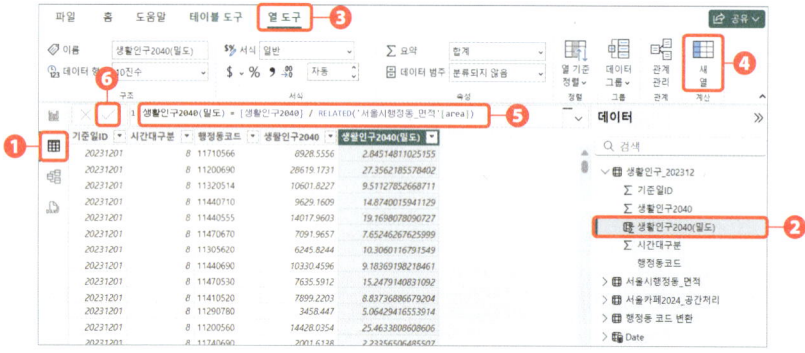

> **Tip** RELATED 함수는 관계가 설정된 테이블의 컬럼 값을 가져오는 데 사용합니다. '서울시행정동_면적' 테이블은 '생활인구_202312' 테이블과 관계가 설정되어 있기 때문에, '생활인구_202312' 테이블에서 '서울시행정동_면적' 테이블의 'area' 필드 값을 불러와서 연산할 수 있습니다.

03 [보고서](📊) 보기에서 도형 맵 생성

- [시각화] 창의 [시각적 개체 빌드] 〉 [도형 맵] 선택
- [위치] : '서울시행정동_면적' 테이블의 'adm_cd2' 필드
- [색 채도] : '생활인구_202312' 테이블의 '생활인구2040(밀도)' 필드
  ▶ [아래 화살표](∨) 〉 [평균] 선택
- [도구 설명] : '서울시행정동_면적' 테이블의 '행정동' 필드

04 지도 설정

- [시각화] 창의 [시각적 개체 서식 지정] 〉 [시각적 개체]에서,
  - [지도 설정] 〉 [맵 유형] : 사용자 지정 맵
  - [지도 설정] 〉 [맵 유형 추가] : 서울시_행정동_20240101.json

05 차트 서식 지정

- [시각화] 창의 [시각적 개체 서식 지정] 〉 [일반]에서,
  - [제목] 〉 [텍스트] : '행정동별 생활인구(밀도) 맵' 입력

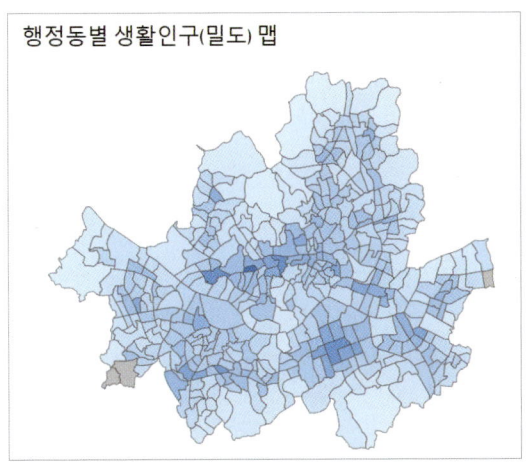

06 [보고서]( ) 보기에서 누적 가로 막대형 차트 생성

- [시각화] 창의 [시각적 개체 빌드] 〉 [누적 가로 막대형 차트] 선택
- [Y축] : '서울시행정동_면적' 테이블의 '행정동' 필드
- [X축] : '생활인구_202312' 테이블의 '생활인구2040(밀도)' 필드
  - [아래 화살표](∨) 〉 [평균] 선택

07 차트 서식 지정

- [시각화] 창의 [시각적 개체 서식 지정] 〉 [시각적 개체]에서,
  - [Y축] 〉 [제목] : 비활성화
  - [X축] 〉 [값] : 비활성화
  - [X축] 〉 [제목] : 비활성화
  - [데이터 레이블] : 활성화
  - [데이터 레이블] 〉 [값] 〉 [표시 단위] : 없음
  - [데이터 레이블] 〉 [값] 〉 [값 소수 자릿수] : 0

- [시각화] 창의 [시각적 개체 서식 지정] 〉 [일반]에서,
  - ▶ [제목] 〉 [텍스트] : '행정동별 생활인구(밀도) 막대' 입력

4 카페 과밀 지역 시각화

생활인구 대비 카페의 수와 인구밀도 대비 카페의 수를 분석하여 꺾은선형 및 누적 세로 막대형 차트로 표현하고, 이를 통해 특정 지역의 카페 포화도를 평가합니다.

◈ 생활인구 대비 카페의 수

01 [보고서]( ) 보기에서 꺾은선형 및 누적 세로 막대형 차트 생성

- [시각화] 창의 [시각적 개체 빌드] 〉 [꺾은선형 및 누적 세로 막대형 차트] 선택
- [X축] : '서울시행정동_면적' 테이블의 '행정동' 필드
- [열 Y축] : '생활인구_202312' 테이블의 '생활인구 2040' 필드
  - ▶ [아래 화살표](∨) 〉 [평균] 선택
- [선 Y축] : '서울카페2024_공간처리' 테이블의 '사업장명' 필드
  - ▶ [아래 화살표](∨) 〉 [개수] 선택

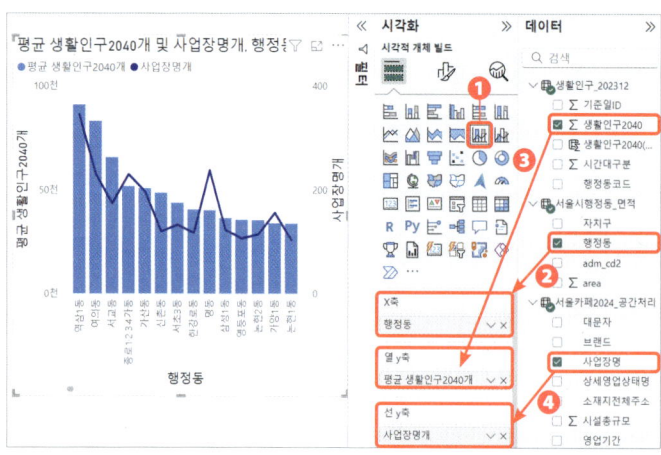

02 차트 서식 지정

- [시각화] 창의 [시각적 개체 서식 지정] 〉 [시각적 개체]에서,
  - ▶ [X축] 〉 [제목] : 비활성화
  - ▶ [Y축] 〉 [제목] : 비활성화
- [시각화] 창의 [시각적 개체 서식 지정] 〉 [일반]에서,
  - ▶ [제목] 〉 [텍스트] : '생활인구 대비 카페의 수' 입력

◆ 인구밀도 대비 카페의 수

01 [보고서]( ) 보기에서 꺾은선형 및 누적 세로 막대형 차트 생성

- [시각화] 창의 [시각적 개체 빌드] 〉 [꺾은선형 및 누적 세로 막대형 차트] 선택
- [X축] : '서울시행정동_면적' 테이블의 '행정동' 필드
- [열 Y축] : '생활인구_202312' 테이블의 '생활인구 2040(밀도)' 필드
  - ▶ [아래 화살표]( ) 〉 [평균] 선택
- [선 Y축] : '서울카페2024_공간처리' 테이블의 '사업장명' 필드
  - ▶ [아래 화살표]( ) 〉 [개수] 선택

02 차트 서식 지정

- [시각화] 창의 [시각적 개체 서식 지정] 〉 [시각적 개체]에서,
  - ▶ [X축] 〉 [제목] : 비활성화
  - ▶ [Y축] 〉 [제목] : 비활성화
- [시각화] 창의 [시각적 개체 서식 지정] 〉 [일반]에서,
  - ▶ [제목] 〉 [텍스트] : '생활인구(밀도) 대비 카페의 수' 입력

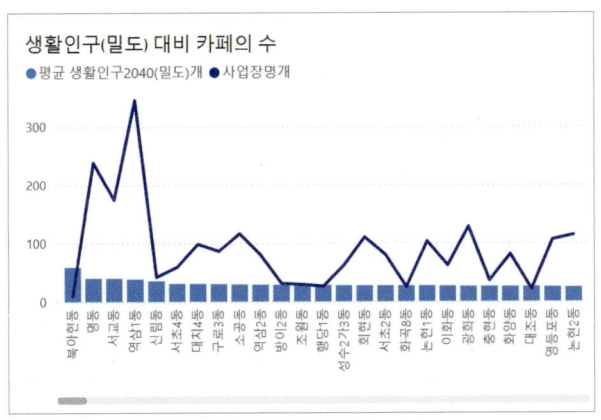

5 시각화 결과 탐색

서울시 행정동별 카페 분포와 생활인구 데이터를 분석하여 지역별 현황을 파악하고, 생활인구 1만 명당 카페 수를 기준으로 과밀/균형/성장 가능 지역을 구분하여 최적의 입지 선정 기준을 도출합니다.

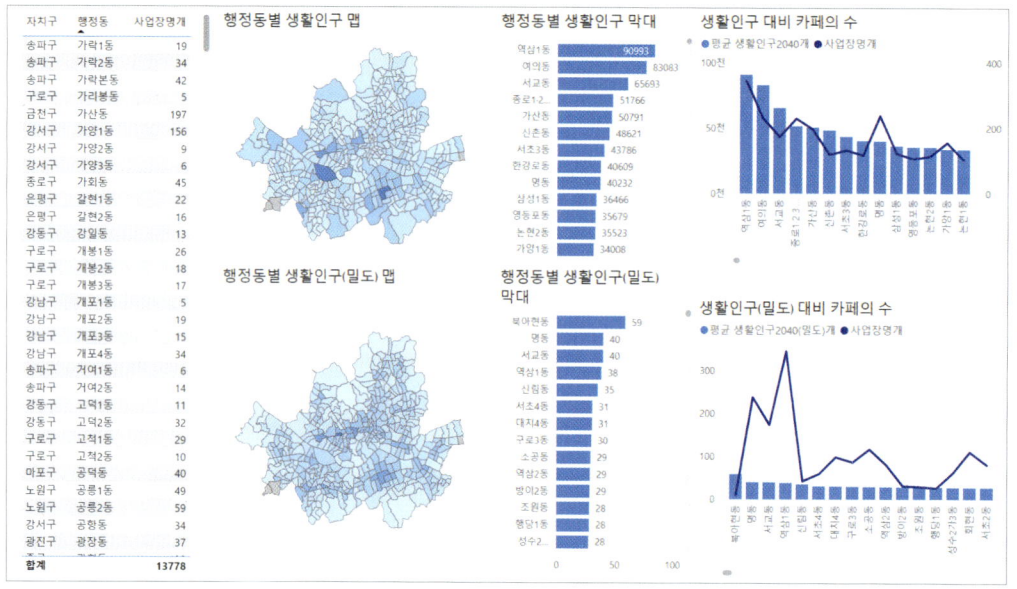

◆ 행정동별 카페 현황 분석

• 카페 밀집도 상위 지역

행정동별 카페 현황을 분석한 결과, 다음과 같이 카페 밀집도가 높은 상위 지역을 확인할 수 있습니다. 강남구 역삼1동은 총 345개의 카페가 운영 중으로, 카페 밀집도가 가장 높은 지역으로 나타났습니다. 이어서 중구 명동이 238개의 카페를 보유하며 두 번째로 밀집도가 높은 지역으로 분석되었습니다. 영등포구 여의동은 231개의 카페로 세 번째로 높은 밀집도를 기록하며 주요 상업 지역으로서의 특성을 반영하고 있습니다.

• 카페 밀집도 하위 지역

행정동별 카페 밀집도가 낮은 하위 지역은 다음과 같이 분석되었습니다. 송파구 잠실7동은 단 1개의 카페만 운영되고 있어 가장 낮은 밀집도를 보였습니다. 노원구 하계2동과 성동구 응봉동은 각각 2개의 카페가 운영 중으로, 낮은 카페 밀집도를 기록한 지역으로 나타났습니다.

◆ 생활인구 기반 수요 분석

● 생활인구 상위 지역

생활인구 기반 수요 분석 결과, 생활인구가 많은 상위 지역은 다음과 같습니다.

강남구 역삼1동은 생활인구가 90,993명으로 가장 높아, 카페 수요가 매우 클 것으로 예상됩니다. 영등포구 여의동은 83,083명의 생활인구를 기록하며 두 번째로 높은 수요를 보이는 지역으로 나타났습니다. 이어서 마포구 서교동은 65,693명의 생활인구를 보유하며 상위 지역 중 세 번째로 이름을 올렸습니다.

● 인구밀도 상위 지역

인구밀도를 기준으로 상위 지역을 분석한 결과는 다음과 같이 정리됩니다.

서대문구 북아현동은 ㎢당 59명의 인구밀도를 기록하며 가장 높은 밀집도를 보였습니다. 중구 명동과 마포구 서교동은 각각 ㎢당 40명의 인구밀도를 보이며 공동 2위를 차지했습니다.

◆ 수요와 공급 균형 분석

● 과밀 지역(생활인구 대비 카페 수 상위)

과밀 지역 분석 결과, 생활인구 대비 카페 수가 높은 상위 지역은 다음과 같습니다.

명동은 생활인구 약 4만 명에 238개의 카페가 운영 중으로, 1만 명당 59.5개의 카페를 보유하여 가장 높은 과밀도를 기록했습니다. 역삼1동은 생활인구 약 9만 명에 345개의 카페가 있어 1만 명당 38.3개의 카페 비율을 나타냈으며, 과밀도 면에서 두 번째로 높은 지역으로 분석되었습니다. 종로1·2·3·4가동은 생활인구 약 5.2만 명에 230개의 카페가 운영되어, 1만 명당 44.2개의 카페를 보유하며 과밀도 면에서 세 번째로 높은 지역으로 평가되었습니다.

● 균형 지역(생활인구 대비 카페 수 중위)

균형 지역으로 분류된 지역의 생활인구 대비 카페 수 분석 결과는 다음과 같습니다.

영등포구 여의동은 생활인구 약 8.3만 명에 231개의 카페가 운영되고 있어, 1만 명당 27.8개의 카페 비율을 나타냈습니다. 마포구 서교동은 생활인구 약 6.6만 명에 174개의 카페가 운영 중이며, 1만 명당 26.4개의 카페 비율을 기록했습니다.

● 성장 가능 지역(생활인구 대비 카페 수 하위)

성장 가능 지역으로 분석된 지역은 다음과 같이 요약할 수 있습니다.

서대문구 북아현동은 높은 인구밀도(59명/㎢)를 보유하고 있음에도 불구하고 낮은 카페 밀도를 나타내며, 향후 카페 시장의 성장이 기대되는 지역으로 평가됩니다. 신림동 또한 높은 인구밀도(35명/㎢)를 기록하면서 카페 밀도가 낮아, 잠재적인 수요를 기반으로 한 시장 확대 가능성을 보여주는 지역으로 분석할 수 있습니다.

◈ 최적 입지 선정 기준

• 수요 측면

최적의 입지 선정 기준을 수요 측면에서 살펴보면 다음과 같습니다.

첫째, 생활인구가 5만 명 이상이거나 인구밀도가 ㎢당 35명 이상인 지역이 유리한 입지로 평가됩니다. 이러한 지역은 잠재적인 고객 수요가 충분히 확보될 가능성이 높기 때문입니다. 둘째, 대중교통 접근성이 우수한 지역이 적합한 입지로 꼽힙니다. 이는 고객들이 매장을 방문하는 데 있어 편리함을 느끼게 하여 유입을 극대화할 수 있는 요인이 됩니다.

• 공급 측면

최적의 입지 선정 기준을 공급 측면에서 분석하면 다음과 같습니다.

첫째, 현재 운영 중인 카페 수가 100개 미만인 지역은 상대적으로 경쟁이 적은 환경을 제공하므로 유리한 입지로 평가할 수 있습니다. 둘째, 인구밀도에 비해 카페 수가 낮은 지역은 시장의 공급이 부족한 상태를 보여주며, 추가적인 카페 출점이 성장 가능성을 높일 수 있는 잠재적 지역으로 판단됩니다.

• 추천 입지

추천 입지 분석 결과는 다음과 같습니다.

첫째, 서대문구 북아현동과 관악구 신림동과 같이 높은 인구밀도를 가지고 있지만, 카페 수가 적은 지역은 향후 성장 가능성이 큰 지역으로 평가됩니다. 둘째, 마포구 서교동 및 강남구 역삼동 인근의 배후 주거지역은 주요 상권과의 근접성으로 인해 잠재 고객층 확보가 유리한 지역으로 분석할 수 있습니다. 셋째, 기존 상권에 인접해 있으면서도 카페 밀집도가 낮은 지역은 경쟁이 비교적 덜하며, 새로운 상권 형성을 통해 시장 점유율을 확보할 수 있는 기회가 될 수 있습니다.

데이터 시각화와 탐색 with Power BI 3rd Edition

1판 1쇄 발행 2025년 9월 2일

저 자 | 마경근, 서주란
발 행 인 | 김길수
발 행 처 | ㈜영진닷컴
주 소 | (우)08512 서울 금천구 디지털로9길 32
갑을그레이트밸리 B동 10층
등 록 | 2007. 4. 27. 제16-4189호

©2025. ㈜영진닷컴

ISBN | 978-89-314-8063-4

이 책에 실린 내용의 무단 전재 및 무단 복제를 금합니다.
파본이나 잘못된 도서는 구입하신 곳에서 교환해 드립니다.

YoungJin.com Y.
영진닷컴